여러분의 합격을 응원하는
해커스군무원의 특별 예택

KB101211

단기 합격을 위한
해커스 커리큘럼

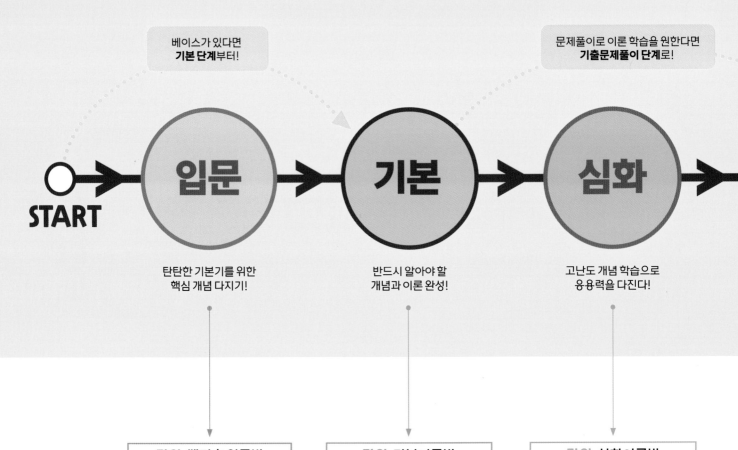

베이스가 있다면
기본 단계부터!

문제풀이로 이론 학습을 원한다면
기출문제풀이 단계로!

START

입문

기본

심화

탄탄한 기본기를 위한
핵심 개념 다지기!

반드시 알아야 할
개념과 이론 완성!

고난도 개념 학습으로
응용력을 다진다!

강의 **쌩기초 입문반**

이해하기 쉬운 개념 설명과 풍부한
연습문제 풀이로 부담 없이 기초를
다질 수 있는 강의

강의 **기본이론반**

반드시 알아야 할 기본 개념과 문제풀이
전략을 학습하여 핵심 개념 정리를
완성하는 강의

강의 **심화이론반**

심화이론과 중·상 난이도의 문제를
함께 학습하여 고득점을 위한 발판을
마련하는 강의

* 커리큘럼은 과목별·선생님별로 상이할 수 있으며, 자세한 내용은 해커스군무원 사이트에서 확인하세요.

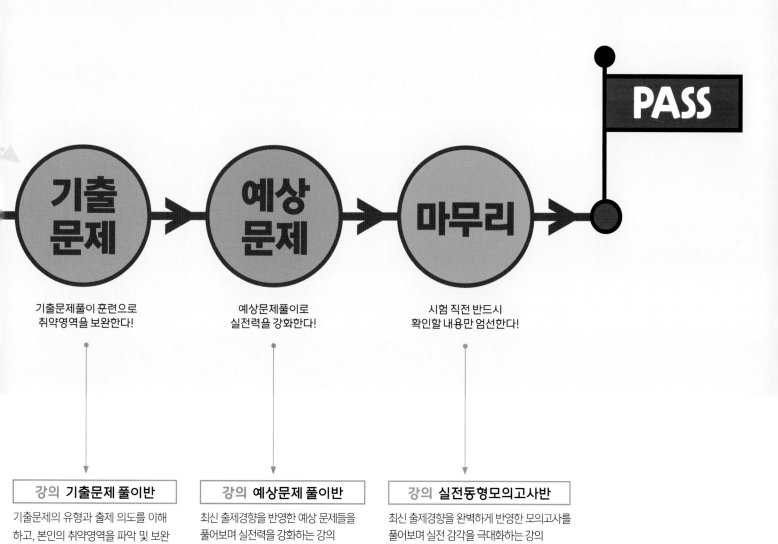

기출문제

기출문제풀이 훈련으로
취약영역을 보완한다!

예상문제

예상문제풀이로
실전력을 강화한다!

마무리

시험 직전 반드시
확인할 내용만 엄선한다!

PASS

강의 기출문제 풀이반

기출문제의 유형과 출제 의도를 이해
하고, 본인의 취약영역을 파악 및 보완
하는 강의

강의 예상문제 풀이반

최신 출제경향을 반영한 예상 문제들을
풀어보며 실전력을 강화하는 강의

강의 실전동형모의고사반

최신 출제경향을 완벽하게 반영한 모의고사를
풀어보며 실전 감각을 극대화하는 강의

강의 봉투모의고사반

시험 직전에 실제 시험과 동일한 형태의
모의고사를 풀어보며 실전력을 완성하는 강의

해커스군무원
실전동형 모의고사
국어

해커스군무원

"군무원 시험 책을
처음 펼쳤던 날을 기억하시나요?"

군무원 시험 준비를 하면서
때로는 커다란 벽에 부딪혀 앞이 캄캄해졌던 때도 있었을 겁니다.
또 때로는 그 벽 앞에 주저앉아 포기하고 싶었던 때도 있었을 겁니다.

하지만, 기억하시나요?
새로운 도전에 대한 떨림과 각오로 책을 처음 펼쳤던 날.

이제 그 도전의 결실을 맺을 순간을 앞두고 있습니다.
합격의 길, 마지막까지 해커스가 함께하겠습니다.

최신 출제 경향을 완벽 반영하여 적중률을 높인 16회분의 모의고사부터
교재에 수록된 필수 어휘와 표현 암기를 위한 <필수 어휘암기장>까지

『해커스군무원 실전동형모의고사 국어』와 함께하세요.

군무원 시험, 합격자는 바로 당신입니다!

: 목차

실전동형모의고사

기출+동형 짝문제 모의고사

[책 속의 책]
약점 보완 해설집

📄 **OMR 답안지 [문제집 내 수록]**

📝 **필수 어휘암기장 [PDF]**
해커스군무원(army.Hackers.com) 접속 후 로그인
▶ 상단의 [교재·서점 → 무료학습자료] 클릭
▶ 본 교재의 [자료받기] 클릭하여 이용

ː합격으로 이끄는 이 책의 특징 및 구성

실전을 그대로 보여 주는 동형모의고사로 합격 실력 완성!

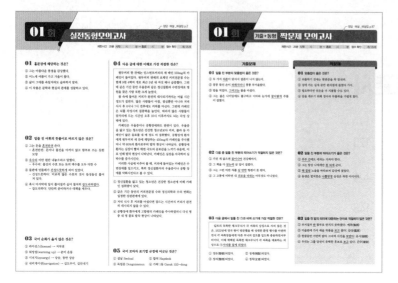

① 실전동형모의고사 13회분

실제 군무원 국어 시험의 난이도, 영역별 문항 수, 문제 유형을 그대로 구현한 '실전동형모의고사' 13회분으로 실전 감각을 극대화하고 철저히 시험에 대비할 수 있도록 하였습니다.

② 기출+동형 짝문제 모의고사 3회분

시험에 또 나올 주요 기출문제와 비슷한 유형의 동형 문제를 나란히 배치한 '기출+동형 짝문제 모의고사' 3회분으로 빈출 유형 파악 및 빈출 포인트의 반복 학습 효과를 동시에 볼 수 있습니다. 이로써 실전에서 비슷한 유형의 문제가 출제될 것에 완벽 대비할 수 있습니다.

취약영역 분석부터 보충·심화 학습까지 가능한 만능 해설!

① 정답표&취약영역 분석표

문제의 영역이 표시된 정답표를 통해 맞거나 틀린 문제의 정보를 바로 확인할 수 있습니다. 또한 '취약영역 분석표'를 통해 자신의 약점을 스스로 진단하고 취약한 영역을 집중적으로 보완할 수 있습니다.

② 정답 설명·오답 분석

정답의 근거는 물론 오답의 이유까지 제공하는 상세한 해설을 통해 한 문제를 풀더라도 여러 문제를 푼 것과 같은 효과를 얻을 수 있습니다.

③ 지문 풀이

고전 문학 작품의 현대어 풀이를 수록하여 지문을 해석하고 이해하는 데 효과적입니다.

④ 이것도 알면 합격!

문학 작품에 대한 지식이나 시험에 출제될 가능성이 높은 내용을 정리하여, 목표 점수 달성에 필요한 보충·심화 학습을 할 수 있습니다.

어법 개념부터 어휘 암기까지 확실하게 책임지는 학습 구성!

① 핵심 어법 마무리 체크

시험에 자주 출제되는 어법 개념을 완벽히 이해했는지 선택형 퀴즈를 풀어 보며 스스로 점검할 수 있습니다. 이를 통해 군무원 시험 합격을 위해 꼭 알아 두어야 할 어법 핵심 개념을 복습하고 확실히 암기할 수 있습니다.

② 필수 어휘암기장 (PDF)

해커스군무원 사이트(army.Hackers.com)에서 교재에 수록된 필수 어휘를 모은 〈필수 어휘암기장〉 PDF를 무료로 제공합니다. 이를 통해 반드시 숙지해야 할 어휘나 표현을 편리하게 복습하고 암기할 수 있습니다.

군무원 시험 목표 점수 달성을 위한 특별한 콘텐츠!

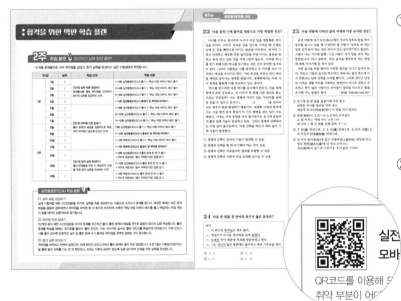

① 합격을 위한 막판 학습 플랜

단계별 문제풀이로 실력 향상이 가능한 2주 학습 플랜과, 시험 직전 문제풀이에 집중할 수 있는 1주 학습 플랜을 제공하고 있습니다. 이를 통해 단기간에 계획적으로 문제풀이 학습이 가능합니다.

② 모바일 자동 채점+성적 분석 서비스

각 회차의 모의고사 문제를 푼 후 QR코드로 서비스에 접속하여 손쉽게 채점할 수 있으며, 성적 분석 서비스를 통해 나의 취약 부분과 현재 위치를 점검할 수 있습니다.

◦ 영역별 출제 경향과 학습 전략

어법

📁 최신 출제 경향

- 군무원 국어 시험에서 어법 영역의 출제 비중이 가장 높음
- 그중 표준 발음법·한글 맞춤법·표준어 규정·외래어 표기법·로마자 표기법 등을 다루는 어문 규정의 출제 빈도 및 비중이 가장 큰 편임
- 필수 문법에서는 품사의 구분, 높임 표현에 대해 묻는 문제들이 자주 출제됨
- 어문 규정에서는 띄어쓰기, 맞춤법에 맞는 표기에 대해 묻는 문제들이 자주 출제됨

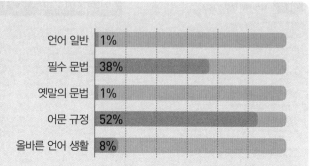

언어 일반 1%
필수 문법 38%
옛말의 문법 1%
어문 규정 52%
올바른 언어 생활 8%

[최근 4개년 어법 문제 유형별 출제 비율]

학습 전략

① 채점 후 모든 문제의 정답 설명과 오답 분석을 읽고 문제에서 묻는 포인트와 맞거나 틀린 이유를 반드시 점검합니다.

② 약점 보완 해설집의 '이것도 알면 합격'에 제시된 어법 포인트를 참고하여, 주요 어법 개념을 정리합니다.

③ 각 회차 마지막에 수록된 '핵심 어법 마무리 체크' 선택형 퀴즈를 풀어 보며 자신의 취약한 부분을 파악하고, 이를 보완하기 위해 반복 학습합니다.

비문학

📁 최신 출제 경향

- 비문학 영역은 제시문의 내용을 바탕으로 추론하여 푸는 문제와 글에 언급된 내용을 정확히 파악하는 문제의 출제 비중이 높음
- 사실적 독해에서는 주제 및 중심 내용을 파악하거나 제시문의 내용과 일치 여부를 확인하는 문제가 주로 출제됨
- 추론 및 비판적 독해에서는 문단이나 문장을 배열하거나 적절한 접속어의 사용을 묻는 등 글의 구조를 파악하는 문제가 주로 출제됨

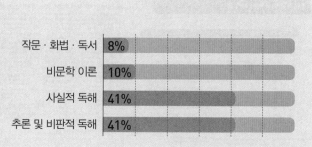

작문·화법·독서 8%
비문학 이론 10%
사실적 독해 41%
추론 및 비판적 독해 41%

[최근 4개년 비문학 문제 유형별 출제 비율]

학습 전략

① 제시문에서 언급된 내용과 선택지 내용의 일치 여부를 빠르게 파악하고 이해할 수 있도록 꾸준히 연습합니다.

② 제시문의 길이가 길어지는 추세이므로, 회차마다 시작 시각과 종료 시각을 기록하여 문제풀이 시간을 단축하는 연습을 합니다.

문학

📁 최신 출제 경향

- 문학 영역에서는 운문 문학 작품이 주로 출제되며, 작품 속 시어나 시구의 의미, 화자의 정서 및 태도를 묻는 문제의 비중이 가장 높음
- 이전에는 문학사나 문학 이론을 묻는 문제가 주로 출제되었으나, 최근에는 작품의 갈래에 대한 배경 지식이나 작품 자체에 대한 지식을 묻는 문제의 출제 비중이 높아짐
- 작품을 종합적으로 감상하는 능력을 평가하는 문제도 출제되므로 작품 분석 능력을 길러야 함

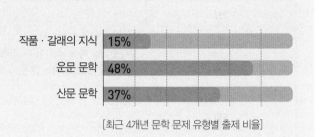

작품·갈래의 지식 15%
운문 문학 48%
산문 문학 37%

[최근 4개년 문학 문제 유형별 출제 비율]

학습 전략

① 현대 문학의 경우, 낯선 작품이 출제되어도 당황하지 않도록 다양한 작품의 문제를 많이 풀어 보아야 합니다.

② 고전 문학은 작품이 반복 출제되는 경향이 있으므로 기출된 작품은 반드시 학습하고, 갈래별 특징을 암기해야 합니다.

어휘

📁 최신 출제 경향

- 한자어 문제의 출제 비중이 가장 높으며 한자 성어와 고유어의 출제 비중도 높음
- 한자어는 문제의 난도가 높은 편이며, 주로 한자어의 표기·의미·고유어와의 대응 관련 문제가 출제됨
- 한자 성어의 경우 기출 어휘가 반복 출제되기도 하며, 최근에는 독음 없이 출제되는 추세임
- 최근에 문학 작품 또는 비문학 지문과 연계된 어휘 문제가 늘어나고 있음

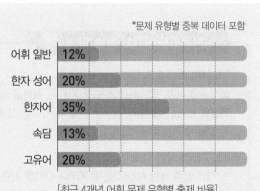

*문제 유형별 중복 데이터 포함

어휘 일반 12%
한자 성어 20%
한자어 35%
속담 13%
고유어 20%

[최근 4개년 어휘 문제 유형별 출제 비율]

학습 전략

① 기출 어휘에서 출제 예상 어휘로 학습 범위를 점차 넓혀 가되, 매일 꾸준히 반복하여 어휘를 암기해야 합니다.

② 해커스군무원 사이트(army.Hackers.com)에서 무료로 제공하는 〈필수 어휘암기장〉 PDF를 활용하여 실전동형모의고사에 출제된 어휘를 반복 학습합니다.

합격을 위한 막판 학습 플랜

2주 학습 플랜 ✌ 차근차근 실력 향상 플랜!

• 단계별 문제풀이로 국어 취약점을 없애고, 합격 실력을 완성하고 싶은 수험생에게 추천합니다.

주/일		날짜	학습 단계	학습 내용
1주	1일	/	[1단계] 실력 최종 점검하기 문제풀이를 통해 취약점을 파악하여 본인의 실력을 점검하는 단계	1~2회 실전동형모의고사 풀기 + '핵심 어법 마무리 체크' 풀기
	2일	/		3~4회 실전동형모의고사 풀기 + '핵심 어법 마무리 체크' 풀기
	3일	/		5~6회 실전동형모의고사 풀기 + '핵심 어법 마무리 체크' 풀기
	4일	/		1~6회 실전동형모의고사 총정리 및 취약점 파악하기
	5일	/	[2단계] 취약점 막판 없애기 틀린 문제의 해설을 집중적으로 학습 하여 취약점이 없도록 만드는 단계	7~8회 실전동형모의고사 풀기 + '핵심 어법 마무리 체크' 풀기
	6일	/		9~10회 실전동형모의고사 풀기 + '핵심 어법 마무리 체크' 풀기
	7일	/		11~12회 실전동형모의고사 풀기 + '핵심 어법 마무리 체크' 풀기
2주	8일	/		13회 실전동형모의고사 풀기 + '핵심 어법 마무리 체크' 풀기
	9일	/		7~13회 실전동형모의고사 총정리 및 취약점 파악하기
	10일	/		1~3회 짝문제 모의고사 풀기 + '핵심 어법 마무리 체크' 풀기
	11일	/		1~3회 짝문제 모의고사 총정리 및 취약점 파악하기
	12일	/	[3단계] 합격 실력 완성하기 틀린 문제들을 한번 더 복습하여 만점 을 위한 합격 실력을 완성하는 단계	1~6회 실전동형모의고사 틀린 문제 한 번 더 풀기 + PDF로 제공되는 〈필수 어휘암기장〉 집중 암기
	13일	/		7~13회 실전동형모의고사 틀린 문제 한 번 더 풀기 + PDF로 제공되는 〈필수 어휘암기장〉 집중 암기
	14일	/		1~3회 짝문제 모의고사 틀린 문제 한 번 더 풀기 + PDF로 제공되는 〈필수 어휘암기장〉 집중 암기

실전동형모의고사 학습 방법 💡

01. 실력 최종 점검하기
실제 시험처럼 제한 시간(25분)을 지키며, 실력을 최종 점검한다는 마음으로 모의고사 문제를 풉니다. 채점한 후에는 모든 문제 해설을 꼼꼼히 공부하면서 취약점을 파악한 후 각 회차의 마지막에 수록된 '핵심 어법 마무리 체크'를 풀고 헷갈리는 어법 개념이 없을 때까지 집중적으로 암기합니다.

02. 취약점 막판 없애기
1단계와 같이 제한 시간(25분)을 지키며 문제를 차근차근 풀되, 틀린 문제의 해설을 위주로 꼼꼼히 읽으며 집중 학습합니다. 틀린 문제를 학습할 때에는 '포인트를 몰라서' 틀린 것인지, '아는 것이지만 실수로' 틀린 것인지를 확실하게 파악합니다. 이때 모의고사를 풀어 갈수록 반복적인 실수 및 틀린 문제 수가 줄게끔 취약점을 완벽히 없애는 것이 중요합니다.

03. 합격 실력 완성하기
취약점을 파악하고 완벽히 없앴다면, 전체 회차의 모의고사에서 틀린 문제만 골라 막판 점검합니다. 또한 〈필수 어휘암기장(PDF)〉을 통해 필수 어휘를 다시 한 번 확인하고, 모르는 어휘와 표현이 없도록 집중 암기하여 만점을 위한 실력을 완성합니다.

1주 학습 플랜 👆 단기 실력 완성 플랜!

• 시험 직전 막판 1주 동안 문제풀이에 집중하여, 실전 감각을 극대화하고 싶은 수험생에게 추천합니다.

주/일		날짜	학습 내용
1주	1일	/	1~4회 실전동형모의고사 풀기 ① 모의고사를 풀고 해설을 꼼꼼히 학습하기　② '핵심 어법 마무리 체크' 풀기
	2일	/	5~8회 실전동형모의고사 풀기 ① 모의고사를 풀고 해설을 꼼꼼히 학습하기　② '핵심 어법 마무리 체크' 풀기
	3일	/	**1~8회 실전동형모의고사 총정리하기**
	4일	/	9~13회 실전동형모의고사 풀기 ① 모의고사를 풀고 해설을 꼼꼼히 학습하기　② '핵심 어법 마무리 체크' 풀기
	5일	/	1~3회 짝문제 모의고사 풀기 ① 모의고사를 풀고 해설을 꼼꼼히 학습하기　② '핵심 어법 마무리 체크' 풀기
	6일	/	**16회분 모의고사 총정리하기**
	7일	/	**시험 직전 막판 점검하기** ① 16회분 모의고사 틀린 문제 한 번 더 풀기　② PDF로 제공되는 〈필수 어휘암기장〉 집중 암기

실전동형모의고사 학습 방법 💡

01. 각 회차 모의고사를 풀고 '핵심 어법 마무리 체크' 풀기

(1) 모의고사를 풀고 해설 학습하기

　① 실제 시험처럼 제한 시간(25분)을 지키며 모의고사 문제를 풉니다.

　② 채점 후 틀린 문제를 중심으로 해설을 꼼꼼히 학습합니다. 해설을 학습할 때에는 틀린 문제에 나온 포인트를 정리하고 반복해서 암기함으로써 이후에 동일한 포인트의 문제를 틀리지 않도록 합니다. 또한 '이것도 알면 합격!'에서 제공하는 보충·심화 개념까지 완벽히 암기합니다.

(2) '핵심 어법 마무리 체크'로 어법 개념 점검하기

　① 매회 마지막에 수록된 '핵심 어법 마무리 체크'를 풀고, 헷갈리는 어법 개념이 없을 때까지 집중적으로 암기합니다.

　② 잘 안 외워지는 어법 개념에는 체크를 해 두고, 확실히 암기할 때까지 반복 학습합니다.

02. 모의고사 총정리하기

(1) 틀린 문제를 풀어 보고, 반복해서 틀리는 문제는 해설의 정답 설명, 오답 분석을 다시 한 번 꼼꼼히 읽어 모르는 부분이 없을 때까지 확실히 학습합니다.

(2) '핵심 어법 마무리 체크'에서 체크해 둔 어법 개념이 완벽하게 암기되었는지 최종 점검합니다.

03. 시험 직전 막판 점검하기

시험 전날에는 전체 회차의 모의고사에서 틀린 문제만 골라 최종 점검합니다. 또한 〈필수 어휘암기장(PDF)〉을 통해 필수 어휘를 다시 한 번 확인하고, 모르는 어휘와 표현이 없도록 집중 암기하여 만점을 위한 실력을 완성합니다.

합격으로 이끄는 군무원 국어 학습 전략!

*최근 4개년 군무원 9급 시험 기준, 영역 혼합 문제 포함

어법

어문 규정의 조항과 용례를 확실히 암기해야 한다.

어법 영역은 군무원 국어 시험에서 가장 많이 출제되는 분야입니다. 특히 한글 맞춤법, 표준어 사정 원칙과 같은 어문 규정과 관련된 개념을 묻는 문제는 매년 반드시 출제됩니다. 따라서 어문 규정의 조항이 의미하는 바를 각 조항이 실제 언어 생활에 적용된 사례를 중심으로 확실하게 암기해야 합니다.

비문학 · 문학

독해 능력을 기르고 문학 작품에 대한 지식을 쌓아야 한다.

비문학 영역은 그동안 글의 주제 또는 세부 내용을 파악하는 사실적 독해 문제가 많이 출제되었으나, 최근에는 내용을 추론하거나 글의 구조를 파악하는 추론 및 비판적 독해 문제의 출제 비중이 늘고 있어 이에 대한 대비가 필요합니다. 또한 문학 영역에서는 작품 · 갈래에 대한 지식을 묻는 지식형 문제가 많이 출제되므로 이와 관련된 개념이나 이론을 따로 정리해 두어야 합니다.

어휘

다른 영역과 연계된 문제를 철저히 대비해야 한다.

어휘 영역에는 한자어와 한자 성어가 가장 많이 출제되지만 속담과 고유어를 묻는 문제 또한 높은 출제 비중을 차지하고 있으므로 대비해야 합니다. 특히 한자는 독음 없이 출제되는 경우도 있으므로 음과 뜻까지 모두 정리해야 합니다. 최근에는 비문학 · 문학 영역과 연계된 문제도 많이 출제되므로, 지문의 내용을 정확히 파악하고 이에 적절한 어휘를 찾는 연습이 필요합니다.

실전동형
모의고사

: 01~13회

잠깐! 모의고사 전 확인사항

모의고사도 실전처럼 문제를 푸는 연습이 필요합니다.

- ✔ 휴대전화는 전원을 꺼주세요.
- ✔ 연필과 지우개를 준비하세요.
- ✔ 제한시간 25분 내 최대한 많은 문제를 정확하게 풀어보세요.

매회 실전동형모의고사 전, 위 상황을 점검하고 시험에 임하세요.

01회 실전동형모의고사

제한시간 : 25분 시작 시 분 ~ 종료 시 분 점수 확인 개/ 25개

01 홑문장에 해당하는 것은?

① 그는 아름다운 풍경을 감상했다.
② 어느새 여름이 가고 가을이 왔다.
③ 삶이 그대를 속일지라도 슬퍼하지 말라.
④ 이 작품은 문학과 현실의 관계를 성찰하고 있다.

02 밑줄 친 어휘의 뜻풀이로 바르지 않은 것은?

① 그는 돈을 흔전만전 쓴다.
 – 흔전만전: 돈이나 물건을 아끼지 않고 함부로 쓰는 듯한 모양
② 우수리 이만 원만 내놓으라고 말했다.
 – 우수리: 물건의 수효 또는 돈의 액수를 모두 더한 수
③ 들판에 민들레가 건성드뭇하게 피어 있었다.
 – 건성드뭇하다: 비교적 많은 수효의 것이 듬성듬성 흩어져 있다.
④ 혹시 마지막에 일이 틀어질까 싶어 철저히 잡도리하였다.
 – 잡도리하다: 단단히 준비하거나 대책을 세우다.

03 국어 순화가 옳지 않은 것은?

① 라이선스(license) → 저작권
② 워밍업(warming up) → 준비 운동
③ 시너지(synergy) → 상승, 동반 상승
④ 내비게이션(navigation) → 길도우미, 길안내기

04 다음 글에 대한 이해로 가장 적절한 것은?

　원두커피 한 잔에는 인스턴트커피의 세 배인 150mg의 카페인이 들어있다. 원두커피 판매의 요체인 커피전문점 수는 현재 9천 4백여 개로 최근 5년 새 여섯 배나 급증했다. 그런데 같은 기간 동안 우울증과 같은 정신질환과 수면장애로 병원을 찾은 사람 또한 크게 늘었다.
　몸 속에 들어온 커피가 완전히 대사되기까지는 여덟 시간 정도가 걸린다. 많은 사람들이 아침, 점심뿐만 아니라 저녁 식사 후 6시나 7시 전후에도 커피를 마신다. 그런데 카페인은 뇌를 각성시켜 집중력을 높인다. 따라서 많은 사람들이 잠자리에 드는 시간인 오후 10시 이후까지도 뇌는 각성 상태에 있다.
　카페인은 우울증이나 공황장애와도 관련이 있다. 우울증을 앓고 있는 청소년은 건강한 청소년보다 커피, 콜라 등 카페인이 많은 음료를 네 배 정도 더 섭취했다. 공황장애 환자에게 원두커피 세 잔에 해당하는 450mg의 카페인을 주사했더니 약 60%의 환자로부터 발작 현상이 나타났다. 공황장애 환자는 심장이 빨리 뛰면 극도의 공포감을 느끼기 쉬운데, 이로 인해 발작 현상이 나타난다. 카페인은 심장을 자극하여 심박수를 증가시킨다.
　이러한 사실에 비추어 볼 때, 커피에 들어있는 카페인은 수면장애를 일으키고, 특히 정신질환자의 우울증이나 공황 장애를 악화시킨다고 볼 수 있다.

① 정신질환을 앓고 있는 청소년은 건강한 청소년에 비해 카페인 섭취량이 낮다.
② 같은 기간 동안의 커피전문점 수와 정신의학과 수의 변화는 일정한 상관관계에 있다.
③ 저녁 식사 후 커피를 마셨다면 잠드는 시간까지 커피가 완전히 대사되지 않을 수 있다.
④ 공황장애 환자에게 고함량의 카페인을 주사하였더니 다섯 명 중 네 명 꼴로 발작 현상이 나타났다.

05 국어 로마자 표기법 규정에 어긋난 것은?

① 설날 Seolnal
② 합덕 Hapdeok
③ 독립문 Dongnimmun
④ 가락 1동 Garak 1(il)-dong

06 밑줄 친 단어 중 사동사와 피동사의 형태가 다른 것은?

① 책을 재미있게 읽다.

② 진심 어린 사과에 마음이 녹다.

③ 다리를 다친 사람을 등에 업다.

④ 하루종일 식당에서 접시를 닦다.

08 밑줄 친 단어의 품사가 다른 것은?

① 과연 뜻대로 일이 풀릴까?

② 나는 매일 아침마다 산책을 한다.

③ 그는 몹시 기분이 상한 것 같았다.

④ 온갖 정성을 기울여 만든 음식이다.

07 ㉠의 처지와 관련된 속담으로 가장 적절한 것은?

응오가 이 아내를 찾아올 때 꼭 삼 년간을 머슴을 살았다. 그처럼 먹고 싶던 술 한잔 못 먹었고, 그처럼 침을 삼키던 그 개고기 한 매 물론 못 샀다. 그리고 사경을 받는 대로 꼭꼭 장리를 놓았으니 후일 선채로 썼던 것이다. 이렇게까지 근사를 모아 얻은 계집이련만 단 두 해가 못 가서 이 꼴이 되고 말았다.

그러나 이 병이 무슨 병인지 도시 모른다. 의원에게 한 번이라도 변변히 봬 본 적이 없다. 혹 안다는 사람의 말인즉 노점이니 어렵다 하였다. 돈만 있으면이야 노점이고 염병이고 알 바가 못 될거로되 사날 전 거리로 쫓아 나오며,

"성님!"

하고 팔을 챌 적에는 ㉠응오도 어지간히 급한 모양이었다.

"왜?"

응칠이가 몸을 돌리니 허둥지둥 그 말이, 인제는 별도리가 없다. 있다면 꼭 한 가지가 남았으니 그것은 엊그저께 산신을 부리는 노인이 이 마을에 오지 않았는가. 그 도인이 응오를 특히 동정하여 십오 원만 들이어 산치성을 올리면 씻은 듯이 낫게 해 주리라는데,

"성님은 언제나 돈 만들 수 있지유?"

"거, 안 된다. 치성 들여 날 병이 그냥 안 낫겠니."

하여 여전히 딱 떼고, 그러게 내 뭐래던, 예전에 계집 다 내버리고 날 따라나서랬지 하고,

"그래 농군의 살림이란 제 목매기라지!"

그러나 아우가 암말 없이 몸을 핵 돌리어 집으로 들어갈 제 응칠이는 속으로 또 괜한 소리를 했구나 하였다.

① 오려논에 물 터놓기

② 낙락장송도 근본은 종자

③ 호랑이가 굶으면 환관도 먹는다

④ 한 치 벌레에도 오 푼 결기가 있다

09 밑줄 친 부분의 한자어로 적절하지 않은 것은?

신종 코로나 바이러스는 2019년 12월 중국 우한에서 처음 발생한 이후 전 세계로 ㉠확산된, 호흡기 감염질환을 일으키는 바이러스다. 이는 감염자의 비말(침방울)이 호흡기나 눈·코·입의 점막으로 ㉡침투될 때 전염되는데, 만약 바이러스에 감염되면 약 2~14일의 잠복기를 거친 뒤 발열 및 기침, 호흡곤란 등의 증상이 나타난다.

코로나19는 타 바이러스 호흡기 감염병에 비해 질병 초기단계의 바이러스 배출량이 높은 것으로 ㉢추정되며, 질병이 발현하는 임상 증상과 영상의학적 진행 소견이 일치하지 않는 양상을 보인다. 따라서 감염자가 무증상이거나 비교적 증상이 ㉣경미할 경우 확진을 받기 전에 지역사회 감염이 이루어질 수 있으므로 각별한 주의가 필요하다.

① ㉠ 擴散

② ㉡ 浸投

③ ㉢ 推定

④ ㉣ 輕微

10 띄어쓰기가 옳지 않은 것은?

① 그 정도 양은 한 입 거리다.

② 그는 웃고만 있을 뿐 말이 없었다.

③ 요금은 시간 당 천 원씩 추가됩니다.

④ 너마저 나를 떠난다면 견디지 못할 거야.

11 언어 예절에 가장 알맞게 발화한 것은?

① (문상객이 상주에게)
호상(好喪)입니다.

② (잘못 걸려온 전화를 받았을 때)
전화 잘못 거셨습니다.

③ (직장에서 먼저 퇴근할 때 부하 직원에게)
먼저 갑니다. 수고하세요.

④ (방송에서 사회자가 연예인을 소개하며)
○○○ 씨를 모시겠습니다.

12 다음 글의 특징으로 적절하지 않은 것은?

> 나는 꿈꾸었노라, 동무들과 내가 가지런히
> 벌 가의 하루 일을 다 마치고
> 석양에 마을로 돌아오는 꿈을,
> 즐거이, 꿈 가운데.
>
> 그러나 집 잃은 내 몸이여,
> 바라건대는 우리에게 우리의 보습 대일 땅이 있었더면!
> 이처럼 떠돌으랴, 아침에 저물손에
> 새라 새로운 탄식을 얻으면서.
>
> 동이랴, 남북이랴,
> 내 몸은 떠나가니, 볼지어다,
> 희망의 반짝임은, 별빛이 아득임은.
> 물결뿐 떠올라라, 가슴에 팔다리에.
>
> 그러나 어쩌면 황송한 이 심정을! 날로 나날이 내 앞에는
> 자칫 가늘은 길이 이어 가라. 나는 나아가리라.
> 한 걸음, 또 한 걸음. 보이는 산비탈엔
> 온 새벽 동무들, 저 저 혼자…… 산경(山耕)을 김매이는.
> – 김소월, '바라건대는 우리에게 우리의 보습 대일 땅이 있었더면'

① 꿈과 현실을 대비하여 시상을 전개하고 있다.

② 화자는 현실을 극복하려는 의지를 드러내고 있다.

③ 어조의 변화를 통해 반성적 태도를 나타내고 있다.

④ 땅을 잃은 농부에 빗대어 국권과 국토를 상실한 우리 민족을 그리고 있다.

13 다음 시에 대한 이해로 가장 적절하지 않은 것은?

> 들길은 마을에 들자 붉어지고
> 마을 골목은 들로 내려서자 푸르러졌다
> 바람은 넘실 천 이랑 만 이랑
> 이랑 이랑 햇빛이 갈라지고
> 보리도 허리통이 부끄럽게 드러났다
> 꾀꼬리는 여태 혼자 날아 볼 줄 모르나니
> 암컷이라 쫓길 뿐
> 수놈이라 쫓을 뿐
> 황금 빛난 길이 어지럴 뿐
> 얇은 단장하고 아양 가득 차 있는
> 산봉우리야 오늘 밤 너 어디로 가 버리련?
> – 김영랑, '오월'

① 시적 대상에 화자의 감정을 이입하고 있다.

② 시선의 이동에 따라 시상이 전개되고 있다.

③ 자연물을 의인화하여 화자의 정서를 드러내고 있다.

④ 색채 대비를 통해 봄의 경치를 선명하게 드러내고 있다.

14 밑줄 친 부분의 비유 방식이 잘못 연결된 것은?

① 직유법: 강나루 건너서 밀밭 길을 <u>구름에 달 가듯이</u> 가는 나그네

② 은유법: 이번 장마는 지치지도 않고 계속 찾아오는 <u>끈질긴 불청객</u>이었다.

③ 환유법: 제 곡조를 못 이기는 사랑의 노래는 <u>님의 침묵(沈默)</u>을 휩싸고 돕니다.

④ 풍유법: 그의 계획은 겉으로는 그럴듯해 보이지만 사실 <u>요란한 빈 수레</u>와 다름없다.

※ 다음 글을 읽고 물음에 답하시오. [15 ~ 16]

[가] 『훈몽자회』에서는 자음의 이름을 'ㄱ:其役(기역), ㄴ:尼隱(니은), ㄷ:池末(디귿), ㄹ:梨乙(리을) … ㅋ:箕(키) … ㅊ:治(치)…'로 표시하고 있다. [나] 여기서 첫째 글자인 '其(기), 尼(니), 池(지→디), 梨(리)'는 첫소리에 사용되는 자음의 용례를 보인 것이고, 둘째 글자인 '役(역), 隱(은), 末(귿), 乙(을)'은 끝소리에 사용되는 자음의 용례를 보인 것이다. (㉠) 자음의 이름은 해당 자음이 첫소리와 끝소리에 모두 쓰이면 두 글자로 하고, 첫소리에만 쓰이면 '箕(키), 治(치)'와 같이 한 글자로 한 것임을 알 수 있다. 첫소리에는 사용되지만 끝소리로는 사용되지 않기 때문이다. [다] 『훈몽자회』가 현대의 자음 명칭과 다른 것이 있다면 '키, 티, 피, 지…' 등이 '키읔, 티읕, 피읖, 지읒…'으로 바뀐 것뿐이다. [라]

– 최경봉 외, '우리말의 수수께끼'

15 다음 〈보기〉의 위치로 가장 적절한 것은?

보기

우리가 지금 한글 자음의 이름을 '기역, 니은, 디귿…'으로 부르는 것은 『훈몽자회』에 나타난 자음의 이름을 한글로 적은 것이다.

① (가) ② (나) ③ (다) ④ (라)

16 ㉠에 들어갈 접속 부사로 가장 적절한 것은?

① 그런데 ② 따라서
③ 하지만 ④ 그리하여

17 다음 글에 대한 설명으로 적절하지 않은 것은?

"낭군은 소광통교에서 만났던 그분이 아니신지요? 저는 처음부터 낭군이 와 계시는 걸 알고 있었습니다. 벌써 스무 날째로군요. 나를 붙들지 마시어요. 제가 소릴 지르면 여기서 나갈 수 없을 것이옵니다. 나를 놓아주시면 저쪽 문을 열고 낭군을 맞이하겠사오니 어서 제 말대로 하시지요."
심생이 그 말을 믿고 물러서서 기다렸다. 소녀는 다시 벽을 따라 빙 돌아 들어가더니 방에 이르자 여종을 불러 말했다.
"어머니께 가서 주석으로 만든 큰 자물쇠를 좀 얻어 오너라. 밤이 너무 깜깜하여 무섭증이 이는구나."
여종이 안방으로 가더니 얼마 안 있어 자물쇠를 가지고 왔다.
소녀는 심생과 약속했던 뒷문으로 가 자물쇠를 걸더니 일부러 딸가닥 소리를 내며 손수 열쇠로 자물쇠를 채웠다.

– 이옥, '심생전'

① 인물의 대사를 중심으로 사건이 전개된다.
② 소녀가 지혜로운 인물임을 추측할 수 있다.
③ 특정한 행동을 통해 소녀의 의도가 드러난다.
④ 인물의 비범한 능력을 강조하여 신비성을 더한다.

18 다음 중 밑줄 친 부분과 가장 가까운 뜻을 지닌 한자 성어는?

내가 나무를 오래 살게 하고 잘 자라게 하는 것이 아닙니다. 나무가 지닌 본성을 거스르지 않고, 그의 본성을 다하도록 돌보아 줄 뿐입니다. 나무의 본성이란 뿌리는 바르게 뻗으려 하고, 북돋움은 고르길 바라고, 그 흙은 옛것이고 싶어 하고, 뿌리 사이를 꼭꼭 다져 주기를 바랍니다. 이런 다음에는, 건드리지 않고 걱정하지 말며 더 이상 돌아보지 않고 내버려 두어, 처음 심을 때는 자식과 같으나 심은 다음에는 아주 내버린 것처럼 하면, 나무의 본성이 온전히 보존되어 그 본성에 따라 잘 자라는 것입니다.

① 無爲徒食 ② 遊衣遊食
③ 花紅柳綠 ④ 不偏不黨

19 작가의 견해와 가장 거리가 가까운 것은?

국가를 다스리는 사람과, 함께 하늘이 맡겨 준 직분을 다스릴 사람은 인재(人才)가 아니고서는 되지 않는다. 하늘이 인재를 태어나게 함은 본래 한 시대의 쓰임을 위해서이다.

그래서 인재를 태어나게 함에는 고귀한 집안의 태생이라 하여 그 성품을 풍부하게 해주지 않고, 미천한 집안의 태생이라고 하여 그 품성을 인색하게 주지만은 않는다. 그런 때문에 옛날의 선철(先哲)들은 명확히 그런 줄을 알아서, 더러는 초야(草野)에서도 인재를 구했으며, 더러는 병사(兵士)의 대열에서 뽑아냈고, 더러는 패전하여 항복한 적장을 발탁하기도 하였다. 더러는 도둑 무리에서 고르며, 더러는 창고지기를 등용했었다. 그렇게 하여 임용한 사람마다 모두 임무를 맡기기에 적당하였고, 임용당한 사람들도 각자가 지닌 재능을 펼쳤었다. 나라는 복(福)을 받았고 다스림이 날로 융성하였음은 이러한 도(道)를 써서였다. 그래서 천하를 다스리는 큰 나라로서도 혹시라도 그러한 인재를 놓칠세라 오히려 염려하여, 근심 많은 듯 앉거나 누워서도 생각하고 밥상 머리에 앉아서도 탄식했었다.

그런데, 어찌해서 산림(山林)과 초택(草澤)에서 보배스러운 포부를 가슴에 품고도 벼슬하지 못하는 사람이 그렇게 흔하며, 영특하고 준수한 인재들이 지위 낮은 벼슬에 침체하여 끝내 그들의 포부를 시험하지 못하는 사람들이 그렇게도 많이 있는가! 정말로 인재를 모두 찾아내기도 어렵고, 쓰더라도 재능을 다하도록 하는 일은 또한 어렵다.

우리나라는 땅까지 좁아, 인재가 드물게 나옴은 옛부터 걱정하던 일이었다. 조선에 들어와서는 인재 등용하는 길이 더욱 좁아져, 대대로 벼슬하던 명망 높은 집안이 아니면 높은 벼슬에는 오를 수 없었고, 암혈(巖穴)이나 띳집에 사는 선비라면 비록 기재(奇才)가 있더라도 억울하게 쓰이지 못했다. 과거 출신(科擧出身)이 아니면 높은 지위에 오를 수 없어, 비록 덕업(德業)이 매우 훌륭한 사람도 끝내 경상(卿相)에 오르지 못한다.

－ 허균, '유재론(遺才論)'

* 경상(卿相): 판서나 정승

① 하늘은 가난하고 천한 사람들에게 더 많은 재주를 주었다.
② 진정으로 훌륭한 인재는 낮은 직책에서도 실력을 발휘한다.
③ 나쁜 일을 저질렀던 사람이더라도 재능이 있다면 등용해야 한다.
④ 현재의 과거 시험은 문제가 많으며 중국의 인재 양성 방식을 본받아야 한다.

20 다음 글에서 밑줄 친 ㉠과 바꿔 쓰기에 가장 적절한 것은?

미니멀리즘은 단순함과 간결함을 추구하는 예술 사조이다. 제2차 세계대전을 전후하여 시각 예술 분야에서 처음 ㉠나타난 이후 음악, 건축, 패션, 철학 등 여러 영역으로 확대되었다. 시각 예술 분야에서는 최소한의 색상을 사용해 기하학적인 뼈대만을 표현하는 단순한 형태의 미술작품이 주를 이루고 있다.

① 출범(出帆)한
② 출현(出現)한
③ 출시(出市)한
④ 출연(出演)한

21 다음 글의 내용과 가장 부합하는 것은?

융의 분석심리학에 따르면 인간의 무의식은 '개인 무의식'과 '집단 무의식'으로 나눌 수 있다. 개인 무의식이란 어떤 개인이 어릴 때부터 쌓아 온 의식적인 경험이 무의식 속에 억압됨으로써 그 사람의 생각, 감정, 행동에 영향을 주는 것을 말한다. 반면 집단 무의식은 태어날 때부터 누구에게나 선천적으로 갖추어져 있는 원초적이고 보편적인 무의식의 심층이다. 융의 분석심리학은 역사나 문화적 배경의 영향을 강조하는데, 융과 그의 제자들은 집단으로 전승되는 신화·전설·민담을 집단 무의식의 원형(原型)이 녹아들어 있는 지혜의 보고로 여겨 여러 민족의 신화·전설·민담을 광범위하게 분석했다.

① 개인 무의식과 집단 무의식은 상호보완적 관계에 있다.
② 인간이 어렸을 때부터 쌓아 온 다양한 경험은 집단 무의식의 형태로 나타난다.
③ 성적 충동이 억압되면 인간의 원초적인 본능은 무의식 속에 자리 잡게 된다.
④ 민족을 초월하여 나타나는 문학 작품의 공통적인 주제나 모티프는 집단 무의식이 반영된 것으로 볼 수 있다.

22 ㉠ ~ ㉣에 대한 설명으로 옳지 않은 것은?

승상이 말하기를,

"사부는 어찌하면 소유로 하여금 춘몽을 깨게 하실 수 있나이까?"

노승이 이르기를,

"이는 어렵지 않도다."

하고 손에 잡고 있던 석장(錫杖)을 들어 돌난간을 두어 번 두드렸다. 갑자기 네 골짜기에서 구름이 일어나 누대(樓臺) 위를 뒤덮어 지척을 분변하지 못하였다. ㉠ 승상이 정신이 아득하여 마치 취몽 가운데에 있는 듯하여 한참 만에 소리를 질러 말하기를,

"사부는 어찌하여 정도(正道)로 소유를 인도하지 아니하고 환술(幻術)로써 희롱하시나이까?"

승상이 말을 마치지 못하여 구름이 걷히는데 노승은 간 곳이 없고 좌우를 돌아보니 팔 낭자도 간 곳이 없었다. ㉡ 승상이 매우 놀라 어찌할 바를 모르는 중에 높은 대와 많은 집들이 한순간에 없어지고 자기의 몸은 작은 암자의 포단 위에 앉았는데, 향로에 불은 이미 사라지고 지는 달이 창가에 비치고 있었다. 〈중 략〉

'㉢ 처음에 스승에게 책망을 듣고 풍도옥으로 가서 인간 세상에 환도하여 양가의 아들이 되었다. 그리고 장원급제를 하여 ㉣ 한림학사를 한 후 출장입상(出將入相), 공명신퇴(功名身退)하여 두 공주와 여섯 낭자로 더불어 즐기던 것이 다 하룻밤 꿈이로다. 이는 필연 사부가 나의 생각이 그릇됨을 알고 나로 하여금 이런 꿈을 꾸게 하시어 인간 부귀와 남녀정욕이 다 허무한 일임을 알게 한 것이로다.'

– 김만중, '구운몽'

① ㉠: '승상'의 감정을 직접적으로 서술하여 '노승'과의 갈등을 드러내고 있다.

② ㉡: 시공간적 배경 묘사를 통해 장면이 전환되었음을 밝히고 있다.

③ ㉢: 선계에서 인간계로 환생한 '승상'의 행적을 밝혀 전기적인 특성을 드러내고 있다.

④ ㉣: 꿈에서의 일을 압축적으로 제시하여 '나'가 인생무상의 깨달음을 얻게 된 계기를 보여주고 있다.

23 단어의 구조가 다른 것은?

① 단팥죽　　　　　② 우리말

③ 구경꾼　　　　　④ 고구마

24 다음 글의 내용과 가장 거리가 먼 것은?

암 치료에 사용되는 항암제는 세포 독성 항암제와 표적 항암제로 나뉜다. 파클리탁셀과 같은 세포 독성 항암제는 세포 분열을 방해하여 세포가 증식하지 못하고 사멸에 이르게 한다. 그러므로 세포 독성 항암제는 암세포뿐 아니라 정상 세포 중 빈번하게 세포 분열하는 종류의 세포도 손상시킨다. 이러한 세포 독성 항암제의 부작용은 이 약제의 사용을 꺼리게 하는 주된 이유이다. 반면에 표적 항암제는 암세포에 선택적으로 작용하도록 고안된 것이다.

암세포에서는 변형된 유전자가 만들어 낸 비정상적인 단백질이 세포 분열을 위한 신호 전달 과정을 왜곡하여 과다한 세포 증식을 일으킨다. 암세포가 종양으로 자라려면 종양 속으로 연결되는 새로운 혈관의 생성이 필수적이다. 표적 항암제는 암세포가 증식하고 종양이 자라는 과정에서 어느 단계에 개입하느냐에 따라 신호 전달 억제제와 신생 혈관 억제제로 나뉜다.

신호 전달 억제제는 암세포의 증식을 유도하는 신호 전달 과정 중 특정 단계의 진행을 방해한다. 신호 전달 경로는 암의 종류에 따라 다르므로 신호 전달 억제제는 특정한 암에만 치료 효과를 나타낸다. 〈중 략〉

신생 혈관 억제제는 암세포가 새로운 혈관을 생성하는 것을 방해한다. 암세포가 증식하여 종양이 되고 그 종양이 자라려면 산소와 영양분이 계속 공급되어야 한다. 종양이 계속 자라려면 종양에 인접한 정상 조직과 종양이 혈관으로 연결되고, 종양 속으로 혈관이 뻗어 들어와야 한다. 대부분의 암세포들은 혈관 내피 성장인자(VEGF)를 분비하여 암세포 주변의 조직에서 혈관 내피세포를 증식시킴으로써 새로운 혈관을 형성한다. 이러한 원리에 착안하여 종양의 혈관 생성을 저지할 수 있는 약제인 바시주맙이 개발되었다.

① 항암제의 분류

② 항암제의 부작용

③ 항암제의 작용 원리

④ 항암제의 발전 가능성

25 주장하는 말이 범하는 논리적 오류 유형이 다른 하나는?

① 내가 아는 A여고 학생들은 모두 공부를 잘해. 너도 A여고에 다닌다고 했으니 공부를 잘하겠구나.

② 감기에 걸렸는데 매운 음식을 먹고 나니 감기가 나았어. 매운 음식은 감기를 낫게 하는 데 효과가 있는게 분명해.

③ 어머니는 쌀국수를 좋아하시고, 이모도 쌀국수를 좋아하신다. 따라서 우리 외가 식구들은 모두 쌀국수를 좋아한다.

④ 권 대리는 지각을 한 적이 한 번도 없고, 이 주임과 박 주임도 매일 일찍 출근한다. 그러니 우리 회사 직원들 모두 근태 관리가 훌륭하다.

정답·해설 _해설집 p.2

실전동형모의고사 01회
모바일 자동 채점 + 성적 분석 서비스 바로 가기

QR코드를 이용해 모바일로 간편하게 채점하고 나의 실력이 어느 정도인지, 취약 부분이 어디인지 바로 파악해 보세요!

01회 핵심 어법 마무리 체크

☑ 다음 문장을 읽고 알맞은 단어에 ○표 하세요.

이론 문법

01 '봄이 오니 꽃이 피었다'는 홑문장 / 겹문장 이다.

02 '어제 빨간 모자를 샀다'는 홑문장 / 겹문장 이다.

03 '우리 집 앞마당에 드디어 장미꽃이 피었다'는 홑문장 / 겹문장 이다.

04 '느슨하다'와 '팽팽하다'는 유의 / 반의 관계의 단어이다.

05 '넉넉하다'와 '푼푼하다'는 유의 / 반의 관계의 단어이다.

06 '무르다'와 '야무지다'는 유의 / 반의 관계의 단어이다.

07 '동생이 혼자 밥을 먹고 있었다'에서 '혼자'의 품사는 관형사 / 부사 이다.

08 '둘째 며느리 삼아 보아야 맏며느리 착한 줄 안다'에서 '둘째'의 품사는 관형사 / 부사 이다.

09 '정녕 가시겠다면 고이 보내 드리리다'에서 '정녕'의 품사는 관형사 / 부사 이다.

10 '선생님'은 합성어 / 파생어 이다.

11 '밤나무'는 합성어 / 파생어 이다.

12 '날고기'는 합성어 / 파생어 이다.

어문 규정

13 '불을 일으켜 타게 하다'를 뜻하는 단어는 붙이다 / 부치다 이다.

14 '번철이나 프라이팬에 빈대떡 등의 음식을 익혀 만들다'를 뜻하는 단어는 붙이다 / 부치다 이다.

15 미역을 물에 담궈 / 담가 두었다.

16 국이 끓는 동안 생선도 졸였다 / 조렸다.

17 아침에 같은 직급의 동료에게 '좋은 아침!'이라고 인사하는 것은 표준 언어 예절에 맞는 / 맞지 않는 표현이다.

18 윗사람의 생일을 축하하며 '건강하십시오'라고 말하는 것은 표준 언어 예절에 맞는 / 맞지 않는 표현이다.

19 '끊기다'의 표준 발음은 [끈기다] / [끈키다] 이다.

20 '맑고'의 표준 발음은 [말꼬] / [막꼬] 이다.

21 소문으로 들었을뿐이다 / 들었을∨뿐이다.

22 남은 것은 희망뿐이다 / 희망∨뿐이다.

정답 | 01 겹문장 02 홑문장 03 홑문장 04 반의어 05 유의어 06 반의어 07 부사 08 관형사 09 부사 10 파생어 11 합성어 12 파생어 13 붙이다 14 부치다 15 담가 16 조렸다 17 맞지 않는 18 맞지 않는 19 [끈키다] 20 [말꼬] 21 들었을∨뿐이다 22 희망뿐이다

02회 실전동형모의고사

제한시간 : 25분 **시작** 시 분 ~ **종료** 시 분 점수 확인 개/ 25개

01 다음 중 준말이 아닌 것은?

① 밭사돈
② 편찮다
③ 삼발이
④ 엊그저께

02 다음 중 밑줄 친 '호곡장론(好哭場論)'이 수록된 곳은 어디인가?

> 보기
>
> 조선 후기의 대표적인 한문 수필 작품인 '호곡장론(好哭場論)'은 광활한 요동 벌판을 마주한 필자가 이를 '통곡할 만하다'라고 평가하는 발상의 전환이 돋보이는 작품이다.

① 과정록(過庭錄)
② 열하일기(熱河日記)
③ 예성야기화(禮成夜記話)
④ 요로원야화기(要路院夜話記)

03 다음 중 단위를 나타내는 명사의 띄어쓰기에 대한 설명과 예문이 옳지 않은 것은?

① 단위를 나타내는 명사는 띄어 쓴다.
  예 차 한 대, 국수 한 그릇
② 수를 적을 적에는 '천(千)' 단위로 띄어 쓴다.
  예 일억 이천삼백사십오만 육천칠백팔십구
③ 연월일, 시각을 나타내는 명사는 붙여 쓸 수 있다.
  예 여덟 시 오십구 분(원칙)/여덟시 오십구분(허용)
④ 순서를 나타내는 경우나 숫자와 어울려 쓰이는 경우에는 붙여 쓸 수 있다.
  예 제7 항(원칙)/제7항(허용)

04 다음 중 밑줄 친 부분이 사동 표현에 해당하지 않는 것은?

① 칭찬은 고래도 춤추게 <u>만든다.</u>
② 언니가 동생에게 옷을 <u>입게 했다.</u>
③ 친구들은 답지를 보고 정답을 <u>맞췄다.</u>
④ 선생님은 우리에게 교실 청소를 <u>시키셨다.</u>

05 ㉠과 ㉡이 비슷한 의미의 한자 성어가 아닌 것은?

	㉠	㉡
①	射魚指天	陸地行船
②	四顧無親	孤城落日
③	羊質虎皮	宿虎衝鼻
④	膠漆之交	刎頸之交

06 다음 중 한자 성어의 한자 표기가 잘못된 것은?

① 격화소양(隔靴搔癢)
② 괄목상대(刮目相對)
③ 경전하사(鯨戰蝦死)
④ 간담상조(肝膽想照)

07 밑줄 친 부분의 뜻풀이로 바르지 않은 것은?

오늘도 또 글렀구나. 금이 터지면 집을 한 채 사간다고 자랑을 하고 왔더니 이내 헛일이었다. 인제 ㉠좌기(挫氣)가 나서 낯을 들고 나갈 염의조차 없어졌다.

남편에게 저녁을 갖다 주고 딱하게 바라본다.

"인젠 꿔온 양식도 다 먹었는데……."

"새벽에 산제(山祭)를 좀 지낼 텐데 한번만 더 꿔와."

남의 말에는 대답 없고 ㉡유하게 흘게 늦은 소리뿐. 그리고 드러누운 채 눈을 지그시 감아 버린다.

"죽거리두 없는데 산제는 무슨……."

"듣기 싫어! 요망 맞은 년 같으니."

이 호통에 아내는 멈씰하였다. 요즘 와서는 무턱대고 공연스레 ㉢골만 내는 남편이 영 딱하였다. 환장을 하는지 밤잠도 아니 자고 소리만 빽빽 지르며 덤벼들려고 든다. 심지어 어린것이 좀 울어도 이 자식 갖다 내꾼지라고 ㉣북새를 피는 것이다.

– 김유정, '금 따는 콩밭'

① ㉠: 기세가 꺾여

② ㉡: 걱정 없이 뜬구름 잡는

③ ㉢: 벌컥 화만 내는

④ ㉣: 부산을 떨며 법석이는

08 다음 중 단어의 형성 원리가 다른 것은?

① 한여름　　　② 소나무

③ 개살구　　　④ 짓밟다

09 다음 글의 연결 순서로 가장 적절한 것은?

(가) 주시경은 국어학사에서 길이 기억될 연구 업적을 남겼을 뿐 아니라, 국어 교육자로서도 큰 공헌을 하였다. 그는 언어를 민족의 정체성을 나타내는 징표로 보았으며, 국가와 민족의 발전이 말과 글에 달려 있다고 생각하여 국어 교육에 온 힘을 다하였다. 여러 학교에서 우리말을 가르쳤을 뿐만 아니라, 국어 강습소를 만들어 장차 교사가 될 사람들에게 국어 문법을 체계적으로 교육하였다. 이러한 교육은 그의 국어학 연구가 없었더라면 불가능한 일이었다.

(나) 한힌샘 주시경은 국어학자이면서 국어 교육자이다. 그는 과학적이고 독창적인 국어 연구를 통해 국어학을 하나의 학문으로 정립시켰을 뿐 아니라 국어 교육의 필요성을 널리 인식시키기 위해 노력하였다. 또한 맞춤법의 통일 같은 국어 정책의 수립에도 관심을 갖고 참여하였다.

(다) 국어학자로서 주시경은 근대 국어학의 기틀을 세운 선구적인 인물이었다. 과학적 연구 방법이 전무하다시피 했던 국어학 연구에서, 그는 단어의 원형을 밝혀 적는 형태주의적 입장을 가지고 독자적으로 문법 현상을 분석하고 이론으로 체계화하는 데 힘을 쏟았다. 이를 위해 순수 고유어를 사용하여 학술 용어를 만들기도 했다. 오늘날의 관점에서 보면 모호하거나 엄밀하지 못한 부분이 있는 것도 사실이지만, 그의 연구는 체계적이고 분석적이었을 뿐 아니라 놀라운 통찰력을 보여 주는 것이었다. 특히 '늦씨'와 '속뜻'의 개념을 도입한 것은 주목할 만하다.

(라) 그는 단어를 뜻하는 '씨'를 좀 더 작은 단위로 분석하면서 여기에 '늦씨'라는 이름을 붙였다. 예컨대 '해바라기'를 '해^바라^기', '이더라'를 '이^더라'처럼 늦씨 단위로 분석했다. 이는 그가 오늘날 '형태소'라 부르는 것과 유사한 개념을 인식하고 있었음을 보여 준다. 이것은 1930년대에 언어학자 블룸필드가 이 개념을 처음 사용하기 훨씬 이전이었다. 또한 그는 숨어 있는 구조인 '속뜻'을 통해 겉으로는 구조를 파악하기 어려운 문장을 분석했고, 말로 설명하기 어려운 문장의 계층적 구조는 그림을 그려 풀이하는 방식으로 분석했다. 이러한 방법은 현대 언어학의 분석적인 연구 방법과 유사하다는 점에서 연구사적 의의가 크다.

① (가) – (라) – (나) – (다)

② (나) – (다) – (라) – (가)

③ (다) – (가) – (나) – (라)

④ (라) – (가) – (다) – (나)

10 다음 중 단어의 뜻풀이가 옳지 않은 것은?

① 몸가축: 몸을 매만지고 다듬음

② 해거름: 해가 서쪽으로 넘어가는 일. 또는 그런 때

③ 나이배기: 겉보기보다 나이가 많은 사람을 낮잡아 이르는 말

④ 앤생이: 행동이나 성격 등이 까다로울 만큼 빈틈이 없고 알뜰한 사람

11 다음 중 〈보기〉에서 로마자 표기가 옳은 것으로만 짝지어진 것은?

보기
ㄱ 칠곡(Chilgok)   ㄴ 낙성대(Nagseongdae)
ㄷ 압구정(Apggujeong)   ㄹ 울산(Ulssan)
ㅁ 해운대(Hae-undae)   ㅂ 묵호(Mukho)
---

① ㄱ, ㄴ, ㄷ   ② ㄱ, ㅁ, ㅂ

③ ㄴ, ㄷ, ㄹ   ④ ㄹ, ㅁ, ㅂ

12 다음 중 밑줄 친 어휘가 잘못 쓰인 것은?

① 바쁜 와중에도 알짬을 내서 이삿짐을 옮겼다.

② 질성이는 너울가시가 좋아서 주변에 친구가 낳다.

③ 승룡이는 나에게 잘 보이려고 한동안 엉너리를 부렸다.

④ 준현이는 그 일을 처리하는데 날포나 걸렸다고 투덜거렸다.

13 다음 작품과 같은 갈래에 대한 설명으로 옳지 않은 것은?

홍진(紅塵)에 뭇친 분네 이내 생애 엇더ᄒᆞ고
넷 사람 풍류를 미츨가 못 미츨가
천지간(天地間) 남자 몸이 날만ᄒᆞᆫ 이 하건마ᄂᆞᆫ
〈중 략〉
단표누항(簞瓢陋巷)에 훗튼 혜음 아니ᄒᆞ닉
아모타 백년행락(百年行樂)이 이만ᄒᆞᆫ들 엇지ᄒᆞ리

– 정극인, '상춘곡'
---

① 3장 6구 45자 내외의 단시조를 중첩한 형태이다.

② 조선 후기에 창작된 작품은 사실적인 경향을 띠기도 한다.

③ 3·4조 또는 4·4조의 음수율과 4음보의 음보율을 지닌다.

④ 마지막 행의 형식에 따라 정격(正格)과 변격(變格)으로 나뉜다.

14 다음 중 〈보기〉에서 밑줄 친 단어의 맞춤법 표기가 옳은 것으로만 짝지어진 것은?

보기
ㄱ 장끼는 다른 말로 수꿩이라고 한다.
ㄴ 이 산에는 수염소들이 많이 삽니다.
ㄷ 할아버지 집에 가면 버려진 숫기와들이 많다.
ㄹ 덕유는 한눈에 숫쥐와 암쥐를 판별할 수 있다.
ㅁ 물에 빠진 것은 숙자네 수탕나귀였다.
ㅂ 우리 집 마당에는 숫돼지들이 가득하다.
---

① ㄱ, ㄴ, ㅂ   ② ㄱ, ㄹ, ㅁ

③ ㄴ, ㄷ, ㅂ   ④ ㄷ, ㄹ, ㅁ

15 다음 글에서 필자의 견해로 볼 수 없는 것은?

> 국어사전에는 대개 표준어 외에도 그 시대의 방언이 함께 들어간다. 그런데 방언 어휘는 그 수효가 엄청나게 많아서 대사전이라고 해도 이를 다 수용한다는 것은 현실적으로 어려움이 많다. 대사전을 표방한다면 학계에서 검증된 방언 어휘는 모두 실어야 원칙이겠지만, 현실적으로는 그렇지 못하다. 더구나 상업적인 대사전으로서 방언 수록에 제한을 둔다면 올림말로 채택할 낱말을 고르는 작업이 필요한데, 그 취사의 기준은 만만하지 않다. 방언 낱말의 총합이 표준어의 그것보다 훨씬 적도록 올림말 수를 설정한다고 할 때 어떠한 방언 낱말 또는 어떠한 방언형만을 고를 것인가에 대한 기준과 범위를 가급적 뚜렷하게 설정하여야 한다.
>
> 우선 그것이 일상어이거나 일상어에서 비교적 멀지 않은 낱말부터 선택하여야 할 것이다. 어차피 모든 방언 낱말을 실을 수 없다면, 일상어가 버려지고 희귀어가 선택되는 것은 온당하지 않다. 이때 표준어에서는 희귀어라도 해당 방언에서는 자주 쓰이는 낱말이라면 선택해야 한다. 방언에서의 기준은 그 해당 방언 체계 안에서 찾아야 한다. 방언에서는 자주 쓰이는 낱말이지만 표준어에서 제대로 대응되는 말이 없는 경우도 많기 때문이다.
>
> 다음으로는, 그것이 통용되는 지역이 어느 정도 넓은 범위를 가진 방언 낱말을 우선하여야 한다. 하나의 군(郡)안에서만 쓰이는 말보다는 도(道) 전체에서 또는 여러 군에서 사용하는 말이 먼저 선택됨은 당연하다. 최소한 서너 개 이상의 군(郡)이나 시(市)에서 조사 보고된 방언형이라야 선택 논의의 대상이 될 만하다. 이는 극단적으로 바로 이웃한 두세 개 면 정도에서 사용되는 국부성은 넘는 사용 분포인 것이다.

① 대사전이라고 해도 모든 방언 어휘를 싣기는 어렵다.

② 방언에서 자주 쓰이는 말이지만 표준어에서는 희귀어인 경우도 있다.

③ 대사전에 수록될 방언을 선정하는 기준에는 사용 빈도와 사용 분포가 있다.

④ 통용되는 지역이 협소한 방언이라도 자주 쓰이는 낱말이라면 올림말로 설정한다.

16 〈보기〉에서 밑줄 친 부분의 발음이 표준 발음법에 맞는 것으로만 묶인 것은?

> 보기
> • 그는 몰래 이죽이죽 웃었다.
> • 그녀는 옷을 참 잘 입고 다닌다.
> • 위험하니 샛길로 걷지 말고 큰길로 가라.
> • 선생님의 송별연이 다음 주 목요일이다.

① [이중니죽] – [잘립꼬] – [샌ː낄] – [송ː별련]

② [이주기죽] – [자립꼬] – [샌ː낄] – [송ː벼련]

③ [이중니죽] – [잘립꼬] – [새ː낄] – [송ː벼련]

④ [이주기죽] – [자립꼬] – [새ː낄] – [송ː별련]

※ 다음 글을 읽고 물음에 답하시오. [17~19]

(가) 자연 현상처럼 언어에도 일정한 작용 원리와 질서가 내재해 있다. (①) 혹성은 훈련받지 않은 관찰자에게는 밤하늘을 무질서하게 떠도는 것처럼 보이지만, 실제로 그 운행은 맨눈에는 드러나지 않는 자연법칙의 통제를 받고 있다. (②) 먼저, 언어의 구조적 특성인 '규칙(規則, rule)'에 대해서 살펴보기로 한다. 어떤 문장에 대하여 '문법에 맞다'거나 '문법에 어긋나다'라고 하는데, 이 경우 문법은 ㉠단어들을 엮어 올바른 문장을 구성하는 규칙을 말한다. (③) 단어가 규칙에 따라 주어, 목적어, 서술어와 같은 성분을 형성하고 각 성분이 어순에 따라 제대로 배열되면 '문법적인 문장'이 만들어지는 반면, 문장을 이루는 규칙을 어길 경우 비정상적이고 어색한 문장이 만들어진다. (④)

(나) 언어 기호는 　㉡　을(를) 지니고 있다. 자연 현상은 특별한 경계선이 없이 연속적으로 존재하지만 언어는 이를 구분하여 표현하는데, 이를 언어의 　㉡　이라 한다. 예를 들어, '무지개'는 본질적으로 명확한 경계선을 가지고 있는 것이 아니라 연속된 스펙트럼으로 존재한다. 그러나 우리는 '무지개'를 일곱 가지 색깔로 파악한다.

17 다음 중 (가)에서 〈보기〉의 문장이 들어가기에 가장 적절한 곳은?

보기
　마찬가지로, 언어도 무질서하게 존재하는 것이 아니라 매우 규칙적이고 체계적으로 조직되어 있는데, 이를 언어의 구조적 특성이라 한다.

① ①　　　　　② ②
③ ③　　　　　④ ④

18 다음 중 ㉠에 해당하는 사례로 옳지 않은 것은?

① 관형어는 단독으로 쓰일 수 없다.
② 동사와 형용사는 목적어를 취할 수 있다.
③ 문장 내에서 자리 이동이 비교적 자유로운 부사어도 있다.
④ 서술어 '되다'와 '아니다'에는 보어가 반드시 필요하다.

19 다음 중 ㉡에 들어갈 말로 옳은 것은?

① 기호성　　　　　② 분절성
③ 자의성　　　　　④ 창조성

※ 다음 글을 읽고 물음에 답하시오. [20~21]

　모쳠(茅簷) 춘 자리의 밤듕만 도라드니
　반벽청등(反壁靑燈)은 눌 위ᄒᆞ야 불갓ᄂᆞ고
　오른며 ᄂᆞ리며 ㉠헤쓰며 바니니
　져근덧 녁진(力盡)ᄒᆞ야 픗ᄌᆞᆷ을 잠간 드니
　졍셩(精誠)이 지극ᄒᆞ야 ᄭᅮᆷ의 님을 보니
　옥옥(玉)ᄀᆞᄐᆞᆫ 얼구리 반(半)이나마 늘거셰라
　ᄆᆞᄋᆞᆷ의 머근 말ᄉᆞᆷ ㉡슬ᄏᆞ장 ᄉᆞᆲ쟈ᄒᆞ니
　눈믈이 바라 나니 말ᄉᆞᆷ인들 어이ᄒᆞ며
　졍(情)을 못다 ᄒᆞ야 목이 조차 몌여ᄒᆞ니
　오뎐된 계셩(鷄聲)의 ᄌᆞᆷ은 ㉢엇디 ᄭᆡ돗던고
　어와 허ᄉᆞ(虛事)로다 이 님이 어디 간고
　결의 니러 안자 창(窓)을 열고 ᄇᆞ라보니
　㉣어엿븐 그림재 날 조츨 ᄯᅮᆫ이로다.
　┌츨하리 싀여디여 낙월(落月)이나 되야이셔
(가)└님 겨신 창(窓) 안ᄒᆡ 번드시 비최리라
　　　　　　　　　　　　　　　　　　- 정철, '속미인곡'

20 (가)에 나타난 화자의 심정으로 옳은 것은?

① 죽어서라도 임을 따르고자 한다.
② 쉽게 변심해버린 임을 원망하고 있다.
③ 임이 잘 지낼 수 있기를 기원하고 있다.
④ 임을 향한 마음을 적극적으로 표현하고 있다.

21 밑줄 친 ㉠~㉣에서 현대어로 해석한 것으로 옳은 것은?

① ㉠헤쓰며 바니니: 해가 뜨면 다니니
② ㉡슬ᄏᆞ장 ᄉᆞᆲ쟈ᄒᆞ니: 실컷 아뢰고자 하니
③ ㉢엇디 ᄭᆡ돗던고: 어찌 꿰었던고
④ ㉣어엿븐 그림재: 아름다운 그림자가

22 다음 밑줄 친 부분의 의미를 풀어 쓴 것으로 적절한 것은?

인터넷에는 면역력 증진을 위한 온갖 광고가 넘쳐 난다. 수많은 건강 기능 식품 광고에는 소비자의 눈을 현혹시키는 부당 광고도 더러 섞여 있다. 식품의약품안전처는 이러한 부당 광고를 단속하기 위해 ㉠칼을 빼들었다. 일반 식품을 건강 기능 식품으로 속여 판 사이트를 적발하고 행정 처분을 내렸다. 사람들이 이토록 면역력을 강화시키기 위해 노력하는 이유가 뭘까?

면역력은 바이러스나 세균과 같은 병원균으로부터 우리 몸을 보호한다. 면역 작용은 백혈구가 맡아서 수행하는데, 백혈구는 혈액의 유형 성분 중 하나로 과립 백혈구, 림프구, 단핵구로 나뉜다. ㉡외부 침입자로부터 우리 몸을 지키는 방어 시스템이 정상 작동하기 위해서는 과립구 50~60%, 림프구 35~40%의 비율을 항상 유지해야 하는데, 과립구와 림프구의 비율은 자율신경에 의해 좌우된다. 자율신경이란 심장 근육과 샘 등에 분포하여 수축과 분비를 조절하는 신경으로, 교감 신경과 부교감 신경으로 나뉜다. 교감 신경의 기능이 높아지면 과립구가 늘어나고 부교감 신경의 기능이 높아지면 림프구가 늘어난다. 즉, 교감 신경과 부교감 신경의 항상성을 통해 면역 작용이 일어나는 것이다.

이때, 둘 간의 팽팽한 ㉢줄다리기에서 한 쪽의 힘이 세지면 면역 기능의 장애가 발생하게 되고, 면역 기능의 불균형은 다양한 질환을 유발한다. 면역과 관련된 질환 중 7할 정도는 교감 신경이 ㉣승리했을 때 발생하며, 3할은 교감 신경이 패배했을 때 생긴다.

① ㉠: 행정 체계 유지
② ㉡: 면역 작용
③ ㉢: 항상성 유지
④ ㉣: 림프구의 과도한 증가

23 글쓴이가 말하고 있는 중심 내용으로 가장 적절한 것은?

영양(榮陽) 보궐(補闕) 정지상(鄭知常)이 천마산(天磨山)에 있는 중이 거처하는 팔척방(八尺房)에서 쉬게 되어 밤새도록 시를 지으려고 고민하였으나 도저히 떠오르지 않아 쓸 수 없었다.

다음 날 아침이 되어 떠날 때, 천천히 말고삐를 잡고 걸으며 웅얼거리다가 문득 서울에 도착하고 나서야 연구(聯句)가 떠올랐으니,

'바위 위에 있는 늙은 소나무에는 한 조각 달이 걸치었는데, 하늘의 낮은 구름엔 천 점(千點)의 산봉우리가 솟아 있구나.'

라고 읊었다. 이 시를 쓸 때 노마(駑馬)를 몰아 돌아와서 원중(院中)으로 직행하여 급히 붓을 놀려 벽에다 써 놓고 갔다. 강일용(康日用) 선생은 백로(白鷺)에 대한 시를 지어 보려고, 비를 무릅쓰고 매일 천수사(天壽寺) 남쪽 개천에 와서 두루 사방을 살펴보다가 문득 생각나는 것이 있어,

'푸른 산허리를 끊고 날아갔도다[비할벽산요(飛割碧山腰)].'

해 놓고 어떤 사람에게 이야기하기를,

'비로소 오늘 옛 사람이 도달하지 못한 곳에 닿았으니 다음에 기재(奇才)가 나타나서 이 시를 계속할 것이 틀림없소이다.'

라고 말하였다.

나는 이 시를 전배(前輩)들보다 탁월한 것이 없다고 생각되는데, 이것은 고생하여 지었을 뿐으로써 내가 그 시를 다음과 같이 보충하였다.

'교목(喬木) 꼭대기에 앉아 집을 짓고, 푸른 산허리를 끊고 날아갔도다[점소교목정 비할벽산요(占巢喬木頂 飛割碧山腰)].'

이와 같이 시 한 구절을 전편 중간에 넣은 이유는 그 다음은 대강 채워 나가면 되기 때문이다. 이것은 꼭 주초(珠草)가 마르지 않고, 옥천(玉川)은 스스로 아름다운 것과 같은 이치이다.

① 한시는 형식적 완결성이 중요한 갈래이다.
② 퇴고는 창작 과정의 핵심이라 할 수 있다.
③ 떠오른 시상을 바로 기록하는 습관이 필요하다.
④ 한 작품을 완성하기 위해서 많은 노력이 요구된다.

24 시나리오 용어에 대한 설명으로 옳지 않은 것은?

① F.O.(Fade Out): 화면이 천천히 밝아지는 것

② C.U.(Close Up): 화면이 크게 보이게 확대해서 찍는 것

③ O.L.(Over Lap): 한 화면이 사라질 때, 뒤에 화면이 포개어
지며 나타나는 기법

④ Montage(몽타주): 따로 촬영한 화면을 붙여서 하나의 장면이
나 내용으로 만드는 일

정답·해설 _해설집 p.9

25 다음 중 띄어쓰기가 옳은 것은?

① 아는대로 말해라.

② 그 절차는 법 대로 행해졌다.

③ 애쓴만큼 좋은 결과를 얻을 것이다.

④ 너의 죄가 큰바 반드시 벌을 받아야 한다.

실전동형모의고사 02회
모바일 자동 채점 + 성적 분석 서비스 바로 가기

QR코드를 이용해 모바일로 간편하게 채점하고 나의 실력이 어느 정도인지,
취약 부분이 어디인지 바로 파악해 보세요!

02회 / 핵심 어법 마무리 체크

☑ 다음 문장을 읽고 알맞은 단어에 ○표 하세요.

이론 문법

01 언어가 시간이 흐름에 따라 생성, 성장, 소멸하며 변화하는 특성은 언어의 창조성/역사성 이다.

02 동일한 의미를 나타내는 사물이나 개념이 언어마다 다르다는 특성은 언어의 자의성/사회성 이다.

03 한정된 말소리로 무수히 많은 단어를 만들 수 있는 특성을 언어의 규칙성/창조성 이라 한다.

04 '부모님은 나를 진정시키셨다'에서 '진정시키다'는 사동/피동 표현이다.

05 '아군이 적군에게 공격을 당했다'에서 '당하다'는 사동/피동 표현이다.

06 '피곤해서 자꾸 눈이 감긴다'에서 '감기다'는 사동/피동 표현이다.

07 '높푸르다'는 합성어/파생어 이다.

08 '덧붙이다'는 합성어/파생어 이다.

09 '풋고추'는 합성어/파생어 이다.

어문 규정

10 '송별연'의 표준 발음은 [송ː별련]/[송ː벼련] 이다.

11 '상견례'의 표준 발음은 [상견녜]/[상견례] 이다.

12 수컷을 이르는 접두사 '수-'와 '돼지'가 결합한 단어의 올바른 표기는 수퇘지/숫돼지 이다.

13 수컷을 이르는 접두사 '수-'와 '염소'가 결합한 단어의 올바른 표기는 수염소/숫염소 이다.

14 인물의 성과 이름은 띄어/붙여 쓰는 것을 원칙으로 한다.

15 성이나 이름 뒤에 붙는 호칭어나 관직명 등은 띄어/붙여 쓰는 것을 원칙으로 한다.

16 '앞 절이 뒷 절의 목적이나 원인이 됨'을 뜻하는 연결 어미는 -느라고/-노라고 이다.

17 '자기 나름대로 꽤 노력했음'을 뜻하는 연결 어미는 -느라고/-노라고 이다.

18 '연구하도록'의 준말은 연구도록/연구토록 이다.

19 '넉넉하지 않다'의 준말은 ' 넉넉치/넉넉지 않다'이다.

03회 실전동형모의고사

01 밑줄 친 단어의 맞춤법이 올바른 것은?

ⓐ 그는 사람이 <u>미덥지</u> 못하다.
ⓑ 제철 나물이 입맛을 <u>돋구었다.</u>
ⓒ 철봉을 하듯 몸을 <u>솟구어</u> 올라갔다.
ⓓ 지난주에 <u>붙인</u> 택배가 이제야 도착했대.
ⓔ 차가 뜨거우니 쟁반에 <u>받쳐서</u> 가지고 가라.

① ⓐ, ⓑ, ⓓ
② ⓐ, ⓒ, ⓔ
③ ⓐ, ⓒ, ⓓ
④ ⓑ, ⓒ, ⓔ

02 ㉠ ~ ㉣에 들어갈 한자어를 순서대로 바르게 나열한 것은?

토의는 여러 사람이 모여서 공동의 문제에 관한 대처 방안을 (㉠)하는 집단적이고 (㉡)적인 화법의 한 형태이다. 토의의 목적은 여러 의견을 자유롭게 교환하여 최선의 (㉢) 방안을 찾아내는 것이다. 토의의 주제는 다음과 같은 특징을 가진다. 첫째, 토의의 주제는 집단적 사고 과정이 필요한 것이어야 한다. 둘째, 참여자들의 공통 관심사가 되는 문제여야 한다. 셋째, 실제로 (㉣) 가능한 것이어야 한다. 넷째, 상황에 적절한 시의성 있는 문제를 주제로 삼아야 한다.

	㉠	㉡	㉢	㉣
①	協議	協調	解決	實踐
②	協議	協調	解抉	實勢
③	協儀	協商	解抉	實踐
④	協儀	協奏	解決	實賤

03 ㉠ ~ ㉢에 들어갈 적절한 접속어를 순서대로 나열한 것은?

세종과 정조는 공통점이 많다. 집현전(集賢殿)과 규장각(奎章閣)이라는 학술 기관을 각각 만들어 인재를 양성하고 학문을 진흥시켜 현란한 문치의 꽃을 피웠다는 것이 서로 같다. (㉠) 사람을 다치지 않는 뛰어난 문화 정책으로 정치적 안정을 가져왔을 뿐 아니라, 경제·국방상으로도 부국강병을 달성하여 국제적 위상을 드높였다는 것도 닮은 꼴이다. 대체로 문치 시대에는 문약에 빠지는 폐단이 있지만, 세종과 정조는 정신문화와 물질문화에서 다같이 혁혁한 업적을 쌓은 것이 다른 군주들과 차별화된다. (㉡) 이 두 시대를 우리 역사의 르네상스 시대라고 불러도 좋다. (㉢) 무엇보다도 우리가 주목해야 할 것은 두 군주의 애민 정신, 즉 백성을 사랑하는 마음이다. 비록 정치 형태는 오늘의 민주주의와 다른 점이 있지만 민주적 정치 문화를 진작시켰다는 점에서 두 임금이 모두 귀감이 될 만하다.

	㉠	㉡	㉢
①	또한	그래서	그러나
②	또한	게다가	그러므로
③	그리고	그래서	예컨대
④	그런데	따라서	하지만

04 다음 중 로마자 표기가 바른 것으로만 짝지어진 것은?

선릉(Seoleung)   합정(Hapjeong)
안압지(Anapji)   태권도(taekkwondo)
학여울(Hangyeoul)   해돋이(haedoji)

① 합정(Hapjeong), 안압지(Anapji), 해돋이(haedoji)
② 선릉(Seoleung), 합정(Hapjeong), 태권도(taekkwondo)
③ 선릉(Seoleung), 학여울(Hangyeoul), 해돋이(haedoji)
④ 안압지(Anapji), 태권도(taekkwondo), 학여울(Hangyeoul)

05 다음 빈칸에 들어갈 한자 성어로 가장 적절한 것은?

나는 처음 여기 표착(漂着)하였을 때 이 신선한 초록빛에 놀랐고 사랑하였다. 그러나 닷새가 못 되어서 이 ( )의 초록색은 조물주의 몰취미(沒趣味)와 신경의 조잡성으로 말미암은 무미건조한 지구의 여백인 것을 발견하고 다시금 놀라지 않을 수 없었다.

① 一望無際   ② 浩然之氣
③ 漸入佳境   ④ 天高馬肥

06 다음을 분석한 것으로 옳지 않은 것은?

우리신문이 한문은 아니쓰고 다만 국문으로만 쓰는거슨 샹하귀쳔이 다보게 홈이라. 또 국문을 이러케 귀졀을 쎄여 쓴즉 아모라도 이신문 보기가 쉽고 신문속에 잇는말을 자세이 알어 보게 홈이라 〈중 략〉 죠션국문이 한문 보다 얼마가 나흔거시 무어신고ᄒᆞ니 첫지는 비호기가 쉬흔이 됴흔 글이요 둘지는 이글이 죠션글이니 죠션 인민 들이 알어셔 빅ᄉᆞ을 한문되신 국문으로 써야 샹하 귀쳔이 모도보고 알어보기가 쉬흘터이라

① 주격 조사 '가'가 사용되었다.
② 띄어쓰기의 기준이 정착되지 않았다.
③ 명사형 어미 '-옴/-움'과 '-기'가 혼용되고 있다.
④ 목적격 조사 '을'이 쓰이는 환경이 현대 국어와 같다.

07 〈보기〉와 같은 높임법이 모두 쓰인 것은?

보기
아버지께서 할머니를 모시고 식당에 가셨습니다.

① 형이 어머니께 드릴 카네이션을 사왔습니다.
② 아버지께서 제게 등산을 가자고 권하셨습니다.
③ 할머니께서 제가 드린 화분에 물을 주고 계셨습니다.
④ 어머니께서는 바쁘셔서 자리에 참석하지 못했습니다.

※ 다음 글을 읽고 물음에 답하시오. [08 ~ 09]

(가) 운전을 시작하기 전까지 나는 걷기 예찬자였고, 인공적인 공간보다는 자연 속에 머물기를 누구보다 좋아했다. 그러나 차를 소유하고부터는 생태적인 어떤 발언도 할 자격이 없다는 생각이 들곤 한다. 차를 소유하되 그에 종속되지 않는다는 것, 이런 아슬아슬한 줄타기가 앞으로 얼마나 지속될 수 있을지 모르겠다. 다만 그날 아침의 풀 비린내가 원죄 의식처럼 내 손에 남아 있을 따름이다.

(나) 그런데 밤에 고속도로를 달리다 보니 차창에 무언가 타닥타닥 부딪치는 소리가 났다. 처음엔 그저 모래 알갱이 같은 게 튀는 소리려니 했다. 다음 날 아침 출근을 하려는데 유리창은 물론이고 앞 범퍼에 푸르죽죽한 것들이 잔뜩 엉겨 있었다. 그것은 흙먼지가 아니라 수많은 풀벌레들이 달리는 차체에 부딪쳐 죽은 잔해였다.

(다) 스웨덴의 생태학자인 에민 텡스룀은 자동차라는 물건이 "자기 자신의 영토 안에 머물고자 하는 의지와 이 영토 밖으로 움직일 필요성"을 동시에 충족시켜 준다고 말한 바 있다. 현대인들이 자동차라는 '아늑한 자궁'으로부터 잠시도 떨어지고 싶어 하지 않는 것도 바로 이 모순된 욕망을 자동차라는 공간이 해결해 주기 때문일 것이다.

(라) 시속 100킬로미터 정도의 속력에 그렇게 많은 풀벌레가 짓이겨졌다는 것도 믿기 어려웠지만, 이런 살상의 경험을 모든 운전자들이 초경처럼 겪었으리라는 사실이야말로 나에게는 예상치 못한 충격이었다. 인간에게 안락한 공간이 다른 생명을 해칠 수 있다는 자각이 그제서야 찾아왔다.

(마) 하지만 얼마 안 가서 자동차에 대한 낯설고 당혹스러운 경험을 하게 되었다. 갑자기 서울에 갈 일이 생겼는데 주말이라 차표를 구할 수 없었다. 몇 번을 망설이다가 나는 초보 주제에 식구들을 태우고 서울로 가는 고속도로로 접어들었다. 긴장을 해서인지 무사히 서울에 도착해서 일을 보고 다음 날 밤에 광주로 내려올 수는 있었다.

08 윗글의 순서를 바르게 배열한 것은?

① (가) – (다) – (나) – (라) – (마)
② (가) – (마) – (라) – (나) – (다)
③ (다) – (가) – (마) – (나) – (라)
④ (다) – (마) – (나) – (라) – (가)

09 윗글의 주제로 적절한 것은?

① 인간은 모순된 욕망을 추구한다.
② 자동차의 위험성을 인식해야 한다.
③ 생태적 사유에 대한 성찰이 필요하다.
④ 역지사지(易地思之)의 태도가 필요하다.

10 다음 중 띄어쓰기가 잘못된 것은?

① 내 딴에는 최선을 다했다.

② 한 달치의 임금을 받았다.

③ 집이 큰지 작은지 모르겠다.

④ 그녀는 모임의 주최자 겸 총무이다.

11 다음 글의 내용과 부합하지 않는 것은?

직장에서 리더는 아니더라도 학생 시절에 학급이나 동아리, 봉사 활동의 리더를 맡았던 사람은 많다. 리더가 되는 것은 귀한 경험이다. 어떻게 하면 멤버의 신뢰를 얻을까, 어떻게 하면 멤버를 움직이게 할까. 리더마다 방법은 다른데, 잘못된 방식으로 배우면 습관병으로 발전한다.

직장이든 지역이든 가정이든, 아무튼 사람이 둘 이상 모이면 누군가가 리더를 맡게 된다. 성장 배경도 현재의 생활 환경도 다른 만큼 같은 팀 안에서도 생각은 사람마다 다르다. 그러니 팀을 끌고 가려면 전원의 동의가 필요한데 그것이 쉽지 않다.

물론 멤버의 합의를 얻지 않고 독단적으로 일을 처리할 수도 있다. 힘으로 눌러 버리면 된다. 위압적으로 운영하는 것이다. 하지만 이런 독단적인 방식은 트러블을 일으킨다. 그러나 간단하기 때문에 많은 리더가 '위압병'이라는 회사습관병에 걸린다.

독재적으로 팀을 운영하는 것은 강한 신념을 기반으로 한 리더십과는 다르다. 주위의 의견을 들을 귀를 갖고 있느냐 없느냐가 둘의 가장 큰 차이다. 독재적인 리더는 자신에게 유리한 보고나 이익이 되는 조언은 수용하지만 그 외에는 귀를 닫아 버린 채 부하를 힐책만 한다. 이런 위압병 증상을 가까이서 목격하거나 그로 인해 피해를 당하면 부하는 '위축병'에 걸린다. '위축병'은 팀에 유익한 제안이나 조언을 할 의욕을 빼앗아 버린다. 〈중 략〉

회사는 강한 리더십을 갖고 있는 인재를 원한다. 그러나 자신이 리더가 되었을 때 이 점을 오해하는 사람이 많다.

회사가 '강한 리더'에게 바라는 것이 성과나 이익, 부하 통솔 같은 눈에 보이는 부분이 전부라고 착각한다.

부하를 위압적으로 대하는 리더는 '강한 리더'가 아니다. 어려운 과제, 불합리한 상황 앞에서 팀을 하나로 모아 이끄는 리더가 진짜 '강한 리더'다.

① 바람직한 리더십은 팀원들의 의견 수용을 바탕으로 한다.

② 불가능한 과제를 성공으로 이끄는 것이 이상적인 리더의 역할이다.

③ 자신의 이익을 위해 조언을 취사선택하는 리더는 진정한 리더가 아니다.

④ 위압적인 리더 아래에 있는 팀원은 팀에 조언을 하고자 하는 의욕을 잃게 된다.

12 다음 글의 결론으로 가장 적절한 것은?

포털 사이트는 이용자가 원하는 정보를 손쉽게 얻을 수 있도록 분야별 최신 뉴스나 일반인의 관심을 다양한 주제들로 열거해 놓고 이용자가 자유롭게 선택하게 한, 일종의 진열장의 기능을 수행한다. 〈중 략〉

근래 포털에서는 각 신문사의 주요 기사의 헤드라인을 '진열'해 놓은 덕분에 신문을 펼쳐 놓고 읽어 내려가는 번거로움이 사라졌다. 인터넷 신문 사이트들을 직접 방문하지 않아도 간편한 마우스 클릭만으로 이 세상 모든 신문의 주요 기사를 훑어볼 수 있게 되었다. 부가적으로 관련 동영상 검색이 가능하고, 국어·영어·백과·한자 사전 등도 바로 펼쳐 볼 수 있다. 그리고 번거로운 신문 스크랩 작업 대신에 '블로그' 서비스를 통해서 관련 정보를 웹상에서 즉시 수집·관리할 수 있게 되었다. 그뿐만이 아니다. 포털이 직접 운영하는 토론장으로 들어가면 적극적으로 토론에 참여할 수도 있다. 그리고 관련 지식 검색을 통해 궁금증을 즉시 해결할 수 있는 등 포털의 기능은 한두 가지에 그치지 않는다. 한마디로 포괄성, 동시성, 즉시성으로 요약된다. 이런 속성으로 말미암아 '포털을 통한 신문 읽기'는 과거의 전통적 신문 읽기에 비해서 효율성이 극대화되었다.

반면, 포털이 가지는 역기능도 있다. 포털 자체가 하나의 기업이기 때문에 이익 창출의 극대화를 위해 상업성을 띠게 되고, 흥미 위주의 정보가 제공된다. 이 과정에서 허위 사실이나 자극적 혹은 선정적인 정보가 발생할 우려가 높아진다. 또한 포털 기업과의 이해관계가 상충되어 기사 제공에 제한을 받은 신문사가 생기기도 하고, 어떤 포털에서는 토론 마당의 성향이 객관적이지 못하고, 특정 의견 쪽으로 기울어져 토론이 가진 제 기능을 상실했다는 비판을 받기도 한다.

① 포털을 통한 신문 읽기는 객관적 사고 능력을 길러준다.

② 신문 읽기에 적용 가능한 포털의 기능은 무궁무진하다.

③ 포털의 장단점을 파악하여 정보를 비판적으로 수용해야 한다.

④ 포털은 디지털 의존도를 증가시키므로 과도한 사용을 경계해야 한다.

※ 다음 글을 읽고 물음에 답하시오. [13～15]

(가) 디지털 피아노는 건반의 움직임에 따라 내장 컴퓨터가 해당 건반의 소리를 재생하는 악기이다. 각 건반의 소리는 디지털 데이터 형태로 녹음되어 내장 컴퓨터의 저장 장치에 저장되어 있다.

건반의 움직임은 일반적으로 각 건반마다 설치된 3개의 센서가 감지한다. 각 센서는 정해진 순서대로 작동하는데, 가장 먼저 작동하는 센서는 건반의 눌림 동작을 감지하고, 나머지 둘은 건반을 누르는 세기를 감지한다. 첫 센서에 의해 건반의 움직임이 감지되면 내장 컴퓨터의 중앙 처리 장치(CPU)가 해당 건반에 대응하는 소리 데이터를 저장 장치로부터 읽어 온다.

건반을 누르는 세기에 따라 음의 크기가 달라지도록 해 주어야 하는데, 이를 위해서는 나머지 두 센서를 이용한다. 강하게 누르면 건반이 움직이는 속도가 빨라져 두 번째와 세 번째 센서가 작동하는 시간 간격이 줄어든다. CPU는 두 센서가 작동하는 시간의 차이가 줄어드는 만큼 음의 크기가 커지도록 소리 데이터를 처리한다. 이렇게 처리가 끝난 소리 데이터는 디지털-아날로그 신호 변환 장치(DAC)를 거쳐 아날로그 신호로 바뀌고 앰프와 스피커를 통해 피아노 소리로 재현된다.

(나) 그렇다면 저장 장치에 저장되어 있는 각 건반의 소리는 어떤 과정을 거쳐 디지털 데이터로 바뀐 것일까? 각 건반의 소리는 샘플링과 양자화 과정을 거쳐 디지털 데이터의 형태로 녹음된다. 샘플링은 시간에 따라 지속적으로 변하는 소리 파동의 모양에 대한 정보를 얻기 위해 파동을 일정한 시간 간격으로 나누고, 매 구간마다 파동의 크기를 측정하여 수치화한 샘플을 얻는 것이다. 이때의 시간 간격을 샘플링 주기라고 하는데, 이 주기를 짧게 설정할수록 음질이 좋아진다. 하지만 각 주기마다 데이터가 하나씩 생성되기 때문에 샘플링 주기가 짧아지면 단위 시간당 생성되는 데이터도 많아진다.

(다) 양자화는 샘플링을 통해 얻어진 측정값을 양자화 표를 이용해 디지털 부호로 바꾸는 것이다. 양자화 표는 일반 피아노가 낼 수 있는 소리의 최대 변화 폭을 일정한 수의 구간으로 나눈 다음, 각 구간에 이진수로 표현되는 부호를 일대일로 대응시켜 할당한 표이다. 양자화 구간의 개수는 부호에 사용되는 이진수의 ㉠자릿수에 의해 결정된다. 가령, 하나의 부호를 3자리의 이진수로 나타낸다면 양자화 구간의 개수는 000～111까지의 부호가 할당된 8개가 된다. 즉 가장 작은 소리부터 가장 큰 소리까지 8단계로 구분하여 나타낼 수 있다. 만일 자릿수가 늘어나면 양자화 구간의 간격이 좁아져 소리를 세밀하게 표현할 수 있지만 전체 데이터의 양은 커진다. 이렇게 건반의 소리는 샘플링과 양자화 과정을 통해 변환된 부호의 형태로 저장 장치에 저장된다.

13 다음 중 ㉠과 같은 사이시옷 구성으로 된 단어는?

① 댓줄　　　　　　② 나뭇잎
③ 텃마당　　　　　④ 나룻배

14 윗글의 내용과 일치하지 않는 것은?

① 샘플링 주기를 짧게 설정할수록 음질이 좋아진다.
② 양자화 구간의 간격이 좁아지면 전체 데이터의 양이 적어진다.
③ 디지털 피아노의 소리 데이터는 DAC를 거쳐 아날로그 신호로 변환된다.
④ 누르는 세기를 감지하는 센서들의 작동 간격은 음의 크기에 영향을 준다.

15 윗글의 설명 방식으로 옳은 것은?

① (가)는 디지털 피아노의 구성에 대해 설명하고 있다.
② (가)의 내용을 (나)와 (다)에서 반박하고 있다.
③ (나)는 자문자답, (다)는 예시의 설명 방식을 사용하고 있다.
④ (다)는 (나)와 대조되는 내용을 제시하고 있다.

16 다음 글에 대한 설명으로 옳지 않은 것은?

한 옛날 깊고 깊은 산 속에 굴이 하나 있었습니다. 토끼 한 마리 살고 있는 그 곳은 일곱 가지 색으로 꾸며진 꽃 같은 집이었습니다. 토끼는 그 벽이 흰 대리석이라는 것을 모르고 살았습니다.

나갈 구멍이라곤 없이 얼마나 깊은지도 모르게 땅 속 깊이에, 쿡, 박혀 든 그 속으로 바위들이 어떻게 그리 묘하게 엇갈렸는지 용히 한 줄로 틈이 뚫어져 거기로 흘러든 가느다란 햇살이 마치 프리즘을 통과한 것처럼 방 안에다 찬란한 스펙트럼의 여울을 쳐 놓았던 것입니다. 도무지 불행이라는 것을 모르고 자랐습니다. 일곱 가지 고운 무지개 색밖에 거기엔 없었으니까요.

그러던 그가 일곱 가지 고운 빛이 실은 천장 가까이에 있는 창문 같은 데로 흘러든 것이라는 것을 겨우 깨닫기는 자기도 모르게 어딘지 몸이 간지러워지는 것 같으면서 그저 까닭 모르게 무엇이 그립고 아쉬워만지는 시절에 들어서였습니다. 말하자면 이 깊은 땅 속에서도 사춘기(思春期)는 찾아온 것이었고 밖으로 향했던 마음이 그의 내면으로 돌이켜진 것입니다. 그는 생각했습니다.

(이렇게 고운 빛을 흘러들게 하는 저 바깥 세계는 얼마나 아름다운 곳일까…….) 〈중 략〉

그들은 생(生)이 장난감인 줄 안다. 인간을 배추벌레인 줄 안다. 이것을 어떻게 하면 좋단 말인가? 도리가 없었다. '인간 밖'에서 일어나는 한 에피소드로 돌려 버릴 수밖에 없었다. 이런 공기 가운데서 누혜는 여전히 하늘을 먹고 살고 있었다. 언제부터 나는 그의 옆에 오므리고 앉는 버릇을 길렀다. 나는 반편 취급이니까 그렇게 하고 있을 수도 있었지만 점점 험악해 가는 그들의 서슬이 그의 그런 생활 태도를 언제까지 그대로 둬 둘 리가 없었다.

① 토끼 우화를 통해 자유에 대한 갈망을 드러낸다.

② 내적 독백을 통해 인물의 심리를 효과적으로 제시한다.

③ 별개의 이야기를 1인칭 시점으로 서술하여 개연성을 확보한다.

④ '일곱 가지 고운 빛'은 '토끼'가 '바깥 세계'를 인식하는 계기가 된다.

17 다음 글에서 추론한 내용으로 가장 적절한 것은?

논리 실증주의자와 포퍼는 지식을 수학적 지식이나 논리학 지식처럼 경험과 무관한 것과 과학적 지식처럼 경험에 의존하는 것으로 구분한다. 그중 과학적 지식은 과학적 방법에 의해 누적된다고 주장한다. 가설은 과학적 지식의 후보가 되는 것인데, 그들은 가설로부터 논리적으로 도출된 예측을 관찰이나 실험 등의 경험을 통해 맞는지 틀리는지 판단함으로써 그 가설을 시험하는 과학적 방법을 제시한다. 논리 실증주의자는 예측이 맞을 경우에, 포퍼는 예측이 틀리지 않는 한, 그 예측을 도출한 가설이 하나씩 새로운 지식으로 추가된다고 주장한다.

하지만 콰인은 가설만 가지고서 예측을 논리적으로 도출할 수 없다고 본다. 예를 들어 새로 발견된 금속 M은 열을 받으면 팽창한다는 가설만 가지고는 열을 받은 M이 팽창할 것이라는 예측을 이끌어낼 수 없다. 먼저 지금까지 관찰한 모든 금속은 열을 받으면 팽창한다는 기존의 지식과 M에 열을 가했다는 조건 등이 필요하다. 이렇게 예측은 가설, 기존의 지식들, 여러 조건 등을 모두 합쳐야만 논리적으로 도출된다는 것이다. 그러므로 예측이 거짓으로 밝혀지면 정확히 무엇 때문에 예측에 실패한 것인지 알 수 없다는 것이다. 이로부터 콰인은 개별적인 가설뿐만 아니라 기존의 지식들과 여러 조건 등을 모두 포함하는 전체 지식이 경험을 통한 시험의 대상이 된다는 총체주의를 제안한다.

① 포퍼에 의하면 경험 외의 방법으로 증명할 수 있는 지식이 존재한다.

② 포퍼에 의하면 가설을 시험할 과학적 방법만 있다면 예측의 성공 여부를 알 수 있다.

③ 논리 실증주의자들에 의하면 여러 조건들을 고려하여 예측이 실패한 원인을 밝힐 수 있다.

④ 콰인에 의하면 기존의 지식에 부합하는 가설에서 도출된 예측은 변수가 없기 때문에 논리적이다.

18 다음의 여러 조건에 가장 잘 맞는 정책 토론 논제는?

> ○ 제도나 정책의 변화에 대한 찬반 대립이 나타나야 한다.
> ○ 토론의 쟁점이 분명하게 드러나야 한다.
> ○ 주관적인 표현을 사용해서는 안 된다.
> ○ 평서문으로 제시되어야 한다.

① 환경 보호를 위해 노력해야 한다.
② 불공평한 청약 제도를 개선해야 한다.
③ 교내 개인 컵 사용을 의무화해야 한다.
④ 노후경유차 운행제한 제도를 유지해야 하는가?

19 〈보기〉의 밑줄 친 단어를 고려하여 문장을 추가하려고 한다. 이때 〈보기〉에 추가될 문장으로 가장 적절한 것은?

> 보기
> • 북어포가 물에 <u>불어</u> 부드러워졌다.
> • 장마로 인해 개울물이 <u>불어</u> 넘쳤다.
> • 왕성한 식욕으로 몸이 많이 <u>불었다</u>.

① 라면은 끓인 후 점차 붙는다.
② 뜨거운 고구마를 불어 가며 먹었다.
③ 국물을 많이 먹은 탓에 얼굴이 부었다.
④ 그가 경찰에게 자신이 범인이라고 불었다.

20 다음 규정을 참고하여 단어의 구성을 구분하였을 때, 단어의 구조 분석이 잘못된 것은?

> 제11항 한자음 '랴, 려, 례, 료, 류, 리'가 단어의 첫머리에 올 적에는, 두음 법칙에 따라 '야, 여, 예, 요, 유, 이'로 적는다.
> [붙임 1] 단어의 첫머리 이외의 경우에는 본음대로 적는다. 다만, 모음이나 'ㄴ' 받침 뒤에 이어지는 '렬, 률'은 '열, 율'로 적는다.
> [붙임 4] 접두사처럼 쓰이는 한자가 붙어서 된 말이나 합성어에서, 뒷말의 첫소리가 'ㄴ' 또는 'ㄹ' 소리로 나더라도 두음 법칙에 따라 적는다.

① 이발-소
② 백분-율
③ 사례-금
④ 등용-문

21 ㉠~㉣ 중 비유법이 사용되지 않은 것은?

> 지금은 남의 땅 — ㉠<u>빼앗긴 들에도 봄은 오는가?</u>
>
> 나는 온몸에 햇살을 받고
> 푸른 하늘 푸른 들이 맞붙은 곳으로
> 가르마 같은 논길을 따라 꿈속을 가듯 걸어만 간다.
>
> 입술을 다문 하늘아 들아
> ㉡<u>내 맘에는 나 혼자 온 것 같지를 않구나</u>
> 네가 끌었느냐 누가 부르더냐 답다워라 말을 해 다오.
>
> 바람은 내 귀에 속삭이며
> 한 자국도 섰지 마라 옷자락을 흔들고
> ㉢<u>종다리는 울타리 너머에 아씨같이 구름 뒤에서 반갑다</u> 웃네.
>
> 고맙게 잘 자란 보리밭아
> 간밤 자정이 넘어 내리던 고운 비로
> ㉣<u>너는 삼단 같은 머리를 감았구나 내 머리조차 가뿐하다.</u>
> – 이상화, '빼앗긴 들에도 봄은 오는가'

① ㉠
② ㉡
③ ㉢
④ ㉣

22 〈보기〉의 규정에 맞지 않는 것은?

> 보기
> 제40항 어간의 끝음절 '하'의 'ㅏ'가 줄고 'ㅎ'이 다음 음절의 첫소리와 어울려 거센소리로 될 적에는 거센소리로 적는다.
> [붙임 2] 어간의 끝음절 '하'가 아주 줄 적에는 준 대로 적는다.

① 혼타
② 익숙치
③ 생각건대
④ 실천토록

23 ㉠에 들어갈 시조로 적절한 것은?

> 우리 선조들은 뛰어난 상상력을 바탕으로 창의적인 언어 생활을 영위했다. 문학 작품에서는 사물이나 어떤 현상을 살아 움직이는 존재로 표현하는 경우도 있다. 그 예로 다음 시조를 보자.
>
> | ㉠ |

① 씀은 듯는 대로 듣고 볏슨 쬘 대로 쬔다.
　청풍의 옷깃 열고 긴 파람 흘리 불제
　어딀셔 길가는 소님니 아는 드시 머무는고.

② 강산(江山) 죠흔 경(景)을 힘센 이 닷톨 양이면,
　니 힘과 니 분(分)으로 어이호여 엇들쏜이
　진실(眞實)로 금(禁)호 리 업쓰씌 나도 두고 논이노라.

③ 님 그린 상사몽(相思夢)이 실솔(蟋蟀)이 넉시 되여
　추야장(秋夜長) 깁픈 밤에 님의 방(房)에 드럿다가
　날 잇고 깁피 든 잠을 씌와 볼가 호노라.

④ 님그려 겨오 든 잠에 쑴자리도 두리숭숭
　그리던 님 잠간 만나 얼픗 보고 어드러로 간거이고 잡을 거슬
　잠씌여 겻테 업스니 아조 간가 호노라.

24 다음 중 문장 부호 설명이 잘못된 것은?

① 인용한 말이 혼잣말인 경우 큰따옴표를 쓴다.

② 고유어에 대응하는 한자어임을 나타낼 때 소괄호를 쓴다.

③ 차례대로 이어지는 내용을 하나로 묶어 열거할 때 붙임표를 쓴다.

④ 용언의 명사형이나 명사로 끝나는 문장에는 마침표를 생략할 수 있다.

25 다음 중 외래어 표기가 잘못된 것은?

① 슬래시 (slash)

② 스월른 (swoln)

③ 치프멍크 (chipmunk)

④ 밴드웨건 (bandwagon)

정답·해설 _해설집 p.15

**실전동형모의고사 03회
모바일 자동 채점 + 성적 분석 서비스 바로 가기**

QR코드를 이용해 모바일로 간편하게 채점하고 나의 실력이 어느 정도인지, 취약 부분이 어디인지 바로 파악해 보세요!

03회 핵심 어법 마무리 체크

☑ 다음 문장을 읽고 알맞은 단어에 ○표 하세요.

이론 문법

01 'ㅃ', 'ㅄ'와 같이 서로 다른 둘 또는 세 글자를 나란히 쓰는 표기 방법은 <u>각자 / 합용</u> 병서라고 한다.

02 'ㄴㄴ', 'ㅎㅎ'와 같이 같은 글자를 두 개 나란히 쓰는 표기 방법은 <u>각자 / 합용</u> 병서라고 한다.

03 '누나가 아버지를 모시고 병원에 갔다'에는 <u>주체 / 객체</u> 높임법이 사용되었다.

04 '아버지께서 내게 용돈을 주셨다'에는 <u>주체 / 객체</u> 높임법이 사용되었다.

05 근대 국어 시기에는 주격 조사 '가'가 <u>사용되었다 / 사용되지 않았다</u>.

06 '상하귀천이 다보게 홈이라'에는 <u>명사형 / 관형사형</u> 어미 '-옴'이 사용되었다.

07 '연이율'은 <u>연-이율 / 연이-율</u> 로 분석할 수 있다.

08 '신년도'는 <u>신-년도 / 신년-도</u> 로 분석할 수 있다

어문 규정

09 <u>된소리되기 / 구개음화</u> 로 인한 음운 변화는 국어의 로마자 표기에 반영하지 않는다.

10 '그를 만난 지도 꽤 오래되었다'에 쓰인 '지'는 <u>조사 / 의존 명사</u> 이다.

11 '상다리 모양이 개의 다리처럼 휜 막치 소반'을 뜻하는 말 중 표준어인 것은 <u>개다리소반 / 개다리밥상</u> 이다.

12 '방의 구들장 밑으로 나 있는, 불길과 연기가 통하여 나가는 길'을 뜻하는 말 중 표준어인 것은 <u>방고래 / 구들고래</u> 이다.

13 '안경의 도수를 높게 하다'를 뜻하는 말은 <u>돋구다 / 돋우다</u> 이다.

14 '입맛을 당기게 하다'를 뜻하는 말은 <u>돋구다 / 돋우다</u> 이다.

15 고유어나 한자어에 대응하는 외래어나 외국어 표기를 나타낼 때에는 <u>대괄호([ ]) / 소괄호(( ))</u> 를 쓴다.

16 한자어나 외래어의 원어를 나타낼 때에는 <u>대괄호([ ]) / 소</u>괄호(( )) 를 쓴다.

정답 | 01 합용 02 각자 03 객체 04 주체 05 사용되었다 06 명사형 07 연-이율 08 신-년도 09 된소리되기 10 의존 명사 11 개다리소반 12 방고래 13 돋구다 14 돋우다 15 대괄호([ ]) 16 소괄호(( ))

04회 실전동형모의고사

제한시간 : 25분 시작 시 분 ~ 종료 시 분 점수 확인 개/ 25개

01 다음 중 띄어쓰기가 옳은 문장은?

① 덩치는 작을 망정 손은 맵다.
② 그는 앞서 가고 나는 뒤에서 걸었다.
③ 나의 운동 실력은 형 못지 않게 뛰어나다.
④ 제아무리 어른스러운 척해도 아이는 아이다.

02 다음 밑줄 친 단어 중 품사가 다른 하나는?

① 여보세요! 길 좀 물어봅시다.
② 그렇구나! 새로운 사실을 알았어.
③ 아차, 지갑을 가져오는 걸 깜박했네.
④ 글쎄, 일정이 어떻게 될지 모르겠어.

03 ㉠과 ㉡에 대한 설명으로 적절한 하나는?

> 천상(天上)의 견우직녀(牽牛織女) 은하수(銀河水) 막혀서도
> 칠월 칠석(七月七夕) 일년 일도(一年一度) 실기(失期)치 아
> 니거든
> 우리 님 가신 후는 무슨 ㉠약수(弱水) 가렷관듸
> 오거나 가거나 소식(消息)조차 ᄭ쳣는고.
> 난간(欄干)의 비겨 셔서 님 가신 듸 바라보니
> 초로(草露)는 맷쳐 잇고 모운(暮雲)이 디나갈 제
> 죽림(竹林) 푸른 고듸 ㉡새소리 더욱 설다.
>
> – 허난설헌, '규원가'

① ㉠은 화자의 현재 상황을 부각하고, ㉡은 화자가 소망을 비는 대상이다.
② ㉠은 세월의 무상함을 상징하고, ㉡은 자연과의 합일을 상징하는 소재이다.
③ ㉠은 '은하수(銀河水)'와, ㉡은 '소식(消息)'과 유사한 의미를 지닌 대상이다.
④ ㉠은 임과의 만남을 방해하는 장애물이고, ㉡은 화자가 감정을 이입하는 대상이다.

04 다음 중 〈보기〉를 통해 알 수 없는 중세 국어의 특징은?

> 보기
> 부톄 百億 世界예 化身ᄒ야 敎化ᄒ샤미 ᄃ리 즈믄 ᄀᄅ매
> 비취요미 ᄀᆮᄒ니라
> – '월인석보' 권 1, 1장

① 이어적기의 표기법이 사용되었다.
② 부사격 조사의 형태가 앞말에 따라 달랐다.
③ 현대 국어에서는 쓰이지 않는 어휘가 사용되었다.
④ 관형격 조사는 앞말의 자질에 따라 쓰임이 달랐다.

05 다음 중 한자 성어와 의미가 유사한 속담의 연결로 적절하지 않은 것은?

① 축계망리(逐鷄望籬) – 닭 쫓던 개 지붕 쳐다본다.
② 비불외곡(臂不外曲) – 잔 잡은 팔이 안으로 굽는다.
③ 십벌지목(十伐之木) – 열 번 찍어 안 넘어가는 나무 없다.
④ 고식지계(姑息之計) – 구두장이 셋이 모이면 제갈량보다 낫다.

06 다음 중 〈보기〉의 조건을 모두 충족시킨 것은?

> 보기
> • 주어를 높이는 표현을 사용할 것
> • 영어 번역 투 표현을 사용하지 말 것
> • 명사화 구성을 남용하지 말 것

① 확진자가 발생한 건물은 긴급 방역 실시 예정입니다.
② 어머니는 동생으로부터 연락을 받고 급하게 나가셨다.
③ 대표님께서 다음 주에 임원 회의를 하자고 말씀하셨습니다.
④ 선생님은 다문화 가정의 언어 교육에 대해 관심이 있으시다.

※ 다음 글을 읽고 물음에 답하시오. [07~09]

회사의 대표적인 유형이라 할 수 있는 주식회사는 주주들로 구성되며 주주들은 보유한 주식의 ㉠비율 만큼 회사에 대한 지분을 갖는다. 그런데 2001년에 개정된 상법은 한 사람이 전액을 출자하여 일인 주주로 회사를 설립할 수 있도록 하였다. 사단성*을 갖추지 못했다고 ㉡할 만한 형태의 법인을 인정한 것이다. 또 여러 주주가 있던 회사가 주식의 상속, 매매, 양도 등으로 말미암아 모든 주식이 한 사람의 소유로 되는 경우가 있다. 이런 '일인 주식회사'에서는 일인 주주가 회사를 대표하는 기관이 되면 경영 주체가 개인인지 회사인지 모호해진다. 법인인 회사의 운영이 독립된 주체로서의 경영이 아니라 마치 개인 사업자의 영업처럼 보이는 것이다.

구성원인 사람의 인격과 법인으로서의 법인격이 잘 분간되지 않는 듯이 보이는 경우에는 간혹 문제가 일어난다. 상법상 회사는 이사들로 이루어진 이사회만을 업무 집행의 의결 기관으로 둔다. 또한 대표 이사는 이사 중 한 명으로, 이사회에서 선출되는 기관이다. 그리고 이사의 선임과 이사의 보수는 주주 총회에서 결정하도록 되어 있다. 그런데 주주가 한 ㉢사람 뿐이면 사실상 그의 뜻대로 ㉣될뿐, 이사회나 주주 총회의 기능은 퇴색하기 쉽다. 심한 경우에는 회사에서 발생한 이익이 대표 이사인 주주에게 귀속되고 회사 자체는 허울만 남는 일도 일어난다. 이처럼 회사의 운영이 주주 한 사람의 개인 사업과 다름없이 이루어지고, 회사라는 이름과 형식은 장식에 지나지 않는 경우에는, 회사와 거래 관계에 있는 사람들이 재산상 피해를 입는 문제가 발생하기도 한다.

*사단성: 구성원의 가입과 탈퇴에 관계없이 존속하는 단체로서의 성질

07 다음 ㉠~㉣ 중 띄어쓰기가 옳은 것은?

① ㉠
② ㉡
③ ㉢
④ ㉣

08 다음 중 윗글의 제목으로 가장 적절한 것은?

① 주식회사의 분류
② 사단과 법인의 차이
③ 일인 주식회사의 문제점
④ 주식회사의 구성과 한계

09 다음 중 윗글을 통해 알 수 있는 내용으로 가장 적절한 것은?

① 회사의 대표 이사는 주주 총회에서 결정한다.
② 일인 주식회사는 사단성을 갖춘 법인으로 볼 수 있다.
③ 주주는 보유한 주식의 비율에 따라 회사에 대한 경영권을 갖는다.
④ 일인 주주가 설립한 법인에서는 의결 기관의 기능이 퇴색될 수 있다.

10 다음 중 문법에 어긋나지 않는 문장은?

① 그는 돈깨나 있다고 잘난 체를 한다.
② 우리가 연장자로써 모범을 보여야 한다.
③ 비록 그 사람을 만나게 되면 꼭 하고 싶은 말이 있다.
④ 사은품이 품절되어 무료 식사권으로 가름하겠습니다.

11 다음 중 밑줄 친 단어의 풀이로 옳지 않은 것은?

• 밥그릇에 무덤을 이룬 보리밥은 쑥쑥 <u>굻어</u> 내려가고 있었다.
• 불교나 중들에 대한 도집 어른의 <u>통박</u>에는 소승도 통감하는 바이오.
• 무엇을 바라고 무엇을 위해서 그리 <u>애발스럽게</u> 살려고 나부대었는고.
• "나머지 사내들은 산전수전 다 겪어 성질들이 괴팍하고 드세고 <u>아금받고</u>…."

① 굻다: 담긴 것이 그릇에 그득 차지 않고 조금 비다.
② 통박: 몹시 날카롭고 매섭게 따지고 공격함
③ 애발스럽다: 보기에 매우 안타깝게 애를 쓰는 데가 있다.
④ 아금받다: 몹시 인색하고 욕심이 많다.

12 다음 중 상대 높임법의 유형이 다른 문장은?

① 빗길 운전에 주의하십시오.

② 천천히 꼭꼭 씹어서 먹으려무나.

③ 날씨도 좋은데 함께 산책 갈까요?

④ 시간이 늦었으니 이제 그만 일어나세.

13 다음 중 국어의 로마자 표기가 적절하지 않은 것은?

① 까치울 Kkachiul

② 화천군 Hwacheon

③ 불국사 Bulguk-sa

④ 성곡동 Seonggok-dong

14 다음 중 〈보기〉의 외래어 표기법 조항이 적용된 단어가 아닌 것은?

보기
제4항 고유 명사의 번역명이 통용되는 경우 관용을 따른다.

① 월남 (Vietnam)

② 홍해 (Red sea)

③ 남미 (South America)

④ 태평양 (Pacific Ocean)

15 글의 통일성을 고려할 때 ㉠에 들어갈 문장으로 가장 적절한 것은?

일은 누구나 한다. 돈을 벌어야 하기 때문이다. 물론 돈 그 자체는 목적이 아니라 수단일 뿐이다. 먹고살고, 아이들을 키우고, 부모님을 잘 모시고, 노후 대비를 하고, 그리고 여유가 있다면 재미있게 노는 게 목적이다. 그렇게 하려면 일을 해서 돈을 벌어야 한다. (㉠   ) 우리는 이런 사람을 '프로'라고 한다. 그 일이 무엇이든 상관없다. 교사, 공무원, 회사원, 엔지니어, 요리사, 헤어 디자이너, 물리 치료사, 피겨 스케이팅 선수, 가수, 건축가, 화가, 소설가, 의사, 세일즈맨, 골프 선수 등 무슨 직업이든 좋아서 그 일을 하면 그 사람이 바로 프로다. '진정한 프로'가 되는 것, 이것이 삶의 행복과 인생의 성공을 절반 결정한다. 그런 점에서 행복한 삶을 원한다면 일이 아니라 놀이를 앞자리에 두어야 한다.

① 그런데 일을 통한 성장보다 즐거움에 집중한다면 고식지계(姑息之計)이다.

② 만약 돈벌이가 되는 그 일이 즐겁기까지 하다면 금상첨화(錦上添花)라 할 수 있다.

③ 이때 경제 활동을 꾸준히 지속하기 위해서는 절차탁마(切磋琢磨)의 태도가 필요하다.

④ 돈벌이를 하면서 그 결과보다는 과정이 올바른지 생각하는 견리망의(見利忘義)의 태도를 지닌 사람이 있다.

16 다음 글을 참고할 때, '욕구를 표현하는 말하기'에 해당하는 것은?

말하기 방식에는 '느낌만을 담은 말하기'와 '욕구를 표현하는 말하기'가 있다. 자신이 현재 체험하는 분노, 절망 등 피상적인 '느낌'만을 말한다면 상대는 쉽게 공감하기 어렵고, 자기 방어에 나서게 된다. 때문에 우리는 '느낌'을 만들어 낸 자기 내면의 근원적인 '욕구'를 생각해야 한다. '욕구'를 직접적으로 상대방에게 전달한다면 서로의 원하는 바를 쉽게 이해할 수 있게 될 것이다.

① 나는 당신이 운전을 거칠게 하는 게 싫어.

② 매번 약속에 늦는 너 때문에 너무 화가 나.

③ 나는 존중받길 원하는데 그런 별명으로 부르면 언짢아.

④ 돈 모으는 일이 제일 중요하다고들 하니 너도 절약하는 습관을 들였으면 좋겠어.

17 (가)와 (나)의 표현상 특징을 이해한 것으로 적절하지 않은 것은?

> (가) 누리호는 한국의 독자적 기술로 만든 우주 발사체로, 성공을 눈앞에 두고 마지막 고비를 넘기지 못하였다. 3단 비행 구간에서 산화제 탱크의 압력이 떨어지자 비행의 속도는 현저히 느려졌고 결국 엔진 연소가 멈췄다. 산화제 탱크 압력 저하의 원인으로는 산화제 탱크와 배관 사이의 오류 등이 언급되고 있다. 나로우주센터 측은 누리호가 궤도 진입에 실패한 원인을 분석하고 이를 발판 삼아 다음 발사에서 유의미한 결과를 도출해낼 것임을 밝혔다.
>
> (나) 누리호가 발사한 지 16여 분만에 목표 고도 상공에 도달하는 것에 성공했다. 다만 고도 700km부터 속도가 점점 느려져 모형 위성을 궤도에 안착시키지는 못하였으니 반쯤 성공한 셈이다. 누리호는 20년 전 외국의 기술을 빌려 발사했던 로켓에서 발전한 한국 과학 기술의 집약체라고 할 수 있다. 누리호가 한국을 우주 강국의 반열로 발돋움시켰다는 것은 부정할 수 없는 사실이다.

① (가)는 '한국의 독자적 기술로 만든', (나)는 '한국 과학 기술의 집약체'라는 말을 사용한 것으로 보아 (가)와 (나) 모두 누리호가 한국의 기술임을 강조했어.

② (가)는 '성공을 눈앞에 두고 마지막 고비를 넘기지 못하였다', (나)는 '궤도에 안착시키지는 못하였으니 반쯤 성공한 셈'이라는 말을 사용한 것으로 보아 (나)는 (가)보다 결과를 더 긍정적으로 보고 있어.

③ (가)는 '산화제 탱크의 압력이 떨어지자 비행의 속도는 현저히 느려짐', (나)는 '고도 700km부터 속도가 점점 느려짐'이라는 말을 사용한 것으로 보아 (나)는 (가)보다 현상의 원인에 초점을 두고 있어.

④ (가)는 '이를 발판 삼아 다음 발사에서 유의미한 결과를 도출', (나)는 '누리호가 한국을 우주 강국의 반열로 발돋움'이라는 말을 사용한 것으로 보아 (가)와 (나) 모두 한국형 우주 발사체의 가능성을 높게 평가하고 있어.

18 다음 중 〈보기〉의 내용이 들어갈 곳으로 적절한 것은?

> (가) 일상에 익숙해지다 보면 매일 하는 일들에 대해 다시 한 번 생각해 보려 하지 않는다. '물이 있다는 사실을 가장 나중에 알게 되는 건 물고기'라는 중국의 속담처럼 일상의 흐름에 완전히 빠져 지내다 보면 우리 스스로 그런 일상에 빠져 있다는 사실조차 알지 못해 결국 한 번 더 생각하기가 힘들어진다.
>
> (나) 손녀 클라우디아가 세 살 무렵 그림 물감을 가지고 논 적이 있다. 아이는 물감 놀이에 푹 빠져 노란색 물감이 빨간색 물감 위에 떨어져도 모르고 있다가 주황색으로 변한 걸 보고는 놀라서 소리쳤다. 그러고는 자신이 저지른 일을 깨닫고는 당황해 뒷걸음질하며 물러섰다.
>
> (다) 이것은 자기가 무슨 일을 했는지 불현듯 깨달을 때 보이는 반응이다. 자신이 하고 있던 행동이나 본 것, 생각하던 것을 갑자기 의식하고 놀라서 한 걸음 뒤로 물러나서 보면 비로소 전혀 다른 측면이 눈에 들어온다.
>
> (라) 심리학자 로버트 케건은 우리가 하고 있는 일에서 거리를 둘 수 없을 때 어떤 대가를 치르게 되는지 다각도로 기술했다. 자신의 관점에 갇혀 세상을 보면 타인의 생각이나 반응을 알아챌 수가 없다. 자기 관점이라는 렌즈의 초점을 어느 정도 거리를 둔 채 대상에 맞추어야 비로소 맹목적인 주관적 관점에서 벗어날 수 있다.

보기
> 이처럼 자신이 무의식적으로 하고 있는 행동을 제대로 이해하려면 '한 걸음 물러나' 바라볼 필요가 있다.

① (가) 문단 뒤 　　　② (나) 문단 뒤
③ (다) 문단 뒤 　　　④ (라) 문단 뒤

19 다음 글에서 설명한 '좋은 비평'으로 가장 적절한 것은?

비평적 글쓰기의 특징에는 어떤 것들이 있을까? 우선 우리는, 비평적 글쓰기가 비평가 개인의 기호나 관심 영역에 기반하여 글을 쓰는 것이 아니라는 점을 지각해야 한다. 그리고 비평적 글쓰기의 소재는 비평할 가치를 지녀야 한다. 작가는 소재를 선택한 동기를 명확하게 밝히고 그 소재에 주목해야 할 이유를 명시해야 한다. 이러한 단계들을 거쳐 선택된 소재는 대상을 둘러싸고 있는 맥락 속에서 분석된다.

그렇다면 좋은 비평은 또 무엇일까? 세밀하게 분석되었어도 줄거리 위주로 비평하는 것, 대상에 대한 단순한 설명을 하는 것, 비판이 없이 해설하는 것 등은 좋은 비평이라고 할 수 없다. 또한 말하고자 하는 주제가 일관되지 않고 여러 가지로 산만하게 제시되면 글을 읽는 독자들은 비평에 오롯이 집중할 수 없게 되므로 이 또한 좋은 비평이 아니다.

① 님비 현상은 '내 뒷마당에서는 안 돼'라는 뜻으로 지역이기주의를 나타낸다.

② 공산주의는 재산의 공동 소유가 옳다고 주장하며 생산 수단의 사회화와 무계급 사회를 지향한다.

③ 최근 논란이 되고 있는 공권력을 둘러싼 비리는 국민의 권리와 밀접한 관련이 있으므로 척결해야 한다.

④ 길거리 흡연은 시민 의식의 부재로 볼 수 있으며, 정책에 대한 시민들의 관심이 저조한 것과 관련이 있으므로 비판의 대상이 된다.

20 〈보기〉는 시내버스 노선으로 인한 불편함을 해결하기 위해 작성한 건의문의 초고이다. 글의 논지가 선명하게 드러나도록 순서를 바로 잡은 것은?

보기

안녕하세요, 저는 ○○고등학교에 재학 중인 강△△입니다. 다름이 아니라 시내버스 노선 문제로 어려움을 겪고 있는 A아파트 학생들을 대표하여 개선 방안을 건의하고자 합니다.

(가) 이로 인해 학교 주변을 통행하는 차량이 많아지면서 학교 주변의 교통이 혼잡해지고 있습니다.

(나) 이러한 문제를 해결하기 위해서 거점 정류장만을 경유하여 학교까지 최단 경로로 운행하는 급행 노선을 신설하는 것을 건의합니다.

(다) 통학 시간이 길어지면 학생들이 학업에 집중하기 어렵다 보니 부모님의 자가용을 이용해 통학하는 학생 수가 증가하고 있습니다.

(라) 현재 A아파트에 사는 학생들은 통학 시에 시내버스를 이용하면 자가용을 이용할 때보다 통학 시간이 30분 이상 더 걸립니다.

(마) 이는 A아파트에서 ○○고등학교로 향하는 시내버스 노선이 너무 많은 정류장을 경유하기 때문입니다.

① (라) - (가) - (마) - (다) - (나)

② (라) - (마) - (가) - (다) - (나)

③ (라) - (다) - (마) - (가) - (나)

④ (라) - (마) - (다) - (가) - (나)

※ 다음 글을 읽고 물음에 답하시오. [21~22]

⊙조신은 장원에 이르러 태수 김흔(金昕)의 딸을 깊이 연모하게 되었다. 여러 번 낙산사(落山寺)의 관음보살(觀音菩薩) 앞에 나가 남몰래 인연을 맺게 해 달라고 (가)빌었으나 몇 년 뒤 그 여자에게 배필이 생겼다. 조신은 다시 관음 앞에 나아가서, 관음보살이 자기의 뜻을 이루어 주지 않았다고 원망하며 날이 저물도록 슬피 울었다. 그렇게 그리워하다 지쳐 얼마 뒤 잠시 선잠이 들었다. 꿈에 갑자기 김 씨의 딸이 기쁜 모습으로 문에 들어오더니 활짝 웃으면서 말했다.

"저는 일찍이 스님의 얼굴을 본 뒤로 사모하게 되어 한순간도 잊은 적이 없었습니다. 부모의 명령을 어기지 못해 억지로 다른 사람의 아내가 되었지만, 이제 같은 무덤에 묻힐 벗이 되고 싶어서 왔습니다."

조신은 기뻐서 어쩔 줄을 모르며 함께 고향으로 돌아가 사십여 년을 살면서 자식 다섯을 두었다. 그러나 집이라곤 네 벽뿐이요, 콩잎이나 명아줏국 같은 끼니도 댈 수 없어 마침내 실의에 찬 나머지 가족들을 이끌고 사방으로 다니면서 입에 풀칠을 하게 되었다. 이렇게 십 년 동안 초야(草野)를 떠돌아다니다 보니 옷은 메추라기가 매달린 것처럼 너덜너덜해지고 백 번이나 기워 입어 몸도 가리지 못할 정도였다. ⓒ강릉 해현령(蟹縣嶺)을 지날 때 열다섯 살 된 큰아들이 굶주려 그만 죽고 말았다. 조신은 통곡하며 길가에 묻고, 남은 네 자식을 데리고 우곡현(羽谷縣)—지금의 우현(羽縣)—에 도착하여 길가에 띠풀로 엮은 집을 짓고 살았다. 〈중 략〉

아침이 되자 수염과 머리카락이 모두 하얗게 세어 있었다. 조신은 망연자실하여 세상일에 전혀 뜻이 없어졌다. 고달프게 사는 것도 이미 싫어졌고 마치 백 년 동안의 괴로움을 맛본 것 같아 세속을 탐하는 마음도 얼음 녹듯 사라졌다. ⓒ돌아오는 길에 해현으로 가서 아이를 묻었던 곳을 파 보았더니 돌미륵이 나왔다. 물로 깨끗이 씻어서 가까운 절에 모시고 서울로 돌아와 ⓔ장원을 관리하는 직책을 사임하고 개인 재산을 털어 정토사(淨土寺)를 짓고서 수행했다. 그 후에 아무도 조신의 종적을 알지 못했다.

21 윗글의 갈래상 특징이 드러나는 부분은?

① ⊙
② ⓒ
③ ⓒ
④ ⓔ

22 다음 중 밑줄 친 (가)를 한자로 바르게 표현한 것은?

① 企圖
② 冀圖
③ 祈禱
④ 氣度

23 다음 글에서 언급한 저작권에 대한 설명으로 옳지 않은 것은?

오늘날과 같이 다양한 경로를 통해 정보가 흘러넘치는 시대에 만일 저작권이란 개념이 없다면 어떤 일이 벌어질까? '저작권(著作權, copyright)'이란 인간의 사상이나 감정을 창작적으로 표현한 저작물을 보호하기 위해 그 저작자에게 부여한 권리를 가리키는 개념이다. 이러한 저작권을 보호한다는 말은 곧 저작물의 창작자에게 자기 저작물의 이용에 관한 배타권(排他權)을 부여하고, 그 저작물을 다른 사람이 이용할 때에는 저작권자의 허락을 필요로 하며, 허락을 얻지 않고 이용하는 행위를 위법으로 규정한다는 뜻을 담고 있다. 〈중 략〉

저작권법은 직접적인 저작권뿐만 아니라 이에 인접하는 권리, 즉 저작인접권도 보호한다. 이는 실연자·음반제작자·방송사업자 등과 같이 저작물의 창작에는 직접적으로 참여하지 않았으나 그 이용과 홍보에는 크게 공헌한 사람들을 배려한다는 뜻을 담고 있다. 아울러 저작권법이 단순히 저작권자나 저작인접권자의 이익만 보호하는 것이 아니며, 오히려 권리자와 이용자 사이의 관계를 합리적으로 규율해 주는 측면이 더 강하다는 점을 지나쳐서는 안 된다. 저작권 보호 장치가 단순히 규제수단이라는 인식은 저작권의 개념 자체를 제대로 이해하지 못하는 것이나 다름없다.

① 저작권법은 저작물의 이용에 관한 위법 행위를 규정한다.
② 저작권법은 저작물에 간접적으로 공헌한 사람도 보호한다.
③ 저작권법은 저작권자와 저작인접권자의 관계를 규율하는 수단이다.
④ 저작권법은 창작자에게 자신의 저작물의 이용에 관한 배타권을 부여한다.

24 다음 중 빈칸에 차례로 들어갈 주격 조사로 적절한 것은?

> 주국대왕(周國大王)[   ] 빈곡(豳谷)애 사ᄅᆞ샤 제업(帝業)을 여르시니
> 우리 시조(始祖)[   ] 경흥(慶興)에 사ᄅᆞ샤 왕업(王業)을 여르시니

① ㅣ- ㅣ   ② 이 - ㅣ
③ ㅣ- 생략   ④ 이 - 생략

25 다음 중 〈보기〉를 바르게 발음한 것은?

> 보기
> 맏형 - 값지다 - 낱낱이 - 될성부른

① [마텽] - [갑지다] - [난나티] - [될성부른]
② [마텽] - [갑찌다] - [난나치] - [될썽부른]
③ [맏텽] - [갑찌다] - [난나치] - [될썽부른]
④ [맏텽] - [갑지다] - [난나티] - [될썽부른]

정답·해설 _해설집 p.22

실전동형모의고사 04회
모바일 자동 채점 + 성적 분석 서비스 바로 가기

QR코드를 이용해 모바일로 간편하게 채점하고 나의 실력이 어느 정도인지, 취약 부분이 어디인지 바로 파악해 보세요!

04회 핵심 어법 마무리 체크

☑ 다음 문장을 읽고 알맞은 단어에 ○표 하세요.

이론 문법

01 '청춘! 이 얼마나 가슴 설레는 말인가'에서 '청춘'의 품사는 명사/감탄사 이다.

02 '어머나, 벌써 꽃이 피었네'에서 '어머나'의 품사는 명사/감탄사 이다.

03 중세 국어 시기에 종성의 'ㄷ'과 'ㅅ'의 발음은 구별되었다/구별되지 않았다.

04 중세 국어 시기에는 'ㅅ'이 주격/관형격 조사로 사용되었다.

05 중세 국어의 주격 조사는 자음으로 끝나는 체언 뒤에서 이/ㅣ 의 형태가 사용되었다.

06 중세 국어의 주격 조사는 'ㅣ'가 아닌 모음으로 끝나는 체언 뒤에서는 이/ㅣ 의 형태가 사용되었다.

07 '방학 내내 공부를 많이 했어요'에는 격식체/비격식체 가 사용되었다.

08 '선생님, 참 아름다우십니다'에는 격식체/비격식체 가 사용되었다.

어문 규정

09 '너의 도움을 필요로 하고 있다'에는 영어 번역 투 표현이 사용되었다/사용되지 않았다.

10 '클래식 음악에 관심이 있다'에는 영어 번역 투 표현이 사용되었다/사용되지 않았다.

11 지위나 신분 또는 자격을 나타내는 격 조사는 로서/로써 이다.

12 어떤 일의 수단이나 도구를 나타내는 격 조사는 로서/로써 이다.

13 '읊조리다'의 표준 발음은 [읍쪼리다]/[읍조리다] 이다.

14 '몰상식하다'의 표준 발음은 [몰쌍식하다]/[몰쌍시카다] 이다.

15 회장님께 들은 내용을 일체/일절 언급하지 않았다.

16 나는 문이 닫친/닫힌 것을 확인하였다.

17 그 상자는 보잘것없어/보잘 것 없어 보였다.

18 일처리를 물샐틈없이/물 샐 틈 없이 치밀하게 한다.

정답 | 01 명사 02 감탄사 03 구별되지 않았다 04 관형격 05 이 06 ㅣ 07 비격식체 08 격식체 09 사용되었다 10 사용되지 않았다 11 로서 12 로써 13 [읍쪼리다] 14 [몰쌍시카다] 15 일절 16 닫힌 17 보잘것없어 18 물샐틈없이

실전동형모의고사 04회 45

05회 실전동형모의고사

제한시간 : 25분 | 시작　시　분 ~ 종료　시　분 | 점수 확인　개/ 25개

01 다음 중 밑줄 친 부분의 품사가 다른 것은?

① 무거운 짐을 들었더니 팔이 아프다.

② 그런 질문은 하지 않는 것이 좋겠다.

③ 오늘은 새로운 선생님이 학교에 오셨다.

④ 색깔이 다른 필기구를 사용해야 보기 편하다.

02 다음 〈보기〉에 대한 설명으로 적절하지 않은 것은?

보기

　마람 닙희 ᄇ람 나니 봉창(篷窓)이 서ᄂᆯ코야.

　돋 ᄃ라라 돋 ᄃ라라

　녀름 ᄇ람 뎡홀소냐 가ᄂᆫ 대로 ᄇᆡ 시켜라

　지국총(至匊恩) 지국총(至匊恩) 어사와(於思臥)

　북포(北浦) 남강(南江)이 어ᄃᆡ 아니 됴흘러니.

　　　　　　　　– 윤선도, '어부사시사' 하사(夏詞) 3

① 행수에 제한이 없는 문학 갈래에 해당한다.

② '지국총'은 노 젓는 소리를 표현한 의성어이다.

③ '가ᄂᆫ 대로 ᄇᆡ 시켜라'는 배가 가는 대로 두라는 의미이다.

④ '어ᄃᆡ 아니 됴흘러니'는 '어디든 좋지 않겠는가?'라는 의미이다.

03 다음 중 띄어쓰기가 옳은 것은?

① 네가 나를 떠난지 벌써 삼 년이 되었구나.

② 입춘이 지난지 오랜데 아직도 날씨가 춥다.

③ 잠든지 몇 분이 지나자 그는 코를 골기 시작했다.

④ 자연이는 지금 바빠서 무엇부터 해야 할지 모른다.

04 다음 글의 흐름과 어울리지 않는 문장은?

　최근 미국 교육계와 학계에서는 창조론과 진화론 논쟁의 불씨가 다시 살아나고 있다. 2005년 펜실베니아 주 도버 지역 교육위원회가 학교에서 진화론과 함께 창조론과 유사한 지적 설계론을 가르치도록 하자 학부모들이 반대해 법적 공방으로 이어지기도 했다. ㉠지적 설계론은 자연은 매우 복잡하고 정교해 다윈의 진화론만으로는 설명하기 어려운 점이 많아 하나님과 같은 창조자가 개입, 설계한 것이 틀림없다는 주장이다. 또한 교육위원회는 진화론이 확립된 사실이 아니라 아직까지는 하나의 이론일 뿐이라는 점을 강조하면서 생명의 근원에 대해 진화론 이외의 다른 이론도 존재한다는 것을 학생들이 알 권리가 있다고 주장하였다. ㉡하지만 학부모들은 지적 설계론은 과학적 이론이 아니라 '종교'이며, 따라서 정교 분리를 명시한 헌법을 위반한 것이라고 지적하고 있다.

　진화론과 창조론 논쟁은 매우 오래된 것이지만 최근에는 2003년 톰 베일이 『그랜드캐니언, 다른 견해』라는 책에서 그랜드캐니언을 창조론의 관점에서 해석해 제기된 적이 있다. ㉢그랜드캐니언은 각기 다른 생물학적 환경의 예외적인 사례로서 북아메리카 내에 있는 7군데의 생물 분포대를 보여준다. 톰 베일은 그랜드캐니언은 4500년 전 대홍수에 의해 형성되었고, 협곡의 형태나 바위굴곡 등이 이를 분명하게 보여준다고 주장하여, 미국 공교육에 창조론의 도입을 반대하는 전미과학교육센터와 대립하기도 했다. ㉣전미과학교육센터는 그랜드캐니언은 4500년 전에 형성된 것이 아니라 200만 년 전에서 500만 년 전 사이에 형성되었다고 반박했다. 창조론자들은 그랜드캐니언에서 발견된 조개화석 구조가 그랜드캐니언이 갑작스러운 홍수에 의해 형성됐음을 보여주는 증거라고 주장했고, 진화론자들은 홍수가 아닌 잔잔한 물 속에서 묻혀 있다가 화석이 된 것이라고 설명한다.

① ㉠

② ㉡

③ ㉢

④ ㉣

05 다음 글에 대한 설명으로 옳지 않은 것은?

성삼: (처절하게) 기가 막혀! (꺼질 듯) 후유— (헛간 속에 발을 들여놓으며 고개를 설레설레) 이럴 수가! 이럴 수가! (헛간 속으로 들어가 버린다. —사이— 기겁해서 뒷걸음질쳐 나오며) 엉? 스, 슬슬이가! 스, 슬슬이가 모, 목을 매고 죽었구나! 슬슬이가 죽었어! 슬슬이가 죽어! (신음처럼) 허어— 슬슬이가 죽다니—.
　　성삼, 감전당한 듯 그 자리에 넋 빼고 서 있다간 미친 듯이 달음질쳐 나가 버린다.
성삼: 곰치야아— 이놈아아— 이 만선에 미친 놈아—.
　　단말마의 울부짖음 무대로 번져 온다. 기세 좋은 바람, 마당을 휩쓸고 지나간다.
　　– 천승세, '만선'

① 장면의 공간적 배경은 헛간이다.
② 성삼은 독백을 통해 고조된 감정을 드러내고 있다.
③ 울부짖는 음향의 효과를 통해 비극적 분위기를 형성한다.
④ 헛간 안의 상황은 인물의 대사를 통해 간접적으로 제시된다.

06 다음 중 한자 성어가 잘못 쓰인 것은?

① 左顧右眄할 겨를도 없이 결정을 내렸다.
② 두 사람의 실력이 大同小異해서 판가름하기 어렵다.
③ 愚公移山이니 가망이 없는 일은 그만두는 것이 좋다.
④ 그는 대수롭지 않은 일을 針小棒大하는 경향이 있다.

07 '교육 격차 실태와 문제 해결'에 관한 글을 작성하고자 한다. 글의 내용으로 포함하기에 적절하지 않은 것은?

① 교육 격차에 영향을 끼치는 요인으로 가정의 경제적 배경과 지역별 사교육 밀집도 등을 제시한다.
② 최근 5년간 저소득 계층의 학업 중단율이 증가했다는 그래프를 활용하여 소득 계층별 교육 격차가 커지고 있음을 보여준다.
③ 농어촌 지역의 교육 인프라 부족을 언급하며 해결 방안으로 학생들의 학업 결손 보충을 위한 다양한 방과 후 수업 편성을 제안한다.
④ 학생들이 스마트폰 중독으로 인해 주의력 결핍과 학업 능력 저하 등의 문제를 겪고 있음을 예로 들어 해결을 위한 제도적 지원의 필요성을 밝힌다.

08 다음 중 '맡은 구실을 온전히 다 해야만 그에 마땅한 대우를 받는다'라는 의미로 적합한 속담은?

① 가림은 있어야 의복이라 한다.
② 털도 없이 부얼부얼한 체한다.
③ 용이 물 밖에 나면 개미가 침노한다.
④ 호랑이도 새끼가 열이면 스라소니를 낳는다.

09 다음 글을 알맞은 순서로 배열한 것은?

(가) 가령 데카르트는 이른바 우리가 직접 경험을 통해서 혹은 교육을 통해서 얻은 앎이 얼마나 불확실한 것인가에 주목하고, 모든 앎이 참되지 않다고 의심할 논리적 근거가 있다고 믿었다. 그리하여 그는 철석같이 확실한 가장 기본적 앎에서 출발하여 물샐틈없는 논리로써 모든 앎의 체계를 세우고자 했다. 다시 말하자면 그는 비판 없이 거의 맹목적으로 받아들이기를 거부한 것이다.
(나) 유명한 데카르트의 '의심'이나 후설의 '현상적 판단 중지' 혹은 칸트의 '비판'은 인식에 관한 철학적 사고의 근본성을 잘 보여주는 예이다. 데카르트와 후설은 300년이라는 시간적 거리를 두고도 앎의 확실한 토대를 찾아내려고 애썼다.
(다) 한편 칸트는 인식에 대한 기존의 합리주의적 설명과 경험주의적 설명에서 다 같이 모순과 문제점을 인식하고, 그것을 극복해서 새롭고 더 근본적인 인식에 대한 이론을 세우기 위해 철통 같고 물샐틈없는 경험의 분석을 시도했다.
(라) 그러나 위에서 본 바와 같은 근본적 사고는 철학적 사고의 한 편을 보여줄지라도 그것을 완전히 밝혀주는 못한다. 바꿔 말해서 근본적 사고는 철학적 사고의 필요조건이긴 하지만 충분조건이 될 수는 없다.
(마) 이와 같이 근본적인 것으로 파들어가는 사고의 태도는, 때로는 너무나도 작은 문제를 파고들어 분석하는, 오늘날 영미철학계를 지배하고 있는 분석철학에서 가장 뚜렷하게 나타났다.

① (가) – (나) – (다) – (마) – (라)
② (가) – (다) – (나) – (라) – (마)
③ (나) – (가) – (다) – (마) – (라)
④ (나) – (마) – (라) – (가) – (다)

10 다음 글의 제목으로 가장 적절한 것은?

실제로 투자를 적게 했는데 높은 수익을 받을 수 있다면 얼마나 좋을까? 그러나 그런 수익률이 어떻게 보장될 수 있을까. 세상에 그런 투자는 흔치 않다. 어딘가 함정이 있거나 위험도가 높아 오히려 실패할 가능성이 높다. 그럼에도 사람은 그 환상을 좇아 과감한 투기를 감행하는 경우가 많다. 돈을 좋아하는 사람의 본성 때문일까?

시간과 공간을 초월하여 사람이 사는 곳이면 어디에서나 이런 현상이 등장한다. 1920년대 카를로 폰지(C. Ponzi)라는 미국인은 플로리다의 개발붐을 악용하여 주택투자로 높은 수익을 올릴 수 있다고 사람을 선동했다. 택지 값의 10퍼센트만 투자하면 건축비는 은행이 빌려준다고 했다. 모든 일이 일사천리로 진행되어 불과 몇 주 사이에 2배 이상의 차익을 얻을 수 있다는 것이다. 높은 수익을 보장해준다는 선전에 수많은 사람이 몰려들었다.

한동안 폰지에 돈을 맡긴 사람은 높은 수익을 챙길 수 있었다. A에 대한 수익은 B로부터 받은 투자금으로 돌려주고 B에 대한 수익은 C의 투자금에서 지급하는 방식이다. 이러한 폰지의 묘안은 한동안 성공을 거두었다. 고수익에 대한 소문으로 투자는 끝없이 늘어났다. 그러나 이런 과정이 무한히 지속하였다면 얼마나 좋았을까. 폰지가 말한 새집은 3년이 지나도 보이지 않았다. 폰지는 점차 사기꾼으로 인식되었다. 결국, 10억 달러의 원금은 1,400만 달러만 남겼다. 폰지는 감옥으로 사라졌다.

경제학자들은 그 사건 이후로 본질적인 가치보다 높은 이자만을 좇아가는 행태를 '폰지 게임'이라고 부른다. 본질적인 기본가치보다는 거품을 좇는 행태라고도 말할 수 있다. 거품은 일시적이고 남아 있는 실체는 영원하다. 경제학에서는 거품을 자산가치가 기본가치를 벗어나 급등하는 현상이라고 정의한다. 즉, 주식, 상품, 부동산, 채권 등의 가격이 투기적인 수요 때문에 일시에 급격히 상승하는 현상이다.

① '폰지 게임'의 피해 사례
② 요행을 바라는 인간의 태도
③ 장기적인 투자가 필요한 이유
④ 투자와 투기는 어떤 점에서 다른가?

11 로마자 표기법 중 〈보기〉로 설명할 수 없는 것은?

보기
광희문(Gwanghuimun)   연기군(Yeongi)
하늬바람(Hanuibaram)   보령시(Boryeong)

① 'ㄱ'은 모음 앞에서 'g'로 적는다.
② 'ㅢ'는 [ㅣ]로 소리 나더라도 'ui'로 적는다.
③ 'ㄹ'은 자음 앞이나 어말에서는 'l'로 적는다.
④ '시, 군, 읍'의 행정 구역 단위는 생략할 수 있다.

12 다음 중 〈보기〉의 밑줄 친 '나가다'와 의미가 다른 것은?

보기
오랫동안 같은 직장을 나가는 것은 누구에게나 쉽지 않다.

① 딸은 요즘 매일 학교에 나가고 있다.
② 지영이가 내일부터 그 회사에 나가게 됐다.
③ 일터에 나갈 때 상황에 맞는 복장을 갖춰야 한다.
④ 제가 사회에 나간 후에도 선생님을 잊지 않겠습니다.

13 다음 시에 대한 이해로 적절하지 않은 것은?

유리(琉璃)에 차고 슬픈 것이 어른거린다.
열없이 붙어 서서 입김을 흐리우니
길들은 양 언 날개를 파다거린다.
지우고 보고 지우고 보아도
새까만 밤이 밀려나가고 밀려와 부딪히고,
물 먹은 별이, 반짝, 보석처럼 백힌다.
밤에 홀로 유리를 닦는 것은
외로운 황홀한 심사이어니,
고흔 폐혈관(肺血管)이 찢어진 채로
아아, 늬는 산(山)ㅅ새처럼 날아갔구나!   – 정지용, '유리창'

① 역설적 표현을 활용하여 감정을 객관화하고 있다.
② 공감각적 이미지를 통해 주제를 형상화하고 있다.
③ 상징적 소재를 통해 대상의 부재를 드러내고 있다.
④ 화자는 유리창을 매개로 하여 죽은 아이와 만나고 있다.

14 다음 안내문에 포함된 담화의 기능이 아닌 것은?

> 가내 두루 평안하십니까?
> 　독서하기 좋은 계절인 가을을 맞아 '○○시 북 페스티벌'을 개최하려 하오니 많은 참여 부탁드립니다.
>
> ■ 기간: 2022. 11. 5.(토) ~ 2022. 11. 6.(일)
> ■ 참가 신청: 2022. 10. 24.(월) ~ 2022. 10. 28.(금)
> ■ 참가 방법: ○○시 홈페이지 (온라인 선착순 접수)
> ■ 운영 일정
>
> | 작가와 함께하는 동화책 만들기 체험 |
> | --- |
> | 일 시: 2022. 11. 5.(토) 10:00 ~ 12:00
장 소: ○○시청 4층 콘퍼런스 홀
내 용: 직접 창작한 이야기의 그림을 동화 작가, 그림 작가와 함께 동화책으로 만들기 |
>
> | 마음을 살찌우는 독서 토론회 |
> | --- |
> | 일 시: 2022. 11. 5.(토) 14:00 ~ 16:00
장 소: ○○시청 3층 시청각실
내 용: 이달의 선정 도서 3권을 읽고 이야기 나누기 |
>
> | 거미는 무엇을 하고 놀까? (문학과 연극의 만남) |
> | --- |
> | 일 시: 2022. 11. 6.(일) 10:00 ~ 12:00
장 소: ○○시청 광장 공원
내 용: '거미는 무엇을 하고 놀까' 책 속 거미의 놀이 체험을 응용하여 연극 올리기 |
>
> ※ 모바일 홈페이지로 참여 신청 시 에러가 발생할 수 있으므로 PC 버전으로 접속하여 주시기 바랍니다.

① 정보적 기능
② 정서적 기능
③ 감화적 기능
④ 친교적 기능

15 다음 소설에서 등장인물의 태도로 올바른 것은?

> "아이들 노는 데 구경 가시는 것까지는 몰라도, 걔들과 같이 어울려서 북치고 장구 치는 게 나이 자신 어른이 할 일인가요?"
> "하면 어때서. 성규가 지성으로 청하길래 응한 것뿐이고, 나는 원래 그런 사람 아니니. 이번에도 내가 늬들 체면 깎았냐."
> "아시니 다행이네요."
> 　송 여사는 후닥닥 문을 닫고 나갔다. 일은 그것으로 끝나지 않았다. 며느리는 퇴근한 남편을 붙들고, 밖에 나갔다가 성규와 같은 과 학생인 진숙이 어머니한테서 들었다는 얘기를 전했다. 진숙이 어머니는, 민 노인이 가면극에 나왔더라는 귀띔에 잇대어, 성규 어머니는 그렇게 멋있는 시아버지를 두셔서 참 좋겠다며, 빈정거리더라는 말도 덧붙였다. 〈중 략〉
> "그런 말씀은 이제 그만 좀 하셨으면 해요, 안팎에서 듣는 그말에 물릴 지경이거든요. 너는 아직 모른다. 너도 내 나이가 되어 보라…… 고깝게 듣지 마세요. 그때 가서 그 뜻을 알지언정, 지금부터 제 사고와 행동을 포기하고 싶지는 않습니다. 그런 뜻에서, 제가 할아버지를 우리 모임에 초청한 사실을 후회하지 않을뿐더러, 옳았다고 생각합니다. 아버지가 할아버지를 심리적으로 격리시키려 하고, 또 한편으로는 이해하려는 모순을 저도 이해합니다. 노상 이기적인 현실에의 집착이 그걸 누르는 데 대한, 어쩔 수 없는 생활인의 감각까지도 저는 알고 있습니다. 그러나 역설적이고 건방지게 들릴지 모르지만, 제 나이는 또 할아버지의 생애를 이해합니다. 북으로 상징되는 할아버지의 삶을 놓고, 아버지와 제가 감정적으로 갈라서는 걸 비극의 차원에서 파악할 것도 아니라고 봅니다. 할아버지가 자신의 광대 기질에 철저하여 가족을 버린 건 비난받아야 할 일이나, 예술의 이름으로는 용서 받을 수 있습니다."
> "그래서? 할아버지가 나름대로의 예술을 완성했니?"
> 아버지의 입가에 냉소가 머물렀다.
> "그건 인식하기 나름입니다. 다만 할아버지에게서 북을 뺏는 건, 할아버지의 한(恨)을 배가시키고, 생의 마지막 의지를 짓밟는 것에 다름 아니라는 생각만은 갖고 있습니다."
> 　　　　　　　　　　　　　－ 최일남, '흐르는 북'

① '아버지'는 '성규'의 의견을 수용하고 있다.
② '송 여사'는 '민 노인'의 행동을 존중하고 있다.
③ '성규'는 '민 노인'의 삶을 이해하고 이에 공감하고 있다.
④ '민 노인'은 '아버지'와 '송 여사'의 처지를 걱정하고 있다.

16 다음 중 한자어 표기가 틀린 것은?

① 위인전은 어린이에게 좋은 귀감(龜鑑)이 된다.

② 우린 대화를 통해 갈등(葛藤)을 해결해야 한다.

③ 이 작품은 자연을 예찬(禮讚)하는 태도를 보인다.

④ 이번 결의(決議)를 통하여 우리는 의형제가 되었다.

17 다음 중 외래어 표기가 바르지 않은 것은?

① 로보트(robot)

② 프러포즈(propose)

③ 미스터리(mystery)

④ 애피타이저(appetizer)

18 〈보기〉에서 밑줄 친 부분의 품사와 문장 성분으로 올바른 것은?

> 보기
> 조금 전 너와 <u>닮은</u> 사람을 보았다.

① 동사, 관형어　　　　② 동사, 부사어

③ 형용사, 관형어　　　④ 형용사, 부사어

19 다음 글에서 필자가 생각하는 ㉠의 의미로 적절한 것은?

　시카고의 빈민가에 세워져 있는 한 대형 복권광고판에는 '인생을 역전시킬 수 있는 기회'라고 현란하게 쓰여 있다. 복권광고는 엄청난 대박의 주인공이 될 수 있다는, 그래서 더 이상 뼈빠지게 일할 필요가 없다는 환상을 자극한다. 복권광고는 특히 매월 초순에 많이 등장하는데, 이때는 사회보장제도와 복지기금 수혜자들에게 기금이 지급되는 시기이다. 다른 대부분의 정부 지원서비스(예를 들면 치안서비스)와 대조적으로 복권판매소는 빈민가와 노동자 거주 지역에 많은 반면 부유층 지역에는 적다.

　미국에서 1인당 복권 판매액이 가장 높은 매사추세츠는 그러한 편향성을 뚜렷하게 보여준다. 1997년 《보스턴글로브(Boston Globe)》 기사에 따르면, 매사추세츠의 극빈 지역 가운데 하나인 첼시의 경우 복권 판매인이 주민 363명에 1명 꼴이었다. 반면 부유층 지역인 웰즐리는 주민 3,063명 당 1명이었다. 다른 주들과 마찬가지로 매사추세츠 역시 세금을 대신할 수 있는 이 '손쉬운 대안'에, 그러나 대단히 퇴폐적인 방식에 주정부 수입을 의존하고 있는 것이다. 첼시의 주민들은 1년 동안 복권 구입에 1인당 915달러를 썼으며 이는 소득의 8%에 가까운 금액이다. 또 다른 부유층 지역인 링컨의 주민들은 1인당 불과 30달러를 썼으며 이는 소득의 0.1%에 해당하는 금액이다.

　복권 사업자들이 주장하는 것과 달리 많은 사람들에게 복권 구매는 자발적 선택에 근거한 자유로운 행위가 아니다. 복권사업에서 가장 큰 수익을 창출하는 즉석 게임(스크래치 복권이나 5분 간격으로 추첨이 이루어지는 키노(keno) 등)은 사람들을 도박 행위에 끌어들이는 가장 큰 유혹이며, 카지노나 경마 못지않게 인기를 얻고 있다. 도박중독자 치료모임에 가입하는 복권 중독자들도 갈수록 늘고 있다. 매일 1,500달러의 즉석복권을 긁어 노후자금을 모두 탕진하고 신용카드 11개가 마이너스가 된 사람들도 많다.

　한편 주정부도 도박꾼들 못지않게 복권에 중독되어 버렸다. 매사추세츠의 복권 수익은 주정부 수입의 무려 13%를 차지한다. 복권의 나쁜 점을 아무리 잘 인식하는 정치인이라 할지라도 (복권사업을 철회하는 대신) 세금을 올리거나, 복권사업이 안겨주는 수익이 없어도 문제가 없을 만큼 정부 지출을 줄이려고 하지는 않는다. 복권사업의 수익에 중독되어 있는 주정부는 시민들에게 노동윤리와 희생정신, 민주주의적 삶을 지탱하는 도덕적 책임과 반대되는 메시지를 계속 퍼부을 수밖에 없다(특히 그 메시지를 가장 쉽게 흡수하는 사람들에게). 이와 같은 공공영역의 타락은 복권이 야기하는 가장 중대한 해악이다. 복권은 공동선의 질을 떨어뜨린다. 정부가 ㉠비뚤어진 시민교육을 제공하는 주체가 되기 때문이다.

① 납세의 의무를 강조하는 일

② 복권의 사행성을 경고하는 일

③ 계급 간의 갈등을 조장하는 일

④ 일확천금에 대한 환상을 부여하는 일

20 다음 글의 견해와 가장 거리가 가까운 것은?

> 우리 조선 선비들은 세계 한 모퉁이의 구석진 땅에서 편협한 기풍을 지니고 살고 있다. 발로는 모든 것을 가진 중국 땅을 한 번도 밟아 보지 못했고, 눈으로는 중국 사람을 한 번도 구경하지 못했다. 태어나서 늙고 병들어 죽을 때까지 조선 강토를 벗어나지 못한 것이다. 긴 다리의 학과 검은 깃의 까마귀가 제각기 자기 천분을 지키며 사는 격이며, 우물 안 개구리와 작은 나뭇가지 위 뱁새가 제가 사는 곳이 제일인 양 으스대며 사는 꼴이다. 그렇기 때문에 예법이란 세련되기보다는 차라리 소박한 편이 좋다고 생각하고, 누추한 생활을 두고 검소한 생활이라고 잘못 알고 있다.

① 이제 사람들이 진실로 오랑캐를 물리치려면 중화의 법을 모조리 배워서 먼저 우리나라의 유치한 문화를 변화시켜 밭갈이부터 공업과 상업에 이르기까지 배우지 않음이 없으며, 남이 열을 한다면 우리는 백을 하여 먼저 우리 인민들에게 이롭게 한 다음에 …… 비로소 중국에는 아무것도 볼 것이 없더라고 이를 수 있겠다.

② 우리나라의 노비법은 유죄 무죄를 묻지 않고, 오직 그 가계를 조사하여 자손 대대로 노비가 되니, 설령 어진 인재가 노비 사이에 태어난다 하여도 역시 벼슬길을 막아 관직에 나아가지 못하게 하여 남의 노비가 되고 마니 어찌 된 도리인가.

③ 농사를 짓는 사람에게는 토지를 갖게 하고 농사를 짓지 않는 사람에게는 토지를 갖지 못하게 하려면 여전제를 실시하여야 한다. …… 무릇 1여의 토지는 1여의 인민이 공동으로 경작하도록 하고 여장은 매일 개개인의 노동량을 장부에 기록해 두어야 한다.

④ 사농공상은 모두 똑같은 사민이다. 만약 사농공상으로 하여금 모두 한 가지로 행세하고 살게 한다면, 신분의 높고 낮음이 없고 이 사람 저 사람의 차이도 존재하지 않을 것이다. 물고기는 강과 바다에서 서로를 잊고 사람은 도리와 기술에서 서로를 잊듯이 결국 이런저런 다툼이 사라지게 될 것이다.

21 다음 중 밑줄 친 어휘가 적절하게 쓰인 문장은?

① 그 동네 아이들은 <u>텃새</u>가 심한 편이다.

② 누나에 대한 소문이 지나치게 <u>붉어졌다</u>.

③ 김밥을 <u>통째</u>로 먹었더니 배가 몹시 부르다.

④ 주변의 충고를 무시하더니 결국 <u>사단</u>이 났다.

22 다음 글의 ㉠~㉢에 들어갈 말로 적절한 것은?

> 지금 우리가 사용하는 말의 근원은 무엇일까? 이 말들은 어떻게 모습을 바꿔왔던 것일까? 사전이 지적 호기심을 가진 사람들을 만족시키는 데 목표를 두었던 시절에는 이러한 의문에 답하는 것이 사전의 목표이기도 했다. (㉠) 근대 사전은 대체로 규범을 제시하는 것을 주목적으로 하여 편찬되었기 때문에, 말의 올바른 형태와 의미를 보여주는 데 좀 더 충실하였다. (㉡) 규범 사전을 지향하는 근대 사전에서도 말의 역사를 추적해 보여주는 것은 아주 중요한 일이었다. 그렇다면 근대 사전에서 말의 역사를 추적해 보여주는 것은 어떤 의미를 갖고 있었을까?
>
> 근대 사전의 편찬자들은 자신이 기술하고 있는 모국어가 깊은 문화적 뿌리를 가지고 있음을 알려주기 위해 사전에 오른 단어의 어원과 그 변천 과정을 기록하였다. 이는 민족과 민족어가 역사의 전면에 나오게 되면서 이루어진 일이었다. (㉢) 하나의 민족어가 기록되기 시작한 시점부터 현재까지의 어휘를 수집하여 기록한 사전을 단지 언어의 역사적 변천 과정을 살펴볼 수 있는 기록물로만 여기는 사람은 없었다. 사람들은 사전을 통해 모국어의 전통에 대한 자긍심을 높였으며, 이런 점에서 사전은 근대정신이 표출된 상징물이 되었다. 많은 사전 편찬자들이 '단어의 역사적 변천 과정을 그 단어가 사용된 출전과 함께 밝히는 것'을 완전한 사전의 조건이라고 생각해온 것도 이 때문일 것이다.

	㉠	㉡	㉢
①	즉	물론	이와 같이
②	즉	하지만	그런데
③	그러나	그런데	그래서
④	그러나	예컨대	하지만

23 다음 글의 ㉠에 들어갈 내용으로 가장 적절한 것은?

아이를 키우는 집이라면 누구나 이런 일을 경험해본 적이 있을 것이다. 아이가 더러운 것을 입으로 가져갈 때 강제로 손에 든 것을 빼앗으면 아이는 울음을 터뜨린다. 하지만 그 대신 안전하고 깨끗한 다른 놀잇감을 주면 아이는 울음을 멈추고 손에 쥐고 있던 것을 자연스럽게 놓는다. 이처럼 하나를 얻기 위해 다른 하나를 포기하는 것은 신이 부여한 질서와도 같다. 그러나 사람들은 이를 망각하고 두 가지를 모두 가지려는 욕심을 부리기도 한다. 이런 욕심을 버리는 것이 세상을 제대로 살아가는 현명한 방법이며, 경제학에서는 여러 가지 표현을 활용해 이를 강조하고 있는 것이다.

'하나를 얻으려면 다른 하나를 포기해야 한다'는 것을 경제학에서 유독 강조하고, 더 나아가 첫 번째 기본 원리로 꼽는 이유는 무엇일까? 이는 경제적 가치가 있는 무언가를 공짜로 얻을 수 있다고 믿거나 (㉠   )을 잊어버리는 경우가 종종 발생하기 때문이다. 경제학 이외의 분야에서는 기술 발전 등에 힘입어 두 가지 혜택을 얻는 일이 가능해졌다. 이제는 저장 용량을 더욱 줄이면서도 동시에 음질까지 좋은 압축 기술이 등장하고 있다. 그러나 경제적 선택에서는 이런 일이 불가능하다. 어떤 선택을 하든지 예외 없이 기회 비용이 발생한다.

① 경제적 선택이 있어야 기술이 발전할 수 있음
② 경제적 선택을 할 때 포기해야 하는 것이 있음
③ 경제적 선택은 비효율적인 결과를 유발할 수 있음
④ 경제적 선택이 사회적 파급 효과를 일으킬 수 있음

24 다음 중 밑줄 친 단어의 표기가 옳은 문장은?

보기
ㄱ. 이 회사의 <u>휴게실</u>은 매우 좁다.
ㄴ. 엿장수가 뜨거운 엿가락을 길게 <u>늘렸다.</u>
ㄷ. <u>누래진</u> 치아 때문에 치과를 방문하려고 한다.
ㄹ. 그는 넉넉지 않은 형편에도 <u>불구하고</u> 매년 기부금을 냈다.

① ㄱ, ㄷ　　　　　　　② ㄱ, ㄹ
③ ㄴ, ㄷ　　　　　　　④ ㄴ, ㄹ

25 다음 작품에 나타난 삶의 자세와 가장 유사한 것은?

금년 여름에 내가 다산(茶山)에서 지내며 상추로 밥을 싸서 덩이를 넘기고 있을 때 구경하던 옆 사람이 "상추로 싸 먹는 것과 김치 담가 먹는 것은 차이가 있는 겁니까?"라고 물었다. 그래서 나는 거기에 답해 "그건 사람이 자기 입을 속여 먹는 방법입니다."라고 말하여, 적은 음식을 배부르게 먹는 방법에 대해 이야기해 준 적이 있다.

어떤 음식을 먹을 때마다 이러한 생각을 지니고 있어야 하며, 맛있고 기름진 음식만 먹으려고 애써서는 결국 변소에 가서 대변보는 일에 정력을 소비할 뿐이다. 그러한 생각은 당장의 어려운 생활 처지를 극복하는 방편만이 아니라 귀하고 부유하고 복이 많은 사람이나 선비들이 집안을 다스리고 몸을 유지해 가는 방법도 된다.

　　　　　　　　　　　　- 정약용, '유배지에서 보낸 편지'

① 엊그제 덜 괸 술을 질동이에 가득 붓고
　설데친 무나물 청국장 끼쳐 내니
　세상에 육식자(肉食者)들이 이 맛을 어이 알리오

② 동창(東窓)이 불갓느냐 노고지리 우지진다
　쇼 칠 아희는 여태 아니 니러느냐
　재 너머 스래 긴 밧츨 언제 갈려 ᄒᆞ느니

③ 흔 잔(盞) 먹새그려. ᄯᅩ 흔 잔(盞) 먹새그려. 곳 것거 산(算) 노코 무진무진(無盡無盡) 먹새그려.

④ 갓 버서 송지(松枝)에 걸고 구절죽장(九節竹杖) 암상에 두고
　영수 천변(潁水川邊)에 귀 씻고 누어시니
　건곤(乾坤)이 날ᄃᆞ려 니르기를 홈긔 늙쟈 ᄒᆞ더라

정답·해설 _해설집 p.29

실전동형모의고사 05회
모바일 자동 채점 + 성적 분석 서비스 바로 가기

QR코드를 이용해 모바일로 간편하게 채점하고 나의 실력이 어느 정도인지, 취약 부분이 어디인지 바로 파악해 보세요!

05회 핵심 어법 마무리 체크

☑ 다음 문장을 읽고 알맞은 단어에 ○표 하세요.

이론 문법

01 '그와 아쉬운 이별을 뒤로 하고'에서 '아쉬운'의 품사는 형용사/관형사 이다.

02 '왼쪽 다리를 바른 무릎 아래에 내려 놓았다'에서 '바른'의 품사는 형용사/관형사 이다.

03 '좋은 글이어도 글자가 틀리게 되어 있으면 안 된다'에서 '틀리게'의 품사는 동사/형용사 이다.

04 '좋은 글이어도 글자가 틀리게 되어 있으면 안 된다'에서 '틀리게'의 문장 성분은 관형어/부사어 이다.

05 '우리 집 마당에는 곧은 나무가 서 있다'에서 '곧은'의 품사는 형용사/관형사 이다.

06 '우리 집 마당에는 곧은 나무가 서 있다'에서 '곧은'의 문장 성분은 관형어/부사어 이다.

07 '식은 땀을 훔치다'와 '남의 돈을 훔치다'의 '훔치다'는 다의/동음이의 관계이다.

08 '직장에 나가다'와 '밖으로 나가다'의 '나가다'는 다의/동음이의 관계이다.

어문 규정

09 '짐작하건대'의 준말은 짐작컨대/짐작건대 이다

10 '누렇게 되다'를 뜻하는 동사의 올바른 표기는 누레지다/누래지다 이다.

11 '어수룩하다'와 '어리숙하다'는 의미가 유사하기는 하나, 동일하지는 않은 복수/별도 표준어이다

12 '남우세스럽다'와 '남사스럽다'는 동일한 의미를 지닌 복수/별도 표준어이다.

13 남편 남동생의 아내는 동서/올케로 부른다

14 조위금 봉투의 문구는 부의(賻儀)/하의(賀儀)로 적는다.

15 '귀하의 노고와 번영을 기원합니다'는 '노고'와 호응하는 서술어/연결 어미 가 없어 어색한 문장이다.

16 '정성을 다한 시공과 공사 기간을 단축하겠습니다'는 앞뒤 문장의 형태가 서로 종속적이지/대등하지 않아 어색한 문장이다.

17 앞말이 모음으로 끝날 때 뒷말의 첫소리 모음 앞에서 [ㄴㄴ] 소리가 덧나므로 사이시옷을 적는 단어는 가윗일/양칫물 이다.

18 뒷말의 첫소리 'ㄴ, ㅁ' 앞에서 [ㄴ] 소리가 덧나므로 사이시옷을 적는 단어는 가윗일/양칫물 이다.

06회 실전동형모의고사

제한시간 : 25분 | 시작   시   분 ~ 종료   시   분 | 점수 확인 | 개/ 25개

01 다음 글에 대한 독자의 반응으로 적절하지 않은 것은?

'신어'는 말 그대로 '새로 생긴 말'이다. 즉 이전에는 국어 사용자들 사이에서 쓰이지 않다가 특정 시기에 새로 만들어지거나 다른 언어로부터 유입되어 사용되는 말이다. 이런 신어 중에는 사회적인 논쟁거리가 될 만큼 광범위하게 많이 쓰이는 말도 있다. 요즘 어디서나 만날 수 있는 '웰빙(well-being)'이 바로 이러한 말이다. 현재 '웰빙'은 방송, 신문, 잡지, 상품명 등에서 매일같이 만날 수 있을 만큼 많이 쓰이고 있다. 그러나 국어사전을 찾아보면 이 단어는 올라 있지 않다. 앞으로도 이 단어가 국어사전에 오른다고 확신할 수 없다. 그 이유는 이 단어가 외국어를 그대로 쓴 것일 뿐 아니라 앞으로도 계속 쓰인다는 보장이 없기 때문이다. 우리가 현재 사용하는 말 중에는 이처럼 소위 '유행어'라고 해서 일시적인 시기에 주로 특정 연령층이나 집단에서 광범위하게 쓰이다 얼마 가지 않아서 사라지는 말들이 많다. 이러한 단어는 일정 기간 동안 아무리 많이 쓰였다 해도 사전에 오르지 않는다.

신어를 좀 더 폭넓게 보면 '옥탑방', '방울토마토', '제대혈' 등과 같은 말도 여기에 포함될 수 있다. 〈중 략〉'방울토마토'는 원래는 없던 사물이 새로 생기면서 말도 따라서 생긴 경우이다. 이러한 말은 이 사물을 지칭하는 말이 필요하기 때문에 검토하여 사전에 오르게 된다.

① '통통배'는 '웰빙'보다 '방울토마토'에 가까운 범주의 말이겠군.

② 외국과의 교류가 활발해질수록 신어의 수는 점점 더 늘어나겠군.

③ 신어의 사용 빈도가 사전 수록 여부의 가장 중요한 기준이 되겠군.

④ 비슷한 시기에 형성된 신어라도 그 말들의 지위는 다를 수 있겠군.

02 다음 중 밑줄 친 말이 적절하게 쓰인 문장은?

① 실례를 무릎쓰고 부탁드립니다.

② 괜히 객적은 소리를 한다고 핀잔을 주었다.

③ 아이들은 놀러갈 생각에 들떠 야단법썩이었다.

④ 이 분야의 내로라하는 전문가들이 한자리에 모였다.

03 다음 중 본말과 준말이 잘못 연결된 것은?

① 배어 – 배   ② 짜이어 – 째

③ 달리어 – 달려   ④ 쐬었다 – 쐤다

04 밑줄 친 부분의 쓰임이 적절하지 않은 것은?

① 제 조카의 이름은 유진이예요.

② 그 노트북은 제 것이 아니예요.

③ 선생님께서 도와주신 덕분이에요.

④ 저는 이 학교를 다녔던 학생이에요.

05 다음 중 로마자 표기가 옳은 것은?

① 오죽헌 Ojukeon

② 남원로 Namwon-no

③ 문래동 Munnae-dong

④ 백복령 Baekbongnyeong

06 다음 중 외래어 표기로 적절하지 않은 것은?

① 케첩
② 콘셉트
③ 엔돌핀
④ 애플리케이션

07 다음 글에 대한 이해로 적절하지 않은 것은?

'딸깍발이'란 '남산골샌님'의 별명이다. 왜 그런 별호가 생겼느냐 하면, 남산골샌님은 지나 마르나 나막신을 신고 다녔으며, 마른날은 나막신 굽이 굳은 땅에 부딪쳐서 딸깍딸깍 소리가 유난하였기 때문이다. 〈중 략〉

겨울이 오니 땔나무가 있을 리 만무하다. 동지 설상(雪上) 삼척 냉돌에 변변치도 못한 이부자리를 깔고 누웠으니, 사뭇 뼈가 저려 올라오고, 다리팔 마디에서 오도독 소리가 나도록 온몸이 곱아 오는 판에, 사지를 웅크릴 대로 웅크리고 안간힘을 꽁꽁 쓰면서 이를 악물다 못해 이를 박박 갈면서 하는 말이,

"요놈, 요 괘씸한 추위란 놈 같으니! 네가 지금은 이렇게 기승을 부리지만, 어디 내년 봄에 두고 보자!"

하고 벼르더란 이야기가 전하지만, 이것이 옛날 남산골 '딸깍발이'의 성격을 단적으로 가장 잘 표현한 이야기다. 사실 졌지만, 마음으로는 안 졌다는 앙큼한 자존심, 꼬장꼬장한 고지식, 양반은 얼어 죽어도 겻불은 안 쬔다는 지조, 이 몇 가지가 그들의 생활신조였다.

실상 그들은 가명인(假明人)이 아니었다. 우리나라를 소중화(小中華)로 만든 것은 어줍지 않은 관료들의 죄요, 그들의 허물이 아니었다. 그들은 너무 강직하였다. 목이 부러져도 굴하지 않는 기개, 사육신도 이 샌님의 부류요, 삼학사(三學士)도 '딸깍발이'의 전형인 것이다. 올라가서는 포은(圃隱) 선생도 그요, 근세로는 민충정(閔忠正)도 그다. – 이희승, '딸깍발이'

① 딸깍발이는 강직하며 중화사상을 지닌 인물이다.
② 음성 상징어를 사용하여 상황을 실감 나게 묘사하고 있다.
③ 딸깍발이의 생활신조를 근거로 성격을 직접 제시하고 있다.
④ 역사적 인물을 사례로 들어 딸깍발이의 정신을 드러내고 있다.

08 다음 글의 특징으로 가장 적절한 것은?

구멍의 어둠 속에 정적의 숨죽임 뒤에
불안은 두근거리고 있다
사람이나 고양이의 잠을 깨울
가볍고 요란한 소리들은 깡통 속에
양동이 속에 대야 속에 항상 숨어 있다
어둠은 편안하고 안전하지만 굶주림이 있는 곳
몽둥이와 덫이 있는 대낮을 지나
번득이는 눈과 의심 많은 귀를 지나
주린 위장을 끌어당기는 냄새를 향하여
걸음은 공기를 밟듯 나아간다
꾸역꾸역 굶주림 속으로 들어오는 비누 조각
비닐 봉지 향기로운 쥐약이 붙어 있는 밥알들
거품을 물고 떨며 죽을 때까지 그칠 줄 모르는
아아 황홀하고 불안한 식욕
　　　　　　　　　　　　　　　 – 김기택, '쥐'

① 점층적인 전개 방식으로 현대인의 불안한 정서를 강조하고 있다.
② 역설적인 표현을 통해 현대인의 맹목적인 탐욕을 비판하고 있다.
③ 쥐의 행동을 구체적으로 묘사하여 쥐에 대한 적대적 태도를 드러낸다.
④ 어조의 변화를 통해 대상이 처한 모순적인 상황을 보여주고 있다.

09 다음 글의 중심 내용으로 가장 적절한 것은?

수오재(守吾齋)라는 이름은 큰형님이 자신의 집에다 붙인 이름이다. 나는 처음에 이 이름을 듣고 이상하게 생각하였다. '나와 굳게 맺어져 있어 서로 떨어질 수 없는 가운데 나보다 더 절실한 것은 없다. 그러니 굳이 지키지 않더라도 어디로 가겠는가? 이상한 이름이다.'

내가 장기로 귀양 온 뒤에 혼자 지내면서 생각해 보다가, 하루는 갑자기 이 의문점에 대해 해답을 얻게 되었다. 나는 벌떡 일어나 이렇게 스스로 말하였다.

"천하 만물 가운데 지킬 것은 하나도 없지만, 오직 나만은 지켜야 한다. 내 밭을 지고 달아날 자가 있는가. 밭은 지킬 필요가 없다. 내 집을 지고 달아날 자가 있는가. 집도 지킬 필요가 없다. 〈중 략〉 그러니 천하 만물은 모두 지킬 필요가 없다. 그런데 오직 나라는 것만은 잘 달아나서, 드나드는 데 일정한 법칙이 없다. 아주 친밀하게 붙어 있어서 서로 배반하지 못할 것 같다가도, 잠시 살피지 않으면 어디든지 못 가는 곳이 없다. 이익으로 꾀면 떠나가고, 위험과 재앙이 겁을 주어도 떠나간다. 마음을 울리는 아름다운 음악 소리만 들어도 떠나가며, 눈썹이 새까맣고 이가 하얀 미인의 요염스러운 모습만 보아도 떠나간다. 한번 가면 돌아올 줄을 몰라서, 붙잡아 만류할 수가 없다. 그러니, 천하에 나보다 더 잃어버리기 쉬운 것은 없다. 어찌 실과 끈으로 매고 빗장과 자물쇠로 잠가서 나를 굳게 지켜야 하지 않으리오."

– 정약용, '수오재기(守吾齋記)'

① 각자의 개성을 지키는 일의 중요성
② 본질적 자아를 유지하는 일의 중요성
③ 감정적으로 동요하지 않는 일의 중요성
④ 학문에서의 배움을 실천하는 일의 중요성

10 다음 글의 상황에 적절한 한자 성어는?

1980년대 이후 대도시 아파트 단지마다 한국인이 운영하는 중국 음식점이 들어섰다. 이제 한국에서 중국 음식은 한국인이 만들어 한국인이 배달하고 한국인이 먹는 음식으로 자리를 잡았다. 1983년 11월 리스피아르경제조사연구소가 서울과 부산 등 대도시에서 실시한 '한국인 식생활습관' 조사에서 혼자서 외식할 때 먹는 음식으로 남녀 모두 짜장면을 1위로 꼽았다.

비록 2000년대 이후 베이징에서 중국 고유의 짜장면이 부활했지만, 한국인이나 조선족이 운영하는 한국식 짜장면집이 베이징에 즐비할 정도로 해외에서도 한국인에게는 한국식 짜장면이 인기다. 한국인에게만 한정한다면 짜장면은 더 이상 중국 음식이라 할 수 없을 것이다. 오히려 짜장면은 21세기에도 여전히 한반도에서 소비되고 있는 한국인의 국민음식이라고 해야 옳을지 모르겠다.

① 주객전도(主客顚倒)　　② 온고지신(溫故知新)
③ 상하탱석(上下撑石)　　④ 상전벽해(桑田碧海)

11 밑줄 친 한자어의 쓰임이 문맥상 적절하지 않은 것은?

① 입원 기간 동안 면회는 정중히 謝絕하겠습니다.
② 지난밤 내린 폭설로 도로에는 통행금지 標識가 세워졌다.
③ 계약상의 의무를 移行해야 정당한 권리를 보장받을 수 있다.
④ 지금까지의 情況으로 미루어보아 그가 거짓말을 하고 있음이 분명하다.

12 다음 상황에 가장 알맞은 속담 또는 관용구는?

은영: 얘들아, 이번주에 우리 동네에 있는 국립 박물관이 무료 입장 행사를 진행한대.
아라: 그러고 보니 한국사 수행평가 과제가 박물관이나 유적지를 탐방하고 보고서를 쓰는 거였지?
인표: 마침 잘됐네. 무료로 박물관 관람도 하고 한국사 과제도 해결할 수 있겠는걸?

① 잔뼈가 굵다　　　② 앞자락이 넓다
③ 배 먹고 이 닦기　　④ 가물에 도랑 친다

※ 다음 글을 읽고 물음에 답하시오. [13~14]

조선 성리학자들은 '세계를 어떻게 바라보고, 자신이 추구하는 삶을 어떻게 실현할 것인가'하는 문제와 관련하여 지(知)와 행(行)에 깊은 관심을 기울였다. 그들은 특히 도덕적 실천과 결부하여 지와 행의 문제를 다루었는데, 그 기본적인 입장은 '지행병진(知行竝進)'이었다. 그들은 지와 행이 서로 선후(先後)가 되어 돕고 의지하면서 번갈아 앞으로 나아가는 '상자호진(相資互進)' 관계에 있다고 생각했다. 또한 만물의 이치가 마음에 본래 갖추어져 있다고 여기고 도덕적 수양을 통해 그 이치를 찾고자 하였다.

18세기에 들어 일부 실학자들은 지행론에 대해 새롭게 접근하였다. 홍대용은 지와 행의 병진을 전제하면서도, 도덕적 수양 외에 사회적 실천의 측면에서 행을 바라보았다. 그는 이용후생의 중요성을 강조하여 민생을 풍요롭게 하는 데 관심을 기울였다. 그에게 지는 도덕 법칙만이 아닌 실용적인 지식을 포함하는 것이었으며, 행이 지보다 더욱 중요한 것이었다.

19세기 학자 최한기는 본격적으로 지행론을 변화시켰다. 그는 행을 생리 반응, 감각 활동, 윤리 행동을 포함하는 일체의 경험으로 이해하고, 지를 경험을 통해 얻어지는 객관적인 지식으로 규정하였다. 그는 선천적인 지식이 따로 없고 모든 지식이 경험을 통해 산출된다고 보아 '선행후지(先行後知)'를 제시하고, 행이 지보다 우선적인 것임을 강조하였다.

최한기에게 지와 행의 대상은 인간·사회·자연을 포괄하는 것이다. 그는 행을 통한 지의 형성, 그 지에 의한 새로운 행, 그리고 그 행에 의한 기존 지의 검증이라는 이전과는 차별화된 지식론을 제시하였다. 그가 경험으로서의 행을 중시한 것은 자연 세계에는 일정한 원리인 물리(物理)가 있지만 인간 세계의 원리인 사리(事理)는 일정하지 않다고 보았기 때문이다. 그래서 그는 자연을 탐구하여 물리를 인식함으로써 사리가 성립되고, 이 사리에서 인간의 도덕인 인도(人道)가 나온다고 보았다.

이러한 서로 다른 지행론은 그들의 학문 목표와 관련이 있다. 도덕적 수양을 무엇보다 중시했던 성리학자들과 달리, 실학자들은 피폐한 사회 현실을 개혁하고자 하는 학문적 문제의식을 가지고 있었다. 특히 최한기가 행을 앞세운 것은 변화하는 세계의 본질을 경험적으로 파악하여 격변하는 시대에 대처하려는 것이었다.

13 위 글에 드러난 서술 방식으로 적절한 것은?

① 대상을 구성 요소로 분석하여 설명하고 있다.
② 특정 이론에 대한 여러 관점을 제시하고 있다.
③ 주장과 그에 대한 비판적 관점을 제시하고 있다.
④ 논의된 내용을 종합하여 새로운 결론을 도출하고 있다.

14 위 글에서 언급되지 않은 것은?

① '지행론'의 의의와 한계
② 실학자들의 학문적 목표
③ '선행후지'에 대한 최한기의 견해
④ 지행론에 대한 성리학자들의 입장

15 다음 작품에 대한 설명으로 적절하지 않은 것은?

구룸빗치 조타 ㅎ나 검기를 주로 ㅎ다
ᄇ람소릭 묽다 ㅎ나 그칠 적이 하노매라
조코도 그츨 뉘 업기는 믈뿐인가 ㅎ노라

① 화자는 자연물이 지닌 속성을 예찬하고 있다.
② 초·중장과 종장은 의미상 대립을 이루고 있다.
③ '구룸'과 'ᄇ람'은 유교적 이념을 표방하는 소재이다.
④ 비슷한 문장 구조를 나란히 배치하여 형식적 안정성을 부여하는 표현법이 드러난다.

16 다음 작품에 대한 설명으로 적절하지 않은 것은?

프록코트를 입어서 전신이 새까맣고 똥그란 눈이 말똥말똥한데, 물 한 잔 조금 마시고 연설을 시작한다.

"나는 까마귀올시다. 지금 인류에 대하여 소회(所懷)를 진술할 터인데 반포의 효[反哺之孝]라 하는 문제를 가지고 잠깐 말씀하겠소. 사람들은 만물 중에 제가 제일이라 하지마는, 그 현실을 살펴볼 지경이면 다 천리(天理)에 어기어져서 하나도 그 취할 것이 없소. 사람들의 옳지 못한 일을 모두 다 들어 말씀하려면 너무 지리하겠기에 다만 사람들의 불효한 것을 가지고 말씀할 터인데, 옛날 동양 성인들이 말씀하기를 효도는 덕의 근본이라, 효도는 일백 행실의 근원이라, 효도는 천하를 다스린다 하였고, 예수교 계명에도 부모를 효도로 섬기라 하였으니, 효도라 하는 것은 자식 된 자가 고연(固然)한 직분으로 당연히 행할 일이올시다. 〈중 략〉

또 우리는 아침에 일찍 해 뜨기 전에 집을 떠나서 사방으로 날아다니며 먹을 것을 구하여 부모 봉양도 하고, 나뭇가지를 물어다가 집도 짓고, 곡식에 해되는 버러지도 잡아서 하느님 뜻을 받들다가 저녁이 되면 반드시 내 집으로 돌아가되, 나가고 돌아올 때에 일정한 시간을 어기지 않건마는, 사람들은 점심때까지 자빠져서 잠을 자고 한번 집을 떠나서 나가면 혹은 협잡질하기, 혹은 술장 보기, 혹은 계집의 집 뒤지기, 혹은 노름하기, 세월이 가는 줄을 모르고 저희 부모가 진지를 잡수었는지, 처자가 기다리는지 모르고 쏘다니는 사람들이 어찌 우리 까마귀의 족속만 하리요. 사람은 일 아니하고 놀면서 잘 입고 잘 먹기를 좋아하되, 우리는 제가 벌어 제가 먹는 것이 옳은 줄 아는 고로 결단코 우리는 사람들 하는 행위는 아니하오. 여러분도 다 아시거니와 우리가 사람에게 업수이 여김을 받을 까닭이 없음을 살피시오." 〈중 략〉

여러 짐승이 연설할 때 나는 사람을 위하여 변명 연설을 하리라 하고 몇 번 생각하여 본즉 무슨 말로 변명할 수가 없고, 반대를 하려 하자 현하지변(懸河之辯)을 가지고도 쓸 데가 없도다. 사람이 떨어져서 짐승의 아래가 되고, 짐승이 도리어 사람보다 상등이 되었으니, 어찌하면 좋을꼬? 예수 씨의 말씀을 들으니 하느님이 아직도 사람을 사랑하신다 하니, 사람이 악한 일을 많이 하였을지라도 회개하면 구원 얻는 길이 있다 하였으니, 이 세상에 있는 여러 형제 자매는 깊이깊이 생각하시오.

① 외화(外話)와 내화(內話)가 구분된 액자식 구성을 취하고 있다.

② 전통적 가치관과 근대적 가치관이 공존하는 과도기적 성격을 띤 작품이다.

③ 인간 사회의 부조리한 면에 대한 구체적인 개혁 방안을 제시한 계몽 소설이다.

④ 동물들이 회의하는 형식을 빌려 인간의 악행을 비판하는 내용의 우화 소설이다.

17 다음 글에 대한 주제로 적절한 것은?

감히 묻는다. "이빨을 준 자는 누구인가?"
사람들은 말할 것이다. "하늘이 주었다."
다시 묻는다. "하늘이 이빨을 준 까닭은 무엇 때문인가?"
사람들은 답할 것이다. "하늘이 이빨로 물건을 씹게 한 것이다."

또다시 묻겠다. "이빨로 물건을 씹게 함은 무엇 때문인가?"
사람들은 대답할 것이다. "이는 하늘이 낸 이치이다. 날짐승과 산짐승은 손이 없으므로 반드시 부리와 주둥이를 땅에 닿도록 숙여 먹이를 구하는 것이다. 그러므로 학 다리가 이미 높고 보니 학의 목이 길 수밖에 없었던 것인데 그래도 혹시 땅에 닿지 않을까 염려하여 또 부리가 길어진 것이다. 만약 닭의 다리가 학의 다리를 본떠 길었다면 닭은 마당에서 굶어 죽었을 것이다."

나는 크게 웃으며 말했다. "그대들이 말하는 이치는 소, 말, 닭, 개에게나 해당할 따름이다. 만약 하늘이 이빨을 준 것이 반드시 구부려 먹이를 씹게 하기 위해서라고 가정해 보자. 지금 저 코끼리는 쓸데없는 엄니가 곧추세워져 있어서 입을 땅에 대려고 하면 엄니가 먼저 땅에 부딪힐 것이니 물건을 씹는 데는 도리어 방해가 되지 않을까?"

어떤 사람은 말할 것이다. "코를 활용하면 된다."
나는 "엄니가 길어 코를 활용하는 것보다는 차라리 엄니를 없애고 코를 짧게 하는 것이 낫지 않을까?"라고 답하겠다.

이에 말하던 자는 처음의 주장을 더 내세우지 못하고 자신이 배웠던 내용을 조금 누그러뜨릴 것이다. 이는 생각이 겨우 말, 소, 닭, 개에 미칠 뿐이요, 용, 봉황, 거북, 기린 같은 것에는 미치지 못하기 때문이다.

코끼리가 호랑이를 만나면 코로 때려눕히니, 그 코야말로 천하무적이라 할 것이다. 그런데 코끼리가 쥐를 만나면 코를 댈 자리도 없어, 하늘을 쳐다본 채 서 있을 뿐이라 한다. 그렇다고 쥐가 호랑이보다 무섭다고 말하는 것은 앞서 말한 하늘이 낸 이치에 맞지 않는다.

① 자신의 소신을 지키는 것의 중요성

② 인간의 무지와 어리석음에 대한 비판

③ 만물을 계획한 하늘의 이치에 대한 깨달음

④ 세상을 획일적으로 바라보는 고정 관념에 대한 경계

18 다음 중 어법에 맞게 쓴 문장은?

① 그분이 네 선물을 받고 기뻐하시던?

② 이 이야기의 결말이 서서히 보여진다.

③ 오는 길에 가게에 들려서 우유를 사오렴.

④ 사내의 몸이 그대로 시냇물에 거꾸로 처박혔다.

19 다음 중 띄어쓰기가 잘못된 것은?

① 머지않아 좋은 소식이 들릴 것 같다.

② 폭설로 도로가 막혀 우회할 듯 하다.

③ 이번 주에 민원이 일곱 건이나 접수되었다.

④ 요청하신 사항은 일주일 내로 처리될 예정입니다.

20 밑줄 친 단어가 동음이의어에 해당하지 않는 것은?

① ┌ ㉠ 오랜만에 몸무게를 <u>달았다</u>.
   └ ㉡ 떨어진 단추를 다시 <u>달았다</u>.

② ┌ ㉠ 날이 추워서 기름이 <u>굳어</u> 버렸다.
   └ ㉡ 아이는 꾸지람을 듣더니 표정이 <u>굳었다</u>.

③ ┌ ㉠ 손님을 <u>맞기</u> 위해 집을 청소했다.
   └ ㉡ 계좌 번호가 <u>맞는지</u> 다시 확인해주세요.

④ ┌ ㉠ 그에게 자식이 없어 집안의 <u>손</u>이 끊기게 되었다.
   └ ㉡ 오랜만에 찾아오는 귀한 <u>손</u>을 맞이할 준비를 했다.

21 ㉠과 ㉡에 대한 글쓴이의 견해로 적절하지 않은 것은?

우연하게 일어난 일이 예술 작품이 될 수 있다? 어떻게 보면 참 몰상식한 발상이 아닐 수 없다. 하지만 이런 몰상식에서 ㉠예술창작의 새로운 가능성을 찾은 작곡가들이 있었다.

서양 음악의 역사가 수세기 흘러내려 오는 동안, 수없이 많은 작곡가들이 음이라는 재료를 가지고 수없이 많은 시도를 했다. 이렇게 음을 가지고 안 해본 짓이 없을 만큼 모든 짓을 다 해보고 나니 더 이상 할 짓이 없었다. 기법의 개발이 한계에 부딪친 것이다. 그들에게는 새로운 돌파구가 필요했다. 그 결과 음악과 예술에 대한 창작자의 생각과 태도가 작품의 본질을 규정하는 새로운 개념의 예술 사조가 등장하게 되었다. 엄청나게 기발하고 엉뚱한 '생각'과 '태도'가 한 시대를 풍미하고 지나갔다. '㉡아름다운 소리만이 음악은 아니다'라고 주장하며 불협화음으로만 일관하는 곡을 쓰는 것은 그래도 애교에 속한다. 피아노를 때려 부수거나 줄을 깃털로 긁어 대는 것도 그렇다. 좋고 나쁘고의 문제를 떠나서 이런 것이 작품이라는 사실에 대해서는 이의가 없다. 어쨌든 이것들은 모두 창작자의 '의도적인' 행위의 결과로 탄생한 것이니까. 그런데 한참을 하다 보니 이제는 그 '의도'마저도 싫증이 났던 모양이다. 급기야는 '우연히' 음악이 만들어지도록 하는 단계에 이르게 되었으니 말이다.

지난 2007년 3월, 헝가리의 현대 음악 작곡가 리게티의 〈100대의 메트로놈을 위한 교향시〉가 한국 초연되었다. 말 그대로 100대의 메트로놈을 가져다 놓고 이것을 동시에 작동시켜 나는 소리를 감상하도록 하는 작품이다.

이때 어떤 소리의 패턴이 만들어질지 아무도 예측할 수 없다. 100대의 메트로놈이 개별적으로 내는 소리들이 때에 따라 온갖 '경우의 수'로 조합되기 때문이다.

① ㉠은 불확정성에 의한 음악도 예술로 인정한다.

② ㉠은 예술가의 재치 있는 생각과 태도를 강조한다.

③ ㉡은 '의도'가 개입된 음악을 배제한 예술 사조이다.

④ ㉡은 제작 기법이 유한하며 우연성이 결여된 음악이다.

22 다음 시에 대한 설명으로 적절하지 않은 것은?

> 남으로 창을 내겠소.
> 밭이 한참갈이*
> 괭이로 파고
> 호미론 김을 매지요.
> 구름이 꼬인다 갈 리 있소.
> 새 노래는 공으로 들으랴오.
> 강냉이가 익걸랑
> 함께 와 자셔도 좋소.
> 왜 사냐건
> 웃지요.   – 김상용, '남(南)으로 창을 내겠소'
> *한참갈이: 소로 잠깐이면 갈 수 있는 작은 논밭의 넓이

① 삶에 대한 화자의 달관적 태도가 드러나고 있다.

② 말을 건네는 듯한 어조를 사용해 친근한 느낌을 준다.

③ 유사한 통사 구조의 반복을 통해 운율을 형성하고 있다.

④ 안분지족한 전원생활의 모습이 구체적으로 나타나 있다.

23 다음 중 접두사 '웃- / 윗-'의 쓰임이 옳지 않은 것은?

① 웃풍   ② 윗사람

③ 웃도리   ④ 윗입술

24 다음 문장을 논리적 순서로 배열한 것은?

> ㉠ 그에게 이 명예로운 작위를 수여한 인물은 마르쿠스 툴리우스 키케로였다.
>
> ㉡ 누가 처음으로 역사를 썼는지는 아무도 모른다. 다만 후세에 전해진 가장 오래된 역사서를 집필한 사람이 누구인지 알 뿐이다.
>
> ㉢ 여기서 서구는 서유럽만이 아니라 유럽 전체와 북아메리카, 호주를 포함하여 기독교를 문화적 기반으로 삼고 있는 문명권을 통칭한다.
>
> ㉣ 로마가 공화정에서 제정으로 넘어가던 시기에 정치가로 활동했던 지식인 키케로는 헤로도토스가 B.C. 425년 무렵에 쓴 『역사』를 최초의 역사서로 본 것이다.
>
> ㉤ 그런데도 서구 지식인들은 헤로도토스를 '역사의 아버지'라고 한다.

① ㉡ – ㉠ – ㉣ – ㉤ – ㉢

② ㉡ – ㉤ – ㉢ – ㉠ – ㉣

③ ㉣ – ㉠ – ㉡ – ㉤ – ㉢

④ ㉣ – ㉢ – ㉠ – ㉡ – ㉤

25 다음 중 보고하는 글을 쓸 때 주의해야 할 사항으로 적절하지 않은 것으로만 묶인 것은?

> ㉠ 사실과 의견을 구분해서 써야 한다.
> ㉡ 표나 그래프는 최대한 단순하게 만들어야 한다.
> ㉢ 작성하는 사람의 직관에 따라 자료를 수집해야 한다.
> ㉣ 문장이 다소 장황하더라도 최대한 상세하게 표현한다.
> ㉤ 인용하거나 참고한 자료의 출처는 반드시 밝혀야 한다.
> ㉥ 자료를 이해하기 쉽게 도식화하여 제시한다.

① ㉠, ㉢, ㉤   ② ㉠, ㉤, ㉥

③ ㉡, ㉢, ㉣   ④ ㉡, ㉣, ㉥

정답·해설 _해설집 p.34

실전동형모의고사 06회
모바일 자동 채점 + 성적 분석 서비스 바로 가기

QR코드를 이용해 모바일로 간편하게 채점하고 나의 실력이 어느 정도인지, 취약 부분이 어디인지 바로 파악해 보세요!

06회 핵심 어법 마무리 체크

☑ 다음 문장을 읽고 알맞은 단어에 ○표 하세요.

이론 문법

01 '감기에 걸렸다'와 '진열장에 옷이 걸렸다'의 '걸리다'는 <u>동음이의/다의</u> 관계이다.

02 '막내딸이 철이 들었다'와 '감을 따기에는 철이 이르다'의 '철'은 동음이의/<u>다의</u> 관계이다.

03 '입술이 마르고 속이 탄다'와 '부끄럼을 잘 탄다'의 '타다'는 동음이의/<u>다의</u> 관계이다.

04 '벽지가 떠서 새로 도배를 해야 한다'와 '곰팡이 뜨는 냄새가 난다'의 '뜨다'는 <u>동음이의/다의</u> 관계이다.

어문 규정

05 'juice'의 외래어 표기로 적절한 것은 <u>주스/쥬스</u> 이다.

06 'enquete'의 외래어 표기로 적절한 것은 <u>앙케이트/앙케트</u> 이다.

07 과거에 직접 경험하여 새로이 알게 된 사실에 대한 물음을 나타내는 종결 어미는 -든/<u>-던</u> 이다.

08 나열된 동작이나 상태, 대상들 중에서 어느 것이든 선택될 수 있음을 나타내는 연결 어미는 <u>-든</u>/-던 이다.

09 위·아래의 대립이 없는 단어에는 <u>웃-/윗-</u>을 쓴다.

10 위·아래의 대립이 있는 단어 중 예사소리로 시작하는 단어에는 웃-/<u>윗-</u>을 쓴다.

11 받침이 있는 체언인 '연필'에 결합할 수 있는 것은 <u>-이에요/-예요</u> 이다.

12 그는 호리병을 <u>깨뜨려버렸다/깨뜨려∨버렸다</u>.

13 집 앞에서 사과, 배, 감들을/<u>감∨들을</u> 팔고 있다.

14 '그녀는 얼굴이 매우 이쁘다'에서 '이쁘다'는 비표준어/<u>복수 표준어</u> 이다.

15 '밭에 있는 무우를 뽑아 먹었다'에서 '무우'는 <u>비표준어</u>/복수 표준어 이다.

16 '단어의 끝모음이 줄어지고 자음만 남은 것은 그 앞의 음절에 받침으로 적는다'는 규정과 관련 있는 단어는 <u>딛다</u>/뭣이 이다.

17 '체언과 조사가 어울려 줄어지는 경우에는 준 대로 적는다'는 규정과 관련 있는 단어는 딛다/<u>뭣이</u> 이다.

정답 | 01 다의 02 동음이의 03 동음이의 04 동음이의 05 주스 06 앙케트 07 -던 08 -든 09 웃- 10 윗- 11 -이에요 12 깨뜨려∨버렸다
13 감∨들을 14 복수 표준어 15 비표준어 16 딛다 17 뭣이

07회 실전동형모의고사

제한시간 : 25분 **시작**　시　　분 ~ **종료**　시　　분 **점수 확인**　개/ 25개

01 밑줄 친 단어의 쓰임이 바르지 않은 것은?

① 등수를 <u>매기다</u>.
② 신발 끈을 단단히 <u>매다</u>.
③ 맑게 <u>개인</u> 하늘을 보고 싶다.
④ 아이의 엉덩이에 주사를 <u>맞히다</u>.

02 다음 중 맞춤법이 틀린 단어가 포함된 문장은?

① 이 감자튀김은 짭짤한 맛이 난다.
② 안밖이 다른 사람을 경계해야 한다.
③ 이튿날 그 아이가 다시 나를 찾아왔다.
④ 귓병이 나서 오늘 이비인후과에 갈 예정이다.

03 다음 중 옳지 않은 설명은?

① '주의'는 [주이]로 발음할 수 있다.
② '되어'는 [되어]와 [되여]로 발음할 수 있다.
③ '눈동자'는 [눈똥자]로, '초승달'은 [초승딸]로 발음한다.
④ '혜택'은 [헤:택]으로, '차례'는 [차레]로 발음할 수 있다.

04 다음 글을 통해 추론할 수 없는 것은?

이성에 귀를 기울이고 객관성을 포용하고 비판적으로 생각하기 위해서는 경험적 증거, 논리적 추론, 회의적 태도 세 가지가 필요하다고 한다. 경험적 증거는 우리가 볼 수 있고, 만질 수 있고, 들을 수 있다. 증언과 같은 2차 증거는 늘 의심해 보아야 한다. 신뢰할 만한 것인지 반드시 확인해야 한다. 이를 위해서는 예리한 관찰이 필요하다. 〈중 략〉

논리적 추론을 위해서는 가슴이 아니라 머리를 사용해야 한다. 논리는 알려진 증거, 주장, 전제 사이에 연결 고리를 만든다. 논리적 추론은 연습하고 배워야 하는 기술이다. 논리적 추론은 의지와의 싸움을 요구한다. 왜냐하면 종종 논리는 자신의 감정을 부정하도록 강요하면서 현실과 대면하게 만들기 때문이다. 이것은 고통스럽다. 하지만 감정은 증거가 아니고 느낌은 사실이 아니며 주관적인 믿음은 실제 믿음이 아니다.

훌륭한 예술의 척도가 불신을 의도적으로 중지하는 것이라면, 훌륭한 학문의 척도는 확신을 의도적으로 중지하는 것이다. 회의주의는 단순히 증거를 필요로 하는 것에 대해 의심하는 것이다. 비판적 사고의 핵심이며 과학적 방법의 핵심이다. 이를 위해서는 어떤 것도 당연하게 받아들이지 말아야 한다.

① 사람들은 자신의 감정을 토대로 현상을 해석하기도 한다.
② 주장과 증거를 연결하는 추론은 인간에게 내재된 기술이다.
③ 감각 경험을 통해 확인할 수 있는 증거는 증언보다 신뢰도가 높다.
④ 학문 연구를 위해서는 자명한 사실에 대해 근거를 확보하려는 태도가 필요하다.

05 다음 중 뜻이 다르게 설명된 것은?

① 온축(蘊蓄): 오랫동안 학식 등을 많이 쌓음
② 알현(謁見): 지체가 높고 귀한 사람을 찾아가 뵘
③ 괴리(乖離): 성미가 까다롭고 별나서 붙임성이 없음
④ 준거(準據): 사물의 정도나 성격 등을 알기 위한 근거나 기준

06 다음 글의 주제로 가장 적절한 것은?

'안사람'이라는 단어는 남성 위주적 가치관에 의한 여성 착취적 장치라는 논의에 대하여 다음과 같은 반박이 제기될 만하다. '안사람'은 오히려 여성들이 생물학적으로 연약하다는 자연적 사실의 인식에 따라 여성을 보호하기 위한 생활양식에 근거한 말이라는 것이다. 여성은 사회 분위기가 살벌할수록 안채나 안방과 같은 보호의 성격을 띤 공간 안에서 인간적 삶을 살 수 있으리라는 것이다. 여성은 남성과 생물학적으로 다르기 때문에 인생의 중요한 시기인 15세에서 40세에 이르는 긴 세월 동안 임신을 하고 있거나 육아에 불가피하게 매여 있는 기간이 그렇지 않은 기간보다 더 길다. 그래서 여성이 보호되어야 한다는 것이다.

'안사람'이라는 단어가 남성 위주인가 아니면 여성 위주의 발상인가 하는 문제는 그리 어려운 것 같지 않다. 이것이 여성 위주의 단어라는 논의는 조선조의 여성 생활양식이 여성의 인간적 삶을 위해 만들어졌다는 동기적 설명을 설득력 있게 전개할 수 있어야 가능하다. 그러나 아직은 그러한 설명이 없는 것 같다. 그러한 논의를 누군가가 제안한다면, 그것은 이미 있어 왔던 남성 위주의 생활양식을 사후에 꾸며 맞추어 본 정당화가 아니겠는가 생각한다. 결국 조선조의 한국어는 조선조의 생활양식에 의해 만들어졌고, 이는 또한 조선조의 가치관에 의해 이루어졌다고 결론지을 수 있겠다.

① 여성에 대한 보호를 중시한 조선 사회
② 조선조 한국어에 담긴 여성에 대한 존중 사상
③ 남성 위주의 가치관을 반영하는 조선조의 한국어
④ 안사람으로 대표되는 여성의 생물학적 한계 인식

07 다음 문장이 들어갈 곳으로 가장 적절한 것은?

보기

아무리 슬픈 현실도, 아픈 고생도, 애끓는 이별도 남에게는 한 이야기에 지나지 않을 것이다.

나는 거짓말을 싫어한다. 그러나 이야기를 재미있게 하기 위하여 거짓말을 약간 하는 것은 그리 나쁜 일은 아니다. (㉠) 정직을 위한 정직은 필요로 하지 아니한다. 영국에서는 남에게 해를 끼치지 아니하는 거짓말을 하얀 거짓말이라고 하고, 죄 있는 거짓말을 까만 거짓말이라고 한다. 이야기를 재미있게 하기 위하여 하는 거짓말은 칠색이 영롱한 무지갯빛 거짓말일 것이다.

이야기를 하노라면 자연히 남의 이야기를 하게 된다. (㉡) 남의 이야기를 한다는 것은 재미있는 일이요, 이해관계 없이 남의 험담(險談)을 한다는 것은 참으로 재미있는 일이다. 이런 재미도 없이 어떻게 답답한 이 세상을 살아간단 말인가? 내가 외국에서 가장 괴롭던 것은 남의 험담을 하지 못하던 것이다. 남의 말을 해서는 안 된다는 사람은 위선자임에 틀림없다.

우리는 이야기를 하고 산다. 그리고 모든 경험은 이야기로 되어 버린다. (㉢) 그리고 세월이 흐르면 당사자들에게도 한낱 이야기가 되어 버리는 것이다. 그날의 일기도, 훗날의 전기도, 치열했던 전쟁도, 유구한 역사도 다 이야기에 지나지 아니한다. (㉣)

– 피천득, '이야기'

① ㉠   ② ㉡
③ ㉢   ④ ㉣

08 다음 중 로마자 표기가 옳지 않은 것은?

① 종묘: Jongmyo
② 월악산: Woraksan
③ 동작구: Dongjak-ku
④ 의정부시: Uijeongbu-si

09 이 글을 대표할 수 있는 제목으로 가장 알맞은 것은?

自由(자유)는 吾人(오인)의 第二(제이) 生命(생명)이라. 故(고)로 身體(신체)가 死(사)함은 有形(유형)의 死(사)오 自由(자유)가 死(사)함은 無形(무형)의 死(사)니 何故(하고)오. 人格(인격)이 有(유)한 故(고)로 曰(왈) 人(인)이어늘 自由(자유)를 失(실)한 者(자)는 人格(인격)이 無(무)하야 一(일) 禽獸(금수)며 一(일) 木石(목석)이니 此(차) 所謂(소위) 無形(무형)의 死(사)며 又(우) 形而下的(형이하적)으로 觀察(관찰)할지라도 自由(자유)의 死(사)가 即(즉) 身體(신체)의 死(사)니 何故(하고)오. 自由(자유)를 失(실)한 者(자)가 今日(금일)은 비록 形而下的(형이하적) 羞恥(수치)의 生命(생명)을 得保(득보)하엿다 할지라도 其(기) 自由(자유)를 不復(부득)하면 畢竟(필경) 滅亡(멸망)을 不免(불면)하나니 此(차) 所謂(소위) 自由(자유)의 死(사)가 即(즉) 身體(신체)의 死(사)라. 嗚乎(오호)라 是以(시이)로 彼(피) 眼光(안광)이 如炬(여거)한 國民(국민)은 身(신)을 犧牲(희생)하야 自由(자유)를 渴求(갈구)하엿도다.

① 신체(身體)의 자유(自由)
② 오인(吾人)의 생명(生命)
③ 자유(自由)의 가치(價値)
④ 형이하적(形而下的) 사(死)

10 다음 글의 갈래에 대한 설명으로 적절하지 않은 것은?

나와 같이 징역살이를 한 노인 목수 한 분이 있었습니다. 언젠가 그 노인이 내게 무얼 설명하면서 땅바닥에 집을 그렸습니다. 그 그림에서 내가 받은 충격은 잊을 수 없습니다. 집을 그리는 순서가 판이하였기 때문입니다. 지붕부터 그리는 우리들의 순서와는 거꾸로였습니다. 먼저 주춧돌을 그린 다음 기둥 · 도리 · 들보 · 서까래 · 지붕의 순서로 그렸습니다. 그가 집을 그리는 순서는 집을 짓는 순서였습니다. 일하는 사람의 그림이었습니다. 세상에 지붕부터 지을 수 있는 집은 없습니다. 그럼에도 불구하고 지붕부터 그려 온 나의 무심함이 부끄러웠습니다. 나의 서가(書架)가 한꺼번에 무너지는 낭패감이었습니다. 나는 지금도 책을 읽다가 '건축'이라는 단어를 만나면 한동안 그 노인의 얼굴을 상기합니다.

① 자기 고백적인 내용의 글이다.
② 다양한 형식과 자유로운 구조를 취한다.
③ 등장인물의 대사를 통해 줄거리가 전개된다.
④ 일상의 소재를 중심으로 누구나 쓸 수 있는 글이다.

11 밑줄 친 부분에 대한 설명으로 옳지 않은 것은?

고기(古記)에는 이렇게 전한다.
㉠옛날에 환인(桓因)—제석(帝釋)을 이른다—의 서자(庶子) 환웅(桓雄)이 항상 천하(天下)에 뜻을 두고 세상을 몹시 바랐다. 아버지가 아들의 뜻을 알고, 삼위 태백(三危太伯)을 내려다보니, 인간 세계를 널리 이롭게 할 만했다. 이에 천부인(天符印) 세 개를 주어 인간의 세계를 다스리게 했다.
환웅은 무리 3천 명을 거느리고 태백산(太白山)—지금의 묘향산— 꼭대기의 신단수(神壇樹) 아래에 내려왔다. 이곳을 신시(神市)라 불렀다. 이분을 환웅 천왕(桓雄天王)이라 한다. 그는 ㉡풍백(風伯)·우사(雨師)·운사(雲師)를 거느리고, 곡식·수명·질병·형벌·선악 등을 주관하고, 모든 인간의 삼백예순여 가지 일을 주관하여 인간 세계를 다스리고 교화(敎化)했다.
이때, ㉢곰 한 마리와 범 한 마리가 같은 굴에서 살고 있었는데, 그들은 항상 신웅(神雄)에게 사람이 되기를 빌었다. 이때, 신이 신령한 쑥 한 심지와 마늘 스무 개를 주면서 말했다.
"너희들이 이것을 먹고 백 일 동안 햇빛을 보지 않으면 곧 사람이 될 것이다."
곰과 범이 이것을 받아서 먹고 조심한 지 삼칠일(21일) 만에 곰은 여자의 몸이 되었으나, 범은 조심을 잘못해서 사람이 되지 못했다. 웅녀(熊女)는 혼인할 상대가 없었으므로 항상 단수(壇樹) 밑에서 아이 배기를 축원했다. ㉣환웅은 이에 임시로 변하여 그녀와 혼인했더니 이내 잉태해서 아들을 낳았다. 이름을 단군왕검(檀君王儉)이라 하였다.

– 작자 미상, '단군 신화'

① ㉠: 천손의 혈통이라는 민족의 긍지가 반영되어 있다.
② ㉡: 정치적 권력이 분립되어 있음을 드러낸다.
③ ㉢: 단군 신화의 인본주의적 성격이 강조되고 있다.
④ ㉣: 이주족(移住族)과 선주족(先住族)의 결합을 뜻한다.

12 제시된 시에 나타난 화자의 태도와 가장 유사한 것은?

> 생사(生死) 길흔
> 이에 이샤매 머뭇그리고,
> 나는 가느다 말ㅅ도
> 몯다 니르고 가느닛고.
> 어느 ᄀᆞ술 이른 ᄇᆞ르매
> 이에 뎌에 ᄠᅥ러딜 닙곤,
> ᄒᆞᄃᆞᆫ 가지라 나고
> 가논 곧 모ᄃᆞ론뎌.
> 아야 미타찰(彌陀刹)아 맛보올 나
> 도(道) 닷가 기드리고다.　　　　－ 월명사, '제망매가(祭亡妹歌)'

① 흰 뼈가 되는 먼 훗날까지
　그 뼈가 부활하여 다시 죽을 날까지//
　거룩한 일월의 눈부신 모습
　임의 손길 앞에 나는 울어라　　　　－ 조지훈, '맹세'

② 밤에 홀로 유리를 닦는 것은
　외로운 황홀한 심사이어니,
　고운 폐혈관(肺血管)이 찢어진 채로
　아아, 늬는 산(山)새처럼 날아갔구나!　　　　－ 정지용, '유리창 1'

③ 당신 나중 흙이 되고 내가 훗날 바람 되어
　다시 만나지는 길임을 알게 하네.
　내 남아 밭 갈고 씨 뿌리고 땀 흘리며 살아야
　한 해 한 번 당신 만나는 길임을 알게 하네.
　　　　　　　　－ 도종환, '옥수수밭 옆에 당신을 묻고'

④ 시새움에 몸이 죽은 우리 누나는
　죽어서 접동새가 되었습니다. //
　아홉이나 남아 되는 오랩동생을
　죽어서도 못 잊어 차마 못 잊어
　야삼경 남 다 자는 밤이 깊으면
　이 산 저 산 옮아가며 슬피 웁니다.　　　　－ 김소월, '접동새'

13 다음 내용과 의미가 가장 가까운 것은?

> 닉 빈천(貧賤) 슬히 너겨 손을 헤다 물러가며
> 남의 부귀(富貴) 불리 너겨 손을 치다 나아오랴.
> 인간(人間) 어닉 일이 명(命)밧긔 삼겨시리.
> 빈이무원(貧而無怨)을 어렵다 ᄒᆞ건마ᄂᆞᆫ
> 닉 생애(生涯) 이러호ᄃᆡ 설온 ᄯᅳᆺ은 업노왜라.
> 단사표음(簞食瓢飲)을 이도 족(足)히 너기로라.
> 평생(平生) 흔 ᄯᅳᆺ이 온포(溫飽)애ᄂᆞᆫ 업노왜라.
> 태평천하(太平天下)애 충효(忠孝)를 일을 삼아
> 화형제(和兄弟) 신붕우(信朋友) 외다 ᄒᆞ리 뉘 이시리.
> 그 밧긔 남은 일이야 삼긴 ᄃᆡ로 살렷노라.

① 가도벽립(家徒壁立)
② 독야청청(獨也青青)
③ 물이 깊을수록 소리가 없다.
④ 가난한 양반 씻나락 주무르듯 한다.

14 다음 중 '다라지다'의 뜻으로 알맞은 것은?

① 치사하고 인색하며 욕심이 많다.
② 여러 가지를 모아 일이 되게 하다.
③ 후미져서 무서움을 느낄 만큼 고요하다.
④ 여간한 일에 겁내지 않을 만큼 사람됨이 야무지다.

15 다음 중 밑줄 친 부분의 품사가 다른 것은?

① 좋은 향기가 방 안을 가득 채웠다.
② 늙은 소가 길게 하품을 하고 있었다.
③ 정은이는 오늘도 과제에는 관심이 없다.
④ 어린 딸이 하는 행동을 보니 입가에 미소가 번진다.

16 (가)와 (나)의 표현상 특징으로 적절하지 않은 것은?

(가) ○○은행 불법 비리 특혜의 ㉠의혹이 깊어지고 있습니다. 진상 조사를 실시해야 한다는 국민들의 목소리가 커져 감에 따라 당국은 비리 수사 상황에 ㉡촉각을 곤두세우고 있습니다.

(나) 축구 국가대표팀이 우승을 거머쥐며 8강 진출에 성공하였습니다. 국가대표팀의 활약에 시청률 역시 ㉢고공 행진을 하고 있습니다. 2002년 월드컵과 같은 ㉣또 하나의 드라마를 만들 수 있을지 기대됩니다.

① ㉠: 의심스러운 행적에 대해 말할 때 쓰인다.
② ㉡: 즉각 대응할 준비를 하고 있다는 점을 강조할 때 쓰인다.
③ ㉢: 어떤 수치, 순위 등이 계속 오르는 상황에 쓰인다.
④ ㉣: 긍정적인 결과로 전환되는 시점에서 쓰인다.

17 다음 중 밑줄 친 부분의 띄어쓰기가 옳은 것은?

① 넓은 데 부터 청소를 하자.
② 내가 너보다 밥을 많이 먹었을 걸.
③ 비가 오지 않아야 할 텐데 말이에요.
④ 십 년 간 조금도 너를 잊은 적이 없다.

18 다음 중 협력의 원리에 대한 설명으로 옳은 것은?

① 태도의 격률: 모호하거나 중의적인 표현을 피한다.
② 질의 격률: 대화의 내용과 관련된 정보만 제공한다.
③ 관련성의 격률: 필요 이상의 정보는 제공하지 않는다.
④ 양의 격률: 거짓이라고 생각되는 정보는 말하지 않는다.

19 다음 시에 대한 설명으로 옳지 않은 것은?

더러는
옥토(沃土)에 떨어지는 작은 생명(生命)이고저…….

흠도 티도,
금가지 않은
나의 전체는 오직 이뿐!

더욱 값진 것으로
드리라 하올 제,

나의 가장 나아종 지닌 것도 오직 이뿐!

아름다운 나무의 꽃이 시듦을 보시고
열매를 맺게 하신 당신은

나의 웃음을 만드신 후에
새로이 나의 눈물을 지어 주시다.

① 화자는 신앙을 통해 슬픔을 극복하고 있다.
② '아름다운 나무의 꽃'은 궁극적인 가치를 상징한다.
③ 단정적 어조를 통해 화자의 의지를 드러내고 있다.
④ 대조적 의미를 지닌 시어를 통해 주제 의식을 형상화하였다.

20 다음 글을 읽은 독자의 반응으로 적절하지 않은 것은?

주시경 등의 초기 문법가들은 '철수가 책을 읽었다'를 '철수, 가, 책, 을, 읽, 었다'의 여섯 개의 단어로 짜인 것으로 보았지만, 최현배 등 한글 맞춤법 제정에 참여하였던 학자들은 '철수, 가, 책, 을, 읽었다'의 다섯으로 보았다. '-었-'과 같은 의존 형태소가 '읽-'과 같이 자립성이 없는 말에 붙을 때에는 단어로 보지 않은 것이다. 그리고 이승녕 등의 역사 문법가들은 '철수가, 책을, 읽었다'의 셋으로 나누었다. 역사 문법가들은 의존 형태소인 '가, 을'을 단어로 인정하지 않았지만 주시경이나 최현배 등의 학자들은 단어로 인정한 것이다. '가, 을'이 '읽었다'에서의 '-었다'처럼 실질 형태소에 붙는다는 점에 근거한다면 단어의 자격이 없다고 하겠으나 결합 대상인 실질 형태소의 특성이 다르다는 점을 중시하여 단어로 처리한 것이다. 곧 '가, 을'이 붙는 말은 자립 형태소인 데 반하여 '-었다'가 붙는 말은 의존 형태소이다. '읽-'은 '-었다'와 결합하여야만 자립성을 발휘할 수 있으나 '철수, 책'은 그 자체로도 자립성이 있다. 따라서 '가, 을'은 의존 형태소이지만 앞의 말과 쉽게 분리될 수 있는 것이다.

이러한 분리성은 '가, 을' 앞에 다른 단어가 개입될 수 있다는 점에 의해서도 분명해진다. '철수가 책만을 읽었다'의 예에서 볼 수 있듯이 '책'과 '을' 사이에 다른 단어인 '만'이 들어갈 수 있다. 즉, '책'과 '을'은 분리성을 가진다. 하지만 '책상'과 같은 경우에는 '책'과 '상' 사이에 다른 단어가 들어갈 수 없다. 단어는 그 내부에 다른 단어가 들어갈 수 있는 분리성을 갖지 않는다. 그러므로 단어는 그 내부에서는 분리성이 없지만 다른 단어와의 경계에서는 분리성이 있는 언어 형식이라고 말할 수 있다.

① '책상'은 '책'과 '상' 사이에 다른 말이 끼어들 수 없으니 단어로 보아야 해.

② 초기 문법가들이 '철수가 책을 읽었다'를 '철수, 가, 책, 을, 읽, 었다'로 나눈 것은 '가, 을'이 자립성을 가진다고 보았기 때문이야.

③ 역사 문법가들은 '세희는 배를 탔다'라는 문장이 '세희는, 배를, 탔다'와 같이 세 개의 단어로 이루어졌다고 여겼을 거야.

④ 한글 맞춤법 제정에 참여했던 학자들은 '가, 을'과 결합하는 형태소가 '-었다'와 결합하는 형태소와 다르다는 점을 고려하여 '가, 을'을 단어로 인정하였어.

21 다음 중 사용된 높임법의 종류가 다른 것은?

① 어제 선생님을 뵈었다.

② 책을 선생님께 드리고 왔다.

③ 할머니께서 그렇게 말씀하셨다.

④ 동생이 아버지께 안부를 여쭈었다.

※ 다음 글을 읽고 물음에 답하시오. [22~23]

우리가 물이 되어 만난다면
가문 어느 집에선들 좋아하지 않으랴.
우리가 키 큰 나무와 함께 서서
우르르 우르르 비 오는 소리로 흐른다면.

흐르고 흘러서 저물녘엔
저 혼자 깊어지는 강물에 누워
죽은 나무뿌리를 적시기도 한다면.
아아, 아직 처녀인
부끄러운 바다에 닿는다면.

그러나 지금 우리는
불로 만나려 한다.
벌써 숯이 된 뼈 하나가
세상에 불타는 것들을 쓰다듬고 있나니

만 리 밖에서 기다리는 그대여
저 불 지난 뒤에
흐르는 물로 만나자.
푸시시 푸시시 불 꺼지는 소리로 말하면서
올 때는 인적 그친
넓고 깨끗한 하늘로 오라.

22 다음 시에 대한 설명으로 옳은 것은?

① 가정을 통해 간절한 소망을 표현하고 있다.

② 도치법을 통해 시적 긴장감을 유발하고 있다.

③ 부정적인 현실에 순응하는 수동적 태도가 드러난다.

④ 미래와 과거를 '물'과 '불'의 이미지로 대비하고 있다.

23 밑줄 친 시어 중 의미하는 것이 다른 하나는?

① 숯이 된 뼈   ② 불타는 것들

③ 비 오는 소리   ④ 죽은 나무뿌리

※ 다음 글을 읽고 물음에 답하시오. [24~25]

이때에 김자점의 위세가 조정에 진동한지라. 경업이 돌아온다는 소문이 있거늘 자점이 헤아리되 경업이 돌아오면 내게 이로움이 없으리라 생각하고 상께 주상하기를,

"경업은 반신이라 황명을 거역하고 도망하여 남경에 들어가 우리 조선을 치고자 하다가 하늘이 무심하지 아니하사 북경에 잡힌 바 되어 제 계교를 이루지 못하매 할 수 없이 세자와 대군을 청하여 보내고 이제 쫓아 나오니 어찌 이런 대역(大逆)을 그저 두리이까."

상이 크게 놀라 말씀하시기를,

"무슨 연고로 만고에 충신을 해하려 하느냐. 경업이 비록 과인을 해롭게 하여도 아무도 해하지 못하리라."

하시고 자점을 엄히 꾸짖어 나가라 하시니, 자점이 나와 동료와 의논하기를,

"경업이 의주에 오거든 역적으로 잡아 오너라."

하더라.

이때에 경업이 데리고 갔던 격군과 호국 사신을 데리고 의주에 이르니 사자가 와서 이르되,

"장군이 반(反)한다 하여 역죄로 잡아 오라 하신다."

하고 칼을 씌워 재촉하니 의주 백성들이 울며 이르기를,

"우리 장군이 만리타국에서 이제야 돌아오거늘 무슨 연고로 잡혀가는고."

하거늘 경업이 말하되,

"모든 백성은 나의 형상을 보고 조금도 놀라지 말라. 나는 무죄히 잡혀가노라." 〈중 략〉

"소신이 무인년에 북경에 잡혀가옵다가 중로에서 도망하였는 바 그 죄는 만사무석(萬死無惜)이오나, 대명과 합심하여 호국을 쳐서 호왕의 머리를 베어 병자년 원수를 갚고, 세자와 대군을 모셔 오고자 하였더니 간악 무리에게 속아 북경에 잡혀갔삽다가, 천행으로 돌아오더니 의주서부터 잡아 올리라 하고 목에 칼을 씌워 끌려 올라오니 아무 까닭을 몰라 망극하옴을 이기지 못하고 전옥에 갇혀 있다가 이제 다시 천안(天顔)을 뵈오니, 비록 죽사와도 한이 없습니다."

하는지라.

상이 들으시고 매우 놀라시어 조신(朝臣)에게 알아 올리도록 명하니, 자점이 하릴없이 도망치지 못하고 들어와 상께 아뢰기를,

"경업이 역신이옵기로 잡아 가두고 품달(稟達)하고자 하였나이다."

하거늘, 경업이 큰 소리로 대척하여 이르기를,

"이 몹쓸 역적 놈아, 네 벼슬이 높고 국록(國祿)이 족하거늘 무엇이 더 부족하여 찬역(簒逆)할 마음을 두어 나를 죽이려 하느뇨?"

자점이 묵묵무언이어늘, 상이 진노하여 꾸짖기를,

"경업은 삼국에 유명한 장수요 또한 천고 충신이라 너희 놈이 무슨 뜻으로 죽이려 하느냐? 이는 반드시 부동(符同)을 꾀함이라."

하시고, 자점과 그의 하수인들을 모조리 금부에 가두도록 하고 경업은 나가라고 하시어 자점이 경업과 함께 나오다가, 무사에게 분부하여 경업을 치라 하니 무사들이 달려들어 경업을 무수히 난타질하니 거의 죽게 되며 전옥에 가두고 자점은 금부로 가더라.

24 다음 중 윗글에 대한 설명으로 옳지 않은 것은?

① 역사적 인물의 일생을 그린 군담 소설이다.
② '임경업'과 '김자점'의 갈등 양상이 드러난다.
③ '상'은 '임경업'과 '김자점'을 모두 불신하고 있다.
④ 서술자가 인물의 행동과 심리를 분석하여 전달하고 있다.

25 윗글을 보고 〈보기〉를 통해 유추한 내용으로 옳지 않은 것은?

보기
• 임경업(1594~1646): 조선 인조 때의 명장이다. 병자호란 때 명나라와 합세하여 청나라를 치고자 했으나 뜻을 이루지 못하고 김자점의 모함으로 사망했다.
• 김자점(1588~1651): 조선 중기의 문신이다. 인조반정 때에 공을 세워 영의정이 되었다. 효종이 즉위한 후 파직당하자, 앙심을 품고 조선의 북벌(北伐) 계획을 청나라에 밀고하여 역모죄로 처형되었다.

① 작품의 등장인물 '임경업'과 '김자점'은 실존 인물이다.
② '임경업'의 억울한 죽음을 소설을 통해 나타내고자 했다.
③ 사리사욕만을 채우던 지배층에 대한 비판적 시각이 내재되어 있다.
④ 민중들의 욕망을 반영하여 역사적 사실을 허구적 승리로 전환하고 있다.

정답·해설 _해설집 p.41

실전동형모의고사 07회
모바일 자동 채점 + 성적 분석 서비스 바로 가기

QR코드를 이용해 모바일로 간편하게 채점하고 나의 실력이 어느 정도인지, 취약 부분이 어디인지 바로 파악해 보세요!

07회 핵심 어법 마무리 체크

☑ 다음 문장을 읽고 알맞은 단어에 ○표 하세요.

이론 문법

01 초성 'ㄷ, ㅌ, ㅂ, ㅍ' 등은 상형/가획 의 원리에 따라 만들어졌다.

02 초성 'ㄱ, ㄴ, ㅁ, ㅅ, ㅇ'는 상형/가획 의 원리에 따라 만들어졌다.

03 '비 온 뒤에 땅이 굳는다'에서 '굳는다'의 품사는 동사/형용사 이다.

04 '제자가 스승보다 낫다'에서 '낫다'의 품사는 동사/형용사 이다.

05 의존 명사/조사 는 자립성이 없으므로 관형어의 꾸밈을 받아야 문장에서 쓰일 수 있다.

06 의존 명사/조사 는 홀로 쓸 수 없으나 자립할 수 있는 말에 붙어 쉽게 분리되므로 단어로 인정된다.

07 '선생님께 드렸다'는 상대 높임법/객체 높임법 이 쓰인 문장이다.

08 '저는 학교에 갑니다'는 상대 높임법/객체 높임법 이 쓰인 문장이다.

어문 규정

09 '허섭스레기 – 허접쓰레기'는 복수/별도 표준어 관계이다.

10 '냄새 – 내음'은 복수/별도 표준어 관계이다.

11 다음 중 한글 맞춤법에 맞지 않는 표기는 낚시대/낚시꾼 이다.

12 다음 중 한글 맞춤법에 맞지 않는 표기는 낚싯배/낚싯터 이다.

13 '넙죽 받아먹었다'에서 '넙죽'의 표준 발음은 [넙죽]/[넙쭉] 이다.

14 '임진란'의 표준 발음은 [임ː진난]/[임ː질란] 이다.

15 행정 구역 단위인 '구'의 올바른 로마자 표기는 gu/ku 이다.

16 행정 구역 단위인 '시'의 올바른 로마자 표기는 si/shi 이다.

17 사촌들은 이상하리만큼/이상하리∨만큼 서로 각별한 사이이다.

18 열흘내지∨보름/열흘∨내지∨보름 은 출입이 불가합니다.

08회 실전동형모의고사

제한시간 : 25분 시작 시 분 ~ 종료 시 분 점수 확인 개/ 25개

01 다음 중 밑줄 친 부분에 대한 표준 발음으로 옳은 것은?

① 우리는 시를 <u>읊고</u>[을꼬] 노래를 불렀다.
② 이 책은 두께가 <u>얇지만</u>[얍찌만] 그만큼 저렴하다.
③ 지금 교과서를 <u>읽는</u>[일는] 학생의 이름은 무엇인가요?
④ 이 단원은 빠르게 <u>훑고</u>[훌꼬] 다음 단원으로 넘어가도록 하자.

02 다음 중 신계영의 '전원사시가'를 계절의 순서대로 바르게 나열한 것은?

(가) 동리(東籬)에 국화 피니 중양(重陽)이 거에로다
　　 자채(自蔡)로 비즌 술이 ᄒ마 아니 니것ᄂ냐
　　 아ᄒ야 자해(紫蟹) 황계(黃鷄)로 안주 쟝만ᄒ야라

(나) 양파(陽坡)의 풀이 기니 봄빗치 느저 잇다
　　 소원(小園) 도화(桃花)는 밤비에 다 피거다
　　 아ᄒ야 쇼 됴히 머겨 논밧 갈게 ᄒ야라

(다) 잔화(殘花) 다 딘 후에 녹음이 기퍼 간다
　　 백일(白日) 고촌(孤村)에 낫ᄃᆰ의 소릭로다
　　 아ᄒ야 계면됴 불러라 긴 조롬 ᄭᅵ오쟈

(라) 북풍이 노피 부니 압 뫼헤 눈이 딘다
　　 모첨(茅簷) 촌 빗치 석양이 거에로다
　　 아ᄒ야 두죽(豆粥) 니것ᄂ냐 먹고 자랴 ᄒ로라

① (가) – (다) – (라) – (나)
② (가) – (라) – (나) – (다)
③ (나) – (가) – (다) – (라)
④ (나) – (다) – (가) – (라)

03 합성어로만 묶인 것은?

① 맏딸, 곧이어, 동트다
② 별일, 정들다, 떠보다
③ 만날, 아무것, 들이붓다
④ 떨어트리다, 알아듣다, 마음먹다

04 다음 글의 특징으로 가장 적절한 것은?

노주인(老主人)의 장벽(腸壁)에
무시(無時)로 인동(忍冬) 삼긴 물이 나린다.

자작나무 덩그럭 불이
도로 피어 붉고,

구석에 그늘 지어
무가 순 돌아 파릇하고,

흙냄새 훈훈히 김도 사리다가
바깥 풍설(風雪) 소리에 잠착하다.

산중(山中)에 책력(冊曆)도 없이
삼동(三冬)이 하이얗다.

　　　　　　　　　　　　– 정지용. '인동차(忍冬茶)'

① 시각적 심상을 통해 계절적 이미지가 대비되고 있다.
② 시적 허용을 활용하여 시어의 역동성을 표현하고 있다.
③ 감정을 절제하여 화자의 냉소적인 태도를 드러내고 있다.
④ 토속적인 시어를 사용하여 향토적인 분위기를 조성하고 있다.

05 다음 시조를 읽고 쓴 감상으로 적절하지 않은 것은?

> 〈제1수〉
> 이 듕에 시름 업스니 어부(漁父)의 생애이로다.
> 일엽편주(一葉扁舟)를 만경파(萬頃波)에 띄워 두고
> 인세(人世)를 다 니졧거니 날 가는 줄를 안가.
>
> 〈제2수〉
> 구버는 천심 녹수(千尋綠水) 도라보니 만첩청산(萬疊靑山)
> 십장 홍진(十丈紅塵)이 언매나 ᄀ롓는고.
> 강호(江湖)애 월백(月白)ᄒ거든 더옥 무심(無心)하얘라.
>
> — 이현보, '어부단가'

> ㄱ. 나는 며칠 전 제주도로 이사한 A씨가 생각났어. 나도 화
> 자와 A씨처럼 흐르는 물과 밝은 달을 보며 자연과 가까
> 운 삶을 즐기고 싶어.
> ㄴ. 어부로서 새로운 삶을 시작한 화자가 참 대단해. 내가 처
> 한 현실에 불만을 표출하기보다는 내가 하고 싶었던 일을
> 찾아 성실하게 살아야겠어.
> ㄷ. 애초에 내 것이 없으면 집착도 사라지지 않을까? 화자가
> 세속에 집착하지 않는 것처럼 말이야. 집과 차, 돈에 대
> 한 욕심이 없으면 길가에 핀 꽃만 봐도 행복할지도 몰라.
> ㄹ. 정보 통신이 발달한 현대 사회에서 각종 정보에 노출되
> 는 것이 너무 힘들어. 특히 어지러운 정치 상황에 대한 기
> 사를 읽을 때면, 일상과 잠시 거리를 두고자 하는 화자의
> 마음에 공감이 가.

① ㄱ
② ㄴ
③ ㄷ
④ ㄹ

06 다음 외래어 표기 중 옳은 것으로만 짝지어진 것은?

> (가) 판다
> (나) 카톨릭
> (다) 메세지
> (라) 핼러윈
> (마) 로즈마리
> (바) 달마시안
> (사) 센티미터

① (가), (라), (바)
② (가), (라), (사)
③ (나), (다), (마)
④ (나), (마), (사)

07 다음 중 『훈민정음』에서 지칭하는 28자에 해당하지 않는 것은?

① ㆆ
② ㅑ
③ ·
④ ㄲ

08 다음 글을 통해 추론한 생각으로 적절하지 않은 것은?

> 광고를 통해 기업과 소비자가 모두 이익을 얻는다면 이를
> 규제할 필요는 없을 것이다. 그러나 광고에서 기업과 소비자
> 의 이익이 상충되는 경우도 있고 광고가 사회 전체에 폐해를
> 낳는 경우도 있어, 다양한 규제 방식이 모색되었다.
> 이때 문제가 된 것은 과연 광고로 인한 피해를 책임질 당
> 사자로서 누구를 상정할 것인가였다. 초기에는 '소비자 책임
> 부담 원칙'에 따라 광고 정보를 활용한 소비자의 구매 행위
> 에 대해 소비자가 책임을 져야 한다고 보았다. 여기에는 광
> 고 정보가 정직한 것인지와는 상관없이 소비자는 이성적으
> 로 이를 판단하여 구매할 수 있어야 한다는 전제가 있었다.
> 〈중 략〉
> 책임 주체로 기업을 상정하여 '기업 책임 부담 원칙'이 부
> 상하게 된 배경은 복합적이다. 시장의 독과점 상황이 광범위
> 해지면서 소비자의 자유로운 선택이 어려워졌고, 상품에 응
> 용된 과학 기술이 복잡해지고 첨단화되면서 상품 정보에 대
> 한 소비자의 정확한 이해도 기대하기 어려워졌다. 또한 다른
> 상품 광고와의 차별화를 위해 통념에 어긋나는 표현이나 장
> 면도 자주 활용되었다. 그리하여 경제적, 사회·문화적 측
> 면에서 광고로부터 소비자를 보호해야 한다는 당위를 바탕
> 으로 기업이 광고에 대해 책임을 져야 한다는 공감대가 확
> 산되었다.

① 기업이 통념에 어긋나는 문구를 광고에 사용하면 소비자가 피
해를 받을 수 있다.

② 광고에 기재된 정보에 오류가 있는 경우에도 소비자 책임 부
담 원칙이 적용될 수 있다.

③ 제품에 접목된 기술 수준이 광고로 인한 피해의 책임 주체를
상정하는 데 영향을 미친다.

④ 광고로 인한 피해를 기업이 보상해야 한다는 공감대가 확산될
수록 소비자가 자유롭게 상품을 선택할 수 있다.

09 다음 중 밑줄 친 부분의 한자가 올바르게 쓰인 것은?

① 어제부터 집에 전기(電基)가 들어오지 않는다.

② 용모가 단정(端正)한 사람은 호감을 얻기 쉽다.

③ 예전에 찍었던 필름들을 현상(現賞)하기로 결정했다.

④ 매년 수많은 사람들이 교통 사고(事考)로 인해 다친다.

10 다음 중 밑줄 친 부분의 의미가 서로 같은 것끼리 짝 지어진 것은?

① ┌ 나무로 만든 인형이 햇빛을 받고 있었다.
  └ 연필로 쓴 글씨는 쉽게 지워진다.

② ┌ 그는 키가 커서 전봇대만큼 크게 느껴졌다.
  └ 나는 너만큼 공부를 잘하지 못한다.

③ ┌ 오늘은 집에서 한강까지 걸어가는 것이 목표이다.
  └ 믿었던 사람까지 나에게서 등을 돌렸다.

④ ┌ 자식 중 하나만 건강해도 더이상 바랄 것이 없다.
  └ 너만 오면 바로 시작할 수 있을 것 같다.

11 다음 중 '풍전등화(風前燈火)'와 같은 뜻의 한자 성어로 알맞은 것은?

① 군신유의(君臣有義)

② 표리부동(表裏不同)

③ 백척간두(百尺竿頭)

④ 금란지계(金蘭之契)

12 다음 중 빈칸에 들어갈 관용구로 알맞은 것은?

> 순조롭게 진행되던 일이 마지막 단계에서 (   ) 큰 손해를 입게 되었다.

① 바람을 켜서

② 바람이 들어

③ 바람을 넣어

④ 바람을 일으켜

13 다음 글에 대한 평가로 가장 적절하지 않은 것은?

> ㉠인간의 역사가 여러 측면에서 볼 수 있다. 물질적 생활의 변화를 중심으로 살필 수도 있고 사람들의 사회적 관계 변화에 초점을 맞출 수도 있다. 호모 사피엔스의 보편적 특성인 이성의 발현 과정을 줄기로 삼아 역사를 관찰하는 것도 하나의 방법이다. 인간의 보편적 이성은 서로 다른 생각의 ㉡화합과 협력을 통해 자기를 실현한다. 역사는 서로 다른 사상과 아이디어들 사이의 살아남기 경쟁이 추동하는 이성의 자기발현 과정으로 볼 수도 있다. ㉢하지만 인류가 보편적으로 윤리와 도덕에 대한 감수성을 지니고 있음은 자명하다. 어떤 사상도 완전하지 않으며 삶의 기술적 조건과 환경은 계속 바뀌기 때문에 한 시기에 사람들의 의식을 지배했던 사상은 조만간 새로운 사상의 도전에 직면하기 마련이다. ㉣그래서 시대의 교체는 언제나 사상과 이념의 교체를 동반한다. 정치철학과 국가이론도 예외가 아니다.

① ㉠은 조사의 쓰임이 적절하지 않으므로 '인간의 역사가'를 '인간의 역사는'으로 수정해야 한다.

② ㉡은 문맥상 자연스럽지 않으므로 '대립과 경쟁'으로 수정해야 한다.

③ ㉢은 글의 흐름에서 벗어난 내용이므로 삭제해야 한다.

④ ㉣은 앞 문장과의 연결이 어색하므로 '하지만'으로 수정해야 한다.

※ 다음 글을 읽고 물음에 답하시오. [14 ~ 15]

유학은 수기치인(修己治人)을 통해 성인(聖人)이 되기 위한 학문으로 성학(聖學)이라고도 불린다. '수기'는 사물을 탐구하고 앎을 투철히 하고 뜻을 성실하게 하고 마음을 바르게 하여 자신을 닦는 일이며, '치인'은 집안을 바르게 하고 나라를 통치하고 세상을 평화롭게 하는 것을 의미한다. 수기치인을 통해 하늘의 도리인 천도(天道)와 합일되는 경지에 도달한 사람이 바로 '성인'이다. 이러한 유학의 이념을 적극 수용했던 율곡 이이는 수기치인의 도리를 밝힌 『성학집요』(1575)를 지어 이 땅에 유학의 이상 사회가 구현되기를 소망했다.

율곡은 수기를 위한 수양론과 치인을 위한 경세론을 전개하는데, 그 바탕은 만물을 '이(理)'와 '기(氣)'로 설명하는 이기론이다. 존재론의 측면에서 율곡은 '이'를 형체도 없고 시간과 공간의 제약을 받지 않고 존재하는 만물의 법칙이자 원리로 보고, '기'를 시간적인 선후와 공간적인 시작과 끝을 가지면서 끊임없이 변화하며 작동하는 물질적 요소로 본다. '이'와 '기'는 사물의 구성 요소로서 서로 다른 성질을 갖지만, '이'는 현실 세계에서 항상 '기'와 더불어 실제로 존재한다. 율곡은 이처럼 서로 구별되면서도 분리됨이 없이 존재하는 '이'와 '기'의 관계를 이기지묘(理氣之妙)라 표현한다.

수양론의 한 가지 기반으로, 율곡은 이통기국(理通氣局)을 주장한다. 이것은 만물이 하나의 동일한 '이'를 공유하지만, 다양한 '기'의 성질로 인해 서로 다른 모습으로 나타날 수 있음을 의미한다. 또한 이러한 이통기국론은, 성인과 일반인이 기질의 차이는 있지만 동일한 '이'를 갖기 때문에 일반인이라도 기질상의 병폐를 제거하고 탁한 기질을 정화하면 '이'의 선한 본성이 회복되어 성인의 경지에 이를 수 있다는 기질 변화론으로 이어진다. 율곡은 흐트러진 마음을 거두어들이는 거경(居敬), 경전을 읽고 공부하여 시비를 분별하는 궁리(窮理), 그리고 몸과 마음을 다스려 사욕을 극복하는 역행(力行)을 기질 변화를 위한 중요한 수양방법으로 제시한다. 인간에게 내재된 천도를 실현하려는 율곡의 수양론은 사회의 폐단을 제거하여 천도를 실현하려는 경세론으로 이어진다.

14 위 글의 '율곡 이이'와 다음 제시문의 공통된 주장으로 알맞은 것은?

인간의 본성은 본래 선도 아니고 악도 아니다. 인간을 교육하고 수양하기 나름이며, 그 과정에서 본성이 어느 쪽으로든 변할 수 있는 것이다. 이를 주장한 대표적인 학자로는 고자, 로크, 듀이가 있다.

① 인간은 선한 본성만을 타고난다.
② 인간의 본성은 아무것도 없는 백지에 가깝다.
③ 적절한 수양을 통해 인간의 본성이 선해질 수 있다.
④ 인간의 본성은 원래 악하나, 때에 따라 바뀌기도 한다.

15 다음 중 밑줄 친 부분과 내용 전개 방식이 다른 것은?

① 국가는 국민, 국토, 주권으로 이루어져 있다.
② 희곡은 공연을 목적으로 하는 연극의 대본이다.
③ 훈민정음은 백성을 가르치는 바른 소리를 뜻한다.
④ 어른은 다 자라서 자기 일에 책임을 질 수 있는 사람이다.

16 다음 글에 대한 설명으로 옳지 않은 것은?

당나귀가 빈 우물에 빠졌다. 농부는 슬프게 울부짖는 당나귀를 구할 도리가 없었다. 마침 당나귀도 늙었고, 쓸모없는 우물도 파묻으려고 했던 터라, 농부는 당나귀를 단념하고 동네 사람들에게 도움을 청하기로 했다. 동네 사람들은 우물을 파묻기 위해 제각기 삽을 가져와서는 흙을 파 우물을 메워 갔다.

당나귀는 더욱 더 울부짖었다. 그러나 조금 지나자 웬일인지 당나귀가 잠잠해졌다. 동네 사람들이 궁금해 우물 속을 들여다보니 놀라운 광경이 벌어지고 있었다. 당나귀는 위에서 떨어지는 흙을 털고 털어 바닥에 떨어뜨렸다. 그래서 발 밑에 흙이 쌓이게 되고, 당나귀는 그 흙더미를 타고 점점 높이 올라오고 있었던 것이다.

그렇게 해서 당나귀는 자기를 묻으려는 흙을 이용해 무사히 그 우물에서 빠져나올 수 있었다.

정말 그렇다. 사람들이 자신을 매장하기 위해 던진 비방과 모함과 굴욕의 흙이 오히려 자신을 살린다. 남이 진흙을 던질 때 그것을 털어 버려 자신이 더 성장하고 높아질 수 있는 영혼의 발판으로 만든다. 그래서 어느 날 곤경의 우물에서 벗어나 자유롭게 살아갈 수 있는 날을 맞게 된다.

뒤집어 생각할 줄 알아야 한다. 모든 삶에는 거꾸로 된 거울 뒤 같은 세상이 있다. 불행이 행이 되고, 행이 불행이 되는 새옹지마(塞翁之馬)의 변화가 있다

– 이어령, '우물에 빠진 당나귀처럼'

① 개인적인 체험에서 깨달은 교훈을 제시하고 있다.
② 우화를 통해 발상 전환의 필요성을 강조하고 있다.
③ 고사성어를 활용하여 필자의 견해를 뒷받침하고 있다.
④ 간결한 문체를 사용하여 이야기를 빠르게 전개하고 있다.

17 다음 밑줄 친 부분이 한글 맞춤법에 맞는 것은?

① 동생은 <u>곰곰히</u> 생각에 잠겨 있었다.
② 지금 그를 막아도 소용이 <u>없을</u> 것이다.
③ 시험에 <u>생각지도</u> 못한 문제가 나와서 당황했다.
④ 바닥을 <u>쓱삭쓱삭</u> 닦으니 점차 윤이 나기 시작했다.

18 다음 글을 순서대로 알맞게 배열한 것은?

(가) 가령 DNA 분석결과는 재판결과에 커다란 영향을 미칠 수 있지만, DNA를 분석하는 과정이나 그런 분석법의 개발은 순수하게 과학자들에 의해 실험실에서 이루어지기 때문이다. 예를 들어, 미국의 인기 드라마 〈CSI 과학 수사대〉에서 자주 볼 수 있는 'DNA 지문 분석법'은 실제 범죄수사에서도 중요하게 사용된다.

(나) 그러나 과학의 사회적 영향을 인정하더라도 과학과 사회의 연관성을 부정하는 주장은 여전히 있을 수 있다. 과학활동의 결과는 사회에 영향을 미치지만, 과학활동 그 자체는 사회와 무관하다는 주장이 그것이다.

(다) 과학기술이 없는 삶은 더 이상 상상하기 힘들어졌을 뿐만 아니라 우리의 삶과 사고방식까지 근본적으로 뒤바꿔놓았다. 이처럼 과학기술이 사회에 미치는 영향이 과거 어느 때보다 커진 지금, 과학이 사회와 무관하다는 주장은 타당성이 없어 보인다.

(라) 이것은 1984년 영국 레스터대학의 알렉 제프리 교수가 'DNA에도 지문처럼 개인의 고유한 특성이 담겨 있다'는 사실을 발견하여 개발에 성공할 수 있었다. 이처럼 DNA 연구결과가 범죄수사에 영향을 미친다 해도 DNA에 대한 연구활동 자체는 사회와 무관하다고 볼 수 있지 않을까?

① (나) – (라) – (가) – (다)
② (나) – (다) – (라) – (가)
③ (다) – (나) – (가) – (라)
④ (다) – (나) – (라) – (가)

19 다음 계획에 맞는 토의 방식은?

1. 주제: 외국어로서의 한국어에 대한 국어 전공 대학생들의 인식
2. 참가자: 사회자, 발표자 3명(관련 분야 전문가), 청중
3. 순서
   1) 사회자의 발표자와 발표 내용 소개
   2) 발표자의 발표와 사회자의 요약
   3) 청중과의 질의 응답 시간

① 포럼
② 심포지엄
③ 원탁 토의
④ 패널 토의

20 다음 글에서 알 수 있는 내용으로 적절한 것은?

데카르트와 스피노자, 라이프니츠가 발전시킨 대륙의 이성주의 철학은 중세적인 사고방식에 대한 엄청난 문제 제기였고, 그 결과 근대 철학의 문을 열었다. 다른 한편 로크에 의해 새롭게 주창되어 또 다른 철학의 흐름으로 자리잡은 영국의 경험주의 역시 중세적인 사고 방식에 의문을 던진 것이었다. 경험주의자들은 당연하게 여겨온 것을 그대로 받아들이길 거부했으며, 모든 것을 실험과 관찰, 경험에 근거해서 인식하려 했다. 따라서 실험과 관찰, 경험에서 벗어난 신학적 개념들은 더는 중세에 누리던 절대적 권위를 유지할 수 없었다.

이 새로운 흐름이 만들어진 데는 두 가지 요인이 작용했다. 하나는 케플러, 갈릴레이, 뉴턴 등에 의해 본격적으로 확립된 자연 과학이었다. 그들은 발견을 통해 그때까지 당연히 옳다고 믿어 온 많은 관념을 깨부쉈으며, 관찰과 실험에 의한 과학이야말로 올바른 인식의 전제라고 생각했다.

다른 하나는 중세에서 이어진 '유명론'이라는 전통 철학이었다. 중세 철학의 가장 중요한 논쟁 가운데 실재론과 유명론의 논쟁이 있다. 실재론자는 '이데아'나 '동물'과 같은 보편 개념이 실재한다고 주장했다. 반면 유명론자는 보편 개념이란 개별자들에게 공통된 속성이거나 여러 가지 개체를 하나로 묶어 붙인 이름일 따름이라고 주장했다. 이데아의 세계가 따로 있으며, 그것이 개개인 속에서 실현된다고 본 플라톤은 실재론자에 속한다. 반면 유명론자가 보기에 보편 개념이란 따로 존재하는 게 아니다. 따라서 그들에게는 개별 사물을 정확하게 아는 것이 올바른 인식에 꼭 필요하다. 이는 대상 하나하나에 대한 실험과 관찰을 강조하는 경험론에 중요한 기초가 된다.

경험주의는 대륙의 이성주의와 상반되는 태도를 보여 주었다. 경험주의는 이성, 즉 합리적 사고 능력 때문에 인간이 확실하고 분명한 판단을 할 수 있고, 인간이 이런 능력을 타고난다는 이성주의에 반대했다. 경험주의에 따르면, 그런 견해는 아무 근거도 없는 독단적인 주장이며, 오히려 인간은 백지 상태로 태어난다고 한다. 인간이 갖게 되는 모든 관념이나 능력은 경험에서 얻어진다는 것이다. 이런 뜻에서 경험주의는 이성주의적 주장에 대한 또 다른 문제 제기인 셈이다. 경험주의 전통을 대표하는 철학자는 로크와 버클리, 흄 등이다. 물론 선구적인 사상가로 베이컨을 꼽기도 하는데, 경험주의를 체계화하기 시작한 로크는 베이컨보다는 데카르트로부터 훨씬 더 많은 영향을 받았다. 〈중 략〉

로크는 데카르트 철학과 자연 과학의 발전을 보면서 경험론을 체계화한다. 그는 뉴턴과 같은 위대한 과학자들을 위해, 과학 발전을 가로막는 쓰레기들을 치우는 청소부가 되면 족하다고 말했다. 경험주의의 출발점은 로크의 이와 같은 겸손한 태도에서 분명하게 드러난다.

그는 데카르트의 영향을 크게 받았으면서도 데카르트가 경험 요소를 불확실한 것으로 배제하고 오직 이성의 타고난 능력, 이성 자체의 질서에 지나치게 의존하는 태도에 의문을 던졌다. 이 점에서 경험주의는 대륙의 이성주의와 다른 전통을 개척하게 되었다.

① 자연 과학과 유명론은 이성주의 철학의 발전과 형성에 영향을 끼쳤다.
② 경험주의자들은 인간의 관념이나 능력이 후천적으로 습득되는 것으로 여겼다.
③ 데카르트는 이성의 타고난 능력을 중요하게 생각하는 태도에 의문을 가졌다.
④ 유명론자들은 올바른 인식을 위해서는 보편적인 개념을 이해하는 것이 선행되어야 한다고 생각한다.

21 다음 중 밑줄 친 부분의 띄어쓰기가 바르지 않은 것은?

① 어제 자느라 공부를 하나도 못 했어.
② 그는 일이 안되면 꼭 남의 탓을 한다.
③ 얼굴이 안돼 보여서 나는 마음이 아프다.
④ 그녀는 술을 잘 못 하니 권하지 말아야 한다.

22 다음 중 구성상 호응이 자연스러운 문장은?

① 어제는 눈과 바람이 부는 하루였다.
② 너를 두고 차마 저녁을 맛있게 먹었다.
③ 영지는 휴일에도 학교에 가서 공부를 한다.
④ 관리자들은 시설 점검과 재고 물품을 처리하십시오.

23 제시된 표준 발음 규정에 따라 옳게 설명한 것은?

제30항 사이시옷이 붙은 단어는 다음과 같이 발음한다.
1. 'ㄱ, ㄷ, ㅂ, ㅅ, ㅈ'으로 시작하는 단어 앞에 사이시옷이 올 때는 이들 자음만을 된소리로 발음하는 것을 원칙으로 하되, 사이시옷을 [ㄷ]으로 발음하는 것도 허용한다.
2. 사이시옷 뒤에 'ㄴ, ㅁ'이 결합되는 경우에는 [ㄴ]으로 발음한다.
3. 사이시옷 뒤에 '이' 음이 결합되는 경우에는 [ㄴㄴ]으로 발음한다.

① 찻잎은 [찬닙]으로 발음한다.
② 아랫니는 [아랜니]로 발음한다.
③ 깃발은 [기빨]로만 발음할 수 있다.
④ 뱃머리는 [배머리]와 [밴머리]로 발음할 수 있다.

24 (가)~(라)에 대한 설명으로 가장 적절하지 않은 것은?

(가) '나도 내가 무서워요.' 초보 운전자들이 자동차 뒤편에 종종 붙여놓는 문구다. 미숙한 운전 솜씨를 재치 있게 실토하는 표현이지만, 쉽게 난폭해지는 일반 운전자들의 습성을 풍자하는 의미로도 읽는다. 더 나아가 종종 평상심을 잃어버리는 우리 마음의 습성에 대한 고백으로도 확대해석할 수 있지 않을까. 도로 주행 중 자기도 모르게 사나워지듯이, 살아가면서 하찮은 일에 화를 내는 자신의 모습을 문득 발견한다. 일상생활에서 수도 없이 끓어오르는 오만 가지 감정을 우리는 변덕스럽고 무질서한 에너지로 체감할 때가 많다. 분노 이외에도 질투나 적개심 등 우리 안에서 꿈틀거리는 이런저런 감정들이 낯설고, 때로 무섭기까지 하다.

(나) 오늘날 감정을 다스리고 조절하는 능력은 리더의 중요한 덕목으로 요구되고 자기 주도적 삶을 위해 필요한 자질로도 강조된다. 그것은 우선 개인적인 과제지만, 사회적인 차원의 접근이 병행되어야 한다. 감정은 개개인의 내밀한 영역에 관련된 것이면서, 집합적으로 구성되는 정교한 프로그램이기 때문이다. 어떤 상황에서 무엇을 느끼는가는 타고난 천성이나 성장 배경에 좌우되는 것이지만, 다른 한편으로 시대를 지배하는 정서적 문법의 영향을 받는다고도 볼 수 있다. 모든 심리적 현상에는 생리적인 뿌리와 함께 역사적인 맥락이 함께 작용하는 것이다. 따라서 사람들의 감정이 어떻게 움직이는지를 살펴보면, 사회의 실체를 보다 명료하게 파악할 수 있다.

(다) 특히 한국 사회를 이해하는 데 감정은 각별한 의미를 지닌다. 역동성, 유대감, 신명, 끼, 화끈함, 냄비 근성 등 한국 문화를 분석하는 데 자주 등장하는 키워드에는 정동(情動)적인 요소가 강하게 깔려 있다. 인간관계에서도 정이 중요하게 작용하고, 여러 가지 장면에서 집단적인 격정으로 쉽게 발동하여 마구 흥분하면서 응집하는 성향이 있다. 그런 기운이 좋은 쪽으로 모아지면 신바람으로 상승하지만, 잘못 방향을 잡으면 생명을 억누르고 서로를 짓밟으며 공동체를 파괴하게 된다. 헛된 욕망에 사로잡혀 맹목적으로 경쟁하고, 거기에서 좌절하면 공격성이나 자학으로 열패감을 드러내기 쉽다.

(라) 지금 한국인의 마음 풍경은 어떤가. 일상과 사회에 만연하면서 빈번하게 경험되는 감정은 무엇인가. 그것을 객관적으로 파악하는 일은 방대한 작업이 될 것이다. 그 대신 몇 가지 두드러진 사회현상들을 실마리 삼아 윤곽을 그려볼 수 있겠다. 세계 최고 수준의 자살률, 유례를 찾기 힘들만큼 가혹한 입시 경쟁, 점점 일반화되는 성형수술, 인터넷에 범람하는 악플(한국의 게시판 댓글에서 악플 대 선플의 비율은 4대1로, 1대4인 일본, 1대9인 네덜란드에 비해 압도적으로 높은 것으로 조사되었다)…… 이러한 정황 이면에는 낮은 자존감이 깔려 있다고 볼 수 있다. 2005년 미국 브래들리 대학 심리학과에서 전 세계 53개국 1만 7천여 명을 대상으로 개인의 자부심을 비교 조사한 결과에 따르

면, 한국은 44위로 나타났다. 이는 2013년 경제협력개발기구(OECD)가 세계 36개 선진국을 대상으로 삶의 질 수준을 '행복지수'로 환산한 결과, 한국이 하위권인 27위로 나타난 것과 일맥상통한다.

① (가): 일상적인 사례를 들어 중심 화제에 대한 논의를 시작하고 있다.
② (나): 논점을 사회 전체에서 개인적인 범위로 축소하고 있다.
③ (다): 대상이 지닌 특성을 공통점을 중심으로 분석하고 있다.
④ (라): 조사 결과를 제시하여 주장의 신뢰성을 확보하고 있다.

25 사무실에 분리 배출 참여를 독려하는 글을 써 붙이려고 한다. 〈보기〉의 조건에 따라 작성한 문구로 가장 적절한 것은?

> 보기
> • 분리 배출을 독려하는 내용을 포함할 것
> • 설의와 대조의 표현 방식을 활용할 것

① 내가 분리 배출한 쓰레기가 환경을 지킵니다.
② 오늘부터 환경을 지키는 일에 동참하시는 건 어떤가요?
③ 오염된 검은 지구와 깨끗한 푸른 지구 중 어디에 살고 싶나요?
④ 분리 배출하는 작은 수고와 분리 배출하지 않는 작은 편안함 중 무엇이 지구를 지킬까요?

정답·해설 _해설집 p.47

실전동형모의고사 08회
모바일 자동 채점 + 성적 분석 서비스 바로 가기

QR코드를 이용해 모바일로 간편하게 채점하고 나의 실력이 어느 정도인지, 취약 부분이 어디인지 바로 파악해 보세요!

08회 / 핵심 어법 마무리 체크

☑ 다음 문장을 읽고 알맞은 단어에 ○표 하세요.

이론 문법

01 훈민정음에서 제시한 모음 11자에 속하는 것은 <u>ㅐ / ㅕ</u> 이다.

02 훈민정음에서 제시한 자음 17자에 속하는 것은 <u>△ / ㅸ</u> 이다.

03 '바람서리 불변함은 우리( ) 기상일세'에서 괄호에 들어갈 조사는 <u>에 / 의</u> 이다.

04 '하루( ) 두 번 세수를 한다'에서 괄호에 들어갈 조사는 <u>에 / 의</u> 이다.

어문 규정

05 '제삿날'의 표준 발음은 <u>[제ː삳날] / [제ː산날]</u> 이다.

06 '도리깻열'의 표준 발음은 <u>[도리깯녈] / [도리깬녈]</u> 이다.

07 '깨끗하다'의 어간 '깨끗–'에 접미사가 결합한 형태의 부사는 <u>깨끗이 / 깨끗히</u> 이다.

08 '도저하다'의 어간 '도저–'에 접미사가 결합한 형태의 부사는 <u>도저이 / 도저히</u> 이다.

09 '그는 외곬으로 고지식하다'에서 '외곬으로'의 표준 발음은 <u>[외골스로] / [외골쓰로]</u> 이다.

10 '판소리를 가끔 읊기도 했다'에서 '읊기도'의 표준 발음은 <u>[을끼도] / [읍끼도]</u> 이다.

11 'propose'의 올바른 외래어 표기는 <u>프러포즈 / 프로포즈</u> 이다.

12 'content'의 올바른 외래어 표기는 <u>콘텐츠 / 컨텐츠</u> 이다.

13 '나의 꿈은 차를 갖고 싶었다'는 <u>주어 / 목적어</u> 와 서술어의 호응이 적절하지 않은 문장이다.

14 '주민들이 보상 거부와 토지 재평가를 요구하다'는 <u>주어 / 목적어</u> 와 서술어의 호응이 적절하지 않은 문장이다.

15 유원지의 야경이 예전만 <u>못하다 / 못∨하다</u> .

16 그녀는 끝내 눈물을 참지 <u>못했다 / 못∨했다</u> .

17 그는 말이 <u>안되는 / 안∨되는</u> 변명만 늘어놓았다.

18 공부가 <u>안될 / 안∨될</u> 때에는 잠시 휴식을 취하는 것이 좋다.

09회 실전동형모의고사

제한시간 : 25분 시작   시   분 ~ 종료   시   분 점수 확인   개/ 25개

01 표준 발음이 아닌 것은?

① 붉지[불찌]
② 갉고[갈꼬]
③ 떫다[떨ː따]
④ 넓죽한[넙쭈칸]

02 학생들의 토의 주제로 가장 적절한 것은?

학생 1: 정부가 경제 성장의 동력을 확충하고 노동 시장의 구조적 불균형을 해소하기 위해 관련 법률을 제정하는 등의 노력을 한다면 현재의 청년 실업 문제는 해결될 것입니다.

학생 2: 현재의 상황에서 가장 요구되는 것은 기업의 역할입니다. 그중에서도 중소기업은 경영 방식과 근무 환경을 개선하여 청년층의 실업 문제를 해결해야 합니다.

학생 3: 우리 사회의 전반적인 인식은 어떻습니까? 고용 영역에서의 학력 차별을 금지하는 인식을 독려하여 구직을 원하는 청년들이 일자리를 갖는 데에 어려움이 없도록 해야 합니다.

① 중소기업 혁신을 위한 방안

② 청년 실업 문제 해결을 위한 방안

③ 노동 시장의 유연성을 확보하기 위한 방안

④ 중소기업에 대한 사회적 인식을 전환하기 위한 방안

03 '이자'의 말하기 방식에 대한 설명으로 가장 적절한 것은?

이자는 어리석은 체하며 말하기를,
"무엇 때문에 집 안에다 무덤을 만들었느냐?"
하니, 종들이 말하기를
"이것은 무덤이 아니라 토실입니다." / 하기에,
"어찌 이런 것을 만들었느냐?" / 하였더니,
"겨울에 화초나 과일을 저장하기에 좋고, 또 길쌈하는 부인들에게 편리하니, 아무리 추울 때라도 온화한 봄날씨와 같아서 손이 얼어 터지지 않으므로 참 좋습니다." / 하였다.
이자는 더욱 화를 내며 말하기를,
"여름은 덥고 겨울이 추운 것은 사시(四時)의 정상적인 이치이니, 만일 이와 반대가 된다면 곧 괴이한 것이다. 옛적 성인이, 겨울에는 털옷을 입고 여름에는 베옷을 입도록 마련하였으니, 그만한 준비가 있으면 족할 것인데, 다시 토실을 만들어서 추위를 더위로 바꿔 놓는다면 이는 하늘의 명령을 거역하는 것이다. 사람은 뱀이나 두꺼비가 아닌데, 겨울에 굴속에 엎드려 있는 것은 너무 상서롭지 못한 일이다. 길쌈이란 할 시기가 있는 것인데, 하필 겨울에 할 것이냐? 또 봄에 꽃이 피었다가 겨울에 시드는 것은 초목의 정상적인 성질인데, 만일 이와 반대가 된다면 이것은 괴이한 물건이다. 괴이한 물건을 길러서 때 아닌 구경거리를 삼는다는 것은 하늘의 권한을 빼앗는 것이니, 이것은 모두 내가 하고 싶은 뜻이 아니다. 빨리 헐어 버리지 않는다면 너희를 용서하지 않겠다."
                                  – 이규보, '괴토실설'

① 구체적인 사례를 들어 토실의 실용성을 드러내고 있다.

② 인용을 통해 자연의 질서에 순응하는 삶을 강조하고 있다.

③ 역설적인 표현을 통해 인간의 이기적 심성을 비판하고 있다.

④ 위압감을 주는 표현을 사용하여 토실을 없앨 것을 강요하고 있다.

04 외래어 표기가 모두 옳은 것은?

① 커닝(cunning), 꽁트(conte), 퓨즈(fuse)

② 뱃지(badge), 지그재그(zigzag), 헤름(helm)

③ 멜론(melon), 바게트(baguette), 글로브(glove)

④ 프라이팬(frypan), 리더십(leadership), 프레젠테이션 (presentation)

05 〈보기〉의 밑줄 친 ㉠에 대한 이해로 가장 적절한 것은?

보기

땀내와 사랑내 포근히 품긴
보내 주신 학비 봉투(學費封套)를 받아

대학(大學) 노─트를 끼고
늙은 교수(敎授)의 강의 들으러 간다.

생각해 보면 어린 때 동무들
하나, 둘, 죄다 잃어버리고

나는 무얼 바라
나는 다만, 홀로 ㉠침전(沈澱)하는 것일까?

인생(人生)은 살기 어렵다는데
시(詩)가 이렇게 쉽게 씌어지는 것은
부끄러운 일이다.

① 현실 극복의 의지와 희망을 드러내고 있다.

② 현실과 이상의 괴리로 인한 절망감이 드러난다.

③ 현실적 자아와 내면적 자아의 화해를 보여준다.

④ 암울한 현실 속에서의 무기력한 삶을 나타낸다.

06 밑줄 친 '벽'의 함축적 의미로 가장 적절한 것은?

"옳지, 누가 나에게 술을 권했단 말이요? 내가 술이 먹고 싶어서 먹었단 말이요?"

"자시고 싶어 잡수신 건 아니지요. 누가 당신께 약주를 권하는지 내가 알아낼까요? 저 …… 첫째는 화증이 술을 권하고 둘째는 하이칼라가 약주를 권하지요."

아내는 살짝 웃는다. 내가 어지간히 알아맞혔지요 하는 모양이었다.

남편은 고소(苦笑)한다.

"틀렸소, 잘못 알았소. 화증이 술을 권하는 것도 아니고, 하이칼라가 술을 권하는 것도 아니요. 나에게 술을 권하는 것은 따로 있어. 마누라가, 내가 어떤 하이칼라한테나 흘려 다니거나, 그 하이칼라가 늘 내게 술을 권하거니 하고 근심을 했으면 그것은 헛걱정이지. 나에게 하이칼라는 아무 소용도 없소. 나의 소용은 술뿐이오. 술이 창자를 휘돌아, 이것저것을 잊게 맨드는 것을 나는 취(取)할 뿐이오."

하더니, 홀연 어조(語調)를 고쳐 감개무량하게,

"아아, 유위유망(有爲有望)한 머리를 알코올로 마비 아니 시킬 수 없게 하는 그것이 무엇이란 말이요."

하고, 긴 한숨을 내어쉰다. 물큰물큰한 술 냄새가 방 안에 흩어진다.

아내에게는 그 말이 너무 어려웠다. 고만 묵묵히 입을 다물었다. 눈에 보이지 않는 무슨 벽이 자기와 남편 사이에 깔리는 듯하였다.

– 현진건, '술 권하는 사회'

① 남편과 아내의 성격 차이로 인한 소통의 단절

② 남편과 아내의 지식 수준의 차이로 인한 소통의 단절

③ 남편에 대한 아내의 불만으로 인한 소통의 단절

④ 아내에 대한 남편의 무관심으로 인한 소통의 단절

07 밑줄 친 부분이 〈보기〉의 ㉠에 해당하지 않는 것은?

보기

국어에는 '크다'와 같이 동사와 ㉠형용사로 모두 쓰일 수 있는 특정 단어들이 존재한다.

① 그런 짓을 하다니 정말로 간이 크구나.

② 그는 나보다 키가 크다고 잘난 척을 했다.

③ 너는 이다음에 커서 뭐가 되고 싶니?

④ 업무를 크게 두 부분으로 나눠서 진행할 예정이다.

08 다음에 제시된 의미와 가장 가까운 속담은?

> 큰일을 하나 이루기 위해서는 많은 희생이 있게 됨

① 부자는 많은 사람의 밥상
② 부자 하나면 세 동네가 망한다
③ 부지런한 부자는 하늘도 못 막는다
④ 부자는 망해도 삼 년 먹을 것이 있다

09 다음 시에 대한 감상으로 적절하지 않은 것은?

> 산에는 꽃 피네
> 꽃이 피네.
> 갈 봄 여름 없이
> 꽃이 피네.
>
> 산에
> 산에
> 피는 꽃은
> 저만치 혼자서 피어 있네.
>
> 산에서 우는 작은 새여,
> 꽃이 좋아
> 산에서
> 사노라네.
>
> 산에는 꽃 지네
> 꽃이 지네.
> 갈 봄 여름 없이
> 꽃이 지네.
>
> – 김소월, '산유화'

① 화자는 고독한 감정을 자연물에 이입하고 있다.
② 자연 현상을 통해 생명의 소중함을 드러내고 있다.
③ 수미 상관 구조를 사용하여 자연의 질서를 강조하고 있다.
④ 문법적 질서에서 벗어난 표현을 사용하여 운율을 형성하고 있다.

※ 다음 글을 읽고 물음에 답하시오. [10 ~ 11]

> 예술 작품을 어떻게 감상하고 비평해야 하는지에 대해 다양한 논의들이 있다. 예술 작품의 의미와 가치에 대한 해석과 판단은 작품을 비평하는 목적과 태도에 따라 달라진다. 예술 작품에 대한 주요 비평 방법으로는 맥락주의 비평, 형식주의 비평, 인상주의 비평이 있다.
>
> 맥락주의 비평은 주로 예술 작품이 창작된 사회적·역사적 배경에 관심을 갖는다. 비평가 텐은 예술 작품이 창작된 당시 예술가가 살던 시대의 환경, 정치·경제·문화적 상황, 작품이 사회에 미치는 효과 등을 예술 작품 비평의 중요한 근거로 삼는다. 그 이유는 예술 작품이 예술가가 속해 있는 문화의 상징과 믿음을 구체화하며, 예술가가 속한 사회의 특성들을 반영한다고 보기 때문이다. 또한 맥락주의 비평에서는 작품이 창작된 시대적 상황 외에 작가의 심리적 상태와 이념을 포함하여 가급적 많은 자료를 바탕으로 작품을 분석하고 해석한다.
>
> 그러나 객관적 자료를 중심으로 작품을 비평하려는 맥락주의는 자칫 작품 외적인 요소에 치중하여 작품의 핵심적 본질을 훼손할 우려가 있다는 비판을 받는다. 이러한 맥락주의 비평의 문제점을 극복하기 위한 방법으로는 형식주의 비평과 인상주의 비평이 있다. 형식주의 비평은 예술 작품의 외적 요인 대신 작품의 형식적 요소와 그 요소들 간 구조적 유기성의 분석을 중요하게 생각한다. 프리드와 같은 형식주의 비평가들은 작품 속에 표현된 사물, 인간, 풍경 같은 내용보다는 선, 색, 형태 등의 조형 요소와 비례, 율동, 강조 등과 같은 조형 원리를 예술 작품의 우수성을 판단하는 기준이라고 주장한다.
>
> 인상주의 비평은 모든 분석적 비평에 대해 회의적인 시각을 가지고 있어 예술을 어떤 규칙이나 객관적 자료로 판단할 수 없다고 본다. "훌륭한 비평가는 대작들과 자기 자신의 영혼의 모험들을 관련시킨다."라는 비평가 프랑스의 말처럼, 인상주의 비평은 비평가가 다른 저명한 비평가의 관점과 상관없이 자신의 생각과 느낌에 대하여 자율성과 창의성을 가지고 비평하는 것이다. 즉, 인상주의 비평가는 작가의 의도나 그 밖의 외적인 요인들을 고려할 필요 없이 비평가의 자유 의지로 무한대의 상상력을 가지고 작품을 해석하고 판단한다.

10 윗글의 서술 방식에 대한 설명 중 가장 적절한 것은?

① 이론의 장단점을 사례를 통해 명료화하고 있다.
② 이론의 관점을 소개하고 그 한계를 밝히고 있다.
③ 여러 이론 간의 공통점과 차이점을 비교하고 있다.
④ 이론의 변천 과정을 시간의 흐름에 따라 서술하고 있다.

11 윗글에 대한 설명 중 가장 적절하지 않은 것은?

① 예술 작품에 대한 해석은 비평의 목적과 태도에 따라 달라진다.

② 맥락주의 비평은 예술가와 작품에 대한 객관적 자료를 중시한다.

③ 형식주의 비평은 작품의 형식적 요소들 간의 유기성을 비평의 기준으로 삼는다.

④ 인상주의 비평은 작가의 의도를 창의적으로 재해석하는 과정이 필요하다고 본다.

12 사이시옷 표기가 모두 옳지 않은 것은?

① 셋집 – 텃세
② 툇마루 – 뱃길
③ 혓바늘 – 횟수
④ 제삿상 – 콧털

13 (가)를 바탕으로 (나)에 담긴 글쓴이의 생각을 적절히 추론한 것은?

(가) 진화론의 중심 개념은 자연선택(natural selection)이다. 자연선택 이론은 적자생존으로 규정된다. 생물이 생존 경쟁에서 승리하여 다른 개체보다 자손을 더 많이 퍼뜨리려면 환경에 적응하는 능력을 갖지 않으면 안 된다. 생물학에서 적응이란 자연선택이 오랜 세월 지속적으로 작용하여 생물의 기능 중에서 효율적인 부분만을 선택하여 진화시키는 것을 의미한다.

(나) 오늘날 무수하게 생성되고 소멸하는 여러 생명종 중 장구한 세월 속에 살아남은 생명종은 어떤 것일까? 그것은 바로 변화에 가장 유연하게 적응하는 생명종이다. 힘이 세다거나 똑똑하다고 해서 꼭 살아남는 것은 아니다. 예를 들어 공룡은 힘이 강했지만, 빙하기의 도래와 함께 환경의 변화에 적응하지 못하고 소멸하고 말았다. 반면 작은 생명체 중 하나인 바퀴벌레는 고생대 화석에서 그 조상군을 찾아볼 수 있을 만큼 가장 오래된 곤충류의 하나로 현재 그 종류만도 270여 가지나 된다.

① 힘이 강한 개체는 생존 경쟁에 불리하다.

② 생물종의 종류가 다양할수록 진화의 수준이 높다.

③ 크기가 작은 곤충은 다른 종보다 번식 능력이 뛰어나다.

④ 바퀴벌레는 생존 경쟁에 필요한 기능을 선별하여 진화했다.

14 밑줄 친 부분의 표기가 맞춤법에 맞지 않는 것은?

① 오늘은 하늘이 <u>부예</u>.

② 그는 마음가짐이 <u>발라</u>.

③ 갈 곳 없는 <u>설운</u> 내 신세여.

④ 소설의 전개가 결말에 <u>이르었다</u>.

15 다음 글의 중심 내용으로 가장 적절한 것은?

기능주의 사회학자들은 '심리적인 상태는 인과성이 있는 입출력에 의해 발생한다'고 주장한다. 인간의 심리는 그 자체로서 설명되지 않으며, 항상 어떤 상태나 자극과 함께 배치되는 인과적·수학적인 성격을 갖는다고 보는 것이다. 즉 그들은 마음을 컴퓨터 프로그램이 실행되는 것처럼 여기므로, 컴퓨터 인공지능이 인간처럼 어떤 문제를 두고 실제적으로 사고할 수 있다는 '강한 인공지능'을 주장한다.

'강한 인공지능'을 지지하는 입장에서는 인간의 사고를 이렇게 설명한다. 예를 들어, 영어를 전혀 알지 못하는 사람이 영어로 된 책과 함께 방 안에 갇혀 있다. 두 번째로 주어진 책은 영어로 된 책과 이 책의 상호 연관에 대한 집합의 규칙이 국어로 적혀 있다. 따라서 이 사람은 규칙을 이해할 수 있을 뿐 아니라 영어의 형식 기호를 국어의 형식 기호와 연관시킬 수 있게 되었다. 세 번째 책은 영어로 쓰였으며 국어로 쓰인 지시가 함께 주어졌다. 그 지시를 통해 이 사람은 앞의 두 책과 세 번째 책의 여러 가지 요소를 연관 지을 수 있게 되었고, 특정한 형식의 질문에 어떤 영어 기호를 사용해 대답해야 하는지를 알게 되었다. 시간이 지나 이 사람은 영어 기호를 지시에 따라 처리하는 데 익숙해져 영어를 모국어로 삼는 사람처럼 보이게 되었다.

사실 이 사람은 영어로 적힌 내용을 전혀 이해하지 못하고 단순히 컴퓨터처럼 형식적으로 처리한 것에 지나지 않는다. 하지만 '강한 인공지능'을 주장하는 사람들은 이것이 인간의 사고 과정과 같거나 또는 매우 유사하다고 여긴다.

① 인간의 사고 과정에 대한 기능주의의 관점

② 기호가 나타내는 인간의 사고와 심리 상태

③ 서로 다른 언어에서 드러나는 규칙성과 연관성

④ '강한 인공지능'으로 살펴보는 컴퓨터의 발달 과정

※ 다음 글을 읽고 물음에 답하시오. [16 ~ 17]

어촌(漁村)은 나의 벗 공백공의 자호(自號)다. 백공은 나와 태어난 해는 같으나 생일이 뒤이기 때문에 내가 아우라고 한다. 풍채와 인품이 소탈하고 명랑하여 사랑할 만하다. 대과에 급제하고 좋은 벼슬에 올라, 갓끈을 나부끼고 인끈을 두르고 필기를 위한 붓을 귀에 꽂고 나라의 옥새를 주관하니, 사람들은 진실로 그에게 원대한 기대를 하였으나, 담담하게 강호의 취미를 지니고 있다. 가끔 흥이 무르익으면, 「어부사」를 노래한다. 그 음성이 맑고 밝아서 천지에 가득 찰 것 같다. 증자가 상송(商頌)을 노래하는 것을 듣는 듯하여, 사람의 가슴으로 하여금 멀리 강호에 있는 것 같게 만든다. 이것은 그의 마음에 사욕이 없어 사물에 초탈하였기 때문에 소리의 나타남이 이와 같은 것이다.

하루는 나에게 말하기를,

"나의 뜻은 어부(漁父)에 있다. 그대는 어부의 즐거움을 아는가. 강태공은 성인이니 내가 감히 그가 주 문왕을 만난 것과 같은 그런 만남을 기약할 수 없다. 엄자릉은 현인이니 내가 감히 그의 깨끗함을 바랄 수는 없다. 아이와 어른들을 데리고 갈매기와 백로를 벗하며 어떤 때는 낚싯대를 잡고, 외로운 배를 노 저어 조류를 따라 오르고 내리면서 가는 대로 맡겨두고, 모래가 깨끗하면 뱃줄을 매어 두고 산이 좋으면 그 가운데를 흘러간다. 〈중 략〉

저 영달에 얽매여 벼슬하는 자는 구차하게 영화에 매달리지만 나는 만나는 대로 편안하다. 빈궁하여 고기잡이를 하는 자는 구차하게 이익을 계산하지만 나는 스스로 유유자적을 즐긴다. 성공과 실패는 운명에 맡기고, 진퇴도 오직 때를 따를 뿐이다. 부귀 보기를 뜬구름과 같이 하고 공명을 헌신짝 벗어 버리듯 하여, 스스로 세상의 물욕 밖에서 방랑하는 것이니, 어찌 시세에 영합하여 이름을 낚시질하고, 벼슬길에 빠져들어 생명을 가볍게 여기며 이익만 취하다가 스스로 함정에 빠지는 자와 같겠는가. 이것이 내가 몸은 벼슬을 하면서도 뜻은 강호에 두어 매양 노래에 의탁하는 것이니, 그대는 어떻게 생각하는가?"

하니 내가 듣고 즐거워하며 그대로 기록하여 백공에게 보내고, 또한 나 자신도 살피고자 한다. 을축년 7월 어느 날.

— 권근, '어촌기'

16 이 작품에 대한 설명으로 가장 적절하지 않은 것은?

① '나'는 '공백공'의 가치관에 공감하고 있다.

② 글쓴이의 개인적 체험을 담은 갈래에 속한다.

③ 인물에 대한 글쓴이의 주관적 감상이 드러나 있다.

④ '공백공'은 벼슬에서 물러나 강호에 은거하는 사대부이다.

17 이 작품의 주제와 가장 유사한 것은?

① 아츰은 비 오더니 느지니는 ᄇᆞ람이로다
  천리만리(千里萬里) 길헤 풍우(風雨)는 무스 일고
  두어라 황혼(黃昏)이 머럿거니 쉬여 간들 엇더리

② 님 그린 상사몽(相思夢)이 실솔(蟋蟀)이 넉시 되여
  추야장(秋夜長) 깁픈 밤에 님의 방(房)에 드럿다가
  날 잇고 깁피 든 잠을 ᄭᆡ와 볼가 ᄒᆞ노라

③ 집 방석(方席) 내지 마라 낙엽(落葉)엔들 못 안즈랴
  솔불 혀지 마라 어제 진 ᄃᆞᆯ 도다온다
  아ᄒᆡ야 박주산채(薄酒山菜)ㄹ망졍 업다 말고 내여라

④ 국화(菊花)야 너난 어이 삼월동풍(三月東風) 다 지내고
  낙목한천(落木寒天)에 네 홀로 피었나니
  아마도 오상고절(傲霜孤節)은 너뿐인가 하노라.

18 밑줄 친 부분의 품사가 옳지 않은 것은?

① 지금부터 나는 달라질 것이다. (명사)
  강아지가 지금 간식을 먹고 있다. (부사)

② 전등을 교체하니 방이 밝아졌다. (동사)
  공부를 하다 보니 어느새 날이 밝았다. (형용사)

③ 태어난 지 일 년이 채 되지 않은 망아지. (부사)
  오늘 아침 식사를 거른 채 출근했다. (의존 명사)

④ 발레리나의 몸은 깃털같이 가벼워 보였다. (조사)
  점심 때 동료와 같이 식사를 하기로 했다. (부사)

※ 다음 글을 읽고 물음에 답하시오. [19~21]

오픈프라이스는 제조업체가 표시하는 '권장소비자가' 대신에 동네 슈퍼와 같은 최종 판매자인 유통업체가 가격을 정하는 제도이다. 이 제도는 업체 간 자율적인 가격인하 경쟁을 유도해 소비자가격을 낮출 목적으로 1999년에 처음으로 도입됐고, 2010년 7월부터는 과자와 라면, 아이스크림과 빙과류에도 적용됐다.

(가) 문제는, 소비자를 위한다는 취지와는 달리 제도의 역효과로 소비자의 혼란과 불만이 더욱 높아졌다는 점이다.

당초 기대와는 달리, 제도를 확대해서 시행하자 빙과와 아이스크림, 과자류와 같은 유명 인기 상품의 가격상승률이 3~5% 수준인 일반 소비자 물가상승률보다 훨씬 높아 5~25%나 됐다. 더욱이 동네 슈퍼나 영세업체들이 판매가를 표시하지 않는 곳이 많아 소비자들의 불편이 가중됐다.

한 조사에 따르면 지난 몇 년간 평균적인 가격표시율은 높아졌으나, 빙과와 아이스크림, 라면, 과자의 경우는 표시율이 각각 21.5%, 48.8%, 61.2%로 매우 낮았다. (나) 대형마트와 편의점, 골목상점 등 판매점별로 크게는 3배나 가격차를 보였다.

그러다 보니 소비자들은 가격표시가 비교적 잘돼 있고 가격도 저렴한 대형마트나 SSM을 더 좋아하게 되어, 동반성장이나 상생(相生)을 외치는 정부 정책과 어긋나는 결과를 초래하는 것 같다.

오픈프라이스로 인한 소비자문제는 이것만이 아니다. 사실 '50% 할인' 광고를 해도 소비자들은 속는 것은 아닌지 의심스럽지만 확인할 방법이 없다. 가격 표시가 안 돼 있으니 가격이 언제, 얼마나 오르는지 판단하기도 어렵다.

오픈프라이스에 관련된 혼란과 애로는 영세한 슈퍼나 소매점에서도 예외가 아니다. 소매점들은 스스로 가격을 정할 수 있음에도 현실적으로 그렇게 하지 못한다. 많은 경우 거래하는 납품업체에서 제시하는 가격을 따를 수밖에 없다. 그러다 보니 권장소비자가가 지켜지던 시절과 별반 차이가 없는 것이다.

아이러니한 점은, 2010년에 추가된 빙과류나 아이스크림, 과자, 라면을 제외한 275개의 다른 품목들은 비교적 잘 정착되고 있다는 것이다. TV나 냉장고, 유명브랜드 의류와 신발 등의 소비자가격은 판매점에서 정해지고 가격 표시도 잘되고 있다. 물론 이러한 제도에 관한 소비자의 불만도 그다지 많아 보이지 않는다.

문제는, 정부가 생활물가 수준을 대표하는 빙과류와 아이스크림, 과자와 라면 등 4개 품목을 면밀한 검토 없이 오픈프라이스로 바꾼 데 있었다. 제조업자가 권장소비자가를 결정함으로써 소매점이나 대리점의 가격경쟁을 제한하는, 다시 말해 '재판매가격 유지행위' 억제를 위한 오픈프라이스 적용의 예상효과에 대한 검토가 부족했던 것이다. 그 결과, 앞서 지적한 여러 문제들뿐 아니라 최근의 물가상승의 주범으로 지목된 것이다.

다행히 정부에서는 최근에 이 4개 품목을 오픈프라이스 대상에서 제외키로 하여 문제의 소지가 다소 줄어들 것으로 보인다. 라면과 같은 일부 제품에는 다시 권장소비자가격이 표시되고 있다. (다) 생활물가 안정을 위한 정부 정책방향에 문제가 있었다는 비판을 피할 수 없게 됐다.

19 빈칸 (가)~(다)에 들어갈 말을 순서대로 적은 것은?

① 그런데 – 따라서 – 즉
② 그런데 – 또한 – 하지만
③ 그리고 – 따라서 – 하지만
④ 그리고 – 또한 – 이와 같이

20 윗글의 내용 전개 방식으로 가장 적절한 것은?

① 중심 화제의 의의를 밝히고 발전 가능성을 모색하고 있다.
② 중심 화제에 대한 상반된 견해를 제시한 후 이를 절충하고 있다.
③ 중심 화제에 대한 구체적인 사례를 들어 문제점을 지적하고 있다.
④ 중심 화제의 실효성을 검증하기 위해 전문가의 의견을 인용하고 있다.

21 윗글과 〈보기〉를 비교하여 이해한 것으로 가장 적절한 것은?

> **보기**
>
> 간과해선 안 될 점은, 오픈프라이스가 궁극적으로 소비자 이익을 위한 제도라는 것이다.
> 아이스크림과 스낵류와 같은 일부 품목 외에는 이 제도로 인해 시장에서 가격경쟁을 통해 소비자가격이 낮아졌음이 경제 이론적으로도 밝혀졌다.

① 윗글과 마찬가지로 〈보기〉에서는 오픈프라이스의 실효성을 의심한다.
② 윗글과 달리 〈보기〉에서는 오픈프라이스를 성급하게 도입한 정부를 비판한다.
③ 윗글과 마찬가지로 〈보기〉에서는 최근 물가상승의 주요 원인이 오픈프라이스라고 주장한다.
④ 윗글과 달리 〈보기〉에서는 오픈프라이스로 인한 자율적인 가격인하 경쟁이 성공했다고 본다.

22 〈보기〉의 ㉠~㉣의 한자 표기로 옳지 않은 것은?

보기
　조선왕조는 지배 이념인 유학과 어긋나는 이단사상 불교와 도교를 ㉠배척했다. 불교는 왕조교체와 더불어 ㉡위세가 꺾여 위축기에 들어섰다. 도교는 종교로 뿌리를 내리지 못해 ㉢탄압할 ㉣표적이 뚜렷하지 않았지만 경계 대상이 되었다.

① 排斥
② 威勢
③ 彈壓
④ 剽的

23 〈보기 1〉에 이어질 글을 〈보기 2〉에서 찾아 순서대로 바르게 나열한 것은?

보기 1
　철학의 아버지라고 불리는 탈레스는 모든 물질의 제1원리는 물이라고 주장했다. 그는 물을 운동과 변화를 포함하고 있는 물질이라고 생각했다.

보기 2
(가) 땅을 물 위에 떠 있는 원반이라고 주장한 것도 같은 맥락이라고 할 수 있다.
(나) 물은 상온에서 고체, 액체, 기체 상태로 존재할 수 있고, 쉽게 상태를 변화할 수 있으며, 특히 수증기는 어디에나 존재하는 것이 그런 주장의 바탕이 되었을 것이다.
(다) 그의 이런 생각은 중동 지방에 전해 내려오던 신화에서 영향을 받았을 것이다.
(라) 탈레스는 우리가 마실 수 있는 물질인 물이 가지고 있는 성질을 바탕으로 세상을 만드는 근본적인 물질인 물을 생각해 냈던 것이다.

① (가) – (다) – (나) – (라)
② (가) – (라) – (다) – (나)
③ (다) – (가) – (나) – (라)
④ (다) – (나) – (라) – (가)

24 밑줄 친 한자어를 우리말로 고친 것으로 옳지 않은 것은?

① 순간적으로 감정을 制御하지 못하고 울음을 터뜨렸다. – 막지
② 큰일을 圖謀하기 위해서는 희생이 따르는 법이다. – 바로잡기
③ 책임을 轉嫁하는 그의 태도는 아주 볼썽사나웠다. – 넘겨씌우는
④ 그는 학계의 권위를 失墜시켰다는 이유로 제명되었다. – 떨어뜨렸다는

25 사자성어 중 뜻이 나머지와 가장 다른 하나는?

① 견마지로(犬馬之勞)
② 사군이충(事君以忠)
③ 화중군자(花中君子)
④ 걸견폐요(桀犬吠堯)

정답·해설 _해설집 p.53

실전동형모의고사 09회
모바일 자동 채점 + 성적 분석 서비스 바로 가기
QR코드를 이용해 모바일로 간편하게 채점하고 나의 실력이 어느 정도인지, 취약 부분이 어디인지 바로 파악해 보세요!

09회 핵심 어법 마무리 체크

☑ 다음 문장을 읽고 알맞은 단어에 ○표 하세요.

이론 문법

01 '나는 오늘 집에 있는다'에서 '있는다'의 품사는 동사/형용사 이다.

02 '할아버지는 재산이 많이 있으시다'에서 '있으시다'의 품사는 동사/형용사 이다.

03 식당에서 여성 종업원을 '이모'라고 부르기도 하는 것은 어휘의 의미가 확대/이동 된 것이다.

04 '온'은 '백'을 뜻하는 옛말이었으나, 오늘날에는 '전부' 또는 '모든'의 의미를 갖게된 것은 의미의 확대/이동 이다.

05 윗잇몸소리의 기본자는 ㄴ이며, 가획의 원리에 따라 ㄷ/ㄹ 이 만들어졌다.

06 목소리[喉音]의 기본자는 ㅇ이며, 가획의 원리에 따라 ㆁ/ㅎ 이 만들어졌다.

07 '그곳은 비교적 교통이 편리하다'에서 '비교적'의 품사는 명사/부사 이다.

08 '이 연구는 비교적인 관점에서 이루어졌다'에서 '비교적'의 품사는 명사/부사 이다.

어문 규정

09 '얽거나'의 표준 발음은 [얼꺼나]/[억꺼나] 이다.

10 '밟게'의 표준 발음은 [발:께]/[밥:께] 이다.

11 'cardigan'의 올바른 외래어 표기는 카디건/가디건 이다.

12 'fanfare'의 올바른 외래어 표기는 팡파르/팡파레 이다.

13 '특별히 모나거나 튀지 않고 둥그스름하다'를 뜻하는 말의 올바른 표기는 두리뭉실하다/두리뭉술하다 이다.

14 '여태'를 강조하여 이르는 말인 '여태껏'과 같은 의미의 표준어는 여직껏/입때껏 이다.

15 '돼지를 삶은 국물에 순대를 넣고 끓인 국'을 뜻하는 말의 올바른 표기는 순대국/순댓국 이다.

16 '인사로 하는 말. 또는 인사를 차려 하는 말'을 뜻하는 말의 올바른 표기는 인삿말/인사말 이다.

10회 실전동형모의고사

제한시간 : 25분 시작 시 분 ~ 종료 시 분 점수 확인 개/ 25개

01 밑줄 친 단어가 바르게 쓰이지 않은 것은?

① 그녀는 단출한 차림으로 여행을 떠났다.
② 약수터에서는 깔때기가 아주 유용하게 쓰인다.
③ 아이들 뒤치다꺼리는 언제나 선생님의 몫이었다.
④ 이번 일을 잘 추스르지 못하면 진급하기 어려울 것이다.

02 의미 관계와 단어들의 연결이 옳지 않은 것은?

① 유의 관계 – 흉내 : 시늉
② 반의 관계 – 시작 : 끝
③ 상하 관계 – 포유류 : 개
④ 부분 관계 – 문학 : 소설

03 밑줄 친 부분의 발음이 표준 발음으로 인정되지 않는 것은?

① 나는 내일도 집에 있는다. – [인는다]
② 국어 문법 시간에 음운론을 배웠다. – [뭄뻡]
③ 올해 스물여섯 살이 되었습니다. – [스물려섣]
④ 지금은 결단력이 필요한 순간입니다. – [결딴녁]

04 밑줄 친 부분의 문장 성분이 다른 하나는?

① 부디 건강하게만 자라다오.
② 오늘 저녁도 여느 때와 다르지 않았다.
③ 제주도에서의 일주일은 순식간에 지나갔다.
④ 그녀는 국립 기관에서 근무하는 연구원이다.

05 〈보기〉를 참고하여 문장에 실현되는 높임법을 분석할 때, 다음 중 옳지 않은 것은?

보기
　국어의 높임법 체계는 문장에 등장하는 주체와 객체를 높이는 방법과 대화 상황에 등장하는 청자를 높이는 방법으로 나눌 수 있다. 이들 높임법이 문장에 나타날 때와 그렇지 않을 때를 '+'와 '–'로 표시하여 보자.

예 할아버지께서는 아직 건강하십니다.
　(+주체, –객체, +상대)

① 제가 할머니를 모시고 왔습니다.
　(–주체, +객체, +상대)
② 아버지께서 나를 데리러 오셨다.
　(+주체, –객체, –상대)
③ 아버지께서 할머니를 모시러 가셨다.
　(+주체, +객체, –상대)
④ 아버지께서 저를 데리러 학교에 오셨어요.
　(–주체, +객체, +상대)

※ 다음 글을 읽고 물음에 답하시오. [06~07]

(가) 노나카 이쿠지로는 지식에 대한 폴라니의 탐구를 실용적으로 응용하여 지식 경영론을 펼쳤다. 그는 폴라니의 '암묵지'를 신체 감각, 상상 속 이미지, 지적 관심 등과 같이 객관적으로 표현하기 어려운 주관적 지식으로 파악했다. 또한 '명시지'를 문서나 데이터베이스 등에 담긴 지식과 같이 객관적이고 논리적으로 형식화된 지식으로 파악하고, 이것이 암묵지에 비해 상대적으로 지식의 공유 가능성이 높다고 보았다.

(나) 현대 사회에서 지식의 중요성이 커지면서 기업에서도 지식 경영을 강조하는 목소리가 높다. 지식 경영은 기업 경쟁력의 원천이 조직적인 학습과 혁신 능력, 즉 기업의 지적 역량에 있다고 보아 지식의 활용과 창조를 강조하는 경영 전략이다. 지식 경영론 중에는 마이클 폴라니의 '암묵지' 개념을 활용하는 경우가 많다. 폴라니는 명확하게 표현되지 않고 주체에게 체화된 '암묵지' 개념을 통해 모든 지식이 지적 활동의 주체인 인간과 분리될 수 없다는 것을 강조했다. 그에 따르면 우리의 일상적 지각뿐만 아니라 고도의 과학적 지식도 지적 활동의 주체가 몸담고 있는 구체적인 현실로부터 유리된 것이 아니다. 어떤 지각 활동이나 관찰, 추론 활동에도 우리의 몸이나 관찰 도구, 지적 수단이 항상 수반되고 그에 의해 이러한 활동이 암묵적으로 영향을 받기 때문이다.

(다) 이러한 주장대로 지식 경영이 실현되기 위해서는 지식 공유 과정에 대한 구성원들의 참여가 전제되어야 한다. 하지만 인간에게 체화된 무형의 지식을 공유하는 것은 쉬운 일이 아니다. 단순한 정보와 유용한 지식을 구분하기도 쉽지 않고, 이를 계량화하여 평가하는 것도 어렵다. 따라서 지식 경영의 성패는 지식의 성격에 대한 정확한 이해에 기초하여 구성원들이 지식 공유와 확산 과정에 자발적으로 참여하도록 하는 방안을 마련하는 것에 달려 있다고 할 수 있다.

(라) 암묵지와 명시지의 분류에 기초하여, 노나카는 개인, 집단, 조직 수준에서 이루어지는 지식 변환 과정을 네 가지로 유형화하였다. 암묵지가 전달되어 타자의 암묵지로 변환되는 것은 대면 접촉을 통한 모방과 개인의 숙련 노력에 의해 이루어지는 것으로서 '공동화'라 한다. 암묵지에서 명시지로의 변환은 암묵적 요소 중 일부가 형식화되어 객관화되는 것으로서 '표출화'라 한다. 또 명시지들을 결합하여 새로운 명시지를 형성하는 것은 '연결화'라 하고, 명시지가 숙련 노력에 의해 암묵지로 전환되는 것은 '내면화'라 한다. 노나카는 이러한 변환 과정이 원활하게 일어나 기업의 지적 역량이 강화되도록 기업의 조직 구조도 혁신되어야 한다고 주장하였다.

06 (가)~(라)를 글의 순서에 따라 올바르게 배열한 것은?

① (나) - (가) - (라) - (다)
② (나) - (라) - (다) - (가)
③ (라) - (나) - (가) - (다)
④ (라) - (다) - (가) - (나)

07 윗글에서 확인할 수 있는 내용으로 가장 적절하지 않은 것은?

① '명시지'는 '암묵지'에 비해 지식의 공유 가능성이 높다.
② 주관적 지식이 논리적으로 형식화된 지식으로 변환되는 과정을 '연결화'라 한다.
③ 폴라니의 이론에 따르면 모든 지식은 지적 활동의 주체와 분리될 수 없는 관계에 있다.
④ 지식 경영의 실현을 위해서 지식 공유 과정에 대한 구성원들의 자발적인 참여가 전제되어야 한다.

08 로마자 표기의 예로 옳지 않은 것은?

① 잡혀[자펴] japyeo
② 국민[궁민] gungmin
③ 미닫이[미다지] midaji
④ 한여름[한녀름] hanyeoreum

09 괄호 안에 들어갈 말로 가장 적절한 것은?

인간의 뇌는 특정 경험 정도가 커질수록 이와 관련한 뉴런 생성 수가 늘어나 기억을 더 잘할 수 있게 된다. 이와 마찬가지로 딥러닝도 특정 학습의 경험 정도에 따라 가중치가 달라져, 같은 기계라도 행동 방식이 달라진다.

이러한 딥러닝 방식을 적용하면 알파고는 바둑의 모든 경우의 수를 시뮬레이션하지 않아도 사용자의 패턴을 인지하여, 사용자가 둘 가능성이 가장 높은 수와 낮은 수를 계산해 경우의 수를 줄일 수 있게 된다. 그리고 기존 학습에서 경험한 상황들과 비교하여 자신이 수를 두었을 때 대국이 어떻게 전개될지도 예상할 수 있다. 마치 인간처럼 (　　　)으로 바둑을 두게 되는 것이다.

① 지속적(持續的)　　② 심미적(審美的)

③ 객관적(客觀的)　　④ 직관적(直觀的)

10 맞춤법 표기가 가장 옳은 것은?

① 어제 일찍 잘껄 그랬어.

② 최근에 몸무게가 늘은 것 같다.

③ 이제는 될 대로 되라는 심정이다.

④ 어머니 생신이 다음 달 몇 일이지?

11 다음 강연 내용에 대한 반응으로 가장 적절한 것은?

'관동팔경'은 관동 지방을 소재로 한 여덟 점의 산수화로 정선의 작품 세계가 잘 드러난다고 평가받습니다. 산수화 연구가에 따르면, 산수화 중에는 실제 산수가 가질 수 없는 완전한 아름다움이 형상화된 것들이 있는데 이러한 아름다움을 '환'이라고 합니다. 정선의 산수화에서도 이러한 특징을 찾아볼 수 있습니다. 정선은 실제 자연의 모습을 있는 그대로 재현하기보다 생략이나 변형의 방식 등을 통해 자연의 아름다움이나 정취를 부각함으로써 '환'을 실현했습니다.

① '관동팔경'과 실제 관동 지방의 풍경은 차이가 있겠군.

② '환'은 정선의 산수화에서만 나타나는 고유의 특징이군.

③ 정선은 시공간을 왜곡하는 방식으로 자신이 상상하는 자연의 모습을 그렸겠군.

④ 동일한 풍경을 보고 그렸더라도 작가의 역량에 따라 산수화의 수준이 달라지겠군.

12 〈보기〉에서 주된 표현 기법을 통해 강조하고 있는 화자의 정서는?

보기

먼 훗날 당신이 찾으시면
그때에 내 말이 "잊었노라."

당신이 속으로 나무라면
"무척 그리다가 잊었노라."

그래도 당신이 나무라면
"믿기지 않아서 잊었노라."

오늘도 어제도 아니 잊고
먼 훗날 그때에 "잊었노라."

① 후회　　　　② 그리움

③ 절망감　　　④ 무기력함

13 〈보기〉와 시대적 배경이 같은 작품은?

> 보기
>
> 보름달은 밝아 어떤 녀석은
> 꺽정이처럼 울부짖고 또 어떤 녀석은
> 서림이처럼 해해대지만 이까짓
> 산 구석에 처박혀 발버둥 친들 무엇하랴
> 비료값도 안 나오는 농사 따위야
> 아예 여편네에게나 맡겨 두고
> 쇠전을 거쳐 도수장 앞에 와 돌 때
> 우리는 점점 신명이 난다
> 한 다리를 들고 날라리를 불거나
> 고갯짓을 하고 어깨를 흔들거나

① 박태원의 '천변 풍경'
② 황순원의 '너와 나만의 시간'
③ 성석제의 '황만근은 이렇게 말했다'
④ 조세희의 '난쟁이가 쏘아올린 작은 공'

14 띄어쓰기가 가장 옳은 것은?

① 그것 참 신기한 일이군 그래.
② 가을 치고 날씨가 꽤 따뜻하다.
③ 동틀 녘에 하는 운동은 참 상쾌하다.
④ 너의 말 마따나 마지막에 웃는 사람이 승자야.

15 〈보기〉에 제시된 문장에 대한 설명으로 가장 옳지 않은 것은?

> 보기
> (가) 주동문: 아이가 옷을 입다.
> (나) 사동문: 아버지가 아이에게 옷을 입게 하다.
> (다) 능동문: 경찰이 범인을 잡다.
> (라) 피동문: 범인이 경찰에게 잡히다.

① 피동문에서 부사어의 생략이 불가능하다.
② 통사적 사동문과 파생적 피동문이 제시되어 있다.
③ 주동문이 사동문으로 전환될 때 서술어의 자릿수에 변화가 생긴다.
④ 주동문과 능동문의 목적어는 사동문과 피동문에서도 목적어로 기능한다.

16 다음 글의 내용에 대한 이해로 가장 적절한 것은?

'왜?'라는 질문에 대한 답으로 제시되는 '설명'이 무엇인지를 분명히 하고자 과학철학에서는 여러 가지 설명 이론을 제시해 왔다.

처음으로 체계적인 설명 이론을 제시한 헴펠에 따르면 설명은 몇 가지 요건을 충족하는 논증이어야 한다. 기본적으로 논증은 전제로부터 결론이 논리적으로 도출되는 형식을 띤다. 따라서 설명을 하는 부분인 설명항은 전제에 해당하며 설명되어야 하는 부분인 피설명항은 결론에 해당한다. 헴펠에 따르면 설명은 세 가지 조건을 모두 충족해야 한다. 첫째, 설명항에는 '모든 사람은 죽는다.'처럼 보편 법칙 또는 보편 법칙의 역할을 하는 명제가 하나 이상 있어야 한다. 둘째, 보편 법칙이 구체적으로 적용되는 맥락을 나타내는 '소크라테스는 사람이다.'와 같은 선행 조건이 설명항에 하나 이상 있어야 한다. 셋째, 피설명항은 설명항으로부터 '건전한 논증'을 통해 도출되어야 한다. 이때 건전한 논증은 '논증의 전제가 모두 참'이라는 조건과 '논증의 전제가 모두 참이라면 결론도 반드시 참'이라는 조건을 모두 만족하는 논증이다. 이처럼 헴펠의 설명 이론은 피설명항이 보편 법칙의 개별 사례로서 마땅히 일어날 만한 일이었음을 보여 주기 위한 설명의 요건을 제시했다는 점에서 의의가 있다.

① 설명 이론에서 피설명항은 전제에, 설명항은 결론에 대응한다.
② 설명항에는 보편적으로 적용할 수 있는 법칙이 포함되어야 한다.
③ 헴펠의 설명 이론은 기존의 설명 이론을 반박하기 위해 제시되었다.
④ 설명 이론은 피설명항이 보편 법칙과 관련 없다는 것을 밝히고자 했다.

17 화자의 상황을 적절하게 표현한 한자 성어는?

> 다북쑥 캐네. 다북쑥 캐네.
> 다북쑥 아니라, 제비쑥이네.
> 명아주 비름나물 다 시들었고,
> 소귀나물 떡잎은 그대로 말랐네.
> 풀이며 나무는 타들어 가고,
> 샘물까지 말라 버렸구나.
> 논에는 우렁이마저 없어지고,
> 바다엔 조개며 소라 사라졌네.
> 높은 분네 실제로 살피지 않고,
> 흉년이다 기근이다 말만 앞세워,
> 이번 가을 넘기기 어려운 판인데,
> 내년 봄에 가서야 구휼한다네.
> 유랑걸식 떠난 우리 남편
> 그 누가 있어 묻어 주리?
>
> — 정약용, '채호(采蒿)'

① 安貧樂道   ② 多岐亡羊

③ 家徒壁立   ④ 尾生之信

18 〈보기〉에 대한 설명으로 가장 옳은 것은?

> 보기
>
> 유세차(維歲次) 모년(某年) 모월(某月) 모일(某日)에, 미망인 모씨(某氏)는 두어 자 글로써 침자(針子)에게 고하노니, 인간 부녀(婦女)의 손 가운데 종요로운 것이 바늘이로대, 세상 사람이 귀히 아니 여기는 것은 도처에 흔한 바이로다. 이 바늘은 한낱 작은 물건이나, 이렇듯이 슬퍼함은 나의 정회(情懷)가 남과 다름이라. 오호(嗚呼) 통재(痛哉)라, 아깝고 불쌍하다. 너를 얻어 손 가운데 지닌지 우금(于今) 이십칠년이라. 어이 인정이 그렇지 아니하리요. 슬프다. 눈물을 잠시 거두고 심신을 겨우 진정하여, 너의 행장(行狀)과 나의 회포를 총총히 적어 영결(永訣)하노라.

① 글을 쓴 시기가 구체적으로 드러나 있다.

② 남편이 선물해준 바늘이 부러진 것을 안타까워하고 있다.

③ 죽은 사람을 추모하는 글인 제문(祭文) 형식을 취하여 바늘을 의인화하고 있다.

④ '유세차(維歲次)'는 '이해의 차례는'이라는 의미로, 결사 부분에서 관용적으로 쓰이는 표현이다.

19 〈보기〉의 어휘들은 통시적으로 변화된 양상을 보여 준다. 이들에 대한 설명으로 가장 옳지 않은 것은?

> 보기
> (가) 싁싁ᄒ다 → 씩씩하다
> (나) 어엿브다 → 어여쁘다
> (다) 얼굴: '모습, 형체' → '눈, 코, 입이 있는 머리의 앞면'
> (라) 영감: '종2품 · 정3품의 벼슬아치' → '나이가 많은 남자'

① (가)는 형태의 일부가 바뀐 후 의미가 변하지 않은 예이다.

② (나)는 형태의 일부가 바뀐 후 의미가 변한 예이다.

③ (다)는 어휘의 통시적 변화에 따라 의미가 축소된 예이다.

④ (라)는 어휘의 통시적 변화에 따라 의미가 확대된 예이다.

20 한자어의 독음으로 옳은 것을 〈보기〉에서 모두 고른 것은?

> 보기
> ㄱ. 膠着(고착)   ㄴ. 敷演(부연)   ㄷ. 順調(순조)
> ㄹ. 協助(협주)   ㅁ. 沈潛(침체)   ㅂ. 指針(지침)

① ㄱ, ㄷ, ㅁ   ② ㄱ, ㄹ, ㅁ

③ ㄴ, ㄷ, ㅂ   ④ ㄴ, ㄹ, ㅂ

21 밑줄 친 조사의 성격이 다른 하나는?

① 그는 나<u>와</u> 처지가 다르다.

② 어제 친구<u>와</u> 한강을 걸었다.

③ 아침 식사로 식빵<u>과</u> 우유를 먹었다.

④ 우리집 강아지<u>하고</u> 산책을 다녀왔다.

22 다음 글에서 추론한 내용으로 적절한 것은?

집단 극화 현상이란 한 집단을 이루고 있는 개인의 의사 결정보다 더 극단적인 방향으로 집단의 의사 결정이 이행되는 현상이다. 토론 후 진보적인 집단은 더욱 진보적인 결정을, 보수적인 집단은 더욱 보수적인 결정을 내리는 것이 바로 그 예이다. 심리학계는 이러한 집단 극화 현상이 나타나는 원인을 규명하기 위해 다양한 이론을 제시했다.

그중 사회비교 이론은 보통의 사람들은 사회적으로 다른 사람보다 더 나은 사람으로 인식되고 싶어 하기 때문에 극화된다는 내용이다. 만약 자신이 지지하는 의견을 더 적극적으로 지지하는 사람이 있다면 그 사람보다 나아 보이기 위해 극단적인 방향으로 주장을 이행한다는 것이다.

설득주장 이론은 정보적인 측면을 강조한 이론이다. 사람들은 토론 과정에서 다양한 주장과 근거에 노출되는데, 이를 학습하면서 자신의 입장을 극단적인 방향으로 확고히 한다. 자신이 지지하는 의견을 뒷받침할 새로운 근거를 선별하여 접하고, 자신의 의견이 옳다는 확신을 가져 더욱 극단적인 의견을 제시하는 것이다.

① 집단 극화 현상은 소속감을 강하게 느끼는 사람일수록 심화된다.

② 사회비교 이론은 경쟁적 심리에 의해 집단 극화 현상이 발생한다고 보았다.

③ 집단 극화 현상이 심화된 토론이 끝나면 보수 집단을 지지하는 사람들이 증가하게 된다.

④ 설득주장 이론에 따르면 집단 극화 현상은 정보의 불균형이 해소되면 발생하지 않는다.

※ 다음 글을 읽고 물음에 답하시오. [23 ~ 24]

(가) ㉠오ᄂᆞᆯ도 다 새거다, 호믜 메고 가쟈ᄉᆞ라.
내 논 다 ᄆᆡ여든 네 논 졈 ᄆᆡ여 주마.
올 길헤 ᄲᅩᆼ 따다가 누에 머겨 ㉡보쟈ᄉᆞ라.

(나) ㉢이고 진 뎌 늘그니 짐 프러 나ᄅᆞᆯ 주오.
나ᄂᆞᆫ ㉣졈엇써니 돌히라 므거울가.
늘거도 설웨라커든 지믈조차 지실가.

23 위 작품에 대한 설명으로 가장 적절하지 않은 것은?

① 화자는 백성을 지도하는 위치에 있는 관리이다.

② '관동별곡', '사미인곡' 등을 지은 정철의 작품이다.

③ 연시조의 형태지만 각 수가 독립적으로 구성되어 있다.

④ (가)는 상부상조의 정신을, (나)는 경로사상을 강조하고 있다.

24 밑줄 친 단어를 설명한 것으로 가장 적절하지 않은 것은?

① ㉠: '오늘도 날이 밝았다'라는 의미이다.

② ㉡: 명령형 어미를 사용하여 설득력을 높이고 있다.

③ ㉢: '노인'을 수식하는 말로, 짐을 머리에 이고 등에 짊어졌다는 의미이다.

④ ㉣: 종장의 '늘거도'와 대비되는 상태로, 화자가 노인의 짐을 대신 들고자 하는 이유가 드러난다.

25 〈보기〉의 괄호에 알맞은 한자 성어는?

보기

　모 자동차 기업의 배기가스 배출량 조작 사건이 수면 위로 드러나 많은 사람들에게 충격을 주었다. 해당 기업은 자동차의 배기가스 배출량을 허위로 보고하여 실제로는 기준치의 수십 배가 넘는 배기가스가 발생함에도 불구하고 판매를 허용받았다. 이후 허위 보고 사실이 발각되면서 수십 억원의 벌금을 물게 되었고, 기업 이미지도 추락하였다. 이처럼 기본적인 윤리 경영조차 실천하지 않는 기업의 미래는 (　　　　) 와/과도 같다고 말할 수 있다.

① 견강부회(牽強附會)
② 방휼지쟁(蚌鷸之爭)
③ 사상누각(沙上樓閣)
④ 순망치한(脣亡齒寒)

정답·해설 _해설집 p.60

실전동형모의고사 10회
모바일 자동 채점 + 성적 분석 서비스 바로 가기

QR코드를 이용해 모바일로 간편하게 채점하고 나의 실력이 어느 정도인지, 취약 부분이 어디인지 바로 파악해 보세요!

10회 핵심 어법 마무리 체크

☑ 다음 문장을 읽고 알맞은 단어에 ○표 하세요.

이론 문법

01 '코 – 얼굴'의 의미 관계는 상하 관계 / 부분 관계 이다.

02 '볼록 – 오목'의 의미 관계는 유의 관계 / 반의 관계 이다.

03 '꽃 – 진달래'의 의미 관계는 상하 관계 / 부분 관계 이다.

04 '근심 – 시름'의 의미 관계는 유의 관계 / 반의 관계 이다.

05 '바로 옆집에 삼촌이 사신다'에서 '바로'의 문장 성분은 부사어 / 관형어 이다.

06 '그 학생이 아주 새 사람이 되었더라'에서 '아주'의 문장 성분은 관형어 / 부사어 이다.

07 '어머니께서 영희에게 과자를 주셨다'는 주체 높임법 / 객체 높임법 이 쓰인 문장이다.

08 '영희가 할머니께 과자를 드렸다'는 주체 높임법 / 객체 높임법 이 쓰인 문장이다.

09 '고등학교 때 수학과 영어를 무척 좋아했다'에서 '과'는 접속 조사 / 부사격 조사 이다.

10 '나와 그 친구는 서로 의지하는 사이였다'에서 '와'는 접속 조사 / 부사격 조사 이다.

어문 규정

11 '물난리'의 표준 발음은 [물날리] / [물랄리] 이다.

12 '밟는다'의 표준 발음은 [밤ː는다] / [밥ː는다] 이다.

13 '신문'의 표준 발음은 [신문] / [심문] 이다.

14 '고깃간'은 정육간 / 푸줏간 과 복수 표준어 관계이다.

15 '기세부리다'는 기세떨다 / 기세피우다 와 복수 표준어 관계이다.

16 '종로'의 로마자 표기는 Jongro / Jongno 이다.

17 '알약'의 로마자 표기는 alyak / allyak 이다.

18 '생각하건대'의 준말은 생각건대 / 생각컨대 로 쓴다.

19 '딸린 사람이 없는 혼자의 몸'을 뜻하는 말은 홀몸 / 홑몸 이다.

20 '위＋어른'이 결합한 말은 웃어른 / 윗어른 으로 쓴다.

정답 | 01 부분 관계 **02** 반의 관계 **03** 상하 관계 **04** 유의 관계 **05** 부사어 **06** 부사어 **07** 주체 높임법 **08** 객체 높임법 **09** 접속 조사 **10** 부사격 조사 **11** [물랄리] **12** [밥ː는다] **13** [신문] **14** 푸줏간 **15** 기세피우다 **16** Jongno **17** allyak **18** 생각건대 **19** 홑몸 **20** 웃어른

11회 실전동형모의고사

제한시간 : 25분 **시작**   시   분 ~ **종료**   시   분 **점수 확인**   개/ 25개

01 맞춤법이 가장 옳지 않은 것은?

① 아이들에게는 주사를 맞히기 힘들다.
② 우리 동네에 유명한 칼국숫집이 하나 있다.
③ 은영이가 제시간에 도착할 수 있을는지 걱정이 된다.
④ 이번 일의 담당자로써 맡은 바 책임을 다하겠습니다.

02 다음 글에 대한 설명으로 적절하지 않은 것은?

> 조조(曹操) 가다 목을 옴쑥옴쑥하니 정욱(鄭昱)이 여짜오되,
> "승상님 무게 많은 중에, 말 허리에 목을 어찌 그리 움치시나이까?"
> "야야, 화살이 귀에서 앵앵하며 칼날이 눈에서 번뜻번뜻하는구나."
> "이제는 아무것도 없사오니 목을 늘여 사면을 살펴보옵소서."
> "야야, 진정으로 조용하냐?"
> 조조가 목을 막 늘여 좌우 산천을 살펴보려 할 제, 의외에 말 굽통 머리에서 메추리 표루루루하고 날아 나니 조조 감짝 놀라,
> "아이고 정욱아. 내 목 떨어졌다. 목 있나 봐라."
> "눈치 밝소. 조그만한 메추리를 보고 놀랄진대 큰 장끼를 보았으면 기절할 뻔하였소그려."
> 조조 속없이,
> "야 그게 메추리냐? 그놈 비록 자그마한 놈이지만 냄비에다 물 붓고 갖은 양념하여 보글보글 볶아 놓으면 술안주 몇 점 참 맛있느니라만."
> "입맛은 이 통에라도 안 변하였소그려."
>
> – 작자 미상, '적벽가(赤壁歌)'

① 음성 상징어를 사용하여 웃음을 유발하고 있다.
② 서술자가 개입하여 인물의 행위를 평가하고 있다.
③ 조조를 경박하고 겁이 많은 인물로 희화화하고 있다.
④ 대화를 통해 등장인물의 성격을 간접적으로 보여준다.

03 밑줄 친 부사어의 문장 내에서의 역할이 나머지 셋과 가장 다른 것은?

① 영화를 <u>재미있게</u> 보았다.
② 과일이 <u>달콤하게</u> 잘 익었다.
③ 이 벌레는 <u>이상하게</u> 생겼다.
④ <u>조촐하게</u> 파티를 열 생각이다.

04 밑줄 친 부분의 뜻풀이로 가장 적절한 것은?

> 김 박사의 주장은 언제나 <u>사개가 맞아</u> 그의 의견에 대하여 아무도 반박할 수가 없었다.

① 일이나 말을 끝마무리하다.
② 일하는 기운이나 능률이 오르다.
③ 바로 집어 말을 하지 않고 둘러서 말을 하다.
④ 말이나 사리의 앞뒤 관계가 빈틈없이 딱 들어맞다.

05 다음 중 한자어를 우리말로 고친 것이 적절하지 않은 것은?

① 그는 위기를 헤쳐 나가려는 의지가 缺落되어 있다. → 빠져
② 훔친 물건을 개인 창고에 隱匿한 일당이 구속되었다. → 숨긴
③ 지진 피해 지역에 자원봉사자들이 遝至하고 있다. → 몰려들고
④ 이장이 마을 앞으로 지급된 곡식을 마음대로 壟斷하였다고 원성이 자자했다. → 버렸다고

06 준말의 표기가 옳은 것을 〈보기〉에서 고른 것은?

보기
ㄱ. 꾀었다 – 꽸다
ㄴ. 누이어 – 뉘여
ㄷ. 차였다 – 챘다
ㄹ. 달갑지 않은 – 달갑잖은
ㅁ. 편안하지 않다 – 편안찮다

① ㄱ, ㄹ
② ㄱ, ㄷ
③ ㄷ, ㄹ
④ ㄴ, ㅁ

07 〈보기〉의 작품에 대한 설명으로 가장 옳지 않은 것은?

보기
낙엽은 폴란드 망명 정부의 지폐
포화(砲火)에 이지러진
도른 시의 가을 하늘을 생각케 한다.
길은 한 줄기 구겨진 넥타이처럼 풀어져
일광(日光)의 폭포 속으로 사라지고
조그만 담배 연기를 내뿜으며
새로 두 시의 급행열차가 들을 달린다.
포플라나무의 근골(筋骨) 사이로
공장의 지붕은 흰 이빨을 드러내인 채
한 가닥 구부러진 철책이 바람에 나부끼고
그 위에 셀로판지로 만든 구름이 하나
자욱한 풀벌레 소리 발길로 차며
호올로 황량(荒涼)한 생각 버릴 곳 없어
허공에 띄우는 돌팔매 하나.
기울어진 풍경의 장막(帳幕) 저쪽에
고독한 반원(半圓)을 긋고 잠기어 간다.

① 선경후정의 방식을 활용하여 시상을 전개하고 있다.

② 절망적인 상황에서 느끼는 좌절감을 담담한 어조로 표현하였다.

③ 하강·소멸의 이미지를 활용하여 황량한 가을날의 풍경을 묘사하고 있다.

④ 낙엽, 길, 급행열차 등의 소재를 통해 도시 문명 속 현대인의 고독을 형상화하였다.

※ 다음 글을 읽고 물음에 답하시오. [08~09]

㉠딩아 돌하 당금(當今)에 계샹이다.
딩아 돌하 당금(當今)에 계샹이다.
선왕셩ᄃᆡ(先王聖代)예 노니ᄋᆞ와지이다.

㉡삭삭기 셰몰애 별헤 나ᄂᆞᆫ
삭삭기 셰몰애 별헤 나ᄂᆞᆫ
구은 밤 닷 되를 심고이다.
그 바미 우미 도다 삭나거시아
그 바미 우미 도다 삭나거시아
유덕(有德)ᄒᆞ신 님믈 여희ᄋᆞ와지이다.

옥(玉)으로 련(蓮)ㅅ고즐 사교이다.
옥(玉)으로 련(蓮)ㅅ고즐 사교이다.
바회 우희 졉듀(接頭)ᄒᆞ요이다.
그 고지 삼동(三同)이 퓌거시아
그 고지 삼동(三同)이 퓌거시아
㉢유덕(有德)ᄒᆞ신 님믈 여희ᄋᆞ와지이다.

〈중 략〉

구스리 바회예 디신ᄃᆞᆯ / 구스리 바회예 디신ᄃᆞᆯ
긴힛ᄃᆞᆫ 그츠리잇가.
즈믄 ᄒᆡ를 외오곰 녀신ᄃᆞᆯ / 즈믄 ᄒᆡ를 외오곰 녀신ᄃᆞᆯ
㉣신(信)잇ᄃᆞᆫ 그츠리잇가.

08 밑줄 친 부분에 대한 설명으로 가장 적절하지 않은 것은?

① ㉠: 작품의 제목과 관련된 부분이다.

② ㉡: '사각사각 가는 모래 벼랑에서 나는'이라는 뜻이다.

③ ㉢: 임과 이별하지 않겠다는 의지를 드러내는 반어적 표현이다.

④ ㉣: 임에 대한 영원한 사랑과 믿음을 맹세하고 있다.

09 이 작품에 대한 설명으로 가장 적절하지 않은 것은?

① 서사 – 본사 – 결사로 이어지는 구조로, 각 연이 모두 동일한 형식을 취하고 있다.

② '악장가사'와 '시용향악보'에 전하며, 노래 가사 외의 배경 기록은 남아 있지 않다.

③ 마지막 연은 '서경별곡'의 2연과 유사한데, 이는 구전 과정에서 당시 유행했던 구절이 첨가된 것으로 보인다.

④ 민간의 노래가 궁중 연회에서 불리게 되면서 '남녀 간의 사랑'에서 '군신 간의 충의(忠義)'로 주제가 확장되었다.

10 〈보기〉의 밑줄 친 단어의 한자 표기로 옳지 않은 것은?

보기

당신은 그동안 못 했던 일을 하고, 만나고 싶은 사람을 만나고, 가고 싶은 곳을 찾아가겠다고 했습니다. 대학이 안겨줄 자유와 낭만에 대한 당신의 꿈을 모르지 않습니다. 지금까지 얽매여 있던 당신의 질곡을 모르지 않습니다. 당신은 지금 그러한 꿈이 사라졌다고 실망하고 있지나 않은지 걱정됩니다.

그러나 '자유와 낭만'은 그러한 것이 아닙니다. 자유와 낭만은 '관계의 건설 공간'이란 말을 나는 좋아합니다. 우리들이 맺는 인간관계의 넓이가 곧 우리들이 누릴 수 있는 자유와 낭만의 크기입니다. 그러기에 그것은 우리들의 일상에 내장되어 있는 '안이한 연루'를 결별하고 사회와 역사와 미래를 보듬는 너른 품을 키우는 공간이어야 합니다.

① 질곡(桎梏) ② 건설(建設)
③ 연루(連樓) ④ 결별(訣別)

11 '의존 명사 – 어미'의 짝이 아닌 것은?

① ┌ 오늘 가는 데가 어디니?
  └ 자리를 비우려고 하는데 마침 전화가 왔다.

② ┌ 곧 비가 내릴 듯 하늘이 우중충했다.
  └ 땀이 비 오듯 쏟아졌다.

③ ┌ 운동한 지 한 시간 만에 기진맥진했다.
  └ 강의가 언제 끝나는지 모르겠다.

④ ┌ 도서관에 가려고 책, 필기구, 공책 들을 챙겼다.
  └ 내가 하는 것을 잘 보고 있어라.

※ 다음 글을 읽고 물음에 답하시오. [12～14]

기원전 5세기, 헤로도토스는 페르시아 전쟁에 대한 책을 쓰면서 『역사(Historiai)』라는 제목을 붙였다. 이 제목의 어원이 되는 'histor'는 원래 '목격자', '증인'이라는 뜻의 법정 용어였다. 이처럼 어원상 '역사'는 본래 '목격자의 증언'을 뜻했지만, 헤로도토스의 『역사』가 나타난 이후 '진실의 탐구' 혹은 '탐구한 결과의 이야기'라는 의미로 바뀌었다.

헤로도토스 이전에는 사실과 허구가 뒤섞인 신화와 전설, 혹은 종교를 통해 과거에 대한 지식이 전수되었다. 특히 고대 그리스인들이 주로 과거에 대한 지식의 원천으로 삼은 것은 『일리아스』였다. 『일리아스』는 기원전 9세기의 시인 호메로스가 오래전부터 구전되어 온 트로이 전쟁에 대해 읊은 서사시이다. 이 서사시에서는 전쟁을 통해 신들, 특히 제우스 신의 뜻이 이루어진다고 보았다. 헤로도토스는 바로 이런 신화적 세계관에 입각한 서사시와 구별되는 새로운 이야기 양식을 만들어 내고자 했다. 즉, 헤로도토스는 가까운 과거에 일어난 사건의 중요성을 인식하고, 이를 직접 확인·탐구하여 인과적 형식으로 서술함으로써 역사라는 새로운 분야를 개척한 것이다.

『역사』가 등장한 이후, 사람들은 역사 서술의 효용성이 과거를 통해 미래를 예측하게 하여 후세인(後世人)에게 교훈을 주는 데 있다고 인식하게 되었다. 이러한 인식에는 한 번 일어났던 일이 마치 계절처럼 되풀이하여 다시 나타난다는 순환 사관이 바탕에 깔려 있다. 그리하여 ㉠오랫동안 역사는 사람을 올바르고 지혜롭게 가르치는 '삶의 학교'로 인식되었다. 이렇게 교훈을 주기 위해서는 과거에 대한 서술이 정확하고 객관적이어야 했다.

물론 모든 역사가들이 정확성과 객관성을 역사 서술의 우선적 원칙으로 앞세운 것은 아니다. 오히려 헬레니즘과 로마 시대의 역사가들 중 상당수는 수사학적인 표현으로 독자의 마음을 움직이는 것을 목표로 하는 역사 서술에 몰두하였고, 이런 경향은 중세 시대에도 어느 정도 지속되었다. 이들은 이야기를 감동적이고 설득력 있게 쓰는 것이 사실을 객관적으로 기록하는 것보다 더 중요하다고 보았다. 이런 점에서 그들은 역사를 수사학의 테두리 안에 집어넣은 셈이 된다.

하지만 이 시기에도 역사의 본령은 과거의 중요한 사건을 가감 없이 전달하는 데 있다고 보는 역사가들이 여전히 존재하여, 그들에 대해 날카로운 비판을 가하기도 했다. 더욱이 15세기 이후부터는 수사학적 역사 서술이 역사 서술의 장에서 퇴출되고, 과거를 정확히 탐구하려는 의식과 과거 사실에 대한 객관적 서술 태도가 역사의 척도로 다시금 중시되었다.

12 다음 중 ㉠과 같은 사이시옷 구성으로 된 단어는?

① 훗날 ② 곳간
③ 햇볕 ④ 윗니

13 윗글의 서술 방식에 대한 설명 중 가장 적절한 것은?

① 고대 역사관의 변천 과정을 시대순으로 나열하였다.

② 사례를 통해 객관적인 역사 서술이 필요함을 주장하였다.

③ 역사 서술에 대한 인식의 변화를 드러내어 인물의 업적을 명료화하였다.

④ 역사를 서술하는 다양한 방식을 제시하여 관점의 중요성을 강조하였다.

15 〈보기〉의 밑줄 친 ㉠~㉣ 중 나머지 셋과 성격이 다른 하나는?

> 보기
>
> 우리가 물이 되어 만난다면
> ㉠가문 어느 집에선들 좋아하지 않으랴.
> 우리가 키 큰 나무와 함께 서서
> 우르르 우르르 비 오는 소리로 흐른다면.
>
> 흐르고 흘러서 저물녘엔
> 저 혼자 깊어지는 ㉡강물에 누워
> 죽은 나무뿌리를 적시기도 한다면.
> 아아, 아직 처녀인
> 부끄러운 바다에 닿는다면.
>
> 그러나 지금 우리는
> 불로 만나려 한다.
> 벌써 숯이 된 뼈 하나가
> ㉢세상에 불타는 것들을 쓰다듬고 있나니
>
> 만 리(萬里) 밖에서 기다리는 그대여
> 저 ㉣불 지난 뒤에
> 흐르는 물로 만나자.
> 푸시시 푸시시 불 꺼지는 소리로 말하면서
> 올 때는 인적 그친
> 넓고 깨끗한 하늘로 오라.
>
> – 강은교, '우리가 물이 되어'

① ㉠   ② ㉡

③ ㉢   ④ ㉣

14 윗글에 대한 설명 중 가장 적절하지 않은 것은?

① 『일리아스』는 신화적 세계관에 입각한 서사시이다.

② 헤로도토스는 과거 사실을 서술하는 새로운 이야기 양식을 만들어 냈다.

③ 역사가 되풀이 된다고 믿은 사람들은 역사 서술을 통해 교훈을 주고자 했다.

④ 수사학적인 역사 서술을 중시하는 경향은 로마 시대에 한정되어 나타난다.

16 로마자 표기로 가장 옳지 않은 것은?

① 을지로 Euljiro, 충정로 Chungjeongro

② 관악산 Gwanaksan, 만뢰산 Malloesan

③ 별내 Byeollae, 청량리 Cheongnyangni

④ 덕수궁 Deoksugung, 숭례문 Sungnyemun

17 다음 글에 대한 이해로 적절하지 않은 것은?

> 지금 이 세상은 살아 있는 사람을 봉양하고 죽은 사람을 장사 지내는 여관 같은 곳입니다. 그리고 이 여관은 하룻밤이나 이틀을 묵고 가는 곳입니다. 지금 그대는 이러한 여관에 몸을 기탁해 사는 데다가, 다시 또 멀리 떠나와 궁벽한 골짜기에 몸을 숨기고 있습니다. 이것은 여관 중의 여관에 머물고 있는 셈이지요.
>
> 저 여관집의 노비는 일자무식한 사람입니다. 다만 그는 여관을 여관으로 여기면서, 음식도 잘 먹고 하루하루를 지내니, 추위와 더위도 그를 해치지 못하고 질병도 해를 입히지 못한답니다. 그런데 그대는 도를 지키고 운명에 순종하며, 소박하고 솔직한 태도로 행하는 분입니다. 그런데 여관 중의 여관에서 지내면서도 여관을 여관으로 생각하지 않으십니다. 자기 스스로 화를 돋우고 들볶아 원기를 손상시키니, 병이 생겨 거의 죽을 지경에 이르렀습니다. 그대가 배우기를 바라는 것은 옛날 성현의 말씀인데도, 오히려 여관집의 노비가 하는 것처럼도 하지 못하는구려.
>
>   – 이학규, '포화옥기'

① 비유를 통해 영원한 삶은 존재하지 않다는 것을 드러내고 있다.

② 여관집 노비의 행동에도 미치지 못하는 그대를 비판하고 있다.

③ 세상에 나서지 않고 숨어 사는 여관집 노비의 삶을 긍정적으로 여기고 있다.

④ 그대와 여관집 노비를 대비하여 삶에 대한 운명 순응적 자세에 대해 서술하고 있다.

18 의미의 중복이 없이 자연스러운 문장은?

① 내일 배울 내용을 미리 예습하는 중이다.

② 이 안건에 대해서 과반수 이상이 동의했다.

③ 부동산 투기를 완전히 근절할 수 있는 정책이 필요하다.

④ 초등학생을 대상으로 한 코딩 교육이 의무화되었다.

19 〈보기〉의 ㉠, ㉡에 들어갈 단어로 가장 옳은 것은?

보기

    경제학자들은 사회가 지불하는 비용까지 포함해서 공짜 여부를 파악하고 있다는 점도 일반인들의 생각과 다르다. 경제적 사고방식에 서툰 사람들은 자신이 직접 돈을 지불하지 않으면 공짜라고 보지만, 경제학자들은 사회의 다른 누군가가 지불했으므로 공짜가 아니라고 본다. 즉, 경제적 사고방식은 ____㉠____ 비용만이 아니라 ____㉡____ 비용까지 따진다.

〈중 략〉

    65세 이상 노인은 돈을 내지 않고 지하철을 이용할 수 있다. 장애인과 유공자 등도 운임 감면을 받는다. 2012년 전체 이용자의 15.4퍼센트가 공짜 손님이라는 발표가 있었다. 비록 이들 이용자는 자신의 지갑을 열지 않았지만 대신 해당 지자체가 지갑을 열었다. 우리나라 지자체가 일곱 개 도시철도에 보조한 세금은 6년 동안 10조 원에 달했다. 사회가 대신 비용을 지불하고 있으므로 공짜가 아니라는 것이 경제적 사고방식이다.

	㉠	㉡		㉠	㉡
①	사적	사회적	②	공적	개인적
③	표면적	잠재적	④	주관적	객관적

20 다음 중 밑줄 친 조사의 종류로 옳지 않은 것은?

① ┌ 나는 혼자서 여행을 다녀왔다. – 주격 조사
   └ 서울서 걸려온 전화 – 부사격 조사

② ┌ 그는 친구가 많았다. – 주격 조사
   └ 도무지 미덥지가 않은 사람이다. – 보격 조사

③ ┌ 상한 음식을 먹어서 배탈이 났다. – 목적격 조사
   └ 한 시간도 쉴 생각을 마라 – 보조사

④ ┌ 언니랑 동생이랑 사진을 찍었다 – 접속 조사
   └ 강아지랑 산책을 하고 오는 길이다 – 부사격 조사

21 '바늘구멍으로 하늘 보기'와 의미상 거리가 가장 먼 것은?

① 안공소(眼孔小)
② 우물 안 개구리
③ 교왕과직(矯枉過直)
④ 좌정관천(坐井觀天)

22 다음 작품의 특징에 대한 설명으로 적절한 것은?

> 얼마나 되었는지 몸을 좀 녹이고자 일어나서 서성서성할 때였다. 논으로 다가오는 희미한 그림자를 분명히 두 눈으로 보았다. 그러고 보니 피로고, 한고이고 다 딴소리다. 고개를 내대고 딱 버티고 서서 눈에 쌍심지를 올린다.
> 흰 그림자는 어느 틈엔가 어둠 속에 사라져 보이지 않는다. 그리고 다시 나올 줄을 모른다. 바람 소리만 왱왱 칠 뿐이다. 다시 암흑 속이 된다. 확실히 벼를 훔치러 논 속으로 들어갔을 것이다. 여깽이 같은 놈이 궂은 날새를 기화 삼아 맘껏 하겠지. 의리 없는 썩은 자식, 격장에서 같이 굶는 터에…… 오냐, 대거리만 있어라. 이를 한 번 부윽 갈아붙이고 차츰차츰 논께로 내려온다.
> 응칠이는 논께로 바특이 내려서서 소나무에 몸을 착 붙였다. 섣불리 서둘다간 낮의 횡액을 입을지도 모른다. 다 훔쳐 가지고 나올 때만 기다린다. 몸뚱이는 잔뜩 힘을 올린다.
> 한 식경쯤 지났을까, 도적은 다시 나타난다. 논둑에 머리만 내놓고 사면을 두리번거리더니 그제야 기어 나온다. 얼굴에는 눈만 내놓고 수건인지 뭔지 헝겊이 가리었다. 봇짐을 등에 짊어 메고는 허리를 구붓이 뺑손을 놓는다. 그러자 응칠이가 날쌔게 달려들며,
> "이 자식, 남의 벼를 훔쳐 가니!"
> 하고 대포처럼 고함을 지르니 논둑으로 그대로 데굴데굴 굴러서 떨어진다.
> — 김유정, '만무방'

① 서술자의 독백을 통해 긴장이 고조되고 있다.
② 작품 밖의 서술자가 등장인물의 내면을 서술하고 있다.
③ 두 사건을 교차적으로 서술하여 입체감을 부여하고 있다.
④ 사건의 요약적 제시를 통해 이야기를 빠르게 전개하고 있다.

23 다음 글에 대한 설명으로 적절하지 않은 것은?

> 건우 할아버지는 그렇게 해서 다시 국회 의원, 다음은 하천 부지의 매립 허가를 얻은 유력자…… 이런 식으로 소유자가 둔갑되어 간 사연들을 죽 들먹거리더니,
> "이 꼴이 되고 보니 선조(先祖) 때부터 둑을 맨들고 물과 싸워 가며 살아온 우리들은 대관절 우찌 되는기요?"
> 그의 꺽꺽한 목소리에는, 건우가 지각을 하고 꾸중을 듣던 날, "나룻배 통학생임더." 하던 때의 그 무엇인가를 저주하는 듯한 감정이 꿈틀거리고 있는 것 같았다. 얼마나 그들의 땅에 대한 원한이 컸던가를 가히 짐작할 수가 있었다.
> "섬사람들도 한번 뻗대 보시지요?"
> 이렇게 슬쩍 건드려 봤더니 이번엔 윤춘삼 씨가 그 말을 얼른 받았다.
> "선생님은 그런 걸 잘 알면서 그러네요. 우리 겉은 기 멀 알며, 무슨 힘이 있입니꺼. 하도 하는 짓들이 심해서 한분 해 보기는 해 봤지요. 그 문딩이 떼를 싣고 왔을 때 말임더……."
> 윤춘삼 씨는 그때의 화가 아직도 사라지지 않는 듯이 남은 술을 꿀꺽 들이켰다.
> "쥑일 놈들!"
> 마치 그들의 입버릇인 듯 되어 있는 이 말을 안주처럼 되씹으며 윤춘삼 씨는 문둥이들과 싸운 얘기를 꺼냈다.
> ─큰 도둑질은 언제나 정치하는 놈들이 도맡아 놓고 한다는 게 서두였다. 그러면서도 겉으로는 동포애니 우리들의 현실정이 어떠니를 앞세우것다! 그때만 해도 불쌍한 문둥이들에게 살 곳과 일거리를 마련해 준다면서 관청에서 뜻밖에 웬 문둥이들을 몇 배 해 싣고 그 조마이섬을 찾아왔더란 거다. 그야말로 섬사람들에게는 아닌 밤중에 홍두깨 내미는 격으로─.
> — 김정한, '모래톱 이야기'

① 건우 할아버지와 윤춘삼 씨는 한 차례 관청의 횡포에 저항한 적이 있다.
② 건우 할아버지와 윤춘삼 씨는 조마이섬의 '소유자'들에게 분노하고 있다.
③ 건우 할아버지와 윤춘삼 씨는 문둥이들을 혐오스럽게 여겨 관청의 정책에 반대하고 있다.
④ 건우 할아버지와 윤춘삼 씨는 자기들의 힘만으로는 조마이섬을 지킬 수 없다고 생각하고 있다.

24 외래어 표기 용례로 올바른 것은?

① apt – 앱트
② window – 윈도우
③ private – 프라이비트
④ rush hour – 러쉬아워

25 다음에서 제시한 글의 전개 방식의 예로 가장 적절한 것은?

> '비유'란 설명하고자 하는 대상을 유사하거나 유추 관계가 성립되는 현상이나 사물에 빗대어 간접적으로 설명하는 진술 방식이다.

① 굴절 망원경은 빛의 성질 중 굴절을 이용해서 빛을 모으지만, 반사 망원경은 오목한 거울에 빛을 반사시켜 모은다.

② 느릿느릿한 걸음으로 당산 누각 앞에까지 올라간 구천이는 자신의 발부리를 오랫동안 내려다보고 서 있었다. 다시 느릿한 보조로 누각에 올라간 그는 난간을 짚으며 걸터앉는다.

③ 일본은 우리나라 동해 바다 건너에 있는 큰 섬 혼슈와 남해 바다 건너에 있는 규슈, 큰 섬의 동남쪽에 붙어 있는 시코쿠, 그리고 19세기 들어 개척한 홋카이도 등 네 개 큰 섬과 그 부속 섬으로 구성된 나라이다.

④ '풀 먹는 말'이 '석탄 먹는 말'로 바뀌면서 세상도 바뀌었다. 석탄 먹는 말은 바로 증기 기관이었다. 영국의 제임스 와트가 만든 증기 기관은 '산업 혁명의 꽃'이었다. 증기 기관의 발달로 대량 생산이 가능해지고 공업이 급속히 발전했기 때문이다.

정답·해설 _해설집 p.67

실전동형모의고사 11회
모바일 자동 채점 + 성적 분석 서비스 바로 가기

QR코드를 이용해 모바일로 간편하게 채점하고 나의 실력이 어느 정도인지, 취약 부분이 어디인지 바로 파악해 보세요!

11회 핵심 어법 마무리 체크

☑ 다음 문장을 읽고 알맞은 단어에 ○표 하세요.

이론 문법

01 '고기가 까맣게 탔다'에서 부사어 '까맣게'는 필수적 부사어에 해당 한다/하지 않는다 .

02 '비겁하게 굴지 마라'에서 부사어 '비겁하게'는 필수적 부사어에 해당 한다/하지 않는다 .

03 '들어오는 대로 전화 좀 해라'와 '네 멋대로 일을 처리하면 안 된다'에서 '대로'의 품사는 각각 의존 명사 – 조사/의존 명사 – 어미 이다.

04 '10년 만에 만났다'와 '너만 와라'에서 '만'의 품사는 각각 의존 명사 – 조사/의존 명사 – 어미 이다.

05 '우리 학교에서 우승을 차지했다'에서 '에서'는 주격/부사격 조사이다.

06 '집에서 가져왔다'에서 '에서'는 주격/부사격 조사이다.

07 '아이가 운동장에서 놀고 있다'에서 '가'는 주격/보격 조사이다.

08 '그것은 종이가 아니다'에서 '가'는 주격/보격 조사이다.

어문 규정

09 어떤 일의 수단이나 도구를 나타내는 격 조사는 로써/로서 이다.

10 지위나 신분 또는 자격을 나타내는 격 조사는 로써/로서 이다.

11 '임진란'의 표준 발음은 [임·진난]/[임·질란] 이다.

12 '구근류'의 표준 발음은 [구글류]/[구근뉴] 이다.

13 '되었다'의 준말은 됬다/됐다 이다.

14 '변변하지 않다'의 준말은 변변찮다/변변챦다 이다.

15 '잘못한 사람이 ____ 큰소리를 친다'에서 빈칸에 들어갈 말은 되려/되레 이다.

16 '어제 일을 벌써 ____ 잊어버렸다.'에서 빈칸에 들어갈 말은 강그리/깡그리 이다.

정답 | 01 하지 않는다 02 못한다 03 의존 명사 – 조사 04 의존 명사 – 조사 05 부사격 06 부사격 07 주격 08 보격 09 로써 10 로서 11 [임·질란] 12 [구근뉴] 13 됐다 14 변변찮다 15 되레 16 깡그리

12회 실전동형모의고사

제한시간 : 25분 시작　시　　분 ~ 종료　시　　분 점수 확인 ___개/ 25개

01 다음 중 띄어쓰기가 옳은 것은?

① 입맛이∨없어서∨밥을∨먹는등∨마는등∨했다.

② 노인∨더러∨무거운∨짐을∨들게∨할∨셈이냐?

③ 새벽∨같이∨출발해야∨겨우∨일정을∨맞추겠다.

④ 능력도∨좋은∨데다가∨성실하기까지∨한∨친구입니다.

02 높임법이 가장 옳지 않은 것은?

① 댁의 아드님은 작년에 결혼하셨죠?

② 선생님, 풍채가 여전히 좋으십니다.

③ 손님을 역까지 모셔다드리고 오너라.

④ 할머니께서 생전에 아끼던 물건이십니다.

03 외래어 표기 용례로 올바른 것은?

① scout – 스카웃

② encore – 앵코르

③ allergie – 알러지

④ shepherd – 셰퍼드

04 〈보기〉의 내용 중 밑줄 친 '들다'의 쓰임이 다의 관계를 보이는 것은?

보기
㉠ 팥 앙금이 든 붕어빵
㉡ 날이 들면 출발합시다.
㉢ 예를 들어 설명해봅시다.
㉣ 칼이 잘 안 들어서 힘들다.
㉤ 이 집은 남향이라서 낮에 해가 잘 든다.

① ㉠ – ㉡

② ㉠ – ㉤

③ ㉡ – ㉢

④ ㉡ – ㉣

05 다음 문장 중 어법에 가장 맞는 것은?

① 이번 시험에서 기대했던 만큼 오르지 않았다.

② 이곳에서는 도시락과 시원한 음료를 마실 수 있습니다.

③ 모든 국민은 인간으로서의 존엄성을 지니며 행복을 추구할 권리를 가진다.

④ 교통체증을 해소시키기 위해 내달 말부터 차량 2부제를 실시할 예정입니다.

※ 다음 글을 읽고 물음에 답하시오. [06 ~ 08]

처음으로 공부를 하려는 사람은 반드시 어떻게 공부를 할 것인지 뜻을 먼저 세워야만 한다. 반드시 스스로 성인이 되겠다는 목표를 세우고, 한 개의 터럭만큼도 자신의 능력을 낮게 보고 그 목표로부터 물러서거나 다른 일로 미루려는 생각을 지녀서는 안 된다. 대체로 보통 사람들도 타고나는 본성에 있어서는 성인과 똑같은 것이다. 비록 자라면서 외부의 영향으로 이루어지는 성질이 사람에 따라 맑기도 하고 흐리기도 하고 순수하기도 하고 잡되기도 한 차이가 없을 수는 없는 것이나, 진실로 참된 것을 알고 그것을 실제로 행하여 그가 이전에 물든 것을 모두 버리고 처음의 본성으로 되돌아갈 수만 있다면 곧 터럭만큼도 잘못된 것은 늘지 않고 모든 훌륭한 것들이 잘 갖추어지게 될 것이다. 보통 사람이라 하더라도 어찌 스스로 성인이 되겠다고 목표를 세우지 않을 수가 있겠는가?

그러므로 맹자는 사람들의 타고난 본성은 본시 훌륭한 것임을 논하면서 반드시 요임금과 순임금을 실례로 들고 말씀하시기를 "사람이면 누구나 요임금과 순임금과 같이 될 수가 있다"고 하셨다. 어찌 맹자께서 우리를 속이시겠는가?

– '격몽요결 제1장 입지(立志) 1'

우리는 마땅히 언제나 분발하여 "사람의 성질은 본시 훌륭한 것이어서 옛날부터 지금에 이르기까지 지혜롭고 어리석은 차이가 없는 것인데, 성인은 어찌하여 유독 성인이 되었고 나는 어찌하여 유독 보통 사람으로 있는가?"라고 반문해야 한다. 차이가 나는 것은 진실로 뜻을 제대로 세우지 못해 아는 것이 분명하지 않고 행동이 착실하지 않기 때문인 것이다. 뜻을 제대로 세우고 아는 것을 분명히 하고 행동을 착실하게 하는 일은 모두 나에게 달려 있는 것이다. 어찌 다른 곳에서 구하려 해서야 되겠는가?

안연이 말하기를 "순임금은 어떤 분이었는가? 나는 또 어떠한 사람인가? 뜻있는 일을 하려는 사람이라면 모두가 그분같이 될 것이다"라고 하였다. 우리도 마땅히 안연이 순임금처럼 되고자 하던 자세를 본받아야 할 것이다.

– '격몽요결 제1장 입지(立志) 2'

사람의 얼굴과 모습은 미운 것을 예쁘게 고칠 수가 없고, 체력은 약한 것을 강하게 고칠 수가 없고, 몸은 키가 작은 것을 키가 크게 고칠 수가 없다. 이것들은 이미 정해진 타고난 것이어서 바뀔 수가 없는 것이다.

그러나 사람들이 지닌 마음과 뜻만은 어리석은 것을 지혜롭게 고치고 못난 것을 현명하게 고칠 수가 있다. 그것은 곧 마음은 텅 비었으면서도 작용은 영묘하여 타고난 성품에 구애받지 않기 때문이다.

사람에게는 지혜로운 것보다도 더 아름다운 것이 없고, 현명한 것보다도 더 귀중한 것이란 없다. 어찌하여 현명하고 지혜롭게 되지 않고 자기가 타고난 본성을 망친단 말인가?

이러한 뜻을 간직하고 굳건히 물러서지 않는 노력을 한다면 누구나 올바른 도에 가까이 가게 될 것이다.

– '격몽요결 제1장 입지(立志) 3'

06 윗글에서 파악할 수 있는 서술상 특징으로 가장 옳은 것은?

① 성현의 말을 인용하여 자신의 생각을 뒷받침하고 있다.

② 대상의 한계를 지적하고 이에 대한 해결 방안을 모색하고 있다.

③ 일반적인 인식에 대한 반례를 들어 새로운 이론을 전개하고 있다.

④ 일화를 제시한 후 이를 통해 얻을 수 있는 교훈을 도출하고 있다.

07 윗글을 읽고 알 수 있는 필자의 생각으로 가장 옳은 것은?

① 사람의 타고난 외양과 성정은 변화시킬 수 없다고 보았다.

② 보통 사람의 본성과 성인의 본성은 차이가 없다고 보았다.

③ 뜻을 바로 세우면 앎과 행함은 자연스레 따라온다고 보았다.

④ 스스로의 능력을 과신하지 말고 늘 겸손한 자세를 지녀야 한다고 보았다.

08 윗글을 읽고 다음 내용에 대해 탐구해 보고자 한다. ㉠, ㉡에 들어갈 말로 가장 옳지 않은 것은?

학문에 대한 관점	㉠
인간의 본성에 대한 관점	㉡

① ㉠: 학문을 하는 사람은 모두 성인이 되려는 목표를 세워야 한다.

② ㉠: 자신의 한계를 인정하고 앞으로 나아가는 것이 진정한 학문의 본질이다.

③ ㉡: 타고난 본성을 지키려는 노력이 필요하다.

④ ㉡: 외부의 영향에 의해 변한 마음도 처음의 본성으로 돌아갈 수 있다.

09 〈보기〉에 대한 설명으로 가장 옳지 않은 것은?

보기

하꼬방 유리딱지에 애새끼들
얼굴이 불타는 해바라기마냥 걸려 있다.

내려쪼이던 햇발이 눈부시어 돌아선다.
나도 돌아선다.

울상이 된 그림자 나의 뒤를 따른다.
어느 접어든 골목에서 걸음을 멈춰라.

잿더미가 소복한 울타리에
개나리가 망울졌다.

저기 언덕을 내려달리는
체니[小女]의 미소엔 앞니가 빠져
죄 하나도 없다.

나는 술 취한 듯 흥그러워진다.
그림자 웃으며 앞장을 선다.

                     - 구상, '초토의 시 1'

① 전란 후 폐허가 된 조국의 현실을 보여준다.

② 개나리는 절망 속에서 발견한 희망을 상징한다.

③ 그림자는 화자의 내면 의식을 드러내는 소재이다.

④ 대립적 이미지를 통해 심리적 거리감을 드러내고 있다.

10 표준 발음으로 가장 옳지 않은 것은?

① 여덟이[여덜비]

② 맑구나[막꾸나]

③ 깎아서[까까서]

④ 낮 한 때[나탄때]

11 로마자 표기법이 가장 옳지 않은 것은?

① 인왕리 Inwang-ri

② 신림동 Sillim-dong

③ 애월읍 Aewol-eub

④ 강림면 Gangnim-myeon

12 다음 중 〈보기〉와 같은 갈래의 작품이 아닌 것은?

보기

무정(無情)히 서ᄂᆞᆫ 바회 유정(有情)ᄒᆞ야 보이ᄂᆞ다.
최령(最靈)ᄒᆞᆫ 오인(吾人)도 직립불의(直立不倚) 어렵거늘
만고(萬古)애 곳게 선 저 얼굴이 고칠 적이 업ᄂᆞ다.

강두(江頭)에 흘립(屹立)ᄒᆞ니 앙지(仰之)예 더욱 놉다.
풍상(風霜)애 불변(不變)ᄒᆞ니 찬지(鑽之)예 더욱 굿다.
사름도 이 바회 ᄀᆞᆺᄒᆞ면 대장부(大丈夫)인가 ᄒᆞ노라.

① 임제, 무어별(無語別)

② 윤선도, 견회요(遣懷謠)

③ 신계영, 탄로가(嘆老歌)

④ 이이, 고산구곡가(高山九曲歌)

13 〈보기〉 속 '나'의 심리 상태로 가장 적절한 것은?

보기

　낮에 인쇄소에서 일하는 사람들과의 마주침을 피하라는 안과 정의 원칙은 철저한 것이었고, 나는 정확히 알 수는 없어도 그것이 어떤 결과를 가져올는지를 상상하는 것은 어렵지 않았다.

　평소처럼 골목을 돌아 뒷문에 이르는 길을 택하지 않은 것을 행운이라 이름 붙일 수 있을까. 당연히 셔터가 내려져 있어야 할 인쇄소의 입구가 먼발치에서 눈에 띄자마자 나는 단번에 모든 일이 틀어져 버린 것을 감지할 수 있었다. 올려진 셔터, 환하게 켜진 불빛, 활짝 열려져 있는 유리문. 문의 유리의 하반부가 깨어진 것이 바로 눈앞에 있는 것처럼 확연하게 드러난 듯도 했다. 그 속에는 분명 누군가가 부산하게 움직이는 것 같았고 문밖에는 양복을 입은 두 명의 남자가 담배를 피며 등을 돌리고 서 있는 것이 보였다. 나의 가슴은 터질 것처럼 뛰고 있었다. 절대 황망히 뒤로 돌아서지 말아라. 뛰지 말고. 절대 서두르지 말고 길을 가로질러라. 제발 인쇄소 방향으로 고개를 돌리지 말고. 나는 떨리는 손을 주머니에 집어넣고 행인들 사이에 섞여 건널목 앞에 섰다.

① 희망이 없어졌다는 허탈감이 든다.

② 밀고한 사람에 대한 배신감이 든다.

③ 잡히기 전에 상황을 파악해서 다행이다.

④ 초조하고 두렵지만 지금 이 상황을 모면해야 한다.

14 다음 글의 주된 서술 방식은?

　행랑채가 퇴락하여 지탱할 수 없게끔 된 것이 세 칸이었다. 나는 마지못하여 이를 모두 수리하였다. 그런데 그중의 두 칸은 앞서 장마에 비가 샌 지가 오래되었으나, 나는 그것을 알면서도 이럴까 저럴까 망설이다가 손을 대지 못했던 것이고, 나머지 한 칸은 비를 한 번 맞고 샜던 것이라 서둘러 기와를 갈았던 것이다. 이번에 수리하려고 본즉 비가 샌지 오래된 것은 그 서까래, 추녀, 기둥, 들보가 모두 썩어서 못 쓰게 되었던 까닭으로 수리비가 엄청나게 들었고, 한 번밖에 비를 맞지 않았던 한 칸의 재목들은 완전하여 다시 쓸 수 있었던 까닭으로 그 비용이 많지 않았다.

　나는 이에 느낀 것이 있었다. 사람의 몸에 있어서도 마찬가지란 사실을. 잘못을 알고서도 바로 고치지 않으면 곧 그 자신이 나쁘게 되는 것이 마치 나무가 썩어서 못 쓰게 되는 것과 같으며, 잘못을 알고 고치기를 꺼리지 않으면 해(害)를 받지 않고 다시 착한 사람이 될 수 있으니, 저 집의 재목처럼 말끔하게 다시 쓸 수 있는 것이다.

① 열거　　　　　　② 분석

③ 유추　　　　　　④ 비교

15 〈보기〉에서 밑줄 친 부분의 한자를 순서대로 바르게 연결한 것은?

보기

　임금의 <u>삭감</u>이라 함은 동일한 내용의 근로제공에 대해 장래의 일정한 시점 이후부터 종전보다 임금을 낮추어 <u>지급</u>하는 것을 말한다. 임금을 삭감하려면 관련 <u>규정</u>을 적법하게 변경하여야 하는 것이 <u>원칙</u>이다. 임금삭감은 최저임금, 법정수당 등 법정기준을 위반하는 방법으로 행할 수 없다.

① 削減 – 支給 – 規定 – 原則

② 刪減 – 至急 – 規定 – 援則

③ 刪減 – 支給 – 規正 – 原則

④ 削減 – 至急 – 規正 – 援則

16 고유어에 대한 풀이 중 가장 옳지 않은 것은?

① 타: 물건 열두 개

② 미립: 경험을 통하여 얻은 묘한 이치나 요령

③ 저지레: 일이나 물건에 문제가 생기게 하여 그르치는 일

④ 윤똑똑이: 책상 앞에 앉아 글공부만 하여 세상일을 잘 모르는 사람을 낮잡아 이르는 말

17 밑줄 친 부분의 품사가 다른 하나는?

① 그와 예전에 만난 적이 <u>있다</u>.

② 나는 외계인이 <u>있다</u>고 생각한다.

③ 한시도 가만히 <u>있지</u> 못하는구나.

④ 우리 모두에게 일어날 수 <u>있는</u> 일이야.

18 〈보기〉의 '나'가 보이는 태도로 가장 거리가 먼 것은?

보기

"아, 늙은 말아! 이제 네가 나이는 먹을 대로 먹었고, 근력도 이제는 쇠할 대로 쇠하였다. 장차 너를 데리고 치달리게 하고 쏜살같이 몰아 보려 한들 네가 그렇게 할 수 없을 것이며, 너에게 도약을 시키고 뛰어넘게 하려 해도 네가 그렇게 할 수 없음을 내가 안다. 〈중 략〉 늙은 말아, 너를 장차 무엇에 쓰겠는가. 푸줏간 백정에게 넘겨 주어 너의 고기와 뼈를 가르게 하자니 내가 차마 너에게 그렇게는 못하겠고, 장차 시장에 내어다가 팔려 해도 사람들이 무엇을 보고 너를 사겠는가.

아, 늙은 말아, 내가 이제 너에게 물린 재갈을 벗겨 주고 너를 얽어맨 굴레를 풀어서 네가 하고자 하는 대로 내버려 둘 테니 너는 가고픈 대로 가겠느냐? 그래, 떠나도록 해라. 나는 너에게 아무것도 취하여 쓸 것이 없다."

① 甘呑苦吐　　　　② 鳥盡弓藏

③ 興盡悲來　　　　④ 兔死狗烹

19 띄어쓰기가 모두 옳은 문장은?

① 제일 차 세계대전은 연합국의 승리로 끝났다.

② 막 연락해 보려던 참이었는데, 어찌된 일이니?

③ 나도 이제는 여봐란 듯이 당당하게 행동할 거야.

④ 나주 평야는 영산강 중류를 중심으로 형성된 평야이다.

20 밑줄 친 단어의 문법적 기능이 나머지 셋과 다른 하나는?

① 기차가 이미 출발해 <u>버렸다</u>.

② 내일까지 돈을 구해 <u>오겠다</u>.

③ 2층의 창문은 항상 열어 <u>두어라</u>.

④ 친구의 가방을 대신 들어 <u>주었다</u>.

※ 다음 글을 읽고 물음에 답하시오. [21~23]

(가) 棉布新治雪樣鮮 새로 짜낸 무명이 눈결같이 고왔는데,
黃頭來博吏房錢 이방 줄 돈이라고 황두가 뺏어 가네.
漏田督稅如星火 누전 세금 독촉이 성화같이 급하구나,
三月中旬道發船 삼월 중순 세곡선이 서울로 떠난다고.

(나) 매운 계절(季節)의 채찍에 갈겨
마침내 북방(北方)으로 휩쓸려 오다.

하늘도 그만 지쳐 끝난 고원(高原)
서릿발 칼날진 그 위에 서다.

어데다 무릎을 꿇어야 하나
한 발 재겨 디딜 곳조차 없다.

이러매 눈 감아 생각해 볼밖에
겨울은 강철로 된 무지갠가 보다.

(다) 두터비 ᄑ리를 물고 두험 우희 치ᄃ라 안자
것넌 산(山) 바라보니 백송골(白松鶻)이 ᄯ여잇거ᄂ 가슴
이 금즉ᄒ여
풀떡 쒸여 내ᄃ다가 두험 아래 잣바지거고
모쳐라 ᄂ낸 낼싀만졍 에헐질 번 ᄒ괘라.

(라) 보리밥 풋ᄂ물을 알마초 머근 後(후)에,
바횟긋 믉ᄀ의 슬ᄏ지 노니노라.
㉠그나믄 녀나믄 일이야 부ᄅ 줄이 이시랴.

21 〈보기〉는 (나)의 '강철로 된 무지개'에 쓰인 수사법에 대해 설명하는 글이다. 빈칸에 들어갈 말로 적절한 것은?

보기
이 작품에서 화자는 '강철'의 차갑고 단단한 금속성의 이미지와 '무지개'를 결합시키는 ( )을(를) 통해 극단적인 절망의 상황에서도 희망을 잃지 않고 초극하려는 의지를 드러내고 있다.

① 메타포　　　　② 페이소스
③ 새타이어　　　　④ 패러독스

22 제시된 작품 중 성격이 다른 것은?

① (가)　　　　② (나)
③ (다)　　　　④ (라)

23 밑줄 친 ㉠의 의미로 적절한 것은?

① 俗世　　　　② 餘暇
③ 安貧　　　　④ 江湖

24 〈보기〉에 나타난 설명 방식으로 가장 옳지 않은 것은?

보기
시장이란 말을 들을 때 우리는 닷새 만에 한 번씩 서는 시골 장터로부터 남대문시장, 모란시장, 주식시장, 농산물시장, 대학졸업자의 인력시장까지 각양각색의 시장을 머리에 떠올리게 된다. 이렇게 그 크기나 성격이 각각 다른 것들을 모두 묶어 시장(market)이라고 일컬을 수 있는 것은 그것들이 한 가지 공통점을 갖고 있기 때문이다. 그 공통점이란, 상품을 사고파는 사람들 사이의 교환이 바로 그것들을 매개로 하여 이루어지고 있다는 사실이다.
그렇다고 해서 시장이라는 표현이 그와 같은 교환이 이루어지는 구체적인 장소를 가리키는 말로만 쓰이는 것은 아니다. 눈에 보이는 장소가 아니더라도 상품을 사려는 사람과 팔려는 사람 사이에 접촉이 이루어질 수 있는 상황이 존재하면 이를 가리켜 시장이라고 부를 수 있다.

① 용어의 사전적 정의를 제시하고 있다.
② 일상적인 예시를 들어 이해를 돕고 있다.
③ 단어의 공통점을 통해 개념을 설명하고 있다.
④ 개별 사례를 묶어 일반적인 특성을 도출하고 있다.

25 〈보기〉를 읽고 '설화'에 대해 추론한 것으로 적절하지 않은 것은?

보기

　고려 후기에도 많은 설화가 있었음은 물론이지만, 그전에 비해 설화가 문학에서 차지하는 위치가 많이 격하되었다. 괴력난신(怪力亂神)은 말하지 않겠다는 재래 유학의 합리주의가 상당한 설득력을 굳힌 데서 한 걸음 더 나아가서 신유학을 지향하는 움직임이 나타나 설화를 의심스럽게 보았다. 조선 시대에 와서 고려 후기의 문화유산을 정리할 때에는 효자나 열녀에 관한 이야기가 아니면 관심의 대상으로 삼지 않았다.
　글을 쓴다면 설화를 정착시키는 것을 우선적인 과업으로 삼아서 사상의 문제까지 다루던 시대가 청산되고, 설화에 의거하지 않고서 역사나 사회를 거론하고 인륜도덕을 수립하는 단계에 들어섰다.

① 기이한 이야기를 다룬 설화의 가치는 폄하되었을 것이다.

② 고려 후기 설화의 내용은 설득력을 지니고 있었을 것이다.

③ 유교적 가치에 관한 설화는 조선시대까지 전승될 수 있었을 것이다.

④ 고려시대에는 조선시대보다 설화가 사회에 미치는 영향력이 컸을 것이다.

정답·해설 _해설집 p.74

실전동형모의고사 12회
모바일 자동 채점 + 성적 분석 서비스 바로 가기

QR코드를 이용해 모바일로 간편하게 채점하고 나의 실력이 어느 정도인지, 취약 부분이 어디인지 바로 파악해 보세요!

12회 / 핵심 어법 마무리 체크

☑ 다음 문장을 읽고 알맞은 단어에 ○표 하세요.

이론 문법

01 '할아버지, 지팡이가 아주 멋지세요'는 주체를 직접적으로/간접적으로 높이는 표현이다.

02 '부장님의 따님은 집에 계신가요?'는 적절한/적절하지 않은 높임 표현이다.

03 '담임 선생님은 키가 굉장히 크시다'는 적절한/적절하지 않은 높임 표현이다.

04 '아무에게나 반말을 쓴다'의 '쓰다'와 '시간을 많이 썼다'의 '쓰다'는 다의/동음이의 관계이다.

05 '공원묘지에 묘를 쓰다'의 '쓰다'와 '억울하게 누명을 썼다'의 '쓰다'는 다의/동음이의 관계이다.

06 '나는 그 일을 끝내지 못했다'의 '못했다'는 본용언/보조 용언 이다.

07 '어머니가 바구니를 들고 가셨다'의 '가셨다'는 본용언/보조 용언 이다.

08 '그는 나를 놀려 대곤 했다'의 '대곤'은 본용언/보조 용언 이다.

09 '날이 밝는 대로 떠나겠다'의 '밝다'는 동사/형용사 이다.

10 '이 분야는 전망이 밝다'의 '밝다'는 동사/형용사 이다

어문 규정

11 나는 나대로 갈데/갈∨데 가 있다.

12 그만큼/그∨만큼 샀으면 충분하다.

13 밥을 먹은지/먹은∨지 두 시간밖에 안 지났다.

14 학력이나 나이에 관계없이/관계∨없이 누구나 지원할 수 있다.

15 하늘을 보니 비가 올 듯도∨하다/올 듯도하다 .

16 타협점은커녕/타협점은∨커녕 점점 갈등만 커지게 되었다.

17 '풀꽃아'의 표준 발음은 [풀꼬다]/[풀꼬차] 이다.

18 '늙습니다'의 표준 발음은 [늑씀니다]/[늘씀니다] 이다.

19 '옷 한 벌'의 표준 발음은 [오탄벌]/[옷한벌] 이다.

20 '넓둥글다'의 표준 발음은 [널뚱글다]/[넙뚱글다] 이다.

21 '신리'의 로마자 표기는 Sin-li/Sin-ri 이다.

22 '진량읍'의 로마자 표기는 Jillyang-eup/Jinryang-eup 이다

정답 | 01 간접적으로 02 적절하지 않은 03 적절한 04 다의 05 동음이의 06 본용언 07 본용언 08 보조 용언 09 동사 10 형용사 11 갈∨데 12 그만큼 13 먹은∨지 14 관계없이 15 올 듯도∨하다 16 타협점은커녕 17 [풀꼬차] 18 [늑씀니다] 19 [오탄벌] 20 [널뚱글다] 21 Sin-ri 22 Jillyang-eup

13회 실전동형모의고사

제한시간 : 25분 시작   시   분 ~ 종료   시   분 점수 확인   개/ 25개

01 ㉠에 들어갈 말로 가장 적절한 것은?

(㉠) 경우에는 어떤 것들이 있을까? 먼저, 급변하는 고도의 지식정보화 사회에서 과거 공무원이 제공한 지식은 더 이상 살아 있는 정보가 되지 못한다. 예를 들어 과거의 낡은 지식과 법령으로는 변화한 사회에서 민간 분양의 아파트 가격을 규제한다는 것은 대단히 무리다. 오히려 국민경제에 대한 자원 배분을 왜곡하거나 곤란하게 만들 수 있기 때문이다. IMF 경제 위기도 정부의 금융 흐름에 대한 불완전한 지식에서 생긴 실패의 예라 할 수 있다.

① 달걀에도 뼈가 있는
② 선무당이 사람 잡는
③ 까마귀 날자 배 떨어지는
④ 강물이 돌을 굴리지 못하는

02 다음 중 상대 높임법의 종류가 다른 하나는?

① 오늘따라 날이 꽤 춥구먼.
② 시끄러우니 부디 조용히 해주게.
③ 어느덧 시험이 내일로 다가왔다네.
④ 표정이 좋지 않은데, 몸이 안 좋소?

03 '아직은 놀러 다닐 만한 때가 아니다'의 '때'와 같은 문맥적 의미로 쓰였다고 보기 어려운 것은?

① 마음을 편히 놓기에는 때가 이르다.
② 조금만 더 때를 기다리는 것이 좋겠다.
③ 무슨 일이든지 고유한 때가 있는 법이다.
④ 어릴 때의 기억은 쉽게 잊히지 않는다고 한다.

04 다음 소설에서 사용된 문체의 특징에 대한 설명으로 가장 적절하지 않은 것은?

이로부터 한덕문은 그 말로 인하여 마을과 인근에서 아주 호가 났고, 어느 겨를인지 그것이 한 속담까지 되었다.

가령 어떤 엉뚱한 계획을 세운다든지 허랑한 일을 시작하여 놓구서는, 천연스럽게 성공을 자신한다든지, 결과를 기다린다든지 하는 사람이 있을라 치면,

"흥, 한덕문이 길천이에게다 논 팔아먹던 대 낫구나."

하고 비웃곤 하는 것이었다.

그 후, 그 속담은 삼십오 년을 두고 전하여 내려왔다. 전하여 내려올 뿐만이 아니었다. 일본 제국주의의 조선에 있어서의 지반이 해가 갈수록 완구한 것이 되어 감을 따라, 더욱이 만주 사변 때부터 시작하여 중일 전쟁을 거쳐, 태평양 전쟁으로 일이 거창하게 벌어진 결과, 전쟁 수단으로써, 조선의 가치는 안으로 밖으로, 적극적으로 소극적으로 나날이 더 커 감을 좇아, 일본이 조선에다 박은 뿌리는 깊이 더욱 뻗어 들어가고, 가지와 잎은 더욱 무성하여서, 일본이 조선으로부터 물러간다는 것은, 독립과 한가지로, 나날이 더 잠꼬대 같은 생각이던 것처럼 되어 버려 감을 따라, 그래서 한덕문의 장담하던 '일인들이 다 쫓겨가면……' 이 말이, 해가 가고 날이 갈수록, 속절없이 무색하여 감을 따라, 그와 반비례하여 그 말의 속담으로서의 가치와 효과만이 멸하지 않고 찬란히 빛을 내었다.

① 대구를 통해 운율을 형성하고 있다.
② 판소리의 문체를 현대적으로 수용했다.
③ 현학적인 표현을 사용하여 상황을 묘사했다.
④ 장황한 서술이 이어지는 만연체가 사용되었다.

05 다음 글의 주제로 가장 적절한 것은?

플라톤이 철인통치론을 주장한 데에는 다음과 같은 두 가지의 신념이 그 바탕에 깔려 있었다. 그 하나는 통치자가 전체 공동체의 이익을 염두에 두고 통치하지 않는 한 어떠한 정치적 질서도 오래 유지될 수 없다는 신념이었다. 다른 하나는 절대적 권력에 대한 플라톤의 깊은 불신과 관련된 것으로서, 철학자에게 절대적 권력을 부여하려고 했던 플라톤의 철인통치론은 권력이 겪게 되는 유혹의 문제에 관한 천진난만한 생각에서 비롯되는 것은 아니며, 하물며 국가주의나 전체주의에 대한 그의 은밀한 갈망에서 비롯되는 것은 더욱더 아니다. 반대로 그것은 공동체의 선의 추구와 참주정의 방지라는 전적으로 결백한 두 개의 목적으로부터 나온 것이다. 플라톤에게 있어 이러한 두 개의 목표는 철인 통치자라는 인물 속에서 조화된다. 철학자로서 통치자는 공동체의 진정한 목적에 관한 지식을 소유한다. 그는 자신의 주관적 선호나 욕망에 의해 좌우되지 않는 진리의 하인일 뿐이다.

① 플라톤 정치철학의 기원
② 철인통치론의 의의와 한계
③ 통치자가 갖추어야 할 신념
④ 플라톤이 생각한 이상적인 정치

06 다음 중 합성어로만 묶인 것은?

① 선무당, 덮밥, 빈말
② 뛰놀다, 검버섯, 어린이
③ 헛살다, 부슬비, 이리저리
④ 새빨갛다, 예닐곱, 막과자

07 다음 중 밑줄 친 부분의 한자 표기가 가장 적절한 것은?

① 저를 이곳에 초대해 주셔서 진정 기쁩니다. – 眞正
② 국가 기관에 나의 억울한 사정을 진정했다. – 進呈
③ 여론의 진정을 위해 학교는 재시험을 치렀다. – 鎭停
④ 그는 그녀의 충고가 진정에서 나온 것임을 깨달았다. – 盡情

08 밑줄 친 말이 한글 맞춤법에 맞는 것은?

① 색이 바랜 옷은 수선을 해야 한다.
② 새로 산 세제로 그릇을 깨끗하게 부쉈다.
③ 그는 미소를 띈 얼굴로 동생을 바라보았다.
④ 웬지 모르게 그리 기분이 좋지 않은 날이다.

09 다음은 어느 작품의 일부분이다. 이 작품에 대한 설명으로 가장 적절한 것은?

> 김관일은 딸의 혼인 언론(言論)을 하다가 구 씨가 서양 풍속으로 직접 언론하자 하는 서슬에 옥련의 혼인 언약에 좌지우지할 권리가 없이 가만히 앉았더라.
> 옥련이는 아무리 조선 계집아이이나 학문도 있고, 개명한 생각도 있고, 동서양으로 다니면서 문견(聞見)이 높은지라. 서슴지 아니하고 혼인 언론 대답을 하는데, 구 씨의 소청이 있으니, 그 소청인즉 옥련이가 구 씨와 같이 몇 해든지 공부를 더 힘써 하여 학문이 유여한 후에 고국에 돌아가서 결혼하고, 옥련이는 조선 부인 교육을 맡아 하기를 청하는 유지(有志)한 말이라. 옥련이가 구 씨의 권하는 말을 듣고 조선 부인 교육할 마음이 간절하여 구 씨와 혼인 언약을 맺으니, 구 씨의 목적은 공부를 힘써 하여 귀국한 뒤에 우리나라를 독일국(獨逸國)같이 연방도를 삼되, 일본과 만주를 한데 합하여 문명한 강국을 만들고자 하는 비사맥 같은 마음이요, 옥련이는 공부를 힘써 하여 귀국한 뒤에 우리나라 부인의 지식을 넓혀서 남자에게 압제받지 말고 남자와 동등 권리를 찾게 하며, 또 부인도 나라에 유익한 백성이 되고 사회상에 명예 있는 사람이 되도록 교육할 마음이라.

① 근대적 계몽 사상을 반영하고 있다.
② 을사늑약 이후의 시대 상황을 묘사했다.
③ 외세의 간섭에 대한 비판적 태도가 드러난다.
④ 고전 소설의 문체적 특징을 탈피한 모습을 보인다.

10 다음 시가의 양식적 특징에 대한 설명으로 가장 적절한 것은?

> 안즌 곳의 히 디우고 누은 자리 밤을 새와
> 좁든 밧긔 한숨이오 한숨 끗히 눈물 일식
> 밤밤마다 ᄭᅮᆷ의 보니 ᄭᅮᆷ을 둘러 샹시(常時)과져
> 학발ᄌᆞ안(鶴髮慈顔) 못 보거든 안둑셔신(雁足書信) ᄌᆞ즐염은
> 기ᄃᆞ린들 통이 올가 오노라면 ᄃᆞᆯ이 넘늬
> 못 본 제ᄂᆞᆫ 기다리나 보니ᄂᆞᆫ 쉬웜홀가
> 노친 쇼식(老親消息) 나 모ᄅᆞᆯ 제 내 소식 노친알가
> 쳔산 만슈(千山萬水) 막힌 길히 일반고사(一般苦思) 뉘 헤울고

① 4음보 연속체이며 행수에 제한이 없다.
② 분절체 형식으로 대부분 후렴구가 있는 것이 특징이다.
③ 조선 초기에 궁중의 행사나 연회의 음악에 맞춰 노래했던 시가이다.
④ 조선 후기에 등장하였으며 중인, 부녀자, 기생 등 다양한 작자 계층이 참여하였다.

11 〈보기〉의 문장을 바탕으로 중세 국어의 경어법을 이해한 것으로 가장 적절하지 않은 것은?

> 보기
> ㉠ ᄃᆞᆯ하 노피곰 도ᄃᆞ샤 《정읍사》
> ㉡ 님 向ᄒᆞᆫ 一片丹心이야 가실 줄이 이시랴 《단심가》
> ㉢ 海東 六龍이 ᄂᆞᄅᆞ샤 일마다 天福이시니 《용비어천가》
> ㉣ 周國大王이 豳谷애 사ᄅᆞ샤 帝業을 여르시니 《용비어천가》

① ㉠의 'ᄃᆞᆯ하'는 '달'에 높임의 호격 조사가 결합한 것이다.
② ㉡의 '이시랴'는 '있다'의 높임말로 쓰인 것이다.
③ ㉢의 'ᄂᆞᄅᆞ샤'는 서술의 주체인 '海東 六龍'을 높이는 표현이다.
④ ㉣의 '여르시니'는 '열다'의 높임말로 쓰인 것이다.

12 다음 시들을 발표 순서대로 배열한 것은?

ⓐ 그리고 한 사나이가 있습니다.
어쩐지 그 사나이가 미워져 돌아갑니다.

ⓑ 모란이 피기까지는
나는 아직 나의 봄을 기다리고 있을 테요.

ⓒ 살아서는 너희가 나와
미움으로 맺혔건만
이제는 오히려 너희의
풀지 못한 원한이
나의 바람 속에 깃들여 있도다.

ⓓ 전쟁 같은 밤일을 마치고 난
새벽 쓰린 가슴 위로
차거운 소주를 붓는다
아
이러다간 오래 못 가지
이러다간 끝내 못 가지

① ㉠ - ㉡ - ㉢ - ㉣   ② ㉠ - ㉢ - ㉡ - ㉣
③ ㉡ - ㉠ - ㉢ - ㉣   ④ ㉡ - ㉠ - ㉣ - ㉢

13 다음 중 한자어의 의미 관계가 나머지 셋과 가장 다른 것은?

① 訥辯 - 能辯   ② 賃貸 - 賃借
③ 排擯 - 排斥   ④ 不和 - 親和

14 다음 중 로마자 표기법이 옳지 않은 것은?

① 속리산: Sokrisan   ② 집복헌: Jipbokheon
③ 석굴암: Seokguram   ④ 덕수궁: Deoksugung

15 다음 글의 내용과 가장 가까운 관점은?

우리나라는 형법 41조에서 법정 최고형으로 사형을 포함시키고 있으나, 1997년 이후 사형을 집행하지 않아 '실질적 사형폐지국가'로 분류되고 있다. 근대 이후 인권에 대한 관심이 확대되면서 사형 제도의 제한 또는 폐지에 대한 논의가 전개되었고 다수 국가에서 사형 제도를 폐지하는 추세이지만, 이를 반대하는 목소리도 여전히 존재한다.

사형 제도의 존속을 주장하는 근거로는 첫째, 응보적 관점에서 생명권을 박탈하는 형벌은 반드시 필요하다는 점을 들 수 있다. 타인의 생명을 앗아간 이들은 자신의 생명도 박탈당할 수 있음을 알아야 한다. 둘째, 사형 제도는 흉악범들을 사회로부터 완전히 격리시킬 수 있는 유일한 수단이므로 사회 방위적인 관점에서도 필요하다. 셋째, 중범죄에 대하여 강력한 처벌을 내림으로써 범죄 예방의 효과를 누릴 수 있다.

다만, 사형 제도의 비인간성과 오판에 의한 사형 등의 문제를 고려하여 사형 제도 존폐 논쟁에 관하여 사회 전체의 신중한 접근이 필요하다.

① 사회의 안정이 개인의 권리보다 우선한다.
② 형벌의 목표는 생명권의 박탈이 아닌 교화이다.
③ 사형은 정치적인 탄압의 도구로 이용될 가능성이 있다.
④ 인간의 존엄성을 침해할 가능성이 있는 법은 재고되어야 한다.

16 다음 글에 드러난 설명 방식으로 옳은 것은?

근대에 접어들어 과학 혁명과 청교도 윤리의 등장으로 활동적 삶과 사색적 삶에 대한 인식은 달라지기 시작했다. 16, 17세기 과학 혁명으로 실험 정신과 경험적 지식이 중시되면서 사색적 삶의 영역에 속한 과학적 탐구와 활동적 삶의 영역에 속한 기술 사이의 거리가 좁혀졌다. 또한 직업을 신의 소명으로 이해하고, 근면과 검약에 의한 개인의 성공을 구원의 징표로 본 청교도 윤리는 생산 활동과 부의 축적에 대한 부정적 인식을 불식하는 계기가 되었다. 이로써 활동적 삶과 사색적 삶이 대등한 위상을 갖게 된 것이다.

① 인용
② 분석
③ 유추
④ 인과

17 다음 중 뜻이 비슷한 사자성어끼리 짝지어지지 않은 것은?

① 坊坊曲曲 – 面面村村
② 笑裏藏刀 – 笑中有劍
③ 兩雄相爭 – 龍虎相搏
④ 自家撞着 – 自强不息

18 표준어로만 이루어진 문장을 〈보기〉에서 모두 고르면?

보기
ㄱ. 문 윗쪽에 작은 벌레가 붙어 있다.
ㄴ. 그는 손에 든 창을 강하게 내려꽂았다.
ㄷ. 다친 아이를 둘러업고 병원으로 향했다.
ㄹ. 공부할 때는 친구와 시시덕거리는 것을 자제해라.

① ㄱ, ㄴ
② ㄱ, ㄷ
③ ㄴ, ㄹ
④ ㄷ, ㄹ

19 ㉠~㉣에 대한 이해로 가장 적절한 것은?

아들한테 저수지의 감시원으로 취직했다는 이야기를 듣고 육순이 내일모레인 ㉠운암댁은 삼 년 묵은 체증이 내려앉는 듯한 상쾌함을 맛보았다. 동네 강부잣집 유채밭에 날품으로 웃거름을 주고 오는 길인데, 쌓이고 쌓인 하루의 피곤이 말끔히 가시는 기분이었다.

월급 오만 원의 많고 적음이 문제가 아니었다. 삭신이 뒤틀리지 않는 한은 늙어 죽는 날까지 무슨 짓을 해서라도 손녀 하나 있는 것 자기 손으로 거두기로 이미 각오가 되어 있었다. 설령 무보수로 일한다 하더라도 상관은 없었다. 문제는 사람의 됨됨이에 있었다.

… (중략) …

㉡"월급이 많지 않은 만침 허는 일도 별로 없구만요. 그저 감시원 완장이나 차고 슬슬 바람 쐬기 겸 대봇둑이나……."

어머니가 느끼는 기쁨이 여간만 큰 것이 아닌 줄 익히 아는지라 종술은 그 기쁨을 더욱 배가시킬 요량으로 대수롭지 않은 척 무심히 지껄임으로써 극적인 효과를 노렸다.

그러나 운암댁의 귀에는 그 말이 결코 무심하게 들리지 않았다. 결국 애당초 의도했던 그대로 극적인 효과가 나타나고 만 셈이었다.

㉢"뭣이여야? 완장이여?"

"예, 여그 요짝 왼팔에다 감시원 완장을 처억허니 둘르고 순시를 돌기루 혔구만요. 그냥 맨몸띵이로 단속에 나서면 권위가 없어서 낚시꾼들이 시삐 보고 말을 잘 안 들어 먹으니깨요."

㉣그제서야 종술은 자라 콧구멍을 벌름거리고 메기주둥이를 히죽거려 가며 구태여 자랑스러움을 감추려 하지 않았다.

– 윤흥길, '완장'

① ㉠: 운암댁은 종술이 돈을 많이 벌 수 있게 되어 기뻐하고 있다.

② ㉡: 종술은 자신의 직업에 만족하지 못하고 있다.

③ ㉢: 운암댁은 종술의 사회적 지위에 감탄하고 있다.

④ ㉣: 종술은 권위를 중요시 여기는 사람이다.

20 다음 글에 이어질 내용으로 가장 적절한 것은?

의학의 비약적인 발전으로 우리는 100세 시대를 목전에 두고 있지만, 이는 한편으로 삶의 질 유지와 분리된 연명 치료를 가능하게 만들었다. 삶의 질을 고려하지 않고 생명만 연장할 뿐인 치료는 인간으로서의 존엄성을 손상하는 결과를 낳는다. 따라서 회생의 가능성이 없는 경우에는 치료를 중단하여 자연스럽게 죽을 수 있는 권리가 인정되어야 한다. 그러나 이러한 안락사의 경우, 100% 회생의 가능성이 없는지에 대한 판정 기준이 매우 모호하다. 그리고 누가 어떻게 치료 중단을 결정할 것인지, 치료 중단의 사유를 어디까지 인정할 것인지와, 생명 유지에 대한 환자의 의사를 어떻게 파악할 것인지 등의 쟁점들이 제기되고 있다.

① 안락사의 허용 범위를 엄격하게 설정해야 한다.

② 생명은 그 자체로 가치가 있으므로 안락사를 금지시켜야 한다.

③ 치료 중단을 결정한 의사를 보호하는 제도가 마련되어야 한다.

④ 안락사는 인간의 주체적인 결정이라는 측면에서 존중받아야 한다.

21 속담과 사자성어의 뜻이 가장 비슷한 것은?

① 모기 보고 칼 빼기 – 견문발검(見蚊拔劍)

② 발 없는 말이 천 리 간다 – 주마가편(走馬加鞭)

③ 궁지에 빠진 쥐가 고양이를 문다 – 전호후랑(前虎後狼)

④ 귀신을 피하려다 호랑이를 만난다 – 포호빙하(暴虎馮河)

22 다음 글에 대한 설명으로 적절하지 않은 것은?

무대 예술에서 사실주의는 현실의 모습을 있는 그대로 무대 위에 재현하려는 경향을 가리키며, 극장주의는 무대 위의 상황이 현실이 아님을 인정하고, 관객이 극을 관람하고 있다는 사실을 의식할 수 있도록 극의 전달 방식을 중요시하는 경향을 말한다.

뮤지컬은 기본적으로 사실주의를 벗어날 수 없으면서도 극장주의적 특징을 많이 포함할 수밖에 없다. 뮤지컬에서는 사랑에 빠진 연인이 노래하고 춤추는 것은 흔한 일이다. 하지만 실제 인생에서는 아무리 남녀가 사랑에 빠져도 노래하고 춤추는 일은 흔하지 않다. 이런 장면은 아마도 뮤지컬이 극장주의 방식을 따르고 있기 때문에 가능했을 것이다. 그러나 이때도 두 남녀의 심리는 사실주의에 바탕을 둔 것이라고 할 수 있다.

① 뮤지컬은 극장주의 방식과 사실주의 방식을 모두 활용한다.

② 뮤지컬에서는 현실에서 흔하지 않은 장면이 등장하기도 한다.

③ 뮤지컬은 극장주의적 장면을 표현하는 기법의 완성도로 평가받는다.

④ 극장주의는 관객이 무대 위의 장면이 현실이 아님을 인지하도록 한다.

23 다음 중 밑줄 친 단어의 쓰임이 적절하지 않은 것은?

① 두 사람은 맞잡이라 쉽게 승부가 나질 않았다.

② 그는 모두에게 곰살궂어서 영 평판이 좋지 않다.

③ 영일이는 이 상황이 어색한지 자꾸만 선웃음을 지었다.

④ 늦은 밤마다 갈증을 느낀다면 자리끼를 두는 것을 추천한다.

※ 다음 글을 읽고 물음에 답하시오. [24~25]

오늘날 인류가 왼손보다 오른손을 선호하는 경향은 어디서 비롯되었을까? 무기를 들고 싸우는 결투에서 오른손잡이는 왼손잡이 상대를 만나 곤혹을 치르곤 한다. 왼손잡이 적수가 무기를 든 왼손은 뒤로 감춘 채 오른손을 내밀어 화해의 몸짓을 보이다가 방심한 틈에 공격을 할 수도 있다. 그러나 이런 상황이 왼손에 대한 폭넓고 뿌리 깊은 반감을 다 설명해 준다고는 생각되지 않는다. 예컨대 그런 종류의 겨루기와 거의 무관했던 여성들의 오른손 선호는 어떻게 설명할 것인가?

오른손을 귀하게 여기고 왼손을 천대하는 현상은 어쩌면 산업화 이전 사회에서 배변 후 사용할 휴지가 없었다는 사실과 관련이 있을 법하다. 인류 역사에서 대부분의 기간 동안 배변 후 뒤처리를 담당한 것은 맨손이었다. 맨손으로 배변 뒤처리를 하는 것은 불쾌할 뿐더러 병균을 옮길 위험을 수반하는 일이었다. 이런 위험의 가능성을 낮추는 간단한 방법은 음식을 먹거나 인사할 때 다른 손을 사용하는 것이었다. 기술 발달 이전의 사회에서는 대개 왼손을 배변 뒤처리에, 오른손을 먹고 인사하는 일에 사용했다. 이런 전통에서 벗어난 행동을 보면 사람들은 기겁하지 않을 수 없었다. 오른손과 왼손의 역할 분담에 관한 관습을 따르지 않는 어린아이는 벌을 받았을 것이다.

나는 이런 배경이 인간 사회에서 널리 나타나는 '오른쪽'에 대한 긍정과 '왼쪽'에 대한 반감을 어느 정도 설명해 줄 수 있으리라고 생각한다. (㉠) 이 설명은 왜 애초에 오른손이 먹는 일에, 그리고 왼손이 배변 처리에 사용되었는지 설명해 주지 못한다. 확률로 말하자면 왼손이 배변 처리를 담당하게 될 확률은 1/2이다. 그렇다면 인간 사회 가운데 절반 정도는 왼손잡이 사회였어야 할 것이다. 그러나 동서양을 막론하고, 왼손잡이 사회는 확인된 바 없다. 세상에는 왜 온통 오른손잡이 사회들뿐인지에 대한 근본적인 설명은 다른 곳에서 찾아야 할 것 같다.

왼쪽과 오른쪽의 대결은 인간이라는 종의 먼 과거까지 거슬러 올라간다. 나는 이성 대 직관의 힘겨루기, 뇌의 두 반구 사이의 힘겨루기가 오른손과 왼손의 힘겨루기로 표면화된 것이 아닐까 생각한다. 즉 오른손이 원래 왼손보다 더 능숙했기 때문이 아니라 뇌의 좌반구가 인간의 행동을 지배하는 권력을 갖게 되었기 때문에 오른손 선호에 이르렀다는 생각이다. 그리고 이것이 사실이라면 직관적 사고에 대한 논리적 비판은 거시적 관점에서 그 타당성을 의심해볼 만하다. 어쩌면 뇌의 우반구 역시 좌반구의 권력을 못마땅하게 여기고 있는지도 모른다. 다만 논리적인 언어로 반론을 펴지 못할 뿐.

24 위 글의 설명 방식으로 가장 적절한 것은?

① 특정한 현상에 대한 원인을 규명하고 있다.
② 서로 대립하는 주장 간의 차이점을 강조하고 있다.
③ 통시적 관점에서 이론의 발전 과정을 설명하고 있다.
④ 구체적인 근거를 들어 문제의 해결방안을 제시하고 있다.

25 위 글의 흐름을 고려할 때 (㉠)에 들어갈 접속어로 가장 적절한 것은?

① 그리고
② 그러나
③ 따라서
④ 예컨대

정답·해설 _해설집 p.81

실전동형모의고사 13회
모바일 자동 채점 + 성적 분석 서비스 바로 가기

QR코드를 이용해 모바일로 간편하게 채점하고 나의 실력이 어느 정도인지, 취약 부분이 어디인지 바로 파악해 보세요!

13회 핵심 어법 마무리 체크

☑ 다음 문장을 읽고 알맞은 단어에 ○표 하세요.

이론 문법

01 '여보게, 어디 가는가?'는 상대 높임법 중 하게체/하오체 에 해당한다.

02 '어느덧 벚꽃이 다 지는구려'는 상대 높임법 중 하게체/하오체 에 해당한다.

03 '이렇게 된 터에 더 이상 참을 수만은 없다'의 '터'는 형편/추측 의 의미로 쓰였다.

04 '첫 출근 날이라 힘들었을 터이니 어서 쉬어'의 '터'는 형편/추측 의 의미로 쓰였다.

05 '날뛰다'는 합성어/파생어 이다.

06 '군것질'은 합성어/파생어 이다.

07 '빗나가다'는 합성어/파생어 이다.

08 중세 국어 시기에는 판정 의문문과 설명 의문문이 구별되었다/구별되지 않았다.

09 근대 국어 시기에는 과거 시제 선어말 어미 '-았-/-었-'이 사용되었다/사용되지 않았다.

10 중세 국어의 '좌시다'는 먹다/앉다 의 높임 표현이다

어문 규정

11 남의 어머니를 높여 이르는 말은 존당(尊堂)/춘당(春塘) 이다.

12 '소매나 바짓가랑이 등을 말아 올리다'를 뜻하는 말은 걷어부치다/걷어붙이다 이다.

13 '가는 것이 이리저리 뒤섞이다'를 뜻하는 말은 얼키고설키다/얽히고설키다 이다.

14 '어디에다가'의 준말은 어따가/얻다가 이다.

15 '극락전'의 올바른 로마자 표기는 Geukrakjeon/Geungnakjeon 이다.

16 '촉석루'의 올바른 로마자 표기는 Chokseongnu/Chokseonglu 이다.

17 '경쟁력 강화와 생산성의 향상을 위해 경영 혁신이 요구되어지고 있다'는 이중 사동/피동 이 쓰인 문장이다.

18 '이것은 아직도 한국 사회가 무사안일주의를 벗어나지 못했다는 생각이 든다'는 주어/목적어 와 서술어의 호응이 적절하지 않은 문장이다.

정답 | 01 하게체 02 하오체 03 형편 04 추측 05 합성어 06 파생어 07 파생어 08 구별되지 않았다 09 사용되었다 10 앉다 11 존당(尊堂) 12 걷어붙이다 13 얽히고설키다 14 얻다가 15 Geungnakjeon 16 Chokseongnu 17 피동 18 주어

기출+동형
짝문제
모의고사

: 01~03회

짝문제 모의고사 학습순서 안내

1. 기출문제 25문항을 먼저 풀어 봅니다.

✔ 시험에 자주 나오는 핵심포인트의 기출문제들로 구성되었습니다.
✔ 다양한 빈출 유형의 기출을 복습할 수 있습니다.

2. 기출문제와 나란히 배치된 짝문제 25문항을 실전처럼 풀어 봅니다.

✔ 시험에 또 나올 가능성이 높은 문제들로만 배치하였습니다.
✔ 기출과 동형인 문제를 풀어 봄으로써 실전 감각을 극대화할 수 있습니다.

3. 기출문제와 짝문제 모두 틀린 유형이 있다면,
   자신의 약점 유형이므로 '약점 보완 해설집'의 상세한 해설을 통해 보완 학습합니다.

01회 기출+동형 짝문제 모의고사

제한시간 : 25분 시작   시   분 ~ 종료   시   분 점수 확인   개/ 25개

기출문제

01 밑줄 친 부분의 맞춤법이 옳은 것은?

① 두 가지 <u>의론</u>이 맞서서 결론이 나지 않는다.

② 꽁꽁 묶인 손이 퍼래지더니 퉁퉁 <u>부어올랐다</u>.

③ 밥을 먹었다. <u>그리고는</u> 물을 마셨다.

④ 그는 젊은 나이임에도 불구하고 이마와 눈가에 <u>잘다랗게</u> 주름이 잡혔다.

02 다음 중 밑줄 친 부분의 띄어쓰기가 적절하지 않은 것은?

① 가진 게 없으면 <u>몸이나마</u> 건강해야지.

② 그 책을 다 <u>읽는데</u> 삼 일이 걸렸다.

③ 그는 그런 비싼 차를 <u>살 만한</u> 형편이 못 된다.

④ 그 고통에 비하면 내 <u>괴로움 따위는</u> 아무것도 아니었다.

03 다음 글에서 밑줄 친 ㉠과 바꿔 쓰기에 가장 적절한 것은?

> 킬트의 독특한 체크무늬가 각 씨족의 상징으로 자리 잡은 것은, 1822년에 영국 왕이 방문했을 때 성대한 환영 행사를 마련하면서 각 씨족장들에게 다른 무늬의 킬트를 입도록 종용하면서부터이다. 이때 채택된 독특한 체크무늬가 각 씨족을 대표하는 의상으로 ㉠자리를 잡게 되었다.

① 정돈(整頓)되었다.   ② 정제(精製)되었다.

③ 정리(整理)되었다.   ④ 정착(定着)되었다.

짝문제

01 맞춤법이 옳은 것은?

① 외출하기 전에는 현관문을 꼭 잠궈라.

② 집에 가는 길에 잠깐 편의점에 들렸다 가자.

③ 필요하다면 웃돈을 더 지불할 수도 있다.

④ 잠을 깨우기 위해 정아의 무릎팍을 가볍게 쳤다.

02 밑줄 친 부분의 띄어쓰기가 옳은 것은?

① <u>부부 간</u>에도 예의는 지켜야 한다.

② 그는 항상 나에게만 <u>못 되게</u> 군다.

③ 해 질녘 노을을 바라보며 감상에 <u>젖었다</u>.

④ 동생은 말버릇은 <u>나쁠망정</u> 심성은 착한 아이이다.

03 밑줄 친 말의 의미에 대응하는 단어로 적절하지 않은 것은?

① 부서질까 <u>봐</u> 함부로 만지지 못하겠다: 예측(豫測)

② 미술관에 가서 예술 작품을 <u>보고</u> 왔다: 감상(鑑賞)

③ 한참동안 가만히 앉아 그녀의 사진을 <u>보았다</u>: 응시(凝視)

④ 우리는 그를 당선이 유력한 후보로 <u>보고</u> 있다: 간주(看做)

04 밑줄 친 부분의 비유 방식이 다른 것은?

> 비유(比喩/譬喩):「명사」 어떤 현상이나 사물을 직접 설명하지 아니하고 다른 비슷한 현상이나 사물에 빗대어서 설명하는 일.

① 요즘은 회사의 경영진에 합류하는 블루칼라가 많아지고 있다.

② 암 진단 결과를 받아들자, 그의 마음은 산산조각이 났다.

③ 내부의 유리 천장은 없으며 여성들의 상위적 진출이 확대될 것이라고 전망했다.

④ 사업이 실패한 후 그는 사회의 가장 밑바닥으로 떨어졌다.

04 다음 글에서 비유법이 사용되지 않은 문장은?

> ㉠인생은 흐르는 강물과도 같다. ㉡똑같은 강물에 다시 발을 담글 수 없듯이 지나간 순간은 다시 돌아오지 않는다. ㉢달리는 시간을 붙잡아 둘 순 없으니 ㉣우리 앞에 주어진 현재의 삶에 최선을 다해야 한다.

① ㉠   ② ㉡

③ ㉢   ④ ㉣

05 다음 글의 흐름과 어울리지 않는 문장은?

> 술은 사람의 기분을 활기차게 해 주고 허물없는 대화를 통해 친교의 자리를 갖도록 해 주는 등 사회생활을 하는 현대인들에게 없어서는 안 될 필수 요소가 되었다. 특히, 영업 활동을 하는 사람들에게는 술자리가 사업의 도구처럼 이용되고, ㉠이제 막 대학에 입학한 신입생을 맞이할 때 술자리는 일종의 의식처럼 인식되고 있다. 그러나 술은 이성과 감각을 무디게 해 많이 마실수록 감정적인 말과 행동을 유발할 수 있어 적당히 마시는 것이 중요하다.
> 한국인은 미국인보다 알코올 분해 효소인 아세트알데히드가 적다. 동양인의 20 ~ 40%가 술을 마시면 얼굴이 붉어지는 증상인 홍조증이 나타나는데, ㉡이는 사람마다 가지고 있는 알코올 분해 효소의 양이 다르기 때문이다. 특히, 한국인은 술자리를 즐기는 문화와는 달리 인구의 40%는 알코올 분해 효소가 매우 적기 때문에 술에 약하다는 연구 결과가 발표되었다. ㉢하지만 술자리는 우리 음주 문화이기 때문에 무조건 피하기는 어렵다.
> 우리나라의 술 권하는 문화는 술에 약한 사람을 무척 곤란하게 만드는 경향이 있다. 또 많이 마시는 것이 자랑인 것처럼 한꺼번에 마시는 폭주 문화와 술을 자주 마시는 문화는 국민 건강을 좀먹는 원인이다. ㉣이보다는 술을 즐겁고 건강하게 마시는 문화가 더 바람직하다. 동료와 함께 웃고 즐겁게 마시며 홍조증이 나타나는 사람일수록 천천히 마시는 것이 좋다. 그날의 상태에 따라 억지로 마시지 않고, 상대방에게 억지로 권하지도 않아야 한다.
> 우리나라의 음주 문화를 하루아침에 바꾸기는 힘들겠지만, 사람마다 알코올 분해 능력이 다름을 인지하여 건강하고 즐거운 음주 문화를 지향해야 할 것이다.

① ㉠   ② ㉡

③ ㉢   ④ ㉣

05 〈보기〉를 근거로 판단할 때, ㉠~㉣ 중 적절하지 않은 것은?

> 보기
>
> 통일성은 '다양한 요소들이 있으면서도 전체가 하나로서 파악되는 성질'을 말한다. 따라서 통일성 있는 글이 되기 위해서는 각 문장이 글의 전체적인 주제 아래서 긴밀하게 연결되어 있어야 한다.

> ㉠허균은 명문 집안에서 태어났다. 그 명문에 걸맞게 유교와 문장을 숭상하던 사회에서 유교적인 교양과 학식을 쌓았고, 글 잘하는 문사로 칭송을 받았다. ㉡또 벼슬을 입신양명의 가장 중요한 수단으로 여기던 양반사회에서 벼슬길이 순탄하게 열릴 수 있었다. 그런데도 그는 기성 권위에 과감하게 맞서 개혁과 저항의 행동으로 일관했다. ㉢그는 천대받던 언문으로 소설을 맨 처음 쓴 사람으로서『홍길동전』은 우리 국문학사에서 높이 평가되어왔다. 그래서『홍길동전』의 작가로서 그의 생애나 문학의 배경 같은 것이 이야기되어왔다. ㉣이처럼 문학 작품을 작가의 경험, 감정, 가치관 등으로 간주하여 해석하는 것은 표현론적 관점에 해당한다. 그러나『홍길동전』은 그의 사상을 표현하는 하나의 수단이었다고 볼 때에 오늘날 그의 사상에 대한 탐구는 매우 부족한 느낌이 든다.

① ㉠   ② ㉡

③ ㉢   ④ ㉣

06 다음 중 '쓰다'의 품사가 나머지 셋과 다른 하나는?

① 양지바른 곳을 묏자리로 <u>썼다.</u>

② 그는 취직 기념으로 친구들에게 한턱을 <u>썼다.</u>

③ 여러 번 실패를 경험했지만 언제나 그 맛은 <u>썼다.</u>

④ 그 사람은 억울하게 누명을 <u>썼다.</u>

07 밑줄 친 ㉠ ~ ㉣에 대한 설명으로 가장 적절한 것은?

> 가시리 가시리잇고 ㉠ <u>나ᄂᆞᆫ</u>
> ᄇᆞ리고 가시리잇고 나ᄂᆞᆫ
> 위 증즐가 大平盛代
> 날러는 엇디 살라 ᄒᆞ고
> ᄇᆞ리고 가시리잇고 나ᄂᆞᆫ
> 위 증즐가 大平盛代
> ㉡ <u>잡ᄉᆞ아 두어리마ᄂᆞᄂᆞᆫ</u>
> ㉢ <u>선ᄒᆞ면 아니 올셰라</u>
> 위 증즐가 大平盛代
> ㉣ <u>셜온 님 보내옵노니 나ᄂᆞᆫ</u>
> 가시ᄂᆞᆫ 듯 도셔 오쇼셔 나ᄂᆞᆫ
> 위 증즐가 大平盛代

① ㉠: '나ᄂᆞᆫ'은 '나는'의 예전 표기이다.

② ㉡: '잡ᄉᆞ아 두어리마ᄂᆞᄂᆞᆫ'의 뜻은 '(음식을) 잡수시고 가게하고 싶다'는 의미이다.

③ ㉢: '선ᄒᆞ면 아니 올셰라'의 뜻은 '선하게 살면 올 것이다'라는 믿음을 표현한 말이다.

④ ㉣: '셜온 님 보내ᄋᆞᆸ노니'의 뜻은 '서러운 님을 보내 드린다'는 의미이다.

06 밑줄 친 단어와 품사가 같은 것은?

> 이 옷은 지나치게 <u>낡아서</u> 더이상 입을 수가 없다.

① 모아둔 돈이 <u>부족해서</u> 걱정이다.

② <u>새</u> 선생님은 정말 좋은 분이시다.

③ 나는 아침마다 산책로를 <u>따라</u> 달렸다.

④ 그녀는 내가 생각했던 것보다 <u>젊어</u> 보였다.

07 〈보기〉를 참고하여 ㉠ ~ ㉣에 대해 설명한 내용으로 적절하지 않은 것은?

> 어와 져 양반아 도라안자 내 말 듯소. 엇지흔 져믄 소니 혬 업시 둔니ᄂᆞᆫ다. ㉠<u>마누라 말ᄊᆞᆷ을 아니 드러 보ᄂᆞᆫ다.</u> 나는 일언만뎡 외방(外方)의 늙은 툐이 공밧치고 도라갈 지 ᄒᆞᄂᆞᆫ 일 다 보안늬. ㉡<u>우리 ᄃᆡ 셰간이야 녜붓터 이러튼가.</u> 〈중 략〉 농장(農莊)이 업다 ᄒᆞᄂᆞᆫ가 호미연장 못 갓던가. ㉢<u>날마다 무슴하려 밥 먹고 둔기면셔 열나모 졍자(亭子) 아ᄅᆡ 낫줌만 자ᄂᆞᆫ다.</u> 아히들 타시런가 우리 ᄃᆡ 죵의 버릇 보거든 고이ᄒᆞᆫ데 ㉣<u>쇼 먹이ᄂᆞᆫ ᄋᆞ히드리 샹마름을 능욕(凌辱)ᄒᆞ고 진지(進止)하ᄂᆞᆫ</u> 어린 손늬 한 계대를 그룹ᄒᆞ다.
> – 이원익, '고공답주인가(雇工答主人歌)'

보기

> 이 작품은 '고공가(雇工歌)'에 화답한 가사로, 임금과 신하의 관계를 농사짓는 주인과 종의 관계에 비유하여 나라의 살림살이에 대해 노래하고 있다. 주인의 말을 듣지 않는 게으른 종을 비판하고, 주인에게 어른 종의 말을 들을 것을 요구하는 내용을 담고 있다.

① ㉠: 나라의 상전인 임금의 뜻을 따르기를 권유하는 상황과 관련지을 수 있다.

② ㉡: 나라의 형편이 기울어지고 있는 상황과 관련지을 수 있다.

③ ㉢: 게으른 관리들의 모습과 관련지을 수 있다.

④ ㉣: 상급 관리가 하급 관리를 업신여기는 상황과 관련지을 수 있다.

08 다음 내용과 관계있는 한자 성어로 가장 거리가 먼 것은?

> 선비는 단순한 지식 습득에 목적을 두지 않고 아는 것을 실천하는 것에 중점을 두고 있다. 또한 선비는 개인의 이익보다 사회 정의를 생각하며 행동하고 살아간다. 자신의 인격을 완성하고 그것을 통해 모든 사람에게 평안한 삶을 살게 하는 것이 그들의 궁극적 목적이다. 선비가 갖추어야 할 덕목은 많지만 상호 연결되어 있다. 자신을 낮추는 자세, 타인을 존중하는 마음, 검소하고 청렴결백한 삶 등이 하나로 연결되어 있는 것이다.

① 見利思義
② 勞謙君子
③ 修己安人
④ 梁上君子

09 단어의 발음이 잘못 표기된 것은?

① 태권도 – [태꿘도]
② 홑이불 – [혼니불]
③ 홑옷 – [호돈]
④ 공권력 – [공꿜력]

08 다음에 서술된 B의 태도를 가장 적절하게 표현한 한자 성어는?

> A는 친한 친구였던 B에게 큰 돈을 빌려주었으나, B는 갚기로 약속한 기한이 지나도 돈을 갚을 생각을 하지 않았다. 참다 못한 A는 일부 금액이라도 갚으라고 B를 독촉했으나, B는 도리어 친한 친구인 자신을 믿지 못한다며 A에게 역정을 내었다.

① 首丘初心
② 捨生取義
③ 賊反荷杖
④ 切磋琢磨

09 표준 발음으로 가장 옳지 않은 것은?

① 옷이[오디]
② 흙과[흑꽈]
③ 꽃 한 송이[꼬탄송이]
④ 넓삐죽하다[넙삐주카다]

10 다음 중 아래의 글을 읽고 추론한 라캉의 생각과 가장 거리가 먼 것은?

> 라캉에 의하면, 사회화 과정에 들어서기 전의 거울 단계에서, 자기와 자기 영상, 혹은 자기와 어머니 같은 양자관계에 새로운 타인, 다시 말해 아버지, 곧 법으로서의 큰타자가 개입하는 삼자 관계, 즉 상징적 관계가 형성된다. 이 형성은 제3자가 외부에서 인위적으로 비집고 들어섬을 뜻하는 것이 아니다. 인간이 상징적 질서를 생각하게 되는 것은, 이미 그 질서가 구조적으로 인간에게 기능하게끔 되어 있기 때문이다. 인간이 후천적, 인위적으로 그 구조를 만들었다고 생각하는 것은 잘못이다. 인간은 단지 구조되어 있는 그 질서에 참여할 뿐이다.
>
> 말하자면 구조란 의식되지 않는 가운데 인간 문화의 기저에서 인간의 행위를 규정함을 뜻하는 것이다. 그러므로 라캉에게 있어서, 주체의 존재 양태는 무의식적인 것을 바탕으로 해서 가능하다. 주체 자체가 무의식적인 것으로서 형성된다. 그러므로 주체는 무의식적 주체이다.
>
> 라캉에게 나의 사유와 나의 존재는 사실상 분리되어 있다. 그는 나의 사유가 나의 존재를 확인시켜 주지 못한다고 주장한다. 라캉의 경우, '나는 생각한다'라는 의식이 없는 곳에서 '나는 존재'하고, 또 '내가 존재하는 곳'에서 '나는 생각하지 않는다'. 라캉은 무의식은 타자의 진술이라고 말한다. 바꾸어 말한다면 언어 활동에서 우리가 보내는 메시지는 타자로부터 발원되어 우리에게 온 것이다. '무의식은 주체에 끼치는 기표의 영향'이라고 라캉은 말한다.
>
> 이런 연유에서 '인간의 욕망은 타자의 욕망'이라는 논리가 라캉에게 성립된다. 의식의 차원에서 '내가 스스로 주체적'이라고 말하는 것 같지만, 그것은 어디까지나 허상이다. 실상은, 나의 진술은 타자의 진술에 의해서 구성된다는 것이다. 나의 욕망도 타자의 욕망에 의해서 구성된다. 내가 스스로 원한 욕망이란 성립하지 않는다.

① 주체의 무의식은 구조화된 상징적 질서에 의해 형성된다.

② 주체의 의식적 사유와 행위에 의해 새로운 문화 질서가 창조된다.

③ 대중매체의 광고는 주체의 욕망이 형성되는 데 큰 영향을 미친다.

④ 데카르트의 '나는 생각한다. 고로 존재한다'라는 명제는 옳지 않다.

11 다음 중 밑줄 친 표기가 국어의 로마자 표기법 규정에 어긋난 것은?

① 경기도 의정부시 – Uijeongbu-si

② 홍빛나 주무관님 – Hong Binna

③ 서울시 종로구 종로 2가 – Jongno 2(i)-ga

④ 부석사 무량수전 앞에 서서 – Muryangsujeon

10 다음 글의 시사점으로 적절하지 않은 것은?

> 만약 당신이 17세기나 18세기에 사는 동물이었다면 데카르트학파 과학자들은 꼭 피해 다녀야 할 것이다. 이들에게 잡히는 순간, 당신은 해부대 위에서 산 채로 못 박혀 배가 갈라지고 창자가 밖으로 꺼내지는 신세를 면치 못했을 것이다. 당신의 의식은 여전히 살아 있어 이 모든 과정을 인식한다. 하지만 데카르트학파 과학자들은 동물들이 고통이나 신체적인 아픔을 굳이 피하려고 하지 않는다고 믿었다. 이런 믿음에는 단 하나의 지극히 단순한 이유가 있었다. 그들은 동물이 고통이나 아픔을 느끼지 못한다고 믿었기 때문이다. 사실상 그 당시 동물이 고통을 느낀다고 생각하는 사람이 있었다면 비웃음거리가 되었을 것이다. 철학이란 위험한 물건이다. 철학은 당신에게 온갖 어리석은 생각을 믿도록 할 수 있다. 일반적으로 데카르트학파 과학자들은 흔히 우리가 말하는 '철학 이론에 세뇌당한' 사람의 전형적인 실례를 보여준다.
>
> 이 이론은 17세기 철학자 르네 데카르트(Rene Descartes)에서 시작되었다. 이들을 '데카르트학파'라고 부르는 이유이기도 하다. 데카르트에 따르면, 인간은 매우 특별한 존재이다. 인간은, 이 세상에서 인간만이 마음(또는 정신)을 소유하고 있다는 점에서 특별하다. 데카르트에게, 마음이란 인간의 일부분으로써 사고를 수행한다. 그렇기 때문에 마음이 없는 존재는 당연히, 생각하지 못한다. 데카르트의 추종자들에 따른다 하더라도 마음이 없는 존재는 느끼지 못한다. 이런 생각에서 해부대 위에 동물들을 못 박는 행동까지는 그리 오래 걸리지 않는다.

① 특정 사상에 매몰되는 것은 위험하므로 개방적 자세를 갖추는 것이 바람직하다.

② 신념은 부도덕한 행위에도 정당성을 부여할 수 있으므로 무언가를 맹신하는 태도를 늘 주의하는 것이 바람직하다.

③ 통념으로 받아들여지는 지식이라도 그 진위는 언제든지 뒤집힐 수 있으므로 비판적으로 수용하는 것이 바람직하다.

④ 어떤 의견이 소수의 의견일지라도 시간이 흐르거나 상황이 변하면 보편적인 관점이 될 수 있으므로 경시하지 않는 것이 바람직하다.

11 국어의 로마자 표기가 옳지 않은 것은?

① 알약 – alnyak

② 신문로 – Sinmunno

③ 강선루 – Gangseollu

④ 대관령 – Daegwallyeong

12 다음 글에 대한 이해로 가장 적절한 것은?

> 우리 부부는 숙명적으로 발이 맞지 않는 절름발이인 것이다. 내가 아내나 제 거동에 로직(논리)을 붙일 필요는없다. 변해(辯解)할 필요도 없다. 사실은 사실대로 오해는오해대로 그저 끝없이 발을 절뚝거리면서 세상을 걸어가면 되는 것이다. 그렇지 않을까?
>
> 그러나 나는 이 발길이 아내에게로 돌아가야 옳은가 이것만은 분간하기가 좀 어려웠다. 가야 하나? 그럼 어디로 가나?
>
> 이때 뚜— 하고 정오 사이렌이 울렸다. 사람들은 모두네 활개를 펴고 닭처럼 푸드덕거리는 것 같고 온갖 유리와 강철과 대리석과 지폐와 잉크가 부글부글 끓고 수선을떨고 하는 것 같은 찰나, 그야말로 현란을 극한 정오다.
>
> 나는 불현듯이 겨드랑이가 가렵다. 아하 그것은 내 인공의 날개가 돋았던 자국이다. 오늘은 없는 이 날개, 머릿속에서는 희망과 야심의 말소된 페이지가 딕셔너리(사전)넘어가듯 번뜩였다.
>
> 나는 걷던 걸음을 멈추고 그리고 어디 한번 이렇게 외쳐 보고 싶었다.
>
> 날개야 다시 돋아라.
> 날자. 날자. 날자. 한 번만 더 날자꾸나.
> 한 번만 더 날아 보자꾸나.
>
> — 이상, '날개'

① 가난한 무명작가 부부의 생활고와 부부애를 다루고 있다.
② 농촌 계몽을 위한 두 남녀의 헌신적 노력과 사랑을 보여준다.
③ 식민지 농촌 사회에서 농민들이 겪는 가혹한 현실을 보여주려 한다.
④ 자아 상실의 무기력한 삶에서 벗어나 본래의 자아를 회복하려는 의지를 보여준다.

12 다음 글에 대한 이해로 적절하지 않은 것은?

> 올이 굵게 짜진 깜장 모자를 썼고, 역시 국방색 잠바를 자꾸만 턱밑까지 바싹 올려 입고, 깜장색 통이 좁은 바지를 입었다. 얼굴은 펑퍼짐하게 살이 올라 유순하게 생겼으나 눈에는 핏발이 서 있었다. 역시 반들반들 윤기가 나는 단화를 신었다.
>
> "어떻게 된 거야? 아직 멀었어?"
>
> 그는 재우쳐 물었다.
>
> 앉은 청년은 거울 속에서 흘낏 쳐다보며,
>
> "도대체 이 사람들 말이 아니군."
>
> 하였다.
>
> 새로 들어선 청년은 벌써 말뜻을 알아듣고 금시 쳐 죽일 듯한 눈길로 이발소 안을 휘익 둘러보았다.
>
> 귀하신 분께서 또 한 분 이렇게 나타나자 이발소 안은 두 곱으로 싸늘해졌다. 모두 간이 콩알만 해져서 조마조마하였다.
>
> "왜, 어쨌기?"
>
> "도대체 사람들이 정신들이 덜 되어 먹었단 말야. 요즈음 세월이 어떻게 돌아가는지도 모르고, 멍청해서들."
>
> "민주주의라는 것을 모두 일방적으로 오해를 해서 그렇지. 도대체에 민주주의라는 것을 그렇게 알면 곤란한데에."
>
> 이제 두 청년은 완전히 자기들 세상이 된 이발소 안에서 주거니 받거니 했다.
>
> "맞았어, 맞았어."
>
> "도대체 무슨 일이 있었지?"
>
> 들어선 청년은 이발중에 있는 청년 뒤로 바싹 붙어 서며 낮은 목소리로 물었다.
>
> "무슨 일이 일어나나마나, 보면 몰라. 모두 동태 눈알을 해 가지고. 도대체에 사람들이 정신이 있는 사람들인지 모르겠거든."
>
> 청년은 어떻게 된 셈인지 똑같은 소리를 똑같게 싫증도 안 내고 되풀이만 하고 있었다.
>
> — 이호철, '1965년, 어느 이발소에서'

① 색채 이미지를 사용하여 인물의 외양을 묘사하고 있다.
② 이발소 안의 사람들은 청년들에게 소극적인 태도를 보이고 있다.
③ 두 청년은 서로에게 우호적이면서도 적대적인 모습을 드러내고 있다.
④ 일상적인 공간이 배경임에도 강압적이고 경직된 분위기가 조성되고 있다.

※ 다음 글을 읽고 물음에 답하시오. [13~14]

계해년(癸亥年) 겨울에 우리 전하께서 정음 28자를 처음으로 만들어 예의(例義)를 간략하게 들어 보이고 이름을 훈민정음(訓民正音)이라 하였다. (①) 천지인(天地人) 삼극(三極)의 뜻과 음양(陰陽)의 이기(二氣)의 정묘함을 포괄(包括)하지 않은 것이 없다. 28자로써 전환이 무궁하고 간요(簡要)하며 모든 음에 정통하였다. (㉠) 슬기로운 사람은 하루아침을 마치기도 전에 깨우치고, 어리석은 이라도 열흘이면 배울 수 있다. (②) 이 글자로써 글을 풀면 그 뜻을 알 수 있고, 이 글자로써 송사를 심리하더라도 그 실정을 알 수 있게 되었다. (③) 한자음은 청탁을 능히 구별할 수 있고 악기는 율려에 잘 맞는다. 쓰는 데 갖추어지지 않은 바가 없고, 가서 통달되지 않는 바가 없다. 바람 소리, 학의 울음, 닭의 홰치며 우는 소리, 개 짖는 소리일지라도 모두 이 글자를 가지고 적을 수가 있다. (④)

– '훈민정음 해례(解例)' 정인지(鄭麟趾) 서문(序文) 중에서

13 다음 (가)의 위치로 가장 적절한 것은?

(가) 상형을 기본으로 하고 글자는 고전(古篆)을 본떴고 사성을 기초로 하고 음(音)이 칠조(七調)를 갖추었다.

①   ②
③   ④

14 (㉠)에 들어갈 접속부사로 가장 적절한 것은?

① 그리고
② 그런데
③ 그러므로
④ 왜냐하면

※ 다음 글을 읽고 물음에 답하시오. [13~14]

옛날 성왕(聖王)은 천하를 다스리면서 백성들은 욕심이 있다는 것을 알았는데, 그 욕심을 고르지 않으면 반드시 어지럽게 되는 까닭에 예(禮)로써 조절하였으며, 그 욕심을 징계하지 않으면 반드시 어지럽게 되는 까닭에 법으로써 제어하였다. 〈중 략〉

예란 제사에 제기나 벌여놓는 것처럼 대단하지도 않은 일뿐이고, 법이란 형벌과 옥송(獄訟) 따위뿐이다. 이러하니 그 예가 되는 근본을 잃은 것이 어찌 예뿐이리요? (가) 법도 또한 법이라 하기에 부족하다. 왜냐하면 법의 근본이 하늘에서 나왔고, 사람은 명을 하늘로부터 품수(稟受)했은즉, 법 앞에는 귀한 사람, 천한 사람의 구별이 없기 때문이다. (나)

지금은 법을 제정할 때 하늘에 근본을 두지 않고 사람의 사심으로써 만든다. 사람이 제 마음대로 만들었으니 그 규제를 기꺼이 받겠는가?   ㉠   후세의 법은 오직 신민(臣民)에게만 시행될 뿐이고 천자에게는 상관이 없다. (다) 오직 상관이 없을 뿐만 아니라, 천자가 제 하고 싶어하는 데에 따라서 법을 만든다. (라)   – 정약용, '경세유표(經世遺表)' 중에서

13 다음 〈보기〉의 위치로 가장 적절한 것은?

보기
그런 까닭으로 천자(天子)로부터 서인(庶人)에 이르기까지 모두 법의 규제를 받아서 감히 스스로 방자하지 못했는데, 이것이 참으로 선왕의 예법인 것이다.

① (가)   ② (나)
③ (다)   ④ (라)

14 ㉠에 들어갈 접속부사로 가장 적절한 것은?

① 그러나
② 그런데
③ 그리고
④ 그러므로

15 ㉠~㉣에 대한 설명으로 가장 적절하지 않은 것은?

> 창밖에 밤비가 속살거려
> ㉠육첩방(六疊房)은 남의 나라,
>
> 시인이란 슬픈 천명인 줄 알면서도
> ㉡한 줄 시를 적어 볼까,
>
> 땀내와 사랑내 포근히 품긴
> 보내주신 학비 봉투를 받아
>
> 대학 노트를 끼고
> 늙은 교수의 강의 들으러 간다.
>
> 생각해 보면 어린 때 동무를
> 하나, 둘, 죄다 잃어버리고
>
> 나는 무얼 바라
> 나는 다만, 홀로 침전하는 것일까?
>
> 인생은 살기 어렵다는데
> 시가 이렇게 쉽게 씌어지는 것은
> ㉢ 부끄러운 일이다.
>
> 육첩방은 남의 나라
> 창밖에 밤비가 속살거리는데,
>
> 등불을 밝혀 어둠을 조금 내몰고,
> 시대처럼 올 아침을 기다리는 최후의 나,
>
> 나는 나에게 작은 손을 내밀어
> 눈물과 위안으로 잡는 ㉣최초의 악수.
> – 윤동주, '쉽게 씌어진 시'

① ㉠은 조선인으로서의 정체성에 대한 인식을 드러낸다.
② ㉡은 식민지 지식인으로서의 소명 의식을 드러낸다.
③ ㉢은 친일파 지식인에 대한 비판 정신을 보여준다.
④ ㉣은 어두운 현실을 극복하려는 화자의 의지이다.

15 밑줄 친 단어가 상징하는 것과 가장 유사한 것은?

> 일어서라 풀아
> 일어서라 풀아
> 땅 위 거름이란 거름 다 모아
> 구름송이 하늘 구름송이들 다 끌어들여
> 끈질긴 뿌리로 긁힌 얼굴로
> 빛나라 너희 터지는
> 목청 어영차
> 천지에 뿌려라
> – 강은교, '일어서라 풀아'

① 엄동 혹한일수록 / 선연히 피는 <u>성에꽃</u>
② 떨어지는 <u>꽃잎</u>은 한 번 살다 가는 우리 인생과 같다.
③ 언제나 나에게 힘을 주는 그 사람은 <u>햇살</u> 같은 사람이다.
④ 언젠가 <u>겨울</u>이 가고 봄이 찾아오듯이 좋은 날은 올 것이다.

16 〈보기〉는 우리말 높임법에 관한 설명이다. ( ) 안에 들어갈 용례로 맞지 않는 것은?

보기
- 상대 높임법: 말하는 이가 상대, 곧 듣는 이(청자)를 높이는 높임법. 일정한 종결 어미의 사용에 의해서 실현됨.
  (1) 격식체: 공식적이고 의례적인 표현으로, 심리적 거리감을 나타냄
      ① 해라체: 아주 낮춤
      ② 하게체: 예사 낮춤 ········ (㉠)
      ③ 하오체: 예사 높임 ········ (㉡)
      ④ 합쇼체: 아주 높임
  (2) 비격식체: 비공식적이며, 부드럽고 친근감을 나타냄
      ① 해체: 두루 낮춤 ········ (㉢)
      ② 해요체: 두루 높임 ········ (㉣)

① ㉠: 내가 말을 함부로 했던 것 같네.
② ㉡: 이게 꿈인지 생신지 모르겠구려.
③ ㉢: 계획대로 밀고 나가.
④ ㉣: 선생님 안녕히 계십시오.

16 다음 글의 괄호 안에 들어갈 문장으로 적절한 것은?

국어는 높임 표현이 고도로 발달된 언어로, 높임 표현은 높이는 대상에 따라 '주체 높임법, 객체 높임법, 상대 높임법'으로 분류된다. 또한 높임 표현은 한 문장 안에서 동시에 사용되는 경우도 있는데, 주체 높임법, 객체 높임법, 청자를 높이는 상대 높임법이 모두 사용된 예문으로 '( )'가 있다.

① 부장님께서는 이미 퇴근하셨습니다.
② 저는 요즘 할머니를 주말마다 뵙고 있어요.
③ 어머니께서 고모께 아름다운 꽃다발을 드리셨다.
④ 선생님께서 손님께 방문 목적을 여쭈어보셨습니다.

17 바느질과 관련한 사물을 의인화한 다음 소설에서 괄호 안에 들어갈 사물을 순서대로 바르게 나열한 것은?

( ) 양각(兩脚)을 빨리 놀려 내다라 이르되,
"( )아/야, 그대 아모리 마련을 잘 한들 버혀내지 아니하면 모양 제되 되겠느냐. 내 공과 내 덕이니 네 공만 자랑마라." 〈중 략〉
( ) 웃고 이르되,
"고어에 운(云), 닭의 입이 될지언정 소 뒤는 되지 말라 하였으니, ( )은/는 세요의 뒤를 따라다니며 무삼 말 하시나뇨. 실로 얼골이 아까왜라. 나는 매양 세요의 귀에 질리었으되 낯가족이 두꺼워 견댈 만하고 아모 말도 아니하노라."

① 청홍각시 – 척부인 – 감토할미 – 교두각시
② 척부인 – 감토할미 – 교두각시 – 청홍각시
③ 교두각시 – 척부인 – 감토할미 – 청홍각시
④ 청홍각시 – 감토할미 – 교두각시 – 척부인

17 다음 글에서 의인화하고 있는 사물은?

국성(麴聖)의 자(字)는 중지(中之)니, 주천(酒泉)에 사는 사람이다. 〈중 략〉 어릴 때에는 서막(徐邈)에게 귀여움을 받았다. 심지어 서막이 그의 이름과 자를 지어 주기까지 했다.
그의 먼 조상은 원래 온(溫)이라는 땅에서 살았다. 힘껏 농사를 지어서 넉넉하게 먹고 살았다. 정(鄭)나라가 주(周)나라를 칠 때 잡아갔기 때문에 그의 자손들은 간혹 정나라에 흩어져 살기도 한다.
국성의 증조(曾祖)는 그 이름이 역사에 실려 있지 않다. 조부 모(牟)가 주천이라는 곳으로 이사 와서 살기 시작했다.

① 술   ② 차
③ 보리   ④ 곡식

18 밑줄 친 단어 중 어법에 맞지 않는 것은?

① 오늘 이것으로 치사를 <u>갈음하고자</u> 합니다.

② <u>내노라하는</u> 재계의 인사들이 한곳에 모였다.

③ 예산을 대충 <u>겉잡아서</u> 말하지 말고 잘 뽑아 보시오.

④ 그가 무슨 잘못을 저질렀는지 나와 눈길을 <u>부딪치기를</u> 꺼려했다.

18 밑줄 친 단어의 쓰임이 옳은 것은?

① 날씨가 너무 추워서 입술이 다 <u>해어졌다.</u>

② 네 말이 이해는 <u>된다만은</u> 인정하기는 어려울 것 같다.

③ 그녀를 위해 굴 <u>껍질</u>을 묶어 예쁜 목걸이를 만들었다.

④ 시력이 지난 해보다 많이 나빠져서 안경 도수를 <u>돋구었다.</u>

19 다음 중 가장 적절한 문장은?

① 인생을 살다 보면 남을 도와주기도 하고 도움을 받기도 한다.

② 형은 조문객들과 잠시 환담을 나눈 후 다시 상주 자리로 돌아왔다.

③ 가벼운 물건이라도 높은 위치에서 던지면 인명 사고나 차량 파손을 일으킬 수 있다.

④ 중인이 보는 앞에서 병기에게 친히 불리어서 가까이 가는 것만 해도 여간한 우대였다.

19 다음 문장 중 어법에 가장 맞는 것은?

① 글씨 크기가 너무 작아서 글이 안 읽혀집니다.

② 계란은 가격은 저렴하고 영양가는 높은 식품이다.

③ 그는 이번 시험에 가능성이 매우 낮다고 생각한다.

④ 나는 선생님이 되겠다는 꿈을 이루고 싶고 대학에 진학했다.

20 속담에 대한 설명이 적절하지 않은 것은?

① 가난한 집 족보 자랑하기다.
   – 실속은 없으면서 허세만 부린다.

② 사또 덕분에 나팔 분다.
   – 남의 덕으로 분에 넘치는 행세를 한다.

③ 아쉬운 감 장수 유월부터 한다.
   – 돈이 아쉬워서 물건답지 못한 것을 미리 내다 판다.

④ 하늘 보고 손가락질한다.
   – 강한 상대에게도 용기 있게 달려든다.

20 다음 속담의 뜻으로 바른 것은?

> 장마다 망둥이 날까

① 늘 좋은 기회만 있는 것은 아니다.

② 위험이나 불행에 미리 대비해야 한다.

③ 항상 나쁜 일만 일어나는 것은 아니다.

④ 목표를 이루기 위해서는 성실하게 행동해야 한다.

21 다음 글의 내용을 이해한 것으로 가장 적절한 것은?

> 1905년 아인슈타인의 특수 상대성 이론이 발표되기 전까지 물리학자들은 시간과 공간을 별개의 독립적인 물리량으로 보았다. 공간은 상대적인 물리량인 데 비해, 시간은 절대적인 물리량으로서 공간이나 다른 어떤 것의 변화에 의해 변하지 않는다는 것이다. 하지만 아인슈타인은 시간도 상대적인 물리량으로 보고, 시간과 공간을 합쳐서 4차원 공간, 즉 시공간(spacetime)이라고 하였다. 이 시공간은 시간과 공간으로 서로 구별되지 않는다. 다만 이 시공간은 시간에 해당하는 차원이 한 방향으로만 진행한다는 한계가 있기 때문에 제한적인 4차원 공간이라는 특징이 있다.

① 아인슈타인의 시공간은 시간과 공간으로 구별되어 존재했다.

② 아인슈타인 등장 전까지 시간과 공간은 독립적인 물리량이 아니었다.

③ 아인슈타인 등장 전까지 시간은 상대적인 물리량으로 변화 가능한 것이었다.

④ 아인슈타인의 시공간은 시간에 해당하는 차원이 한 방향으로만 진행되었다.

21 다음 글에 대한 설명으로 옳은 것은?

> 고대 그리스의 철학자인 플라톤은 인간의 영혼을 세 부분으로 나누어 각각 지혜, 용기, 절제라고 했다. 플라톤이 말하는 용기는 두려워할 것과 두려워하지 말아야 할 것을 명확하게 판단하여 행동으로 옮기는 것을 뜻한다. 힘을 쓰지 말아야 할 것에 힘을 쓰는 것은 폭력이다. 힘을 써야 할 것에 힘을 쓰지 않는 것은 회피다. 플라톤의 제자였던 아리스토텔레스 식으로 말하면 전자의 폭력은 만용이고, 후자의 회피는 비겁이라 할 수 있다.
> 용기는 완력, 힘과 관련이 있지만 판단력과 절제가 전제되어야 한다. 판단력과 절제 없는 용기는 무뢰배들이 말하는 폭력일 뿐이다.

① 용기는 완력과 힘이 전제되어야 한다.

② 용기는 힘을 써야할 때를 아는 것을 의미한다.

③ 인간의 영혼 중에서 가장 중요한 부분은 용기이다.

④ 플라톤과 아리스토텔레스는 용기에 대한 생각이 달랐다.

22 다음 중 밑줄 친 부분의 맞춤법 표기가 옳은 것은?

① 그 부부는 대화를 하지 않음으로서 싸움이 커졌다.

② 가벼운 농담을 건넴으로서 그곳의 분위기가 좋아졌다.

③ 우리는 학생으로서 공부를 계속 해야 한다.

④ 상황에 대한 압박을 피함으로서 마음이 평화로워졌다.

22 맞춤법이 가장 옳지 않은 것은?

① 밥을 먹든 말든 네 마음대로 해라.

② 누가 부르던지 함부로 따라가서는 안 된다.

③ 조금씩 뿌리던 비가 점차 거세게 내리기 시작했다.

④ 그 사람도 많이 힘들었던지 더 이상 말을 잇지 못했다.

23 다음 중 아래 작품에 대한 설명으로 가장 옳지 않은 것은?

> 모란이 피기까지는,
> 나는 아직 나의 봄을 기다리고 있을 테요.
> 모란이 뚝뚝 떨어져 버린 날,
> 나는 비로소 나의 봄을 여읜 설움에 잠길 테요.
> 오월 어느 날, 그 하루 무덥던 날,
> 떨어져 누운 꽃잎마저 시들어 버리고는
> 천지에 모란은 자취도 없어지고,
> 뻗쳐 오르던 내 보람 서운케 무너졌느니,
> 모란이 지고 말면 그뿐, 내 한 해는 다 가고 말아,
> 삼백 예순 날 하냥 섭섭해 우옵내다.
> 모란이 피기까지는,
> 나는 아직 기다리고 있을 테요, 찬란한 슬픔의 봄을.
>
> – 김영랑, '모란이 피기까지는'

① 이 시는 '기다림과 상실의 미학'을 노래한 작품이다.

② 이 시의 화자는 모란의 '영원한 아름다움'을 찬양하고 있다.

③ 화자는 모란이 지고 난 뒤의 봄날의 상실감으로 인해 설움에 잠기지만, 그 슬픔과 상실이 주는 역설적인 기다림의 아름다움을 노래하고 있다.

④ 이 시에서 화자는 '모란'의 아름다움이 '한 철'만 볼 수 있는 것이기에 '찬란한 슬픔'이라고 표현하고 있다.

24 주장하는 말이 범하는 논리적 오류 유형이 다른 하나는?

① 식량을 주면, 옷을 달라고 할 것이고, 그 다음 집을 달라고 할 것이고, 결국 평생직장을 보장하라고 할 것이 틀림없어. 식량 배급은 당장 그만두어야 해.

② 네가 술 한 잔을 마시면, 다시 마시게 되고, 결국 알코올 중독자가 될 거야. 애초부터 술 마실 생각은 하지마라.

③ 아이들에게 부드럽게 말하면, 아이들은 부모를 무서워하지 않게 되고, 그 부모는 아이들을 망치게 될 겁니다. 아이들에게 엄하게 말하는 것을 두려워하지 마세요.

④ 식이요법을 시작하면 영양 부족에 빠지고, 어설픈 식이요법이 알코올 중독에 이르게 한다는 것을 암시해. 식이요법을 시작하지 못하게 막아야 해.

23 다음 시에 대한 이해로 적절하지 않은 것은?

> 나 보기가 역겨워
> 가실 때에는
> 말없이 고이 보내 드리우리다
>
> 영변에 약산
> 진달래꽃
> 아름 따다 가실 길에 뿌리우리다
>
> 가시는 걸음 걸음
> 놓인 그 꽃을
> 사뿐히 즈려밟고 가시옵소서
>
> 나 보기가 역겨워
> 가실 때에는
> 죽어도 아니 눈물 흘리우리다   – 김소월, '진달래꽃'

① 민요조 율격을 바탕으로 운율을 형성하고 있다.

② 수미 상관을 통해 시의 구조적 안정감을 꾀하고 있다.

③ 임과 이별하는 상황을 가정하여 시상을 전개하고 있다.

④ 반어적 표현을 사용하여 임과의 재회에 대한 의지를 드러내고 있다.

24 〈보기〉와 같은 유형의 논리적 오류에 해당하는 것은?

> 보기
>
> 이번 선거에 출마한 두 후보 중 유권자의 30%가 A 후보를 지지하고 있으니, 나머지 70%는 B 후보의 지지자들이다.

① 어제 저녁에 미역국을 먹어서 시험에 떨어진 것 같다.

② 그는 나를 좋아하지 않는다고 했다. 따라서 나를 싫어하는 게 분명하다.

③ 내가 중계방송을 볼 때마다 우리나라 선수들이 크게 실수했기 때문에 오늘 그 경기를 안 볼 것이다.

④ 지난번에 이 옷을 입었을 때 우연히 준휘를 만났다. 오늘도 같은 옷을 입었으니 그를 만날 수 있을 것이다.

25 다음 중 아래 글의 제목으로 가장 옳은 것은?

방정식이라는 단어는 '정치권의 통합 방정식', '경영에서의 성공 방정식', '영화의 흥행 방정식' 등 다양한 분야에서 애용된다. 수학의 방정식은 문자를 포함하는 등식에서 문자의 값에 따라 등식이 참이 되기도 하고 거짓이 되기도 하는 경우를 말한다. 통합 방정식의 경우, 통합을 하는 데 여러 변수가 있고 변수에 따라 통합이 성공하거나 실패할 수 있으므로 방정식이라는 표현은 대체로 적절하다.

그런데 방정식은 '변수가 많은 고차 방정식', '국내·국제·남북 관계의 3차 방정식'이란 표현에서 보듯이 차수와 함께 거론되기도 한다. 엄밀하게 따지면 변수의 개수와 방정식의 차수는 무관하다. 변수가 1개라도 고차 방정식이 될 수 있고 변수가 많아도 1차 방정식이 될 수 있다. 따라서 상황에 영향을 미치는 변수의 개수에 따라 m원 방정식으로, 상황의 복잡도에 따라 n차 방정식으로 구분할 필요가 있다. 또 4차 방정식까지는 근의 공식, 즉 일반해가 존재하므로 해를 구할 수 없을 정도의 난맥상이라면 5차 방정식 이상이라는 표현이 안전하다.

① 수학 용어의 올바른 활용
② 실생활에서의 수학 공식의 적용
③ 방정식의 정의와 구성 요소
④ 수학 용어의 추상성과 엄밀성

정답·해설 _해설집 p.87

짝문제 모의고사 01회
모바일 자동 채점 + 성적 분석 서비스 바로 가기

QR코드를 이용해 모바일로 간편하게 채점하고 나의 실력이 어느 정도인지, 취약 부분이 어디인지 바로 파악해 보세요!

25 다음 글의 제목으로 가장 적절한 것은?

길을 하나 선택하면 다른 길에서 얻을 수도 있었을 아름다움은 포기해야 하지 않는가. 따라서 지금 가고 있는 길을 선택한 비용은 '가지 않은 길'의 가치로 평가해야 한다. 그리고 '가지 못한 길'의 가치가 클수록 선택의 기회비용은 커진다. 어머니가 아이를 키우기 위해 직장을 포기했다고 가정해보자. 그럴 경우 아이를 키우는 비용은 단순히 우유를 사거나 유치원에 보내는 데 든 비용만이 아니다. 그 외에도 직장을 다녔더라면 얻을 수 있었을 포기된 수입까지 고려해야 한다. 후자가 바로 육아의 기회비용이 되는 것이다.

기회비용은 결코 어려운 개념이 아니다. 외환위기 직후 명예퇴직금으로 받은 1억 원을 투자하는 경우를 생각해보자. 부동산, 주식, 회사채 중 하나를 선택했다고 가정하자. 1997년 12월에 투자하여 2001년 5월에 정산한다면 각각의 평균 수익률이 얼마나 될까? 주가지수는 313.3에서 600.7로 올라왔으니 평균 수익률을 달성했다면 1.9배쯤 원금이 늘었을 것이다. 회사채는 당시 연 수익률이 23.6퍼센트에 달했으니 3년짜리였다면 역시 1.9배쯤 늘었을 것이다.

그러나 부동산 투자는 별 재미를 보지 못했다. 평균 수익률이 마이너스라서 원금이 오히려 6퍼센트 정도 감소했을 것 같다. 당신은 어떤 길을 덤불에 쌓인 아름다운 길로 선택했는가? 불행히도 주식과 부동산 사이에서 고민하다가, 부동산을 선택했다면 기회비용은 무려 9,000만 원이나 되는 셈이다. '가지 않은 길'에서 얻을 수도 있었던 수익이 바로 기회비용이 되는 것이다.

기업의 수익률도 마찬가지다. 예를 들어 200억 원의 자본을 가진 기업의 순익이 회계감사 결과 5억 원이라고 하자. 이것은 단지 회계학적 의미의 순익을 말하는 것일 뿐 기회비용이 반영된 것은 아니다. 사업을 하지 않고 200억 원을 고스란히 8퍼센트의 정기예금에 맡겼다면 16억 원의 이자를 받을 수 있지 않았는가.

그러나 사업에 투자했기 때문에 은행에 예금할 수 없었던 것이다. 편의상 이자소득세를 포함하지 않는다면 이 '사업'을 선택했기 때문에 발생한 기회비용은 16억 원이나 된다. 따라서 기회비용을 포함한 경제적 의미의 순익은 오히려 11억 원의 적자가 된다. 어느 것이 더 정확한 이윤의 개념인가. 역시 '가지 못한 길'의 가치를 반영해야만 경제학적 의미의 이윤이 된다.

① '가지 못한 길'의 가치
② 현실적인 의미의 육아 비용
③ 실패 위험이 높은 투자 수단
④ '가지 않은 길'과 '가지 못한 길'의 차이

01회 핵심 어법 마무리 체크

☑ 다음 문장을 읽고 알맞은 단어에 ○표 하세요.

이론 문법

01 '늙은 아버지가 홀로 기다리고 계셨다'에서 '늙은'의 품사는 동사/형용사 이다.

02 '산나물은 바다의 미역과 다르다'에서 '다르다'의 품사는 동사/형용사 이다.

03 '박사가 그를 조수로 삼았다'에서 '삼았다'의 품사는 동사/형용사 이다.

04 훈민정음의 초성 'ㄹ'은 가획자/이체자 이다.

05 훈민정음의 초성 'ㄷ'은 가획자/이체자 이다.

06 '어머니께 말씀을 드렸다'에 사용된 높임법은 주체/객체 높임법이다.

07 '주민 여러분께서는 귀를 기울여 주시기 바랍니다'에 사용된 높임법은 주체/객체 높임법이다.

08 '나는 할머니를 모시러 갔다'에 사용된 높임법은 주체/객체 높임법이다.

어문 규정

09 '귀밥이 훅 달아올랐다'에 사용된 '귀밥'은 표준어가 맞다/아니다.

10 '그는 콧망울을 벌름거리며 웃음을 터뜨렸다'에 사용된 '콧망울'은 표준어가 맞다/아니다.

11 표준어 사정 원칙에 따르면 윗어른/웃어른 이 표준어로 인정된다.

12 오늘따라 왠지/웬지 멋있어 보인다.

13 그는 일도 잘할뿐더러/잘할∨뿐더러 성격도 좋다

14 요즘 경기가 안 좋아서 장사가 잘 안된다/안∨된다.

15 '풀꽃아'의 표준 발음은 [풀꼬다]/[풀꼬차] 이다.

16 '넓둥글다'의 표준 발음은 [널뚱글다]/[넙뚱글다] 이다.

17 '자장면'과 '짜장면'은 동일한 의미의 복수 표준어가 맞다/아니다.

18 '손주'와 '손자'는 동일한 의미의 복수 표준어가 맞다/아니다.

정답 | 01 동사 **02** 형용사 **03** 동사 **04** 이체자 **05** 가획자 **06** 객체 **07** 주체 **08** 객체 **09** 아니다 **10** 아니다 **11** 웃어른 **12** 왠지 **13** 잘할뿐더러 **14** 안된다 **15** [풀꼬차] **16** [널뚱글다] **17** 맞다 **18** 아니다

02회 기출+동형 짝문제 모의고사

제한시간 : 25분 시작 시 분 ~ 종료 시 분 점수 확인 개/ 25개

기출문제

01 다음 중 밑줄 친 부분이 '띄어쓰기' 규정에 따른 것은? ('∨'는 '띄어 쓴다'는 표시임)

① 그는 재산이 많을∨뿐더러 재능도 엄청 많다.

② 선물을 주기는∨커녕 쳐다보지도 않더라.

③ 원서를 넣는∨족족 합격을 하네.

④ 기분이 좋아 보이는구먼∨그래.

02 다음 글에 대한 설명으로 가장 옳지 않은 것은?

> 온달은 떠날 때 이렇게 맹세하였다.
> "계립현(鷄立峴)과 죽령(竹嶺) 서쪽의 땅을 다시 되찾지 못한다면, 나는 돌아오지 않겠다."
> 드디어 출전하였는데, 온달은 신라 군사와 아단성(阿旦城) 아래에서 싸우다가 어디선가 날아든 화살에 맞아서 죽었다. 장사를 지내려 하였지만, 관이 전혀 움직이지 않았다. 공주가 와서 관을 어루만지며 말하였다.
> "죽고 사는 것이 이미 결정되었습니다. 아아, 돌아가소서."
> 드디어 관을 들어 장사 지냈다. 대왕이 그 소식을 듣고 매우 슬퍼하였다.

① 부착 설화의 원형을 따른다.

② 온달의 죽음과 관련된 내용이 전개된다.

③ 역사상의 실존 인물을 다룬 작품이다.

④ 『삼국유사』 「기이」편에 실린 작품이다.

짝문제

01 띄어쓰기가 옳지 않은 것은?

① 그는 과한 업무량에 지친 것이 틀림없다.

② 자꾸 그런 식으로 나한테 못되게 굴지 마.

③ 박 교수가 나서지 않으니 내가 할 수밖에 없겠지.

④ 그가 사라졌다는 사실을 아무도 알아 차리지 못했다.

02 다음 작품에 대한 설명으로 적절하지 않은 것은?

> 멀고 가까운 곳에서 여러 꽃들이 다투어 화왕을 뵈러 왔다. 깊고 그윽한 골짜기의 맑은 정기를 타고 난 탐스러운 꽃들이 다투어 모여 왔다.
> 문득 한 가인(佳人)이 앞으로 나왔다. 붉은 얼굴에 옥같은 이와 신선하고 탐스러운 감색 나들이옷을 입고 아장거리는 무희(舞姬)처럼 얌전하게 화왕에게 아뢰었다.
> "이 몸은 백설의 모래 사장을 밟고, 거울같이 맑은 바다를 바라보며 자라났습니다. 봄비가 내릴 때는 목욕하여 몸의 먼지를 씻었고, 상쾌하고 맑은 바람 속에 유유자적하면서 지냈습니다. 이름은 장미라 합니다. 임금님께서 이 몸을 받아 주실는지요?"

① 『삼국사기』에 수록된 작품이다.

② 우리나라 최초의 창작 설화이다.

③ 후대의 가전 문학에 영향을 주었다.

④ '장미'는 작가의 생각을 대변하는 인물이다.

03 한글 맞춤법 규정에 맞는 문장으로 옳은 것은?

① 아무래도 나 자리 뺐겼나 봐요.

② 오늘 하룻동안 해야 할 일이 엄청나네.

③ 그런 일에 발목 잡혀 번번히 주저앉았지.

④ 저희 아이의 석차 백분율이 1%만 올라도 좋겠습니다.

03 밑줄 친 말이 어법에 맞는 것은?

① 네 몫의 밥값은 네가 직접 치러라.

② 벽지가 까메서 종일 방 안이 어둡다.

③ 그는 만만찮은 상대이니 각오해야 한다.

④ 나랏님도 모르는 일을 내가 어떻게 알아?

04 다음 시조 중 주된 정조(情調)가 가장 다른 것은?

> (가) 이화에 월백하고 은한(銀漢)이 삼경인제
>   일지춘심(一枝春心)을 자규야 아랴마는
>   다정도 병인양 하여 잠 못 들어 하노라
>
> (나) 흥망이 유수하니 만월대도 추초(秋草)로다
>   오백 년 왕업이 목적(牧笛)에 부쳤으니
>   석양에 지나는 객이 눈물계워 하노라
>
> (다) 오백 년 도읍지를 필마로 돌아드니
>   산천은 의구하되 인걸은 간 데 없다
>   어즈버 태평연월이 꿈이런가 하노라
>
> (라) 이몸이 죽고죽어 일백번 고쳐죽어
>   백골이 진토되어 넋이라도 있든없든
>   임 향한 일편단심이야 가실 줄 있으랴

① (가) ② (나)

③ (다) ④ (라)

04 다음 시에 나타난 시적 화자의 정서와 가장 유사한 것은?

> 여기 피비린 옥루(玉樓)를 헐고
> 따사한 햇살에 익어 가는
> 초가삼간(草家三間)을 나는 짓자.
>
> 없는 것 두고는 모두 다 있는 곳에
> 어쩌면 이 많은 외로움이 그물을 치나.
>
> 허공(虛空)에 박힌 화살을 뽑아
> 한 자루 호미를 벼루어 보자.   – 조지훈, '흙을 만지며'

① 하하 허허 흔들 내 우음이 졍 우움가
  하 어쳑 업서셔 늣기다가 그리 되게
  벗님니 웃디를 말구려 아귀 씌여디리라.

② 산촌(山村)에 눈이 오니 돌길이 무쳐셰라.
  시비(柴扉)를 여지 마라, 날 츠즈리 뉘 이시리.
  밤즁만 일편 명월(一片明月)이 긔 벗인가 ᄒ노라.

③ 가노라 삼각산(三角山)아 다시 보자 한강수(漢江水)야
  고국산천(故國山川)을 떠나고쟈 하랴마ᄂᆞᆫ
  시절(時節)이 하 수상(殊常)하니 올 동 말 동ᄒ여라.

④ 동기로 세 몸 되어 한 몸같이 지내다가
  두 아운 어디 가서 돌아올 줄 모르는고.
  날마다 석양 문외에 한숨 겨워하노라.

05 아래의 글을 읽고 '한국 정원의 특징'을 표현한 것으로 가장 적절한 말은?

중국의 4대 정원을 보면, 이화원과 피서산장은 정원이 아니라 거대한 공원이라는 표현이 더 맞다. 졸정원과 유원은 사가(私家)의 정원으로서 평평한 대지에 담을 치고 그 안에 자연을 인공적으로 재현한 것으로 특유의 웅장함과 기이함이 있다. 그러나 창덕궁 후원과 같은 그윽한 맛은 찾아볼 수 없다.

일본에서는 교토의 천황가에서 지은 가쓰라 이궁(桂離宮, 가쓰라리큐)과 지천회유식 정원인 천룡사(天龍寺, 덴류지), 석정(石庭)으로 유명한 용안사(龍安寺, 료안지) 같은 사찰 정원이 명원으로 꼽힌다. 이곳들은 인공의 정교로움과 아기자기한 디테일을 자랑하고, 거기에다 무사도(武士道), 다도(茶道), 선(禪)의 이미지를 구현한 독특한 미학이 있다. 그러나 일본의 정원은 자연을 다듬어서 꾸민 조원(造園)으로 정원의 콘셉트 자체가 다르고 우리 같은 자연적인 맛이 없다.

중국과 일본의 정원도 자연과의 어우러짐을 중시했다. 그런 정원을 원림(園林)이라고 부른다. 원림을 경영하는 데에는 울타리 바깥의 자연 경관을 정원으로 끌어들이는 차경(借景)이 중요한 요소로 작용한다. 그러나 우리 원림에서는 자연 경관을 빌려오는 차경 정도가 아니라 자연 경관 자체가 정원의 뼈대를 이룬다. 인공적인 조원이 아니라 자연 경관을 경영하는 것이다. 산자락과 계곡이 즐비한 자연 지형에서 나온 우리만의 독특한 정원 형식이다.

한국의 이러한 전통 정원을 두고 우리나라의 한 건축학자는 "자연을 해석하고 적극적인 경관으로 건축화한 것"이라고 설명하였으며, 우리나라를 방문한 프랑스 건축가 협회 회장 로랑 살로몽은 "한국의 전통 건축물은 단순한 건축물이 아니라 자연이고 풍경이다. 인위적으로 세운 것이 아니라 자연 위에 그냥 얹혀 있는 느낌이다. 그런 점에서 한국의 전통 건축은 미학적 완성도가 아주 높다고 생각한다."라고 우리나라 전통 정원의 특징을 설명하였다.

① 자연과 인공의 조화(調和)

② 자연 경관의 경영(經營)

③ 자연의 차경(借景)

④ 자연의 재현(再現)

05 다음 글에서 필자가 말하고자 하는 중심 내용은?

옛날 열국들도 각각 사관을 두어 일을 적었기에, 『맹자』에 "진의 승, 초의 도올, 노의 춘추는 한 가지이다."라고 하였습니다. 우리 해동 삼국은 역사가 오래되어 그 사실이 응당 책에 밝혀져야 되겠기에, 늙은 신에게 명하여 이를 편집토록 하셨으나, 스스로 돌아봐도 부족할 따름이라 어찌할 바를 몰랐습니다. 삼가 생각건대 성상 폐하께서는 〈중 략〉 "오늘날 학사·대부들이 오경·제자의 글 및 진한·역대의 사서(史書)에 대하여는 간혹 환하게 알아 상세히 말하는 자가 있지만, 우리나라의 일에 이르러서는 도리어 아득하여 그 전말을 알지 못하니, 매우 개탄할 노릇이다."라고 여기셨습니다. 더군다나 신라, 고구려, 백제가 나라를 열어 솥발처럼 맞서면서도 능히 예의로써 중국과 통하였기에, 『한서』와 『당서』에 모두 그 열전이 있기는 하나, 국내는 상세히 하고 외국은 간략히 하는 바람에 그 일이 자세히 실리지 않았습니다. 또 그 고기(古記)란 것도 문자는 거칠고 불합리하며 사적(史蹟)은 빠지고 없어져서, 임금의 선함과 악함, 신하의 충성스러움과 간사함, 나라의 평안함과 위태로움, 백성의 다스려짐과 어지러움을 모두 드러내어 이로써 후세에 권장하거나 경계할 수가 없습니다. 마땅히 뛰어난 인재를 얻어 훌륭한 사서를 이룸으로써, 이를 만세토록 남기어 해와 별처럼 빛나게 해야 할 것입니다. 신과 같은 자는 본래 뛰어난 인재도 아니고 깊은 지식도 없을뿐더러, 황혼의 나이에 이르러 날로 혼미해져서, 글을 부지런히 읽어도 책을 덮으면 바로 잊어버리고 붓을 잡아도 힘이 없어 종이를 대하면 내려가지 않습니다. 신의 학술은 이렇게 짧고 얕은데 옛 사적은 저렇게 깊고 아득합니다. 이 때문에 온 정력을 쏟아 겨우 책을 엮었으나, 끝내 보잘 것이 없어 스스로 부끄러울 뿐입니다.

① 역사책을 편찬하게 된 이유

② 우리나라와 중국의 역사서 비교

③ 역사책 편찬 작업의 어려움 호소

④ 당시 학자들의 역사 인식에 대한 비판

06 다음 중 밑줄 친 단어의 한자로 틀린 것은?

> 기업이 현장에서 ㉠체감할 때까지 규제 ㉡혁파를 지속적으로, 또 신속하게 추진해야 한다. 그러려면 기업이 덜어주기를 바라는 모래 주머니 얘기를 지금의 몇 배 이상으로 ㉢경청하고 즉각 혁파에 나서야 한다. 공무원들이 책상머리에서 이것저것 따지는 만큼 기업의 고통은 크다는 점을 명심하길 바란다. 규제 총량제, ㉣일몰제 등의 해법을 쏟아 내고도 성과를 내지 못했던 과거의 실패에서 교훈을 얻어야 할 것이다.

① ㉠ : 體感
② ㉡ : 革罷
③ ㉢ : 敬聽
④ ㉣ : 日沒

06 ㉠~㉣ 중 한자의 표기가 옳은 것만을 모두 고르면?

> ㉠外貌는 분명히 장점 중 하나가 될 수 있다. 때로는 겉모습이 아름다운 사람이 받는 사회적 ㉡惠擇이 많아 보이기도 한다. 그러나 사람에게 있어서 가장 중요한 것은 다른 사람을 ㉢配勵하는 마음이다. 개인의 진정한 매력을 판단할 때, 생김새는 그저 ㉣附隨적인 요소일 뿐이다.

① ㉠, ㉡
② ㉠, ㉣
③ ㉡, ㉢
④ ㉡, ㉣

07 다음 한시의 시적 자아의 심정으로 가장 적절한 것은?

> 木頭雕作小唐雞　나무토막으로 조그만 당닭을 깎아 만들어
> 筋子拈來壁上棲　젓가락으로 집어다가 담벼락에 올려놓고
> 此鳥膠膠報時節　이 닭이 '꼬끼오' 하고 때를 알리면
> 慈顔始似日平西　어머님 얼굴이 비로소 늙으시옵소서
> 　　　　　　　　　　　　　　　　　　　　　　－ 이제현, '오관산'

① 몽환적(夢幻的)
② 이상적(理想的)
③ 허망(虛妄)함
④ 간절(懇切)함

07 다음 시조의 내용으로 가장 적절한 것은?

> 어버이 사라신 제 셤길 일란 다ᄒᆞ여라.
> 디나간 후(後)ㅣ면 애듧다 엇디ᄒᆞ리.
> 평ᄉᆡᆼ(平生)애 고텨 못홀 이리 이ᄲᅮᆫ인가 ᄒᆞ노라.

① 風樹之感
② 兄友弟恭
③ 一場春夢
④ 鷄鳴狗盜

08 다음 중 아래 글에 대한 이해로 가장 적절하지 않은 것은?

어떤 사람은 이곳이 옛 전쟁터였기 때문에 물소리가 그렇다고 말하나 그래서가 아니라 물소리는 듣기 여하에 달린 것이다.

나의 집이 있는 산속 바로 문 앞에 큰 내가 있다. 해마다 여름철 폭우가 한바탕 지나가고 나면 냇물이 갑자기 불어나 늘 수레와 말, 대포와 북의 소리를 듣게 되어 마침내 귀에 못이 박힐 정도가 되어 버렸다.

나는 문을 닫고 드러누워 그 냇물 소리를 구별해서 들어 본 적이 있었다. 깊숙한 솔숲에서 울려 나오는 솔바람 같은 소리, 이소리는 청아하게 들린다. 산이 찢어지고 언덕이 무너지는 듯한 소리, 이 소리는 격분해 있는 것처럼 들린다. 뭇 개구리들이 다투어 우는 듯한 소리, 이 소리는 교만한 것처럼 들린다. 수많은 축(筑)이 번갈아 울리는 듯한 소리, 이 소리는 노기에 차 있는 것처럼 들린다. 별안간 떨어지는 천둥 같은 소리, 이 소리는 놀란 듯이 들린다. 약하기도 세기도 한 불에 찻물이 끓는 듯한 소리, 이 소리는 분위기 있게 들린다. 거문고가 궁조(宮調)·우조(羽調)로 울려 나오는 듯한 소리, 이 소리는 슬픔에 젖어 있는 듯이 들린다. 종이 바른 창문에 바람이 우는 듯한 소리, 이 소리는 회의(懷疑)스러운 듯 들린다. 그러나 이 모두가 똑바로 듣지 못한 것이다. 단지 마음속에 품은 뜻이 귀로 소리를 받아들여 만들어 낸 것일 따름이다.

– 박지원, '일야구도하기'

① 직유와 은유를 활용하여 대상을 묘사하였다.

② 세심한 관찰을 통해 사물의 본질을 이해할 수 있음을 역설하였다.

③ 일상에서의 경험을 자기 생각의 근거로 제시하였다.

④ 다른 이의 생각을 반박하기 위하여 서술하였다.

08 다음 작품에 대한 설명으로 적절하지 않은 것은?

거사가 거울 하나를 갖고 있었는데 먼지가 끼어서 흐릿한 것이 마치 구름에 가리운 달빛 같았다. 그러나 그 거사는 아침저녁으로 이 거울을 들여다보며 얼굴을 가다듬곤 하였다. 한 나그네가 거사를 보고 이렇게 물었다.

"거울이란 얼굴을 비추어 보는 물건이든지, 아니면 군자가 거울을 보고 그 맑은 것을 취하는 것으로 알고 있는데, 지금 거사의 거울은 안개가 낀 것처럼 흐리고 때가 묻어 있습니다. 그럼에도 당신은 항상 그 거울에 얼굴을 비춰 보고 있으니 그것은 무슨 뜻입니까?"

거사는 이렇게 대답했다.

"얼굴이 잘생기고 예쁜 사람은 맑고 아른아른한 거울을 좋아하겠지만, 얼굴이 못생겨서 추한 사람은 오히려 맑은 거울을 싫어할 것입니다. 그러나 잘생긴 사람은 적고 못생긴 사람은 많기 때문에 맑은 거울 속에 비친 추한 얼굴을 보기 싫어할 것인즉 흐려진 그대로 두는 것이 나을 것입니다. 그래서 차라리 깨쳐 버릴 바에야 먼지에 흐려진 그대로 두는 것이 나을 것입니다. 먼지로 흐리게 된 것은 겉뿐이지 거울의 맑은 바탕은 속에 그냥 남아 있는 것입니다. 만일, 잘생기고 예쁜 사람을 만난 뒤에 닦고 갈아도 늦지 않습니다. 아! 옛날에 거울을 보는 사람들은 그 맑은 것을 취하기 위함이었지만, 내가 거울을 보는 것은 오히려 흐린 것을 취하는 것인데, 그대는 어찌 이를 이상스럽게 생각합니까?"

하니, 나그네는 아무 대답이 없었다.

– 이규보, '경설'

① '거사'는 현실주의적인 태도를 보이고 있다.

② '나그네'는 거울에 대한 고정 관념을 가지고 있다.

③ '거사'와 '나그네'의 대화를 통해 깨달음을 이끌어 내고 있다.

④ 필자는 자신의 단점은 보지 못한 채 남의 결점을 배척하는 태도를 비판하고 있다.

09 내용에 따른 (나)~(마)의 순서 배열로 가장 적절한 것은?

(가) 유행의 확산은 1930년에 접어들어 보다 빠른 속도로 경성의 거리를 획일적인 풍경으로 바꿔 놓았는데, 뉴욕이나 파리의 유행은 경성에서도 거의 동시에 유행했다. 이는 물론 영화를 비롯한 근대 과학기술의 덕택이었다.

(나) 하지만 뉴욕과 경성의 유행이 모두 동일한 것은 아니었다. 뉴욕걸이나 할리우드 배우들이나 경성의 모던걸이 입은 패션은 동일해도, 그녀들 주변의 풍경은 근대적인 빌딩 숲과 초가집만큼 차이가 났기 때문이다. 경성 모던걸의 유행은 이 같은 근대와 전근대의 아이러니를 내포하고 있었다.

(다) (㉠)은 "일초 동안에 지구를 네박휘"를 돈다는 전파만큼이나 빨라서, 1931년에 이르면 뉴욕이나 할리우드에서 유행하던 파자마라는 '침의패션'은 곧 바로 서울에서도 유행했다. 서구에서 시작한 유행이 일본을 거쳐 한국으로 전달되는 속도는 너무나 빨라 거의 동시적이었다.

(라) 폐쇄된 규방에만 있었던 조선의 여성이 신문과 라디오로, 세계의 동태를 듣게 되면서부터, 지구 한 모퉁이에서 일어나는 일이 그 지구에 매달려 사는 자기 자신에도 큰 파동을 끼치고 있다는 사실을 깨닫게 되었다. 규방 여성이 근대여성이 되기까지는 그리 오랜 시간이 필요하지 않았다. 신문이나 라디오 같은 미디어를 통해 속성 세계인이 될 수 있었기 때문이다. 동시에 미디어는 식민지 조선 여성에게 세계적인 불안도 함께 안겨주었다. 자본주의적 근대의 환상과 그 이면의 불안을 동시에 던져 주었던 것이다.

(마) 근대로 이행하는 데 필요한 절대적인 시간을 뛰어넘어 조선에 근대가 잠입해 올 수 있었던 것은 한편으로 미디어 덕분이었다. 미디어는 근대를 향한 이행을 식민지 조선에 요구했고, 단기간에 조선 사람들을 '속성 세계인'으로 변모시키는 역할을 했다.

① (나) – (다) – (라) – (마)

② (나) – (라) – (다) – (마)

③ (다) – (나) – (마) – (라)

④ (마) – (다) – (라) – (나)

09 다음 글의 연결 순서로 가장 자연스러운 것은?

(가) 즉, 원시 집단 종교 의식은 주문과도 같은 단순한 소리에서 복잡한 짜임을 가진 이야기로 점차 발전해 나간 것이다. 의식을 위한 이야기는 공동체 내에서 공유할 수 있는 내용을 담고 있어야 했다. 여기에서 신화가 생겨났고, 신화는 연극의 좋은 밑거름이 되었다.

(나) 연극은 인간의 삶의 기저에서 경험한 것과 밀접하게 닿아 있다. 문명 이전의 인간은 공동체를 형성하고 생존하고자 자연물을 신비적 존재로 숭상했다. 그들은 자연물에 상징성을 부여하고 그것들이 상징으로서 살아 숨 쉬게 되기를 바랐다.

(다) 이와 같은 연극의 유래는 세계 어디서나 비슷한 양상을 보인다. 한국의 경우 여러 고대 국가의 집단 종교 의식에서 춤과 노래를 연행했다고 전해지는 데서 연극의 시초를 알 수 있다. 또한 단어 '굿'이 '여러 사람이 모여 떠들썩하거나 신명 나는 구경거리'라는 의미를 지녔다는 점에서 연극과 그 뜻이 일맥상통한다. 이는 연극이 어디에서 비롯되었는지 잘 말해 주고 있다.

(라) 인간은 상징성을 지닌 자연물에 생명을 불어 넣고자 여러 의식들을 만들어 냈다. 또한 자연물로부터 보호받기 위해서도 의식이 이행되었는데, 그 형태는 제의(祭儀)·놀이·굿 등으로 다양하게 나타났다. 이와 같은 원시 집단 종교 의식은 문화적 축적을 이루었고 여기에서 연극이 유래했다.

① (나) – (가) – (다) – (라) ② (나) – (라) – (가) – (다)

③ (라) – (가) – (나) – (다) ④ (라) – (나) – (다) – (가)

10 다음 글을 읽고 필자의 서술태도와 가장 거리가 먼 것을 고르시오.

겨울철에 빙판이 만들어지면 노인들의 낙상 사고가 잦아진다. 대부분의 노인들은 근육 감소로 인한 순발력 저하로 방어기제가 제대로 작동하지 않는다. 그런 사고를 당하면 운동이 부족해져 그나마 남아 있던 근육이 퇴화하고 노화가 빨라진다. 건강수명은 대부분 거기서 끝이다. 참으로 무서운 일이다. 그런데도 불구하고 노년층에게 적극적으로 근력운동을 처방하지 않는다. 우리의 주변을 둘러보라. 요양병원이 상당히 많이 늘어났다. 앞으로도 부가가치가 매우 높은 산업이라고 한다. 안타까운 일이다.

① 논리적
② 회고적
③ 비판적
④ 동정적

11 다음 예문의 밑줄 친 ㉠에 들어갈 말로 가장 적절한 것은?

시집갈 때 혼수를 간소하게 하라는 간절한 요청은 ㉠ 부잣집과 사돈을 맺는 데 따르는 부담감을 일시에 벗겨주었다.
— 박완서, '아주 오래된 농담'

① 불감청이언정 고소원이어서
② 배보다 배꼽이 더 크다고
③ 미운 자식 떡 하나 더 준다고
④ 똥 묻은 개가 겨 묻은 개를 나무라는 격이라

12 다음 중 파생법으로 만들어진 단어가 아닌 것은?

① 교육자답다
② 살펴보다
③ 탐스럽다
④ 순수하다

10 다음 글에 나타난 글쓴이의 태도와 부합하는 것은?

나는 황제의 명령을 받았다. 나의 신의는 저 맑고 깨끗한 물과 같은 마음에 바탕을 두었다. 나의 말은 틀림없이 하늘이 살펴볼 것이다. 은혜를 베푼다고 해 놓고 개인적인 원망을 내세우지는 않을 것이다.

그러나 만일 네가 헛된 욕망에 이끌려 함부로 날뛰고 깊은 잠에서 깨어나지 못한다면, 이는 마치 지네가 수레바퀴에 저항하는 형상이고, 세상의 변화를 모른 채 옛것만 고집하는 수주대토(守株待兔)의 우(愚)를 범하는 것이다. 마침내 곰을 잡고 표범을 쫓는 우리 군대가 몰아친다면 큰소리만 치던 너의 오합지졸들은 사방으로 흩어져 도망칠 것이요, 너의 몸은 도끼에 묻은 기름이 될 것이며, 너의 뼈는 전차에 치여 부서진 가루가 될 것이다. 게다가 처자식도 무참히 처형을 당할 것이며, 종족들 또한 죽음을 면할 수 없을 것이다.
— 최치원, '토황소격문'

① 자신을 낮추어 상대의 투항을 유도한다.
② 현학적 표현을 통해 행위의 당위성을 강조한다.
③ 미래의 상황을 가정하여 목적을 달성하고자 한다.
④ 상대의 행위가 가져온 결과보다 의도에 주목한다.

11 다음 문장과 관련된 속담으로 가장 적절한 것은?

졸업 후 취업 준비를 하고 있는 여울이는 여러 번 낙방 끝에 모 기업의 입사 시험에 합격했지만, 독감에 걸려서 면접에 가지 못했다.

① 달걀에도 뼈가 있다.
② 혀 아래 도끼 들었다.
③ 오동 씨만 보아도 춤춘다.
④ 기름 먹인 가죽이 부드럽다.

12 다음 중 파생어끼리 짝지어진 것은?

① 불개미 – 빗금
② 가볍다 – 알부자
③ 담청색 – 굳세다
④ 굶주리다 – 새해

13 다음 중 밑줄 친 부분의 표기가 옳은 것은?

① 출산 후 <u>붓기</u>가 안 빠진다고 해서 제가 먹었던 건강식품을 권했어요.

② 유명 할리우드 스타들이 마신다고 해서 <u>유명세를 타기</u> 시작한 건강음료랍니다.

③ <u>어리버리해</u> 보이는 친구가 한 명 있었는데 사실은 감기 때문에 몸이 안 좋았다더군요.

④ 사실 이번 일의 책임을 누구에게 묻기란 참 어렵지만 <u>아무튼지</u> 그는 책임을 면할 수 없게 되었다.

14 다음 시에 대한 설명으로 가장 옳은 것은?

> 차운 산 바위 위에
> 하늘은 멀어
> 산새가 구슬피
> 울음 운다
>
> 구름 흘러가는
> 물길은 칠백 리
>
> 나그네 긴 소매
> 꽃잎에 젖어
> 술 익는 강마을의
> 저녁노을이여
>
> 이 밤 자면 저 마을에
> 꽃은 지리라
>
> 다정하고 한 많음도
> 병인 양하여
> 달빛 아래 고요히
> 흔들리며 가노니……
> 　　　　　　－ 조지훈, '완화삼'

① '구름, 물길'은 정처 없이 유랑하는 내적 현실을 암시한다.

② '강마을'은 방황하던 서정적 자아가 정착하고자 하는 공간이다.

③ '나그네'는 고향을 떠남으로써 현실의 질곡을 벗어나려는 의지를 상징한다.

④ '한 많음'은 민중적 삶 속에 구현된 전통적 미학에 맞닿아 있는 정서를 대변한다.

15 홑문장에 해당하는 것은?

① 어제 빨간 모자를 샀다.

② 봄이 오니 꽃이 피었다.

③ 남긴 만큼 버려지고, 버린 만큼 오염된다.

④ 우리 집 앞마당에 드디어 장미꽃이 피었다.

13 밑줄 친 단어가 적절하지 않은 것은?

① 예림이는 육개장에 밥을 말아서 먹었다.

② <u>여태껏</u> 내가 들어본 말 중에 제일 웃기다.

③ 어려운 질문에도 <u>서슴치</u> 않고 대답했다.

④ 우리 딸내미가 좋아하는 간식을 몇 개 사야겠다.

14 밑줄 친 시어 중 의미하는 것이 다른 하나는?

> 혼자만 와서 불타는 저녁 노을은
> 내게 있어 한 ㉠고통거리다
> 가슴을 헤치고
> 혼자만 와서 불타는 저녁 노을을
> 원망하며 바라본다
> 노을 속에서는
> 언제나 우렁찬 ㉡만세 소리가 들리고
> ㉢누님의 얼굴이 환히 비친다
> 이러한 때
> 노을은 신이 나서 붉은 물감을
> 함부로 칠하며
> 북을 치고 농부들같이 춤을 춘다
> 한 컵의 냉수를 마시고
> 오늘도 빈손으로 맞는 나의 저녁 노을
> 저녁 노을을 쳐다보는 사람은 벌써
> ㉣도시에 없다
> 　　　　　　－ 김규동, '노을과 시'

① ㉠　　　　　　② ㉡

③ ㉢　　　　　　④ ㉣

15 다음 중 문장의 유형이 나머지 셋과 다른 것은?

① 코끼리는 코가 길다.

② 도윤이는 자신이 가수임을 숨겼다.

③ 인하는 혜성이를 별로 좋아하지 않는다.

④ 나는 그가 예전에 먹었던 케이크를 주문했다.

16 다음 중 한생원의 생각과 가장 거리가 먼 것은?

이런 일을 생각하면 한생원도 ㉠미상불 다행스럽지 아니한 것은 아니었다. 그러나 오직 그뿐이었다. 독립? 신통할 것이 없었다.

독립이 되기로서니, 가난뱅이 농투성이가 별안간 나으리 주사 될 리 만무하였다. 가난뱅이 농투성이가 남의 세토 얻어 비지땀 흘려 가면서 일 년 농사 지어 절반도 넘는 ㉡도지 물고, 나머지로 굶으며 먹으며 연명이나 하여 가기는 독립이 되거나 말거나 매양 일반일 터이었다.

공출이야 징용이야 하여서 살기가 더럭 어려워지기는, 전쟁이 나면서부터였다. 전쟁이 나기 전에는 일 년 농사 지어 작정한 도지, 실수 않고 물면 ㉢모자라나따나 아무 시비와 성가심 없이 내 것 삼아 놓고 먹을 수가 있었다.

징용도 전쟁이 나기 전에는 없던 풍도였다. 마음 놓고 일을 하였고, 그것으로써 그만이었지, 달리는 근심 걱정될 것이 없었다.

전쟁 사품에 생겨난 공출이니 징용이니 하는 것이 전쟁이 끝이 남으로써 없어진 다음에야 독립이 되기 전 일본 정치 밑에서도 남의 세토 얻어 도지 물고 나머지나 천신하는 가난뱅이 농투성이에서 벗어날 것이 없을진대, 한갓 전쟁이 끝이 나서 공출과 징용이 없어진 것이 다행일 따름이지, 독립이 되었다고 만세를 부르며 날뛰고 할 흥이 한생원으로는 나는 것이 없었다.

일인에게 빼앗겼던 나라를 도로 찾고, 그래서 우리도 다시 나라가 있게 되었다는 이 잔주도, 역시 한생원에게는 ㉣시쁘듬한 것이었다. 한생원은 나라를 도로 찾는다는 것은 구한국 시절로 다시 돌아가는 것으로밖에는 달리 생각할 수가 없었다.

한생원네는 한생원의 아버지의 부지런으로 장만한, 열서 마지기와 일곱 마지기의 두 자리 논이 있었다. 선대의 유업도 아니요, 공문서 땅을 거저 주운 것도 아니요, 버젓이 값을 내고 산 것이었다. 하되 그 돈은 체계나 돈놀이로 모은 돈이 아니요, 품삯 받아 푼푼이 모으고 악의악식하면서 모은 돈이었다. 피와 땀이 어린 땅이었다.

그 피땀 어린 논 두 자리에서, 열서 마지기를 한생원네는 산 지 겨우 오 년 만에 고을 원에게 빼앗겨 버렸다.

– 채만식, '논 이야기'

① 독립이라는 것이 소작농의 삶에 아무런 영향을 끼치지 않는다.

② 해방이 되어도 나라가 사회 모순을 해결하지 못할 것이다.

③ 독립은 구한국 시절로 돌아가는 것과 다를 바 없다.

④ 소작농의 궁핍한 삶에는 국가의 책임도 적지 않다.

16 다음 글의 내용과 부합하지 않는 것은?

물은 깊어 허리까지 찼다. 속 물살도 어지간히 센 데다가 발에 채이는 돌멩이도 미끄러워 금시에 홀칠 듯하였다. 나귀와 조 선달은 재빨리 거의 건넜으나 동이는 허 생원을 붙드느라고 두 사람은 훨씬 떨어졌다.

"모친의 친정은 원래부터 제천이었던가?"

"웬걸요. 시원스리 말은 안 해 주나, 봉평이라는 것만은 들었죠."

"봉평? 그래 그 아비 성은 무엇이구?"

"알 수 있나요? 도무지 듣지를 못했으니까."

그 그렇겠지, 하고 중얼거리며 흐려지는 눈을 까물까물하다가 허 생원은 경망하게도 발을 빗디뎠다. 앞으로 고꾸라지기가 바쁘게 몸째 풍덩 빠져 버렸다. 허우적거릴수록 몸을 걷잡을 수 없어, 동이가 소리를 치며 가까이 왔을 때에는 벌써 퍽이나 흘렀었다. 옷째 쫄딱 젖으니 물에 젖은 개보다도 참혹한 꼴이었다. 동이는 물속에서 어른을 해깝게 업을 수 있었다. 젖었다고는 하여도 여윈 몸이라 장정 등에는 오히려 가벼웠다.

"이렇게까지 해서 안됐네. 내 오늘은 정신이 빠진 모양이야."

"염려하실 것 없어요."

"그래, 모친은 아비를 찾지는 않는 눈치지?"

"늘 한번 만나고 싶다고는 하는데요."

"지금 어디 계신가?"

"의부와도 갈라져서 제천에 있죠. 가을에는 봉평에 모셔 오려고 생각 중인데요. 이를 물고 벌면 이럭저럭 살아갈 수 있겠죠."

"아무렴, 기특한 생각이야. 가을이랬다?"

동이의 탐탁한 등어리가 뼈에 사무쳐 따뜻하다.

〈중 략〉

허 생원은 젖은 옷을 웬만큼 짜서 입었다. 이가 덜덜 갈리고 가슴이 떨리며 몹시도 추웠으나, 마음을 알 수 없이 둥실둥실 가벼웠다.

"주막까지 부지런히들 가세나. 뜰에 불을 피우고 훗훗이 쉬어. 나귀에겐 더운물을 끓여 주고. 내일 대화 장 보고는 제천이다."

나귀가 걷기 시작하였을 때 동이의 채찍은 왼손에 있었다. 오랫동안 아둑시니같이 눈이 어둡던 허 생원도 요번만은 동이의 왼손잡이가 눈에 뜨이지 않을 수 없었다.

– 이효석, '메밀꽃 필 무렵'

① '동이'는 다음 행선지에 대한 기대감을 갖고 있다.

② '허 생원'은 '동이'가 자신의 혈육임을 확신하고 있다.

③ '동이'는 봉평으로 어머니를 모셔 와 함께 살고 싶어 한다.

④ '허 생원'은 '동이'의 어머니에 대한 얘기를 듣고 동요한다.

※ 다음 글을 읽고 물음에 답하시오. [17～19]

(가) 만물은 시간의 흐름에 따라 끊임없이 변화한다. ㉠언어 또한 끊임없이 변화하는 실체이다. 언어의 변화는 음운, 형태, 통사, 의미 등 언어를 구성하는 모든 측면에서 변화한다.

(나) 특정한 어느 한 시기의 언어 상태를 공시태라고 하고, 어떤 언어의 변화 상태를 통시태라고 할 때, 공시태는 같은 언어의 같은 시기에 속하는 언어 상태를 말하며, ㉡통시태는 같은 언어의 다른 변화 시기에 속하는 다른 언어 상태를 말한다.

(다) 그러나 모든 언어 현상은 항상 역사적인 요인과 결합되어 있다. 즉 공시적 언어 현상은 항상 다음 단계로 변화하는 시발점이 되어 동요하고 있다. 따라서 공시적 언어 상태는 새로이 생겨나는 요소와 없어져 가는 요소의 혼합체라고 할 수 있으며, 공시태는 과거를 반영하고 미래를 예측하게 하는 것이다.

(라) 언어의 변화는 음운, 형태, 통사, 의미 등 언어를 구성하는 모든 측면에서 일어난다고 하였다. 통사 현상 역시 변화한다. 통사 변화에는 역시 문법 범주의 변화와 문장구성의 변화를 포함한다.

17 다음 중 〈보기〉의 문장이 들어가기에 가장 적절한 곳은?

보기
　이러한 언어의 변화는 원칙적으로 어느 한 공시태에서 다른 공시태로의 변화를 의미한다.

① (가)의 뒤　　　　　　② (나)의 뒤
③ (다)의 뒤　　　　　　④ (라)의 뒤

18 다음 중 윗글의 ㉠에 해당하는 언어의 특성은 무엇인가?

① 언어의 자의성　　　　② 언어의 역사성
③ 언어의 사회성　　　　④ 언어의 창조성

19 다음 중 윗글의 ㉡에 해당하는 사례가 아닌 것은?

① 모음 조화 현상의 변화

② 청자 높임법이 실현된 단어의 변화

③ 신조어의 등장과 방언의 실현

④ 아래아, 순경음 비읍, 반치음의 변화

※ 다음 글을 읽고 물음에 답하시오. [17～19]

(가) 기호는 일정한 형식과 그 형식이 나타내는 내용으로 이루어져 있다. 언어 역시 기호 체계의 하나로서 형식인 '음성'과 내용인 '의미'로 구성되어 있다.

(나) '음성'과 '의미'의 두 층위는 각각 독자적인 특성을 가지고 있는데, 이를 언어의 이원성이라고 한다. 개별 언어에서 음성과 의미의 연결이 공고하기는 하지만 그 연결에 필연적인 이유는 없다.

(다) 동일한 의미를 나타내는 사물이나 개념에 대해 필연적인 이유 없이 언어마다 다른 음성으로 대응되는데, 이를 자의성이라 한다. ㉠언어의 음성이나 의미가 시간의 흐름에 따라 변화하는 것도 둘 사이의 연결이 필연적이 아님을 말해 준다.

(라) 사실 언어의 음성과 뜻이 전적으로 자의적인 것만은 아니다. 언어마다 조금씩 차이가 있기는 하지만 한국어 '꼬끼오, 꼬꼬'와 영어의 'cock-a-doodle-doo'등 의성어에서 나타나는 소리의 유사성은 음성과 의미가 자의적이지만은 않음을 보여 준다.

17 다음 중 〈보기〉의 문장이 들어가기에 가장 적절한 곳은?

보기
　이에 따라 언어는 '음성'과 '의미'의 이원성(二元性)을 가지며, 음성과 의미의 관계가 필연적이지 않다는 점에서 자의성(恣意性)을 가진다.

① (가)의 뒤　　　　　　② (나)의 뒤
③ (다)의 뒤　　　　　　④ (라)의 뒤

18 다음 중 윗글의 ㉠에 해당하는 언어의 특성은 무엇인가?

① 언어의 기호성　　　　② 언어의 사회성
③ 언어의 창조성　　　　④ 언어의 역사성

19 다음 중 '언어의 자의성'에 해당하는 사례가 아닌 것은?

① '책'은 '서적'으로도 부름

② 양, 소, 말, 쥐 등을 '동물'이라고 부름

③ '손'은 '신체의 일부' 혹은 '찾아온 사람'이라는 의미와 대응함

④ 한국어로 '고양이'라고 부르는 대상을 영어로는 'Cat'으로 부름

20 다음 밑줄 친 단어 중 외래어 표기법에 맞는 것은?

① 화재의 위험을 방지하기 위하여 <u>휴즈</u>를 부착하였습니다.

② <u>커텐</u>에 감겨 넘어질 수 있으니 유의하시기 바랍니다.

③ 기둥을 조립할 때 <u>행거</u>가 넘어질 수 있습니다.

④ 스위치의 뒤쪽을 누르면 <u>윈도</u>가 열립니다.

20 외래어 표기 용례로 올바른 것은?

① Gips – 기브스   ② teamwork – 팀웍

③ omelet – 오믈렛   ④ narration – 나레이션

※ 다음 글을 읽고 물음에 답하시오. [21~22]

> 이 몸 삼기실 제 님을 조차 삼기시니,
> 한 싱 緣연分분이며 하늘 모를 일이런가.
> 나 ᄒ나 졈어 잇고 ㉠님 ᄒ나 날 괴시니,
> 이 ᄆᆞᆷ 이 ᄉ랑 견졸 ᄃᆡ 노여 업다.
> 平평生ᄉᆡᆼ애 願원ᄒᆞ요ᄃᆡ ㉡한ᄃᆡ 녜쟈 ᄒ얏더니,
> 늙거야 므스 일로 외오 두고 그리ᄂᆞᆫ고.
> 엇그제 님을 뫼셔 廣광寒한殿뎐의 올낫더니,
> 그 더ᄃᆡ 엇디ᄒᆞ야 下하界계예 ᄂᆞ려오니,
> 올 저긔 비슨 머리 ㉢헛틀언 디 三삼年년일싀.
> 臙연脂지粉분 잇ᄂᆡ마ᄂᆞᆫ 눌 위ᄒᆞ야 고이 흘고.
> ᄆᆞ음의 ᄆᆡ친 실음 疊텹疊텹이 빠혀 이셔,
> 짓ᄂᆞ니 한숨이오 ㉣디ᄂᆞ니 눈물이라.
> (가) 人인生ᄉᆡᆼ은 有유限한ᄒᆞᆫᄃᆡ 시름도 그지업다.
>   無무心심ᄒᆞᆫ 歲셰月월은 믈 흐ᄅᆞᆺ 듯 ᄒᆞᄂᆞᆫ고야.
>   炎염涼냥이 ᄯᅢ를 아라 가ᄂᆞᆫ 듯 고텨 오니,
>   듯거니 보거니 늣길 일도 하도 할샤.   – 정철, '사미인곡'

21 (가)에 나타난 화자의 심정으로 옳은 것은?

① 임에 대한 원망의 마음을 솔직하게 드러내고 있다.

② 임이 곁에 있다고 느끼며 마음의 위안을 삼고 있다.

③ 계절의 변화에 따라 임에 대한 사랑이 변하고 있음을 고백하고 있다.

④ 임과 이별한 채 시간만 덧없이 흐르고 있음을 안타까워하고 있다.

22 밑줄 친 ㉠~㉣에서 현대어로 해석한 것으로 옳지 않은 것은?

① ㉠ 님 ᄒ나 날 괴시니: 님이 오직 나를 사랑하시니

② ㉡ 한ᄃᆡ 녜쟈 ᄒ얏더니: 함께 지내자 하였더니

③ ㉢ 헛틀언 디 三삼年년일싀: 헝클어진 지 삼 년이구나

④ ㉣ 디ᄂᆞ니 눈물이라: 지나가는 것은 눈물이라

※ 다음 글을 읽고 물음에 답하시오. [21~22]

> 松根(송근)을 볘여 누어 ㉠풋줌을 얼픗 드니,
> 쑴애 ᄒᆞᆫ 사ᄅᆞᆷ이 날ᄃᆞ려 닐온 말이,
> 그ᄃᆡ를 내 모ᄅᆞ랴 上界(상계)예 眞仙(진션)이라.
> 黃庭經(황졍경) 一字(일ᄌᆞ)를 ㉡엇디 그릇 닐거 두고,
> 人間(인간)의 내려와셔 우리를 ᄯᆞᆯ오ᄂᆞᆫ다.
> 져근덧 가디 마오 이 술 ᄒᆞᆫ 잔 머거 보오.
> 北斗星(븍두셩) 기우려 滄海水(창ᄒᆡ슈) 부어 내여,
> 저 먹고 날 머겨늘 ㉢서너 잔 거후로니,
> 和風(화풍)이 習習(습습)ᄒᆞ야 兩腋(냥익)을 추혀 드니,
> 九萬里(구만리) 長空(댱공)애 져기면 ᄂᆞᆯ리로다.
> (가) ┌ 이 술 가져다가 四海(ᄉᆞᄒᆡ)예 고로 ᄂᆞ화,
>   │ 億萬(억만) 蒼生(창ᄉᆡᆼ)을 다 醉(ᄎᆔ)케 밍근 後(후)의,
>   └ 그제야 고텨 맛나 ᄯᅩ ᄒᆞᆫ 잔 ᄒᆞ쟛고야.
> 말 디쟈 鶴(학)을 ᄐᆞ고 九空(구공)의 올나가니,
> 空中(공듕) 玉簫(옥쇼) 소ᄅᆡ 어제런가 그제런가.
> 나도 ᄌᆞᆷ을 ᄭᆡ여 바다ᄒᆞᆯ 구버보니,
> 기픠를 모ᄅᆞ거니 ᄀᆞ인들 엇디 알리.
> 明月(명월)이 千山萬落(쳔산 만낙)의 ㉣아니 비쵠 ᄃᆡ 업다.   – 정철, '관동별곡'

21 (가)에 나타난 화자의 태도로 옳은 것은?

① 자연에 은거하는 삶에 대한 만족감이 나타난다.

② 백성에게 선정(善政)을 베풀고자 하는 포부를 드러내고 있다.

③ 나랏일을 걱정하는 마음과 임금에 대한 연군지정을 드러내고 있다.

④ 관찰사로서의 임무와 자연을 즐기고 싶은 마음 사이에서 갈등하고 있다.

22 밑줄 친 ㉠~㉣에서 현대어로 옮길 때 가장 적절하지 않은 것은?

① ㉠ 선잠이 얼핏 들었는데

② ㉡ 어찌 그릇을 남겨 두고

③ ㉢ 서너 잔을 기울이니

④ ㉣ 비치지 않은 곳이 없다

---

23 위 글로부터 알 수 있는 사실이 아닌 것은?

주자학이란 무엇일까? 주자학은 한마디로 주자(朱子, 1130 ~1200)가 새롭게 해석한 유학이라 할 수 있다. 공자와 맹자의 말씀은 "자신을 누르고 예의에 맞게 행동하라[극기복례(克己復禮)].", "사람들에게 진심으로 대하고 늘 배려하라[충서(忠恕)]." 처럼, 도덕 교과서에나 나올 법한 소박한 가르침에 지나지 않았다. 주자는 이를 철학적으로 훨씬 더 세련되게 다듬었다.

주자학에는 태극 이론, 음양(陰陽), 이기(理氣), 심성론(心性論) 등 어려운 용어가 많이 나온다. 이를 여기서 조목조목 풀어 설명할 필요는 없을 듯하다. 단지 주자가 이런 이론들을 만든 이유는 "자연 과학과 심리학의 도움으로 도덕 이론을 더 정확하게 설명하기 위해서"였다는 정도만 이해하면 될 것이다.

주자의 가르침 가운데 신진 사대부들의 마음을 사로잡았던 구절은 크게 두 가지다. 첫째는 위기지학(爲己之學)의 이념이다. 공부의 목적은 성인(聖人)이 되는 데 있지, 출세하여 부귀영화를 누리기 위함이 아니라는 뜻이다. 이러한 위기지학 정신은 신진 사대부들에게 큰 힘을 주었다. 음서(蔭敍)로 권력을 얻던 귀족 자제들과 달리, 그들은 피나는 '공부'를 거쳐 관직에 들어선 자들이다. 위기지학의 이념에 따르면, 이들이야말로 자신의 인품을 갈고닦은 사람들이 아닌가!

둘째는 주자가 강조한 격물치지(格物致知) 정신이다. 인격 수양을 위해서는 먼저 사물을 연구하고[격물(格物)] 세상 만물의 이치를 깨달아[치지(致知)] 무엇이 진정 옳고 그른지 명확히 알아야 한다. 이때 사물을 연구한다는 것은 사실을 잘 관찰하고 분석한다는 의미가 아니다. 이미 공자와 맹자 같은 옛 성현들이 이런 작업을 완벽하게 해 놓았으므로, 후대 사람들은 이들이 남긴 글을 깊이 되새기기만 하면 된다.

그렇다면 공자의 말씀을 가장 깊고 넓게 알고 있었던 사람들은 누구일까? 다름 아닌 신진 사대부로, 이들은 과거를 보기 위해 공자의 말씀을 새기고 또 새겼다. 결국 격물치지란 바로 신진 사대부들이 우월한 자들임을 보여 주는 핵심 이론이 되는 셈이다. 주자의 가르침은 이처럼 유학 사상으로 무장한 신진 사대부들이 사회 지도층이 되어야 함을 입증하는 강력한 근거가 되었다.

① 주자학은 위기지학과 격물치지의 학문이다.
② 주자학은 자연 과학과 심리학의 영향을 받았다.
③ 신진 사대부는 관직에 진출하기 위해 주자학을 공부했다.
④ 주자학은 공자와 맹자의 말씀을 철학적으로 세련되게 다듬은 것이다.

23 다음 글에 대한 이해로 가장 적절한 것은?

지적재산을 왜 보호하는가에 대하여는 크게 두 가지 견해가 있다. 먼저 지적재산도 유형의 창조물과 마찬가지로 그것을 만든 자에게 원칙적으로 권리가 귀속되어야 하며, 그 객체의 특성상 일정한 경우 권리가 제한될 수 있을 뿐이라는 지적재산의 발생 과정에서 접근한 견해가 있으며, 다른 하나는 그 객체의 특성상 지적재산의 이용은 원칙상 자유이나 사회 전체의 이익에 이바지하므로 예외적으로 법률이 인정한 권리라 해석하는 견해로 이는 보호 결과에서 접근한 것이다.

사실 일정한 보호 체계가 정립된 분야에서는 언제나 권리와 그 제한이 공존하고 있어 그 보호 근거를 구별하여 논의할 실익은 거의 없다. 그러나 새로운 객체의 출현에 있어 두 견해는 접근 방식을 달리한다.

전자의 경우 기존의 창작자와 동등한 지위를 강조하여 원칙적으로 보호되어야 할 것임을 강조할 것이며, 후자의 경우 보호의 타당성을 별도로 요구할 것이다.

그러므로 지적재산의 범위가 확장되고 있는 현 시점에서 분명한 입장을 정리할 필요성이 있다.

이는 법의 존재를 떠나 인간의 기본적 정서에 비추어 인격적 이익을 훼손하지 않는 타인의 지적재산에 대한 이용이 비난받아야 하는가 여부에서 출발되어야 할 것이다.

물론 인격적 이익을 포함한 것으로 지적재산권을 정의한다면 이러한 논의는 성립하지 않으며, 이에 대한 견해는 개인마다 다를 수 있다.

그러나 지적재산은 관념상 존재하는 이익으로 현실적으로 완전한 통제가 불가능하고, 발생 과정에 있어서도 타인에 대한 의존이 불가피하며, 그 이용에 있어서도 지적재산이 소멸·변형되지 않으므로 보다 많은 사람들의 이용으로 그 이익을 널리 향유할 수 있다는 점을 고려할 때 후자의 견해가 보다 더 타당하다고 생각된다. 또한 창작물 이상으로 그 영역을 확대함에 있어서도 전자의 견해는 도움이 되지 않는다.

① 지적재산의 보호 여부에 대한 사회적 논의가 필요하다.
② 사회적 이익의 실현은 지적재산의 보호에 대한 근거가 될 수 있다.
③ 지적재산권은 배타적 측면이 아닌 독점적 측면에서 논의되어야 한다.
④ 지적재산은 유형의 창작물과 마찬가지로 완전한 통제권을 행사하기 어렵다.

24 다음 글의 ( )에 들어갈 말로 적절하지 않은 것은?

이 시인은 사람들의 관심 밖에 놓여 있는 미미한 대상을 정밀하게 관찰하고 거기에 시적 의미를 부여함으로써 (①) 풍경을 서정적 수채화로 변형시킨다. 대상을 정확히 관찰한다는 점에서는 (②)인데, 서정의 윤기를 입힌다는 점에서 그는 분명 로맨티스트이다. 대상의 배면에서 전해오는 사물의 축축한 습기라든가 무정한 듯 펼쳐진 정경에서 배어나오는 생의 슬픔 같은 것을 즐겨 그려내는데, 생의 (③)에서 떠나 있는 듯한 그 애잔한 질감이 결국은 생의 문제와 결부되어 있음을 느끼게 하는 데 그의 특색이 있다. 그의 시집은 아련한 빛의 파문 속에 명멸하는 따스하면서도 (④) 생의 영상들을 쌓아놓았다.

① 평범한   ② 모럴리스트

③ 현장   ④ 서글픈

25 다음 〈보기〉에 대한 설명으로 적절하지 않은 것은?

보기

불휘 기픈 남ᄀᆞᆫ ᄇᆞᄅᆞ매 아니 뮐씨, 곶 됴코 여름 하ᄂᆞ니
ᄉᆡ미 기픈 므른 ᄀᆞ므래 아니 그츨씨, 내히 이러 바ᄅᆞ래 가ᄂᆞ니
– '용비어천가' 2장

① 경기체가의 대표작이다.

② '남ᄀᆞᆫ'과 'ᄉᆡ미'는 조선과 조선의 백성, 'ᄇᆞᄅᆞ매'와 'ᄀᆞ므래'는 시련을 주는 대상을 상징한다.

③ '여름 하ᄂᆞ니'는 열매가 많다는 의미이다.

④ '내히 이러'는 냇물이 모인다는 의미이다.

24 다음 중 빈칸에 들어갈 말로 가장 적절한 것은?

정보 기술 시대의 문화적 특성은 커뮤니케이션의 영역을 더욱 확대시키고 있다. 그래서 결국 지금까지의 대중 매체의 성격을 더욱 발전시켜 탈대중화시킨다. 더 나아가 정보 기술은 미디어를 쌍방 통행식 커뮤니케이션으로 바꾸어 놓았다. 즉, 송신사와 수신사의 역할을 공히 할 수 있게 한다. 이런 상태까지 갈 때 하나의 큰 문제가 제기될 수 있다. 그것이 곧 기계 중재의 문제이고, 이것은 비인격화적 커뮤니케이션이다. 사람과 사람의 인격적 상호 작용 대신 기계를 중심으로 인간관계를 맺으며 살 때, 문화생활은 다분히 _____된다.
– 김병서, '정보 기술과 문화'

① 규칙화   ② 기술화

③ 대중화   ④ 비인간화

25 다음 〈보기〉에 대한 설명으로 적절하지 않은 것은?

보기

돌하 노피곰 도ᄃᆞ샤
어긔야 머리곰 비취오시라.
어긔야 어강됴리
아으 다롱디리.
져재 녀러신고요.
어긔야 즌 ᄃᆡ를 드ᄃᆡ욜셰라.
어긔야 어강됴리.
어느이다 노코시라.
어긔야 내 가논 ᄃᆡ
졈그롤셰라.
어긔야 어강됴리.
아으 다롱디리.
– 작자 미상, '정읍사'

① '즌 ᄃᆡ'는 '먼 곳'을 의미한다.

② '머리곰'은 '멀리멀리'를 의미한다.

③ '돌'은 소망과 기원의 대상을 상징한다.

④ 한글로 기록된 가장 오래된 고대 가요이다.

정답·해설 _해설집 p.101

짝문제 모의고사 02회
모바일 자동 채점 + 성적 분석 서비스 바로 가기

QR코드를 이용해 모바일로 간편하게 채점하고 나의 실력이 어느 정도인지, 취약 부분이 어디인지 바로 파악해 보세요!

02회 핵심 어법 마무리 체크

☑ 다음 문장을 읽고 알맞은 단어에 ○표 하세요.

이론 문법

01 '그는 밥도 안 먹고 일만 한다'에서 '밥도'의 문장 성분은 목적어 / 부사어 이다.

02 '고향의 사투리까지 싫어할 이유는 없었다'에서 '사투리까지'의 문장 성분은 목적어 / 부사어 이다.

03 '그는 그녀에게 물만 주었다'에서 '물만'의 문장 성분은 주어 / 목적어 이다.

04 '몸은 아파도 마음만은 날아갈 것 같다'에서 '마음만은'의 문장 성분은 주어 / 목적어 이다.

05 ㅘ / ㆆ 는 훈민정음의 28자모(字母) 체계에 속한다.

06 ㅿ / ㅸ 는 훈민정음의 28자모(字母) 체계에 속한다.

07 '맨손'은 합성어 / 파생어 이다.

08 '어깨동무'는 합성어 / 파생어 이다.

09 '동화책'은 합성어 / 파생어 이다.

10 '울보'는 합성어 / 파생어 이다.

11 '나는 기차가 떠났음을 알았다'는 관형절 / 명사절 을 안은 문장이다.

12 '그는 큰 차를 샀다'는 관형절 / 명사절 을 안은 문장이다.

어문 규정

13 이번 시험에서 안되어도 / 안∨되어도 세 명은 합격할 듯하다.

14 조금 의심스러운 부분이 있어서 물어도보았다 / 물어도 ∨보았다 .

15 문을 잘 잠가야 / 잠궈야 한다.

16 바닷물이 퍼레서 / 퍼래서 무서운 느낌이 든다.

17 '불볕더위'의 표준 발음은 [불볃더위] / [불볃떠위] 이다.

18 '식용유'의 표준 발음은 [시굥뉴] / [시굥유] 이다.

19 '대관령'의 올바른 로마자 표기는 Daegwalryeong / Daegwallyeong 이다.

20 무슨 일을 하든지 / 하던지 최선을 다해야 한다.

21 담뱃값 인상으로 흡연률 / 흡연율 이 줄고 있다.

22 생각지도 / 생각치도 않은 반응 때문에 놀랐었다.

03회

기출+동형 짝문제 모의고사

제한시간 : 25분 시작   시   분 ~ 종료   시   분 점수 확인   개/ 25개

기출문제

01 다음 중 사자성어가 가장 적절하게 쓰이지 않은 것은?

① 견강부회(牽強附會) 하지 말고 타당한 논거로 반박을 하세요.

② 그는 언제나 호시우보(虎視牛步) 하여 훌륭한 리더가 되었다.

③ 함부로 도청도설(道聽塗說)에 현혹되어 주책없이 행동하지 마시오.

④ 이번에 우리 팀이 크게 이긴 것을 전화위복(轉禍爲福)으로 여기자.

02 밑줄 친 단어 중 외래어 표기법이 모두 맞는 문장으로 옳은 것은?

① 리모콘에 있는 버턴의 번호를 눌러주세요.

② 벤젠이나 시너, 알코올 등으로 닦지 마세요.

③ 전원 코드를 컨센트에 바르게 연결해 주세요.

④ 썬루프 안쪽은 수돗물을 적신 스폰지로 닦아 냅니다.

03 다음 중 아래의 특징을 모두 만족하는 단어가 아닌 것은?

- 어떤 경우에도 조사와 결합하지 않는다.
- 독립된 품사로 단어와 띄어 쓴다.
- 주로 체언을 꾸며 준다.

① 달리   ② 서너

③ 어떤   ④ 갖은

짝문제

01 밑줄 친 한자 성어가 문맥상 적절하지 않은 것은?

① 그는 권력을 잡자 함부로 赤手空拳을 휘둘러 댔다.

② 글을 쓰더라도 牛溲馬勃과 같은 글은 지양해야 한다.

③ 聲東擊西식 공격을 통해 적진을 혼란스럽게 만들었다.

④ 최종 선발된 두 선수는 難兄難弟라 우열을 가리기 어렵다.

02 〈보기〉의 외래어 표기 중 옳은 것을 모두 고르면?

보기
ㄱ. 내레이션(narration)
ㄴ. 시크니스(sickness)
ㄷ. 피트버그(Pittsburgh)
ㄹ. 헤드라이트(headlight)
ㅁ. 바이탈사인(vital sign)

① ㄱ, ㄷ, ㄹ

② ㄱ, ㄴ, ㄹ

③ ㄴ, ㄷ, ㅁ

④ ㄴ, ㄹ, ㅁ

03 밑줄 친 단어의 품사가 나머지 셋과 다른 것은?

① 소문이 점차 커다랗게 불거졌다.

② 햇살이 희미하게 창을 비추기 시작했다.

③ 내 마음을 설레게 만드는 계절이 돌아왔다.

④ 어린 아이도 가뿐하게 들 수 있는 무게이다.

---

04 아래 내용을 위 글의 (가)~(라)에 넣을 때 가장 적절한 위치는?

> 공감의 출발은 상대방의 이야기를 경청하면서 상대방의 감정과 느낌이 어떠했을까를 헤아리며 그것을 이해하도록 노력하는 것이다. 그리고 상대방의 입장을 이해한다는 것을 언어적, 비언어적으로 표현하는 것이 중요하다.

> (가) 공감은 상대방의 생각과 느낌을 자신의 생각과 느낌처럼 받아들이고 이해하는 것이다. (나) 상대방이 나를 분석하거나 판단하지 않고, 있는 그대로 나의 감정을 이해하고 있다고 느끼게 될 때 사람들은 그 상대방을 나를 이해하는 사람, 나를 알아주는 사람으로 여기게 된다.
> 판단 기준과 가치관이 다른 사람의 생각과 느낌을 공감을 하면서 이해하는 것은 여간 어려운 일이 아니다. (다) 사람은 누구나 자신의 느낌과 생각을 바탕으로 말하고 판단하고 일을 결정하게 되므로, 상대방의 입장을 헤아리고 그의 느낌과 생각을 내가 그렇게 생각하고 느끼는 것처럼 이해하기가 어렵다. (라) 상대방의 말투, 표정, 자세를 관찰하면서 그와 같은 관점, 심정, 분위기 또는 태도로 맞추는 것도 공감에 도움이 된다.

① (가)
② (나)
③ (다)
④ (라)

05 ㉠~㉢에 들어갈 단어를 순서대로 나열한 것은?

> • 회사 측은 주민 대표에게 언론에 보도된 내용이 사실과 다르다고 (㉠) 하였다.
> • 그는 국회에서 국민의 기본권에 대하여 (㉡)할 기회를 얻었다.
> • 피의자는 뇌물을 받은 적이 없다고 검사에게 (㉢)했다.

① 解明 – 發言 – 陳述
② 陳述 – 發言 – 解明
③ 發言 – 陳述 – 解明
④ 發言 – 解明 – 陳述

04 다음 글에 이어질 내용으로 가장 적합한 것은?

> 하늘은 재주를 고르게 주는데 이것을 명문의 집과 과거(科擧)로써 제한하니 인재가 늘 모자라 걱정하는 것은 당연하다. 동서고금에 첩이 낳은 아들의 재주를 쓰지 않는다는 말은 듣지 못했다. 우리나라만이 천한 어미를 가진 자손이나 두 번 시집간 자의 자손을 벼슬길에 끼지 못하게 한다.
> 조막만 하고 더욱이 양쪽 오랑캐 사이에 끼여 있는 이 나라에서 인재를 제대로 쓰지 못할까 두려워해도 더러 나랏일이 제대로 될지 점칠 수 없는데, 도리어 그 길을 스스로 막고서 "우리나라에는 인재가 없다."고 탄식한다. 이것은 남쪽 나라를 치러 가면서 수레를 북쪽으로 내달리는 것과 무엇이 다르겠느냐. 참으로 이웃 나라가 알까 두렵다.
> 한낱 여인네가 원한을 품어도 하늘이 마음이 언짢아 오뉴월에 서리를 내리는데 하물며 원망을 품은 사내와 원한에 찬 홀어미가 나라의 반을 차지하니 화평한 기운을 불러오기는 어려우리라.

① 차별적인 인재 등용의 사례를 다루는 내용
② 올바르게 인재를 등용할 것을 촉구하는 내용
③ 우리나라의 인재 등용 방법을 설명하는 내용
④ 당시 중국과 우리나라의 인재상을 비교하는 내용

05 다음 ㉠~㉢에 들어갈 단어들이 바르게 연결된 것은?

> • 잡히지 않았던 범인이 오늘 (㉠)되었다.
> • (㉡) 절차를 마친 물건만이 판매될 수 있다.
> • 확인해보니 사건이 이미 (㉢)로 넘어갔다고 한다.

	㉠	㉡	㉢
①	檢擧	檢查	檢察
②	檢查	檢擧	檢察
③	檢擧	檢察	檢查
④	檢察	檢查	檢擧

06 다음 중 밑줄 친 단어를 〈로마자 표기법〉에 맞게 표기한 것은?

내 이름은 복연필이다.
어제 우리는 청와대를 다녀왔다.
작년에 나는 한라산을 등산하였다.
다음 주에 나는 북한산을 등산하려고 한다.

① 복연필 – Bok Nyeonphil

② 청와대 – Chungwadae

③ 한라산 – Hanrasan

④ 북한산 – Bukhansan

06 〈보기〉의 로마자 표기가 옳은 것을 모두 고르면?

보기
ㄱ. 충렬 Chungryeol   ㄴ. 갓바위 Gatbawi
ㄷ. 국화도 Gukwado   ㄹ. 광한루 Gwanghallu

① ㄱ, ㄴ   ② ㄱ, ㄷ

③ ㄴ, ㄹ   ④ ㄷ, ㄹ

07 우리말 어법에 맞고 가장 자연스러운 문장은?

① 그의 하루 일과를 일어나자마자 아침 신문을 읽는 데서 시작한다.

② 저녁노을이 지는 들판에서 농부 내외가 조용히 기도하는 모습이 멀리 보였다.

③ 졸업한 형도 못 푸는 문제인데, 하물며 네가 풀겠다고 덤볐다.

④ 제가 여러분에게 당부하고 싶은 것은 주변 환경을 탓하지 마시기 바랍니다.

07 어법에 맞는 문장은?

① 은행에 가서 공과금을 수납하고 왔다.

② 그가 모두 기피하는 힘든 업무를 자청해서 떠맡았다.

③ 불이 꺼지지 않은 것을 보니 아마 아직 사람이 남아 있다.

④ 이 방안은 실현 가능성은 높으나 개혁의 효과가 미약하다.

08 다음 중 〈보기〉를 바르게 발음한 것은?

보기
절약 – 몰상식한 – 낯설다 – 읊조리다

① [저략] – [몰쌍식한] – [낟썰다] – [읍조리다]

② [저략] – [몰쌍시칸] – [낟썰다] – [읍쪼리다]

③ [절략] – [몰쌍식한] – [나썰다] – [읍조리다]

④ [절략] – [몰쌍시칸] – [나썰다] – [읍쪼리다]

08 다음 단어의 표준 발음으로 올바른 것은?

닿소, 닭을, 훑이

① [다쏘], [달글], [훌치]

② [다쏘], [다글], [훌티]

③ [닫쏘], [달글], [훌티]

④ [닫쏘], [다글], [훌치]

09 다음 중 띄어쓰기가 가장 옳은 것은?

① 지난 달에 나는 딸도 만날겸 여행도 할겸 미국에 다녀왔어.

② 이 회사의 경비병들은 물 샐 틈없이 경비를 선다.

③ 저 사과들 중에서 좀더 큰것을 주세요.

④ 그 사람은 감사하기는 커녕 적게 주었다고 원망만 하더라.

09 다음 띄어쓰기 규정의 '원칙'에 맞게 쓴 것 중 가장 적절한 것은?

① 독립운동가∨남궁∨억∨선생

② 서울대학교∨의과대학∨부속병원

③ 무역∨수지가∨흑자로∨전환되었다.

④ 이주임과∨서대리가∨출장을∨갔다.

10 다음은 〈보기〉에 제시된 글의 핵심 내용을 정리한 것이다. 가장 잘 이해한 것은?

> 보기
>
> '무엇인가', '어떠한 것인가'라는 물음에 대응하는 내용이 '질'이고 '어느 정도'라는 물음에 대응하는 내용이 '양'이다. '책상이란 무엇인가' 또는 '책상이 어떠한 것인가'를 알기 위해 사전에서 '책상'을 찾으면, "책을 읽거나 글을 쓰는 상"으로 나와 있다. 이것이 책상을 의자와 찬장 및 그 밖의 유사한 사물들과 구분해 주는 책상의 '질'이다. 예를 들어 "이 책상의 높이는 어느 정도인가?"라고 물으면 "70cm이다"라고 답한다. 이때 말한 '70cm'가 바로 '양'이다. 그런데 책상의 높이는 70cm가 60cm로 되거나 40cm로 된다고 하더라도 그것이 책상임에는 변함이 없다. 성인용 책상에서 아동용 책상으로, 의자 달린 책상에서 앉은뱅이책상으로 바뀐다고 하더라도 그것이 '책을 읽거나 글을 쓰는 상'으로서의 기능은 수행할 수 있기 때문이다. 그러나 책상의 높이를 일정한 한도가 넘는 수준, 예컨대 70cm를 1cm로 낮추어 버리면 그 책상은 나무판에 가까운 것으로 변하여 책상의 기능을 수행할 수 없게 되어 더 이상 책상이라 할 수 없게 될 것이다.

① 양의 변화는 질의 변화를 초래하고 질의 변화는 양의 변화를 이끈다.

② 양의 변화가 누적되면 질의 변화가 일어나므로 양의 변화는 변화된 양만큼 질의 변화를 이끈다.

③ 양의 변화는 일정한 한도 내에서 질의 변화를 이끌지 못하지만 어느 한도를 넘으면 질의 변화를 초래한다.

④ 양의 변화든 질의 변화든 변화는 모두 본래의 상태로 환원되는 과정이기 때문에 두 변화는 본질적으로 동일하다.

10 다음 글의 주장으로 가장 적절한 것은?

> 패러디를 말하고자 할 때 먼저 그와 유사한 형식들을 구별할 필요가 있다. 〈중 략〉 창작자의 명백한 언급이나 암시 없이는 누구도 그 창작 행위가 의식적이었는지 무의식적이었는지 증명할 수 없는 것이고 심지어 창작자조차도 그 영향 관계를 의식하지 못하는 경우가 있기 때문이다. 또한 실제로 단순한 모방 인용과 패러디적 모방 인용을 구분하려 들면, 구분하는 사람마다 다른 결과가 나온다. 결국 기준의 척도가 주관적이라는 것이다. 엄밀한 의미에서 기존의 텍스트를 모방 인용한 텍스트는 인용자의 의도와 동기가 개입되기 마련이며 새롭게 놓여진 다른 문맥성 때문에 원텍스트와 결코 일치할 수 없다.
>
> 즉, 원텍스트는 필히 인용자의 이해와 발화라는 주관적인 언어 과정을 거치는 수밖에 없다. 따라서 극단적으로 말하자면 의도나 동기가 없는 모방 인용이란 없는 것이고 단순한 모방 인용이라는 말 자체가 실제적으로 모순된 용어인 것이다.

① 단순 모방문과 패러디적 모방문의 경계가 명확해졌다.

② 인용된 텍스트는 필연적으로 기존의 텍스트와 구분된다.

③ 텍스트의 문맥을 통해 창작자의 의도성을 증명할 수 있다.

④ 패러디적 모방 인용은 원 창작자의 의도를 훼손할 가능성이 적다.

11 (가)에 나타난 화자의 정서로 가장 적절한 것은?

> 紅塵에 뭇친 분네 이 내 生涯 엇더ᄒ고
> 녯사ᄅᆞᆷ 風流를 미츨가 못 미츨가
> 天地間 男子 몸이 날만 ᄒᆞᆫ 이 하건마ᄂᆞᆫ
> 山林에 뭇쳐 이셔 至樂을 ᄆᆞ를 것가
> 數間 茅屋을 碧溪水 앒픠두고
> 松竹 鬱鬱裏예 風月主人 되여셔라
> 엇그제 겨을 지나 새 봄이 도라오니
> 桃花杏花ᄂᆞᆫ 夕陽裏예 퓌여 잇고
> 綠楊芳草ᄂᆞᆫ 細雨 中에 프르도다
> 칼로 ᄆᆞᆯ아 낸가 붓으로 그려낸가
> 造化神功이 物物마다 헌ᄉᆞ룹다
> (가) 수풀에 우는 새는 春氣를 ᄆᆞᆺ내 계워
> 소ᄅᆡ마다 嬌態로다
> 物我一體어니 興이이 다를소냐
> 柴扉예 거러 보고 亭子애 안자 보니
> 逍遙吟詠ᄒᆞ야 山日이 寂寂ᄒᆞᆫᄃᆡ
> 閑中眞味를 알 니 업시 호재로다
> 이바 니웃드라 山水 구경 가쟈스라
>
> — 정극인, '상춘곡'

① 화자와 산수자연 사이에 가로놓인 방해물에 대한 불만
② 산수자연 속의 모든 존재들과 합일하는 흥겨움의 마음
③ 산수자연의 즐거움을 혼자서만 누리는 것에 대한 안타까움
④ 산수자연에 제대로 몰입하지 못하는 자신의 처지에 대한 회한

12 다음 한글 맞춤법의 규정에 근거할 때 본말과 준말의 짝이 옳지 않은 것은?

> 제32항 단어의 끝모음이 줄어지고 자음만 남은 것은 그 앞의 음절에 받침으로 적는다.
>
> 제39항 어미 '-지' 뒤에 '않-'이 어울려 '-잖-'이 될 적과 '-하지' 뒤에 '않-'이 어울려 '-찮-'이 될 적에는 준 대로 적는다.
>
> 제40항 어간의 끝음절 '하'의 'ㅏ'가 줄고 'ㅎ'이 다음 음절의 첫소리와 어울려 거센소리로 될 적에는 거센소리로 적는다.

① 어제그저께 – 엊그저께
② 그렇지 않은 – 그렇잖은
③ 만만하지 않다 – 만만찮다
④ 연구하도록 – 연구토록

11 다음 글의 화자에 대한 설명으로 가장 적절한 것은?

> 한기태심(旱旣太甚)ᄒᆞ여 시절(時節)이 다 느즌 제
> 서주(西疇) 놉흔 논애 잠깐 긴 널비예
> 도상무원수(道上無源水)를 반만깐 ᄃᆡ혀 두고
> 쇼 ᄒᆞᆫ 적 듀마 ᄒᆞ고 엄섬이 ᄒᆞ는 말삼
> 친절호라 너긴 집의 달 업슨 황혼의 허위허위 다라셔,
> 구디 다ᄃᆞᆫ 문 밧긔 어득히 혼자 셔셔
> 큰 기춤 아함이를 양구(良久)토록 ᄒᆞ온 후에
> 어화 긔 뉘신고 염치업산 ᄂᆡ옵노라.
> 초경(初更)도 거읜ᄃᆡ 긔 엇지 와 겨신고.
> 연년(年年)에 이러ᄒᆞ기 구차ᄒᆞᆫ 줄 알건마ᄂᆞᆫ
> 쇼 업슨 궁가(窮家)애 헤염 만하 왓삽노라.
> 공ᄒᆞ니나 갑시나 주엄 즉도 ᄒᆞ다마ᄂᆞᆫ,
> 다만 어제밤의 거넨 집 져 사ᄅᆞᆷ이
> 목 불근 수기치(雉)를 옥지읍(玉脂泣)게 ᄭᅮ어 ᄂᆡ고
> 간 이근 삼해주(三亥酒)를 취(醉)토록 권ᄒᆞ거든
> 이러한 은혜를 어이 아니 갑흘넌고.
> 내일로 주마 ᄒᆞ고 큰 언약 ᄒᆞ야거든,
> 실약(失約)이 미편(未便)ᄒᆞ니 사셜이 어려왜라.
> 실위(實爲) 그러ᄒᆞ면 혈마 어이ᄒᆞᆯ고.
> 헌 먼덕 수기 스고 측 업슨 집신에 설피설피 믈너 오니
> 풍채(風采) 저근 형용(形容)애 기 즈칠 ᄲᅮᆫ이로다.
>
> — 박인로, '누항사'

① 생계를 꾸려나가는 것에 대해 걱정하고 있다.
② 사대부로서의 권위가 무너진 현실을 비판하고 있다.
③ 이상적 가치의 실현에 대한 회의적 태도를 보이고 있다.
④ 어려운 처지를 헤아려 준 이웃에게 고마움을 느끼고 있다.

12 〈보기〉의 규정이 적용된 단어가 아닌 것은?

> 보기
> 제5항 한 단어 안에서 뚜렷한 까닭 없이 나는 된소리는 다음 음절의 첫소리를 된소리로 적는다.
>   1. 두 모음 사이에서 나는 된소리
>   2. 'ㄴ, ㄹ, ㅁ, ㅇ' 받침 뒤에서 나는 소리
> 다만, 'ㄱ, ㅂ' 받침 뒤에서 나는 된소리는, 같은 음절이나 비슷한 음절이 겹쳐 나는 경우가 아니면 된소리로 적지 아니한다.

① 잔뜩
② 싹수
③ 갑자기
④ 이따금

13 아래의 글에 나타나지 않는 설명 방식은?

텔레비전에서는 여러 종류의 자막이 쓰인다. 뉴스의 경우, 앵커가 기사를 소개할 때에는 앵커의 왼쪽 위에 기사 전체의 내용을 요약하거나 핵심을 추려 제목 자막을 쓴다. 보도 중간에는 화면의 하단에 기사의 제목이나 소제목을 자막으로 보여준다. 그리고 보도 내용을 이해하는 데 꼭 필요한 핵심적인 내용이나 세부 자료도 자막으로 보여준다.

관객이나 시청자가 읽을 수 있도록 화면에 보여 주는 글자라는 점에서 영화에서 쓰이는 자막도 텔레비전 자막과 비슷하게 활용된다. 그런데 영화의 자막은 타이틀과 엔딩 크레디트 그리고 번역 대사가 전부이다. 이는 모두 영화 제작과 관련된 정보를 알려주는 제한된 용도로만 사용된다. 번역 대사는 더빙하지 않은 외국영화의 대사를 보여 주기 위한 수단으로 사용된다.

텔레비전에서는 영화에서 쓰는 자막을 모두 사용할 뿐 아니라 각종 제목과 요약 내용을 나타내기도 하고 시청자의 흥미를 돋우기 위해 말과 감탄사를 표현하기도 한다. 음성으로 전달할 수 없는 다양한 정보를 제작자의 의도에 맞게끔 자막을 활용하여 제공하는 것이다.

① 정의
② 유추
③ 예시
④ 대조

13 다음에서 제시한 글의 전개 방식의 예로 가장 적절한 것은?

'대조'는 어떤 두 대상을 서로 견주어 서술하는 전개 방식으로, 대상 간의 대비되는 특징에 초점을 맞추어 차이점을 밝혀낸다.

① 융합과 복합이 지닌 뜻에는 서로 다른 것이 합쳐진다는 공통점이 있다. 그러나 단순히 합쳐지는 것에 그치지 않고, 여러 요인이 함께 작용하여 하나씩 작용할 때보다 효과가 더 커지는 상승효과가 생긴다.

② 크게는 나라와 나라 사이의 외교 협상이 있을 것이고, 기업과 기업 간의 가격 협상, 직장인들의 연봉 협상, 더 작게는 재래시장에서 이루어지는 판매자와 소비자의 물건 값 실랑이까지, 모두 협상의 일환이다.

③ 제보가 접수되자 경성 시내 전 경찰서에 비상이 걸렸다. 얼마 후 경찰 선발대 30여 명이 오토바이와 자동차를 몰아 허둥지둥 현장에 도착했다. 그러나 현장에는 어디서 소문을 듣고 모였는지 벌써 수십 명의 구경꾼이 운집해 있었다.

④ 기존의 높이뛰기 기술은 신체의 모든 부분이 동시에 바를 넘게 됩니다. 즉 걸릴 부분이 많아진다는 이야기지요. 반면 포스베리의 기술은 도약 초반에 이미 머리와 어깨가 바를 넘어갑니다. 그 이후에 몸을 활처럼 휘어 엉덩이와 다리가 바에 걸리지 않도록만 하면 됩니다.

14 다음 중 〈보기〉에서 밑줄 친 단어의 맞춤법 표기가 옳은 것으로만 짝지어진 것은?

보기
㉠ 날씨가 추워서 <u>웃옷</u>을 입었다.
㉡ 책상에 오래 앉아 있으면 <u>윗몸</u>을 뒤로 젖히는 운동을 해라.
㉢ 산의 오른쪽으로 향하지 말고 <u>윗쪽</u>으로 가라.
㉣ 그녀의 버릇은 <u>윗입술</u>을 깨무는 것이다.
㉤ 부모님은 그에게 명절 차비로 <u>윗돈</u>을 얹어 주셨다.
㉥ 그는 메모한 종이를 <u>웃도리</u>에 넣었다.

① ㉠, ㉡, ㉣
② ㉡, ㉢, ㉥
③ ㉢, ㉣, ㉥
④ ㉠, ㉣, ㉤

14 다음 중 〈보기〉에서 밑줄 친 단어의 맞춤법 표기가 옳은 것으로만 짝지어진 것은?

보기
㉠ <u>은장이</u>에게 반지를 맞추었다.
㉡ 이 <u>게으름쟁이</u>야, 방 좀 치우렴.
㉢ 캄캄한 <u>골목장이</u>를 돌아 큰길로 나왔다.
㉣ 서울에서 전학 온 그 아이는 <u>깍쟁이</u> 같은 인상이었다.
㉤ 그는 웬만해선 자신의 의견을 절대 굽히지 않는 <u>고집장이</u>다.
㉥ 저는 책상 앞에만 앉아 있는 <u>글장이</u>라 세상 물정을 잘 모릅니다.

① ㉠, ㉡, ㉣
② ㉠, ㉢, ㉤
③ ㉡, ㉢, ㉣
④ ㉡, ㉤, ㉥

※ 다음 글을 읽고 물음에 답하시오. [15~17]

관계 내에 갈등이 발생할 때 무엇보다도 먼저 피해야 할 것이 성급한 판단이다. "저 사람 때문에 이런 문제가 발생했다.", "저 사람은 ㉠그 만한 문제도 그냥 못 넘긴다." 또는 "우리 관계는 엉망이다."라는 식으로 결론부터 내려놓게 되면 서로에게 좋은 결론을 찾는다는 것은 애시당초 그른 일이다. 한쪽에서 판단부터 내려놓고 문제를 접근하게 되면 다른 쪽은 자신의 가치가 무시되었다고 느끼기 때문에 감정적으로 반응하게 되고 때로는 적대감까지 가지게 된다. 따라서 성급한 판단을 피하고 문제를 되도록 객관적인 방향으로 표현하여야 한다.

문제를 객관적으로 표현하기 위해서는 묘사적인 언어를 사용해야 한다. 묘사적인 언어란 상대방을 비난하거나 동기를 해석하지 않고 일어난 일을 그대로 기술하는 표현법을 가리킨다. 즉, 자신의 가치나 판단을 개입시키지 않는 표현법을 일컫는 것이다. 이를테면, 노사 관계에서 사원 복지의 문제로 갈등이 생겨났을 때 노조 측에서 "회사 측은 자기 ㉡이익 밖에 모른다. ㉢쥐꼬리만 한 월급만 던져 주면 그만이냐"라고 한다면 이것은 극히 판단이 개입된 표현이다. 이런 말을 들으면 회사 측은 "너희들은 어떤가? 회사야 망하든 말든 ㉣제이익만 챙기지 않느냐?" 하는 식으로 나오게 되어 갈등은 심화되기 마련이다. 이럴 때는 "우리 회사의 사원 복지는 다른 회사에 비하여 부족한 점이 많다."라는 식으로 객관적으로 묘사하는 것이 통합적 해결책을 찾기 위한 출발점이 된다.

15 다음 ㉠~㉣ 중 띄어쓰기가 옳은 것은?

① ㉠

② ㉡

③ ㉢

④ ㉣

16 다음 중 윗글의 제목으로 가장 적절한 것은?

① 객관적 표현

② 갈등 해결을 위한 전략

③ 말의 중요성

④ 판단의 기술

17 다음 중 윗글의 주제로 가장 적절한 것은?

① 문제를 해결하고자 한다면 문제 발생 원인을 찾는 일을 우선해야 한다.

② 갈등 상황에서 객관적인 시각을 갖추는 것이 중요하다.

③ 같은 말이라도 표현 방식에 따라 상대방의 반응은 달라진다.

④ 성급한 판단을 피하고 묘사적인 언어를 사용해야 한다.

※ 다음 글을 읽고 물음에 답하시오. [15~17]

노자의 도덕경에 '상선약수(上善若水)'라는 말이 있다. '지극히 착한 것은 흐르는 물과 같다'는 뜻이다. 흐르는 물은 자체적으로 정화를 하기 때문에 깨끗하다. 흐르는 물에는 이끼가 끼지 않는다. 그러나 한 가지 일을 오래 하다보면 자신도 모르게 정체된다. 시대와 함께 흘러가야 하는데 변화를 따라가지 못한다. ㉠고여 있다보니 조금씩 혼탁해지다가 끝내는 썩고 만다. 사람도 물과 마찬가지다. 살아남기 위해서는 쉼없이 자기 정화를 하며 흘러가야 한다. 한곳에 안주하고 있으면 지금은 편안하겠지만 훗날 반드시 그 대가를 치러야 한다.

운동 경기에는 흐름이 있다. 명감독은 흐름을 알기 때문에 일부러 경기를 지연시키기도 하고, 경기에 일일이 개입하기도 하고, 때로는 선수의 자율에 맡기기도 한다. 성공하는 사람은 흐름을 탈 줄 안다. 정치인으로 성공하려면 시대의 조류를 탈 줄 알아야 하고, 경제인으로 성공하려면 돈의 물줄기가 ㉡어디서 부터 흘러와서 어디로 흘러가는지를 알아야 한다.

세상에는 이미 지나간 뒤에 허둥거리며 쫓아가는 사람들이 꽤 많다. 남은 찌꺼기라도 건지기 위해서이다. 하지만 그들은 몇 푼의 돈을 만지는 대신 ㉢뒤치다 꺼리를 도맡아야 한다.

그렇다면 성공하는 사람은 어떻게 시대의 조류를 알고 돈의 흐름을 아는가? 남들보다 신통한 재주를 타고 나거나 미래를 예측하는 힘이 있어서 ㉣꿰뚫어 보는 것은 아니다. 한 방면에서 경험이나 경력이 쌓이면 피부로 흐름을 감지할 수 있게 된다.

15 다음 ㉠~㉣ 중 띄어쓰기가 옳은 것은?

① ㉠

② ㉡

③ ㉢

④ ㉣

16 다음 중 윗글의 제목으로 가장 적절한 것은?

① 전문가가 되어라

② 자신을 사랑하라

③ 흐름을 파악하라

④ 자신의 삶을 살아라

17 다음 중 윗글의 주제로 가장 적절한 것은?

① 성공하기 위해서는 시대의 흐름에 발맞춰 변화해야 한다.

② 스스로 판단할 수 있는 자기 주도적 능력이 필요하다.

③ 지도자가 되려면 구성원들의 자율성을 존중해야 한다.

④ 다양한 경험을 쌓으면 특정 분야의 전문가가 될 수 있다.

18 (가)~(라)에서 가장 먼저 지어진 작품(㉠)과 '훈민정음'으로 가장 먼저 표기된 작품(㉡)은?

(가) 불휘 기픈 남근 ᄇᆞᄅᆞ매 아니 뮐씨
　　곶 됴코 여름 하ᄂᆞ니
　　ᄉᆡ미 기픈 므른 ᄀᆞᄆᆞ래 아니 그츨씨
　　내히 이러 바ᄅᆞ래 가ᄂᆞ니

(나) 梨花에 月白ᄒᆞ고 銀寒이 三更인 제
　　一枝春心을 子規야 알랴마는
　　多情도 病인 樣ᄒᆞ여 좀 못 들어 ᄒᆞ노라

(다) 어와 내 병이야 이 님의 타시로다
　　출하리 싀여디여 범나븨 되오리라
　　곳나모 가지마다 간 ᄃᆡ 족족 안니다가
　　향 무틴 ᄂᆞᆯ애로 님의 옷싀 올므리라
　　님이야 날인 줄 모로셔도 내 님 조ᄎᆞ려 ᄒᆞ노라

(라) 元淳文 仁老詩 公老四六
　　李正言 陳翰林 雙韻走筆
　　沖基對策 光鈞経義 良經詩賦
　　위 試場ㅅ景 긔 엇더ᄒᆞ니잇고
　　(葉) 琴學士의 玉笋文生 琴學士의 玉笋文生
　　위 날 조차 몃 부니잇고

---

① ㉠: (가), ㉡: (라)　　② ㉠: (나), ㉡: (다)
③ ㉠: (다), ㉡: (나)　　④ ㉠: (라), ㉡: (가)

---

18 작품 창작 연대가 앞선 것부터 순서대로 나열한 것은?

ㄱ. 나 가진 것 탄식밖에 없어
　저녁 거리마다 물끄러미 청춘을 세워 두고
　살아온 날들을 신기하게 세어 보았으니
　그 누구도 나를 두려워하지 않았으니
　내 희망의 내용은 질투뿐이었구나
　그리하여 나는 우선 여기에 짧은 글을 남겨 둔다
　나의 생은 미친 듯이 사랑을 찾아 헤매었으나
　단 한 번도 스스로를 사랑하지 않았노라

ㄴ. 노신(魯迅)이여 / 이런 밤이면 그대가 생각난다.
　온— 세계가 눈물에 젖어 있는 밤
　상해(上海) 호마로(胡馬路) 어느 뒷골목에서
　쓸쓸히 앉아 지키던 등불 / 등불이 나에게 속삭어린다.
　여기 하나의 상심(傷心)한 사람이 있다.
　여기 하나의 굳세게 살아온 인생이 있다.

ㄷ. 향(香)아 너의 고운 얼굴 조석으로 우물가에 비최이던 오래지 않은 옛날로 가자

　수수럭거리는 수수밭 사이 걸직스런 웃음들 글려 나오며 호미와 바구니를 든 환한 얼굴 그림처럼 나타나던 석양……

　구슬처럼 흘러가는 냇물가 맨발 담그고 늘어앉아 빨래들을 두드리던 전설(傳說)같은 풍속으로 돌아가자

ㄹ. 얼음과 눈으로 벽(壁)을 짜 올린
　여기는 / 지상.
　연민(憐憫)한 삶의 길이여. / 내 신발은 십구 문 반.

　아랫목에 모인 / 아홉 마리의 강아지야.
　강아지 같은 것들아.
　굴욕과 굶주림과 추운 길을 걸어
　내가 왔다. / 아버지가 왔다.
　아니 십구 문 반의 신발이 왔다. / 아니 지상에는
　아버지라는 어설픈 것이 / 존재한다.
　미소하는 / 내 얼굴을 보아라.

---

① ㄴ - ㄷ - ㄹ - ㄱ
② ㄴ - ㄹ - ㄷ - ㄱ
③ ㄹ - ㄱ - ㄴ - ㄷ
④ ㄹ - ㄴ - ㄱ - ㄷ

19 다음 중 '을'이 '동의의 격률'에 따라 대화를 한 것은?

① 갑: 저를 좀 도와주실 수 있어요?
　　을: 무슨 일이지요? 지금 급히 해야 할 일이 있어요.

② 갑: 글씨를 좀 크게 써 주세요.
　　을: 귀가 어두워서 잘 들리지 않는데 좀 크게 말씀해 주세요.

③ 갑: 여러 모로 부족한 점이 많은데, 앞으로 잘 부탁합니다.
　　을: 저는 매우 부족한 사람이라서 제대로 도와 드릴 수 있을지 걱정입니다.

④ 갑: 여러 침대 중에 이것이 커서 좋은데 살까요?
　　을: 그 침대가 크고 매우 우아해서 좋군요.
　　　　그런데 좀 커서 우리 방에 들어가지 않을 것 같아요.

20 다음 내용과 관계있는 한자 성어로 가장 거리가 먼 것은?

> 선비는 단순한 지식 습득에 목적을 두지 않고 아는 것을 실천하는 것에 중점을 두고 있다. 또한 선비는 개인의 이익보다 사회 정의를 생각하며 행동하고 살아간다. 자신의 인격을 완성하고 그것을 통해 모든 사람에게 평안한 삶을 살게 하는 것이 그들의 궁극적 목적이다. 선비가 갖추어야 할 덕목은 많지만 상호 연결되어 있다. 자신을 낮추는 자세, 타인을 존중하는 마음, 검소하고 청렴결백한 삶 등이 하나로 연결되어 있는 것이다.

① 見利思義　　　　　② 勞謙君子

③ 修己安人　　　　　④ 梁上君子

19 다음에서 설명한 '요령의 격률'을 사용한 대화문은?

> 상대방을 배려하고 존중하는 의사소통 방법으로 '공손성의 원리'를 들 수 있는데, 여기에는 '요령의 격률, 관용의 격률, 찬동의 격률, 겸양의 격률, 동의의 격률' 등이 포함된다. 이 중 **요령의 격률**은 상대방에게 부담이 되는 표현을 최소화하고 이익이 되는 쪽으로 표현하는 것을 말한다.

① 가: 미안하지만 이 짐들 좀 같이 옮겨줄 수 있겠니?
　　나: 물론이지.

② 가: 오늘 본 영화는 지루해서 내 취향이 아니야.
　　나: 맞아, 좀 지루하긴 했지. 하지만 난 잔잔한 영화를 좋아해서 괜찮았어.

③ 가: 너 정말 축구를 잘하는구나.
　　나: 아니야, 친구들에게 피해를 주기 싫어서 열심히 하는 것뿐인걸.

④ 가: 내가 추위를 많이 타서 그러는데, 창문 좀 닫아줄 수 있을까?
　　나: 알겠어, 창문 닫을게.

20 (　　) 안에 들어갈 말로 가장 적절한 것은?

> 오늘날 수령들은 옛날의 제후와 같아져 궁실과 수레, 의복과 음식, 그리고 좌우의 시종을 거느린 것이 마치 국군의 그것에 비길 만하다. 또 그들은 넉넉히 다른 사람을 경복(慶福)할 만하고, 그들의 형률(刑律)과 위엄은 충분히 사람들을 두렵게 할 만하다. 결국 수령들은 오만스럽게 자신을 뽐내고, 태평스럽게 스스로 안일에 빠져서 자신이 목이라는 것을 망각하고 만다. 곡식과 피륙을 바쳐서 섬기지 않으면 곤장을 치고 몽둥이질을 하여 피가 흘러서야 그친다. 날마다 거둬들인 돈 꾸러미를 헤아려 낱낱이 기록하고, 돈과 피륙을 부고하여 전답과 주택을 장만하여 권세 있는 재상가에 뇌물을 보내 뒷날의 이익을 기다리니 어찌 이들의 (　　　　)을(를) 두고만 볼 수 있겠는가?

① 교주고슬(膠柱鼓瑟)　　　② 가렴주구(苛斂誅求)

③ 시위소찬(尸位素餐)　　　④ 간어제초(間於齊楚)

21 다음 글의 ⑦~② 중 내포하는 의미가 다른 것은?

나는 시방 위험(危險)한 짐승이다.
나의 손이 닿으면 너는
⑦미지(未知)의 까마득한 어둠이 된다.

존재(存在)의 흔들리는 가지 끝에서
너는 ⓒ이름도 없이 피었다 진다.
눈시울에 젖어드는 이 무명(無名)의 어둠에
추억(追憶)의 한 접시 불을 밝히고
나는 한밤 내 운다.

나의 울음은 차츰 ⓒ아닌 밤 돌개바람이 되어
탑(塔)을 흔들다가
돌에까지 스미면 금(金)이 될 것이다.

…… ②얼굴을 가리운 나의 신부(新婦)여,

– 김춘수, '꽃을 위한 서시'

① ⑦
② ⓒ
③ ⓒ
④ ②

21 밑줄 친 '눈'과 상징하는 바가 가장 유사한 것은?

까마득한 날에
하늘이 처음 열리고
어데 닭 우는 소리 들렸으랴

모든 산맥들이
바다를 연모해 휘달릴 때도
차마 이곳을 범하든 못하였으리라

끊임없는 광음을
부지런한 계절이 피어선 지고
큰 강물이 비로소 길을 열었다

지금 눈 내리고
매화 향기 홀로 아득하니
내 여기 가난한 노래의 씨를 뿌려라

다시 천고의 뒤에
백마 타고 오는 초인이 있어
이 광야에서 목 놓아 부르게 하리라

– 이육사, '광야'

① 떨어진 눈은 살아있다
② 하늘을 우러러 한 점 부끄럼이 없기를
③ 나는 아직 나의 봄을 기다리고 있을 테요
④ 호수 속 깊이 거꾸러져 차마 바람도 흔들진 못해라

22 다음 중 아래 글에 나타난 저자의 의도를 가장 적절하게 설명한 것은?

> 인공지능은 컴퓨터 프로그램을 활용해 인간과 비슷한 인지적 능력을 구현한 기술을 말한다. 인공지능은 기본적으로 보고 듣고 읽고 말하는 능력을 갖춤으로써 인간과 대화할 수 있을 뿐만 아니라 지적 판단이 필요한 상황에서 합리적 결정을 내릴 수 있다. 인공지능이 인간의 말을 알아듣고 명령을 실행하는 똑똑한 기계가 되는 것은 반길 일인가, 아니면 주인과 노예의 관계를 역전시키는 재앙이라고 경계해야 할 일인가?

① 쟁점 제기
② 정서적 공감
③ 논리적 설득
④ 배경 설명

22 필자가 궁극적으로 말하고자 하는 바는?

> 대저 학문을 익힌 사람은 사리(事理)를 통달하는 데 효과가 있고, 이(利)를 익힌 사람은 재물을 모으는 데 효과가 있으며, 힘을 익힌 사람은 비천해지고, 악(惡)을 익힌 사람은 마침내 패망하게 된다. 익힘과 효과가 아울러 진보함에 따라 효과와 상이 모두 변하게 되는 것이다. 그런데도 사람들은 그 상이 변한 것을 보고 또한 말하기를, "그 상이 이러하기 때문에 그 효과가 저와 같은 것이다."라고 하니, 아아, 어쩌면 그리도 어리석은가. 〈중 략〉
> 세상에는 재덕(才德)을 갖추었음에도 이를 충분히 발휘하지 못한 사람이 있는데, 이 경우 사람들은 그 사람의 상에다 그 허물을 돌리지만, 그 상을 따르지 않고 이 사람을 우대했더라면 이 사람도 재상이 되었을 것이다. 또 이해에 밝고 귀천을 살폈는데도 종신토록 곤궁한 사람이 있는데, 이 사람의 경우도 사람들은 상에다가 역시 그 허물을 돌리지만, 그 상을 따지지 않고 이 사람에게 자본을 대주었더라면 이 사람 또한 큰 부자가 되었을 것이다.

① 알맞은 인재를 적절한 자리에 배치해야 한다.
② 현상의 원인이 무엇인지 정확히 파악해야 한다.
③ 바뀔 수 있는 상(相)으로 사람을 평가해서는 안 된다.
④ 타고난 관상(觀相)을 믿고 노력을 게을리 해서는 안 된다.

23 다음 글의 (가)와 (나)에 들어갈 적절한 말을 순서대로 바르게 짝지은 것은?

비즈니스 화법에서는 상사에게 보고할 때 결론부터 말하라고 한다. 이것도 맞는 말이다. 그렇지 않아도 바쁜데 주저리주저리 이야기를 길게 늘어놓으면 짜증이 난다. (가) 현실은 인간관계의 미묘한 심리가 복잡하게 얽혀 있는 비즈니스 사회다. 때로는 일부러 결론을 뒤로 미뤄 상대의 관심을 끌게 만들어야 할 때도 있다. 예를 들어, 회사에서의 라이벌 동료와의 관계처럼 자기와 상대의 힘의 균형이 미묘할 때이다.

당신과 상사, 당신과 부하라는 상하관계가 분명한 경우는 대응이 항상 사무적이 된다. 사무적인 관계에서는 쓸데없는 시간과 노력을 들이지 않아도 된다. (나) 같은 사내의 인간관계라도 라이벌 동료가 되면 일을 원활하게 해나가는 것만이 능사는 아니다. 권력 관계에서의 차이가 없는 만큼 미묘한 줄다리기가 필요하다. 이렇게 권력관계가 미묘한 상대와의 대화에서 탁월한 최면 효과를 발휘하는 것이 '클라이맥스 법'이다. 비즈니스 현장에서뿐만 아니라 미묘한 줄다리기를 요하는 연애 관계에서도 초기에는 클라이맥스 법이 그 위력을 발휘한다.

① 그러므로 – 그러므로
② 하지만 – 하지만
③ 하지만 – 그러므로
④ 그러므로 – 하지만

24 다음 밑줄 친 낱말 중 띄어쓰기가 옳은 것은?

① 세달이 지나도록
② 수업이 끝난 지도
③ 집에 갈 생각 뿐이었다.
④ 노력한만큼 이루어진다.

23 ㉠~㉣에 들어갈 말로 가장 적절한 것은?

'한글 맞춤법 통일안'(1933)과 '한글 맞춤법'(1988)이 채택한 문자 체계는 종래의 관용을 존중하면서 최소한의 개혁을 한 것이었다. 'ㆍ'를 없애고 된소리 표기 'ㅺ, ㅼ, ㅻ, ㅽ, ㅾ'를 'ㄲ, ㄸ, ㅃ, ㅆ, ㅉ'으로 고친 것이 그 개혁의 전부였다. (㉠) 'ㅇ'은 여전히 초성과 종성에서 상이한 가치를 가지며, 'ㅒ, ㅖ, ㅚ' 등은 구조상으로는 두 문자지만 단모음을 나타내게 되었다. (㉡) 'ㅅ' 역시 s와 t의 두 가치를 유지하였다.

이 맞춤법의 기본 원리는 통일안의 총론 제1항에 "표준말을 그 소리대로 적되 어법에 맞도록 함"이라고 요약되어 있다. (㉢) "소리대로"라는 원칙의 의미는 통일안 제5항에 "한글 자모는 다 제 음가대로 읽음을 원칙으로 한다"라고 구체적으로 규정되어 있는 듯이 보인다. (㉣) 실제로 통일안을 검토해 보면 이 규정은 지켜지지 않았음을 발견한다.

	㉠	㉡	㉢	㉣
①	그리하여	그리고	여기서	그러나
②	그리하여	또한	어쩌면	그래도
③	그래도	그런데	하지만	게다가
④	그래도	결국	그러나	요컨대

24 밑줄 친 부분의 띄어쓰기가 옳지 않은 것은?

① 끊임없는 노력만이 살 길입니다.
② 친구는 힘없는 목소리로 대답했다.
③ 외출을 못하니 돈이 있어도 쓸데없다.
④ 이제 와 돌이키려 해도 소용없는 짓이다.

25 다음은 한글 맞춤법의 문장부호 사용법에 대한 설명이다. 이 설명에 어긋나는 예문은?

〈물음표(?)〉

(1) 의문문이나 의문을 나타내는 어구의 끝에 쓴다.
[붙임1] 한 문장 안에 몇 개의 선택적인 물음이 이어질 때는 맨 끝의 물음에만 쓰고, 각 물음이 독립적일 때는 각 물음의 뒤에 쓴다.

(2) 특정한 어구의 내용에 대하여 의심, 빈정거림 등을 표시할 때, 또는 적절한 말을 쓰기 어려울 때 소괄호 안에 쓴다.

(3) 모르거나 불확실한 내용임을 나타낼 때 쓴다.

---

① 너는 중학생이냐? 고등학생이냐?

② 이번에 가시면 언제 돌아오세요?

③ 주말 내내 누워서 텔레비전만 보고 있는 당신도 참 대단(?)하네요.

④ 노자(? ~ ?)는 중국 춘추 시대의 사상가로 도를 좇아서 살 것을 역설하였다.

25 문장 부호 사용법에 대한 설명으로 옳지 않은 것은?

① 쌍점(:)의 앞은 붙여 쓰고 뒤는 띄어 쓴다.

② 열거할 어구들을 생략할 때 사용하는 줄임표(……) 앞에는 쉼표(,)를 넣지 않는다.

③ 범위를 나타낼 때는 붙임표(-)를 쓰는 것이 원칙이고, 물결표(~)를 쓰는 것도 허용된다.

④ 겹낫표(『』) 대신 큰따옴표(" ")를 쓸 수 있고 홑낫표(「」) 대신 작은따옴표(' ')를 쓸 수 있다.

정답·해설 _해설집 p.116

짝문제 모의고사 03회
모바일 자동 채점 + 성적 분석 서비스 바로 가기

QR코드를 이용해 모바일로 간편하게 채점하고 나의 실력이 어느 정도인지, 취약 부분이 어디인지 바로 파악해 보세요!

03회 핵심 어법 마무리 체크

☑ 다음 문장을 읽고 알맞은 단어에 ○표 하세요.

이론 문법

01 '금고 가득히 쌓인 금괴'에서 '가득히'의 품사는 부사/형용사 이다.

02 '반죽이 되게 묽어 국수 만들기가 힘들다'에서 '되게'의 품사는 부사/형용사 이다.

03 '결미의 내용이 모두에서 진술한 내용과 관련을 맺는다'에서 '결미'와 '모두'는 유의/반의 관계를 이루는 단어이다.

04 '분분했던 의견들이 합치하였다'에서 '분분'과 '합치'는 유의/반의 관계를 이루는 단어이다.

05 중세 국어 종성 표기에 사용할 수 있는 자음을 제한한다는 원리는 8종성가족용/종성부용초성 이다.

06 중세 국어에서 종성 글자를 따로 만들지 않는다는 원리는 8종성가족용/종성부용초성 이다.

07 주동문 '마당이 넓다'와 대응하는 사동문 '인부들이 마당을 넓혔다'는 직접/간접 사동문이다.

08 주동문 '아이가 밥을 먹었다'와 대응하는 사동문 '어머니가 아이에게 밥을 먹게 하였다'는 직접/간접 사동문이다.

어문 규정

09 카페에서 손님에게 '주문하신 커피 나오셨습니다'라고 말하는 것은 표준 언어 예절에 맞는/맞지 않는 표현이다.

10 길에서 친구에게 '오랜만이야. 선고(先考)께서는 잘 계시지?'라고 말하는 것은 표준 언어 예절에 맞는/맞지 않는 표현이다.

11 'Aquamarine'의 올바른 외래어 표기는 아쿠아마린/아콰마린 이다.

12 'Allergy'의 올바른 외래어 표기는 알레르기/알러지 이다.

13 '정도나 형편이 표준에 가깝거나 그보다 약간 낮다'를 뜻하는 표준어는 웬만하다/웬간하다 이다.

14 '관계, 일, 감정 등이 이리저리 복잡하게 되다'를 뜻하는 표준어는 얼키고설키다/얽히고설키다 이다.

15 '핥네'의 표준 발음은 [할레]/[할네] 이다.

16 '않은'의 표준 발음은 [안는]/[아는] 이다.

정답 | 01 부사 02 부사 03 반의 04 유의 05 8종성가족용 06 종성부용초성 07 직접 08 간접 09 맞지 않는 10 맞지 않는 11 아쿠아마린 12 알레르기 13 웬만하다 14 얽히고설키다 15 [할레] 16 [아는]

MEMO

MEMO

해커스군무원 실전동형모의고사 국어 답안지

컴퓨터용 흑색사인펜만 사용

성명	
자필성명	본인 성명 기재
응시직렬	
응시지역	
시험장소	

[필적감정용 기재]
*아래 예시문을 옳게 적으시오
본인은 OOO(응시자성명)임을 확인함

기재란

책형	

생년월일

응시번호

※ 시험감독관 서명
(성명을 정자로 기재할 것)

책임감독관 사용

문번	회			
01	①	②	③	④
02	①	②	③	④
03	①	②	③	④
04	①	②	③	④
05	①	②	③	④
06	①	②	③	④
07	①	②	③	④
08	①	②	③	④
09	①	②	③	④
10	①	②	③	④
11	①	②	③	④
12	①	②	③	④
13	①	②	③	④
14	①	②	③	④
15	①	②	③	④
16	①	②	③	④
17	①	②	③	④
18	①	②	③	④
19	①	②	③	④
20	①	②	③	④
21	①	②	③	④
22	①	②	③	④
23	①	②	③	④
24	①	②	③	④
25	①	②	③	④

army.Hackers.com

해커스군무원 실전동형모의고사 국어 답안지

성명	
책 형	

[필적감정용 기재]

*아래 예시문을 옮겨 적으시오

본인은 OOO(응시자성명)임을 확인함

기 재 란

성명	
자필성명	본인 성명 기재
응시직렬	
응시지역	
시험장소	

응시번호

생년월일

※ 시험감독관 서명

시험감독관 서명 (성명을 정자로 기재할 것)

문번	회					문번	회					문번	회					문번	회					문번	회			
01	①	②	③	④		01	①	②	③	④		01	①	②	③	④		01	①	②	③	④		01	①	②	③	④
02	①	②	③	④		02	①	②	③	④		02	①	②	③	④		02	①	②	③	④		02	①	②	③	④
03	①	②	③	④		03	①	②	③	④		03	①	②	③	④		03	①	②	③	④		03	①	②	③	④
04	①	②	③	④		04	①	②	③	④		04	①	②	③	④		04	①	②	③	④		04	①	②	③	④
05	①	②	③	④		05	①	②	③	④		05	①	②	③	④		05	①	②	③	④		05	①	②	③	④
06	①	②	③	④		06	①	②	③	④		06	①	②	③	④		06	①	②	③	④		06	①	②	③	④
07	①	②	③	④		07	①	②	③	④		07	①	②	③	④		07	①	②	③	④		07	①	②	③	④
08	①	②	③	④		08	①	②	③	④		08	①	②	③	④		08	①	②	③	④		08	①	②	③	④
09	①	②	③	④		09	①	②	③	④		09	①	②	③	④		09	①	②	③	④		09	①	②	③	④
10	①	②	③	④		10	①	②	③	④		10	①	②	③	④		10	①	②	③	④		10	①	②	③	④
11	①	②	③	④		11	①	②	③	④		11	①	②	③	④		11	①	②	③	④		11	①	②	③	④
12	①	②	③	④		12	①	②	③	④		12	①	②	③	④		12	①	②	③	④		12	①	②	③	④
13	①	②	③	④		13	①	②	③	④		13	①	②	③	④		13	①	②	③	④		13	①	②	③	④
14	①	②	③	④		14	①	②	③	④		14	①	②	③	④		14	①	②	③	④		14	①	②	③	④
15	①	②	③	④		15	①	②	③	④		15	①	②	③	④		15	①	②	③	④		15	①	②	③	④
16	①	②	③	④		16	①	②	③	④		16	①	②	③	④		16	①	②	③	④		16	①	②	③	④
17	①	②	③	④		17	①	②	③	④		17	①	②	③	④		17	①	②	③	④		17	①	②	③	④
18	①	②	③	④		18	①	②	③	④		18	①	②	③	④		18	①	②	③	④		18	①	②	③	④
19	①	②	③	④		19	①	②	③	④		19	①	②	③	④		19	①	②	③	④		19	①	②	③	④
20	①	②	③	④		20	①	②	③	④		20	①	②	③	④		20	①	②	③	④		20	①	②	③	④
21	①	②	③	④		21	①	②	③	④		21	①	②	③	④		21	①	②	③	④		21	①	②	③	④
22	①	②	③	④		22	①	②	③	④		22	①	②	③	④		22	①	②	③	④		22	①	②	③	④
23	①	②	③	④		23	①	②	③	④		23	①	②	③	④		23	①	②	③	④		23	①	②	③	④
24	①	②	③	④		24	①	②	③	④		24	①	②	③	④		24	①	②	③	④		24	①	②	③	④
25	①	②	③	④		25	①	②	③	④		25	①	②	③	④		25	①	②	③	④		25	①	②	③	④

army.Hackers.com

해커스군무원 실전동형모의고사 국어 답안지

컴퓨터용 흑색사인펜만 사용

책	형

[필적감정용 기재]

*아래 예시문을 옮겨 적으시오

본인은 OOO(응시자성명)임을 확인함

기재 란

성명	
자필성명	본인 성명 기재
응시직렬	
응시지역	
시험장소	

응시번호

생년월일

※ 시험감독관 서명
(성명을 정자로 기재할 것)

책임감독관 확인란

회

문번	회
01	① ② ③ ④
02	① ② ③ ④
03	① ② ③ ④
04	① ② ③ ④
05	① ② ③ ④
06	① ② ③ ④
07	① ② ③ ④
08	① ② ③ ④
09	① ② ③ ④
10	① ② ③ ④
11	① ② ③ ④
12	① ② ③ ④
13	① ② ③ ④
14	① ② ③ ④
15	① ② ③ ④
16	① ② ③ ④
17	① ② ③ ④
18	① ② ③ ④
19	① ② ③ ④
20	① ② ③ ④
21	① ② ③ ④
22	① ② ③ ④
23	① ② ③ ④
24	① ② ③ ④
25	① ② ③ ④

army.Hackers.com

해커스군무원 실전동형모의고사 국어 답안지

컴퓨터용 흑색사인펜만 사용

성명	
성명	
자필성명	본인 성명 기재
응시직렬	
응시지역	
시험장소	

[필적감정용 기재]

*아래 예시문을 옮겨 적으시오

본인은 OOO(응시자성명)임을 확인함

기 재 란

※ 시험감독관 서명

(성명을 정자로 기재할 것)

생 년 월 일

응 시 번 호

army.Hackers.com

2024 최신개정판

해커스군무원
실전동형
모의고사
국어

개정 4판 2쇄 발행 2024년 6월 4일
개정 4판 1쇄 발행 2024년 3월 20일

지은이	해커스 군무원시험연구소
펴낸곳	해커스패스
펴낸이	해커스군무원 출판팀

주소	서울특별시 강남구 강남대로 428 해커스군무원
고객센터	1588-4055
교재 관련 문의	gosi@hackerspass.com
	해커스군무원 사이트(army.Hackers.com) 교재 Q&A 게시판
	카카오톡 플러스 친구 [해커스공무원 노량진캠퍼스]
학원 강의 및 동영상강의	army.Hackers.com

ISBN	979-11-6999-849-9 (13710)
Serial Number	04-02-01

2024 최신개정판

해커스군무원
**실전동형
모의고사**
국어

해커스군무원

약점 보완 해설집

해커스군무원

실전동형
모의고사
국어

약점 보완 해설집

TT 해커스군무원

❯ 실전동형문제 정답

p.14

01	④ 어법 – 문장	06	② 어법 – 문장	11	③ 어법 – 표준 언어 예절	16	② 비문학 – 글의 구조 파악	21	④ 비문학 – 내용 추론
02	② 어휘 – 고유어	07	③ 혼합(문학+어휘) – 인물의 태도, 속담	12	③ 문학 – 작품의 종합적 감상	17	④ 문학 – 작품의 종합적 감상	22	① 문학 – 서술상의 특징
03	① 어법 – 국어 순화	08	④ 어법 – 단어	13	① 문학 – 작품의 종합적 감상	18	③ 혼합(문학+어휘) – 주제 및 중심 내용 파악, 한자 성어	23	④ 어법 – 단어
04	③ 비문학 – 세부 내용 파악	09	② 어휘 – 한자어	14	③ 문학 – 수사법	19	③ 문학 – 관점과 태도 파악	24	④ 비문학 – 주제 및 중심 내용 파악
05	① 어법 – 국어의 로마자 표기	10	③ 어법 – 한글 맞춤법	15	③ 비문학 – 글의 구조 파악	20	② 어휘 – 고유어와 한자어의 대응	25	② 비문학 – 논리적 사고

❯ 취약영역 분석표

영역	어법	비문학	문학	어휘	혼합	총계
맞힌 답의 개수	/ 8	/ 6	/ 6	/ 3	/ 2	/ 25

* 취약영역 분석표를 이용해 1개라도 틀린 문제가 있는 영역은 그 영역의 문제만 골라 해설을 다시 한번 꼼꼼히 학습하세요.

01　어법 문장 (문장의 짜임)　　난이도 하 ●○○

정답 설명

④ '이(관형어) + 작품은(주어) + 문학과 현실의(관형어) + 관계를(목적어) + 성찰하고 있다(서술어)'의 구조로 분석할 수 있는데, 주어와 서술어의 관계가 한 번 나타나므로 홑문장에 해당한다.

오답 분석

① ② ③ 모두 주어와 서술어의 관계가 두 번 이상 나타나는 겹문장이다.

① 관형절을 안은 문장: '그는 풍경을 감상했다'라는 문장 속에 '(풍경이) 아름다운'이 관형절로 안겨 있는 문장이다.

② 대등하게 이어진 문장: 앞 절 '여름이 가고'와 뒤 절 '가을이 왔다'가 구조적·의미적 대칭을 이루고 있으므로 ②는 대등하게 이어진 문장이다.

③ 종속적으로 이어진 문장: 앞 절 '삶이 그대를 속이다'와 뒤 절 '(그대는) 슬퍼하지 말라'의 순서를 바꾸면 문장의 의미가 달라지므로 ③은 종속적으로 이어진 문장이다.

🖋️ 이것도 알면 합격!

문장의 짜임

1. 홑문장: 주어와 서술어 관계가 한 번만 성립하는 문장
　예 꽃이 피었다

2. 겹문장: 주어와 서술어 관계가 두 번 이상 성립하는 문장으로, 전체 문장이 하나의 문장 성분이 되는 절을 안은 방식(안긴문장과 안은문장)과 절과 절이 나란히 놓여서 이어지는 방식(이어진문장)으로 구분할 수 있음

겹문장의 종류		설명
이어진 문장	대등하게 이어진 문장	앞 절과 뒤 절의 의미가 대등하게 이어진 문장 예 산은 높고, 바다는 넓다.
	종속적으로 이어진 문장	앞 절과 뒤 절의 의미가 원인, 의도, 조건 등 종속적인 관계로 이어진 문장 예 버스가 일찍 도착하면, 집에 빨리 올 수 있다.
안은 문장	명사절을 안은 문장	명사형 어미 '-(으)ㅁ, -기'가 붙어서 만들어진 명사절이 문장 속에서 주어, 목적어, 부사어 등 다양한 기능을 함 예 지금은 밖에 나가기에 늦은 시간이다.
	관형절을 안은 문장	관형사형 어미 '-(으)ㄴ, -는, -(으)ㄹ, -던'이 붙어서 만들어진 관형절이 문장 속에서 관형어의 기능을 함 예 그 책은 내가 [읽은/읽는/읽을/읽던] 책이다.
	부사절을 안은 문장	부사형 어미 '-이, -게, -도록, -아/-어, -(아/어)서' 또는 부사 파생 접미사 '-이'가 붙어서 만들어진 부사절이 문장 속에서 부사어의 기능을 함 예 너는 예고도 없이 불쑥 찾아오니?
	서술절을 안은 문장	특정한 절 표지가 따로 없는 서술절이 서술어의 기능을 하는 문장 예 그는 키가 크다.
	인용절을 안은 문장	다른 사람의 말을 인용한 인용절을 안은 문장으로, 주어진 문장을 그대로 직접 인용할 때에는 직접 인용 조사 '라고'가 붙고, 말하는 사람의 표현으로 바꾸어서 간접 인용할 때에는 간접 인용 조사 '고'가 붙는다. 예 • 선생님께서 "이제 수업을 시작하자."라고 말씀하셨다 (직접 인용절) • 나는 그 사실을 믿을 수 없다고 생각했다. (간접 인용절)

02 어휘 고유어 난이도 상 ●●●

정답 설명

② 제시된 문장에서 '우수리'는 '잔돈'을 뜻하므로 뜻풀이가 바르지 않은 것은 ②이다.
· 우수리: 물건값을 제하고 거슬러 받는 잔돈

03 어법 국어 순화 난이도 하 ●○○

정답 설명

① '라이선스(license)'의 다듬은 말은 '사용권' 또는 '면허'이므로 국어 순화가 옳지 않은 것은 ①이다.

04 비문학 세부 내용 파악 난이도 중 ●●○

정답 설명

③ 2문단의 내용을 통해 몸 속에 들어온 커피가 대사되기까지는 8시간 정도의 시간이 소요됨을 알 수 있다. 따라서 저녁 식사 후에 마신 커피는 잠드는 시간까지 대사되지 않을 수 있다는 ③의 설명은 적절하다.
[관련 부분] 몸 속에 들어온 커피가 완전히 대사되기까지는 여덟 시간 정도가 걸린다. 많은 사람들이 아침, 점심뿐만 아니라 저녁 식사 후 6시나 7시 전후에도 커피를 마신다. ~ 따라서 많은 사람들이 잠자리에 드는 시간인 오후 10시 이후까지도 뇌는 각성 상태에 있다.

오답 분석

① 3문단 1~3번째 줄을 통해 정신질환을 앓고 있는 청소년은 건강한 청소년에 비해 카페인 섭취량이 높음을 알 수 있다.
[관련 부분] 우울증을 앓고 있는 청소년은 건강한 청소년보다 커피, 콜라 등 카페인이 많은 음료를 네 배 정도 더 섭취했다.

② 1문단 2~5번째 줄을 통해 같은 기간 동안 커피전문점 수의 증가와 정신질환·수면장애 환자 수의 증가가 어느 정도 상관관계에 있음을 알 수 있다. 그러나 커피전문점 수와 정신의학과 수의 상관관계까지는 제시문을 통해 확인할 수 없다.
[관련 부분] 커피전문점 수는 현재 9천 4백여 개로 최근 5년 새 여섯 배나 급증했다. 그런데 같은 기간 동안 우울증과 같은 정신질환과 수면장애로 병원을 찾은 사람 또한 크게 늘었다.

④ 3문단 3~5번째 줄을 통해 공황장애 환자에게 고함량의 카페인을 주사했을 때 다섯 명 중 세 명 꼴(약 60%)로 발작 현상이 나타났음을 알 수 있다.
[관련 부분] 공황장애 환자에게 원두커피 세 잔에 해당하는 450mg의 카페인을 주사했더니 약 60%의 환자로부터 발작 현상이 나타났다.

05 어법 국어의 로마자 표기 난이도 하 ●○○

정답 설명

① 설날[설랄] Seolnal(×) → Seollal(○): 유음화의 결과는 로마자 표기에 반영하며 [ㄹㄹ]은 'll'로 표기하므로 '설날'은 'Seollal'로 적는다.

오답 분석

② 합덕[합떡] Hapdeok(○): 된소리되기는 로마자 표기에 반영하지 않으며, 자음 앞의 'ㅂ'은 'p'로 적고 어말의 'ㄱ'은 'k'로 표기한다.

③ 독립문[동님문] Dongnimmun(○): '독립'에서 받침 'ㄱ' 뒤에 연결되는 'ㄹ'이 [ㄴ]으로 바뀌어 발음되며('ㄹ'의 비음화), 'ㄱ'은 비음 [ㄴ]의 영향으로 [ㅇ]으로 바뀌어 발음된다. 또한 '립'의 받침 'ㅂ'은 뒤에 연결되는 비음 'ㅁ'의 영향으로 [ㅁ]으로 발음된다. 비음화는 로마자 표기에 반영하므로 'Dongnimmun'으로 적는다.

④ 가락 1동 Garak 1(il)-dong(○): 행정 구역 단위 앞에는 붙임표(-)를 넣으며, 붙임표 앞뒤에서 일어나는 음운 변화는 표기에 반영하지 않으므로 'Garak 1(il)-dong'으로 적는다.

이것도 알면 합격!

국어의 로마자 표기시 유의사항
국어의 로마자 표기는 표준 발음을 따르므로 음운 변화가 일어날 때는 변화의 결과를 표기에 반영한다. 단, 된소리되기는 표기에 반영하지 않는다.

음운 변화	예
비음화	· 백마[뱅마]: Baengma · 왕십리[왕심니]: Wangsimni
유음화	· 신라[실라]: Silla · 별내[별래]: Byeollae
구개음화	· 같이[가치]: gachi · 해돋이[해도지]: haedoji
거센소리되기	· 놓다[노타]: nota · 잡혀[자펴]: japyeo
'ㄴ' 첨가	· 알약[알략]: allyak · 학여울[항녀울]: Hangnyeoul

06 어법 문장 (피동 표현과 사동 표현) 난이도 중 ●●○

정답 설명

② '읽다', '업다', '닦다'는 사동사와 피동사의 형태가 '읽히다', '업히다', '닦이다'로 동일하고, 모두 사동·피동 접미사와 결합하여 만들어진다. 그러나 ② '녹다'는 사동사 '녹이다'와 동일한 형태의 피동사가 존재하지 않으며, '녹게 되다'와 같이 통사적 피동형만 사용할 수 있다.

오답 분석

① '읽다'는 피동사와 사동사 모두 '읽히다'로 형태가 동일하다.
· 이 책은 어려워서 잘 읽히지 않는다. (피동)
· 선생님이 학생들에게 책을 읽혔다. (사동)

③ '업다'는 피동사와 사동사 모두 '업히다'로 형태가 동일하다.
· 아이가 엄마 등에 업혀 잠이 들었다. (피동)
· 할머니께 조카를 업혀 보냈다. (사동)

④ '닦다'는 피동사와 사동사 모두 '닦이다'로 형태가 동일하다.
· 유리창이 깨끗하게 닦였다. (피동)
· 동생에게 거울을 닦였다. (사동)

이것도 알면 합격!

사동·피동의 실현 방법

구분		실현 방법	예
사동	파생적 사동	주동사의 어간에 사동 접미사 '-이-, -히-, -리-, -기-, -우-, -구-, -추-'가 결합하여 실현됨	· 아기에게 우유를 먹이다. · 강아지의 발을 씻기다. · 승객을 차에 태우다.
	통사적 사동	'-게 하다'에 의해 실현됨	· 의사가 환자를 침대에 눕게 하다. · 나는 택시를 출발하게 했다.
피동	파생적 피동	능동사의 어간에 피동 접미사 '-이-, -히-, -리-, -기-'나 '-되다'가 결합하여 실현됨	· 이 책은 사람들에게 많이 읽힌다. · 아름다운 음악이 들린다. · 새로운 부임지가 결정되다.
	통사적 피동	'-어지다, -게 되다'에 의해 실현됨	· 오래 전에 만들어진 작품이다. · 꿈은 반드시 이루어진다. · 좋은 기회가 주어졌다.

07 문학+어휘 인물의 태도, 속담   난이도 하 ●○○

정답 설명

③ 제시된 부분은 가난한 '응오'가 아내의 병을 고치기 위해 형인 '응칠'에게 돈을 빌려서 산치성(산신령에게 정성을 드리는 일)이라도 드리고자 하는 상황으로, 이와 관련된 속담은 ③ '호랑이가 굶으면 환관도 먹는다'이다.
· 호랑이가 굶으면 환관도 먹는다: 다급해지면 무엇이든지 가릴 여지가 없어짐을 비유적으로 이르는 말

오답 분석

① 오려논에 물 터놓기: '물이 한창 필요한 시기에 오려논의 물꼬를 터놓는다'라는 뜻으로, 매우 심술이 사납다는 말

② 낙락장송도 근본은 종자: 1. 아무리 훌륭한 사람이라도 처음에는 보통 사람과 다름이 없음을 비유적으로 이르는 말 2. 대단한 일도 그 처음 시작은 아주 보잘것없었음을 비유적으로 이르는 말

④ 한 치 벌레에도 오 푼 결기가 있다: 비록 보잘것없는 존재일지라도 마구 무시하거나 억누르면 반발과 반항이 있다는 말

08 어법 단어 (품사의 구분)   난이도 하 ●○○

정답 설명

④ '온갖'은 명사 '정성'을 수식하고 있으므로 관형사이며, ① ② ③에 쓰인 밑줄 친 단어들은 모두 부사이므로 답은 ④이다. 참고로 관형사는 체언을 수식하며, 부사는 주로 용언을 수식하지만 체언이나 다른 부사 또는 문장 전체를 수식하기도 한다.

오답 분석

① '과연'은 문장 전체를 수식하는 문장 부사이다.
② '매일'은 용언 '한다'를 수식하는 부사이다.
③ '몹시'는 용언 '상한'을 수식하는 부사이다.

09 어휘 한자어 (한자어의 표기)   난이도 상 ●●●

정답 설명

② 浸投(적실 침, 던질 투)(×) → 浸透(적실 침, 통할 투)(○): '세균이나 병균 등이 몸속에 들어옴'을 뜻하는 '침투'의 '투'는 '透(통할 투)'로 써야 한다. 따라서 적절하지 않은 것은 ②이다.

오답 분석

① 擴散(넓힐 확, 흩을 산)(○): 흩어져 널리 퍼짐
③ 推定(밀 추, 정할 정)(○): 미루어 생각하여 판정함
④ 輕微(가벼울 경, 작을 미)(○): 가볍고 아주 적어서 대수롭지 아니함

10 어법 한글 맞춤법 (띄어쓰기)   난이도 중 ●●○

정답 설명

③ 띄어쓰기가 옳지 않은 것은 ③이다.
· 시간∨당(×) → 시간당(○): '-당'은 '마다'를 뜻하는 접미사이므로 앞말과 붙여 써야 한다.
· 천∨원씩(○): '원'은 '우리나라의 화폐 단위'를 뜻하는 의존 명사이므로 앞말과 띄어 쓰고, '-씩'은 '그 수량이나 크기로 나뉘거나 되풀이됨'의 뜻을 더하는 접미사이므로 앞말과 붙여 쓴다.

오답 분석

① 한∨입∨거리(○): '한 입'의 '한'은 그 수량이 하나임을 나타내는 관형사이므로 명사 '입'과 띄어 쓴다. 또한, '거리'는 수를 나타내는 말 뒤에 쓰여 '제시한 수가 처리할 만한 것'을 뜻하는 의존 명사이므로 앞말과 띄어 쓴다. 참고로 '한 입'은 '입에 음식물 등이 가득 찬 상태'를 뜻하는 '한입'과 구별할 수 있어야 한다.

② 있을∨뿐(○): '뿐'은 '다만 어떠하거나 어찌할 따름'을 뜻하는 의존 명사이므로 앞말과 띄어 쓴다.

④ · 너마저(○): '마저'는 '이미 어떤 것이 포함되고 그 위에 더함'의 뜻을 나타내는 보조사이므로 앞말과 붙여 쓴다.

• 못할∨거야(○): '못하다'는 '어떤 일을 일정한 수준에 못 미치게 하거나, 그 일을 할 능력이 없다'를 뜻하는 한 단어이므로 붙여 쓴다. 또한 '거'는 의존 명사 '것'을 구어적으로 이르는 말이므로 앞말과 띄어 쓴다.

11 어법 표준 언어 예절 난이도 중 ●●○

정답 설명

③ 직장에서 먼저 퇴근하면서 남아 있는 사람에게 인사를 할 때 상대가 윗사람인 경우에는 '수고하십시오.'와 같은 표현이 바람직하지 않으나, 동년배나 부하 직원에게는 '먼저 갑니다. 수고하세요.'와 같이 '수고'를 쓸 수 있다.

오답 분석

① 호상(好喪)입니다(×): '호상(好喪)'은 '복을 누리고 오래 산 사람의 상사'라는 뜻으로, 문상을 가서 고인이 잘 돌아가셨다고 말하는 것은 상주에 대한 예의가 아니며, 아무 말도 하지 않고 인사만 하는 것이 기본 예절이다.

② 잘못 거셨습니다(×) → 잘못 걸렸습니다(○): '전화 잘못 거셨습니다'와 같은 표현은 전화를 건 사람을 탓하는 것으로 들려서 상대방의 기분을 상하게 할 수 있기 때문에 적절하지 않다.

④ 모시겠습니다(×) → 소개하겠습니다(○): 방송의 시청자가 소개받는 사람보다 윗사람일 수 있으므로 '모시겠습니다'와 같은 높임 표현은 적절하지 않다.

12 문학 작품의 종합적 감상 (시) 난이도 중 ●●○

정답 설명

③ 1~3연에서 집과 땅을 잃은 고통의 상황을 절망적인 어조로 표현했으나, 4연의 '그러나'를 통해 시상을 전환하며 현실을 극복하려는 의지를 드러내고 있다. 그러나 어조의 변화를 통해 반성적인 태도를 나타내고 있지는 않으므로 적절하지 않은 것은 ③이다.

오답 분석

① 동무들과 '벌 가의 하루일'을 다하고 돌아오는 평화로운 꿈과 '집'과 '보습 대일 땅'을 잃은 현실이 대비되고 있다.

② 화자는 '나는 나아가리라'라는 표현을 통해 현실을 극복하려는 의지를 드러내고 있다.

④ 땅을 잃은 농부에 빗대어 국권과 국토를 상실한 우리 민족의 현실을 보여주고 있다.

13 문학 작품의 종합적 감상 (현대 시) 난이도 하 ●○○

정답 설명

① 제시된 작품은 오월에 느끼는 봄날의 생동감과 생명력을 자연물을 통해 간접적으로 표현하고 있으나, 시적 대상에 화자의 감정을 이입한 부분은 찾을 수 없다.

오답 분석

② 들길 – 마을 – 들 – 바람 – 햇빛 – 보리 – 꾀꼬리 – 산봉우리로 시선을 이동하며 봄날의 풍경을 묘사하고 있다.

③ 5행의 보리와 10~11행의 산봉우리에 인격을 부여하여 사람처럼 표현하는 의인법이 사용되었으며, 이를 통해 자연으로부터 느끼는 생동감과 즐거움을 나타내고 있다.

④ 1행의 붉어진 들길과 2행의 푸른 들판이 색채 대비를 이루며 봄날의 경치를 선명하게 드러내고 있다.

14 문학 수사법 난이도 중 ●●○

정답 설명

③ 환유법은 표현하려는 대상과 관련된 다른 사물이나 속성을 빌려 그 대상을 나타내는 방식이다. ③은 한용운의 '님의 침묵'의 일부분으로, 여기서 '님'은 '절대자', '조국' 등을 상징하는 표현이므로 환유법은 쓰이지 않았다.

오답 분석

① 직유법: 연결어 '듯이'를 사용하여 나그네가 길 가는 모습(원관념)을 구름에 달 가듯이(보조 관념) 간다고 표현하였다.

② 은유법: 원관념인 '장마'를 보조 관념 '끈질긴 불청객'에 빗대어 표현하였다.

④ 풍유법: '그의 계획'을 '빈 수레가 요란하다'라는 속담에 빗대어 표현하였다.

15 비문학 글의 구조 파악 난이도 중 ●●○

정답 설명

③ 〈보기〉의 위치로 가장 적절한 것은 (다)이다. (다)의 앞 부분에서는 『훈몽자회』에 기록된 한글 자음의 이름에 대해 설명하고 있으며, (다)의 뒤에서는 『훈몽자회』와 현대 자음 명칭의 다른 점을 밝히고 있다. 따라서 『훈몽자회』에 기록된 자음의 이름을 오늘날까지 쓰고 있다는 것을 설명한 〈보기〉는 문맥상 (다)의 위치에 오는 것이 자연스럽다.

16 비문학 글의 구조 파악 (접속어의 사용) 난이도 하 ●○○

정답 설명

② ㉠의 앞 문장은 『훈몽자회』에 나타난 한글 자음의 이름이 의미하는 바를 설명하고 있으며 ㉠의 뒤 문장은 이에 따라 자음 이름의 글자 수가 다르다는 것에 대해 설명하고 있다. ㉠을 기준으로 앞 문장이 뒤 문장의 근거가 되는 구조이므로 ㉠에는 '따라서'가 들어가는 것이 옳다.

17 문학 작품의 종합적 감상 (고전 소설) 난이도 중 ●●○

정답 설명

④ 제시된 작품에서 인물이 비범한 능력을 보이는 장면은 나타나지 않으며, 작품의 신비성을 더하는 부분도 찾을 수 없으므로 적절하지 않은 설명은 ④이다.

오답 분석

① 서술자의 서술보다 인물의 대사를 중심으로 사건이 전개되고 있다.

② 심생이 매일 밤 몰래 소녀의 집으로 찾아오는 것을 알고 있었다는 것과 심생을 면전에서 거절하기보다는 자물쇠를 잠그는 행위로 거절의 뜻을 비추는 것으로 보아, 소녀는 지혜로운 인물이라는 것을 추측할 수 있다.

③ 소녀는 일부러 소리를 내면서 자물쇠를 잠그는 행위를 통해 심생을 거절하고자 하는 의도를 드러내고 있다.

이것도 알면 합격!

이옥, '심생전'의 줄거리
용모가 준수하고 풍치 있는 선비인 심생은 어느날 보자기에 싸여 업혀 가는 소녀를 보고 한눈에 반해 소녀의 신상을 알아낸다. 이후 심생은 매일 밤 소녀의 방 밖에서 밤을 새우고 새벽에 돌아간다. 스무 날이 되던 날 소녀는 거짓말로 심생을 단념시키려 하지만 심생은 계속 소녀를 찾아오고 서른 날째 되는 날 소녀는 심생을 자기 방으로 데려와 부모님의 허락을 받고 부부의 인연을 맺는다. 이후 심생은 가족들에게 결국 의심을 사게 되어 북한산성으로 가게 되고 이에 소녀는 병에 걸려 유서를 남기고 죽는다. 실의에 빠진 심생은 문과를 포기하고 무인으로 살다 일찍 죽는다.

18 문학 + 어휘 주제 및 중심 내용 파악, 한자 성어 난이도 상 ●●●

정답 설명

③ 밑줄 친 부분은 나무를 오래 살게 하고 잘 자라게 하기 위해서는 자연스럽게 내버려 두어야 한다는 뜻으로, 인위적인 것을 배제하고 자연의 섭리를 따른다는 노자의 무위자연(無爲自然) 사상과 관련된다. 이와 가장 가까운 뜻을 지닌 한자 성어는 ③ 花紅柳綠(화홍유록)이다.

· 花紅柳綠(화홍유록): '꽃은 붉고 버들은 푸르다'라는 뜻으로, 인공을 가하지 않은 자연 그대로를 이르는 말

오답 분석

① 無爲徒食(무위도식): 하는 일 없이 놀고 먹음

② 遊衣遊食(유의유식): 하는 일 없이 놀면서 입고 먹음

④ 不偏不黨(불편부당): 아주 공평하여 어느 쪽으로도 치우침이 없음

19 비문학 관점과 태도 파악 난이도 하 ●○○

정답 설명

③ 2문단 끝에서 5~8번째 줄을 통해 작가는 과거에 나쁜 행적이 있는 사람이더라도 재주가 있다면 등용해야 한다고 주장함을 알 수 있다.

[관련 부분] 더러는 도둑 무리에서 고르며 ~ 임용한 사람마다 모두 임무를 맡기기에 적당하였고, 임용당한 사람들도 각자가 지닌 재능을 펼쳤었다.

오답 분석

① 2문단 1~3번째 줄을 통해 작가는 하늘이 사람을 낼 때, 신분 조건에 상관없이 재능을 내려 준다고 주장함을 알 수 있다.

[관련 부분] 그래서 인재를 태어나게 함에는 고귀한 집안의 태생이라 하여 그 성품을 풍부하게 해주지 않고, 미천한 집안의 태생이라고 하여 그 품성을 인색하게 주지만은 않는다.

② 3문단 끝에서 2~4번째 줄을 통해 작가는 재능이 있는 사람이 하급 관리에만 머무는 것을 안타까워하고 있음을 알 수 있다. 그러나 인재는 낮은 직책에서도 실력을 발휘할 수 있다는 내용은 찾을 수 없다.

[관련 부분] 영특하고 준수한 인재들이 지위 낮은 벼슬에 침체하여 끝내 그들의 포부를 시험하지 못하는 사람들이 그렇게도 많이 있는가!

④ 4문단 끝에서 1~3번째 줄을 통해 작가는 과거 시험으로 덕업(德業)이 훌륭한 인재들을 모두 찾을 수 없다고 생각함을 알 수 있다. 따라서 작가는 현재의 과거 시험에 문제가 있다고 생각함을 알 수 있으나, 2문단 끝에서 1~4번째 줄을 통해 작가는 천하를 다스리는 중국조차 인재에 대한 근심이 많다고 말하고 있으므로 중국의 인재 양성 방식을 본받아야 한다고 주장하고 있지 않다.

[관련 부분]
· 천하를 다스리는 큰 나라로서도 혹시라도 그러한 인재를 놓칠세라 오히려 염려하여, ~ 밥상 머리에 앉아서도 탄식했었다.
· 과거 출신(科擧出身)이 아니면 높은 지위에 오를 수 없어, 비록 덕업(德業)이 매우 훌륭한 사람도 끝내 경상(卿相)에 오르지 못한다.

이것도 알면 합격!

허균, '유재론'의 특징
1. 바람직한 인재 등용의 자세를 제시함
2. '유재'는 '인재를 버린다'라는 뜻으로 허균의 비판 의식이 담겨 있음
3. 출신을 차별하여 인재를 등용하는 것에 대해 문제를 제기함

20　어휘　고유어와 한자어의 대응　난이도 하 ●○○

정답 설명

② 문맥상 밑줄 친 ㉠은 '나타나거나 또는 나타나서 보이다'를 뜻하는 '출현(出現)한'으로 바꿔 쓸 수 있다.

오답 분석

① 출범(出帆)하다: 1. 배가 항구를 떠나다. 2. 단체가 새로 조직되어 일을 시작하다.

③ 출시(出市)하다: 상품을 시중에 내보내다.

④ 출연(出演)하다: 연기, 공연, 연설 등을 하기 위하여 무대나 연단에 나가다.

21　비문학　내용 추론　난이도 중 ●●○

정답 설명

④ 끝에서 2~4번째 줄을 통해 융과 그의 제자들이 집단으로 전승되는 신화·전설·민담을 집단 무의식의 원형이 집약된 대상으로 여겼음을 알 수 있으므로 민족을 초월하여 나타나는 공통적인 주제나 모티프 역시 집단 무의식이 반영된 것으로 볼 수 있다.

[관련 부분] 융과 그의 제자들은 집단으로 전승되는 신화·전설·민담을 집단 무의식의 원형(原型)이 녹아들어 있는 지혜의 보고로 여겨

오답 분석

① 개인 무의식과 집단 무의식이 상호보완적인 관계라는 것은 제시문을 통해 알 수 없는 내용이다.

② 2~5번째 줄을 통해 인간의 다양한 경험은 집단 무의식이 아닌 개인 무의식의 형태로 나타남을 알 수 있다.

[관련 부분] 개인 무의식이란 어떤 개인이 어릴 때부터 쌓아온 의식적인 경험이 무의식 속에 억압됨으로써 그 사람의 생각, 감정, 행동에 영향을 주는 것을 말한다.

③ 성적 충동이 억압되면 인간의 원초적인 본능이 무의식 속에 자리 잡게 된다는 것은 제시문을 통해 알 수 없는 내용이다.

22　문학　서술상의 특징　난이도 중 ●●○

정답 설명

① ㉠은 '노승'의 도술에 정신을 차리지 못하는 승상의 모습을 보여주는 장면으로, '정신이 아득하여 마치 취몽 가운데 있는 듯하여'와 같이 '승상'이 느끼는 감정을 직접적으로 서술하고 있으나 '노승'과의 갈등은 드러나 있지 않다.

오답 분석

② ㉡은 주인공이 꿈에서 현실로 돌아오는 장면으로, '높은 대와 많은 집들'에서 '암자'로의 공간의 이동과 향로에 '불'이 이미 꺼졌고 '달'이 떠 있었다는 시간의 경과에 대한 묘사를 통해 꿈에서 현실로 장면이 전환되었다는 것을 알 수 있다.

③ ㉢은 선계의 인물이었던 주인공이 인간 세상에서 '양가의 아들'로 환생한 것을 회상하는 장면으로, 비현실적인 내용을 다루는 전기적 특성이 드러난다.

④ ㉣은 주인공이 꿈속에서 '양소유(승상)'의 삶을 살며 겪은 일을 압축적으로 서술한 장면이다. 꿈에서 깨어난 주인공이 이것을 '더불어 즐기던 것이 하룻밤 꿈이로다'라고 표현하는 장면을 통해 '나'가 꿈을 계기로 인생무상의 깨달음을 얻었음을 알 수 있다.

・인생무상(人生無常): 인생이 덧없음

📌 이것도 알면 합격!

김만중, '구운몽'의 주제와 특징
1. 갈래: 몽자류 소설
2. 주제: 인생무상(人生無常)의 깨달음을 통한 불교에의 귀의
3. 특징
   (1) 꿈과 현실의 이원적 환몽(幻夢) 구조를 취함
   (2) 불교의 공(空) 사상을 바탕으로 주제 의식을 드러냄

23　어법　단어 (단어의 형성)　난이도 하 ●○○

정답 설명

④ '고구마'는 하나의 어근으로 이루어진 단일어이고, ① ② ③은 복합어이므로 단어의 구조가 다른 것은 ④이다.

오답 분석

① '단(어근) + 팥(어근) + 죽(어근)'으로 구성된 합성어이다. 이때 '단'은 용언 '달다'의 어간 '달-'에 관형사형 어미 '-ㄴ'이 결합한 어근이다.

② '우리(어근) + 말(어근)'로 구성된 합성어이다.

③ '구경(어근) + -꾼(접사)'으로 구성된 파생어이다. 이때 '-꾼'은 '어떤 일 때문에 모인 사람'의 뜻을 더하는 접미사이다.

24　비문학　주제 및 중심 내용 파악　난이도 하 ●○○

정답 설명

④ 제시문에서 항암제의 발전 가능성에 대해 서술한 부분은 드러나지 않으므로 글의 내용과 가장 거리가 먼 것은 ④이다.

오답 분석

① 1문단 1~2번째 줄에서 항암제를 세포 독성 항암제와 표적 항암제로 분류하고 있으며, 2문단 끝에서 1~4번째 줄에서 표적 항암제를 신호 전달 억제제와 신생 혈관 억제제로 분류하고 있다.

[관련 부분]
・암 치료에 사용되는 항암제는 세포 독성 항암제와 표적 항암제로 나뉜다.
・표적 항암제는 암세포가 증식하고 종양이 자라는 과정에서 어느 단계에 개입하느냐에 따라 신호 전달 억제제와 신생 혈관 억제제로 나뉜다.

② 1문단 4~5번째 줄에서 정상 세포를 손상시킬 수도 있다는 세포 독성 항암제의 부작용을 밝히고 있다.
[관련 부분] 세포 독성 항암제는 암세포뿐 아니라 정상 세포 중 빈번하게 세포 분열하는 종류의 세포도 손상시킨다.

③ 1문단 2~4번째 줄에서 세포 독성 항암제의 작용 원리를 밝히고 있으며, 3문단과 4문단에서 표적 항암제인 신호 전달 억제제와 신생 혈관 억제제의 작용 원리를 밝히고 있다.
[관련 부분]
· 파클리탁셀과 같은 세포 독성 항암제는 세포 분열을 방해하여 세포가 증식하지 못하고 사멸에 이르게 한다.
· 신호 전달 억제제는 암세포의 증식을 유도하는 신호 전달 과정 중 특정 단계의 진행을 방해한다.
· 신생 혈관 억제제는 암세포가 새로운 혈관을 생성하는 것을 방해한다.

---

25 비문학 논리적 사고 (논증의 오류)   난이도 중 ●●○

정답 설명

② 매운 음식을 먹는 것과 감기가 낫는 것 사이에는 논리적인 인과 관계가 성립하지 않으므로 ②는 '원인 오판의 오류(인과 혼동의 오류)'를 범하고 있다. 반면, ① ③ ④는 '성급한 일반화의 오류'를 범하고 있으므로 주장하는 말의 논리적 오류 유형이 다른 하나는 ②이다.
· 원인 오판의 오류(인과 혼동의 오류): 어떤 사건의 인과를 혼동하거나, 단순한 선후 관계를 원인과 결과의 관계로 혼동함으로써 발생하는 오류

오답 분석

① ③ ④ 모두 '성급한 일반화의 오류'를 범하고 있는 주장이다.
· 성급한 일반화의 오류: 불충분한 자료 또는 대표성이 결여된 사례 등을 근거로 삼아 성급하게 일반화함으로써 발생하는 오류

❯ 실전동형문제 정답

p.22

01	③ 어법 – 한글 맞춤법	06	④ 어휘 – 한자 성어	11	② 어법 – 국어의 로마자 표기	16	③ 어법 – 표준 발음법	21	② 문학 – 시구의 의미
02	② 문학 – 작품에 대한 지식	07	② 혼합(문학+어휘) – 문장의 의미, 한자어 고유어	12	① 어휘 – 고유어	17	② 비문학 – 글의 구조 파악	22	③ 비문학 – 내용 추론
03	② 어법 – 한글 맞춤법	08	② 어법 – 단어	13	① 문학 – 갈래에 대한 지식	18	② 혼합(어법+비문학) – 문장, 적용하기	23	④ 비문학 – 주제 및 중심 내용 파악
04	③ 어법 – 문장	09	② 비문학 – 글의 구조 파악	14	② 어법 – 표준어 사정 원칙	19	② 어법 – 언어의 본질	24	① 문학 – 갈래에 대한 지식
05	③ 어휘 – 한자 성어	10	④ 어휘 – 고유어	15	④ 비문학 – 세부 내용 파악	20	① 문학 – 화자의 정서 및 태도	25	④ 어법 – 한글 맞춤법

❯ 취약영역 분석표

영역	어법	비문학	문학	어휘	혼합	총계
맞힌 답의 개수	/ 9	/ 5	/ 5	/ 4	/ 2	/ 25

* 취약영역 분석표를 이용해 1개라도 틀린 문제가 있는 영역은 그 영역의 문제만 골라 해설을 다시 한번 꼼꼼히 학습하세요.

---

01 어법 한글 맞춤법 (맞춤법에 맞는 표기) 난이도 하 ●○○

정답 설명

③ '삼발이'는 명사 '삼(三)'에 명사 '발'이 결합하여 만들어진 '삼발'에 '사물'의 뜻을 더하는 접미사 '-이'가 결합하여 형성된 파생어이므로 준말이 아니다.

오답 분석

① '밭사돈'은 '바깥사돈'의 준말로, 접두사 '밭-'은 '바깥'의 끝모음 'ㅏ'가 줄어들고 'ㅌ'을 앞 음절의 받침으로 적은 형태이다.

② '편찮다'는 '편하지 않다'의 준말로, '하지' 뒤에 '않-'이 어울려 줄어들 때 준 대로 적은 형태이다.

④ '엊그저께'는 '어제그저께'의 준말로, '엊'은 '어제'의 끝모음 'ㅔ'가 줄어들고 'ㅈ'을 앞 음절의 받침으로 적은 형태이다.

---

02 문학 작품에 대한 지식 난이도 상 ●●●

정답 설명

② '호곡장론(好哭場論)'은 조선 후기 실학자 박지원의 수필로, '통곡할 만한 자리'로도 불리며, '열하일기(熱河日記)'에 수록된 작품이다. 참고로 '열하일기(熱河日記)'는 박지원이 청나라를 여행하고 쓴 기행문이다.

오답 분석

① '과정록(過庭錄)'은 박지원의 아들 박종채가 아버지의 신상, 생활상, 교우, 업적, 저술 등을 기록해 놓은 잡록이다.

③ '예성야기화(禮成夜記話)'는 조선 후기의 여류 문인 김삼의당이 지은 글로, 자신의 결혼 첫날밤에 남편과 나눈 대화의 일부를 기록한 글이다.

④ '요로원야화기(要路院夜話記)'는 조선 후기의 문인이자 학자인 박두세가 지은 글로, 서울 양반인 '객'과 시골 양반인 '나'가 요로원이라는 주막에서 함께 묵으며 나눈 대화로 이루어진 글이다.

---

03 어법 한글 맞춤법 (띄어쓰기) 난이도 중 ●●○

정답 설명

② 수를 적을 때는 '천(千)' 단위가 아닌 '만(萬)' 단위로 띄어 써야 하므로 '123456789'는 '일억∨이천삼백사십오만∨육천칠백팔십구'로 써야 한다. 따라서 단위를 나타내는 명사의 띄어쓰기에 대한 설명이 옳지 않은 것은 ②이다.

오답 분석

① 단위를 나타내는 명사는 '차∨한∨대, 국수∨한∨그릇'과 같이 앞말과 띄어 쓴다.

③ 연월일, 시각을 나타내는 명사는 앞말과 띄어 씀을 원칙으로 하되 앞말에 붙여 쓰는 것도 허용한다.

④ 단위 명사가 순서를 나타내는 경우나 아라비아 숫자와 어울려 쓰이는 경우에는 붙여 쓸 수 있다.

---

04 어법 문장 (사동 표현) 난이도 중 ●●○

정답 설명

③ 사동 표현은 주체가 다른 사람에게 동작이나 행동을 하도록 시키는 것을 의미한다. '답지를 보고 정답을 맞췄다'에서 '맞추다'는 '둘 이상의 일정한 대상들을 나란히 놓고 비교하여 살피다'를 뜻하는 말로, 사동의 의미가 없다.

오답 분석

① '칭찬'이 '고래'를 춤추게 한 것이므로 '춤추게 만들다'는 사동 표현이다. 참고로 '만들다'는 '그렇게 되게 하다'의 뜻으로, 사동의 의미가 포함된 단어이다.

② '언니'가 '동생'에게 옷을 입도록 시킨 것이므로 '입게 하다'는 사동 표현이다. 참고로 '-게 하다'는 통사적 사동문을 만드는 표현이다.

④ '선생님'이 '우리'에게 청소를 하도록 시킨 것이므로 '시키다'는 사동 표현이다. 참고로 '시키다'는 '어떤 일이나 행동을 하게 하다'라는 뜻으로, 사동의 의미가 포함된 단어이다.

---

05 | 어휘 한자 성어 | 난이도 중 ●●○

정답 설명

③ ㉠과 ㉡이 비슷한 의미의 한자 성어가 아닌 것은 ③이다.
- 羊質虎皮(양질호피): 속은 양이고 거죽은 범이라는 뜻으로, 본바탕은 아름답지 아니하면서 겉모양만 꾸밈을 비유적으로 이르는 말
- 宿虎衝鼻(숙호충비): 자는 호랑이의 코를 찌른다는 뜻으로, 가만히 있는 사람을 공연히 건드려서 화를 입거나 일을 불리하게 만듦을 이르는 말

오답 분석

①②④ 모두 ㉠과 ㉡의 의미가 비슷한 한자 성어이다.

① ・射魚指天(사어지천): 물고기를 잡기 위해 하늘을 바라본다는 뜻으로, 사리에 맞지 않은 일을 하고자 함을 비유적으로 이르는 말
- 陸地行船(육지행선): 육지에서 배를 저으려 한다는 뜻으로, 안 되는 일을 억지로 하려고 함을 비유적으로 이르는 말

② ・四顧無親(사고무친): 의지할 만한 사람이 아무도 없음
- 孤城落日(고성낙일): 외딴 성과 서산에 지는 해라는 뜻으로, 세력이 다하고 남의 도움이 없는 매우 외로운 처지를 이르는 말

④ ・膠漆之交(교칠지교): 아주 친밀하여 서로 떨어질 수 없는 교분을 이르는 말
- 刎頸之交(문경지교): 서로를 위해서라면 목이 잘린다 해도 후회하지 않을 정도의 사이라는 뜻으로, 생사를 같이할 수 있는 아주 가까운 사이, 또는 그런 친구를 이르는 말

---

06 | 어휘 한자 성어 (한자 성어의 표기) | 난이도 상 ●●●

정답 설명

④ 肝膽想照(×) → 肝膽相照(○): 이때 '상'은 '想(생각 상)'이 아닌 '相(서로 상)'을 써야 한다. 따라서 한자 성어의 한자 표기가 잘못된 것은 ④이다.
- 간담상조(肝膽相照: 간 간, 쓸개 담, 서로 상, 비칠 조): 서로 속마음을 털어놓고 친하게 사귐

오답 분석

① 격화소양(隔靴搔癢: 사이 뜰 격, 신 화, 긁을 소, 가려울 양): '신을 신고 발바닥을 긁는다'라는 뜻으로, 성에 차지 않거나 철저하지 못한 안타까움을 이르는 말

② 괄목상대(刮目相對: 긁을 괄, 눈 목, 서로 상, 대할 대): '눈을 비비고 상대편을 본다'라는 뜻으로, 남의 학식이나 재주가 놀랄 만큼 부쩍 늚을 이르는 말

③ 경전하사(鯨戰蝦死: 고래 경, 싸움 전, 새우 하, 죽을 사): '고래 싸움에 새우 등 터진다'라는 뜻으로, 강한 자끼리 서로 싸우는 통에 아무 상관도 없는 약한 자가 해를 입음을 비유적으로 이르는 말

---

07 | 문학+어휘 문장의 의미, 한자어, 고유어 | 난이도 중 ●●●

정답 설명

② ㉡ '유하게 흘게 늦은'은 '걱정 없이 야무지지 못한'이라는 뜻이므로 뜻풀이가 바르지 않은 것은 ②이다.
- 유하다: 걱정이 없다.
- 흘게가 늦다: 성격이나 하는 짓이 야무지지 못하다.

오답 분석

① 좌기(挫氣): 기세가 꺾임. 또는 기세를 꺾음

③ 골: 비위에 거슬리거나 언짢은 일을 당하여 벌컥 내는 화

④ 북새: 많은 사람이 야단스럽게 부산을 떨며 법석이는 일

---

08 | 어법 단어 (파생어와 합성어) | 난이도 하 ●○○

정답 설명

② '소나무'는 어근 '솔'과 어근 '나무'가 결합한 합성어이고, ①③④는 어근과 접사가 결합한 파생어이므로 단어의 형성 원리가 다른 것은 ②이다.

오답 분석

① 한여름: 한-(접두사) + 여름(명사)

③ 개살구: 개-(접두사) + 살구(명사)

④ 짓밟다: 짓-(접두사) + 밟다(동사)

---

09 | 비문학 글의 구조 파악 (문단 배열) | 난이도 중 ●●●

정답 설명

② '(나) - (다) - (라) - (가)'의 순서가 가장 자연스럽다.

순서	중심 내용	순서 판단의 단서와 근거
(나)	한힌샘 주시경의 소개와 그의 업적	글의 중심 소재인 주시경과 그의 업적을 소개하고 있으므로 가장 앞에 오는 것이 적절함

(다)	국어학자로서 주시경의 업적	(나)에서 언급한 국어학자로서 주시경의 업적에 대해 구체적으로 밝힘
(라)	주시경이 도입한 '늣씨'와 '속뜻'의 개념	(다) 마지막에 언급한 '늣씨'와 '속뜻'의 개념과 이러한 개념의 도입이 시사하는 연구사적 의의에 대해 부연 설명함
(가)	국어 교육자로서 주시경의 업적	국어 교육자로서 주시경의 업적은 국어학사에 남긴 업적 이후에 제시되는 것이 자연스러움

10 어휘 고유어 난이도 중 ●●○

정답 설명

④ '앤생이'는 잔약한 사람이나 보잘것없는 물건을 낮잡아 이르는 말이다. 따라서 단어의 뜻풀이가 옳지 않은 것은 ④이다.
· 깐깐이: 행동이나 성격 등이 까다로울 만큼 빈틈이 없고 알뜰한 사람

11 어법 국어의 로마자 표기 난이도 하 ●○○

정답 설명

② 로마자 표기가 옳은 것으로만 짝지어진 것은 ② 'ㄱ, ㅁ, ㅂ'이다.
· ㉠ 칠곡(Chilgok)(○): 'ㄱ'은 모음 앞에서는 'g'로 표기하고, 어말에서는 'k'로 표기한다.
· ㅁ 해운대(Hae-undae)(○): 발음상 혼동의 우려가 있을 때에는 음절 사이에 붙임표(-)를 쓸 수 있다. '해운대'는 [하은대]로 발음을 혼동할 수 있기 때문에 음절 사이에 붙임표(-)를 쓴다.
· ㅂ 묵호(Mukho)(○): 체언에서 'ㄱ' 뒤에 'ㅎ'이 따를 때에는 'ㅎ'을 밝혀 적는다.

오답 분석

· ㄴ 낙성대(Nagseongdae)(×) → (Nakseongdae)(○): 'ㄱ'은 자음 앞에서 'k'로 표기해야 한다.
· ㄷ 압구정(Apggujeong)(×) → (Apgujeong)(○): '압구정'의 발음은 [압꾸정]이나, 된소리되기는 로마자 표기에 반영하지 않는다.
· ㄹ 울산(Ulssan)(×) → (Ulsan)(○): '울산'의 발음은 [울싼]이나, 된소리되기는 로마자 표기에 반영하지 않는다.

12 어휘 고유어 난이도 중 ●●○

정답 설명

① '알짬'은 '여럿 가운데에 가장 중요한 내용'을 뜻하는 고유어이므로 문맥상 쓰임이 적절하지 않다.

오답 분석

② 너울가지: 남과 잘 사귀는 솜씨. 붙임성이나 포용성 등을 이른다.
③ 엉너리: 남의 환심을 사기 위하여 어벌쩡하게 서두르는 짓
④ 날포: 하루가 조금 넘는 동안

13 문학 갈래에 대한 지식 (가사) 난이도 중 ●●○

정답 설명

① 제시된 작품인 '상춘곡'의 갈래는 '가사'이나, 3장 6구 45자 내외의 단시조를 중첩한 형태는 연시조에 대한 설명이다.

오답 분석

② 조선 후기에는 임진왜란 이후의 궁핍한 생활을 다룬 박인로의 '누항사'와 같이 현실을 사실적으로 그려낸 가사들이 창작되기도 했다.
③ 가사는 3·4조 또는 4·4조의 음수율과 4음보의 음보율을 지닌다.
· 음수율: 음절의 수를 일정하게 하여 이루는 운율
· 음보율: 시를 읽을 때 끊어 읽는 단위
④ 마지막 행이 시조의 종장과 같은 형식으로 쓰인 것을 정격(正格) 가사, 그렇지 않은 것을 변격(變格) 가사라고 한다.

지문 풀이

속세에 묻혀 사는 분들이여, 이 나의 생활이 어떠한가? 옛사람들의 풍류를 내가 미칠까 못 미칠까? 세상에 남자로 태어나 나만한 사람이 많지만 〈중 략〉 가난한 처지에 헛된 생각 아니 하네. 아무튼 한평생 즐거움을 누리는 것이 이만하면 족하지 않은가?

14 어법 표준어 사정 원칙 (표준어의 구분) 난이도 중 ●●○

정답 설명

② 수컷을 이르는 접두사 '수-'가 '강아지, 개, 기와, 닭, 당나귀, 돼지, 병아리' 등과 결합할 때 접두사 뒤에서 나는 거센소리를 인정하여, 거센소리가 포함된 표기를 표준어로 삼는다. 또한 '숫-'은 '양, 염소, 쥐'와 결합할 때에만 쓰인다. 따라서 밑줄 친 단어의 표기가 옳은 것으로 짝지어진 것은 ② ㄱ, ㄹ, ㅁ이다.

오답 분석

ㄴ 수염소(×) → 숫염소(○)
ㄷ 숫기와(×) → 수키와(○)
ㅂ 숫돼지(×) → 수퇘지(○)

이것도 알면 합격!

접두사 '수-', '숫-', '암-'의 쓰임
1. 수컷을 이르는 접두사는 '수-'로 통일함
   예 수펑, 수나사, 수놈, 수사돈, 수소, 수은행나무

2. 다만 '양, 염소, 쥐'는 접두사 '숫-'을 사용함
예 숫양, 숫염소, 숫쥐
3. 아래의 단어는 접두사 '수-'와 접두사 '암-' 다음에서 나는 거센소리를 인정함
   • 수캉아지, 수캐, 수컷, 수키와, 수탉, 수탕나귀, 수톨쩌귀, 수퇘지, 수평아리
   • 암캉아지, 암캐, 암컷, 암키와, 암탉, 암탕나귀, 암톨쩌귀, 암퇘지, 암평아리

---

15 비문학 세부 내용 파악   난이도 중 ●●○

정답 설명

④ 2문단과 3문단에서 사전의 올림말로 우선 선정되는 방언은 자주 쓰이며 통용되는 지역이 넓은 낱말임을 알 수 있으나, 제시문을 통해 통용되는 지역이 협소하면서 자주 쓰이는 낱말에 대해서 올림말로 설정하는지는 알 수 없다.
   [관련 부분]
   • 그것(방언)이 일상어이거나 일상어에서 비교적 멀지 않은 낱말부터 선택하여야 할 것이다. ~ 해당 방언에서는 자주 쓰이는 낱말이라면 선택해야 한다.
   • 그것(방언)이 통용되는 지역이 어느 정도 넓은 범위를 가진 방언 낱말을 우선하여야 한다.

오답 분석

① 1문단 2~4번째 줄에서 확인할 수 있다.
   [관련 부분] 방언 어휘는 그 수효가 엄청나게 많아서 대사전이라고 해도 이를 다 수용한다는 것은 현실적으로 어려움이 많다.

② 2문단 4~5번째 줄에서 확인할 수 있다.
   [관련 부분] 표준어에서는 희귀어라도 해당 방언에서는 자주 쓰이는 낱말이라면 선택해야 한다.

③ 2문단과 3문단에서 올림말로는 일상에서 자주 쓰이는 방언과 통용되는 범위가 넓은 방언을 우선 선택해야 한다고 말하고 있으므로, 대사전에 수록될 방언을 선정하는 기준은 사용 빈도와 사용 분포임을 알 수 있다.

---

16 어법 표준 발음법   난이도 중 ●●○

정답 설명

③ '이죽이죽, 잘 입고, 샛길, 송별연'은 각각 '[이중니죽/이주기죽] - [잘립꼬] - [새ː낄/샏ː낄] - [송ː벼련]'으로 발음하므로 답은 ③이다.
   • 이죽이죽[이중니죽/이주기죽](O): '이죽(어근) + 이죽(어근)'이 결합한 합성어로, 앞 단어의 끝이 자음 'ㄱ'이고 뒤 단어의 첫음절이 모음 'ㅣ'로 시작하므로 'ㄴ' 음이 첨가된다('ㄴ' 첨가). 이때 [ㄴ]의 영향을 받아 앞 단어의 'ㄱ'이 'ㅇ'으로 바뀌어 [이중니죽]으로 발음된다(비음화). 또한 표기대로 연음하여 [이주기죽]으로 발음할 수도 있다.

• 잘 입고[잘립꼬](O): 두 단어를 이어서 발음하는 경우, 앞 단어의 끝이 자음 'ㄹ'이고 뒤 단어의 첫음절이 모음 'ㅣ'로 시작하므로 'ㄴ'음이 첨가되어 [닙]으로 바뀐 뒤('ㄴ' 첨가), 'ㄹ'의 영향을 받아 [립]으로 발음된다(유음화). 또한 'ㄱ'은 'ㅂ'의 영향을 받아 [ㄲ]으로 발음(된소리되기)되므로 [잘립꼬]가 표준 발음이다.

• 샛길[새ː낄/샏ː낄](O): '새(어근) + 길(어근)'이 결합한 합성어로, 사이시옷 뒤에서 'ㄱ'을 [ㄲ]으로 발음하는 것을 원칙으로 하기 때문에 [새ː낄]이 표준 발음이나, 사이시옷을 [ㄷ]으로 발음하는 것도 허용하기 때문에 [샏ː낄]로 발음할 수도 있다.

• 송별연[송ː벼련](O): '송별(어근) + 연(어근)'이 결합한 합성어이지만, 'ㄴ' 소리를 첨가하여 발음하지 않는 단어이므로 '별'의 받침 'ㄹ'을 그대로 연음하여 [송ː벼련]으로 발음한다.

🖊 이것도 알면 합격!

'ㄴ' 음을 첨가하여 발음하는 조건

1. 다음 조건이 모두 충족되면 '이, 야, 여, 요, 유'를 [니, 냐, 녀, 뇨, 뉴]로 발음함
   (1) 앞 단어나 접두사의 끝이 자음일 때
   (2) 뒤 단어나 접미사의 첫음절이 '이, 야, 여, 요, 유'일 때
      예 솜이불[솜ː니불] 직행열차[지캥녈차] 내복약[내ː봉냑] 막일[망닐] 홑이불[혼니불] 삯일[상닐], 맨입[맨닙] 꽃잎[꼰닙] 한여름[한녀름] 남존여비[남존녀비] 신여성[신녀성] 색연필[생년필] 늑막염[능망념] 콩엿[콩녇] 담요[담ː뇨] 눈요기[눈뇨기] 영업용[영엄뇽] 식용유[시굥뉴] 국민윤리[궁민뉼리]

2. 다음과 같은 말들은 'ㄴ' 음을 첨가하여 발음하되, 표기대로 발음할 수 있음
   예 이죽-이죽[이중니죽/이주기죽] 야금-야금[야금냐금/야그먀금] 욜랑-욜랑[욜랑뇰랑/욜랑욜랑] 금융[금늉/그뮹] 검열[검ː녈/거ː멸]

3. 'ㄹ' 받침 뒤에 첨가되는 'ㄴ' 음은 [ㄹ]로 발음함
   예 들-일[들ː릴] 솔-잎[솔립] 설-익다[설릭따] 물-약[물략] 불-여우[불려우] 서울-역[서울력] 물-엿[물렫] 휘발-유[휘발류] 유들-유들[유들류들]

4. 두 단어를 이어서 한 마디로 발음하는 경우에도 'ㄴ' 음을 첨가하여 발음함
   예 한 일[한닐] 옷 입다[온닙따] 서른여섯[서른녀섣] 3연대[삼년대] 먹은 엿[머근녇] 할 일[할릴] 잘 입다[잘립따] 스물여섯[스물려섣] 1연대[일련대] 먹을 엿[머글렫]

---

17 비문학 글의 구조 파악   난이도 하 ●○○

정답 설명

② 접속어 '마찬가지로'를 통해 〈보기〉의 앞에는 언어가 체계적으로 조직되어 있듯 자연 현상에도 일정한 질서가 내재해 있음을 설명하는 내용이 와야 하며, 〈보기〉에서 언어의 구조적 특성을 정의하였으므로 〈보기〉의 뒤에는 언어의 구조적 특성인 '규칙'에 대한 내용이 이어져야 함을 알 수 있다. 따라서 〈보기〉의 문장이 들어가기에 가장 적절한 곳은 ②이다.

18 어법+비문학 문장 (문장 성분), 적용하기   난이도 중 ●●○

정답 설명

② ㉠은 문장을 만들 때의 규칙인 문법을 의미한다. 목적어는 서술어의 동작이 미치는 대상이 되는 문장 성분이므로, 오직 동사만이 목적어를 취할 수 있으며 형용사는 목적어를 취할 수 없다. 따라서 ㉠에 해당하는 사례로 옳지 않은 것은 ②이다.

오답 분석

① 관형어는 체언을 수식하는 문장 성분이므로 단독으로 쓰일 수 없다.

③ 문장 전체를 꾸며주는 문장 부사어의 경우 문장 내에서 자리 이동이 비교적 자유롭다.
   예 · 과연 범인은 누구일까?
   · 범인은 과연 누구일까?

④ '되다'와 '아니다'는 보어를 필수 성분으로 갖는 서술어이다.

19 어법 언어의 본질   난이도 하 ●○○

정답 설명

② 연속적인 사물이나 개념을 불연속적으로 인식하는 언어의 특성을 언어의 분절성이라 한다. 음절을 자음과 모음으로 나눌 수 있는 것, 시간과 같이 연속적인 개념을 시, 분, 초로 나누어 파악하는 것 등이 모두 언어의 분절성의 예이다.

오답 분석

① 언어의 기호성: 언어는 일정한 내용을 일정한 형식으로 나타내는 기호 체계이다.

③ 언어의 자의성: 일정한 내용을 일정한 형식으로 나타낼 때, 내용과 형식 사이에는 필연적인 관련성이 없다.

④ 언어의 창조성: 언어는 한정된 어휘를 가지고 무수히 많은 문장을 생성해낼 수 있다.

20 문학 화자의 정서 및 태도   난이도 중 ●●○

정답 설명

① (가)에서 화자는 임을 만나지 못하는 상황에서 차라리 죽어서 달이 되어 임이 계신 창 안에 비추고 싶다는 소망을 말하고 있다. 따라서 (가)에 나타난 화자의 심정은 '죽어서라도 임을 따르고 싶다'이다.

🖋 이것도 알면 합격!

정철, '속미인곡'의 주제 및 특징
1. 주제: 임금을 향한 그리움, 연군지정(戀君之情)
2. 특징
   (1) 두 여인의 대화 형식으로 내용을 전개함
   (2) 순우리말로 화자의 감정을 섬세하게 표현함

3. 의의
   (1) 충신연주지사(忠臣戀主之詞)의 대표적 작품
   (2) 뛰어난 우리말 구사가 돋보이며 가사 문학 중 가장 뛰어난 문학성을 지닌 작품으로 평가받음

21 문학 시구의 의미   난이도 중 ●●○

정답 설명

② '슬크장'은 '실컷'을 뜻하는 옛말이고, '숣다'는 '말씀을 올리다'를 뜻하는 '사뢰다'의 옛말이므로 '슬크장 숣쟈ᄒᆞ니'는 '실컷 아뢰고자 하니'로 해석할 수 있다.

오답 분석

① '헤쓰며 바니니'에서 '헤쓰며'는 '헤매며'로, '바니니'는 '오락가락하니'로 해석할 수 있다.

③ '엇디 ᄭᆡ돗던고'에서 'ᄭᆡ돗던고'의 기본형 'ᄭᆡ다'는 '깨다'로 해석하므로 ㉢은 '어찌 깨었던가'로 해석할 수 있다.

④ '어엿브다'는 '가엾다'를 뜻하는 옛말이므로, ㉣ '어엿븐 그림재'는 '가엾은 그림자'로 해석할 수 있다.

지문 풀이

초가집 찬 잠자리에 밤중에 돌아오니,
벽에 걸린 등불은 누구를 위하여 밝았는가?
(산을) 오르며 내리며 ㉠헤매며 오락가락하니
잠깐 동안에 힘이 다하여 풋잠을 잠깐 드니
정성이 지극하여 꿈에 임을 보니,
옥 같던 (임의) 모습이 반 넘게 늙었구나.
마음에 먹은 말씀 ㉡실컷 아뢰고자 하니,
눈물이 계속 나니 말인들 어찌하며,
정을 못다 풀어 목마저 메니,
방정맞은 닭소리에 잠은 ㉢어찌 깨었던가?
아. 헛된 일이로구나. 이 임이 어디 갔는가?
꿈결에 일어나 앉아 창을 열고 바라보니
㉣가엾은 그림자만이 나를 따를 뿐이로다.
(가) ┌차라리 죽어 없어져서 지는 달이나 되어
     └임 계신 창 안에 환하게 비치리라.

22 비문학 내용 추론   난이도 하 ●○○

정답 설명

③ '둘 간의 팽팽한 줄다리기'는 교감 신경과 부교감 신경의 작용을 통해 과립구와 림프구의 비율을 일정하게 유지하는 것을 의미하므로 ㉢ '줄다리기'는 '항상성 유지'를 의미한다고 볼 수 있다.

오답 분석

① ⊙ '칼을 빼들었다'는 부당 광고를 적발하고 행정적 처분을 내리는 행위를 의미한다.
· 칼을 빼 들다: 결함, 문제 따위를 해결하려고 하다.
[관련 부분] 식품의약품안전처는 이러한 부당 광고를 ~ 적발하고 행정 처분을 내렸다.

② ⓒ '외부 침입자'는 바이러스나 세균과 같은 병원균을 의미한다.
[관련 부분] 면역력은 바이러스나 세균과 같은 병원균으로부터 우리 몸을 보호한다.

④ ⓔ '승리'는 과립구의 과도한 증가를 의미한다.
[관련 부분] 교감 신경의 기능이 높아지면 과립구가 늘어나고

M (Music)	효과 음악
NAR. (Narration)	해설. 화면 밖에서 들려오는 대사
O.L. (Over Lap)	한 화면이 사라질 때, 뒤에 화면이 포개어지며 나타나는 기법
PAN (Panning)	카메라를 이동시켜 장면을 상하좌우로 찍는 것
S# (Scene Number)	장면 번호
Montage(몽타주)	따로 촬영한 화면을 붙여서 하나의 장면이나 내용으로 만드는 일

---

23 비문학 주제 및 중심 내용 파악 난이도 상 ●●●

정답 설명

④ 글쓴이는 정지상이 오랜 고민 끝에 시구를 떠올린 일화와 강일용 선생이 백로에 대한 시를 짓고자 하였으나 온전히 완성하지 못한 일화를 통해 하나의 작품을 완성하기 위해 많은 노력이 요구됨을 말하고 있다.

오답 분석

① 제시문을 통해 알 수 없는 내용이다.

② 글쓴이가 강일용 선생의 시를 보충하여 다듬었다는 일화에서 퇴고의 과정이 드러나 있으나, 퇴고가 창작 과정의 핵심임을 말하고 있지는 않다.

③ 정지상과 강일용 선생이 문득 떠오르는 시상을 기록한 일화가 제시되어 있으나, 시상을 바로 기록하는 습관이 필요함을 말하고 있지는 않다.
· 퇴고: 글을 지을 때 여러 번 생각하여 고치고 다듬음

---

24 문학 갈래에 대한 지식 난이도 중 ●●○

정답 설명

① F.O.(Fade out)은 '화면이 천천히 밝아지는 것'이 아니라 '화면이 천천히 어두워지는 것'을 뜻하므로 시나리오 용어에 대한 설명으로 옳지 않은 것은 ①이다.

🖋 이것도 알면 합격!

주요 시나리오 용어

C.U. (Close Up)	화면에 크게 보이게 확대해서 찍는 것
D.E. (Double Exposeure)	이중 노출. 두 화면이 겹쳐지는 것
E (Effect)	효과음
F.I. (Fade In)	화면이 천천히 밝아지는 것
F.O. (Fade Out)	화면이 천천히 어두워지는 것
Ins. (Insert)	삽입 화면. 화면과 화면 사이에 사진, 그림, 편지 등을 삽입하는 것

---

25 어법 한글 맞춤법 (띄어쓰기) 난이도 중 ●●○

정답 설명

④ 큰바(○): 이때 '바'는 뒤 절의 내용과 관련된 상황을 제시하는 데 쓰는 연결 어미 '-ㄴ바'의 일부이므로 앞말에 붙여 쓴다.

오답 분석

① 아는대로(×) → 아는∨대로(○): 이때 '대로'는 용언 '알다'의 관형사형 '아는'의 뒤에서 '그와 같이'라는 뜻을 나타내는 의존 명사로 쓰였으므로 앞말과 띄어 쓴다.

② 법∨대로(×) → 법대로(○): 이때 '대로'는 체언 '법' 뒤에서 '그와 같이'라는 뜻을 나타내는 조사로 쓰였으므로 앞말에 붙여 쓴다.

③ 애쓴만큼(×) → 애쓴∨만큼(○): 이때 '만큼'은 용언 '애쓰다'의 관형사형 '애쓴'의 뒤에서 '그런 정도로' 또는 '실컷'이라는 뜻을 나타내는 의존 명사로 쓰였으므로 앞말과 띄어 쓴다.

🖋 이것도 알면 합격!

어미 '-ㄴ바/-는바'와 의존 명사 '바'의 구분 방법

어미 '-ㄴ바/ -는바'	뒤 절에서 어떤 사실을 말하기 위해 그 사실이 있게 된 것과 관련된 과거의 어떤 상황을 미리 제시하는 데 쓰는 경우는 연결 어미이다. 예 서류를 검토한바 몇 가지 미비한 사항이 발견되었다.
의존 명사 '바'	아래와 같은 뜻을 나타내면서, '바'를 '것'으로 교체할 수 있거나 '바' 뒤에 조사를 붙일 수 있는 경우는 의존 명사이다. 1. 앞에서 말한 내용 그 자체나 일 　예 네가 지금까지 느낀∨바를 말해라. 2. 일의 방법이나 방도 　예 어찌할∨바를 몰랐다. 3. 앞말이 나타내는 일의 기회나 그리된 형편 　예 매를 맞을∨바에는 먼저 맞는 것이 낫다. 4. 자기주장의 단언적 강조 　예 우리는 우리의 굳건한 의지를 내외에 천명하는∨바이다.

▶ 실전동형문제 정답

p.30

01	② 어법 – 한글 맞춤법	06	④ 어법 – 근대 국어	11	② 비문학 – 세부 내용 파악	16	③ 문학 – 작품의 종합적 감상	21	② 문학 – 수사법
02	① 어휘 – 한자어	07	③ 어법 – 문장	12	③ 비문학 – 주제 및 중심 내용 파악	17	① 비문학 – 내용 추론	22	② 어법 – 한글 맞춤법
03	① 비문학 – 글의 구조 파악	08	④ 문학 – 글의 구조 파악	13	① 어법 – 한글 맞춤법	18	③ 비문학 – 화법	23	③ 문학 – 표현상의 특징
04	① 어법 – 국어의 로마자 표기	09	③ 문학 – 주제 및 중심 내용 파악	14	② 비문학 – 세부 내용 파악	19	① 어휘 – 혼동하기 쉬운 어휘	24	② 어법 – 문장 부호
05	① 어휘 – 한자 성어	10	② 어법 – 한글 맞춤법	15	③ 비문학 – 글의 전략 파악	20	④ 어법 – 한글 맞춤법, 단어	25	④ 어법 – 외래어 표기

▶ 취약영역 분석표

영역	어법	비문학	문학	어휘	혼합	총계
맞힌 답의 개수	/ 10	/ 7	/ 5	/ 3	– / 0	/ 25

* 취약영역 분석표를 이용해 1개라도 틀린 문제가 있는 영역은 그 영역의 문제만 골라 해설을 다시 한번 꼼꼼히 학습하세요.

01　어법 한글 맞춤법 (맞춤법에 맞는 표기)　난이도 중 ●●○

정답 설명

② 밑줄 친 단어의 맞춤법이 올바른 것은 ⓐ, ⓒ, ⓔ이다.
　ⓐ 미덥지(O): 용언의 어간에 접미사가 붙어서 이루어진 말들은 그 어간을 밝혀 적는다. 단, '미덥다'는 본래 '믿다'의 어간 '믿-'에 접미사 '-업-'이 결합한 말이나, 지금은 하나의 단어로 굳어져 분석이 되지 않으므로 소리 나는 대로 적는다.
　ⓒ 솟구어(O): '솟다'의 어간 '솟-'에 접미사 '-구-'가 붙은 말이므로 어간을 밝혀 '솟구다'로 적는다. 참고로, 이때 '솟구다'는 '몸 등을 빠르고 세게 날 듯이 높이 솟게 하다'를 뜻한다.
　ⓔ 받쳐서(O): '받다'의 어간 '받-'에 접미사 '-치-'가 붙은 말이므로 어간을 밝혀 '받치다'로 적는다. 참고로 이때 '받치다'는 '물건의 밑이나 옆 등에 다른 물체를 대다'의 뜻이므로 문맥상 적절하게 쓰였다.

오답 분석

ⓑ 돋구다(×) → 돋우다(O): '돋구다'는 '안경의 도수 등을 더 높게 하다'를 뜻하는 말이므로 문맥상 '입맛을 당기게 하다'를 뜻하는 '돋우다'로 고쳐 써야 한다. 이때 '돋우다'는 '돋다'의 어간 '돋-'에 접미사 '-우-'가 붙은 말이므로 어간을 밝혀 적는다.

ⓓ 붙인(×) → 부친(O): '붙이다'는 '맞닿아 떨어지지 않게 하다'를 뜻하는 말이므로 문맥상 '편지나 물건 등을 일정한 수단이나 방법을 써서 상대에게로 보내다'를 뜻하는 '부치다'로 고쳐 써야 한다. 이때 '부치다'는 '붙다'의 어간 '붙-'에 접미사 '-이-'가 붙은 말이나, 원뜻에서 멀어진 경우이므로 소리 나는 대로 적는다.

이것도 알면 합격!

용언의 어간에 접미사가 붙어 이루어진 말의 표기
1. '-가-, -리-, -이-, -히-, -구-, -우-, -추-, -으키-, -이키-, -애-'가 붙은 단어는 어간을 밝혀 적는다.
　예 • 맡기다 • 뚫리다 • 낚이다 • 굳히다 • 돋구다 • 돋우다
　　　• 갖추다 • 일으키다 • 돌이키다 • 없애다

2. '-이-, -히-, -우-'가 붙어서 된 말이라도 본뜻에서 멀어진 것은 소리 나는 대로 적는다.
　예 • 드리다(들-＋-이-) • (세금을) 바치다(받-＋-히-)
　　　• 거두다(걷-＋-우-)
3. '-치-, -뜨리-, -트리-'가 붙은 단어는 어간을 밝혀 적는다.
　예 • 놓치다 • 흩뜨리다/흩트리다
4. '-업-, -읍-, -브-'가 붙어서 된 말은 소리 나는 대로 적는다.
　예 • 미덥다(믿-＋-업-) • 우습다(웃-＋-읍-) • 미쁘다(믿-＋-브-)

02　어휘 한자어 (한자어의 표기)　난이도 상 ●●●

정답 설명

① ㉠~㉣에는 순서대로 '協議(협의), 協調(협조), 解決(해결), 實踐(실천)'이 들어가는 것이 적절하므로 답은 ①이다.
　• ㉠ 協議(화합할 협, 의논할 의): 둘 이상의 사람이 서로 협력하여 의논함
　• ㉡ 協調(화합할 협, 고를 조): 힘을 합하여 서로 조화를 이룸
　• ㉢ 解決(풀 해, 결단할 결): 제기된 문제를 해명하거나 얽힌 일을 잘 처리함
　• ㉣ 實踐(열매 실, 밟을 천): 생각한 바를 실제로 행함

오답 분석

㉠ 儀(거동 의)

㉡ • 協商(화합할 협, 장사 상): 어떤 목적에 부합되는 결정을 하기 위하여 여럿이 서로 의논함
　• 協奏(화합할 협, 아뢸 주): 독주 악기와 관현악이 합주하면서 독주 악기의 기교가 돋보이게 연주함. 또는 그런 연주

㉢ 抉(도려낼 결)

㉣ • 實勢(열매 실, 형세 세): 실제의 세력이나 기운. 또는 그것을 지닌 사람
　• 賤(천할 천)

03 비문학 글의 구조 파악 (접속어의 사용) 난이도 하 ●○○

정답 설명

① ㉠~㉢에 들어갈 접속어는 순서대로 '또한 – 그래서 – 그러나'이므로 답은 ①이다.
- ㉠: ㉠의 앞에서 세종과 정조의 공통적인 업적을 언급하고, ㉠의 뒤에서 또 다른 공통점을 설명하고 있으므로 ㉠에는 첨가·보충의 접속어 '또한'이나 순접의 접속어 '그리고'가 들어가는 것이 적절하다.
- ㉡: ㉡의 앞에서 세종과 정조가 정신문화와 물질문화 모두 부흥시켰다는 점을 근거로 제시하고, ㉡의 뒤에서 두 시대를 르네상스 시대로 부를 수 있다는 결론을 제시하고 있으므로 ㉡에는 인과의 접속어 '그래서, 따라서'가 들어가는 것이 적절하다.
- ㉢: ㉢의 앞에서 세종과 정조 시대가 르네상스로 불릴 만큼 문화적 부흥기였다는 점을 언급하고, ㉢의 뒤에서는 내용을 전환하여 두 군주의 애민 정신에 주목해야 한다는 내용이 제시되므로 ㉢에는 역접의 접속어 '그러나, 하지만'이 들어가는 것이 적절하다.

04 어법 국어의 로마자 표기 난이도 중 ●●○

정답 설명

① 로마자 표기가 바른 것으로 짝지어진 것은 ①이다.
- 합정[합쩡] Hapjeong(○): 된소리되기의 결과는 로마자 표기에 반영하지 않으므로 'Hapjeong'은 바른 표기이다.
- 안압지[아:납찌] Anapji(○): 로마자 표기에서 'ㅂ'은 모음 앞에서는 'b'로 적고, 자음 앞이나 어말에서는 'p'로 적으므로 'Anapji'는 바른 표기이다.
- 해돋이[해도지] haedoji(○): 'ㄷ'으로 끝나는 말 뒤에 'ㅣ'로 시작하는 형식 형태소가 결합할 때 'ㄷ'이 [ㅈ]으로 발음되는 구개음화 현상이 나타난다. 구개음화 현상은 로마자 표기에 반영하므로 'haedoji'는 바른 표기이다.

오답 분석

- 선릉[설릉] Seoleung(×) → Seolleung(○): 받침 'ㄴ'이 'ㄹ'의 앞뒤에서 [ㄹ]로 발음되는 유음화 현상이 나타나며 로마자 표기에서 [ㄹㄹ]은 'll'로 적으므로 '선릉'은 'Seolleung'으로 표기해야 한다.
- 태권도[태꿘도] taekkwondo(×) → taegwondo/taekwondo(○): 된소리되기의 결과는 로마자 표기에 반영하지 않으므로 'taegwondo'로 적는 것이 원칙이나, 태권도는 우리나라를 대표하는 문화적 상징물로서 일부 영어 사전에 이미 'taekwondo'로 등재되어 있으므로 'taekwondo'로 표기하는 것도 허용한다.
- 학여울[항녀울] Hangyeoul(×) → Hangnyeoul(○): 합성어 및 파생어에서 앞말의 끝이 자음이고 뒷말의 첫음절이 '여'인 경우 'ㄴ' 음을 첨가하여 [녀]로 발음하는 'ㄴ' 첨가 현상과 받침 'ㄱ'을 'ㄴ' 앞에서 [ㅇ]으로 발음하는 비음화 현상이 나타난다. 음운 변화의 결과는 로마자 표기에 반영하여 적으므로 '학여울'은 'Hangnyeoul'로 표기해야 한다.

05 어휘 한자 성어 난이도 중 ●●●

정답 설명

① 제시문에서 '나'는 처음엔 초록빛의 자연 풍경을 좋아하였으나, 닷새가 채 지나지 않아 이러한 풍경이 '무미건조한 지구의 여백'과 같다고 느끼게 된다. 따라서 빈칸에는 문맥상 초록색이 끝도 없이 펼쳐진다는 의미의 한자 성어가 들어가야 한다. 따라서 빈칸에 들어갈 한자 성어로 가장 적절한 것은 ① '一望無際(일망무제)'이다.
- 一望無際(일망무제): 한눈에 바라볼 수 없을 정도로 아득하게 멀고 넓어서 끝이 없음

오답 분석

② 浩然之氣(호연지기): 하늘과 땅 사이에 가득 찬 넓고 큰 원기
③ 漸入佳境(점입가경): 1. 들어갈수록 점점 재미가 있음 2. 시간이 지날수록 하는 짓이나 몰골이 더욱 꼴불견임을 비유적으로 이르는 말
④ 天高馬肥(천고마비): '하늘이 높고 말이 살찐다'라는 뜻으로, 하늘이 맑아 높푸르게 보이고 온갖 곡식이 익는 가을철을 이르는 말

06 어법 근대 국어 난이도 상 ●●●

정답 설명

④ 현대 국어에서 목적격 조사 '을'은 받침이 있는 체언 뒤에 쓰이지만, 제시문에서는 '빅스을'과 같이 받침이 없는 체언 뒤에서도 '을'이 쓰이고 있으므로 옳지 않은 것은 ④이다. 참고로 제시문은 19세기 말에 발간된 「독립신문」 창간사의 일부분으로, 근대 국어의 특징을 보여 주는 자료이다.

오답 분석

① 주격 조사 '가'는 근대 국어 시기인 17세기 무렵에 처음 등장했으며 제시문에서는 '보기가', '빅호기가', '알어보기가'에서 주격 조사 '가'가 사용되고 있음을 알 수 있다.
② 제시문에 사용된 대부분의 조사는 앞말과 붙여 쓰고 있으나 '한문∨보다', '인민∨들이' 등에서는 앞말과 띄어 쓰고 있으므로 띄어쓰기의 기준이 정착되지 않았음을 알 수 있다.
③ '홈이라', '홈이라'에서는 명사형 어미 '-옴', '-ㅁ'이 쓰였고, '보기가', '빅호기가', '알어보기가'에서는 명사형 어미 '-기'가 사용된 것을 통해 명사형 어미가 혼용되고 있음을 알 수 있다.

07 어법 문장 (높임 표현) 난이도 중 ●●●

정답 설명

③ 〈보기〉의 문장에는 주체 높임법, 객체 높임법, 상대 높임법이 사용되었으며 이와 같은 높임법이 모두 쓰인 문장은 ③이다.

〈보기〉	• 주체 높임법: 주격 조사 '께서'와 선어말 어미 '-시-'를 사용하여 문장의 주체인 '아버지'를 높였다. • 객체 높임법: 객체 높임 어휘 '모시다'를 사용하여 문장의 객체인 '할머니'를 높였다. • 상대 높임법: 하십시오체 종결 어미 '-습니다'를 사용하여 듣는 상대를 높였다.
③	• 주체 높임법: 주격 조사 '께서'와 주체 높임 어휘 '계시다'를 사용하여 문장의 주체인 '할머니'를 높였다. • 객체 높임법: 객체 높임 어휘 '드리다'를 사용하여 서술의 객체인 '할머니'를 높였다. • 상대 높임법: 화자 자신을 낮추어 이르는 대명사 '제'와 종결 어미 '-습니다'를 사용하여 듣는 상대를 높였다.

오답 분석

① 부사격 조사 '께'와 객체 높임 어휘 '드리다'를 사용하여 문장의 객체인 '어머니'를 높였으며(객체 높임법), 하십시오체 종결 어미 '-습니다'를 사용하여 듣는 상대를 높였다(상대 높임법).

② 주격 조사 '께서'와 선어말 어미 '-시-'를 사용하여 문장의 주체인 '아버지'를 높였으며(주체 높임법), 하십시오체 종결 어미 '-습니다'를 사용하여 듣는 상대를 높였다(상대 높임법).

④ 주격 조사 '께서'와 선어말 어미 '-시-'를 사용하여 문장의 주체인 '어머니'를 높였으며(주체 높임법), 하십시오체 종결 어미 '-습니다'를 사용하여 듣는 상대를 높였다(상대 높임법).

---

08 문학 글의 구조 파악 (문단 배열) 난이도 중 ●●○

정답 설명

④ (다) - (마) - (나) - (라) - (가)의 순서가 바르다.

순서	중심 내용	순서 판단의 단서와 근거
(다)	현대인들의 모순된 욕망을 충족시켜 주는 자동차	스웨덴 생태학자의 말을 인용하여 제시문의 중심 화제인 '자동차'의 특성을 제시함
(마)	갑작스레 장거리 운전을 하게 되었으나 무사히 일을 마치고 돌아옴	접속어 '하지만': (다)에서 언급한 자동차의 긍정적인 면과 상반되는 필자의 경험을 제시함
(나)	달리는 차체에 부딪쳐 죽은 풀벌레들을 보게 됨	접속어 '그런데': (마)의 내용에 이어서 그날 밤과 다음날 아침에 일어난 일을 설명하고 있음
(라)	인간에게 안락한 공간인 자동차가 다른 생명을 해칠 수 있다는 사실에 충격을 받음	(마), (나)에서 제시한 자신의 경험을 통해 깨달은 바에 대해 이야기하고 있음
(가)	풀벌레 사건을 통해 생태 문제에 대한 자신의 인식을 성찰하게 됨	• 키워드 '그날 아침': (나)의 '다음 날 아침'을 가리키고 있음 • 앞선 경험을 통해 운전을 시작하기 전후로 달라진 자신의 태도를 돌아보며 글을 마무리함

---

09 문학 주제 및 중심 내용 파악 난이도 하 ●○○

정답 설명

③ 필자는 자동차를 타고 고속도로를 달리다가 수많은 풀벌레들을 해친 경험을 통해 자동차가 생명을 해치는 무기가 될 수 있음을 깨닫게 되었다. 따라서 제시된 작품의 주제로 적절한 것은 생물들이 조화롭게 살아가는 데에 대한 성찰을 언급한 ③이다.

---

10 어법 한글 맞춤법 (띄어쓰기) 난이도 중 ●●○

정답 설명

② 한∨달치의(×) → 한∨달∨치의(○): 이때 '달'은 한 해를 열둘로 나눈 것 가운데 하나의 기간을 세는 단위를 나타내는 의존 명사이므로 앞말과 띄어 쓰고, '치'는 '일정한 몫이나 양'을 뜻하는 의존 명사이므로 앞말과 띄어 써야 한다.

오답 분석

① 내∨딴에는(○): 이때 '딴'은 '자기 나름대로의 생각이나 기준'을 뜻하는 의존 명사이므로 앞말과 띄어 쓴다.

③ 큰지∨작은지(○): 이때 '-ㄴ지/-은지'는 막연한 의문을 나타내는 연결 어미이므로 앞말과 붙여 쓴다.

④ 주최자∨겸∨총무(○): 이때 '겸'은 '둘 이상의 명사 사이에 쓰여 그 명사들이 나타내는 의미를 아울러 지니고 있음'을 뜻하는 의존 명사이므로 앞말과 띄어 쓴다.

---

11 비문학 세부 내용 파악 난이도 중 ●●○

정답 설명

② 마지막 문단을 통해 어려운 과제 앞에서 팀을 하나로 모아 이끄는 리더가 '강한 리더'임을 알 수 있으나, 불가능한 과제를 성공으로 이끄는 것이 이상적인 리더의 역할이라는 내용은 제시문을 통해 알 수 없다.

오답 분석

① 4문단 2~3번째 줄을 통해 팀원들의 의견을 들을 줄 아는 것이 바람직한 리더십의 조건임을 알 수 있다.
[관련 부분] 주위의 의견을 들을 귀를 갖고 있느냐 없느냐가 둘(독재적인 리더십과 강한 신념을 기반으로 한 리더십)의 가장 큰 차이다.

③ 4문단 3~5번째 줄에서 독재적인 리더는 자신에게 유리한 보고와 조언만을 가려서 수용함을 알 수 있고, 마지막 문단 1번째 줄에서 부하를 위압적으로 대하는 리더는 바람직한 리더가 아니라는 것을 알 수 있다.
[관련 부분]
• 독재적인 리더는 자신에게 유리한 보고나 이익이 되는 조언은 수용하지만 그 외에는 귀를 닫아버린 채 부하를 힐책만 한다.
• 부하를 위압적으로 대하는 리더는 '강한 리더'가 아니다.

④ 4문단 끝에서 1~4번째 줄을 통해 위압적으로 팀을 운영하는 리더는 팀원이 팀에 대한 조언을 할 의욕을 잃게 만든다는 사실을 알 수 있다.

[관련 부분] 이런 위압병 증상(독재적으로 팀을 운영하는 것)을 가까이서 목격하거나 그로 인해 피해를 당하면 부하는 '위축병'에 걸린다. '위축병'은 팀에 유익한 제안이나 조언을 할 의욕을 빼앗아 버린다.

12　비문학 주제 및 중심 내용 파악　난이도 중 ●●○

정답 설명

③ 제시문은 포털을 통한 정보 수용이 과거의 전통적 방법에 비해 효율적이라는 장점이 있지만, 상업성을 띤 흥미 위주의 정보가 제공되는 등 포털 사이트의 역기능도 존재함을 얘기하고 있다. 따라서 글의 결론으로 가장 적절한 것은 ③이다.

오답 분석

① 3문단에서 포털 기업과 이해관계가 상충되는 신문사의 경우 기사 제공에 제한이 생길 수도 있다는 점을 언급하고 있다. 따라서 포털 기사를 통해 얻는 정보는 편향적일 가능성이 있으므로 적절하지 않은 추론이다.

② 2문단에서 신문 읽기에 적용 가능한 포털의 기능이 무궁무진하다는 점을 확인할 수 있으나 제시문의 부분적인 내용에 해당하므로 ②는 전체의 내용을 포괄하지 못한다.

④ 포털 사용이 디지털 의존도를 증가시킨다는 내용은 제시문에서 알 수 없으므로 적절하지 않은 결론이다.

13　어법 한글 맞춤법 (사이시옷의 표기)　난이도 중 ●●○

정답 설명

① ㉠ '자릿수[자리쑤/자릳쑤]'는 '자리 + 수(數)'가 결합한 순우리말과 한자어의 합성어이다. 앞말이 모음 'ㅣ'로 끝나고 뒷말의 첫소리 'ㅅ'이 된소리 [ㅆ]으로 소리 나므로 사이시옷을 받쳐 적는다. 이와 같은 사이시옷 구성으로 된 단어는 '탯줄'이므로 답은 ①이다.
　• 탯줄[태쭐/탣쭐]: '태(胎) + 줄'이 결합한 한자어와 순우리말의 합성어이다. 앞말이 모음 'ㅐ'로 끝나고 뒷말의 첫소리 'ㅈ'이 된소리 [ㅉ]으로 소리 나므로 사이시옷을 받쳐 적는다.

오답 분석

② 나뭇잎[나문닙]: '나무 + 잎'이 결합한 순우리말 합성어이다. 앞말이 모음 'ㅜ'로 끝나고 뒷말의 첫소리 모음 'ㅣ' 앞에서 [ㄴㄴ] 소리가 덧나므로 사이시옷을 받쳐 적는다.

③ 텃마당[턴마당]: '터 + 마당'이 결합한 순우리말 합성어이다. 앞말이 모음 'ㅓ'로 끝나고 뒷말의 첫소리 'ㅁ' 앞에서 [ㄴ] 소리가 덧나므로 사이시옷을 받쳐 적는다.

④ 나룻배[나루빼/나룯빼]: '나루 + 배'가 결합한 순우리말 합성어이다. 앞말이 모음 'ㅜ'로 끝나고 뒷말의 첫소리 'ㅂ'이 된소리 [ㅃ]으로 소리 나므로 사이시옷을 받쳐 적는다.

이것도 알면 합격!

사이시옷 표기

1. 사이시옷이 쓰이는 조건
　(1) 순우리말로 된 합성어로서 앞말이 모음으로 끝난 경우
　　① 뒷말의 첫소리가 된소리로 나는 것
　　　예 고랫재[고래째/고랟째], 귓밥[귀빱/귇빱], 나룻배[나루빼/나룯빼]
　　② 뒷말의 첫소리 'ㄴ, ㅁ' 앞에서 [ㄴ] 소리가 덧나는 것
　　　예 멧나물[멘나물], 아랫니[아랜니], 텃마당[턴마당]
　　③ 뒷말의 첫소리 모음 앞에서 [ㄴㄴ] 소리가 덧나는 것
　　　예 도리깻열[도리깬녈], 뒷윷[뒨:뉻], 두렛일[두렌닐]
　(2) 순우리말과 한자어로 된 합성어로서 앞말이 모음으로 끝난 경우
　　① 뒷말의 첫소리가 된소리로 나는 것
　　　예 귓병(-病)[귀뼝/귇뼝], 머릿방(-房)[머리빵/머릳빵]
　　② 뒷말의 첫소리 'ㄴ, ㅁ' 앞에서 [ㄴ] 소리가 덧나는 것
　　　예 곗날(契-)[곈:날/겐:날], 제삿날(祭祀-)[제:산날]
　　③ 뒷말의 첫소리 모음 앞에서 [ㄴㄴ] 소리가 덧나는 것
　　　예 사삿일(私私-)[사산닐], 가욋일(加外-)[가왼닐/가웬닐]
2. 사이시옷이 쓰이지 않는 조건
　(1) 사잇소리 현상이 일어나지 않는 경우
　　예 머리말[머리말], 예사말[예:사말]
　(2) 뒷말이 된소리나 거센소리로 시작하는 경우
　　예 뒤뜰, 뒤꿈치, 위쪽, 뒤편, 뒤통수, 뒤처리, 위층
　(3) 외래어가 결합된 합성어의 경우
　　예 핑크빛, 피자집
　(4) 한자로만 이루어진 단어의 경우. 단 아래의 6개 단어는 예외로서 사이시옷을 받쳐 적는다.
　　예외 곳간(庫間), 툇간(退間), 찻간(車間), 숫자(數字), 횟수(回數), 셋방(貰房)

14　비문학 세부 내용 파악　난이도 중 ●●○

정답 설명

② (다)의 끝에서 2~4번째 줄을 통해 양자화 구간의 간격이 좁아지면 전체 데이터의 양이 커진다는 것을 알 수 있다. 따라서 제시문의 내용과 일치하지 않는 것은 ②이다.

[관련 부분] 양자화 구간의 간격이 좁아져 소리를 세밀하게 표현할 수 있지만 전체 데이터의 양은 커진다.

오답 분석

① (나)의 끝에서 3~5번째 줄에서 확인할 수 있다.

[관련 부분] 이때의 시간 간격을 샘플링 주기라고 하는데, 이 주기를 짧게 설정할수록 음질이 좋아진다.

③ (가)의 끝에서 1~3번째 줄에서 확인할 수 있다.

[관련 부분] 소리 데이터는 디지털-아날로그 신호 변환 장치(DAC)를 거쳐 아날로그 신호로 바뀌고 앰프와 스피커를 통해 피아노 소리로 재현된다.

④ (가)의 3문단 3~6번째 줄에서 확인할 수 있다.

[관련 부분] 강하게 누르면 건반이 움직이는 속도가 빨라져 두 번째와 세 번째 센서가 작동하는 시간 간격이 줄어든다. CPU는 두 센서가 작동하는 시간의 차이가 줄어드는 만큼 음의 크기가 커지도록 소리 데이터를 처리한다.

15 　비문학 글의 전략 파악　난이도 하 ●○○

정답 설명

③ (나)는 건반의 소리가 디지털 데이터로 바뀌는 과정에 대해 질문한 뒤 이어지는 내용에서 답을 제시하는 자문자답의 서술 방식을 사용하고 있으며, (다)는 접속어 '가령'을 통해 부호에 사용되는 이진수의 자릿수로 양자화 구간의 개수가 결정되는 원리를 예를 들어 설명하고 있음을 확인할 수 있다. 따라서 제시문의 설명 방식으로 옳은 것은 ③이다.

[관련 부분]
· 저장 장치에 저장되어 있는 각 건반의 소리는 어떤 과정을 거쳐 디지털 데이터로 바뀐 것일까? 각 건반의 소리는 샘플링과 양자화 과정을 거쳐 디지털 데이터의 형태로 녹음된다.
· 가령, 하나의 부호를 3자리의 이진수로 나타낸다면 양자화 구간의 개수는 000~111까지의 부호가 할당된 8개가 된다.

오답 분석

① (가)는 디지털 피아노의 구성이 아니라 디지털 피아노가 건반의 움직임을 감지하여 피아노 소리로 재생하는 원리에 대해 설명하고 있다.

② (가)는 건반의 움직임이 소리로 재생되는 원리에 대해 설명하고 있으며 (나)와 (다)는 건반의 소리가 디지털 데이터로 바뀌는 원리에 대해 설명하고 있다. 이는 (가)의 내용을 확장하여 글을 전개하고 있는 것이므로 (가)를 반박하는 것으로 보기 어렵다.

④ (나)는 샘플링의 정의와 원리에 대한 설명이며, (다)는 양자화의 정의와 원리에 대해 설명하고 있다. 양자화는 샘플링을 통해 얻어진 측정값을 디지털 부호로 바꾸는 과정이므로 (다)는 (나)와 대조되는 내용이 아니다.

16 　문학 작품의 종합적 감상 (현대 소설)　난이도 중 ●●○

정답 설명

③ 제시된 작품에서는 주된 이야기인 '나'의 경험을 서술하기 이전에, 토끼 우화를 서두에 제시하여 자유를 동경하는 인간에 대한 주제 의식을 드러내고 있으므로 서로 다른 두 개의 이야기가 서술되고 있다. 하지만 토끼 우화는 전지적 작가 시점으로, '나'의 이야기는 1인칭 주인공 시점으로 서술하고 있으므로 별개의 이야기를 1인칭 시점으로 서술하였다는 ③의 설명은 옳지 않다.

오답 분석

① 서두에 삽입된 토끼 우화에서 토끼는 빛의 근원에 대해 의문을 가지며, '바깥 세계'에 대한 동경과 호기심을 드러내고 있다. 특히 '이렇게 고운 빛을 흘러들게 하는 저 바깥 세계는 얼마나 아름다운 곳일까'라는 표현을 통해 '자유에 대한 갈망'이 드러남을 알 수 있다.

② '이것을 어떻게 하면 좋단 말인가? 도리가 없었다'라는 내적 독백을 통해 '나'의 내면 심리가 드러난다.

④ '토끼'는 방 안에 있던 '일곱 가지 고운 빛'이 천장 가까이에 있는 창문 같은 데에 들어온 것임을 깨닫고 바깥 세계에 대한 호기심을 갖기 시작했다. 따라서 '일곱 가지 고운 빛'은 토끼가 '바깥 세계'를 인식하는 계기임을 알 수 있다.

17 　비문학 내용 추론　난이도 중 ●●○

정답 설명

① 1문단 1~3번째 줄에서 포퍼는 지식을 경험과 무관한 수학적/논리학 지식과 경험에 의존하는 과학적 지식으로 구분했음을 알 수 있다. 이를 통해 포퍼는 수학적 지식이나 논리학 지식이 경험 외의 방법으로 증명할 수 있는 지식이라고 생각했음을 알 수 있으므로 ①은 적절한 추론이다.

오답 분석

② 1문단 끝에서 4~6번째 줄에서 포퍼는 가설이 과학적 방법에 의해 시험되어 증명될 수 있다고 주장했음을 알 수 있다. 그러나 과학적 방법은 가설을 시험하는 수단일 뿐, 과학적 방법의 유무를 통해 예측의 성공 여부는 알 수 없으므로 ②는 적절하지 않은 추론이다.

③ 1문단 끝에서 1~4번째 줄에서 논리 실증주의자들은 예측이 맞을 경우 그 예측을 도출한 가설을 새로운 지식으로 추가할 수 있다고 하였다. 이를 통해 예측이 실패할 경우에는 예측을 도출한 가설이 새로운 지식에 추가될 수 없을 것임을 추론할 수 있다. 그러나 제시문을 통해 논리 실증주의자들이 여러 조건들을 고려해 예측 실패의 원인을 밝힐 수 있다고 생각하는지는 알 수 없으므로 ③은 적절하지 않은 추론이다.

④ 2문단을 통해 콰인은 가설에서 예측을 논리적으로 도출하기 위해서는 기존의 지식들뿐만 아니라 여러 조건(변수)을 고려해야 한다고 주장했음을 알 수 있다. 따라서 가설에서 도출된 예측이 변수가 없기 때문에 논리적이라는 ④는 적절하지 않은 추론이다.

18 　비문학 화법 (토론의 논제)　난이도 중 ●●○

정답 설명

③ '교내 개인 컵 사용 의무화'라는 제도 도입에 대한 찬반 대립이 나타날 수 있는 논제이며, 토론의 쟁점이 분명하게 드러난다. 또한 주관적인 표현을 사용하고 있지 않고, 평서문으로 제시되고 있으므로 제시된 조건을 모두 만족하는 것은 ③이다.

오답 분석

① 네 번째 조건은 만족하지만, '환경 보호를 위한 노력'은 특정한 제도나 정책을 수립하기 위한 논제로 볼 수 없으며 토론의 쟁점과 해당 논제에 대한 찬반 대립이 드러나지 않는다. 또한, '노력해야 한다'라는 주관적인 표현이 사용되었으므로 적절한 논제가 아니다.

② 첫 번째, 네 번째 조건은 만족하지만 청약 제도의 어떤 부분을 개선해야 하는지 토론의 쟁점이 분명히 드러나지 않고 '불공평한'이라는 주관적인 표현이 사용되었으므로 적절한 논제가 아니다.

④ 첫 번째, 두 번째, 세 번째 조건은 만족하지만 평서문이 아닌 의문형으로 제시되고 있으므로 적절한 논제가 아니다.

19　어휘　혼동하기 쉬운 어휘　난이도 하 ●○○

정답 설명

① '라면은 끓인 후 점차 붙는다'에서 '붙는다'는 '물에 젖어서 부피가 커지다'를 뜻하는 '붇다'의 활용형이다. 〈보기〉의 밑줄 친 단어들 역시 '붇다'의 활용형이므로 〈보기〉에 추가될 문장으로 가장 적절한 것은 ①이다.
- 북어포가 물에 불어 부드러워졌다: 이때 '불어'는 '물에 젖어서 부피가 커지다'의 뜻으로 쓰인 '붇다'의 활용형이다.
- 장마로 인해 개울물이 불어 넘쳤다: 이때 '불어'는 '분량이나 수효가 많아지다'의 뜻으로 쓰인 '붇다'의 활용형이다.
- 왕성한 식욕으로 몸이 많이 불었다: 이때 '불었다'는 '살이 찌다'의 뜻으로 쓰인 '붇다'의 활용형이다.

오답 분석

② 뜨거운 고구마를 불어 가며 먹었다: 이때 '불어'는 '불다'의 활용형으로, '입을 오므리고 날숨을 내어보내어, 입김을 내거나 바람을 일으키다'를 뜻한다.

③ 국물을 많이 먹은 탓에 얼굴이 부었다: 이때 '부었다'는 '붓다'의 활용형으로, '살가죽이나 어떤 기관이 부풀어 오르다'를 뜻한다.

④ 그가 경찰에게 자신이 범인이라고 불었다: 이때 '불었다'는 '불다'의 활용형으로, '숨겼던 죄나 감추었던 비밀을 사실대로 털어놓다'를 뜻한다.

20　어법　한글 맞춤법 (맞춤법에 맞는 표기), 단어 (단어의 형성)　난이도 상 ●●●

정답 설명

④ 등용문[등용문]: '등(登) + 용문(龍門)'이 결합한 파생어이므로 [붙임 4]에 따라 '등용문'으로 표기하는 것이 옳다. '등용 + 문'의 구조로 분석하게 되면 [붙임 1]에 따라 본음을 밝혀 '등룡문'으로 표기해야 하므로 '등 + 용문'의 구조로 분석하는 것이 적절하다.
- 등용문(登龍門): '용문(龍門)에 오른다'라는 뜻으로, 어려운 관문을 통과하여 크게 출세하게 됨. 또는 그 관문을 이르는 말

오답 분석

① 이발소[이:발쏘]: '이발(理髮) + 소(所)'가 결합한 파생어로 제11항에 따라 한자음 '리'가 단어의 첫머리에 올 때 두음 법칙을 적용하여 '이'로 적는다.

② 백분율[백뿐뉼]: '백분(百分) + 율(率)'이 결합한 파생어로 [붙임 1]에 따라 'ㄴ' 받침 뒤에 이어지는 '률'은 두음 법칙을 적용하여 '율'로 적는다.

③ 사례금[사:례금]: '사례(謝禮) + 금(金)'이 결합한 파생어로 [붙임 1]에 따라 단어의 첫머리 이외에 오는 '례'는 두음 법칙을 적용하지 않고 본음대로 적는다.

21　문학　수사법　난이도 중 ●●○

정답 설명

② ⓒ에는 비유법이 나타나지 않는다.

오답 분석

① ㉠: 대유법과 중의법이 사용되었다.
- '빼앗긴 들'에서 '들'은 '국토, 조국'을 나타냄 (대유법)
- '봄'은 '광복' 또는 '자연의 계절'을 나타냄 (중의법)

③ ⓒ: 직유법과 의인법이 사용되었다.
- '종다리(원관념)'를 '아씨(보조 관념)'에 비유함 (직유법)
- '종다리(종달새)'가 웃는 존재로 의인화됨 (의인법)

④ ㉣: 직유법과 의인법이 사용되었다.
- '머리(원관념)'를 '삼단(보조 관념)'에 비유함 (직유법)
- '너(보리밭)'가 머리를 감는 존재로 의인화됨 (의인법)

22　어법　한글 맞춤법 (맞춤법에 맞는 표기, 준말)　난이도 하 ●○○

정답 설명

② 익숙치(×) → 익숙지(○): 〈보기〉의 [붙임 2] 규정에 따르면 어간의 끝음절 '하'가 완전히 줄 때는 준대로 적어야 한다. 이때 '하' 앞의 받침의 소리가 안울림소리 [ㄱ, ㄷ, ㅂ]이면 '하'가 통째로 줄어들므로 '익숙하지'의 준말은 '익숙지'이다.

오답 분석

① 흔타(○): '흔하다'의 준말로, '하' 앞의 받침 소리가 울림소리 [ㄴ]이므로 어간의 끝음절 '하'의 'ㅏ'가 줄고 'ㅎ'이 다음 음절의 첫소리 'ㄷ'과 어울려 거센소리 'ㅌ'가 되므로 '흔타'가 된다.

③ 생각건대(○): '생각하건대'의 준말로, '하' 앞의 받침 소리가 안울림소리 [ㄱ]이므로 '하'가 통째로 줄어 '생각건대'가 된다.

④ 실천토록(○): '실천하도록'의 준말로, '하' 앞의 받침 소리가 울림소리 [ㄴ]이므로 어간의 끝음절 '하'의 'ㅏ'가 줄고 'ㅎ'이 다음 음절의 첫소리 'ㄷ'과 어울려 거센소리 'ㅌ'가 되므로 '실천토록'이 된다.

23　문학　표현상의 특징　난이도 중 ●●○

정답 설명

③ '님 그린 상사몽(임을 그리워하는 상사몽)'이 '실솔(귀뚜라미)'의 넋이 되어 임의 잠을 깨운다는 내용으로, 추상적인 현상(상사몽)이 살아 움직이는 것처럼 표현되고 있다. 따라서 ㉠에 들어갈 시조로 적절한 것은 ③이다.

오답 분석

① ② ④ 모두 움직이지 않는 사물이나 현상이 살아 움직이는 존재로 바뀌어 표현된 부분은 나타나지 않는다.

① 햇볕 아래에서 땀 흘리며 일하는 농부의 모습을 묘사한 농가이다.

② 사람들의 세속적 욕망을 비판하며 누구든지 자연을 즐길 수 있음을 노래한 작품이다.

④ 꿈에서 그리워하던 임을 만난 후 임의 부재를 느끼게 됨을 표현한 작품이다.

지문 풀이

> ① 땀은 떨어질 대로 떨어지고 볕은 쬘 대로 쬔다.
> 맑은 바람에 옷깃을 열고 긴 휘파람을 멋들어지게 불 때,
> 어디서 길 가는 손님이 아는 듯이 멈춰 서 있는가. – 위백규
> ② 자연의 아름다운 경치를 힘센 사람들이 (자기 것으로 하고자) 다툴 양이면,
> 내 힘과 내 분수로 어떻게 (자연을) 얻겠는가.
> 진실로 (자연을 사랑하는 것을) 금할 사람이 없으므로 나도 두고 노니노라. – 김천택
> ③ 임을 그리워하는 상사몽이 귀뚜라미의 넋이 되어
> 길고 긴 가을 깊은 밤에 임의 방에 들어가서
> 나를 잊고 깊이 든 (임의) 잠을 깨워 볼까 하노라. – 박효관
> ④ 임 그리워 겨우 든 잠에 꿈자리도 뒤숭숭
> (꿈속에서) 그리던 임 잠깐 만나 언뜻 보고 어디로 간 것이냐? 잡을 것을 잠 깨어 곁에 없으니 아주 간 것인가 하노라. – 작자 미상

---

24 어법 문장 부호 난이도 하 ●○○

정답 설명

② 고유어에 대응하는 한자어임을 나타낼 때는 대괄호([ ])를 쓴다. 참고로, 고유어에 대응하는 한자어를 쓰지 않고 한글로 쓸 때에도 대괄호를 쓴다.
예 할아버지[祖父] / 나이[연세]

오답 분석

① 인용한 말이 혼잣말인 경우 큰따옴표를 쓴다.
예 동생은 "오늘 안에 기어코 퍼즐을 다 맞추고야 말겠어."라고 중얼거리면서 널브러진 퍼즐 조각들을 색깔별로 나누었다.

③ 차례대로 이어지는 내용을 하나로 묶어 열거할 때 붙임표를 쓴다.
예 우리말 어순은 주어-목적어-서술어가 기본이다.

④ 용언의 명사형이나 명사로 끝나는 문장에는 마침표를 생략할 수 있다.
예 · 목적을 이루기 위하여 몸과 마음을 다하여 애를 씀. (원칙)
· 목적을 이루기 위하여 몸과 마음을 다하여 애를 씀 (허용)

---

25 어법 외래어 표기 난이도 중 ●●○

정답 설명

④ 밴드웨건(×) → 밴드왜건(○): 'bandwagon'은 [bǽndwæɡən]으로 소리 나고, 이때 [wæ]는 '왜'로 적는다.

오답 분석

① 슬래시(○): 'slash'는 [slæʃ]로 소리 나며, 이때 어말의 [ʃ]는 '시'로 적는다.

② 스월른(○): 'swoln'은 [swouln]으로 소리 나며, 이때 어중의 [l]이 모음이 따르지 않는 비음인 [n] 앞에 올 때에는 'ㄹㄹ'로 적는다.

③ 치프멍크(○): 'chipmunk'는 [ʧipmʌŋk]로 소리 나며, 이때 자음 앞의 [p], 어말의 [k]는 '으'를 붙여 적는다.

◎ 실전동형문제 정답

p.38

01	④ 어법 – 한글 맞춤법	06	③ 어법 – 올바른 문장 표현	11	④ 어휘 – 고유어, 한자어	16	③ 비문학 – 적용하기	21	④ 문학 – 갈래에 대한 지식
02	② 어법 – 단어	07	② 어법 – 한글 맞춤법	12	③ 어법 – 문장	17	③ 비문학 – 글의 전략 파악	22	③ 어휘 – 한자어
03	④ 문학 – 시어의 의미	08	③ 비문학 – 주제 및 중심 내용 파악	13	③ 어법 – 국어의 로마자 표기	18	③ 비문학 – 글의 구조 파악	23	③ 비문학 – 세부 내용 파악
04	④ 어법 – 중세 국어	09	④ 비문학 – 세부 내용 파악	14	① 어법 – 외래어 표기	19	③ 비문학 – 적용하기	24	② 어법 – 중세 국어
05	④ 어휘 – 한자 성어, 속담	10	① 어법 – 올바른 문장 표현	15	② 비문학 – 내용 추론, 한자 성어	20	④ 비문학 – 글의 구조 파악	25	② 어법 – 표준 발음법

◎ 취약영역 분석표

영역	어법	비문학	문학	어휘	혼합	총계
맞힌 답의 개수	/ 11	/ 9	/ 2	/ 3	– / 0	/ 25

* 취약영역 분석표를 이용해 1개라도 틀린 문제가 있는 영역은 그 영역의 문제만 골라 해설을 다시 한번 꼼꼼히 학습하세요.

---

01 어법 한글 맞춤법 (띄어쓰기)
난이도 하 ●○○

정답 설명

④ 제아무리(○): 부사 '제아무리'는 '제 딴에는 세상없이'를 뜻하는 한 단어이므로 붙여 쓴다.

오답 분석

① 작을∨망정(×) → 작을망정(○): '망정'은 앞 절의 사실을 인정하고 뒤 절에 그와 대립되는 다른 사실을 이어 말할 때에 쓰는 연결 어미 '-을망정'의 일부이므로 붙여 써야 한다.

② 앞서∨가고(×) → 앞서가고(○): '앞서가다'는 '남보다 앞서서 가거나 먼저 가다'를 뜻하는 한 단어이므로 붙여 써야 한다.

③ 못지∨않게(×) → 못지않게(○): '못지않다'는 '일정한 수준이나 정도에 뒤지지 않다'를 뜻하는 한 단어이므로 붙여 써야 한다.

02 어법 단어 (품사의 구분)
난이도 하 ●○○

정답 설명

② '그렇구나'는 '그렇다'의 어간 '그렇-'에 감탄의 뜻을 더하는 어미 '-구나'가 결합한 말로, 품사는 형용사이다. ①③④의 밑줄 친 단어의 품사는 모두 감탄사이므로 품사가 다른 하나는 ②이다.

오답 분석

① '여보세요'는 '여봐요'를 조금 높여 이르는 감탄사이다.

③ '아차'는 무엇이 잘못된 것을 갑자기 깨달았을 때 쓰는 감탄사이다. 참고로, '아차 잘못하다'와 같이 '본의 아니게 일이 어긋날 모양'을 뜻하는 부사로도 쓰일 수 있다.

④ '글쎄'는 남의 물음이나 요구에 대하여 분명하지 않은 태도를 나타낼 때 쓰는 감탄사이다.

03 문학 시어의 의미
난이도 중 ●●○

정답 설명

④ 제시된 작품의 화자는 오지 않는 임을 기다리며 자신의 신세를 한탄하고 있다. 이때 ㉠ '약수(弱水)'는 신선이 살았다는 전설 속의 강으로, 화자와 임의 만남을 방해하는 장애물을 의미한다. 또한 화자는 ㉡ '새소리'가 '더욱 설다(서럽다)'라고 표현하여 자신의 슬픈 감정을 이입하고 있다. 따라서 ㉠과 ㉡에 대한 설명으로 적절한 것은 ④이다.

오답 분석

① ㉠은 임과 떨어져 있는 상황을 부각하고 있으나, ㉡은 화자가 소망을 비는 대상이 아니다.

③ ㉠은 임과의 만남을 방해하는 장애물이라는 점에서 '은하수(銀河水)'와 유사한 의미를 지니고 있으나, ㉡은 '소식(消息)'과 유사한 의미를 지닌 대상이 아니다.

지문 풀이

하늘의 견우와 직녀는 은하수가 막혔을지라도
칠월 칠석 일 년에 한 번씩 때를 어기지 않고 만나는데
우리 임 가신 후는 무슨 ㉠약수(弱水)가 가려졌길래
온다간다는 소식마저 그쳤을까?
난간에 기대어 서서 임 가신 데를 바라보니
풀 이슬은 맺혀있고 저녁 구름이 지나가는 때이구나.
대숲 우거진 푸른 곳에 ㉡새소리가 더욱 서럽다.

🖋 이것도 알면 합격!

허난설헌, '규원가'의 특징

1. 현전하는 최초의 내방 가사(규방 가사)임
2. 봉건적 규범 아래 살아가는 여성들의 삶의 고민과 정서를 호소하고 있음
3. 고사(故事)와 한문을 많이 사용하며, 대구법·은유법 등의 다양한 표현법이 쓰임

04 　어법 중세 국어 　　　　　　　　난이도 상 ●●●

정답 설명

④ 앞말의 자질에 따라 관형격 조사의 쓰임이 다르다는 내용은 중세 국어의 특징으로 맞는 설명이지만 〈보기〉에는 관형격 조사가 쓰이지 않았으므로 답은 ④이다.

오답 분석

① '敎化(교화)ᄒᆞ샤미(敎化ᄒᆞ샴+이)', 'ᄃᆞ리(돌+이)', 'ᄀᆞᄅᆞ매(ᄀᆞ롬+애)' 등에서 소리 나는 대로 표기하는 방식인 이어적기가 사용되고 있음을 알 수 있다.

② '世界(세계)예', 'ᄀᆞᄅᆞ매(ᄀᆞ롬+애)'를 통해 현대 국어의 부사격 조사 '에'가 중세 국어 시기에는 앞말의 모음에 따라 '예', '애' 등의 형태로 사용되었음을 알 수 있다.

③ 'ᄌᆞ믄[千]', 'ᄀᆞ롬[江]'과 같이 현대 국어에서는 쓰이지 않는 어휘가 사용되었음을 알 수 있다.

지문 풀이

부처님이 백억 세계에 화신하시어 교화하심이, 달이 일천 강에 비치는 것과 같으니라.

이것도 알면 합격!

중세 국어의 처소 부사격 조사와 관형격 조사의 이형태

1. 처소 부사격 조사
   (1) 중세 국어에는 처소를 나타내는 부사격 조사로 '애/에/예'가 쓰였다.
   (2) 처소 부사격 조사의 이형태

형태	조건	예
애	결합하는 체언의 중성이 양성 모음 'ᆞ, ㅗ, ㅏ'일 때	셤 안해(안ㅎ+애) 자싫제
에	결합하는 체언의 중성이 음성 모음 'ㅡ, ㅜ, ㅓ'일 때	몸앳 필 뫼화 그르세(그릇+에) 담아
예	결합하는 체언이 중성 모음 'ㅣ' 또는 반모음 'ㅣ'일 때	東녀그로 萬里예(만리+예) 녀가

2. 관형격 조사
   (1) 중세 국어에는 관형격 조사로 'ᄋᆡ/의/ㅅ'이 쓰였다.
   (2) 관형격 조사의 이형태

형태	조건	예
ᄋᆡ	• 결합하는 체언의 중성이 양성 모음 'ᆞ, ㅗ, ㅏ'일 때 • 앞말이 높임의 대상이 아닌 유정 명사일 때	사ᄉᆞ미(사ᄉᆞᆷ+ᄋᆡ) 둥과
의	• 결합하는 체언의 중성이 음성 모음 'ㅡ, ㅜ, ㅓ'일 때 • 앞말이 높임의 대상이 아닌 유정 명사일 때	거부븨(거붑+의) 모몰 드리리
ㅅ	• 앞말이 높임의 대상인 유정 명사일 때 • 앞말이 무정 명사일 때	• 부텻(부텨+ㅅ) 몸이 여러가짓 相이 ᄀᆞᄌᆞ샤 • 나랏(나라+ㅅ) 말ᄊᆞ미 中國에 달아

05 　어휘 한자 성어, 속담 　　　　　　난이도 중 ●●○

정답 설명

④ '고식지계(姑息之計)'와 '구두장이 셋이 모이면 제갈량보다 낫다'는 서로 의미가 유사하지 않으므로 답은 ④이다.
   • 고식지계(姑息之計): 우선 당장 편한 것만을 택하는 꾀나 방법. 한때의 안정을 얻기 위하여 임시로 둘러맞추어 처리하거나 이리저리 주선하여 꾸며 내는 계책을 이르는 말
   • 구두장이 셋이 모이면 제갈량보다 낫다: 여러 사람의 지혜가 어떤 뛰어난 한 사람의 지혜보다 나음을 비유적으로 이르는 말

오답 분석

① • 축계망리(逐鷄望籬): '닭 쫓던 개 지붕 쳐다본다'라는 뜻으로, 애써 하던 일이 실패로 돌아가거나 남보다 뒤떨어져 맥이 빠진 경우를 이르는 말
   • 닭 쫓던 개 지붕 쳐다본다: '개에게 쫓기던 닭이 지붕으로 올라가자 개가 쫓아 올라가지 못하고 지붕만 쳐다본다'라는 뜻으로, 애써 하던 일이 실패로 돌아가거나 남보다 뒤떨어져 어찌할 도리가 없이 됨을 비유적으로 이르는 말

② • 비불외곡(臂不外曲): 팔은 안으로 굽지 밖으로 굽지 않음을 이르는 말
   • 잔 잡은 팔이 안으로 굽는다: 사람은 자기와 조금이라도 더 가까운 사람에게 정이 가기 마련임을 비유적으로 이르는 말

③ • 십벌지목(十伐之木): '열 번 찍어 베는 나무'라는 뜻으로, 열 번 찍어 안 넘어가는 나무가 없음을 이르는 말
   • 열 번 찍어 안 넘어가는 나무 없다: 아무리 뜻이 굳은 사람이라도 여러 번 권하거나 꾀고 달래면 결국은 마음이 변한다는 말

06 　어법 올바른 문장 표현 　　　　　난이도 중 ●●○

정답 설명

③ 〈보기〉의 조건을 모두 충족시킨 문장은 ③이다.
   • 주격 조사 '께서'와 주체 높임 선어말 어미 '-시-'를 통해 주어인 '대표님'을 높이고 있으므로 첫 번째 조건을 충족시킨다.
   • 영어 번역 투 표현이 사용되지 않았으므로 두 번째 조건을 충족시킨다. 참고로, '회의를 하다'의 번역 투 표현은 '회의를 갖다(have a meeting)'이다.
   • 명사화 구성이 남용되지 않았으므로 세 번째 조건을 충족시킨다.

오답 분석

① 영어 번역 투 표현이 사용되지 않았으므로 두 번째 조건을 충족시킨다. 그러나 주어를 높이는 표현이 사용되지 않았고, '긴급 방역 실시 예정'에서 명사화 구성이 남용되었으므로 첫 번째와 세 번째 조건을 충족시키지 않는다.

② 주체 높임 선어말 어미 '-시-'를 통해 주어인 '어머니'를 높이고 있으며, 명사화 구성이 남용되지 않았으므로 첫 번째와 세 번째 조건을 충족시킨다. 그러나 '동생으로부터 연락을 받고'에 쓰인 조사 '으로부터'는 'from'을 직역한 영어 번역 투 표현이므로 두 번째 조건을 충족시키지 않는다. 어떤 행동의 출발점이나 비롯되는 대상임을 나타낼 때는 조사 '에게서'를 쓰는 것이 바람직하다.

④ 주체 높임 선어말 어미 '-시-'를 통해 주어인 '선생님'을 높이고 있으며, 명사화 구성이 남용되지 않았으므로 첫 번째와 세 번째 조건을 충족시킨다. 그러나 '언어 교육에 대해'에서 '~에 대해'는 'about'을 직역한 영어 번역 투 표현이므로 두 번째 조건을 충족시키지 않는다.

🔑 이것도 알면 합격!

영어 번역 투 표현	
~을 필요로 하다 (be in need of ~)	너의 도움을 필요로 하고 있어. → 너의 도움이 필요해.
~을 고려에 넣다 (consider in ~)	다양한 견해를 고려에 넣어야 한다. → 다양한 견해를 고려해야 한다.
~로부터 (from ~)	고향을 떠난 친구로부터 연락이 왔다. → 고향을 떠난 친구에게서 연락이 왔다.
회의를 가지다 (have a meeting)	내일 오전 10시에 회의를 갖도록 하자. → 10시에 회의하자.
~에 대하여 관심이 있다 (interested about ~)	클래식 음악에 대하여 관심이 있다. → 클래식 음악에 관심이 있다.
아무리~해도 지나치지 않다 (It is not too much to ~)	마스크를 착용하는 것은 아무리 강조해도 지나치지 않다. → 마스크를 착용해야 한다.

07 어법 한글 맞춤법 (띄어쓰기) · 난이도 하 ●○○

정답 설명

② 할V만한(○): 이때 '만하다'는 앞말이 뜻하는 행동을 하는 것이 가능함을 나타내는 보조 형용사이므로 앞말과 띄어 쓴다.

오답 분석

① 비율V만큼(x) → 비율만큼(○): 이때 '만큼'은 앞말과 비슷한 정도나 한도임을 나타내는 격 조사이므로 앞말에 붙여 쓴다.

③ 사람V뿐이면(x) → 사람뿐이면(○): 이때 '뿐'은 '그것만이고 더는 없음' 또는 '오직 그렇게 하거나 그러하다는 것'을 나타내는 보조사이므로 앞말에 붙여 쓴다.

④ 될뿐(x) → 될V뿐(○): 이때 '뿐'은 '다만 어떠하거나 어찌할 따름'이라는 뜻을 나타내는 의존 명사이므로 앞말과 띄어 쓴다.

🔑 이것도 알면 합격!

1. '만 하다/만하다'의 차이

보조사 '만' + 용언 '하다'	'만 하다' 앞에 체언이 오는 경우, 이때 '만'은 보조사이므로 체언과 붙여 쓰고 용언 '하다'와 띄어 쓴다. 예 강아지가 송아지만 하다.
보조 용언 '만하다'	'만하다' 앞에 용언의 활용형이 오는 경우, 이때 '만하다'는 의존 명사 '만'과 용언 '하다'가 결합한 하나의 보조 용언이므로 붙여 쓴다. 참고로 보조 용언 '만하다'는 앞말과 띄어 쓰는 것이 원칙이나 붙여 쓸 수도 있다. 예 아직 쓸 만한/쓸만한 걸 왜 버려?

2. '만큼'의 띄어쓰기

의존 명사 '만큼'	'만큼'이 아래와 같은 의미의 의존 명사로 쓰일 때에는 앞말과 띄어 씀 (1) 앞의 내용에 상당한 수량이나 정도임을 나타내는 의존 명사 예 노력한V만큼 성과를 거두다. (2) 뒤에 나오는 내용의 원인이나 근거가 됨을 나타내는 의존 명사 예 어른이 심하게 꾸짖은V만큼 그의 행동도 달라져 있었다.
조사 '만큼'	'만큼'이 체언이나 조사의 뒤에 붙어 앞말과 비슷한 정도나 한도임을 나타내는 조사로 쓰일 때에는 앞말과 붙여 씀 예 짐을 태산만큼 쌓아 놓았다.
어미 '-(으)리만큼'	'만큼'이 '-을 정도로'의 뜻을 나타내는 연결 어미 '-(으)리만큼'의 일부일 때에는 앞말과 붙여 씀 예 밥도 못 먹으리만큼 기운이 없다.

3. '뿐'의 띄어쓰기

의존 명사 '뿐'	어미 '-을' 뒤에 쓰여 '다만 어떠하거나 어찌할 따름'을 뜻하거나, '-다 뿐이지' 구성으로 쓰여 '오직 그렇게 하거나 그러하다는 것'을 뜻할 때는 의존 명사이므로 앞말과 띄어 씀 예 • 마음만 급할V뿐이야. • 넘어졌다V뿐이지 아프지는 않았다.
조사 '뿐'	체언이나 부사어 뒤에 붙어 '그것만이고 더는 없음'을 뜻하거나, '오직 그렇게 하거나 그러하다는 것'을 뜻할 때는 보조사이므로 앞말과 붙여 씀 예 • 내게 남은 것은 추억뿐이다. • 나는 친구들에게뿐만 아니라 동생들에게도 친절했다.

08 비문학 주제 및 중심 내용 파악 · 난이도 하 ●○○

정답 설명

③ 제시문은 1문단에서 '일인 주식회사'의 정의에 대해 설명하고, 2문단에서 일인 주식회사에서 발생할 수 있는 문제점에 대해 얘기하고 있으므로 글의 전체 내용을 포괄할 수 있는 제목으로 가장 적절한 것은 ③이다.

09 비문학 세부 내용 파악 · 난이도 하 ●○○

정답 설명

④ 2문단 끝에서 6~8번째 줄을 통해 주주가 한 사람뿐이면 의결 기관인 이사회나 주주 총회의 기능은 퇴색하기 쉽다는 사실을 알 수 있다.

[관련 부분] 주주가 한 사람뿐이면 사실상 그의 뜻대로 될 뿐, 이사회나 주주 총회의 기능은 퇴색하기 쉽다.

오답 분석

① 2문단 4~5번째 줄을 통해 회사의 대표 이사는 주주 총회가 아닌 이사회에서 결정함을 알 수 있다.

[관련 부분] 대표 이사는 이사 중 한 명으로, 이사회에서 선출되는 기관이다.

② 1문단 3~6번째 줄을 통해 일인 주주가 설립한 회사는 사단성을 갖추지 못한 법인임을 알 수 있다.

[관련 부분] 2001년에 개정된 상법은 한 사람이 전액을 출자하여 일인 주주로 회사를 설립할 수 있도록 하였다. 사단성을 갖추지 못했다고 할 만한 형태의 법인을 인정한 것이다.

③ 1문단 2~3번째 줄을 통해 주주는 보유한 주식의 비율만큼 '경영권'이 아닌 회사에 대한 '지분'을 가진다는 것을 알 수 있다.

[관련 부분] 주주들은 보유한 주식의 비율만큼 회사에 대한 지분을 갖는다.

로써	1. 어떤 물건의 재료나 원료를 나타냄 예 밀가루로써 빵을 만든다. 2. 어떤 일의 수단이나 도구를 나타냄 예 대화로써 사태를 원만히 해결하자. 3. 시간을 셈할 때 셈에 넣는 한계를 나타내거나 어떤 일의 기준이 되는 시간임을 나타냄 예 이 일을 시작한지도 올해로써 10년째이다.

11　어휘　고유어, 한자어　　난이도 상 ●●●

정답 설명

④ '아금받다'는 '무슨 기회든지 재빠르게 붙잡아 이용하는 소질이 있다'를 뜻하는 고유어이므로 단어의 뜻풀이가 옳지 않은 것은 ④이다. 참고로 '몹시 인색하고 욕심이 많다'를 뜻하는 한자어는 '간탐(慳貪)하다'이다.

10　어법　올바른 문장 표현　　난이도 중 ●●○

정답 설명

① 돈깨나(O): '깨나'는 '어느 정도 이상'의 뜻을 나타내는 보조사이므로 앞말 '돈'에 붙여 써야 한다. 참고로 '꽤나'는 '보통보다 조금 더한 정도로'를 뜻하는 부사 '꽤'에 강조의 의미를 더하는 보조사 '나'가 결합한 형태로 '깨나'와 의미상의 차이는 없으나, '깨나'는 보조사이므로 앞말에 붙여 쓰고 '꽤나'는 부사이므로 앞말과 띄어 써야 한다.

오답 분석

② 연장자로써(×) → 연장자로서(O): '로써'는 어떤 일의 수단이나 도구를 나타내는 격 조사이다. 따라서 문맥상 지위나 신분, 자격을 나타내는 격 조사인 '로서'로 고쳐 써야 한다.

③ 비록 ~ 만나게 되면(×) → 만약/만일 ~ 만나게 되면(O): 불확실하거나 아직 이루어지지 않은 사실을 가정하여 말할 때 쓰는 연결 어미인 '-면'은 '혹시 있을지도 모르는 뜻밖의 경우에'를 뜻하는 부사 '만약/만일'과 호응한다. 참고로 '비록'은 '아무리 그러하더라도'라는 의미로, 어미 '-ㄹ지라도', '-지마는'이 붙는 용언과 호응한다.

④ 가름(×) → 갈음(O): '가름'은 '쪼개거나 나누어 따로따로 되게 하는 일'을 뜻한다. 따라서 문맥상 '다른 것으로 바꾸어 대신함'을 뜻하는 '갈음'으로 고쳐 써야 한다.

이것도 알면 합격!

격 조사 '로서'와 '로써'의 쓰임

로서	1. 지위나 신분 또는 자격을 나타냄 예 나는 지역 대표로서 대회에 참석하였다. 2. 어떤 동작이 일어나거나 시작되는 곳을 나타냄 예 모든 문제는 그로서 시작되었다.

12　어법　문장 (높임 표현)　　난이도 하 ●○○

정답 설명

③ ③에는 비격식체인 '해요체'의 종결형 어미인 '-요'가 사용되었지만 ① ② ④는 격식체에 해당하므로, 유형이 다른 것은 ③이다.

오답 분석

① ② ④ 모두 격식체가 사용된 문장이다.

① '하십시오'체의 명령형 종결 어미인 '-십시오'를 사용하였다.

② '해라'체의 명령형 종결 어미인 '-으려무나'를 사용하였다.

④ '하게'체의 청유형 종결 어미인 '-세'를 사용하였다.

이것도 알면 합격!

상대 높임법의 종류

구분		평서법	의문법	명령법	청유법	감탄법
격식체	아주 높임 (하십시오체)	• 갑니다 • 가십니다	• 갑니까? • 가십니까?	가십시오	가십시다	–
	예사 높임 (하오체)	가(시)오	가(시)오?	• 가(시)오 • 가구려	갑시다	가는구려
	예사 낮춤 (하게체)	• 가네 • 감세	• 가는가? • 가나?	가게	가세	가는구먼
	아주 낮춤 (해라체)	간다	• 가냐? • 가니?	• 가(거)라 • 가렴 • 가려무나	가자	가는구나
비격식체	두루 높임 (해요체)	가요	가요?	가세/셔요	가세/셔요	가세/셔요
	두루 낮춤 (해체)	• 가 • 가지	• 가? • 가지?	• 가 • 가지	• 가 • 가지	• 가 • 가지

13　어법　국어의 로마자 표기　난이도 하 ●○○

정답 설명

③ 불국사 Bulguk-sa(×) → Bulguksa(○): 자연 지물명, 문화재명, 인공 축조물명은 붙임표(-) 없이 붙여 쓰며 된소리되기는 로마자 표기에 반영하지 않는다.

오답 분석

① 까치울 Kkachiul(○): 'ㄲ'은 'kk'로 표기한다.

② 화천군 Hwacheon(○): '시, 군, 읍'의 행정 단위는 생략할 수 있다.

④ 성곡동 Seonggok-dong(○): 'ㄱ'은 모음 앞에서는 'g'로 표기하며 자음 앞이나 어말에서는 'k'로 표기한다. 또한 행정 구역 단위 '동'은 'dong'으로 표기하고 그 앞에 붙임표(-)를 넣으며 붙임표 앞뒤에서 일어나는 음운 변화는 표기에 반영하지 않는다.

14　어법　외래어 표기　난이도 중 ●●○

정답 설명

① '월남(越南)'은 'Vietnam'을 번역한 말이 아니라 한자음으로 외국어의 음을 표현한 음역어이므로 〈보기〉의 외래어 표기법 조항이 적용된 단어가 아니다.

15　비문학　내용 추론, 한자 성어　난이도 하 ●○○

정답 설명

② ⊙의 앞에서 우리는 돈을 벌기 위해 일을 하지만 일하면서 버는 돈은 행복한 삶을 살기 위한 수단일 뿐임을 설명하고, ⊙의 뒤에서 직업과 좋아하는 일이 일치하는 '프로'의 삶이 행복에 가깝다고 강조하고 있다. 따라서 돈벌이가 되는 일(직업)이 즐겁다면 '프로'의 삶을 실현하는 것이므로 ⊙에 들어갈 가장 적절한 문장은 ②이다.

・금상첨화(錦上添花): 비단 위에 꽃을 더한다는 뜻으로, 좋은 일 위에 또 좋은 일이 더하여짐을 비유적으로 이르는 말

오답 분석

① 백년대계(百年大計): 먼 앞날까지 미리 내다보고 세우는 크고 중요한 계획

③ 절차탁마(切磋琢磨): 옥이나 돌 따위를 갈고 닦아서 빛을 낸다는 뜻으로, 부지런히 학문과 덕행을 닦음을 이르는 말

④ 견리망의(見利忘義): 눈앞의 이익을 보면 의리를 잊음

16　비문학　적용하기　난이도 하 ●○○

정답 설명

③ 제시문의 '욕구를 표현하는 말하기'란 느낌을 전달할 때 느낌의 원인이 된 자신의 욕구까지 포함하여 말하는 방법이다. ③은 '별명으로 부르면 언짢다'는 느낌뿐 아니라 그 원인이 된 '존중받길 원한다'는 자신의 욕구를 포함해 말하고 있으므로 '욕구를 표현하는 말하기'에 해당한다.

오답 분석

① '싫다'는 느낌을 전달하고 있을 뿐 그 원인이 되는 자신의 욕구를 표현하고 있지 않다.

② '화가 난다'는 느낌을 전달하고 있을 뿐 그 원인이 되는 자신의 욕구를 표현하고 있지 않다.

④ '절약하는 습관을 들였으면 좋겠다'는 요청의 근거로 '돈 모으는 일이 중요하다'는 타인의 견해를 제시하고 있다. 이는 자기 내면의 욕구를 전달한 것이 아니므로 '욕구를 표현하는 말하기'로 볼 수 없다.

17　비문학　글의 전략 파악　난이도 중 ●●○

정답 설명

③ (가)의 '산화제 탱크의 압력이 떨어지자 비행의 속도는 현저히 느려짐'은 누리호의 속도가 느려진 것이 산화제 탱크의 압력이 떨어졌기 때문이라는 원인에 초점을 둔 표현이고, (나)의 '고도 700km부터 속도가 점점 느려짐'은 누리호의 속도가 느려진 상황 자체에 초점을 둔 표현이므로 (나)가 (가)보다 현상의 원인에 초점을 두었다는 ③의 해석은 적절하지 않다.

오답 분석

① '한국이 독자적으로 만든', '한국 과학 기술의 집약체'라는 표현을 통해 (가)와 (나) 모두 나로호가 한국의 기술임을 강조했다는 것을 알 수 있다.

② (가)의 '성공을 눈앞에 두고 마지막 고비를 넘기지 못하였다'는 발사의 결과에 대해 아쉬움을 강조하는 표현이고, (나)의 '궤도에 안착시키지는 못하였으니 반쯤 성공한 셈'은 궤도 안착을 제외한 나머지 단계의 성공에 초점을 두고 발사의 결과를 긍정적으로 평가하는 표현이다. 따라서 (나)가 (가)보다 결과를 더 긍정적으로 보고 있다는 것을 알 수 있다.

④ (가)의 '이를 발판 삼아 다음 발사에서 유의미한 결과를 도출'은 이번 경험을 토대로 다음 로켓 발사에서 좋은 성과를 거둘 것임을 밝힌 표현이고, (나)의 '누리호가 한국을 우주 강국의 반열로 발돋움'은 누리호 발사가 한국을 우주 강국의 반열로 나아가게 할 것임을 예견한 표현이다. 따라서 (가)와 (나) 모두 한국형 우주 발사체인 나로호의 가능성을 높게 평가하고 있다는 것을 알 수 있다.

18　비문학　글의 구조 파악 (문단 배열)　난이도 하 ●○○

정답 설명

③ 〈보기〉는 (다) 문단 뒤에 들어가는 것이 자연스럽다.

순서	중심 내용	순서 판단의 단서와 근거
(가)	일상적인 행위의 경우, 한 번 더 생각하기가 어려움	–
(나)	손녀의 물감 놀이와 관련된 일화	–
(다)	자신의 행위에 대해 인식하는 순간 다른 측면이 보이기 시작함	–
〈보기〉	무의식적인 행동을 한 걸음 물러나 바라보아야 제대로 이해할 수 있음	• 접속어 '이처럼': (다)의 내용을 요약하여 정리함 • 키워드 '한 걸음 물러나': (다)의 마지막 문장에서 언급한 '한 걸음 뒤로 물러나서 보면'과 같은 맥락임을 알 수 있음
(라)	자신의 행위에 대한 주관적 관점에서 벗어나야 함	–

---

19 비문학 적용하기 난이도 중 ●●○

정답 설명

③ 제시문을 통해 좋은 비평이란 비평할 만한 가치를 지닌 소재를 다루고, 단순한 설명이 아닌 비판적 관점이 포함되어야 하며, 말하고자 하는 주제가 일관성 있게 제시되는 비평임을 알 수 있다. ③은 소재를 선택한 동기(최근 논란이 되고 있는)와 소재에 주목해야 하는 이유(국민의 권리와 밀접한 관련이 있으므로)를 제시하여 비평할 만한 가치를 지닌 소재임을 밝혔고, '비리를 척결해야 한다'라는 한 가지로 귀결되는 비판적인 결론을 제시하고 있으므로 '좋은 비평'에 해당한다.

[관련 부분]
· 비평적 글쓰기의 소재는 비평할 가치를 지녀야 한다.
· 대상에 대한 단순한 설명을 하는 것, 비판이 없이 해설하는 것 등은 좋은 비평이라고 할 수 없다. 또한 말하고자 하는 주제가 일관되지 않고 여러 가지로 산만하게 제시되면 ~ 이 또한 좋은 비평이 아니다.

오답 분석

①② 2문단 2~4번째 줄을 통해 비판의 내용 없이 단순한 설명에 그치는 것은 좋은 비평이 아니라는 것을 알 수 있다. ①과 ②는 각각 '님비 현상'과 '공산주의'에 대한 설명만 제시하고 소재에 대한 비판의 내용이 담겨 있지 않으므로 '좋은 비평'이라 볼 수 없다.
[관련 부분] 대상에 대한 단순한 설명을 하는 것, 비판이 없이 해설하는 것 등은 좋은 비평이라고 할 수 없다.

④ 2문단 끝에서 1~3번째 줄을 통해 주제가 통일성 없이 산만하게 제시되는 것은 좋은 비평이 아니라는 것을 알 수 있다. ④는 '흡연에 대한 시민의식 부재'와 '정책에 대한 시민들의 관심 저조'라는 두 가지의 관점이 제시되어 있으므로 '좋은 비평'이라 볼 수 없다.
[관련 부분] 주제가 일관되지 않고 여러 가지로 산만하게 제시되면 ~ 좋은 비평이 아니다.

---

20 비문학 글의 구조 파악 (문장 배열) 난이도 하 ●○○

정답 설명

④ 글의 논지가 선명하게 드러나도록 순서를 바로 잡은 것은 ④ (라) – (마) – (다) – (가) – (나)이다.

순서	중심 내용	순서 판단의 단서와 근거
(라)	A아파트에 사는 학생들은 시내버스로 통학할 때 시간이 오래 걸림	건의문을 쓰게 된 문제 상황을 제시하고 있음
(마)	A아파트에서 ○○고등학교로 가는 버스가 너무 많은 정류장을 경유함	(라)에서 말한 문제 상황의 이유를 제시하고 있음
(다)	○○고등학교 학생들이 자가용으로 통학하는 사례가 증가하고 있음	문제 상황으로 인해 발생하게 된 현상을 제시하고 있음
(가)	학교 주변을 통행하는 차량이 많아짐에 따라 교통이 혼잡해짐	(다)에서 제시한 사례로 인한 결과를 제시하고 있음
(나)	시내버스 급행 노선을 신설하는 것을 건의함	건의 사항을 밝힘으로써 글을 마무리 짓고 있음

이것도 알면 합격!

건의문
1. 개념: 어떤 문제, 쟁점에 대해 개인이나 기관에 문제 해결을 요구하거나 해결 방안을 제안하기 위해 쓰는 글
2. 건의문 작성 시 주의 사항
  (1) 무엇이 문제이고 왜 해결해야 하는지를 분명히 제시해야 한다.
  (2) 무엇을 제안하거나 요구하는지를 분명하게 제시해야 한다.
  (3) 건의를 받는 사람을 고려하여 작성해야 한다.

---

21 문학 갈래에 대한 지식 (전설) 난이도 중 ●●○

정답 설명

④ 제시된 작품은 '조신의 꿈'으로 갈래는 전설이다. 전설은 설화의 한 종류로, 자연물이나 유적과 같이 이야기를 뒷받침하는 구체적인 증거물이 있다는 점이 특징이다. 제시된 작품은 사찰의 창시 유래에 관한 설화인 '사원 연기 설화(寺院緣起說話)'이므로 실제로 존재하는 사찰인 '정토사(淨土寺)'가 구체적인 증거물이 된다. 따라서 답은 ④이다.

오답 분석

①② 역사적 인물과 실제 지명이 언급되어 있으나 작품에 사실감을 더하기 위한 장치일 뿐 전설의 증거물로 볼 수 없다.

③ '돌미륵'은 조신의 꿈과 현실을 연결시키는 매개체이자 꿈속 고난이 부처의 의도였음을 보여 주는 소재일 뿐 전설의 증거물로 볼 수 없다.

22 어휘 한자어 (한자어의 의미)   난이도 상 ●●●

정답 설명

③ 밑줄 친 (가)는 '인간보다 능력이 뛰어나다고 생각하는 어떠한 절대적 존재에게 빎'을 뜻하는 '祈禱(빌 기, 빌 도)'로 표현할 수 있다.

오답 분석

① 企圖(꾀할 기, 그림 도): 어떤 일을 이루려고 꾀함. 또는 그런 계획이나 행동

② 冀圖(바랄 기, 그림 도): 바라는 것을 이루려고 꾀함

④ 氣度(기운 기, 법도 도): 기개와 도량을 아울러 이르는 말

23 비문학 세부 내용 파악   난이도 중 ●●○

정답 설명

③ 2문단 끝에서 3~6번째 줄을 통해 저작권법은 저작권자와 저작인접권자의 관계가 아닌, 저작권자와 저작물 이용자 사이의 관계를 규율하는 수단임을 알 수 있다. 따라서 글에서 언급한 저작권법에 대한 설명으로 옳지 않은 것은 ③이다.

[관련 부분] 저작권법이 단순히 저작권자나 저작인접권자의 이익만 보호하는 것이 아니며, 오히려 권리자와 이용자 사이의 관계를 합리적으로 규율해 주는 측면이 더 강하다는 점을 지나쳐서는 안 된다.

오답 분석

①④ 1문단 끝에서 1~5번째 줄을 통해 확인할 수 있다.

[관련 부분] 이러한 저작권을 보호한다는 말은 곧 저작물의 창작자에게 자기 저작물의 이용에 관한 배타권(排他權)을 부여하고 그 저작물을 다른 사람이 이용할 때에는 저작권자의 허락을 필요로 하며, 허락을 얻지 않고 이용하는 행위를 위법으로 규정한다는 뜻을 담고 있다.

② 2문단 1~2번째 줄을 통해 확인할 수 있다.

[관련 부분] 저작권법은 직접적인 저작권뿐만 아니라 이에 인접하는 권리, 즉 저작인접권도 보호한다.

24 어법 중세 국어   난이도 중 ●●○

정답 설명

② 제시문은 조선 세종 때 창작된 '용비어천가' 제3장으로, 중세 국어의 특징을 잘 보여 주는 작품 중 하나이다. 이를 고려해 보았을 때 빈칸에 차례로 들어갈 주격 조사는 ② '이 – ㅣ'이다.

· '주국대왕(周國大王)'은 자음으로 끝나는 체언이므로 주격 조사 '이'가 들어가야 한다.

· '시조(始祖)'는 'ㅣ' 모음 이외의 모음으로 끝난 체언이므로 주격 조사 'ㅣ'가 들어가야 한다.

지문 풀이

```
주나라 대왕이 빈곡에 사시며 제업을 여시니
우리 시조가 경흥에 사시며 왕업을 여시니
```

중세 국어 주격 조사 '이'의 이형태

형태	조건	예
이	자음으로 끝나는 체언 뒤	아ᄃᆞ리 (아들+이)
ㅣ	'이'와 'ㅣ'가 아닌 모음으로 끝나는 체언 뒤	孔子ㅣ (공자+ㅣ)
∅	'이'와 'ㅣ'로 끝나는 체언 뒤	ᄃᆞ리 (ᄃᆞ리+∅)

25 어법 표준 발음법   난이도 중 ●●○

정답 설명

② 〈보기〉를 바르게 발음한 것은 ② '[마텽] – [갑찌다] – [난나치] – [될썽부른]'이다.

· 맏형[마텽]: '맏'의 받침 'ㄷ'과 뒤 음절 첫소리 'ㅎ'이 축약되어 [ㅌ]으로 발음한다.

· 값지다[갑찌다]: 겹받침 'ㅄ'은 자음 앞에서 [ㅂ]으로 발음하고, [ㅂ] 뒤에 연결되는 'ㅈ'은 된소리로 발음한다.

· 낱낱이[난나치]: 첫 번째 '낱'의 받침 'ㅌ'은 대표음 [ㄷ]으로 바뀐 후 음절의 비음 'ㄴ'과 만나 [ㄴ]으로 발음되며, 두 번째 '낱'의 받침 'ㅌ'은 접미사의 'ㅣ' 모음과 만나 구개음화가 일어나므로 [ㅊ]으로 발음한다.

· 될성부른[될썽부른]: '될성부르다'는 용언의 관형사형 '될'과 보조 용언 '성부르다'가 결합한 말로 관형사형 어미 'ㄹ' 뒤에 연결되는 'ㅅ'은 된소리로 발음한다.

된소리되기 관련 표준어 규정

제23항	받침 'ㄱ(ㄲ, ㅋ, ㄳ, ㄺ), ㄷ(ㅅ, ㅆ, ㅈ, ㅊ, ㅌ), ㅂ(ㅍ, ㄼ, ㄿ, ㅄ)' 뒤에 연결되는 'ㄱ, ㄷ, ㅂ, ㅅ, ㅈ'은 된소리로 발음한다. 예 국밥[국빱], 꽃다발[꼳따발], 옆집[엽찝]
제24항	어간 받침 'ㄴ(ㄵ), ㅁ(ㄻ)' 뒤에 결합되는 어미의 첫소리 'ㄱ, ㄷ, ㅅ, ㅈ'은 된소리로 발음한다. 예 앉다[안따], 젊고[점:꼬] 다만, 피동, 사동의 접미사 '-기-'는 된소리로 발음하지 않는다. 예 안기다[안기다]
제25항	어간 받침 'ㄼ, ㄾ' 뒤에 결합되는 어미의 첫소리 'ㄱ, ㄷ, ㅅ, ㅈ'은 된소리로 발음한다. 예 밟고[밥:꼬], 핥지[할찌]
제26항	한자어에서 'ㄹ' 받침 뒤에 연결되는 'ㄷ, ㅅ, ㅈ'은 된소리로 발음한다. 예 발달[발딸], 일시[일씨], 갈증[갈쯩]
제27항	관형사형 '-(으)ㄹ' 뒤에 연결되는 'ㄱ, ㄷ, ㅂ, ㅅ, ㅈ'은 된소리로 발음한다. 예 갈 곳[갈꼳], 갈 데가[갈떼가] [붙임] '-(으)ㄹ'로 시작되는 어미의 경우에도 이에 준한다. 예 갈지라도[갈찌라도], 갈지언정[갈찌언정]

◯ 실전동형문제 정답

p.46

01	② 어법 – 단어	06	③ 어휘 – 한자 성어	11	③ 어법 – 국어의 로마자 표기	16	④ 어휘 – 한자어	21	③ 어휘 – 문맥에 적절한 어휘
02	① 문학 – 작품의 종합적 감상	07	④ 비문학 – 작문	12	④ 어법 – 의미	17	① 어법 – 외래어 표기	22	③ 비문학 – 글의 구조 파악
03	④ 어법 – 한글 맞춤법	08	① 어휘 – 속담	13	② 문학 – 작품의 종합적 감상	18	① 어법 – 단어, 문장	23	② 비문학 – 내용 추론
04	③ 비문학 – 작문	09	③ 비문학 – 글의 구조 파악	14	② 비문학 – 화법	19	④ 비문학 – 관점과 태도 파악	24	② 어법 – 한글 맞춤법
05	① 문학 – 작품의 종합적 감상	10	② 비문학 – 주제 및 중심 내용 파악	15	③ 문학 – 인물의 태도	20	① 비문학 – 관점과 태도 파악	25	① 문학 – 인물의 태도

◯ 취약영역 분석표

영역	어법	비문학	문학	어휘	혼합	총계
맞힌 답의 개수	/ 7	/ 9	/ 5	/ 4	– / 0	/ 25

* 취약영역 분석표를 이용해 1개라도 틀린 문제가 있는 영역은 그 영역의 문제만 골라 해설을 다시 한번 꼼꼼히 학습하세요.

---

01   어법 단어 (품사의 구분)   난이도 중 ●●○

정답 설명

② '그런'은 '상태, 모양, 성질 등이 그러한'을 뜻하는 관형사로, 체언 '질문'을 수식하며 형태가 고정되어 활용하지 않는다. 반면 ①③④의 밑줄 친 단어들은 형용사 어간에 관형사형 전성 어미 '-(으)ㄴ'이 붙은 활용형이므로 품사가 다른 것은 ②이다.

---

02   문학 작품의 종합적 감상 (시조)   난이도 하 ●○○

정답 설명

① 제시된 작품의 갈래는 두 수 이상의 평시조를 엮어 형성된 '연시조'이다. 초장과 중장, 중장과 종장 사이에 있는 후렴구를 제외하면 3장 6구의 고정된 형식을 가진 평시조와 동일하므로, 행수의 제한이 없다는 ①의 설명은 적절하지 않다.

지문 풀이

> 마른 풀잎 위로 바람 부니 배의 창문이 서늘하구나.
> 돛 달아라. 돛 달아라.
> 여름 바람이 일정하게만 불겠느냐? 배 가는 대로 두어라.
> 찌그덩 찌그덩 어여차
> 북쪽 포구나 남쪽 강, 어디든 좋지 않겠는가?

이것도 알면 합격!

윤선도, '어부사시사'의 주제 및 특징
1. 주제: 계절마다 달라지는 자연 속에서 살아가는 여유와 즐거움
2. 특징

(1) 초장과 중장, 중장과 종장 사이에 고려 가요와 유사한 여음(후렴구)이 사용됨
(2) 대구법, 반복법, 원근법 등의 다양한 표현법이 사용됨

---

03   어법 한글 맞춤법 (띄어쓰기)   난이도 하 ●○○

정답 설명

④ 무엇부터 해야 할지(○): 이때 '지'는 추측에 대한 막연한 의문이 있는 채로 그것을 뒤 절과 관련시킬 때 사용하는 연결 어미 '-ㄹ지'의 일부이므로 어간 '하-'와 붙여 써야 한다.

오답 분석

①②③의 '지'는 '어떤 일이 있었던 때로부터 지금까지의 동안'을 뜻하는 의존 명사이므로 앞말과 띄어 써야 한다.

① 떠난지(×) → 떠난∨지(○)

② 지난지(×) → 지난∨지(○)

③ 잠든지(×) → 잠든∨지(○)

---

04   비문학 작문 (고쳐쓰기)   난이도 중 ●●○

정답 설명

③ ©이 포함된 2문단은 그랜드캐니언에 대한 창조론자와 진화론자의 견해에 대해 설명하고 있다. 그러나 ©은 그랜드캐니언이 북아메리카의 생물 분포대를 보여준다는 내용이므로 글의 흐름과는 어울리지 않는 문장이다.

05 문학 작품의 종합적 감상 (극)   난이도 하 ●○○

정답 설명

① 끝에서 1~2번째 줄을 통해 장면의 공간적 배경은 마당임을 알 수 있다.
[관련 부분] 기세 좋은 바람, 마당을 휩쓸고 지나간다.

오답 분석

② 성삼은 상대역 없이 혼자서 말을 하며 자신의 고조된 감정을 드러내고 있다.

③ 성심의 울부짖는 소리를 음향 효과로 제시하여 비극적 분위기를 형성하고 있다.
[관련 부분] 단말마의 울부짖음 무대로 번져 온다.

④ 헛간에서 슬늘이가 목을 맨 장면을 직접적으로 보여주지 않고 성삼의 대사를 통해 간접적으로 제시하고 있다.

06 어휘 한자 성어   난이도 중 ●●○

정답 설명

③ '愚公移山(우공이산)'은 '어떤 일이든 끊임없이 노력하면 반드시 이루어짐'을 뜻하는 한자 성어이므로 문맥에 어울리지 않는다.

오답 분석

① 左顧右眄(좌고우면): '이쪽저쪽을 돌아본다'라는 뜻으로, 앞뒤를 재고 망설임을 뜻하는 말

② 大同小異(대동소이): 큰 차이 없이 거의 같음

④ 針小棒大(침소봉대): 작은 일을 크게 불리어 떠벌림

07 비문학 작문 (자료를 활용한 글쓰기)   난이도 하 ●○○

정답 설명

④ '스마트폰 중독으로 인한 청소년들의 일상생활 문제'는 교육 격차 실태와 문제 해결에 대한 내용을 뒷받침할 수 없으므로 답은 ④이다.

📝 **이것도 알면 합격!**

내용 생성을 위한 자료의 요건
1. 주제를 뒷받침할 수 있는 내용이어야 함
2. 사실과 의견이 분명하게 구분되어야 함
3. 객관적이고 구체적이며 근거가 확실해야 함
4. 독자의 관심을 끌 수 있도록 독창적이며 새로워야 함
5. 풍부하고 다양해야 함

08 어휘 속담   난이도 중 ●●○

정답 설명

① '맡은 구실을 온전히 다 해야만 그에 마땅한 대우를 받는다'라는 의미로 적합한 속담은 ①이다.
· 가림은 있어야 의복이라 한다: '가려야 할 데를 가려야 비로소 의복이라 할 수 있다'라는 뜻으로, 제가 맡은 구실을 온전히 다 해야만 그에 마땅한 대우를 받음을 비유적으로 이르는 말

오답 분석

② 털도 없이 부얼부얼한 체한다: 귀염성도 없으면서 귀여움을 받으려고 아양을 부리는 모양을 비유적으로 이르는 말

③ 용이 물 밖에 나면 개미가 침노를 한다: 아무리 좋은 처지에 있던 사람이더라도, 불행한 환경에 빠지게 되면 하찮은 사람에게서까지 모욕을 당하고 괄시를 받게 된다는 말

④ 호랑이도 새끼가 열이면 스라소니를 낳는다: 자식이 많으면 그중에 사람 구실을 못하는 자식도 있기 마련이라는 말

09 비문학 글의 구조 파악 (문단 배열)   난이도 중 ●●○

정답 설명

③ (나) - (가) - (다) - (마) - (라)의 순서가 가장 자연스럽다.

순서	중심 내용	순서 판단의 단서와 근거
(나)	인식에 관한 철학적 사고의 근본성을 보여주는 예	지시어나 접속어로 시작하지 않으며 중심 화제인 '인식에 관한 철학적 사고의 근본성'을 제시함
(가)	'앎'에 대한 데카르트의 견해	• 접속어 '가령': (나)의 내용을 구체화하기 위해 데카르트의 견해를 예시로 듦
(다)	인식에 대한 새로운 이론을 정립하고자 한 칸트의 생각	• 접속어 '한편': 화제를 전환하여 칸트의 철학적 방법론을 제시함
(마)	근본적 사고는 분석철학에서 가장 뚜렷하게 나타남	• 지시어 '이와 같이': (가), (다)에서 설명한 근본적 사고를 의미함
(라)	근본적 사고는 철학적 사고를 완전히 밝혀주지는 못함	• 접속어 '그러나': 앞서 언급한 근본적 사고의 한계를 밝히며 논의를 마무리 짓고 있음

10 비문학 주제 및 중심 내용 파악   난이도 중 ●●○

정답 설명

② 제시문은 1문단에서 요행을 바라는 사람들이 과감한 투기를 감행하는 경우가 많다는 것을 밝히고 이후 '폰지 게임'이라는 용어가 생기게 된 배경을 예시로 들어 이를 구체적으로 설명하고 있다. 따라서 글의 제목으로 가장 적절한 것은 ② '요행을 바라는 인간의 태도'이다.

11 어법 국어의 로마자 표기   난이도 하 ●○○

정답 설명

③ 〈보기〉 중 'ㄹ'이 들어간 단어는 '하늬바람(Hanuibaram)'과 '보령시(Boryeong)'이다. '하늬바람(Hanuibaram)'과 '보령시(Boryeong)'는 'ㄹ'이 모음 앞에서 'r'로 표기된 경우에 해당하므로 'ㄹ'을 자음 앞이나 어말에서 'l'로 적는다는 점을 설명할 수 없다.

오답 분석

① '광희문(Gwanghuimun)'과 '연기군(Yeongi)'을 통해 'ㄱ'은 모음 앞에서 'g'로 적음을 알 수 있다.

② '광희문[광히문]'과 '하늬바람[하니바람]'을 통해 'ㅢ'는 'l'로 소리 나더라도 'ui'로 적음을 알 수 있다.

④ '보령시(Boryeong)'와 '연기군(Yeongi)'을 통해 '시, 군, 읍'의 행정 구역 단위는 생략할 수 있음을 알 수 있다.

12 어법 의미 (다의어의 의미)   난이도 하 ●○○

정답 설명

④ 〈보기〉와 ① ② ③의 '나가다'는 '일정한 직장이나 일터에 다니다'를 뜻한다. 그러나 ④의 '나가다'는 '사회적인 활동을 시작하다'를 뜻하므로, 〈보기〉의 밑줄 친 '나가다'와 의미가 다른 것은 ④이다.

13 문학 작품의 종합적 감상 (시)   난이도 중 ●●○

정답 설명

② 제시된 작품은 '밤', '별'과 같은 선명하고 감각적인 이미지를 사용하여 시상을 전개하고 있지만, 공감각적 이미지는 드러나지 않는다.

오답 분석

① '외로운 황홀한 심사'에서 모순적인 두 시어의 결합을 통해 슬픈 감정을 객관화시켜 표현하고 있다.

③ '유리창'은 죽음과 삶의 경계이자 아이를 만날 수 있게 하는 매개체를 의미하는데, 이러한 상징적 소재를 통해 대상(아이)의 부재를 드러내고 있다.

④ 화자는 유리창에 어린 입김을 바라보며 죽은 아이의 모습을 떠올리고 있으므로 유리창은 화자와 죽은 아이의 만남의 매개체로 볼 수 있다.

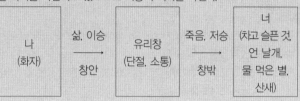

이것도 알면 합격!

정지용, '유리창'에 나타나는 '유리창'의 의미
'유리창'은 화자가 '별(죽은 아이)'을 바라볼 수 있게 하는 동시에 화자와 별 사이를 차단하고 있으므로 이중적 의미를 가진다.

나 (화자)	삶, 이승 → 창안	유리창 (단절, 소통)	죽음, 저승 → 창밖	너 (차고 슬픈 것 언 날개, 물 먹은 별, 산새)

14 비문학 화법 (말하기의 기능)   난이도 하 ●○○

정답 설명

② 말하는 이(화자)의 느낌이나 감정 등을 표현하는 기능인 정서적 기능은 제시된 안내문에 포함되어 있지 않으므로 답은 ②이다.

오답 분석

① 안내문을 보는 사람에게 'OO시 북 페스티벌'에 대한 정보를 전달하고 있으므로 정보적 기능이 포함되었다.

③ '많은 참여 부탁드립니다'라는 말로 독자의 참여를 유도하고 있으므로 감화적 기능이 포함되었다.

④ '가내 두루 평안하십니까'라는 말로 안부를 묻고 있으므로 친교적 기능이 포함되었다.

이것도 알면 합격!

화법의 기능

구분	설명	예
정보적 기능	듣는 이에게 새로운 지식이나 정보를 전달하는 기능	이 소설의 제목은 '소설가 구보 씨의 일일'이다.
정서적 기능	말하는 이의 느낌이나 감정 등을 표현하는 기능	이야, 경치가 정말 멋지구나!
감화적 기능	의견이나 주장을 내세워 듣는 이의 행동이나 태도에 영향을 미치는 기능	우리나라의 미래를 위해서는 청소년 교육에 힘써야 합니다.
친교적 기능	타인과의 친목을 도모하는 기능	안녕하세요. 오늘 날씨가 참 좋죠?

15 문학 인물의 태도   난이도 하 ●○○

정답 설명

③ 제시된 작품에서 '성규'의 말을 통해 '성규'가 할아버지인 '민 노인'의 삶을 이해하고, 이에 공감하고 있음을 알 수 있다.

[관련 부분]

· 제가 할아버지를 우리 모임에 초청한 사실을 후회하지 않을뿐더러, 옳았다고 생각합니다.

· 제 나이는 또 할아버지의 생애를 이해합니다.

[오답 분석]

① 끝에서 4~5번째 줄의 '아버지'의 말을 통해 '아버지'가 '성규'의 의견을 수용하고 있지 않음을 알 수 있다.

[관련 부분] "그래서? 할아버지가 나름대로의 예술을 완성했니?" 아버지의 입가에 냉소가 머물렀다.

② 1~3번째 줄의 '송 여사'의 말을 통해 '송 여사'가 '민 노인'의 행동을 달가워하지 않음을 알 수 있다.

[관련 부분] "아이들 노는 데 구경 가시는 것까지는 몰라도, 걔들과 같이 어울려서 북치고 장구 치는 게 나이 자신 어른이 할 일인가요?"

④ 4~6번째 줄의 '민 노인'의 말을 통해 '민 노인'이 북을 치는 것을 부끄러워하는 '송 여사'의 처지를 걱정하지 않고 오히려 '송 여사'의 말에 반박하고 있음을 알 수 있다.

[관련 부분] "하면 어때서, 성규가 지성으로 청하길래 응한 것뿐이고, 나는 원래 그런 사람 아니니. 이번에도 내가 늬들 체면 깎았냐."

🚩 이것도 알면 합격!

최일남, '흐르는 북'의 주제 및 특징
1. 주제: 인생과 예술에 대한 인식 차이로 인한 세대 간 갈등과 극복
2. 특징
   (1) '북'이라는 중심 소재를 통해 세대 간의 갈등 양상을 표현함
   (2) 갈등의 해소를 제시하지 않아서 여운을 자아냄

---

16 어휘 한자어 (한자어의 표기) | 난이도 상 ●●●

[정답 설명]

④ '결의(決議: 결정할 결, 의논할 의)'는 '의논하여 결정함'을 뜻하는 말로, 문맥상 '남남끼리 형제, 자매, 남매, 부자 등 친족의 의리를 맺음'을 뜻하는 '결의(結義: 맺을 결, 옳을 의)'를 써야 한다.

[오답 분석]

① 귀감(龜鑑: 거북 귀, 거울 감): 거울로 삼아 본받을 만한 모범

② 갈등(葛藤: 칡 갈, 등나무 등): 칡과 등나무가 서로 얽히는 것과 같이, 개인이나 집단 사이에 목표나 이해관계가 달라 서로 충돌함. 또는 그런 상태

③ 예찬(禮讚: 예도 예, 기릴 찬): 무엇이 훌륭하거나 좋거나 아름답다고 찬양함

---

17 어법 외래어 표기 | 난이도 하 ●○○

[정답 설명]

① 로보트(×) → 로봇(○): 'robot[róubət]'에서 짧은 모음 뒤에 오는 어말 무성 파열음 [t]는 받침으로 적어야 한다.

[오답 분석]

② 프러포즈(○): 'propose[prəpoʊz]'에서 [ə]는 '어'로 적어야 하므로, '프러포즈'는 맞는 표기이다. 참고로 '프로포즈'는 '프러포즈'의 잘못된 표기이다.

③ 미스터리(○): 'mystery[mɪstəri]'에서 [ə]는 '어'로 적어야 하므로, '미스터리'는 맞는 표기이다. 참고로 '미스테리'는 '미스터리'의 잘못된 표기이다.

④ 애피타이저(○): 'appetizer[æpɪtaɪzər]'에서 [æ]는 '애'로 적어야 하므로, '애피타이저'는 맞는 표기이다. 참고로 '에피타이저'는 '애피타이저'의 잘못된 표기이다.

---

18 어법 단어 (품사), 문장 (문장 성분) | 난이도 중 ●●○

[정답 설명]

① '닮은'의 기본형 '닮다'는 현재 시제 선어말 어미 '-는-'과 결합하여 활용할 수 있으므로 품사는 동사이다. 또한 어간 '닮-'에 관형사형 전성 어미 '-은'이 결합하여 체언 '사람'을 수식하고 있으므로 문장 성분은 관형어이다.

---

19 비문학 관점과 태도 파악 | 난이도 하 ●○○

[정답 설명]

④ 제시문은 정부가 복권 수익때문에 복권으로 인한 문제를 묵인하고 있으며 오히려 시민들에게 복권 구입을 유도하는 메시지를 퍼붓고 있다는 것을 설명하고 있다. 따라서 ㉠은 정부가 시민들의 사행심을 조장한다는 의미이므로 답은 ④이다.

---

20 비문학 관점과 태도 파악 | 난이도 중 ●●○

[정답 설명]

① 필자는 죽을 때까지 중국에 가보지 않고 조선이라는 작은 땅에서 사는 선비들을 '우물 안 개구리', '작은 나뭇가지 위 뱁새' 등으로 비유하며, 이들의 편협함을 비판하고 있다. 따라서 이와 견해가 가장 가까운 것은 중국의 문물을 배워 나라를 부강하게 해야 한다고 주장하는 ①이다.

[오답 분석]

② 태어날 때부터 정해진 신분 때문에 재능이 있어도 관직에 나아가지 못함을 비판하고 있다.

③ 노동력에 따라 토지를 갖게 하는 새로운 토지 제도를 주장하고 있다.

④ 사농공상의 구분은 신분 질서가 아닌 능력에 따른 차이일 뿐임을 강조하고 있다.

21 어휘 문맥에 적절한 어휘 난이도 하 ●○○

정답 설명

③ 통째(○): '나누지 않은 덩어리 전부'를 뜻하는 말은 '통째'이다. 참고로 '통채'는 '통째'의 잘못된 표기이다.

오답 분석

① 텃새(×) → 텃세(○): '먼저 자리를 잡은 사람이 뒤에 들어오는 사람에 대하여 가지는 특권 의식'을 뜻하는 말은 '텃세'이다. 참고로 '텃새'는 '철을 따라 자리를 옮기지 않고 거의 한 지방에서만 사는 새'를 뜻한다.

② 붉어졌다(×) → 불거졌다(○): '어떤 사물이나 현상이 두드러지게 커지거나 갑자기 생겨나다'를 뜻하는 말은 '불거지다'이다. 참고로 '붉어지다'는 '빛깔이 점점 붉게 되어 가다'를 뜻한다.

④ 사단(×) → 사달(○): '사고나 탈'을 뜻하는 말은 '사달'이다. 참고로 '사단'은 '사건의 단서'를 뜻한다.

22 비문학 글의 구조 파악 (접속어의 사용) 난이도 중 ●●●

정답 설명

③ ㉠ ~ ㉢에 들어갈 말은 '그러나 – 그런데 – 그래서'이다.
- ㉠: ㉠의 앞과 뒤에서 서로 상반된 내용을 다루고 있으므로 역접의 접속어인 '그러나'가 들어가야 한다.
  - ㉠의 앞: 근대 이전 시기 사전의 목표
  - ㉠의 뒤: 이전과 달라진 근대 사전의 목표
- ㉡: ㉡의 뒤에서 앞 내용과 연관되지만 다른 방향의 내용을 제시하고 있으므로 '그런데'가 들어가야 한다.
  - ㉡의 앞: 근대 사전은 말의 올바른 형태와 의미를 보여주는 데 충실했음
  - ㉡의 뒤: 근대 사전에서 말의 역사를 추적하는 일도 중요했음
- ㉢: ㉢의 앞의 내용이 후술되는 내용의 원인이므로 인과를 나타내는 접속어인 '그래서'가 들어가야 한다.
  - ㉢의 앞: 근대 사전의 편찬자들은 모국어가 깊은 문화적 뿌리를 가지고 있음을 알리기 위해 단어의 어원과 변천 과정을 기록하였음
  - ㉢의 뒤: 사전으로 인해 사람들은 모국어에 대한 자긍심을 가질 수 있었음

23 비문학 내용 추론 난이도 하 ●○○

정답 설명

② 제시문은 '하나를 얻으려면 다른 하나를 포기해야 한다'는 경제학의 원리를 설명하며 경제학에서는 어떤 선택을 하든지 예외 없이 기회 비용이 발생한다는 점을 강조하고 있으므로 ㉠에 들어갈 내용으로 가장 적절한 것은 ② '경제적 선택을 할 때 포기해야 하는 것이 있음'이다.

24 어법 한글 맞춤법 (맞춤법에 맞는 표기) 난이도 중 ●●○

정답 설명

② 밑줄 친 단어의 표기가 옳은 문장은 ㄱ, ㄹ이다.
- ㄱ. 휴게실(○): '잠깐 동안 머물러 쉴 수 있도록 마련해 놓은 방'을 뜻하는 말은 '휴게실'이다. 참고로 '휴계실'은 잘못된 표기이다.
- ㄹ. 넉넉지(○): 어간 '넉넉하-'의 끝음절 '하'가 안울림소리 뒤에서 아주 줄어들 때는 준 대로 적어야 한다.

오답 분석

- ㄴ. 늘렸다(×) → 늘였다(○): '본디보다 더 길어지게 하다'를 뜻하는 말은 '늘이다'이므로 '늘였다'로 적어야 한다. 참고로 '늘리다'는 '물체의 넓이, 부피 등을 본디보다 커지게 하다'를 뜻한다.
- ㄷ. 누래진(×) → 누레진(○): 어간 '누렇-'에 '-어지다'가 결합하여 형성된 동사는 '누레지다'로 적어야 한다.

25 문학 인물의 태도 난이도 중 ●●○

정답 설명

① 제시된 작품에는 검소한 삶의 자세가 나타난다. 이와 유사한 삶의 자세를 보이는 것은 ①로, '설데친 무나물', '청국장'과 같은 소박한 음식의 맛을 '육식자(고기를 먹는 사람)'는 알지 못한다고 말함으로써 소박하고 검소한 삶을 강조하고 있다.

오답 분석

② 부지런하고 성실한 삶을 강조한다.

③ 풍류적이고 낭만적인 삶의 자세가 나타난다.

④ 속세를 멀리하고 자연에서 살아가려는 삶의 자세가 나타난다.

지문 풀이

① 엊그제 덜 익은 술을 질동이에 가득 붓고
  살짝 데친 무나물에 청국장을 끼얹어 내오니
  세상에 고기를 먹는 사람들이 이 맛을 어찌 알까   – 김천택

② 동창(東窓)이 밝았느냐 노고지리(종다리) 지저귄다
  소를 칠 아이는 여태 아니 일어났느냐
  고개 넘어 사래 긴 밭을 언제 갈려 하느냐   – 남구만

③ 한 잔 먹세그려 또 한 잔 먹세그려. 꽃을 꺾어 술잔 수를 세면서 한없이 먹세그려.   – 정철

④ 갓 벗어 소나무 가지에 걸고 마디가 아홉인 대나무로 만든 지팡이 바위 위에 두고
  영수 천변에 귀 씻고 누워 있으니
  천지가 날더러 이르기를 함께 늙자 하더라   – 작자 미상

❯ 실전동형문제 정답

p.54

01	③ 비문학 – 내용 추론	06	③ 어법 – 외래어 표기	11	③ 어휘 – 한자어	16	③ 문학 – 작품에 대한 지식	21	③ 비문학 – 관점과 태도 파악
02	④ 어휘 – 표기상 틀리기 쉬운 어휘	07	① 문학 – 작품의 종합적 감상	12	③ 어휘 – 관용 표현, 속담	17	④ 문학 – 주제 및 중심 내용 파악	22	③ 문학 – 작품의 종합적 감상
03	② 어법 – 한글 맞춤법	08	② 문학 – 표현상의 특징과 효과	13	② 비문학 – 글의 전략 파악	18	① 어법 – 한글 맞춤법	23	③ 어법 – 표준어 사정 원칙
04	② 어법 – 표준어 사정 원칙	09	② 비문학 – 주제 및 중심 내용 파악	14	① 비문학 – 세부 내용 파악	19	② 어법 – 한글 맞춤법	24	② 비문학 – 글의 구조 파악
05	④ 어법 – 국어의 로마자 표기	10	① 어휘 – 한자 성어	15	③ 문학 – 작품의 종합적 감상	20	② 어법 – 의미	25	③ 비문학 – 작문

❯ 취약영역 분석표

영역	어법	비문학	문학	어휘	혼합	총계
맞힌 답의 개수	/ 8	/ 7	/ 6	/ 4	– / 0	/ 25

* 취약영역 분석표를 이용해 1개라도 틀린 문제가 있는 영역은 그 영역의 문제만 골라 해설을 다시 한번 꼼꼼히 학습하세요.

---

01 비문학 내용 추론
난이도 중 ●●○

정답 설명

③ 1문단 끝에서 5~10번째 줄을 통해 '웰빙'이라는 신어는 여러 곳에서 많이 사용되지만, 지속적으로 사용될 가능성이 적다는 점에서 국어사전에 등재되지 않았음을 알 수 있다. 따라서 신어가 사전에 수록되기 위해서는 그 말의 사용 빈도뿐만 아니라 사용 지속성도 검토해야 하므로 ③의 추론은 적절하지 않다.

[관련 부분] 현재 '웰빙'은 방송, 신문, 잡지, 상품명 등에서 매일같이 만날 수 있을 만큼 많이 쓰이고 있다. 그러나 국어사전을 찾아보면 이 단어는 올라 있지 않다. ~ 그 이유는 ~ 앞으로도 계속 쓰인다는 보장이 없기 때문이다.

오답 분석

① '통통배'는 '발동기를 장치하여 통통 소리가 나는 작은 배'를 뜻하는 단어로 원래는 없던 사물이 새로 생기면서 말도 따라서 생긴 경우이며 사전에 등재된 단어라는 점에서 '웰빙'보다 '방울토마토'에 가까운 범주의 신어임을 알 수 있다.

② 1문단 1~3번째 줄을 통해 '신어'는 새로 대상이 만들어지거나 다른 언어에서 유입되어 새로 생긴 말이라는 것을 알 수 있다. 따라서 외국어의 유입이 늘어나면 신어의 수 역시 늘어나므로 외국과의 교류가 활발해질수록 신어의 수가 늘어난다는 추론이 가능하다.

[관련 부분] '신어'는 말 그대로 '새로 생긴 말'이다. 즉 이전에는 국어 사용자들 사이에서 쓰이지 않다가 특정 시기에 새로 만들어지거나 다른 언어로부터 유입되어 사용되는 말이다.

④ '웰빙'과 '방울토마토'는 모두 현대에 형성된 신어이지만 전자는 사전에 등재될 가능성이 거의 없는 단어이고, 후자는 사전에 등재된 단어임을 알 수 있다. 따라서 비슷한 시기에 형성된 신어라도 그 말들의 지위는 다를 수 있다는 추론이 가능하다.

[관련 부분]
· 국어사전을 찾아보면 이 단어(웰빙)는 올라 있지 않다. 앞으로도 이 단어가 국어사전에 오른다고 확신할 수 없다.
· '방울토마토'는 ~ 이 사물을 지칭하는 말이 필요하기 때문에 검토하여 사전에 오르게 된다.

---

02 어휘 표기상 틀리기 쉬운 어휘
난이도 하 ●○○

정답 설명

④ 내로라하는(○): 문맥상 '어떤 분야를 대표할 만하다'를 뜻하는 '내로라하다'가 적절하게 쓰였으므로 정답은 ④이다.

오답 분석

① 무릎쓰고(×) → 무릅쓰고(○): '힘들고 어려운 일을 참고 견디다'를 뜻하는 말은 '무릅쓰다'로, '무릎쓰다'는 '무릅쓰다'의 잘못된 표기이다.

② 객적은(×) → 객쩍은(○): '행동이나 말, 생각이 쓸데없고 싱겁다'를 뜻하는 말은 '객쩍다'로, '객적다'는 '객쩍다'의 잘못된 표기이다.

③ 야단법썩(×) → 야단법석(○): '많은 사람이 모여들어 떠들썩하고 부산스럽게 굶'을 뜻하는 말은 '야단법석'으로, '야단법썩'은 '야단법석'의 잘못된 표기이다.

---

03 어법 한글 맞춤법 (맞춤법에 맞는 표기)
난이도 하 ●○○

정답 설명

② 째(×) → 째어(○): '짜이어'는 어간 '짜-'에 피동 접미사 '-이-'와 연결 어미 '-어'가 결합한 형태이다. 'ㅏ'로 끝나는 어간에 '-이-'가 와서 각각 'ㅐ'로 줄 적에는 준 대로 적으므로 '짜이-'는 '째-'로 줄여 쓸 수 있으나, '째-'와 같이 모음이 줄어들어서 'ㅐ'가 된 경우에는 '-어'가 결합하더라도 다시 줄어들지는 않는다. 따라서 '짜이어'의 준말 표기는 '째어'로 해야 한다.

오답 분석

① 배어 – 배(○): 'ㅐ' 뒤에 '-어'가 어울려 줄 적에는 준 대로 적는다.

③ 달리어 – 달려(○): 'ㅣ' 뒤에 '-어'가 와서 'ㅕ'로 줄 적에는 준 대로 적는다.

④ 씌었다 – 쌨다(○): 'ㅚ' 뒤에 '-었-'이 어울려 'ㅘㅆ'으로 될 적에도 준 대로 적는다.

04 어법 표준어 사정 원칙 (표준어의 구분) 난이도 중 ●●○

정답 설명

② 아니예요(x) → 아니에요(O): 형용사 '아니다'의 어간 뒤에 붙어 설명·의문의 뜻을 나타내는 종결 어미는 '-에요/-어요'이다. 따라서 '아니+-에요'가 결합한 '아니에요' 또는 '아니어요'가 올바른 표기이다. 참고로, '아니에요'는 '아녜요'로, '아니어요'는 '아녀요'로 줄여서 표기할 수도 있다.

오답 분석

① 유진이예요(O): '유진이+예요'의 형태로, 받침이 없는 체언 뒤에서 '-이에요'의 준말 '-예요'가 결합한 올바른 표기이며, 이때 '-이에요'는 서술격 조사 '이다'의 어간 '이-'에 어미 '-에요'가 결합한 형태이다. 참고로, '유진이'에서 '이'는 인명 뒤에 결합하는 접미사 '-이'다.

③ 덕분이에요(O): '덕분+이에요'의 형태로, 받침이 있는 체언 뒤에 '이에요'가 결합한 올바른 표기이다.

④ 학생이에요(O): '학생+이에요'의 형태로, 받침이 있는 체언 뒤에 '이에요'가 결합한 올바른 표기이다.

📌 **이것도 알면 합격!**

'-이어요/-이에요'의 쓰임
표준어 규정 제26항에서 복수 표준어로 삼은 '-이어요/-이에요'는 서술격 조사 '이다'의 어간 '이-'뒤에 어미 '-어요/-에요'가 붙은 말이다.
1. 받침이 없는 체언에 붙을 때 '-여요/-예요'로 줄여 쓸 수 있음
   예 • 지우개이어요 → 지우개여요(O)
      • 지우개이에요 → 지우개예요(O)
2. 인명일 경우 받침이 있을 때에는 접사 '-이'가 덧붙으므로 받침이 없는 체언과 쓰임이 같음
   예 • 창섭이이어요 → 창섭이여요(O)
      • 창섭이이에요 → 창섭이예요(O)
3. 받침이 있는 체언에 붙을 때 '-여요/-예요'로 줄여 쓸 수 없음
   예 • 연필이어요 → 연필에요(x)
      • 연필이에요 → 연필예요(x)
4. 용언 '아니다'에는 '-어요/-에요'만 결합하기 때문에 '아니에요/아니어요' 를 '아녜요/아녀요'로 줄여 쓸 수 있음

05 어법 국어의 로마자 표기 난이도 하 ●○○

정답 설명

④ 백복령[백뽕녕] Baekbongnyeong(O): 받침 'ㄱ' 뒤에서 'ㅂ'이 된소리로 발음되는 된소리되기와 '령'의 'ㄹ'이 자음 뒤에서 [ㄴ]으로 발음되는 'ㄹ'의 비음화가 일어나며, [ㄴ]으로 인해 '복'의 받침 'ㄱ'이 [ㅇ]으로 발음되는 비음화 현상이 일어난다. 된소리되기를 제외한 자음 동화는 로마자 표기에 반영하므로 '백복령[백뽕녕]'의 올바른 로마자 표기는 'Baekbongnyeong'이다.

① 오죽헌[오주컨] Ojukeon(x) → Ojukheon(O): 받침 'ㄱ'과 'ㅎ'이 만나 [ㅋ]으로 축약되므로 '오죽헌'의 표준 발음은 [오주컨]이다. 체언에서 'ㄱ' 뒤에 'ㅎ'이 따를 때는 발음상 거센소리가 나더라도 'ㅎ'을 밝혀 적으므로 'Ojukheon'으로 표기해야 한다.

② 남원로[나원노] Namwon-no(x) → Namwon-ro(O): 도로명 '로'는 'ro'로 적고, 그 앞에는 붙임표(-)를 넣는다. 또한 행정 구역 단위를 표시하는 붙임표(-) 앞뒤에서 일어나는 음운 변화는 표기에 반영하지 않으므로 'Namwon-ro'로 표기해야 한다.

③ 문래동[물래동] Munnae-dong(x) → Mullae-dong(O): 받침 'ㄴ'이 'ㄹ' 앞에서 [ㄹ]로 발음되므로 '문래'의 표준 발음은 [물래]이며 로마자 표기법에서 [ㄹㄹ]은 'll'로 적는다. 또한 행정 구역 단위인 '동'은 'dong'으로 적고, 그 앞에는 붙임표(-)를 넣는 것이 원칙이므로 'Mullae-dong'으로 표기해야 한다.

06 어법 외래어 표기 난이도 하 ●○○

정답 설명

③ 엔돌핀(x) → 엔도르핀(O): 'endorphin[endɔ́ːrfin]'에서 자음 앞의 [r]은 '으'를 붙여 '르'로 적으므로 '엔도르핀'으로 표기해야 한다.

오답 분석

① 케첩(O): 'ketchup[kétʃəp]'에서 모음 앞의 [tʃ]은 'ㅊ'으로 적고 모음 [ə]는 'ㅓ'로 적으므로 '케첩'은 적절한 표기이다.

② 콘셉트(O): 'concept[kɔ́nsept]'에서 모음 [ɔ]는 'ㅗ'로 적고 어말의 [t]는 '으'를 붙여 'ㅌ'로 적으므로 '콘셉트'는 적절한 표기이다.

④ 애플리케이션(O): 'application[æpləkéiʃən]'에서 모음 [æ]는 '애'로, [ʃə]는 '셔'로 적으므로 '애플리케이션'은 적절한 표기이다.

07 문학 작품의 종합적 감상 (수필) 난이도 중 ●●○

정답 설명

① 5문단 1~3번째 줄을 통해 '딸깍발이'는 강직한 성품을 지녔으며, 우리나라를 '소중화(小中華)'로 만든 것은 딸깍발이가 아닌 관료들임을 알 수 있다. 따라서 딸깍발이는 중화사상을 지닌 인물이라는 ①의 설명은 적절하지 않다.
   • 소중화(小中華): 중국을 세계 문명의 중심으로 여기고, 우리나라를 작은 중국으로 여기는 것을 이르는 말
   [관련 부분] 그들(딸깍발이)은 가명인(假明人)이 아니었다. 우리나라를 소중화(小中華)로 만든 것은 어줍지 않은 관료들의 죄요, 그들의 허물이 아니었다. 그들은 너무 강직하였다.

오답 분석

② '딸깍딸깍, 오도독, 꽁꽁, 박박' 등의 음성 상징어를 사용하여 딸깍발이의 발소리와 딸깍발이가 추위를 견뎌내는 상황을 생생하게 묘사하고 있다.

③ 딸깍발이가 추위를 참고 이겨내는 이야기를 통해 그의 생활신조를 보여주며, '앙큼한 자존심, 꼬장꼬장한 고지식, 양반은 얼어 죽어도 겻불은 안 쬔다는 지조'라는 표현으로 딸깍발이의 성격을 직접 제시하고 있다.

④ 딸깍발이의 전형으로 '사육신, 삼학사, 포은 선생(정몽주), 민충정(민영환)' 등의 역사 속 실제 인물을 예로 들어 강직하고 의기 있는 딸깍발이의 정신을 드러내고 있다.

08 문학 표현상의 특징과 효과   난이도 중 ●●●

정답 설명

② 마지막 행에서 '황홀하고 불안한 식욕'이라는 역설적인 표현을 사용하여, 쥐가 쥐약에 붙은 밥알들을 먹음으로써 식욕을 충족함과 동시에 죽음을 감내해야 하는 모순적인 상황에 처해 있음을 보여준다. 이러한 쥐의 모습을 통해 물질에 대한 현대인의 탐욕과 욕망을 비판하고 있다.

오답 분석

① 내용의 비중이나 정도를 높여가며 뜻을 점점 강하게 표현하는 점층적 전개 방식은 나타나지 않는다.

③ 쥐의 행동을 구체적으로 묘사하고 있으나 이는 현대인의 물질적 욕망에 대한 태도를 비판하기 위함일 뿐, 쥐에 대한 적대적 태도를 드러내고자 하는 것은 아니다.

④ 냉소적 어조로 식욕을 충족하기 위해 죽음을 무릅써야 하는 쥐의 모순적인 상황을 보여주고 있으나, 어조의 변화는 나타나지 않는다.

🖋 이것도 알면 합격!

김기택, '쥐'의 주제 및 특징
1. 주제: 현대인의 맹목적인 탐욕에 대한 풍자와 비판
2. 특징
   (1) 역설적인 표현(황홀하고 불안한 식욕)을 사용하여 쥐가 처한 모순된 상황을 구체화함
   (2) 어둠 속에서 이루어지는 쥐의 격렬한 움직임을 냉정한 시선으로 관찰하여 묘사하고 있음
   (3) 쥐의 모습(죽을 때까지 식욕을 억제하지 못함)을 통해 물질에 대한 현대인의 무분별한 욕망을 비판하고 있음

09 비문학 주제 및 중심 내용 파악   난이도 중 ●●○

정답 설명

② 제시문에서는 '나'를 지키는 일이 가장 중요한 일이라고 강조하고 있다. 여기서 '나'는 유혹과 위협에 의해 쉽게 떠나가는 존재이므로, 문맥상 '나'를 지키는 일은 유혹이나 위협에 쉽게 흔들리지 않도록 자신의 본질적 자아를 굳게 지키는 것을 의미한다. 따라서 글의 중심 내용으로 가장 적절한 것은 ② '본질적 자아를 유지하는 일의 중요성'이다.

10 어휘 한자 성어   난이도 중 ●●●

정답 설명

① 제시문은 짜장면이 한국인들이 즐겨 찾는 외식 메뉴로 자리 잡으면서 중국 고유의 짜장면보다 한국식 짜장면이 인기가 많아진 현상을 설명하고 있다. 이러한 상황에 적절한 한자 성어는 ① '주객전도(主客顚倒)'이다.
  · 주객전도(主客顚倒): '주인과 손의 위치가 서로 뒤바뀐다'라는 뜻으로, 사물의 경중·선후·완급 등이 서로 뒤바뀜을 이르는 말

오답 분석

② 온고지신(溫故知新): 옛것을 익히고 그것을 미루어서 새것을 앎

③ 상하탱석(上下撐石): '아랫돌 빼서 윗돌 괴고 윗돌 빼서 아랫돌 괸다'는 뜻으로, 몹시 꼬이는 일을 당하여 임시변통으로 이리저리 맞추어서 겨우 유지해 감을 이르는 말

④ 상전벽해(桑田碧海): 뽕나무밭이 변하여 푸른 바다가 된다는 뜻으로, 세상일의 변천이 심함을 비유적으로 이르는 말

11 어휘 한자어 (한자어의 표기)   난이도 상 ●●●

정답 설명

③ 移行(옮길 이, 다닐 행)(×) → 履行(밟을 이, 다닐 행)(○): 문맥상 '실제로 행함'을 뜻하는 '履行(이행)'을 사용해야 한다.
  · 移行(옮길 이, 다닐 행): 다른 상태로 옮아감

오답 분석

① 謝絶(사례할 사, 끊을 절)(○): 요구나 제의를 받아들이지 않고 사양하여 물리침

② 標識(표할 표, 적을 지)(○): 표시나 특징으로 어떤 사물을 다른 것과 구별하게 함. 또는 그 표시나 특징

④ 情況(뜻 정, 상황 황)(○): 일의 사정과 상황

12 어휘 관용 표현, 속담   난이도 중 ●●○

정답 설명

③ 제시된 대화를 통해 학생들은 국립 박물관을 방문하면 무료로 관람도 할 수 있고 동시에 과제도 해결할 수 있어 한 번의 행동으로 두 가지 이득을 볼 수 있는 상황임을 알 수 있다. 이러한 상황에 가장 알맞은 속담은 '배 먹고 이 닦기'이다.
  · 배 먹고 이 닦기: '배를 먹으면 이까지 하얗게 닦아진다'라는 뜻으로, 한 가지 일에 두 가지 이로움이 있음을 비유적으로 이르는 말

오답 분석

① 잔뼈가 굵다: 오랜 기간 일정한 곳이나 직장에서 일을 하여 그 일에 익숙하다.

② 앞자락이 넓다: 1. 비위가 매우 좋다. 2. 관심을 가지는 분야가 매우 넓다.

④ 가물에 도랑 친다: '물이 없는 가뭄에 도랑을 미리 쳐서 물길을 낸다'라는 뜻으로, 무슨 일이든지 사전에 미리 준비를 해야 함을 비유적으로 이르는 말

---

13 비문학 글의 전략 파악 난이도 중 ●●○

[정답 설명]

② 제시문은 '지행론'에 대한 성리학자, 홍대용, 최한기의 관점을 제시하고 있으므로 글에 드러난 서술 방식으로 적절한 것은 ②이다.

---

14 비문학 세부 내용 파악 난이도 중 ●●○

[정답 설명]

① 제시문에서 지행론의 의의와 한계가 언급된 부분은 찾을 수 없다.

[오답 분석]

② 5문단 1~4번째 줄을 통해 확인할 수 있다.

[관련 부분] 서로 다른 지행론은 그들의 학문 목표와 관련이 있다. 도덕적 수양을 무엇보다 중시했던 성리학자들과 달리, 실학자들은 피폐한 사회 현실을 개혁하고자 하는 학문적 문제의식을 가지고 있었다.

③ 3문단 끝에서 1~3번째 줄을 통해 확인할 수 있다.

[관련 부분] 그는 선천적인 지식이 따로 없고 모든 지식이 경험을 통해 산출된다고 보아 '선행후지(先行後知)'를 제시하고, 행이 지보다 우선적인 것임을 강조하였다.

④ 1문단 3~7번째 줄을 통해 확인할 수 있다.

[관련 부분] 그들은 특히 도덕적 실천과 결부하여 지와 행의 문제를 다루었는데, 그 기본적인 입장은 '지행병진(知行竝進)'이었다. 그들은 지와 행이 서로 선후(先後)가 되어 돕고 의지하면서 번갈아 앞으로 나아가는 '상자호진(相資互進)' 관계에 있다고 생각했다.

---

15 문학 작품의 종합적 감상 (시조) 난이도 중 ●●○

[정답 설명]

③ '구룸'과 '부람'은 쉽게 변하는 성질을 가진 대상으로, 시류에 따라 변하는 존재를 빗대어 표현한 소재이다. 따라서 유교적 이념을 표방하는 소재로 볼 수 없다.

[오답 분석]

① '조코도 그츨 뉘 업기는 믈뿐인가 ㅎ노라'에서 화자는 늘 맑고 깨끗한 '믈'의 불변성을 예찬하고 있다.

② 초·중장에서 가변적 존재인 '구룸, 부람'의 속성을 제시하고, 종장에서 '믈'의 불변적 속성을 제시함으로써 의미상 대립을 이루고 있다.

④ '구룸빗치 조타 ㅎ나', '부람소릭 묽다 ㅎ나'와 같이 비슷한 문장 구조를 나란히 배치하는 대구법을 통해 형식적 안정성을 부여하고 있다.

[지문 풀이]

> 구름의 빛깔이 깨끗하다고 하나 검기를 자주 한다.
> 바람 소리 맑다고 하나 그칠 때가 많도다.
> 깨끗하고도 그칠 때가 없는 것은 물뿐인가 하노라.

---

16 문학 작품에 대한 지식 (신소설) 난이도 중 ●●○

[정답 설명]

③ 제시된 작품은 안국선의 '금수회의록'으로, 인간 사회의 부조리한 모습을 비판한 계몽 소설이다. 제시된 부분에서는 구체적인 개혁 방안을 제시하는 것이 아니라 기독교적 회개를 통한 구원이라는 다소 추상적인 해결책을 제시하고 있다는 점에서 작품의 한계가 드러난다.

[관련 부분] 예수 씨의 말씀을 들으니 하느님이 아직도 사람을 사랑하신다 하니, 사람이 악한 일을 많이 하였을지라도 회개하면 구원 얻는 길이 있다 하였으니,

[오답 분석]

① 제시된 작품은 '나'가 꿈속에서 금수회의소에 도착하여 동물들의 연설 내용을 기록한 부분인 내화와 연설의 폐회 장면까지 지켜보는 부분인 외화로 구성된 액자 소설이다.

② 까마귀의 연설 내용에서 전통적 가치관인 '효' 사상이 드러나며, 결말 부분에서 근대적 가치관인 기독교 사상이 드러난다. 이는 작품이 창작된 시기인 개화기의 과도기적 성격을 보여주는 특징이라고 할 수 있다.

④ 제시된 작품은 동물들의 입을 빌려 인간의 악행을 비판하는 내용의 우화 소설이다.

---

17 문학 주제 및 중심 내용 파악 난이도 중 ●●○

[정답 설명]

④ 제시된 작품에서 필자는 코끼리의 예를 들어 '모든 사물은 하늘의 이치에 따른 것'이라는 사람들의 생각을 반박하여 획일적으로 세상을 바라보는 고정 관념을 경계하고 있으므로 답은 ④이다.

[오답 분석]

① 자신의 소신을 지키는 것과 관련된 내용은 언급되어 있지 않다.

② 사람들의 고정 관념을 비판하고 있으나, 이것이 인간의 무지와 어리석음에 대한 비판을 나타낸다는 작품 전체의 주제로 보기는 어렵다.

③ 필자는 '하늘의 이치'를 만물에 적용할 수 없다고 주장하며, 획일화된 관점으로 세상을 바라보는 것을 경계하고 있다.

18 어법 한글 맞춤법 (맞춤법에 맞는 표기) 난이도 중 ●●○

정답 설명

① 기뻐하시던?(○): 과거에 직접 경험하여 새로이 알게 된 사실에 대한 물음을 나타낼 때에는 종결 어미 '-던'을 써야 하므로 ①은 어법에 맞게 쓰인 문장이다.

오답 분석

② 보여진다(×) → 보인다(○): '보여지다'는 '보다'의 어간 '보-'에 피동 접미사 '-이-'와 피동 표현 '-어지다'가 결합한 형태로, 이중 피동 표현이다. 따라서 '보이다'로 표기해야 한다.

③ 들려서(×) → 들러서(○): '들르다'는 어간 '들르-'에 어미 '-어'가 결합할 때 어간의 끝소리 '—'가 모음 'ㅓ' 앞에서 탈락하므로('—' 탈락 규칙) '들러'로 표기해야 한다.

④ 쳐박혔다(×) → 처박혔다(○): '박다'의 피동사 '박히다'에 '마구', '많이'의 뜻을 더하는 접두사 '처-'가 결합하여 '매우 세게 박히다'를 뜻하는 말은 '처박히다'로 표기해야 한다.

✒️ **이것도 알면 합격!**

어미 '-던'과 '-든'의 구분

-던	과거에 직접 경험하여 새로이 알게 된 사실에 대한 물음을 나타내는 종결 어미 예 그는 잘 지내고 있던?
-든	'-든지'의 준말로, 나열된 동작이나 상태, 대상들 중에서 어느 것이든 선택될 수 있음을 나타내는 연결 어미 예 밥을 먹든 빵을 먹든 내 마음이다.

19 어법 한글 맞춤법 (띄어쓰기) 난이도 하 ●○○

정답 설명

② 듯∨하다(×) → 듯하다(○): '듯하다'는 앞말이 뜻하는 사건이나 상태 등을 짐작하거나 추측함을 나타내는 보조 형용사로, 한 단어이므로 붙여 써야 한다.

오답 분석

① · 머지않아(○): '머지않다'는 '시간적으로 멀지 않다'를 뜻하는 한 단어이므로 붙여 쓴다.
  · 들릴∨것(○): 이때 '것'은 말하는 이의 전망이나 추측, 또는 주관적 소신 등을 나타내는 의존 명사이므로 앞말과 띄어 쓴다.

③ 일곱∨건(○): 이때 '건'은 '사건, 서류, 안건 등을 세는 단위'를 뜻하는 의존 명사이므로 앞말과 띄어 쓴다.

④ 일주일∨내(○): '내'는 '일정한 범위의 안'을 뜻하는 의존 명사이므로 앞말과 띄어 쓴다.

20 어법 의미 (다의어와 동음이의어) 난이도 중 ●●○

정답 설명

② ⑤ '기름이 굳어'에서 '굳다'는 '무른 물질이 단단하게 되다'를 뜻하고, ⑥ '표정이 굳었다'에서 '굳다'는 '표정이나 태도 등이 부드럽지 못하고 딱딱하여지다'를 뜻한다. 따라서 ⑤과 ⑥의 '굳다'는 동음이의어가 아닌 두 단어의 의미가 서로 연관성이 있는 다의어이다.

오답 분석

①③④ 모두 단어의 소리는 같으나 의미 간에 관련이 없는 동음이의어에 해당한다.

① ⑤ 오랜만에 몸무게를 달았다: 이때 '달다'는 '저울로 무게를 헤아리다'를 뜻한다.
  ⑥ 떨어진 단추를 다시 달았다: 이때 '달다'는 '물건을 일정한 곳에 붙이다'를 뜻한다.

③ ⑤ 손님을 맞기 위해 집을 청소했다: 이때 '맞다'는 '오는 사람이나 물건을 예의로 받아들이다'를 뜻한다.
  ⑥ 계좌 번호가 맞는지 다시 확인해주세요: 이때 '맞다'는 '어떤 대상의 내용, 정체 등의 무엇임이 틀림이 없다'를 뜻한다.

④ ⑤ 그에게 자식이 없어 집안의 손이 끊기게 되었다: 이때 '손'은 '자신의 세대에서 여러 세대가 지난 뒤의 자녀를 통틀어 이르는 말'을 뜻한다.
  ⑥ 오랜만에 찾아오는 귀한 손을 맞이할 준비를 했다: 이때 '손'은 '다른 곳에서 찾아온 사람'을 뜻한다.

21 비문학 관점과 태도 파악 난이도 중 ●●○

정답 설명

③ 2문단 끝에서 4~7번째 줄을 통해 새로운 예술 사조의 기법이 창작자의 의도가 개입되었다는 점에서 음악 작품으로 인정받았음을 알 수 있으므로 기존의 예술 사조인 ⑥ '아름다운 소리'는 의도가 개입된 음악을 포함한다는 것을 알 수 있다.

[관련 부분] 피아노를 때려 부수거나 ~ 이런 것이 작품이라는 사실에 대해서는 이의가 없다. 어쨌든 이것들은 모두 창작자의 '의도적인' 행위의 결과로 탄생한 것이니까.

오답 분석

① 4문단을 통해 ⑤ '예술창작의 새로운 가능성'의 사례로 제시된 '100대의 메트로놈을 위한 교향시'는 예측할 수 없는(불확정성) 경우의 수가 작품이 된다는 것을 알 수 있다.

[관련 부분] 어떤 소리의 패턴이 만들어질지 아무도 예측할 수 없다. 100대의 메트로놈이 개별적으로 내는 소리들이 때에 따라 온갖 '경우'의 수로 조합되기 때문이다.

② 2문단 6~9번째 줄을 통해 ⑤ '예술창작의 새로운 가능성'은 예술가의 기발하고 엉뚱한 생각과 태도가 작품의 본질이 되는 음악임을 알 수 있다.

[관련 부분] 음악과 예술에 대한 창작자의 생각과 태도가 작품의 본질을 규정하는 새로운 개념의 예술 사조가 등장하게 되었다. 엄청나게 기발하고 엉뚱한 '생각'과 '태도'가 한 시대를 풍미하고 지나갔다.

④ 2문단 1~5번째 줄을 통해 ⓒ '아름다운 소리'는 제작 기법의 개발에 한계가 있음을 알 수 있고, 2문단 끝에서 1~2번째 줄을 통해 새로운 예술 사조에 이르러 우연성에 기반한 음악이 등장했으므로 기존의 예술 사조인 ⓒ은 우연성이 결여된 음악임을 알 수 있다.

[관련 부분]
· 수없이 많은 작곡가들이 음이라는 재료를 가지고 수없이 많은 시도를 했다. ~ 기법의 개발이 한계에 부딪친 것이다.
· 급기야는 '우연히' 음악이 만들어지도록 하는 단계에 이르게 되었으니 말이다.

22　문학　작품의 종합적 감상 (현대 시)　난이도 중 ●●○

정답 설명

③ 제시된 작품은 유사한 통사 구조의 반복이 아닌 종결 어미 '-소, -요, -오'의 반복을 통해 운율을 형성하고 있으므로 적절하지 않은 것은 ③이다.

오답 분석

① 3연에서 화자는 '왜 사느냐'라는 물음에 웃음으로 대답을 대신하는 행동을 보이고 있다. 이는 질문에 굳이 대답할 필요가 없다는 뜻을 드러내며, 삶의 본질은 어떠한 말로 설명할 수 없다는 것을 깨달은 화자의 달관적 태도에 해당한다.

② 바로 옆에서 말을 건네는 듯한 어조를 사용해 친근한 느낌을 효과적으로 드러내고 있다.

④ 1연의 '괭이로 파고 / 호미로 김을 매지요'에서 작은 논밭을 가꾸는 생활 속 안분지족하는 화자의 모습이 구체적인 행위로 표현되고 있음을 확인할 수 있다.
· 안분지족(安分知足): 편안한 마음으로 제 분수를 지키며 만족할 줄을 앎

✐ 이것도 알면 합격!

김상용, '남으로 창을 내겠소'의 시어 및 시구의 의미

시어 및 시구	의미
구름이 꼬인다	세속적 욕망이 유혹함
괭이, 호미, 새노래, 강냉이	자연과 함께하는 삶
강냉이가 익걸랑 ~ 좋소.	이웃과 더불어 사는 삶
왜 사냐건/웃지요	스스로 만족하며 사는 달관적인 삶의 태도

23　어법　표준어 사정 원칙 (표준어의 구분)　난이도 하 ●○○

정답 설명

③ 웃도리(×) → 윗도리(○): '윗도리'는 '아랫도리'와 위·아래 대립을 이루는 단어이므로 접두사 '윗-'을 쓴다.

오답 분석

① 웃풍(○): '겨울에 방 안의 천장이나 벽 사이로 스며들어 오는 찬 기운'을 뜻하는 '웃풍'은 위·아래의 대립이 없는 말이므로 접두사 '웃-'을 쓴다.

②④ 윗사람/윗입술(○): '윗사람'과 '윗입술' 모두 '아랫사람', '아랫입술'과 위·아래 대립을 이루는 단어이므로 접두사 '윗-'을 쓴다.

✐ 이것도 알면 합격!

'위', '윗', '웃'의 표기

구분	조건	예
위	· 위·아래의 대립이 있는 단어 · 된소리, 거센소리 앞	위쪽, 위층, 위치마
윗-	· 위·아래의 대립이 있는 단어 · 예사소리 앞	윗니, 윗도리, 윗입술
웃-	· 위·아래의 대립이 없는 단어	웃어른, 웃옷

24　비문학　글의 구조 파악 (문장 배열)　난이도 하 ●○○

정답 설명

② 'ⓒ - ⓜ - ⓒ - ⓖ - ⓔ'의 순서가 가장 자연스럽다.

순서	중심 내용	순서 판단의 단서와 근거
ⓒ	처음으로 역사를 쓴 사람은 모르지만 가장 오래된 역사서를 집필한 사람은 알 수 있음	지시어나 접속어로 시작하지 않으면서, '가장 오래된 역사서를 집필한 사람'이라는 중심 화제를 제시함
ⓜ	헤로도토스는 서구에서 '역사의 아버지'라 불림	접속어 '그런데도': ⓒ에서 화제로 제시한 '가장 오래된 역사서를 집필한 사람'이 헤로도토스임을 알 수 있음
ⓒ	'서구'라는 개념에 포함되는 문명권	지시어 '여기서': ⓜ에서 제시된 '서구'의 범위를 밝히고 있음
ⓖ	헤로도토스가 '역사의 아버지'로 불리게 된 것은 키케로 때문임	키워드 '그': 헤로도토스를 '그'라고 지칭하고 있음
ⓔ	헤로도토스가 쓴 『역사』를 최초의 역사서로 본 키케로	키워드 '최초의 역사서': 앞서 언급한 헤로도토스가 '역사의 아버지'가 될 수 있었던 배경은 키케로가 『역사』를 최초의 역사서로 보았기 때문이라고 부연 설명하고 있음

25 비문학 작문 (고쳐쓰기)
난이도 중 ●●○

정답 설명

③ 보고하는 글을 쓸 때 주의해야 할 사항으로 적절하지 않은 것으로만 묶인 것은 ③ 'ⓒ, ⓒ, ⓔ'이다.

· ⓒ: 표나 그래프를 지나치게 단순화하면 자료가 지닌 본래의 의미가 왜곡될 수 있으므로 주의해야 한다.

· ⓒ: 보고하는 글 작성을 위한 자료를 수집할 때는 작성자의 직관이 아닌 자료의 정확성과 객관성을 우선적으로 고려해야 한다.

· ⓔ: 보고하는 글은 간결한 문장을 통해 전달하고자 하는 내용을 명료하게 표현하는 글이다.

▶ 실전동형문제 정답

p.62

01	③ 어휘 – 표기상 틀리기 쉬운 어휘, 혼동하기 쉬운 어휘	06	③ 비문학 – 주제 및 중심 내용 파악	11	② 문학 – 문장의 의미	16	④ 비문학 – 다양한 유형의 글	21	③ 어법 – 문장
02	② 어법 – 한글 맞춤법	07	③ 비문학 – 글의 구조 파악	12	③ 문학 – 서술상의 특징	17	④ 어법 – 한글 맞춤법	22	① 문학 – 작품의 종합적 감상
03	④ 어법 – 표준 발음법	08	④ 어법 – 국어의 로마자 표기	13	① 혼합(문학+어휘) – 주제 및 중심 내용 파악, 한자 성어, 속담	18	① 비문학 – 화법 의 원리	23	③ 문학 – 시어의 의미
04	② 비문학 – 내용 추론	09	③ 비문학 – 주제 및 중심 내용 파악	14	④ 어휘 – 고유어	19	② 문학 – 작품의 종합적 감상	24	③ 문학 – 작품의 종합적 감상
05	③ 어휘 – 한자어	10	③ 문학 – 갈래에 대한 지식	15	② 어법 – 단어	20	② 비문학 – 세부 내용 파악, 적용하기	25	④ 문학 – 작품에 대한 지식

▶ 취약영역 분석표

영역	어법	비문학	문학	어휘	혼합	총계
맞힌 답의 개수	/ 6	/ 7	/ 8	/ 3	/ 1	/ 25

* 취약영역 분석표를 이용해 1개라도 틀린 문제가 있는 영역은 그 영역의 문제만 골라 해설을 다시 한번 꼼꼼히 학습하세요.

---

01   어휘   표기상 틀리기 쉬운 어휘, 혼동하기 쉬운 어휘   난이도 중 ●●○

정답 설명

③ 개인(×) → 갠(○): '흐리거나 궂은 날씨가 맑아지다'를 뜻하는 말은 '개다'이므로, '갠'과 같이 활용한다. '개이다'는 '개다'의 잘못된 표기이다.

오답 분석

① 매기다(○): '일정한 기준에 따라 사물의 값이나 등수 따위를 정하다'라는 뜻을 나타낼 때는 '매기다'를 쓴다.

② 매다(○): '끈이나 줄 따위의 두 끝을 엇걸고 잡아당기어 풀어지지 아니하게 마디를 만들다'라는 뜻을 나타낼 때는 '매다'를 쓴다.

④ 맞히다(○): '침, 주사 따위로 치료를 받게 하다'라는 뜻을 나타낼 때는 '맞히다'를 쓴다.

02   어법   한글 맞춤법 (맞춤법에 맞는 표기)   난이도 중 ●●○

정답 설명

② 안밖(×) → 안팎(○): '안팎'은 '안＋밖'이 결합한 합성어로, 두 말이 어울릴 때에 'ㅎ' 소리가 덧나는 것은 소리 나는 대로 적으므로 '안팎'이 바른 표기이다.

오답 분석

① 짭짤한(○): 한 단어 안에서 같은 음절이 겹쳐서 소리 나는 부분은 반복되는 음절을 동일하게 적는다.

③ 이튿날(○): '이틀＋날[이튿날]'과 같이 끝소리가 'ㄹ'인 말이 다른 말과 어울릴 때에 'ㄹ'이 [ㄷ]으로 소리 나는 것은 'ㄷ'으로 적는다.

④ 귓병(○): 순우리말 '귀'와 한자어 '병(病)'이 결합한 합성어로 앞말이 모음으로 끝나며, 뒷말의 첫소리가 된소리 [ㅃ]으로 발음되므로 사이시옷을 받쳐 적는다.

💡 이것도 알면 합격!

두 말이 어울릴 때에 'ㅎ' 소리가 덧나는 말

머리카락(머리ㅎ가락)	살코기(살ㅎ고기)	안팎(안ㅎ밖)
수캐(수ㅎ개)	수컷(수ㅎ것)	수탉(수ㅎ닭)
암캐(암ㅎ개)	암컷(암ㅎ것)	암탉(암ㅎ닭)

03   어법   표준 발음법   난이도 중 ●●○

정답 설명

④ 표준 발음에 대한 설명으로 옳지 않은 것은 ④이다.
- 혜택[혜ː택/헤ː택](○): '예, 례' 이외의 'ㅖ'는 [ㅔ]로도 발음할 수 있다.
- 차례[차레](×) → [차례](○): '례'의 'ㅖ'는 [ㅖ]로만 발음해야 한다.

오답 분석

① 주의[주의/주이](○): 단어의 둘째 음절 이하의 '의'는 [ㅣ]로 발음하는 것도 허용되므로, [주의]와 [주이] 모두 표준 발음으로 인정된다.

② 되어[되어/되여](○): 용언 '되어'의 어미는 [어]로 발음함을 원칙으로 하되, [여]로 발음하는 것도 허용한다.

③ 눈동자[눈똥자], 초승달[초승딸](○): '눈＋동자', '초승＋달'과 같이 앞 단어가 뒤 단어의 관형격 기능을 지니는 합성어의 경우에는 표기상으로는 사이시옷이 없더라도 뒤 단어의 첫소리 'ㄷ'을 된소리로 발음한다.

04 비문학 내용 추론 　　　　난이도 중 ●●○

정답 설명

② 2문단 2~3번째 줄을 통해 알려진 증거와 주장의 연결 고리를 만드는 논리적 추론은 내재된 기술이 아닌 연습하고 배워야 하는 기술임을 알 수 있다.

[관련 부분] 논리는 알려진 증거, 주장, 전제 사이에 연결 고리를 만든다. 논리적 추론은 연습하고 배워야 하는 기술이다.

오답 분석

① 2문단 끝에서 2~5번째 줄에서 논리적 추론은 종종 자신의 감정을 부정하도록 만든다고 하였는데, 이는 사람들이 감정을 토대로 현상을 해석하는 경향이 있음을 의미한다.

[관련 부분] 논리적 추론은 의지와의 싸움을 요구한다. 왜냐하면 종종 논리는 자신의 감정을 부정하도록 강요하면서 현실과 대면하게 만들기 때문이다.

③ 1문단 끝에서 1~4번째 줄에서 증언과 같은 2차 증거는 관찰을 통해 신뢰할 만한지 확인해야 한다고 하였으므로, 우리가 직접 경험할 수 있는 증거는 증언보다 신뢰도가 높음을 추론할 수 있다.

[관련 부분] 경험적 증거는 우리가 볼 수 있고, 만질 수 있고, 들을 수 있다. 증언과 같은 2차 증거는 늘 의심해 보아야 한다. 신뢰할 만한 것인지 확인해야 한다. 이를 위해서는 예리한 관찰이 필요하다.

④ 4문단에서 훌륭한 학문의 척도는 확신을 의도적으로 중지하는 것이며, 이를 위해 어떤 것도 당연하게 받아들이지 말아야 함을 알 수 있다. 따라서 학문 연구를 위해선 자명한 사실에 대해서도 근거를 확보하려는 태도가 필요하다는 추론을 할 수 있다.

[관련 부분] 훌륭한 학문의 척도는 확신을 의도적으로 중지하는 것이다 ~ 이를 위해서는 어떤 것도 당연하게 받아들이지 말아야 한다.

05 어휘 한자어 (한자어의 의미) 　　　　난이도 중 ●●○

정답 설명

③ '괴리(乖離: 어그러질 괴, 떠날 리)'는 '서로 어그러져 동떨어짐'을 뜻한다. 따라서 뜻이 다르게 설명된 것은 ③이다.

오답 분석

① 온축(蘊蓄: 쌓을 온, 쌓을 축)(O): 오랫동안 학식 등을 많이 쌓음

② 알현(謁見: 아뢸 알, 나타날 현)(O): 지체가 높고 귀한 사람을 찾아가 뵘

④ 준거(準據: 법도 준, 의거할 거)(O): 사물의 정도나 성격 등을 알기 위한 근거나 기준

06 비문학 주제 및 중심 내용 파악 　　　　난이도 하 ●○○

정답 설명

③ 제시문의 1문단에서는 '안사람'이라는 단어가 여성을 보호하기 위한 생활양식에 근거하고 있음을 설명하였으나, 2문단에서는 이러한 논의에 반박하며 조선조의 한국어는 결국 남성 위주의 가치관을 반영하고 있다는 결론을 내리고 있다. 따라서 글의 주제로 적절한 것은 ③이다.

07 비문학 글의 구조 파악 　　　　난이도 중 ●●○

정답 설명

③ 제시된 문장은 나에게 슬프고 아픈 경험도 남에게는 한 이야기에 지나지 않는다는 내용이다. 제시된 문장 뒤에 이러한 경험도 시간이 지나면 결국 당사자에게도 이야기가 된다는 내용이 오는 것이 자연스러우므로 문맥상 ⓒ의 자리에 들어가는 것이 적절하다.

08 어법 국어의 로마자 표기 　　　　난이도 하 ●○○

정답 설명

③ 동작구[동작구] Dongjak-ku(x) → Dongjak-gu(o): 행정 구역 단위인 '구'는 'gu'로 표기해야 하므로 로마자 표기가 옳지 않은 것은 ③이다.

오답 분석

① 종묘[종묘] Jongmyo(O): 문화재명은 붙임표(-) 없이 붙여 쓴다.

② 월악산[워락싼] Woraksan(O): 자연 지물명은 붙임표(-) 없이 붙여 쓰며, 음운 사이에서 일어나는 된소리되기는 로마자 표기에 반영하지 않는다.

④ 의정부시[의정부시] Uijeongbu-si(O): 행정 구역 단위 '시'는 'si'로 적고 그 앞에는 붙임표(-)를 넣는다. 또한 붙임표 앞뒤에서 일어나는 음운 변화는 표기에 반영하지 않는다.

09 비문학 주제 및 중심 내용 파악 　　　　난이도 중 ●●○

정답 설명

③ 제시문은 몸이 살아 있더라도 자유를 지니지 못하면 죽은 것과 다름없다고 주장하며 자유의 중요성을 역설하고 있다. 따라서 제시문을 대표할 수 있는 제목으로 가장 알맞은 것은 ③이다.

[관련 부분] 고(故)로 신체(身體)가 사(死)함은 유형(有形)의 사(死)오 자유(自由)가 사(死)함은 무형(無形)의 사(死)니 하고(何故)오.

지문 풀이

자유는 우리의 제2의 생명이다. 그러므로 신체가 죽는 것은 형체가 있는 죽음이요, 자유가 죽는 것은 형체가 없는 죽음이니, 무슨 까닭인가. 인격이 있는 까닭에 사람이라고 말할 수 있거늘, 자유를 잃은 자는 인격이 없어서 하나의 금수요 하나의 목석이니, 이것이 이른바 형체가 없는 죽음이며, 또한 형이하학적으로 관찰할지라도 자유의 죽음이 곧 신체의 죽음이니, 무슨 까닭인가. 자유를 잃은 자가 오늘은 비록 형이하학적인 수치스러운 생명을 보존할 수 있었다 할지라도 그 자유를 회복하지 못하면, 마침내 멸망의 운명을 피하지 못할 것이니, 이것이 소위 자유의 죽음이 곧 신체의 죽음이라는 것이다. 아아, 이런 까닭에 저 안광이 타오르는 국민은 몸을 희생하더라도 자유를 간절히 얻고자 하였다.

10 문학 갈래에 대한 지식 (수필)　　　　난이도 하 ●○○

정답 설명

③ 제시된 작품은 신영복의 '새 출발점에 선 당신에게'로 갈래는 수필이다. ③은 수필 갈래가 아닌 극 갈래의 특징이므로 수필에 대한 설명으로 적절하지 않다. 참고로 수필은 일반적으로 글쓴이의 서술을 통해 줄거리가 전개된다.

11 문학 문장의 의미　　　　난이도 중 ●●○

정답 설명

② ○의 '풍백·우사·운사'는 모두 자연 현상(바람·비·구름)을 의미하는데, 이는 농사와 관련되는 요소이므로 당시 사회가 농경 사회였음을 드러낼 뿐, 정치 권력의 분립을 의미하는 것은 아니다.

오답 분석

① ○은 환웅이 신(제석)의 자손임을 나타냄으로써 천손의 혈통이라는 민족의 긍지가 반영되어 있는 부분이다.

③ 곰과 범은 인간이 되기를 바라고 있으므로, ○에서는 인간을 근본으로 삼는 인본주의의 성격이 강조되고 있다.

④ ○에서 환웅과 웅녀의 결혼은 신과 인간의 결합이자, 이동하여 온 이주족(환웅 부족)과 본래 살고 있던 선주족(곰을 숭배하는 부족)의 결합을 뜻한다.

12 문학 화자의 정서 및 태도　　　　난이도 중 ●●○

정답 설명

③ 제시된 작품과 ③의 화자는 사랑하는 이와 사별한 슬픔을 극복하고자 하며, 재회에 대한 믿음을 드러내고 있다.

오답 분석

① 불가능한 상황을 설정하여 임에 대한 사랑을 맹세하고 있다.

② '유리창'을 매개로 죽은 아이에 대한 그리움과 슬픔을 그리고 있다.

④ 계모에게 억울한 죽음을 당하였지만 아홉 동생들 때문에 저승에 가지 못하고 접동새가 되어 떠도는 누나의 한을 그리고 있다.

지문 풀이

> 삶과 죽음의 길은 / 여기(이승)에 있음에 머뭇거리고 / 나(죽은 누이)는 간다는 말도 못다 이르고 갔는가? / 어느 가을 이른 바람에 / 여기저기에 떨어지는 나뭇잎처럼 같은 나뭇가지(한 어버이)에 나고서도 / (네가) 가는 곳을 모르겠구나. / 아아, 극락세계에서 만나 볼 나는 / 불도(佛道)를 닦으며 기다리겠노라. 　　　　　　　　　 – 월명사, '제망매가'

13 문학 + 어휘 주제 및 중심 내용 파악, 한자 성어, 속담 난이도 중 ●●○

정답 설명

① 제시된 작품은 박인로의 '누항사'로, 화자는 궁핍한 생활 속에서도 현실에 만족하며 욕심 없이 살아가려는 태도를 보여주고 있다. ① '가도벽립(家徒壁立)'은 '가난한 집이라서 집 안에 세간살이는 하나도 없고 네 벽만 서 있다'라는 뜻으로, 매우 가난함을 이르는 말이므로 제시된 내용과 의미가 가장 가까운 것은 ①이다.

오답 분석

② 독야청청(獨也靑靑): 남들이 모두 절개를 꺾는 상황 속에서도 홀로 절개를 굳세게 지키고 있음을 비유적으로 이르는 말

③ 물이 깊을수록 소리가 없다: 덕이 높고 생각이 깊은 사람은 겉으로 떠벌리고 잘난 체하거나 뽐내지 않는다는 말

④ 가난한 양반 씻나락 주무르듯 한다: 어떤 일에 닥쳐 우물쭈물하기만 하면서 선뜻 결정을 내리지 못하고 있는 모양을 이르는 말

지문 풀이

> 내 가난과 천함을 싫게 여겨 손을 내젓는다고 물러가겠으며,
> 남의 부귀를 부럽게 여겨 손짓을 한다고 오겠는가?
> 인간의 어느 일이 운명과 상관없이 생겼으랴?
> 가난하지만 원망하지 않는 것을 어렵다고 하지마는,
> 내 삶이 이렇다 해서 서러운 뜻은 없노라.
> 가난한 생활이지만, 이것도 만족스럽게 여기고 있노라.
> 평생의 한 뜻이 따뜻하게 입고 배불리 먹는 데에는 없노라.
> 태평천하에 충효를 일로 삼아,
> 형제간에 화목하고 친구와 신의 있게 사귀는 것을 그르다 할 사람이 누가 있겠는가?
> 그 밖의 나머지 일이야 타고난 대로 살겠노라.

📖 **이것도 알면 합격!**

박인로, '누항사'의 특징
1. 대화체와 일상 언어를 사용하여 전란 직후의 삶을 사실적으로 그려냄
2. 화자는 곤궁한 현실 속에서도 이를 원망하지 않고 자연을 벗 삼아 살아가고자 하는 '빈이무원(貧而無怨)'의 태도를 추구함
3. 전기 가사와 같이 자연에 은거하는 모습을 제시하면서, 동시에 사대부의 소외된 처지를 현실적으로 반영하였다는 점에서 가사 문학의 전환점으로 평가됨

14 어휘 고유어　　　　난이도 상 ●●●

정답 설명

④ '다라지다'는 '여간한 일에 겁내지 않을 만큼 사람됨이 야무지다'를 뜻한다. 따라서 '다라지다'의 뜻으로 알맞은 것은 ④이다.

오답 분석

① '치사하고 인색하며 욕심이 많다'를 뜻하는 말은 '타끈하다'이다.

② '여러 가지를 모아 일이 되게 하다'를 뜻하는 말은 '엉구다'이다.

③ '후미져서 무서움을 느낄 만큼 고요하다'를 뜻하는 말은 '호젓하다'이다.

15 어법 단어 (품사의 구분) 난이도 중 ●●○

정답 설명

② '늙다'는 현재 시제 선어말 어미 '-는-'을 결합하여 '늙는다'로 활용할 수 있으므로 동사이다. 반면 ① ③ ④의 밑줄친 부분의 품사는 형용사이므로 답은 ②이다.

오답 분석

①③④는 모두 기본형 '좋다', '없다', '어리다'에 현재 시제 선어말 어미 '-는-'이 결합할 수 없으므로 형용사이다.

16 비문학 다양한 유형의 글 (기사문) 난이도 하 ●○○

정답 설명

④ ㉣은 축구 국가대표팀이 8강 진출에 성공한 시점에서 더 좋은 결과를 낼 수 있을지 기대된다는 의미로 사용된 것이다. 따라서 ㉣은 긍정적인 결과로 전환되는 시점이 아닌 단순히 긍정적인 결과가 있을지 기대되는 상황이라면 모두 사용할 수 있는 표현임을 알 수 있다.
　· 전환(轉換): 다른 방향이나 상태로 바뀌거나 바꿈

오답 분석

① ㉠은 문맥상 'OO은행 불법 비리 특혜'에 대해 수상히 여기고 있음을 드러내는 표현으로, 의심스러운 행적에 대해 말할 때 쓰인다는 것을 알 수 있다.

② ㉡은 문맥상 '비리 수사 상황'에 집중하고 있음을 나타내는 표현으로, 즉각 대응할 준비를 하고 있다는 점을 강조할 때 쓰인다는 것을 알 수 있다.
　· 촉각을 곤두세우다: 정신을 집중하고 신경을 곤두세워 즉각 대응할 태세를 취하다.

③ ㉢은 문맥상 국가대표 팀의 활약으로 인해 시청률이 계속하여 상승했다는 표현으로, 수치 또는 순위 등이 계속 오르는 상황에 쓰인다는 것을 알 수 있다.

17 어법 한글 맞춤법 (띄어쓰기) 난이도 중 ●●○

정답 설명

③ 할V텐데(o): '텐데'는 '터'에 서술격 조사 '이다'의 어간과 연결 어미 '-ㄴ데'가 결합한 '터인데'의 준말로, 이때 '터'는 '예정, 추측, 의지' 등을 나타내는 의존 명사이므로 앞말과 띄어 쓴다.

오답 분석

① 넓은V데V부터(×) → 넓은V데부터(o): '데'는 '곳, 장소'를 나타내는 의존 명사이므로 앞말과 띄어 쓴다. 또한 '부터'는 '어떤 일이나 상태 등에 관련된 범위의 시작'을 나타내는 조사이므로 앞말에 붙여 써야 한다.

② 먹었을V걸(×) → 먹었을걸(o): '-을걸'은 '미루어 생각하는 뜻'을 나타내는 종결 어미이므로 앞말에 붙여 써야 한다.

④ 십V년V간(×) → 십V년간(o): '년'은 해를 세는 단위인 의존 명사이므로 앞말과 띄어 쓰며 '간'은 '동안'을 뜻하는 접미사이므로 앞말에 붙여 써야 한다.

18 비문학 화법의 원리 (협력의 원리) 난이도 중 ●●○

정답 설명

① 협력의 원리 중 '태도의 격률'은 모호하거나 중의적인 표현을 피하고 간결하게 말해야 한다는 격률이다. 따라서 협력의 원리에 대한 설명으로 옳은 것은 ①이다.

오답 분석

② '관련성의 격률'에 대한 설명이다.

③ '양의 격률'에 대한 설명이다.

④ '질의 격률'에 대한 설명이다.

🖊 **이것도 알면 합격!**

격률	설명	격률을 위반한 예
양의 격률	· 대화의 목적에 필요한 만큼만의 정보를 제공하라 · 필요 이상의 정보를 제공하지 말라	A: 너는 집이 어디 쪽이니? B: 대한민국 서울시 서초구 XX대로 XX길 XX아파트 XXX동 XXX호에 살아. → 상대방이 원하는 정보보다 더 많은 정보를 불필요하게 제공하고 있음
질의 격률	· 진실한 정보만을 제공하도록 노력하라 · 거짓이라고 생각되거나 증거가 불충분한 것은 말하지 말라	A: 이번 중간고사 시험 범위 좀 알려줄 수 있니? B: (알고 있으면서) 나도 잘 몰라. → 진실되지 못한 답을 하고 있음
관련성의 격률	· 화젯거리와 관련된 말을 하라	A: 이번 여름 휴가 때에는 무엇을 할 생각이신가요? B: 발표 준비때문에 너무 바빠요. → 대화의 화제와 동떨어진 반응을 하고 있음

태도의 격률	• 모호한 표현이나 중의적인 표현을 피하고 간결하고 조리있게 말을 하라	A: 오늘 점심 식사 같이 할까? B: 글쎄…… 오늘은 점심을 먹지 않으려고 생각하고 있었는데… 머리도 아픈 것 같고… 그래도 점심 식사는 먹기는 해야 되고…. → 간결하고 조리있게 말하지 않고 모호하게 말하고 있음

---

19 문학 작품의 종합적 감상 (시) 난이도 중 ●●○

정답 설명

② 5연의 '아름다운 나무의 꽃'은 일시적으로 얻게 되는 삶의 기쁨을 의미하며, '꽃'이 시든 뒤 맺어지는 '열매'는 궁극적인 삶의 가치를 상징한다. 따라서 제시된 작품에 대한 설명으로 옳지 않은 것은 ②이다.

오답 분석

① 제시된 작품은 어린 아들을 먼저 떠나보낸 슬픔을 종교적으로 승화시킨 작품이다.

③ '이뿐!'이라는 단정적 어조를 통해 주어진 슬픔을 극복하고자 하는 화자의 의지를 드러내고 있다.

④ '꽃'과 '웃음'은 일시적이며 변하기 쉬운 가치를, '열매'와 '눈물'은 궁극적이며 절대적인 가치를 의미한다. 이러한 대조적 의미를 지닌 시어를 통해 '슬픔의 종교적 승화'라는 작품의 주제 의식을 형상화하고 있다.

이것도 알면 합격!

김현승, '눈물'의 주제 및 특징
1. 주제: 슬픔의 종교적 승화와 순결한 삶의 추구
2. 특징
   (1) 대립적 이미지로 '눈물'의 이미지를 부각시킴
   (2) 종교적 세계관에 근거하여 대상에 새로운 의미를 부여함

---

20 비문학 세부 내용 파악, 적용하기 난이도 중 ●●○

정답 설명

② 1문단 끝에서 1~2번째 줄과 2문단 1~2번째 줄을 통해, 초기 문법가들이 '가, 을'을 단어로 처리한 것은 '가, 을'이 의존 형태소이지만 '분리성'을 가진다고 보았기 때문임을 알 수 있다. 따라서 '자립성'으로 이해한 ②의 반응은 적절하지 않다.

[관련 부분]
· 따라서 '가, 을'은 의존 형태소이지만 앞의 말과 쉽게 분리될 수 있는 것이다.
· 이러한 분리성은 '가, 을' 앞에 다른 단어가 개입될 수 있다는 점에 의해서도 분명해진다.

오답 분석

① 2문단 끝에서 3~6번째 줄을 통해 알 수 있다.

[관련 부분] '책상'과 같은 경우에는 '책'과 '상' 사이에 다른 단어가 들어갈 수 없다. 단어는 그 내부에 다른 단어가 들어갈 수 있는 분리성을 갖지 않는다.

③ 1문단 6~9번째 줄을 통해 알 수 있다.

[관련 부분] 역사 문법가들은 '철수가, 책을, 읽었다'의 셋으로 나누었다. 역사 문법가들은 의존 형태소인 '가, 을'을 단어로 인정하지 않았지만

④ 1문단 끝에서 5~8번째 줄을 통해 알 수 있다.

[관련 부분] '가, 을'이 '읽었다'에서의 '-었다'처럼 실질 형태소에 붙는다는 점에 근거한다면 단어의 자격이 없다고 하겠으나 결합 대상인 실질 형태소의 특성이 다르다는 점을 중시하여 단어로 처리한 것이다.

---

21 어법 문장 (높임 표현) 난이도 하 ●○○

정답 설명

③ 주격 조사 '께서', 주체 높임 선어말 어미 '-시-', 특수 어휘 '말씀'을 통해 서술의 주체인 '할머니'를 높이는 주체 높임법이 사용되었다. ① ② ④에는 서술의 객체를 높이는 객체 높임법이 사용되었으므로 높임법의 종류가 다른 것은 ③이다.

오답 분석

① 서술어 '뵈었다'를 통해 서술의 객체인 '선생님'을 높이고 있다.

② 부사격 조사 '께'와 서술어 '드리다'를 통해 서술의 객체인 '선생님'을 높이고 있다.

④ 부사격 조사 '께'와 서술어 '여쭈었다'를 통해 서술의 객체인 '아버지'를 높이고 있다.

---

22 문학 작품의 종합적 감상 (시) 난이도 중 ●●○

정답 설명

① 제시된 작품의 1, 2연에서 '-다면'이라는 어미를 사용한 가정을 통해 화자가 지향하는 삶에 대한 소망을 표현하고 있음을 알 수 있다. 따라서 시에 대한 설명으로 옳은 것은 ①이다.

오답 분석

② 제시된 작품에 문장의 어순을 바꾸어 변화를 주는 표현법인 도치법은 드러나지 않는다.

③ '불'로 표상되는 부정적인 현실에 순응하는 것이 아니라 '물'이 가진 충만한 생명력으로 극복하고자 하는 태도를 보이고 있다.

④ 미래와 과거가 아닌 미래와 현재를 '물'과 '불'의 이미지로 대비하고 있다.

23 문학 시어의 의미 난이도 중 ●●○

정답 설명

③ '비 오는 소리'는 메마름을 해소하고 불순한 것을 씻어내는 '생명력, 평화, 화합' 등을 상징한다. 반면 ① ② ④는 '파괴, 죽음, 갈등' 등의 부정적 이미지의 시어이므로 의미하는 것이 다른 하나는 ③이다.

이것도 알면 합격!

강은교, '우리가 물이 되어'에 나타난 대립적 시어

'물'의 이미지		'불'의 이미지
물, 비 오는 소리, 강물, 바다 ⇩ 생명력, 평화, 화합, 정화, 포용	⟷	죽은 나무뿌리, 숯이 된 뼈, 불, 불타는 것들, ⇩ 파괴, 죽음, 갈등, 대립, 혼돈

24 문학 작품의 종합적 감상 (소설) 난이도 중 ●●○

정답 설명

③ 제시된 작품은 '임경업전'으로, '김자점'이 '상'에게 '임경업'이 역모를 꾀하고 있다고 모함하지만 상은 김자점의 말을 믿지 않고 오히려 임경업을 두둔하고 있다. 따라서 제시된 작품에 대한 설명으로 옳지 않은 것은 ③이다.

[관련 부분] 무슨 연고로 만고에 충신을 해하려 하느냐. 경업이 비록 과인을 해롭게 하여도 아무도 해하지 못하리라.

오답 분석

① '임경업전'은 실존 인물인 '임경업'의 군사적 활약상을 그린 군담 소설이다.

② 위기 상황에서도 충성을 잊지 않는 '임경업'과, 임금의 명령을 따르지 않고 임경업을 해하고자 하는 '김자점'의 갈등 양상이 드러나 있다.
[관련 부분] "경업이 의주에 오거든 역적으로 잡아 오너라."

④ 제시된 작품은 서술자가 모든 인물의 행동과 심리를 분석하여 전달하는 전지적 작가 시점이다.
[관련 부분] 경업이 돌아온다는 소문이 있거늘 자점이 헤아리되 경업이 돌아오면 내게 이로움이 없으리라 생각하고 상께 주장하기를

25 문학 작품에 대한 지식 난이도 중 ●●○

정답 설명

④ 제시된 작품의 배경이 되는 역사적 사건은 병자호란으로, 〈보기〉를 통해 병자호란 때 '임경업'은 실제로는 청나라를 치지 못하고 모함으로 사망했음을 알 수 있으며, 제시된 작품에서도 병자호란의 패배라는 역사적 사실이 허구적 승리로 전환되는 부분은 드러나지 않는다.

오답 분석

① 〈보기〉를 통해 '임경업'과 '김자점'이 실존 인물임을 알 수 있다.

② '임경업'은 '김자점'의 모함으로 인해 억울한 죽음을 맞았으며, '임경업전'은 이러한 역사적 사실을 다루고 있다.

③ '김자점'은 나라가 위기에 처한 상황에서도 자신의 사리사욕만을 중시하는 무능한 지배층으로 묘사되었으며 이를 통해 이러한 인물에 대한 비판적 시각이 내재되어 있음을 알 수 있다.

이것도 알면 합격!

작자 미상, '임경업전'의 주제 및 특징

1. 주제
   (1) 민중적 영웅 임경업의 비극적인 일생
   (2) 병자호란에 대한 민중의 보상 심리
2. 특징
   (1) '임경업'을 보잘것없는 집안에서 태어나 비극적인 결말을 맞는 민중적인 영웅으로 형상화하고 있음
   (2) 민중들의 청나라에 대한 적개심과 간신들에 대한 비판 의식이 반영되어 있음
   (3) 허구적 요소를 통해 병자호란으로 인한 치욕을 위로하고자 함

▶ 실전동형문제 정답

p.70

01	④ 어법 – 표준 발음법	**06**	② 어법 – 외래어 표기	**11**	③ 어휘 – 한자 성어	**16**	① 문학 – 서술상의 특징	**21**	④ 어법 – 한글 맞춤법
02	④ 문학 – 작품의 종합적 감상	**07**	④ 어법 – 중세 국어	**12**	② 어휘 – 관용 표현	**17**	③ 어법 – 한글 맞춤법	**22**	③ 어법 – 올바른 문장 표현
03	② 어법 – 단어	**08**	④ 비문학 – 내용 추론	**13**	④ 혼합(어법+비문학) – 올바른 문장 표현, 작문	**18**	③ 비문학 – 글의 구조 파악	**23**	② 어법 – 표준 발음법
04	① 문학 – 표현상의 특징과 효과	**09**	② 어휘 – 한자어	**14**	③ 비문학 – 주제 및 중심 내용 파악	**19**	② 비문학 – 화법	**24**	② 비문학 – 글의 전략 파악
05	② 문학 – 작품의 종합적 감상	**10**	② 어법 – 의미	**15**	① 비문학 – 논지 전개 방식	**20**	② 비문학 – 세부 내용 파악	**25**	④ 비문학 – 작문

▶ 취약영역 분석표

영역	어법	비문학	문학	어휘	혼합	총계
맞힌 답의 개수	/ 9	/ 8	/ 4	/ 3	/ 1	/ 25

* 취약영역 분석표를 이용해 1개라도 틀린 문제가 있는 영역은 그 영역의 문제만 골라 해설을 다시 한번 꼼꼼히 학습하세요.

---

01   어법 표준 발음법   난이도 중 ●●○

정답 설명

④ 훑고[훌꼬](O): 어간 받침 'ㄾ'은 자음 앞에서 [ㄹ]로 발음하며, 'ㄾ' 뒤에 연결되는 어미의 첫소리 'ㄱ'은 된소리로 발음하므로 '훑고'는 [훌꼬]로 발음한다.

오답 분석

① 읊고[을꼬](×) → [읍꼬](O): 어간 받침 'ㄿ'은 자음 앞에서 [ㅂ]으로 발음하며, 'ㄿ' 뒤에 연결되는 어미의 첫소리 'ㄱ'은 된소리로 발음하므로 '읊고'는 [읍꼬]로 발음해야 한다.

② 얇지만[얍찌만](×) → [얄찌만](O): 어간 받침 'ㄼ'은 자음 앞에서 [ㄹ]로 발음하며, 'ㄼ' 뒤에 연결되는 어미의 첫소리 'ㅈ'은 된소리로 발음하므로 '얇지만'은 [얄찌만]으로 발음해야 한다.

③ 읽는[일는](×) → [잉는](O): 어간 받침 'ㄺ'은 'ㄱ'을 제외한 자음 앞에서 [ㄱ]으로 발음하며, 'ㄺ' 뒤에 연결되는 어미의 첫소리 'ㄴ'의 영향으로 [ㄱ]이 [ㅇ]으로 발음되므로 [읽는]은 [잉는]으로 발음해야 한다.

---

02   문학 작품의 종합적 감상 (시조)   난이도 중 ●●○

정답 설명

④ 제시문을 계절의 순서대로 바르게 나열하면 '(나)-(다)-(가)-(라)'가 된다.

순서	계절	계절을 나타내는 시어
(나)	봄	• 늦게까지 비치는 '봄빗' • 밤비에 피어난 '도화(복숭아꽃)'
(다)	여름	• 다 져버린 '잔화(남은 꽃)' • 깊어가는 '녹음'
(가)	가을	• 울타리에 피어난 '국화' • '중양': 가을의 세시 명절 (음력 9월 9일)
(라)	겨울	• 높이 불고 있는 '북풍' • 앞산에 내리는 '눈'

지문 풀이

> (나) 볕이 잘 드는 언덕에 풀이 기니 봄빛이 늦게까지 비친다.
>   작은 정원의 복숭아꽃은 밤비에 다 피었구나.
>   아이야, 소 잘 먹여 논밭을 갈게 하여라.
>
> (다) 남은 꽃들도 다 진 후에 나무와 풀의 푸름이 깊어간다.
>   대낮의 외딴 마을에 낮닭의 울음소리로구나.
>   아이야, 슬픈 노래를 불러라 긴 졸음을 깨우자.
>
> (가) 동쪽 울타리에 국화가 피니 중양절이 거의 다 되었구나.
>   일찍 익은 벼로 빚은 술이 이미 익지 않았느냐.
>   아이야, 꽃게와 누런 닭으로 안주를 장만하여라.
>
> (라) 북풍이 높이 부니 앞산에 눈이 내린다.
>   초가지붕 처마에 찬 빛을 보니 석양이 거의 다 되었구나.
>   아이야, 콩죽이 익었느냐 먹고 자려고 하노라.

✑ 이것도 알면 합격!

신계영, '전원사시가(田園四時歌)'

1. 갈래: 연시조 (10수)
2. 주제: 전원에서의 유유자적한 삶
3. 특징
  (1) 계절의 흐름에 따라 시상이 전개됨
  (2) 각 수의 종장에 '아희야'를 반복하여 통일감과 운율을 형성함
  (3) 계절마다 느끼는 정취를 감각적 심상을 통해 형상화함

03 어법 단어 (파생어와 합성어) 난이도 중 ●●○

정답 설명

② '별일, 정들다, 떠보다'는 모두 어근과 어근이 결합하여 형성된 합성어이
므로 답은 ②이다.
- 별일: 별(관형사) + 일(명사)
- 정들다: 정(명사) + 들다(동사)
- 떠보다: 떠(동사 '뜨다'의 활용형) + 보다(동사)

오답 분석

① '맏딸'은 파생어이고 '곧이어, 동트다'는 합성어이다.
- 맏딸: 맏-(접두사) + 딸(명사)
- 곧이어: 곧(부사) + 이어(부사)
- 동트다: 동(명사) + 트다(동사)
③ '만날, 아무것'은 합성어이고 '들이붓다'는 파생어이다.
- 만날: 만(명사) + 날(명사)
- 아무것: 아무(관형사) + 것(명사)
- 들이붓다: 들이-(접두사) + 붓다(동사)
④ '떨어트리다'는 파생어이고 '알아듣다, 마음먹다'는 합성어이다.
- 떨어트리다: 떨어-(동사의 어간) + -트리다(접미사)
- 알아듣다: 알-(동사의 어간) + -아-(연결 어미) + 듣다(동사)
- 마음먹다: 마음(명사) + 먹다(동사)

04 문학 표현상의 특징과 효과 난이도 중 ●●○

정답 설명

① 3연의 '무가 순 돋아 파릇하고'와 5연의 '하이얀 삼동'에서 생명력이 넘
치는 봄과 얼어붙은 겨울의 이미지가 푸른색과 흰색의 시각적 심상을
통해 대비되므로 적절하다.

오답 분석

② 5연에서 '하얗다'를 '하이얗다'로 표현한 시적 허용이 나타나지만, 이는
시어가 주는 정감의 깊이를 더할 뿐 역동적인 느낌을 표현한 것은 아니
므로 적절하지 않다.
③ 4연의 '바깥 풍설 소리에 잠착하다'를 통해 화자의 감정은 최대한 배제
하고 눈보라 치는 외부 상황과 풍설 소리에 집중하는 대상(노주인)의 행
동만을 묘사하고 있다. 그러나 이는 제시된 작품의 시대적 배경인 일제
강점기의 암울한 상황을 간접적으로 전달하는 것일 뿐 화자의 냉소적인
태도를 드러내는 것은 아니므로 적절하지 않다.
④ 제시된 작품에서 토속적인 시어를 사용하여 향토적인 분위기를 조성하
는 부분은 드러나지 않는다.

✏️ 이것도 알면 **합격!**

정지용, '인동차(忍冬茶)'에 나타난 대조적 이미지

방 안	· 붉게 피어난 덩그럭 불 · 파릇하게 돋아난 무 순	→	고난과 역경에 굴복하지 않 는 강인한 생명력
⇕			
바깥	· 풍설(風雪) · 삼동(三冬)	→	부정적이고 참담한 시대 현 실(일제 식민 치하)

05 문학 작품의 종합적 감상 (연시조) 난이도 중 ●●○

정답 설명

② 화자는 바다 위에 배를 띄워 두고 자연을 감상하면서 어부의 생애를 시
름(걱정) 없는 삶으로 표현하고 있다. 이로부터 화자가 지향하는 삶은 고
기잡이를 생업으로 하는 어부의 삶이 아니라, 세속에서 벗어나 자연 속
에서 풍류를 즐기는 '假漁翁(가어옹)'으로서의 삶임을 알 수 있다. 따라
서 화자가 어부로서의 삶을 새로 시작했다고 본 ㄴ의 감상은 적절하지
않다.

오답 분석

①③④ ㄱ, ㄷ, ㄹ 감상은 모두 자연이나 속세를 대하는 화자의 태도와 유
사하다.
- ㄱ: 1수에서는 한가로운 어부의 삶을 보여 주고 있는데, ㄱ에서도 자연을
  벗 삼아 한가롭게 지내고자 하는 삶의 태도가 나타난다.
- ㄷ: 2수 종장의 '더옥 무심(無心)하얘라'에서 화자의 욕심 없는 삶의 태
  도를 확인할 수 있는데, ㄷ에서도 세속의 가치에 집착하지 않는 삶의 태
  도가 나타난다.
- ㄹ: 2수의 초장과 중장을 통해 속세에 대한 화자의 비판적 인식과 속세와
  거리를 두고자 하는 화자의 의지를 확인할 수 있는데, ㄹ에서도 현실을
  비판적으로 인식하는 삶의 태도가 나타난다.

지문 풀이

〈제1수〉
이런 속에(인간 세상 중에) 걱정할 것 없는 것은 어부의 생활이로다.
한 척의 조그마한 배를 끝없이 넓은 바다 위에 띄워 놓고
인간 세상의 일을 다 잊었으니 세월 가는 줄을 알겠는가?

〈제2수〉
(아래로) 굽어보니 천 길이나 되는 푸른 물, 돌아보니 겹겹이 둘러싸인
푸른 산
열 길이나 되는 속세의 티끌(어수선한 세상사)이 얼마나 가려졌는가.
강호에 밝은 달이 밝게 비치니 더욱 무심하구나.

06 어법 외래어 표기 난이도 하 ●○○

정답 설명

② 제시된 단어 중 외래어 표기가 옳은 것은 (가) '판다', (라) '핼러윈', (사)
'센티미터'이다.

오답 분석

(나) 카톨릭(×) → 가톨릭(○)
(다) 메세지(×) → 메시지(○)
(마) 로즈마리(×) → 로즈메리(○)
(바) 달마시안(×) → 달마티안(○)

07 어법 중세 국어 (훈민정음) 난이도 하 ●○○

정답 설명

④ 'ㄲ'는 기본자 'ㄱ'가 나란히 붙어서 만들어진 병서자로, 『훈민정음』에서 지칭하는 28자에 해당하지 않는다.
- 병서(竝書, 골봐쓰기): 둘 또는 세 글자를 결합할 때 옆으로 나란히 표기하는 방법으로, 같은 글자를 나란히 쓰는 '각자 병서(各自竝書)'와 서로 다른 글자를 나란히 쓰는 '합용 병서(合用竝書)'가 있음

📝 **이것도 알면 합격!**

'훈민정음'의 초·중성 28자

자음(17자)	모음(11자)
ㄱ, ㅋ, ㆁ, ㄷ, ㅌ, ㄴ, ㅂ, ㅍ, ㅁ, ㅈ, ㅊ, ㅅ, ㆆ, ㅎ, ㅇ, ㄹ, ㅿ	·, ㅡ, ㅣ, ㅗ, ㅏ, ㅜ, ㅓ, ㅛ, ㅑ, ㅠ, ㅕ

08 비문학 내용 추론 난이도 중 ●●○

정답 설명

④ 3문단을 통해 소비자의 자유로운 선택이 어려워진 상황이 광고로 인한 피해에 대한 '기업 책임 부담 원칙'이 부상하게 된 배경 중 하나임을 알 수 있으나, 광고로 인한 피해를 기업이 보상해야 한다는 공감대(기업 책임 부담 원칙)가 확산될수록 소비자가 자유롭게 상품을 선택할 수 있다는 추론은 할 수 없다.

오답 분석

① 3문단을 통해 기업이 통념에 어긋나는 표현을 광고에 활용한 것이 광고로부터 소비자를 보호해야 한다는 공감대가 확산된 원인 중 하나임을 알 수 있다. 따라서 기업이 통념에 어긋나는 광고 문구를 사용할 경우 그로 인해 소비자가 피해를 받을 수 있다는 ①의 추론은 적절하다.

② 2문단을 통해 소비자가 이성적으로 판단하여 상품을 구매했다면 광고 정보의 오류 여부와 관계없이 소비자 책임 부담 원칙이 적용됨을 알 수 있다. 따라서 ②의 추론은 적절하다.

③ 3문단을 통해 상품에 응용된 과학 기술이 복잡해지고 첨단화되면서 소비자가 상품의 정보를 정확하게 이해하기 어려워짐에 따라 광고로 인한 피해의 책임 주체를 기업으로 보는 '기업 책임 부담 원칙'이 부상했음을 알 수 있으므로 ③의 추론은 적절하다.

09 어휘 한자어 (한자어의 표기) 난이도 중 ●●○

정답 설명

② 端正(끝 단, 바를 정)(○): '옷차림새나 몸가짐 등이 얌전하고 바름'을 뜻하는 '端正'이 문맥상 적절하게 사용되었다.

오답 분석

① 電基(번개 전, 터 기)(×) → 電氣(번개 전, 기운 기)(○): '물질 안에 있는 전자 또는 공간에 있는 자유 전자나 이온들의 움직임 때문에 생기는 에너지의 한 형태'를 뜻하는 '전기'의 '기'는 '氣(기운 기)'로 표기해야 한다.

③ 現賞(나타날 현, 상줄 상)(×) → 現像(나타날 현, 모양 상)(○): '노출된 필름이나 인화지를 약품으로 처리하여 상이 나타나도록 함'을 뜻하는 '현상'의 '상'은 '像(모양 상)'으로 표기해야 한다.

④ 事考(일 사, 생각할 고)(×) → 事故(일 사, 연고 고)(○): '뜻밖에 일어난 불행한 일'을 뜻하는 '사고'의 '고'는 '故(연고 고)'로 표기해야 한다.

10 어법 의미 (다의어의 의미) 난이도 하 ●○○

정답 설명

② '전봇대만큼 크게 느껴졌다'와 '나는 너만큼'에 쓰인 '만큼'은 모두 '앞말과 비슷한 정도나 한도'임을 나타내는 격 조사로 사용되었다.

오답 분석

① · 나무로 만든 인형: 이때 '로'는 어떤 물건의 재료나 원료를 나타내는 격 조사로 사용되었다.
- 연필로 쓴 글씨: 이때 '로'는 어떤 일의 수단 또는 도구를 나타내는 격 조사로 사용되었다.

③ · 집에서 한강까지: 이때 '까지'는 어떤 일이나 상태 등에 관련되는 범위의 끝임을 나타내는 보조사로 사용되었다.
- 믿었던 사람까지: 이때 '까지'는 이미 어떤 것이 포함되고 그 위에 더함의 뜻을 나타내는 보조사로 사용되었다.

④ · 자식 중 하나만: 이때 '만'은 화자가 기대하는 마지막 선을 나타내는 보조사로 사용되었다.
- 너만 오면 바로: 이때 '만'은 어떤 것이 이루어지거나 어떤 상태가 되기 위한 조건을 나타내는 보조사로 사용되었다.

11 어휘 한자 성어 난이도 중 ●●○

정답 설명

③ '풍전등화(風前燈火)'와 같은 뜻의 한자 성어로 알맞은 것은 ③이다.
- 풍전등화(風前燈火): '바람 앞의 등불'이라는 뜻으로, 사물이 매우 위태로운 처지에 놓여 있음을 비유적으로 이르는 말
- 백척간두(百尺竿頭): '백 자나 되는 높은 장대 위에 올라섰다'라는 뜻으로, 몹시 어렵고 위태로운 지경을 이르는 말

오답 분석

① 군신유의(君臣有義): 임금과 신하 사이의 도리는 의리에 있음을 이르는 말

② 표리부동(表裏不同): 겉으로 드러나는 언행과 속으로 가지는 생각이 다름

④ 금란지계(金蘭之契): 친구 사이의 매우 두터운 정을 이르는 말

오답 분석

① ② '율곡 이이'는 모든 인간에게 내재된 '이'의 본성이 선하다고 생각했으나, 제시문은 인간의 본성이 선하지도 악하지도 않다고 주장하고 있다.

④ '율곡 이이'와 제시문 모두 인간의 본성이 바뀔 수 있다고 주장하였으나 인간의 본성이 악하다는 점은 언급되어 있지 않다.

---

12 어휘 관용 표현　난이도 중 ●●○

정답 설명

② 문맥상 '거의 다 되어가던 일에 문제가 생겼다'는 의미의 관용구가 들어가야 하므로 빈칸에 들어갈 말은 '바람이 들어'이다.
· 바람(이) 들다: 다 되어 가는 일에 탈이 생기다.

오답 분석

① 바람(을) 켜다: 바람 든 짓을 하다.

③ 바람(을) 넣다: 남을 부추겨서 무슨 행동을 하려는 마음이 생기게 만들다.

④ 바람을 일으키다: 1. 사회적으로 많은 사람에게 영향을 미치다. 2. 사회적 문제를 만들거나 소란을 일으키다.

---

15 비문학 논지 전개 방식　난이도 중 ●●○

정답 설명

① 밑줄 친 부분은 '수기'와 '치인'의 뜻을 명백히 밝혀 규정하는 '정의'의 방식이 사용되었다. ①은 '국가'를 구성하고 있는 개별적인 요소로 나누어 설명하는 '분석'의 방식이 사용되었으므로 내용 전개 방식이 다른 것은 ①이다.

오답 분석

② ③ ④ '희곡', '훈민정음', '어른'의 뜻을 명백히 밝혀 규정하는 '정의'의 내용 전개 방식이 사용되었다.

---

13 어법+비문학 올바른 문장 표현, 작문 (고쳐쓰기)　난이도 중 ●●○

정답 설명

④ ②의 앞 문장은 삶의 기술적 조건과 환경이 바뀜에 따라 특정 시기에 사람들의 의식을 지배하는 사상은 새로운 사상의 도전을 받게 된다는 내용이며, ②이 포함된 문장은 시대의 교체가 사상과 이념의 교체를 동반한다는 내용이다. 따라서 앞뒤 내용을 인과 관계로 연결하는 접속 부사 '그래서'가 적절하게 쓰였으므로 역접의 접속 부사 '하지만'으로 수정하는 것은 적절하지 않다.

오답 분석

① '인간의 역사가'와 '볼 수 있다'의 호응이 어색하므로 주격 조사 '가'를 문장 속에서 어떤 대상이 화제임을 나타내는 보조사 '는'으로 수정해야 한다.

② ②의 뒷 문장에서 서로 다른 사상과 아이디어들 사이에 경쟁이 벌어진다는 내용이 나오므로 ②은 '대립과 경쟁'으로 수정하는 것이 적절하다.

③ 인류가 지닌 윤리와 도덕 감수성에 대한 내용은 글의 전체적인 흐름과 어울리지 않으므로 ②은 삭제하는 것이 적절하다.

---

16 문학 서술상의 특징　난이도 하 ●○○

정답 설명

① 제시된 작품은 우화를 통해 위기를 기회로 바꾸는 생각의 전환이 필요하다는 교훈을 전달하고 있을 뿐, 개인적인 체험은 나타나지 않으므로 적절하지 않다.

오답 분석

② 1~2문단에서 우물에 빠진 당나귀가 우물과 함께 자기를 묻으려고 부어 대는 흙을 발밑에 쌓아 탈출하는 우화를 제시하고 있다. 이를 통해 위기를 기회로 바꿀 수 있는 발상 전환의 필요성을 강조하고 있으므로 적절하다.

③ 마지막 문단에서 고사성어 '새옹지마(塞翁之馬)'를 활용하여 뒤집어 생각할 줄 알아야 한다는 필자의 견해를 뒷받침하고 있다.
· 새옹지마(塞翁之馬): 인생의 길흉화복은 변화가 많아서 예측하기가 어렵다는 말

④ 제시된 작품은 비교적 빠른 호흡의 짧은 문장을 사용하여 이야기를 속도감 있게 전개하고 있다.

---

14 비문학 주제 및 중심 내용 파악　난이도 하 ●○○

정답 설명

③ 3문단 4~8번째 줄을 통해 '율곡 이이'는 수양을 통해 기질을 정화하면 선한 본성을 회복할 수 있다고 생각하였음을 알 수 있으며, 제시문 또한 인간의 본성은 교육하고 수양하기에 따라 변할 수 있다고 주장하고 있으므로 공통된 주장으로 적절한 것은 ③이다.
[관련 부분] 이통기국론은, 성인과 일반인이 기질의 차이는 있지만 동일한 '이'를 갖기 때문에 일반인이라도 기질상의 병폐를 제거하고 탁한 기질을 정화하면 '이'의 선한 본성이 회복되어 성인의 경지에 이를 수 있다는 기질 변화론으로 이어진다.

---

17 어법 한글 맞춤법 (맞춤법에 맞는 표기)　난이도 중 ●●○

정답 설명

③ 생각지도(O): '생각지'는 '생각하지'의 준말로, 어간의 끝음절 '하'는 받침 'ㄱ' 뒤에서 통째로 줄어들므로 '생각지'로 적어야 한다.

오답 분석

① 곰곰히(×) → 곰곰이(○): '여러모로 깊이 생각하는 모양'을 뜻하는 부사 '곰곰이'는 부사 '곰곰'에 부사 파생 접미사 '-이'가 결합한 단어로, 원래의 부사 '곰곰'과 의미와 기능이 다르지 않으므로 원형을 밝혀서 적어야 한다.

② 막어도(×) → 막아도(○): 어간의 끝음절 모음이 'ㅏ, ㅗ'일 때에는 어미를 '-아'로 적으므로 '막아도'로 적어야 한다.

④ 쓱삭쓱삭(×) → 쓱싹쓱싹(○): 한 단어 안에서 같은 음절이나 비슷한 음절이 겹쳐 나는 부분은 같은 글자로 적으므로 '쓱싹쓱싹'으로 적어야 한다.

---

18 비문학 글의 구조 파악 (문단 배열) 난이도 중 ●●○

정답 설명

③ (다) - (나) - (가) - (라)의 순서가 가장 자연스럽다.

순서	중심 내용	순서 판단의 단서와 근거
(다)	과학기술이 사회에 미치는 영향이 크므로, 과학이 사회와 무관하다는 주장은 타당성이 없어 보임	지시어나 접속어로 시작하지 않으며, '과학과 사회의 연관성'이라는 화제를 제시하고 있음
(나)	과학의 사회적 영향을 인정하지만 과학과 사회의 연관성을 부정하는 주장은 여전히 존재함	• 접속어: '그러나': (다)에서 제시한 '과학이 사회와 무관하다는 주장은 타당성이 없다'는 내용과 상반된 내용이 이어짐
(가)	DNA를 분석하는 과정이나 개발은 사회와 무관함	• 접속어: '가령': (나)에서 언급한 '과학활동 그 자체는 사회와 무관하다'는 주장의 예시를 들고 있음
(라)	DNA 연구 결과는 사회에 영향을 미치지만 연구활동 자체는 사회와 무관하다고 볼 수 있음	• 지시어 '이것': (가)에서 언급한 'DNA 지문 분석법'을 의미함

---

19 비문학 화법 (토의) 난이도 중 ●●○

정답 설명

② 제시된 계획에 맞는 토의 방식은 '심포지엄'이다. 심포지엄은 주로 학술적인 주제로 진행되며, 주제와 관련된 분야의 전문가가 각자 준비해온 내용으로 발표를 하고 그 이후에 청중과의 질의 응답 시간을 갖는 형식으로 진행되는 토의의 방식이다.

오답 분석

① 포럼: 어떤 문제에 대해 서로 상충되는 입장을 가진 사람들이 모여 공개적으로 토의하는 방식으로, 청중과 토의자가 서로 질의응답하며 문제에 대한 해결책을 모색하는 토의이다.

② 원탁 토의: 10명 내외의 소규모 집단이 상호 대등한 입장에서 자유롭게 의견을 나누는 토의 방식으로, 일반적으로 사회자는 존재하지 않는다.

---

④ 패널 토의: 각 의견의 대표자가 먼저 토의를 한 후 사회자의 안내에 따라 청중이 참여하는 방식의 토의로, 개별적 발표를 거치지 않고 직접 상호 간 토의에 들어가는 것이 특징이다.

---

20 비문학 세부 내용 파악 난이도 중 ●●○

정답 설명

② 4문단을 통해 경험주의자들은 인간이 합리적 사고 능력을 타고난다는 이성주의의 견해를 부정했으며, 인간의 관념이나 능력은 타고나는 것이 아니라 경험을 통해 얻어진다고 주장했음을 알 수 있다.

[관련 부분] 경험주의에 따르면, 그런 견해는 아무 근거도 없는 독단적인 주장이며, 오히려 인간은 백지 상태로 태어난다고 한다. 인간이 갖게 되는 모든 관념이나 능력은 경험에서 얻어진다는 것이다.

오답 분석

① 2문단 1~3번째 줄과 3문단 1~2번째 줄을 통해 자연 과학과 유명론은 이성주의 철학이 아닌 경험주의 철학의 발전과 형성에 영향을 주었음을 알 수 있다.

[관련 부분]
• 이 새로운 흐름이 만들어진 데는 두 가지 요인이 작용했다. 하나는 케플러, 갈릴레이, 뉴턴 등에 의해 본격적으로 확립된 자연 과학이었다.
• 다른 하나는 중세에서 이어진 '유명론'이라는 전통 철학이었다.

③ 6문단에서 데카르트가 이성의 타고난 능력을 과신하는 태도를 지녔음을 알 수 있으며 이에 의문을 던진 것은 로크임을 알 수 있다.

[관련 부분] 그는 데카르트의 영향을 크게 받았으면서도 데카르트가 경험 요소를 불확실한 것으로 배제하고 오직 이성의 타고난 능력, 이성 자체의 질서에 지나치게 의존하는 태도에 의문을 던졌다.

④ 3문단 끝에서 3~5번째 줄을 통해 유명론자들은 보편 개념이 따로 존재하지 않는다고 생각했으며, 올바른 인식을 위해서는 개별 사물을 정확하게 아는 것이 필요하다고 생각했음을 알 수 있다.

[관련 부분] 유명론자가 보기에 보편 개념이란 따로 존재하는 게 아니다. 따라서 그들에게는 개별 사물을 정확하게 아는 것이 올바른 인식에 꼭 필요하다.

---

21 어법 한글 맞춤법 (띄어쓰기) 난이도 중 ●●○

정답 설명

④ 그녀는 술을 잘 못V하니(×) → 그녀는 술을 잘 못하니(○): '어떤 일을 일정한 수준에 못 미치게 하거나, 그 일을 할 능력이 없다'를 뜻하는 '못하다'는 한 단어이므로 붙여 써야 한다.

오답 분석

① 공부를 하나도 못V했어(○): 부정의 의미를 뜻하는 '못'은 부사이므로 띄어 쓴다.

② 일이 안되면(○): '일, 현상, 물건 등이 좋게 이루어지지 않다'를 뜻하는 '안되다'는 한 단어이므로 붙여 쓴다.

③ 얼굴이 안돼 보여서(○): '근심이나 병 때문에 얼굴이 많이 상하다'를 뜻하는 '안되다'는 한 단어이므로 붙여 쓴다.

---

22 어법 올바른 문장 표현 난이도 하 ●○○

정답 설명

③ '영지는 휴일에도 공부를 한다'가 '(영지가) 학교에 가다'를 부사절로 안은 문장으로, 부사절의 서술어 '가서'와 부사어 '학교에'가 적절히 호응하며, 안은 문장의 각 문장 성분도 적절히 호응하고 있으므로 답은 ③이다.

오답 분석

① 눈과 바람이 부는(×) → 눈이 내리고 바람이 부는(○): 주어 '눈'에 호응하는 서술어가 없으므로 '눈이 내리고 바람이 부는'으로 수정해야 한다.

② 차마 저녁을 맛있게 먹었다(×) → 차마 저녁을 맛있게 먹을 수 없었다(○): '부끄럽거나 안타까워서 감히'를 뜻하는 부사어 '차마'는 부정의 서술어와 함께 쓰이므로 서술어 '먹었다'와 호응하지 않는다. 따라서 '차마 저녁을 맛있게 먹을 수 없었다'로 수정해야 한다.

④ 시설 점검과 재고 물품을 처리하십시오(×) → 시설을 점검하고 재고 물품을 처리하십시오(○): 명사구 '시설 점검'과 절 '재고 물품을 처리하다'가 조사 '과'를 통해 동등하게 연결되어 어색해진 문장이다. 따라서 명사구 '시설 점검'을 절 '시설을 점검하다'로 수정해야 한다.

---

23 어법 표준 발음법 난이도 하 ●○○

정답 설명

② 사이시옷 뒤에 'ㄴ'이 결합되는 경우에는 사이시옷을 [ㄴ]으로 발음하므로 '아랫니'는 [아랜니]로 발음한다.

오답 분석

① 사이시옷 뒤에 '이' 음이 결합되는 경우에는 [ㄴㄴ]으로 발음하므로 '찻잎'은 [찬닙]으로 발음해야 한다.

③ 'ㅂ'로 시작하는 단어 앞에 사이시옷이 올 때는 사이시옷을 발음하지 않고 'ㅂ'을 된소리로 발음하는 것을 원칙으로 하되, 사이시옷을 [ㄷ]으로 발음하는 것도 허용한다. 따라서 '깃발'은 [기빨/긷빨]로 발음할 수 있다.

④ 사이시옷 뒤에 'ㅁ'이 결합되는 경우에는 사이시옷을 [ㄴ]으로 발음하므로 '뱃머리'는 [밴머리]로 발음해야 한다.

---

24 비문학 글의 전략 파악 난이도 중 ●●●

정답 설명

② (나)에서 감정은 개인적인 특성이지만 사회적인 요소의 영향을 받기 때문에 사람들의 감정을 통해 사회의 실체를 파악할 수 있다는 것을 밝히고 있다. 따라서 논점을 개인적인 범위로 축소한다는 ②의 설명은 적절하지 않다.

오답 분석

① '초보 운전자들이 붙이는 문구'라는 일상적인 사례를 들어 '현대 한국인이 지니는 감정의 특성'이라는 화제에 대한 논의를 시작하고 있다.

③ 한국 문화의 특징인 '역동성, 유대감, 신명, 끼, 화끈함, 냄비 근성' 등의 키워드는 모두 정동(情動)적인 요소가 강하다는 공통점을 밝히고, 이를 토대로 한국인들의 감정 성향을 분석하고 있다.

④ 전 세계 사람들을 대상으로 한 개인의 자부심 조사 결과를 제시하여 한국인이 낮은 자존감을 지니고 있다는 주장의 신뢰성을 확보하고 있다.

---

25 비문학 작문 (조건에 맞는 글쓰기) 난이도 하 ●○○

정답 설명

④ 〈보기〉의 조건을 모두 충족한 것은 ④이다.
- 분리 배출을 하는 작은 수고가 지구를 지킨다는 것을 드러내어 분리 배출을 독려하고 있음
- 설의: '무엇이 지구를 지킬까요?'라는 의문문 형식으로 분리 배출을 하도록 독려하고 있음
- 대조: '분리 배출하는 작은 수고'와 '분리 배출 안하는 작은 편안함'이 대비되고 있음

오답 분석

① 분리 배출을 독려하는 내용은 포함되어 있으나, 설의와 대조의 표현 방식이 사용되지 않았다.

② 분리 배출을 독려하는 내용이 포함되지 않았으며, 의문문 형식으로 문장을 끝내는 설의적 표현은 드러나지만 대조는 드러나지 않는다.

③ '오염된 검은 지구'와 '깨끗한 푸른 지구'를 대조하고, 의문문 형식으로 문장을 끝내는 설의적 표현은 드러나지만 분리 배출을 독려하는 내용이 포함되지 않았다.

▶ 실전동형문제 정답

p.78

01	① 어법 – 표준 발음법	06	② 문학 – 소재의 의미	11	④ 비문학 – 세부 내용 파악	16	④ 문학 – 작품의 종합적 감상	21	④ 비문학 – 주제 및 중심 내용 파악
02	② 비문학 – 화법	07	③ 어법 – 단어	12	④ 어법 – 한글 맞춤법	17	③ 문학 – 주제 및 중심 내용 파악	22	④ 어휘 – 한자어
03	④ 문학 – 서술상의 특징	08	② 어휘 – 속담	13	④ 비문학 – 관점과 태도 파악, 내용 추론	18	② 어법 – 단어	23	③ 비문학 – 글의 구조 파악
04	④ 어법 – 외래어 표기	09	② 문학 – 작품의 종합적 감상	14	④ 어법 – 단어	19	② 비문학 – 글의 구조 파악	24	② 어휘 – 고유어와 한자어의 대응
05	④ 문학 – 작품의 종합적 감상	10	② 비문학 – 글의 전략 파악	15	① 비문학 – 주제 및 중심 내용 파악	20	③ 비문학 – 글의 전략 파악	25	③ 어휘 – 한자 성어

▶ 취약영역 분석표

영역	어법	비문학	문학	어휘	혼합	총계
맞힌 답의 개수	/ 6	/ 9	/ 6	/ 4	– / 0	/ 25

* 취약영역 분석표를 이용해 1개라도 틀린 문제가 있는 영역은 그 영역의 문제만 골라 해설을 다시 한번 꼼꼼히 학습하세요.

01　어법 표준 발음법　난이도 중 ●●○

정답 설명

① 붉지[불찌](×) → [북찌](○): 받침 'ㄺ'은 'ㄱ'을 제외한 자음 앞에서 [ㄱ]으로 발음하고, [ㄱ] 뒤에 연결되는 어미의 첫소리 'ㅈ'은 된소리 [ㅉ]으로 발음하므로 '붉지'는 [북찌]로 발음해야 한다.

오답 분석

② 갉고[갈꼬](○): 받침 'ㄺ'은 'ㄱ' 앞에서 [ㄹ]로 발음하고, [ㄹ] 뒤에 연결되는 어미의 첫소리 'ㄱ'은 된소리 [ㄲ]으로 발음하므로 '갉고'는 [갈꼬]로 발음한다.

③ 떫다[떨:따](○): 받침 'ㄼ'은 [ㄹ]로 발음하고, [ㄹ] 뒤에 연결되는 어미의 첫소리 'ㄷ'은 된소리 [ㄸ]으로 발음하므로 '떫다'는 [떨:따]로 발음한다.

④ 넓죽한[넙쭈칸](○): 받침 'ㄼ'은 [ㄹ]로 발음하는 것이 원칙이나, '넓죽하다', '넓둥글다'와 같이 '넓-' 뒤에 자음으로 시작하는 말이 올 경우 [ㅂ]으로 발음한다. 또한 'ㄱ'과 'ㅎ'이 만나 [ㅋ]으로 축약되어 소리 나므로 '넓죽한'은 [넙쭈칸]으로 발음한다.

02　비문학 화법 (토의의 주제)　난이도 하 ●○○

정답 설명

② 학생 1~3은 공통적으로 청년 실업 문제를 해결하기 위한 방안을 제시하고 있으므로 토의 주제로 가장 적절한 것은 ②이다.

- 학생 1: 정부가 경제 성장의 동력을 확충하고 노동 시장의 구조를 개혁하기 위해 노력해야 한다.
- 학생 2: 중소기업은 경영 방식과 근무 환경을 개선해야 한다.
- 학생 3: 고용 영역에서 학력 차별 없는 사회적 분위기를 조성해야 한다.

03　문학 서술상의 특징　난이도 중 ●●○

정답 설명

④ 상대에게 위압감을 주는 표현(너희를 용서하지 않겠다)을 사용하여 토실을 헐어 버릴 것을 강요하고 있다. 따라서 '이자'의 말하기 방식에 대한 설명으로 가장 적절한 것은 ④이다.

오답 분석

① 계절별 옷차림, 길쌈을 할 시기, 봄에 꽃(초목)이 피고 겨울에 시드는 일들의 구체적인 사례를 들고 있으나, 이는 자연의 섭리에 따른 삶의 중요성을 강조한 것일 뿐 토실의 실용성을 드러내는 것은 아니다.

② 자연의 질서에 순응하는 옛 성인의 삶을 언급하고 있으나, 성인의 말을 인용하지는 않았으므로 적절하지 않다.

③ 토실을 짓는 것은 하늘의 명령을 거역하고 권한을 빼앗는 일이라고 말하며 인간의 이기적 심상을 비판하고 있으나, 역설적인 표현은 나타나지 않는다.

04　어법 외래어 표기　난이도 중 ●●○

정답 설명

④ 외래어 표기가 모두 옳은 것은 '프라이팬(frypan)', '리더십(leadership)', '프레젠테이션(presentation)'이므로 답은 ④이다.

- 프라이팬(frypan)(○): [f]는 'ㅍ'으로 표기해야 한다. 참고로 '후라이팬'은 '프라이팬'의 잘못된 표기이다.
- 리더십(leadership), 프레젠테이션(presentation)(○): 모음 앞의 [ʃ]는 뒤따르는 모음에 따라 '샤, 섀, 셔, 셰, 쇼, 슈, 시'로 표기해야 한다. 참고로 '리더쉽'은 '리더십'의 잘못된 표기이며, '프리젠테이션'은 '프레젠테이션'의 잘못된 표기이다.

오답 분석

① 꽁트(conte)(×) → 콩트(○): 파열음 표기에는 된소리를 쓰지 않는 것을 원칙으로 한다.

② 뱃지(badge)(×) → 배지(○): 'badge'의 표준 발음은 [bædʒ]이며 이때 [dʒ]는 '지'로 표기해야 한다.

③ 글로브(glove)(×) → 글러브(○): 'glove'의 표준 발음은 [glʌv]이며, 이때 [ʌ]는 '어'로 표기해야 한다.

---

05 문학 작품의 종합적 감상 (시)　난이도 중 ●●○

정답 설명

④ 제시된 작품은 윤동주의 '쉽게 씌어진 시'로, ㉠은 암울한 시대 현실을 살아가는 화자의 무기력한 삶을 나타낸 표현이다. 이때 화자는 식민지 현실이라는 부정적 상황에서 무기력한 삶을 살아가는 자신의 태도에 의문을 던지며 자아를 성찰하고 있다.

이것도 알면 합격!

윤동주, '쉽게 씌어진 시'의 주제와 특징

1. 주제: 암울한 시대 현실에서 비롯된 고뇌와 자기 성찰
2. 특징
   (1) 고백적 어조를 통한 화자의 자기 성찰과 극복 의지
   (2) 대립적 시어의 사용을 통한 두 자아의 대립 및 화해를 보여주며 시상을 전개함
   (3) 시어의 상징적 의미

시어	상징적 의미
밤비, 육첩방, 어둠	암울한 시대의 현실을 살고 있는 현실적 자아
등불, 아침	자기 성찰을 통해 성숙해진 내면적 자아
악수	현실적 자아와 내면적 자아의 화해, 현실 극복에 대한 의지

---

06 문학 소재의 의미　난이도 하 ●○○

정답 설명

② 끝에서 3번째 줄에서 아내가 남편의 말에 입을 다문 것은 남편의 말이 너무 어려워서 이해하지 못했기 때문이며, 이를 통해 남편의 지적 수준이 아내보다 훨씬 높음을 알 수 있다. 따라서 아내와 남편의 사이에 세워진 눈에 보이지 않는 '벽'의 의미는, ② '남편과 아내의 지식 수준의 차이로 인한 소통의 단절'임을 알 수 있다.

[관련 부분] 아내에게는 그 말이 너무 어려웠다.

이것도 알면 합격!

현진건, '술 권하는 사회'의 특징

• 시대적·사회적인 문제를 개인에 국한하여 보여 줌
• 일제 치하 지식인이 느끼던 좌절과 고뇌를 사실적으로 그림
• 이 소설에 나타난 갈등 양상

사회	↔	남편	↔	아내
일제 강점기	갈등	근대 지식인	갈등	전근대적 여인

---

07 어법 단어 (품사의 구분)　난이도 중 ●●○

정답 설명

③ '커서 뭐가 되고 싶니?'에 쓰인 '커서'는 '사람이 자라서 어른이 되다'를 뜻하는 동사 '크다'의 활용형이므로 밑줄 친 부분이 형용사가 아닌 것은 ③이다.

오답 분석

① '간이 크구나'에 쓰인 '크다'는 '겁이 없고 용감하다'를 뜻하는 형용사이다.

② '키가 크다고'에 쓰인 '크다'는 '사람이나 사물의 외형적 길이, 넓이, 높이, 부피 등이 보통 정도를 넘다'를 뜻하는 형용사이다.

④ '크게 두 부분으로 나눠서'에 쓰인 '크다'는 '대충', '대강'을 뜻하는 형용사이다.

이것도 알면 합격!

동사와 형용사의 구분 방법

의미로 구분	동작이나 과정을 나타내면 동사이고, 성질이나 상태를 나타내면 형용사임	
어미 결합 여부로 구분	현재 시제 선어말 어미 '-는-/-ㄴ-'과 관형사형 어미 '-는'	→ 결합할 수 있으면 동사
	의도의 어미 '-려', 목적의 어미 '-러'	
	명령형 어미 '-아라/-어라', 청유형 어미 '-자'	→ 결합할 수 없으면 형용사

---

08 어휘 속담　난이도 하 ●○○

정답 설명

② 제시된 의미와 가장 가까운 속담은 ②이다.

• 부자 하나면 세 동네가 망한다: '세 동네가 망하여야 그 돈이 모여 부자 하나가 난다'라는 뜻으로, 무슨 큰일을 하나 이루려면 많은 희생이 있게 됨을 비유적으로 이르는 말

오답 분석

① 부자는 많은 사람의 밥상: 부자는 여러 사람에게 많건 적건 덕을 끼치게 됨을 비유적으로 이르는 말

③ 부지런한 부자는 하늘도 못 막는다: 부지런하면 반드시 부자가 됨을 비유적으로 이르는 말

④ 부자는 망해도 삼 년 먹을 것이 있다: 본래 부자이던 사람은 망했다 하더라도 얼마 동안은 그럭저럭 살아 나갈 수 있음을 비유적으로 이르는 말

09　문학 작품의 종합적 감상 (현대 시)　난이도 중 ●●○

정답 설명

② 제시된 작품은 꽃이 피고 지는 자연 현상을 통해 탄생과 소멸의 순환, 생명의 근원적 고독 등 자연의 섭리를 노래하고 있으므로 생명의 소중함을 표현했다는 ②는 적절하지 않다.

오답 분석

① 3연에서 화자는 '작은 새'에 감정을 이입하여 외로움과 고독함을 표현하고 있다.

③ 1연과 4연은 '피네', '지네'의 차이만 있고 구조가 동일한 수미 상관 구조를 이루고 있다. 이러한 반복을 통해 '탄생과 소멸의 순환'이라는 자연의 질서를 강조하고 있다.

④ 1연 3행의 '갈'은 운율을 살리기 위해 '가을'을 줄여 쓴 말로, 문법적 질서를 벗어난 표현이다. 참고로 감정을 드러내거나 운율을 형성하기 위해 맞춤법이나 띄어쓰기에 어긋나게 표현하는 방법을 '시적 허용'이라고 한다.

이것도 알면 합격!

김소월, '산유화'의 주제와 특징
1. 주제: 생성과 소멸을 반복하는 대자연의 섭리와 존재의 근원적 고독
2. 특징
   - 1연과 4연이 수미 상관 구조를 이룸
   - 여러 행 또는 한 행에 3음보를 배열함
   - 종결 어미 '―네'로 끝나는 각운을 통해 운율감을 형성하고 감정을 절제하여 표현함

10　비문학 글의 전략 파악　난이도 하 ●○○

정답 설명

② 제시문은 2문단에서 맥락주의 비평이 예술 작품이 창작된 사회적·역사적 배경을 비평의 근거로 삼는 관점임을 소개하고, 3문단에서 이러한 맥락주의 비평은 작품 외적인 요소에만 치중하여 작품의 본질을 훼손할 우려가 있다는 한계를 밝히고 있다. 따라서 서술 방식에 대한 설명 중 가장 적절한 것은 ②이다.

[관련 부분]
- 맥락주의 비평은 주로 예술 작품이 창작된 사회적·역사적 배경에 관심을 갖는다.
- 그러나 객관적 자료를 중심으로 작품을 비평하려는 맥락주의는 자칫 작품 외적인 요소에 치중하여 작품의 핵심적 본질을 훼손할 우려가 있다는 비판을 받는다.

11　비문학 세부 내용 파악　난이도 중 ●●○

정답 설명

④ 4문단 끝에서 1~3번째 줄을 통해 인상주의 비평은 작가의 의도나 외적인 요인들을 고려하지 않고 비평가의 자유 의지로 작품을 해석하는 비평 방법임을 알 수 있다.

[관련 부분] 인상주의 비평가는 작가의 의도나 그 밖의 외적인 요인들을 고려할 필요 없이 비평가의 자유 의지로 무한대의 상상력을 가지고 작품을 해석하고 판단한다.

오답 분석

① 1문단 2~3번째 줄을 통해 확인할 수 있다.

[관련 부분] 예술 작품의 의미와 가치에 대한 해석과 판단은 작품을 비평하는 목적과 태도에 따라 달라진다.

② 2문단 끝에서 1~4번째 줄과 3문단 1~2번째 줄을 통해 확인할 수 있다.

[관련 부분]
- 맥락주의 비평에서는 작품이 창작된 시대적 상황 외에 작가의 심리적 상태와 이념을 포함하여 가급적 많은 자료를 바탕으로 작품을 분석하고 해석한다.
- 객관적 자료를 중심으로 작품을 비평하려는 맥락주의는

③ 3문단 5~7번째 줄을 통해 확인할 수 있다.

[관련 부분] 형식주의 비평은 예술 작품의 외적 요인 대신 작품의 형식적 요소와 그 요소들 간 구조적 유기성의 분석을 중요하게 생각한다.

12　어법 한글 맞춤법 (사이시옷의 표기)　난이도 중 ●●○

정답 설명

④ 사이시옷 표기가 모두 옳지 않은 것은 ④이다.
- 제삿상(×) → 제사상(○): '제사(祭祀) + 상(床)'은 한자어로만 이루어진 합성어이므로 사이시옷을 표기하지 않는다.
- 콧털(×) → 코털(○): '코 + 털'이 결합한 순우리말 합성어로, 뒷말의 초성 'ㅌ'이 거센소리이므로 사이시옷을 표기하지 않는다.

오답 분석

① · 셋집[세ː찝/센ː찝](○): '세(貰) + 집'이 결합한 합성어로, 앞말이 모음 'ㅔ'로 끝나고 뒷말의 첫소리 'ㅈ'이 된소리 [ㅉ]으로 소리 나므로 사이시옷을 받쳐 적는다.
- 텃세[터쎄/턷쎄](○): '터 + 세(勢)'가 결합한 합성어로, 앞말이 모음 'ㅓ'로 끝나고 뒷말의 첫소리 'ㅅ'이 된소리 [ㅆ]으로 소리 나므로 사이시옷을 받쳐 적는다.

② · 툇마루[퇸:마루/퉫:마루](O): '퇴(退)+마루'가 결합한 합성어로, 앞말이 모음 'ㅚ'로 끝나고 뒷말의 첫소리 'ㅁ' 앞에서 [ㄴ] 소리가 덧나므로 사이시옷을 받쳐 적는다.

· 뱃길[배낄/밷낄](O): '배+길'이 결합한 합성어로, 앞말이 모음 'ㅐ'로 끝나고 뒷말의 첫소리 'ㄱ'이 된소리 [ㄲ]으로 소리 나므로 사이시옷을 받쳐 적는다.

③ · 혓바늘[혀빠늘/혇빠늘](O): '혀+바늘'이 결합한 합성어로, 앞말이 모음 'ㅕ'로 끝나고 뒷말의 첫소리 'ㅂ'이 된소리 [ㅃ]으로 소리 나므로 사이시옷을 받쳐 적는다.

· 횟수[회쑤/휃쑤](O): '횟수(回數)'는 한자어로 이루어진 합성어이나, 예외적으로 사이시옷을 받쳐 적는 경우에 해당한다. 참고로, 사이시옷을 표기하는 한자어로는 '곳간(庫間), 셋방(貰房), 숫자(數字), 찻간(車間), 툇간(退間), 횟수(回數)'가 있다.

---

13 비문학 관점과 태도 파악, 내용 추론   난이도 중 ●●○

[정답 설명]

④ (가)는 자연 선택 이론에 대해 설명하고 있으며, (나)의 글쓴이는 '변화에 유연하게 적응하는 생명종이 오래 살아남는다'라고 주장하고 있으므로 (나)의 글쓴이는 (가)와 유사한 입장임을 알 수 있다. 따라서 (나)의 글쓴이는 가장 오래된 곤충류인 바퀴벌레가 생존 경쟁에 필요한 기능을 선별하여 진화했다고 생각함을 추론할 수 있다.

[오답 분석]

① (나)를 통해 힘이 강한 공룡이 환경 변화에 적응하지 못하고 사라졌음을 알 수 있으나, 이는 일부 사례일 뿐 힘이 강한 개체가 생존 경쟁에 불리하다고 추론하기는 어렵다.

② 제시문에서 다루지 않은 내용이므로 추론할 수 없다.

③ (나)를 통해 작은 생명체인 바퀴벌레가 오랜 시간 생존 경쟁에서 살아남았음을 알 수 있으나, 이를 통해 크기가 작은 곤충이 다른 종보다 번식 능력이 뛰어나다고 추론하기는 어렵다.

---

14 어법 단어 (용언의 활용)   난이도 중 ●●○

[정답 설명]

④ 이르었다(x) → 이르렀다(O): '이르다'는 어간에 어미 '-어'가 결합할 때 어미가 '-러'로 바뀌는 '러' 불규칙 활용을 하는 용언이므로 '이르다'의 어간에 과거 시제 선어말 어미 '-었-'이 결합한 형태는 '이르렀다'로 표기해야 한다.

[오답 분석]

① 부예(O): '부예'의 기본형은 '부옇다'로, '부옇다'의 어간 '부옇-'에 어미 '-어'가 결합한 것이다. '부옇다'는 어간에 어미 '-어'가 결합할 때 어간 받침 'ㅎ'이 탈락하고 어미도 바뀌는 'ㅎ' 불규칙 활용을 하는 용언이므로 '부예'는 맞춤법에 맞는 표기이다.

---

② 발라(O): '발라'의 기본형은 '바르다'로, '바르다'의 어간 '바르-'에 어미 '-아'가 결합한 것이다. '바르다'는 어간에 모음으로 시작하는 어미가 결합할 때 어간의 끝음절 '르'가 'ㄹㄹ'로 바뀌는 '르' 불규칙 활용을 하므로, '발라'는 맞춤법에 맞는 표기이다.

③ 설운(O): '설운'의 기본형은 '섧다'로, '섧다'의 어간 '섧-'에 어미 '-은'이 결합한 것이다. '섧다'는 어간에 어미 '-은'이 결합할 때, 어간의 끝소리 'ㅂ'이 모음으로 시작하는 어미 앞에서 '우'로 바뀌는 'ㅂ' 불규칙 활용을 하는 용언이므로 '설운'은 맞춤법에 맞는 표기이다.

---

15 비문학 주제 및 중심 내용 파악   난이도 중 ●●○

[정답 설명]

① 제시문은 인간의 사고 과정과 컴퓨터 인공지능의 처리 방식이 유사하다는 기능주의 사회학자들의 주장을 설명하고 있다. 따라서 중심 내용으로 적절한 것은 ① '인간의 사고 과정에 대한 기능주의의 관점'이다.

---

16 문학 작품의 종합적 감상 (수필)   난이도 하 ●○○

[정답 설명]

④ '공백공'은 현재 벼슬길에 올라 있지만 강호에 뜻을 품고 있는 인물이므로 가장 적절하지 않은 설명은 ④이다.

[관련 부분]

· 대과에 급제하고 좋은 벼슬에 올라, 갓끈을 나부끼고 인끈을 두르고 필기를 위한 붓을 귀에 꽂고 나라의 옥새를 주관하니, 사람들은 진실로 그에게 원대한 기대를 하였으나, 담담하게 강호의 취미를 지니고 있다.

· 이것이 내가 몸은 벼슬을 하면서도 뜻은 강호에 두어 매양 노래에 의탁하는 것이니, 그대는 어떻게 생각하는가

[오답 분석]

① '나'는 '공백공'의 말을 듣고 즐거워하고 있으므로 '공백공'의 가치관에 공감하고 있다고 볼 수 있다.

[관련 부분] 내가 듣고 즐거워하며 그대로 기록하여 백공에게 보내고, 또한 나 자신도 살피고자 한다.

② 제시된 작품은 고전 수필 갈래 중 하나인 '기(記)'에 속하며, 글쓴이의 개인적 체험을 담은 갈래이다.

③ 글쓴이는 '공백공'의 성품에 대한 주관적인 감상을 서술하고 있다.

[관련 부분] 풍채와 인품이 소탈하고 명랑하여 사랑할 만하다.

✏️ **이것도 알면 합격!**

권근, '어촌기'의 주제 및 특징

1. 주제: 강호에 머물며 자유롭게 사는 삶의 즐거움
2. 특징
   (1) 공백공이라는 인물을 통해 세상사에 얽매이지 않고 강호에 은거하고자 하는 신흥사대부의 풍류를 확인할 수 있음
   (2) 공백공이 지향하는 삶은 벼슬에 연연하지 않고 자유롭게 살아가는 '어부(漁父)'의 삶임

| **17** | 문학 주제 및 중심 내용 파악 | 난이도 중 ●●○ |

정답 설명

③ 제시된 작품은 '공백공'이라는 인물을 통해 강호에 머물며 자유롭게 사는 삶의 즐거움을 표현하고 있으며, ③의 화자 역시 속세에서 벗어나 자연 속에서 풍류를 즐기는 삶의 모습을 드러내고 있다. 따라서 제시된 작품과 주제가 가장 유사한 것은 ③이다.

오답 분석

① 삶에 대한 달관의 자세를 표현한 작품이다.

② 임에 대한 간절한 그리움이 드러나는 작품이다.

④ 선비의 높은 절개를 국화에 빗대어 표현한 작품이다.

지문 풀이

① 아침에는 비가 오더니 늦어서는 바람이로다.
  천리만리 길에 비바람은 무슨 일인고
  두어라 황혼이 멀었거니 쉬어 간들 어떠리.
② 임을 그리워하는 상사몽이 귀뚜라미의 넋이 되어
  길고 긴 가을 깊은 밤에 임의 방에 들어가서
  나를 잊고 깊이 든 (임의) 잠을 깨워 볼까 하노라.
③ 짚으로 만든 방석을 내지 마라. 낙엽엔들 못 앉겠느냐.
  관솔불 켜지 마라. 어제 졌던 밝은 달이 다시 떠오른다.
  아이야, 변변하지 않은 술과 나물일지라도 좋으니 없다 말고 내오너라.
④ 국화야. 너는 어찌하여 따뜻한 봄철 다 지나가고
  나뭇잎이 떨어지는 추운 계절에 너 홀로 피었느냐?
  아마도 서릿발도 꿋꿋이 이겨 내는 높은 절개를 지닌 것은 너뿐인가 하노라.

| **18** | 어법 단어 (품사의 구분) | 난이도 중 ●●○ |

정답 설명

② 밑줄 친 부분의 품사가 옳지 않은 것은 ②이다.

· 방이 밝아졌다: 이때 '밝다'는 '불빛 등이 환하다'를 뜻하며, 현재 시제 선어말 어미 '-는-'과 결합할 수 없으므로 형용사이다.

· 날이 밝았다: 이때 '밝다'는 '밤이 지나고 환해지며 새날이 오다'를 뜻하며, 현재 시제 선어말 어미 '-는-'과 결합할 수 있으므로 동사이다.

오답 분석

① · 지금부터 나는 달라질 것이다: 이때 '지금'은 '말하는 바로 이때'를 뜻하며 조사와 결합하였으므로 명사이다.

· 강아지가 지금 간식을 먹고 있다: 이때 '지금'은 용언 '먹고 있다'를 수식하고 있으므로 부사이다.

③ · 태어난 지 일 년이 채 되지 않은 망아지: 이때 '채'는 '어떤 상태나 동작이 다 되거나 이루어졌다고 할 만한 정도에 아직 이르지 못한 상태'를 뜻하며, 용언 '되지 않은'을 수식하고 있으므로 부사이다.

· 오늘 아침 식사를 거른 채 출근했다: 이때 '채'는 '이미 있는 상태 그대로 있다'를 뜻하며, 관형어의 수식을 받고 있으므로 의존 명사이다.

④ · 발레리나의 몸은 깃털같이 가벼워 보였다: 이때 '같이'는 '앞말이 보이는 전형적인 어떤 특징처럼'의 뜻을 나타내며, 앞에 오는 체언이 부사어의 역할을 하도록 하는 부사격 조사이다.

· 점심 때 동료와 같이 식사를 하기로 했다: 이때 '같이'는 '둘 이상의 사람이나 사물이 함께'를 뜻하는 부사이다.

🔖 **이것도 알면 합격!**

헷갈리기 쉬운 동사와 형용사

동사	늙다, 자다, 맞다, 모자라다, 쪼들리다, 닮다, 쑤시다, 붐비다, 잘생기다
형용사	알맞다, 걸맞다, 건강하다, 급급하다, 없다, 젊다, 성실하다, 정직하다
동사, 형용사 모두 쓰이는 단어	크다, 감사하다, 있다, 늦다, 밝다, 길다

| **19** | 비문학 글의 구조 파악 (접속어의 사용) | 난이도 하 ●○○ |

정답 설명

② 빈칸 (가) ~ (다)에 들어갈 말을 순서대로 적으면 '그런데 – 또한 – 하지만'이므로 답은 ②이다.

· (가): (가)의 앞에서는 소비자가격을 낮출 목적으로 오픈프라이스가 도입되었다고 했지만, (가)의 뒤에서 도입 취지와는 달리 소비자의 혼란과 불만만 높아졌다고 설명하고 있으므로 (가)에는 앞의 내용과 상반되는 내용을 서술할 때 쓰는 접속 부사인 '그런데'가 들어가는 것이 적절하다.

· (나): (나)의 앞에서는 빙과와 아이스크림, 라면, 과자의 가격표시율이 다른 제품의 평균적인 가격표시율보다 낮다는 점을 언급하며, (나)의 뒤에서는 앞서 언급한 4개 품목의 가격이 대형마트와 편의점, 골목상점 등에 따라 크게는 3배의 차이를 보이고 있다고 부연 설명하고 있다. 따라서 '거기에다 더'를 뜻하는 접속 부사인 '또한'이 들어가는 것이 적절하다.

· (다): (다)의 앞 부분은 정부가 4개의 품목에 대한 오픈프라이스의 역효과를 파악하고 이를 철회하는 결정을 내렸다는 내용이나, (다)의 뒤 문장은 이미 잘못된 정부의 정책방향이 비판을 받을 것이라는 내용이므로 앞의 사실에 대한 상반된 입장을 나타내는 '하지만'이 들어가는 것이 적절하다.

이것도 알면 합격!

접속어와 접속 표현의 기능

접속 표현	기능
그리고, 그러므로, 그러니, 그래서	순접: 앞의 내용을 이어받아 순조롭게 연결함
그러나, 하지만, 그렇지만	역접: 앞의 내용과 반대되거나 일치하지 않는 내용을 연결함
그러므로, 따라서, 그래서	인과: 앞과 뒤의 내용을 원인과 결과의 관계로 이음
그리고, 또한, 및	대등: 앞과 뒤의 내용을 동등한 자격으로 나열하여 이음
그리고, 아울러, 게다가, 더구나, 또한	첨가, 보충: 앞의 내용에 새로운 내용을 덧붙이거나 보충함
그런데, 한편, 아무튼	전환: 앞의 내용과 다른 생각이나 사실을 서술하여 화제를 바꿈
예를 들면, 예컨대, 이를테면, 가령	예시: 앞의 내용에 대한 구체적인 예를 듦
요컨대, 즉, 요약하자면, 말하자면, 바꾸어 말하면, 다시 말하면	요약, 환언: 앞의 내용을 요약하거나, 말을 바꾸어 다시 말함

---

20 비문학 글의 전략 파악 | 난이도 하 ●○○

정답 설명

③ 제시문은 오픈프라이스 시행 이후 생활물가 수준을 대표하는 품목들의 가격상승률이 높아지고, 영세한 소매점과 대형마트의 가격표시율이 큰 차이를 보이는 등의 구체적인 사례를 들어 오픈프라이스로 인한 문제점을 지적하고 있다.

---

21 비문학 주제 및 중심 내용 파악 | 난이도 중 ●●○

정답 설명

④ 〈보기〉에서는 제시문에서 언급한 일부 품목 외에는 오픈프라이스로 인해 소비자가격이 낮아졌음을 언급하고 있으므로 제시문과 달리 오픈프라이스로 인한 가격인하 경쟁이 성공했다고 보는 입장임을 알 수 있다.

오답 분석

① 〈보기〉는 오픈프라이스를 통해 소비자가격이 낮아진 점을 들어 오픈프라이스의 실효성이 확보되었다고 보고 있다.

② 제시문은 생활물가 수준을 대표하는 주요 품목에 대한 검토 없이 성급하게 오픈프라이스를 도입한 정부의 정책방향을 비판하고 있으나, 〈보기〉에서는 이러한 내용을 확인할 수 없다.

③ 제시문은 오픈프라이스로 인한 물가상승 문제를 지적하고 있으나, 〈보기〉에서는 이러한 내용을 확인할 수 없다.

---

22 어휘 한자어 (한자어의 표기) | 난이도 중 ●●○

정답 설명

④ 剽的(겁박할 표, 과녁 적)(×) → 標的(표할 표, 과녁 적)(○): 목표로 삼는 물건

오답 분석

① 排斥(밀칠 배, 물리칠 척): 따돌리거나 거부하여 밀어 내침

② 威勢(위엄 위, 형세 세): 지위와 권세를 아울러 이르는 말

③ 彈壓(탄알 탄, 누를 압): 권력이나 무력 등으로 억지로 눌러 꼼짝 못 하게 함

---

23 비문학 글의 구조 파악 (문장 배열) | 난이도 하 ●○○

정답 설명

③ 〈보기 2〉를 순서대로 바르게 배열한 것은 ③ '(다) - (가) - (나) - (라)' 이다.

순서	중심 내용	순서 판단의 단서와 근거
(다)	탈레스의 생각은 중동 지방의 신화에서 영향을 받았음	키워드 '이런 생각': 〈보기 1〉에서 제시한 탈레스의 생각과 이어지는 내용임
(가)	땅이 물 위에 떠 있는 원반이라는 주장도 같은 맥락임	키워드 '같은 맥락': '모든 물질의 제1원리는 물'이라는 주장에 이어 같은 맥락에서 '땅은 물 위에 떠 있는 원반'이라는 주장을 제시함
(나)	물이 가지고 있는 성질이 주장의 바탕이 됨	물이 가지고 있는 성질이 〈보기 1〉과 (가)에서 제시한 주장의 바탕이 되었을 것이라는 사실을 설명함
(라)	탈레스가 세상의 근본적인 물질을 물이라고 생각한 이유	(나)에서 설명한 '물이 가지고 있는 성질'을 언급하며 전체 내용을 정리하고 있음

24　어휘　고유어와 한자어의 대응　난이도 상 ●●●

정답 설명

② 바로잡기(×) → 꾸미기/꾀하기(○): 이때 '圖謀(그림 도, 꾀 모)'는 '어떤 일을 이루기 위하여 대책과 방법을 세움'을 뜻하므로, '바로잡기'로 고치는 것은 옳지 않다.

오답 분석

① 막지(○): 이때 '制御(절제할 제, 거느릴 어)'는 '감정, 충동, 생각 등을 막거나 누름'을 뜻하므로 '막지'로 고쳐 쓸 수 있다.

③ 넘겨씌우는(○): 이때 '轉嫁(구를 전, 시집갈 가)'는 '잘못이나 책임을 다른 사람에게 넘겨씌움'을 뜻하므로 '넘겨씌우는'으로 고쳐 쓸 수 있다.

④ 떨어뜨렸다는(○): 이때 '失墜(잃을 실, 떨어질 추)'는 '명예나 위신 등을 떨어뜨리거나 잃음'을 뜻하므로 '떨어뜨렸다는'으로 고쳐 쓸 수 있다.

25　어휘　한자 성어　난이도 중 ●●○

정답 설명

③ '화중군자(花中君子)'는 '여러 가지 꽃 가운데 군자'라는 뜻으로, '연꽃'을 달리 이르는 말이다.

오답 분석

① 견마지로(犬馬之勞): '개나 말 정도의 하찮은 힘'이라는 뜻으로, 윗사람에게 충성을 다하는 자신의 노력을 낮추어 이르는 말

② 사군이충(事君以忠): 충성으로써 임금을 섬김

④ 걸견폐요(桀犬吠堯): '걸왕의 개가 요임금을 향하여 짖는다'라는 뜻으로, 각자 자기의 주인에게 충성을 다함을 비유적으로 이르는 말

실전동형문제 정답

p.86

01	① 어휘 – 표기상 틀리기 쉬운 어휘	06	① 비문학 – 글의 구조 파악	11	① 비문학 – 내용 추론	16	② 비문학 – 세부 내용 파악	21	③ 어법 – 단어
02	④ 어법 – 의미	07	② 비문학 – 세부 내용 파악	12	② 문학 – 수사법, 화자의 정서	17	③ 혼합(문학+어휘) – 화자의 정서 및 태도, 한자 성어	22	② 비문학 – 내용 추론
03	② 어법 – 표준 발음법	08	④ 어법 – 국어의 로마자 표기	13	④ 문학 – 문학사	18	③ 문학 – 작품의 종합적 감상	23	① 문학 – 작품의 종합적 감상
04	① 어법 – 문장	09	④ 혼합(비문학+어휘) – 내용 추론, 한자어	14	③ 어법 – 한글 맞춤법	19	① 어법 – 의미	24	② 문학 – 시어의 의미
05	④ 어법 – 문장	10	③ 어법 – 한글 맞춤법	15	④ 어법 – 문장	20	③ 어휘 – 한자어	25	③ 어휘 – 한자 성어

취약영역 분석표

영역	어법	비문학	문학	어휘	혼합	총계
맞힌 답의 개수	/ 10	/ 5	/ 5	/ 3	/ 2	/ 25

* 취약영역 분석표를 이용해 1개라도 틀린 문제가 있는 영역은 그 영역의 문제만 골라 해설을 다시 한번 꼼꼼히 학습하세요.

---

01 어휘 표기상 틀리기 쉬운 어휘 난이도 상 ●●●

정답 설명

① 단촐한(×) → 단출한(○): '일이나 차림차림이 간편하다'를 뜻하는 단어는 '단출하다'로 표기해야 한다. 따라서 ① '단촐한'은 바르게 쓰이지 않았다.

오답 분석

② 깔때기(○): '병 등에 꽂아 놓고 액체를 붓는 데 쓰는 나팔 모양의 기구'를 뜻하는 단어는 '깔때기'이다.

③ 뒤치다꺼리(○): '뒤에서 일을 보살펴서 도와주는 일'을 뜻하는 단어는 '뒤치다꺼리'이다. 이때 '뒤치닥거리'로 잘못 표기하지 않도록 주의한다.

④ 추스르지(○): '일이나 생각 등을 수습하여 처리하다'를 뜻하는 단어는 '추스르다'이다. 이때 '추슬르다'로 잘못 표기하지 않도록 주의한다.

02 어법 의미 (의미 관계) 난이도 중 ●●○

정답 설명

④ '문학'은 '소설'이라는 장르를 포함하는 상위어이므로 두 단어는 부분 관계가 아닌 상하 관계이다. 참고로, 부분 관계는 '코 : 얼굴'처럼 한 단어가 지시하는 대상이 다른 단어가 지시하는 대상의 일부분인 관계이다.

오답 분석

① '흉내'는 '남이 하는 말이나 행동을 그대로 옮기는 짓'을 뜻하고, '시늉'은 '어떤 모양이나 움직임을 흉내 내어 꾸미는 짓'을 뜻하므로 두 단어는 유의 관계에 해당한다.

② 이때 '시작'과 '끝'은 맞선 방향을 전제로 하여 대립을 이루는 방향 반의어이므로 두 단어는 반의 관계에 해당한다.

③ '포유류'는 젖을 먹여 새끼를 키우는 동물을 말하고, '개'는 '포유류'에 속하는 동물이므로 두 단어는 상하 관계에 해당한다.

03 어법 표준 발음법 난이도 중 ●●○

정답 설명

② 문법[몸뻡](×) → [문뻡](○): [몸뻡]은 치조음인 받침 'ㄴ'이 양순음 'ㅂ'의 영향을 받아 같은 양순음인 [ㅁ]으로 동화되어 발음되는 조음 위치 동화(양순음화)의 결과로, 양순음화로 인한 음운 변동은 표준 발음으로 인정하지 않는다.

오답 분석

① 있는다[인는다](○): '있'의 받침 'ㅆ'이 대표음 [ㄷ]으로 바뀌고(음절의 끝소리 규칙), [ㄷ]은 비음 'ㄴ'의 영향을 받아 [ㄴ]으로 발음되므로(비음화) '있는다'의 표준 발음은 [인는다]이다.

③ 스물여섯[스물려섣](○): '스물 + 여섯'에서 앞말이 자음 'ㄹ'로 끝나고 뒷말이 모음으로 시작하므로 'ㄴ' 음을 추가하여 [녀]로 발음하며(ㄴ 첨가), [녀]는 앞말의 받침 'ㄹ'의 영향을 받아 [려]로 발음된다(유음화). 또한 '섯'의 받침 'ㅅ'은 어말에서 [ㄷ]으로 발음된다(음절의 끝소리 규칙). 따라서 '스물여섯'의 표준 발음은 [스물려섣]이다.

④ 결단력[결딴녁](○): 한자어에서 'ㄹ' 받침 뒤에 연결되는 'ㄷ'은 된소리 [ㄸ]으로 발음하고(된소리되기), 비음 'ㄴ'의 영향을 받은 'ㄹ'은 [ㄴ]으로 발음되므로('ㄹ'의 비음화) '결단력'의 표준 발음은 [결딴녁]이다.

	지식 경영의 실현을 위한 전제 조건과 방안 제시	• 키워드 '이러한 주장': (라)의 마지막 문장을 의미함 • 중심 화제인 지식 경영의 실현을 위한 방안을 제시하면서 글을 마무리하고 있음
(다)		

---

04 어법 문장 (문장 성분)   난이도 중 ●●○

정답 설명

① '부디'는 부사어이고, '여느', '제주도에서의', '근무하는'은 관형어이므로 문장 성분이 다른 하나는 ①이다.
  · 부디 건강하게만 자라다오: 이때 '부디'는 문장 전체를 수식하는 문장 부사어이다.

오답 분석

② 여느 때: 이때 '여느'는 체언 '때'를 수식하고 있으므로 관형어이다.

③ 제주도에서의 일주일: 이때 '제주도에서의'는 '제주도(명사) + 에서(부사격 조사) + 의(관형격 조사)'가 결합한 형태로, 체언 '일주일'을 수식하고 있으므로 관형어이다.

④ 근무하는 연구원: 이때 '근무하는'은 '근무하-(동사 어간) + -는(관형사형 전성 어미)'의 결합으로, 체언 '연구원'을 수식하고 있으므로 관형어이다.

---

05 어법 문장 (높임 표현)   난이도 중 ●●●

정답 설명

④ '아버지께서 저를 데리러 학교에 오셨어요'는 주체 높임법과 상대 높임법이 사용된 문장이므로 '+주체, -객체, +상대'와 같이 분석할 수 있다. 따라서 문장에 실현되는 높임법을 분석한 것으로 옳지 않은 것은 ④이다.
  · 주체 높임법: 주격 조사 '께서'와 주체 높임 선어말 어미 '-시-'를 통해 문장의 주체인 '아버지'를 높이고 있다.
  · 상대 높임법: 비격식체 중 하나인 해요체를 사용하여 듣는 이를 높이고 있다.

---

06 비문학 글의 구조 파악 (문단 배열)   난이도 중 ●●○

정답 설명

① (나) - (가) - (라) - (다)의 순서가 가장 자연스럽다.

순서	중심 내용	순서 판단의 단서와 근거
(나)	지식 경영과 마이클 폴라니의 '암묵지' 개념	지시어나 접속어로 시작하지 않으면서 글의 중심 화제인 '지식 경영'의 개념을 제시함
(가)	노나카 이쿠지로의 지식 경영론에서 말하는 '암묵지'와 '명시지'의 분류	키워드 '폴라니의 탐구': (나)에서 언급되었던 폴라니의 '암묵지' 개념을 응용한 노나카 이쿠지로의 이론을 설명함
(라)	노나카가 주장하는 지식 변환 과정의 네 가지 유형	키워드 '암묵지와 명시지의 분류': (가)에서 '암묵지와 명시지의 분류'에 대해 소개하였고, (라)에서는 이를 기초로 한 지식 변환의 과정을 (가)에 이어서 설명함

---

07 비문학 세부 내용 파악   난이도 중 ●●○

정답 설명

② (가)의 2~6번째 줄을 통해 주관적 지식은 '암묵지'이고, 논리적으로 형식화된 지식은 '명시지'임을 알 수 있다. 또한 (라)의 5~7번째 줄에서 암묵지가 명시지로 변환되는 과정을 '표출화'라고 하였으므로 적절하지 않은 것은 ②이다.

[관련 부분]

· '암묵지'를 신체 감각, 상상 속 이미지, 지적 관심 등과 같이 객관적으로 표현하기 어려운 주관적 지식으로 파악했다.

· '명시지'를 문서나 데이터베이스 등에 담긴 지식과 같이 객관적이고 논리적으로 형식화된 지식으로 파악하고

· 암묵지에서 명시지로의 변환은 암묵적 요소 중 일부가 형식화되어 객관화되는 것으로서 '표출화'라 한다.

오답 분석

① (가)의 끝에서 1~4번째 줄을 통해 확인할 수 있다.

[관련 부분] '명시지'를 문서나 데이터베이스 등에 담긴 지식과 같이 객관적이고 논리적으로 형식화된 지식으로 파악하고, 이것이 암묵지에 비해 상대적으로 지식의 공유 가능성이 높다고 보았다.

③ (나)의 6~9번째 줄을 통해 확인할 수 있다.

[관련 부분] 폴라니는 명확하게 표현되지 않고 주체에게 체화된 '암묵지' 개념을 통해 모든 지식이 지적 활동의 주체인 인간과 분리될 수 없다는 것을 강조했다.

④ (다)의 1~2번째 줄과 (다)의 끝에서 1~4번째 줄을 통해 확인할 수 있다.

[관련 부분]

· 지식 경영이 실현되기 위해서는 지식 공유 과정에 대한 구성원들의 참여가 전제되어야 한다.

· 지식 경영의 성패는 지식의 성격에 대한 정확한 이해에 기초하여 구성원들이 지식 공유와 확산 과정에 자발적으로 참여하도록 하는 방안을 마련하는 것에 달려있다고 할 수 있다.

---

08 어법 국어의 로마자 표기   난이도 하 ●○○

정답 설명

④ 한여름[한녀름] hanyeoreum(×) → hannyeoreum(○): '한- + 여름'이 결합한 파생어로, 앞말이 자음으로 끝나고 뒷말의 첫음절이 '여'이므로 'ㄴ' 음을 첨가하여 [녀]로 발음한다. 'ㄴ' 첨가 현상의 결과는 로마자 표기에 반영하므로 '한여름[한녀름]'은 'hannyeoreum'으로 표기해야 한다.

오답 분석

① 잡혀[자펴] japyeo(O): 받침 'ㅂ'과 뒤에 오는 'ㅎ'이 만나 [ㅍ]으로 축약되는 거센소리되기가 일어나므로 'japyeo'로 표기한다.

② 국민[궁민] gungmin(O): 받침 'ㄱ'이 비음 'ㅁ'의 영향으로 [ㅇ]으로 발음되는 비음화가 일어나므로 'gungmin'으로 표기한다.

③ 미닫이[미다지] midaji(O): 받침 'ㄷ'이 접미사 '-이'의 모음 'ㅣ'를 만나 [ㅈ]으로 발음되는 구개음화 현상이 일어나므로 'midaji'로 표기한다.

09　비문학+어휘　내용 추론, 한자어　난이도 중 ●●○

정답 설명

④ 제시문은 특정 경험의 정도가 커질수록 기억을 더 잘하게 되는 인간의 뇌와 유사하게 특정 학습의 경험 정도에 따라 행동 방식이 달라지는 딥러닝 방식을 적용한 알파고를 소개하고 있다. 이때 알파고는 사용자의 패턴과 기존 학습에서 경험한 내용(특정 경험)을 활용하여 모든 경우의 수를 시뮬레이션하지 않고도 바로 바둑을 둘 수 있으므로 문맥상 괄호 안에 들어갈 말로 적절한 것은 ④ '직관적(直觀的)'이다.

· 직관적(直觀的): 판단이나 추리 등의 사유 작용을 거치지 않고 대상을 직접적으로 파악하는 것

오답 분석

① 지속적(持續的): 어떤 상태가 오래 계속되는 것

② 심미적(審美的): 아름다움을 살펴 찾으려는 것

③ 객관적(客觀的): 자기와의 관계에서 벗어나 제삼자의 입장에서 사물을 보거나 생각하는 것

10　어법　한글 맞춤법 (맞춤법에 맞는 표기)　난이도 중 ●●○

정답 설명

③ 될 대로 되라는(O): '되라는'은 '되다'의 어간에 '-라고 하는'의 준말인 '-라고'가 결합한 형태이므로 맞춤법 표기가 가장 옳은 것은 ③이다. 참고로, '되다'의 어간에 종결 어미 '-어라'가 붙은 활용형은 '되어라' 혹은 '돼라'로 표기할 수 있다.

오답 분석

① 잘껄(×) → 잘걸(O): '그렇게 했으면 좋았을 것이나 하지 않은 어떤 일에 대해 가벼운 뉘우침이나 아쉬움'을 나타내는 종결 어미는 '-ㄹ걸'이므로 '잘걸'이 바른 표기이다.

② 늘은(×) → 는(O): '늘다'는 'ㄹ' 불규칙 용언이므로 어간의 끝소리 'ㄹ'이 'ㄴ'으로 시작하는 어미 앞에서 탈락한다. 따라서 어간 '늘-'에 관형사형 전성 어미 '-ㄴ'이 결합한 활용형은 '는'이다.

④ 몇 일(×) → 며칠(O): '그달의 몇째 되는 날'을 뜻하는 말은 '며칠'이다.

11　비문학　내용 추론　난이도 중 ●●○

정답 설명

① 끝에서 1~3번째 줄을 통해 정선은 실제 자연의 모습을 있는 그대로 그리기보다 생략이나 변형을 하여 자연의 아름다움을 부각했음을 알 수 있다. 따라서 정선이 그린 '관동팔경'과 실제 관동 지방의 풍경은 차이가 있을 것으로 추론할 수 있다.

[관련 부분] 정선은 실제 자연의 모습을 있는 그대로 재현하기보다 생략이나 변형의 방식 등을 통해 자연의 아름다움이나 정취를 부각함으로써 '환'을 실현했습니다.

오답 분석

② 3~6번째 줄을 통해 '환'은 실제 산수가 가질 수 없는 아름다움이 산수화에 표현된 것을 말하며, 정선의 산수화에서 '환'이 나타남을 알 수 있다. 그러나 '환'이 정선의 산수화에서만 나타나는 고유의 특징임은 추론할 수 없다.

[관련 부분] 산수화 중에는 실제 산수가 가질 수 없는 완전한 아름다움이 형상화된 것들이 있는데 이러한 아름다움을 '환'이라고 합니다. 정선의 산수화에서도 이러한 특징을 찾아볼 수 있습니다.

③④ 제시문을 통해 확인할 수 없는 내용이다.

12　문학　수사법, 화자의 정서　난이도 하 ●○○

정답 설명

② 제시된 작품에서 반복적으로 나타나는 '잊었노라'라는 표현은 '당신'을 잊을 수 없으며 여전히 그리워하고 있다는 반어적 의미를 내포한다. 따라서 작품에 드러난 주된 표현 기법은 '반어법'이며 이를 통해 강조하고 있는 화자의 정서는 ② '그리움'이다.

📖 이것도 알면 합격!

김소월, '먼 후일'의 주제 및 특징

1. 주제: 떠나간 임을 잊을 수 없는 심정
2. 특징
   (1) 3음보의 규칙적인 율격을 통해 운율을 형성함
   (2) 반어적 표현 '잊었노라'를 통해 화자의 정서를 강조함
   (3) 미래 시제 '-하면'과 과거 시제 '잊었노라'가 반복·변조됨

13　문학　문학사 (현대 문학사)　난이도 중 ●●○

정답 설명

④ 〈보기〉는 신경림의 '농무(農舞)'로, 이와 작품의 발표 시기가 가장 가까운 것은 ④ 조세희의 '난쟁이가 쏘아올린 작은 공'이다.

· 신경림의 '농무': 1971년에 발표되었으며, 급격한 산업화로 와해되어 가는 농촌의 피폐한 현실을 그린 작품이다.

- 조세희의 '난쟁이가 쏘아올린 작은 공': 1976년에 발표되었으며, 난쟁이 일가의 삶을 통해 소외된 도시 빈민 계층의 현실을 그린 작품이다.

[오답 분석]

① 박태원의 '천변 풍경': 1936년부터 1937년까지 연재되었으며, 당시 청계천 주변을 살아가던 서민들의 삶의 애환을 다룬 세태 소설이다.

② 황순원의 '너와 나만의 시간': 1958년에 발표되었으며, 6·25 전쟁이라는 극한 상황 속에서 죽음의 위기에 부딪힌 인물들의 행동과 심리를 다룬 작품이다.

③ 성석제의 '황만근은 이렇게 말했다': 2000년에 발표되었으며, 1990년대 후반을 배경으로 '황만근'이라는 인물의 생애를 해학적인 문체로 그려낸 농촌 소설이다.

14　어법　한글 맞춤법 (띄어쓰기)　난이도 중 ●●○

[정답 설명]

③ 동틀ｖ녘(○): '동틀'은 '동트다'의 활용형으로 한 단어이므로 서로 붙여 쓰고, '녘'은 '어떤 때의 무렵'을 뜻하는 의존 명사이므로 앞말과 띄어 쓴다. 참고로 '새벽녘, 샐녘, 어슬녘, 저녁녘, 저물녘' 등은 합성어로 사전에 등재된 한 단어이므로 붙여 쓴다.

[오답 분석]

① 일이군ｖ그래(×) → 일이군그래(○): 이때 '그래'는 청자에게 문장의 내용을 강조함을 나타내는 보조사이므로 앞말에 붙여 써야 한다.

② 가을ｖ치고(×) → 가을치고(○): '치고'는 '그중에서는 예외적으로'를 뜻하는 보조사이므로 앞말에 붙여 써야 한다.

④ 말ｖ마따나(×) → 말마따나(○): 이때 '마따나'는 '말한 대로, 말한 바와 같이'를 뜻하는 격 조사이므로 앞말에 붙여 써야 한다.

15　어법　문장 (피동 표현과 사동 표현)　난이도 중 ●●●

[정답 설명]

④ 주동문 (가)의 목적어(옷을)는 사동문 (나)에서도 목적어(옷을)로 기능하지만 능동문 (다)의 목적어(범인을)는 피동문 (라)에서 주어(범인이)로 기능하고 있다.

[오답 분석]

① 피동문 (라)의 서술어 '잡히다'는 주어(범인이)와 필수적 부사어(경찰에게)를 필요로 하는 두 자리 서술어이므로 부사어의 생략이 불가능하다.

② 사동문 (나)는 주동사 '입다'에 사동 표현 '-게 하다'가 결합한 통사적 사동문이고, 피동문 (라)는 능동사 '잡다'에 피동 접미사 '-히-'가 결합한 파생적 피동문이다.

③ 주동문 (가)의 서술어 '입다'는 주어와 목적어를 필요로 하는 두 자리 서술어이고, 사동문 (나)의 서술어 '입게 하다'는 주어, 목적어, 부사어를 필요로 하는 세 자리 서술어이다. 따라서 주동문이 사동문으로 전환될 때 서술어의 자릿수에 변화가 있음을 알 수 있다.

16　비문학　세부 내용 파악　난이도 중 ●●●

[정답 설명]

② 2문단 7~8번째 줄을 통해 설명항에는 보편 법칙 또는 보편 법칙의 역할을 하는 명제가 하나 이상 포함되어야 한다는 것을 알 수 있다.

[관련 부분] 설명항에는 '모든 사람은 죽는다.'처럼 보편 법칙 또는 보편 법칙의 역할을 하는 명제가 하나 이상 있어야 한다.

[오답 분석]

① 2문단 4~5번째 줄을 통해 설명항이 전제에 대응하며, 피설명항이 결론에 대응한다는 것을 알 수 있다.

[관련 부분] 설명을 하는 부분인 설명항은 전제에 해당하며 설명되어야 하는 부분인 피설명항은 결론에 해당한다.

③ 2문단 1번째 줄을 통해 헴펠의 이론이 가장 처음으로 제시된 설명 이론이라는 점을 알 수 있으므로 기존의 설명 이론을 반박하기 위해 제시되었다는 설명은 적절하지 않다.

[관련 부분] 처음으로 체계적인 설명 이론을 제시한 헴펠에 따르면

④ 2문단 끝에서 1~3번째 줄을 통해 헴펠의 설명 이론은 피설명항이 보편 법칙의 사례로 일어날 만하다는 것을 밝히기 위한 설명의 요건을 제시했다는 점에서 의의가 있음을 알 수 있다. 따라서 설명 이론이 피설명항과 보편 법칙과 관련 없다는 것을 밝히고자 했다는 설명은 적절하지 않다.

[관련 부분] 헴펠의 설명 이론은 피설명항이 보편 법칙의 개별 사례로서 마땅히 일어날 만한 일이었음을 보여 주기 위한 설명의 요건을 제시했다는 점에서 의의가 있다.

17　문학+어휘　화자의 정서 및 태도, 한자 성어　난이도 중 ●●○

[정답 설명]

③ 제시된 작품의 화자는 흉년으로 인해 먹을 것이 없는 비참한 상황에 처해 있으며 먹을 것을 구하기 위해 유랑걸식을 떠난 남편을 걱정하고 있다. 따라서 화자의 상황을 적절하게 표현한 한자 성어는 ③ '家徒壁立(가도벽립)'이다.

- 家徒壁立(가도벽립): '가난한 집이라 세간살이는 하나도 없고 네 벽만 서 있다'라는 뜻으로, 매우 가난함을 이르는 말

[오답 분석]

① 安貧樂道(안빈낙도): 가난한 생활을 하면서도 편안한 마음으로 도를 즐겨 지킴

② 多岐亡羊(다기망양): 1. '갈림길이 많아 잃어버린 양을 찾지 못한다'라는 뜻으로, 두루 섭렵하기만 하고 전공하는 바가 없이 끝내 성취하지 못함을 이르는 말 2. 방침이 많아서 도리어 갈 바를 모름

④ 尾生之信(미생지신): 우직하여 융통성이 없이 약속만을 굳게 지킴을 비유적으로 이르는 말

🚩 이것도 알면 합격!

정약용, '채호'의 주제와 특징
1. 주제: 기근으로 인한 민중들의 비참한 생활과 권력자의 무관심
2. 특징
   - 극심한 흉년으로 고통 받는 민중들의 모습을 사실적으로 묘사함
   - 위정자들의 안일한 태도와 민중의 고통이 대조를 이룸

---

18 문학 작품의 종합적 감상 (수필)   난이도 중 ●●○

정답 설명

③ 제시된 작품은 조선 시대에 창작된 유씨 부인의 '조침문(弔針文)'으로, 죽은 사람을 추모하는 글인 제문(祭文) 형식을 취하여 부러진 바늘에 대한 애도를 표현한 글이다. 따라서 〈보기〉에 대한 설명으로 가장 옳은 것은 ③이다.

오답 분석

① 서두에서 '모년(某年) 모월(某月) 모일(某日)'이라는 표현을 사용하고 있으므로 글을 쓴 구체적 시기는 드러나 있지 않다.

② 바늘이 부러진 것을 안타까워하고 있으나, 그것이 남편이 선물해준 바늘인지는 제시된 작품을 통해 알 수 없다.

④ '유세차(維歲次)'는 '이해의 차례는'이라는 의미로, 제문의 서사에서 관용적으로 쓰이는 표현이다.

🚩 이것도 알면 합격!

유씨 부인, '조침문'의 특징
1. 바늘을 잃은 슬픔을 제문 형식으로 표현한 조선 시대 여류 수필의 대표작임
2. 부러진 바늘을 의인화하여 그 죽음을 슬퍼하는 내용을 담고 있음
3. 의인법, 비유법, 영탄법 등 다양한 표현 방법이 사용됨

---

19 어법 의미 (어휘의 의미 변화)   난이도 중 ●●○

정답 설명

① 중세 국어 시기에 '싁싁하다'는 '엄숙하다, 장엄하다'를 뜻하는 말이었으나, 오늘날 '씩씩하다'는 '굳세고 위엄스럽다'의 의미로 쓰이고 있다. 따라서 '싁싁하다 → 씩씩하다'는 형태의 일부가 바뀐 후 의미가 변한 예이므로 옳지 않은 설명은 ①이다.

오답 분석

② 중세 국어 시기에 '어엿브다'는 '불쌍하다'를 뜻하는 말이었으나 오늘날 '어여쁘다'는 '예쁘다'의 의미로 쓰이고 있으므로 형태의 일부가 바뀐 후 의미가 변한 예이다.

③ 중세 국어 시기에 '얼굴'은 '모습, 형체'를 뜻하는 말이었으나 어휘의 통시적 변화에 따라 '눈, 코, 입이 있는 머리의 앞면'으로 의미가 축소된 예이다.

④ 중세 국어 시기에 '영감'은 조선 시대에 '종2품·정3품 당상관의 품계를 가진 관인'을 높여 부르던 말이었으나, 오늘날에는 '급수가 높은 공무원이나 지체가 높은 사람을 높여 이르는 말, 나이 든 부부 사이에서 아내가 그 남편을 이르거나 부르는 말, 나이가 많아 중년이 지난 남자를 대접하여 이르는 말'로 의미가 확대된 예이다.

---

20 어휘 한자어 (한자어의 독음)   난이도 상 ●●●

정답 설명

③ 한자어의 독음으로 옳은 것은 ㄴ '敷演(부연)', ㄷ '順調(순조)', ㅂ '指針(지침)'이므로 답은 ③이다.
- ㄴ 敷演(펼 부, 펼 연): 이해하기 쉽도록 설명을 덧붙여 자세히 말함
- ㄷ 順調(순할 순, 고를 조): 일 등이 아무 탈이나 말썽 없이 예정대로 잘되어 가는 상태
- ㅂ 指針(가리킬 지, 바늘 침): 생활이나 행동 등의 지도적 방법이나 방향을 인도하여 주는 준칙

오답 분석

ㄱ 膠着(고착)(×) → (아교 교, 붙을 착)(○): 어떤 상태가 굳어 조금도 변동이나 진전이 없이 머묾

ㄹ 協助(협주)(×) → (화합할 협, 도울 조)(○): 힘을 보태어 도움

ㅁ 沈潛(침체)(×) → (잠길 침, 잠길 잠)(○): 1. 겉으로 드러나지 않게 물속 깊숙이 가라앉거나 숨음 2. 마음을 가라앉혀서 깊이 생각하거나 몰입함

---

21 어법 단어 (조사의 구분)   난이도 중 ●●○

정답 설명

③ '식빵과 우유'에 사용된 '과'는 둘 이상의 사물이나 사람을 같은 자격으로 이어 주는 접속 조사이다. 반면 ① ②의 '와', ④의 '하고'는 모두 부사격 조사이므로 밑줄 친 조사의 성격이 다른 하나는 ③이다.

오답 분석

① '그는 나와 처지가 다르다'에서 '와'는 다른 것과 비교하거나 기준으로 삼는 대상임을 나타내는 부사격 조사이다.

② '친구와 한강을 걸었다'에서 '와'는 '일 등을 함께 함'을 나타내는 부사격 조사이다.

④ '강아지하고 산책을 다녀왔다'에서 '하고'는 '일 등을 함께 함'을 나타내는 부사격 조사 '와'의 구어체 표현이다.

이것도 알면 **합격!**

격 조사 '와/과'와 접속 조사 '와/과'의 구분

격 조사 '와/과'	1. 다른 것과 비교하거나 기준으로 삼는 대상임을 나타내는 격 조사 **예** 이 문제는 다음과 같은 방법으로 풀이할 수 있다. 2. 일 등을 함께 함을 나타내는 격 조사 **예** 어머니와 시장에 장을 보러 갔다. 3. 상대로 하는 대상임을 나타내는 격 조사 **예** 생사의 갈림길에서 죽음과 맞서 싸우다.
접속 조사 '와/과'	둘 이상의 사물이나 사람을 같은 자격으로 이어 주는 접속 조사. 이때 '과'는 경우에 따라 생략이 가능하며, 생략된 자리에는 쉼표를 찍는다. **예** 망고와 바나나는 열대 과일이다. 망고, 바나나는 열대 과일이다.

---

22 비문학 내용 추론 난이도 중 ●●○

정답 설명

② 2문단 끝에서 1~3번째 줄을 통해 사회비교 이론은 집단 극화 현상이 다른 사람보다 더 나아 보이기 위해 발생한다고 설명함을 알 수 있다. 따라서 사회비교 이론이 경쟁적 심리에 의해 집단 극화 현상이 발생한다고 보는 추론은 적절하다.

[관련 부분] 자신이 지지하는 의견을 더 적극적으로 지지하는 사람이 있다면 그 사람보다 나아 보이기 위해 극단적인 방향으로 주장을 이행한다는 것이다.

오답 분석

① ④ 제시문을 통해 확인할 수 없는 내용이다.

③ 1문단 1~5번째 줄을 통해 집단 극화 현상이 나타난 토론 후 진보 집단은 더욱 진보적인 결정을, 보수 집단은 더욱 보수적인 결정을 내리게 됨을 알 수 있다. 즉, 집단 극화 현상이 심화된 토론 후 각 집단의 의사가 강화될 뿐 보수 집단을 지지하는 사람들이 증가하게 될 것임은 추론할 수 없다.

[관련 부분] 집단 극화 현상이란 한 집단을 이루고 있는 개인의 의사 결정보다 더 극단적인 방향으로 집단의 의사 결정이 이행되는 현상이다. 토론 후 진보적인 집단은 더욱 진보적인 결정을, 보수적인 집단은 더욱 보수적인 결정을 내리는 것이 바로 그 예이다.

---

23 문학 작품의 종합적 감상 (시조) 난이도 중 ●●○

정답 설명

① (가)의 '내 논 다 믹여든 네 논 졈 믹여 주마(내 논을 다 매거든 네 논도 매어 주마)'를 통해 (가)의 화자는 관리가 아닌 농사를 짓는 평범한 백성 중 한 사람임을 알 수 있다. 또한 (나)의 화자는 '노인'의 짐을 들어주려는 젊은이이므로, 제시된 작품에 대한 설명으로 가장 적절하지 않은 것은 ①이다.

오답 분석

② 제시된 작품은 정철의 '훈민가'로, 작가가 강원도 관찰사로 재직하던 시절 지은 작품이다. 정철의 대표작으로는 '관동별곡', '사미인곡', '속미인곡' 등이 있다.

③ '훈민가'는 총 16수로 이루어진 연시조의 형태를 취하고 있으나, 각 수의 내용이 독립적으로 구성되어 있다.

④ '훈민가'는 유교적 덕목의 실천을 권장하기 위해 창작된 작품으로, (가)의 중장(내 논 다 믹여든 네 논 졈 믹여 주마)을 통해 상부상조의 정신을, (나)의 초장(이고 진 뎌 늘그니 짐 프러 나ᄅ 주오)를 통해 경로 사상을 강조하고 있음을 알 수 있다.

지문 풀이

(가) ㉠오늘도 날이 밝았구나, 호미 메고 가자꾸나.
　　 내 논을 다 매거든 네 논도 좀 매어 주마.
　　 오는 길에 뽕 따다가 누에 먹여 ㉡보자꾸나.

(나) ㉢(머리에) 이고 (등에) 짊어진 저 노인이여, 짐 풀어 나를 주오.
　　 나는 ㉣젊었으니 돌인들 무거울까?
　　 늙기도 서러운데 짐까지 지실까?

---

24 문학 시어의 의미 난이도 중 ●●○

정답 설명

② '-쟈스라'는 어떤 행동을 함께하자는 뜻을 나타내는 청유형 어미 '-자꾸나'의 옛말이다. 따라서 ㉡'보쟈스라'는 명령형 어미가 아닌 청유형 어미를 사용하여 설득력을 높이고 있는 표현이므로 가장 적절하지 않은 설명은 ②이다.

오답 분석

① '오놀도 다 새거다'에서 '-거다'는 서술어가 나타내는 동작이나 상태가 확정되거나 완료됨을 나타내는 종결 어미로, '오늘도 다 새었구나(날이 밝았구나)'라는 의미이다.

③ '이고 진'은 '(머리에) 이고 (등에) 짊어진'이라는 뜻으로, 짐을 짊어진 '노인'을 수식하고 있다.

④ '졈엇써니'는 '젊었으니'라는 뜻으로 종장의 '늘거도(늙기도)'와 대비되며, 젊은 화자가 나이 든 노인의 짐을 대신 들어줌으로써 경로사상(敬老思想)을 실천하고자 함을 알 수 있다.

이것도 알면 **합격!**

정철, '훈민가(訓民歌)'
1. 갈래: 연시조 (16수)
2. 주제: 유교 윤리의 실천
3. 특징
　(1) 평이한 어휘를 사용하여 전달 효과를 높임
　(2) 유교 윤리를 실천하는 것을 권하는 목적 문학의 성격을 지님
　(3) 연시조의 형태를 취하고 있으나, 각 수의 내용이 독립적임

4. 각 수의 주제

제1수	부생모육의 은혜	제9수	어른을 공경하는 태도
제2수	임금과 백성의 관계	제10수	벗을 소중히 여기는 태도
제3수	형제간의 우애	제11수	어려운 사람이나 친척을 돕기
제4수	효행의 자세	제12수	애경사 시에 서로 돕기
제5수	부부간의 상호 존중	제13수	상부상조의 정신
제6수	남녀 간의 올바른 처신	제14수	남의 물건을 탐내지 말 것
제7수	자녀들의 학문 권장	제15수	도박과 송사 금지
제8수	올바른 행동	제16수	경로 사상

25 어휘 한자 성어 난이도 중 ●●○

정답 설명

③ 문맥상 괄호 안에는 기본적인 윤리 경영조차 실천하지 않는 기업은 언제 무너질지 모른다는 의미의 한자 성어가 들어가야 한다. 따라서 괄호에는 '모래 위에 세운 누각'이라는 뜻으로, 기초가 튼튼하지 못하여 오래 견디지 못할 일이나 물건을 이르는 말인 ③ '사상누각(沙上樓閣)'이 들어가는 것이 적절하다.

오답 분석

① 견강부회(牽強附會): 이치에 맞지 않는 말을 억지로 끌어 붙여 자기에게 유리하게 함

② 방휼지쟁(蚌鷸之爭): '도요새가 조개와 다투다가 다 같이 어부에게 잡히고 말았다'라는 뜻으로, 대립하는 두 세력이 다투다가 결국은 구경하는 다른 사람에게 득을 주는 싸움을 비유적으로 이르는 말

④ 순망치한(脣亡齒寒): '입술이 없으면 이가 시리다'라는 뜻으로, 서로 이해관계가 밀접한 사이에 어느 한쪽이 망하면 다른 한쪽도 그 영향을 받아 온전하기 어려움을 이르는 말

◐ 실전동형문제 정답

p.94

01	④ 어법 – 한글 맞춤법	06	① 어법 – 한글 맞춤법	11	④ 어법 – 단어	16	① 어법 – 국어의 로마자 표기	21	③ 어휘 – 한자 성어, 속담
02	② 문학 – 서술상의 특징	07	② 문학 – 작품의 종합적 감상	12	① 어법 – 한글 맞춤법	17	③ 문학 – 작품의 종합적 감상	22	② 문학 – 서술상의 특징
03	③ 어법 – 문장	08	② 문학 – 시구의 의미	13	③ 비문학 – 글의 전략 파악	18	④ 어법 – 올바른 문장 표현	23	③ 문학 – 인물의 심리 및 태도
04	④ 어휘 – 관용 표현	09	① 문학 – 작품에 대한 지식	14	④ 비문학 – 세부 내용 파악	19	① 비문학 – 내용 추론	24	① 어법 – 외래어 표기
05	④ 어휘 – 고유어와 한자어의 대응	10	③ 어휘 – 한자어	15	② 문학 – 시어의 의미	20	② 어법 – 단어	25	④ 비문학 – 논지 전개 방식

◐ 취약영역 분석표

영역	어법	비문학	문학	어휘	혼합	총계
맞힌 답의 개수	/ 9	/ 4	/ 8	/ 4	– / 0	/ 25

* 취약영역 분석표를 이용해 1개라도 틀린 문제가 있는 영역은 그 영역의 문제만 골라 해설을 다시 한번 꼼꼼히 학습하세요.

---

01 어법 한글 맞춤법 (맞춤법에 맞는 표기) 난이도 중 ●●○

정답 설명

④ 담당자로써(×) → 담당자로서(○): 담당자의 자격으로 책임을 다하겠다는 내용이므로 문맥상 지위나 신분 또는 자격을 나타내는 격 조사인 '로서'를 써야 한다. '로써'는 어떤 일의 수단이나 도구를 나타내는 격 조사이므로 적절하지 않다.

오답 분석

① 맞히기(○): '침, 주사 등으로 치료를 받게 하다'를 뜻하는 '맞히다'가 적절하게 쓰였다.

② 칼국숫집(○): '칼국수 + 집'으로 이루어진 순우리말 합성어로, 앞말이 모음 'ㅜ'로 끝나고 뒷말의 첫소리가 된소리 [ㅉ]으로 소리 나므로 사이시옷을 받쳐 적는다.

③ 있을는지(○): 앎이나 판단, 추측 등의 대상이 되는 명사절에서 어떤 불확실한 사실의 실현 가능성에 대한 의문을 나타내는 종결 어미인 '-을는지'가 적절하게 쓰였다.

🔖 이것도 알면 합격!

어미 '-ㄹ는지/을는지'의 쓰임

1. 뒤 절이 나타내는 일과 상관이 있는 어떤 일의 실현 가능성에 대한 의문을 나타내는 연결 어미
   예 제시간에 일을 마칠 수 있을는지 걱정이 된다.
2. 어떤 불확실한 사실의 실현 가능성에 대한 의문을 나타내는 종결 어미
   예 그가 이 일을 허락할는지.
3. 앎이나 판단, 추측 등의 대상이 되는 명사절에서 어떤 불확실한 사실의 실현 가능성에 대한 의문을 나타내는 종결 어미
   예 진정 미워해야 할 부류는 우리 내부에 있을는지 모른다.

---

02 문학 서술상의 특징 난이도 중 ●●○

정답 설명

② 제시된 작품에서 서술자는 등장인물의 행동을 관찰하여 서술하거나 등장인물 간의 대화를 제시할 뿐, 직접 개입하여 인물의 행위를 평가하지는 않는다.

오답 분석

① '앵앵하며, 번뜻번뜻, 표루루루, 보글보글' 등의 음성 상징어를 사용하여 현장감을 주는 동시에 웃음을 유발하고 있다.

③ 조조는 적에게 쫓기는 위급한 상황에서 자기의 목숨을 걱정하며 겁을 내다가도 메추리를 보고 군침을 흘리는 경박한 태도를 보이고 있다.
   [관련 부분] "야 그게 메추리냐? 그놈 비록 자그마한 놈이지만 냄비에다 물 붓고 갖은 양념하여 보글보글 볶아 놓으면 술안주 몇 점 참 맛있느니라만."

④ 작은 소리에 놀라거나 메추리에 겁을 먹으며 경박한 언행을 보이는 조조와 이를 조롱하는 정욱의 대화를 통해 조조의 소심하고 경망스러운 성격을 간접적으로 보여주고 있다.

🔖 이것도 알면 합격!

'적벽가(赤壁歌)'의 특징

1. 중국 소설 '삼국지연의' 중 적벽 대전 이야기를 변용한 판소리 사설임
2. 조조는 당대 지배층의 상징으로, 조조를 희화화함으로써 기성 권위를 풍자함
3. 영웅들의 활약상뿐만 아니라, 이름 없는 병사들이 전장에서 겪는 설움과 애환까지도 평민의 시각에서 그려냄

03 어법 문장 (문장 성분) 난이도 중 ●●○

정답 설명

③ '이상하게'는 서술어 '생기다'가 요구하는 필수적 부사어인 반면 ①
② ④의 부사어는 생략 가능한 부사어이다. 따라서 문장 내에서 부사어
의 역할이 나머지 셋과 가장 다른 것은 ③이다.

🖋️ 이것도 알면 **합격!**

필수적 부사어의 예

* _____과/와 + '같다', '다르다', '닮다'
  예 언니는 이모와 닮았다.
* _____에/에게 + '넣다', '두다', '다가서다'
  예 열쇠를 서랍에 두다.
* _____에게 + '주다', '받다'
  예 친구에게 선물을 받다.
* _____(으)로 + '삼다', '변하다'
  예 스승은 그를 제자로 삼았다.
* _____-게, -이/-히 + '굴다', '보이다'
  예 버릇없이 굴면 안 돼.

04 어휘 관용 표현 난이도 하 ●○○

정답 설명

④ '그의 의견에 대하여 아무도 반박할 수 없었다'라는 문맥을 통해 밑줄 친
'사개가 맞다'는 ④의 의미로 쓰였음을 유추할 수 있다.

오답 분석

① '아퀴를 짓다'의 뜻풀이이다.
② '가락이 나다'의 뜻풀이이다.
③ '변죽을 울리다'의 뜻풀이이다.

05 어휘 고유어와 한자어의 대응 난이도 상 ●●●

정답 설명

④ 버렸다고(×) → 차지했다고(○): '壟斷(농단)'은 '이익이나 권리를 독차지
함'을 이르는 말이므로, '버렸다고'가 아닌 '차지했다고'와 같이 고치는
것이 더 적절하다.

· 壟斷(농단: 밭두둑 농, 끊을 단)

오답 분석

① 빠져(○): '缺落(결락)'은 '있어야 할 부분이 빠져서 떨어져 나감'을 뜻하
는 말이므로 '빠져'로 고쳐 쓸 수 있다.

· 缺落(결락: 이지러질 결, 떨어질 락)

② 숨긴(○): '隱匿(은닉)'은 '남의 물건이나 범죄인을 감춤'을 뜻하므로 '숨
긴'으로 고쳐 쓸 수 있다.

· 隱匿(은닉: 숨을 은, 숨길 닉)

③ 몰려들고(○): '遝至(답지)'는 '한군데로 몰려들거나 몰려옴'을 뜻하므로
'몰려들고'로 고쳐 쓸 수 있다.

· 遝至(답지: 뒤섞일 답, 이를 지)

06 어법 한글 맞춤법 (맞춤법에 맞는 표기) 난이도 하 ●○○

정답 설명

① 준말의 표기가 옳은 것은 ㄱ, ㄹ이므로 답은 ①이다.
ㄱ. 꽸다(○): '긔' 뒤에 '-었-'이 어울릴 때는 '꽸'으로 줄여 쓰므로 '꽸다'
는 옳은 표기이다.
ㄹ. 달갑잖은(○): '-지 않-'은 '잖'으로 줄여 쓰므로 '달갑잖은'은 옳은
표기이다.

오답 분석

ㄴ. 뉘여(×) → 뉘어/누여(○): '누이어'에서 '누이-'가 '뉘'로 줄어든 '뉘어'
또는 '-이어'가 '-여'로 줄어든 '누여'로 써야 한다.
ㄷ. 챘다(×): '차였다'는 '차이었다'가 이미 줄어든 말이므로 다시 줄여 쓸 수
없다.
ㅁ. 편않찮다(×) → 편안찮다(○): '-하지 않-'은 '찮'으로 줄여 쓰므로 '편안
찮다'로 써야 한다.

07 문학 작품의 종합적 감상 (시) 난이도 중 ●●○

정답 설명

② 화자는 절망적인 상황에 처해있지 않으며 좌절감 또한 느끼고 있지 않
으므로 작품에 대한 옳지 않은 설명은 ②이다.

오답 분석

① 시의 전반부에서 황량한 가을날의 풍경이 제시되고(선경), 후반부에서
고독한 화자의 정서가 드러나는(후정) 선경 후정의 방식으로 시상을 전
개하고 있다.
③ 떨어지는 '낙엽'에서 하강의 이미지가, 일광 너머로 사라지는 '길'에서 소
멸의 이미지가 드러나며 이를 통해 황량한 가을날의 풍경을 묘사하고
있다.
④ '낙엽'은 '망명 정부의 지폐', '길'은 '넥타이', '급행열차'의 증기는 '담배
연기'에 비유하여 차갑고 쓸쓸한 도시 문명 속 현대인의 고독을 형상화
하고 있다.

🖊 **이것도 알면 합격!**

김광균, '추일서정'의 특징
1. 감정을 절제한 객관적 묘사가 주를 이룸
2. 선경 후정의 방식으로 주제의식을 형상화함
   - 1~11행: 황량한 가을날의 풍경
   - 12~16행: 고독감, 쓸쓸함
3. 도시 문명을 상징하는 소재를 사용함
   예 급행열차, 공장

---

08 문학 시구의 의미   난이도 상 ●●●

정답 설명

② ⓒ에서 '나눈'은 악률을 맞추기 위한 무의미한 여음구이므로 '사각사각 가는 모래 벼랑에'로 해석해야 한다.

오답 분석

① ㉠은 '징이여, 돌이여, 지금에 계십니다'라는 뜻으로, 작품의 제목인 '정석가(鄭石歌)'에서 '정(鄭)'은 '징', '석(石)'은 '돌'을 의미한다.

③ ㉢은 '유덕하신 임을 이별하고 싶습니다'라는 뜻으로, 앞에서 가정한 불가능한 상황이 일어나야만 임과 이별하겠다는 의미이므로 실제로는 임과 이별하지 않겠다는 의지를 드러내는 반어적 표현으로 볼 수 있다.

④ ㉣은 '믿음이야 끊어지겠습니까?'라는 뜻으로, 어떠한 상황이 와도 임에 대한 사랑과 믿음을 저버리지 않겠다는 화자의 의지가 드러난 표현으로 볼 수 있다.

지문 풀이

> ㉠ 징이여, 돌이여, 지금에 계십니다.
> 징이여, 돌이여, 지금에 계십니다.
> 이 좋은 태평성대에 노닐고 싶습니다.
>
> ㉡ 사각사각 가는 모래 벼랑에
> 사각사각 가는 모래 벼랑에
> 구운 밤 다섯 되를 심습니다.
> 그 밤이 움이 돋아 싹이 터야만
> 그 밤이 움이 돋아 싹이 터야만
> 유덕하신 임을 이별하고 싶습니다.
>
> 옥으로 연꽃을 새깁니다.
> 옥으로 연꽃을 새깁니다.
> 바위 위에 접을 붙입니다.
> 그 꽃이 세 묶음(추운 겨울에)이 피어야만
> 그 꽃이 세 묶음(추운 겨울에)이 피어야만
> ㉢ 유덕하신 임을 이별하고 싶습니다.
>
> 구슬이 바위에 떨어진들
> 구슬이 바위에 떨어진들
> 끈이야 끊어지겠습니까.
> 천 년을 외로이 살아간들
> 천 년을 외로이 살아간들
> ㉣ 믿음이야 끊어지겠습니까.

---

09 문학 작품에 대한 지식   난이도 중 ●●○

정답 설명

① 서사 – 본사 – 결사로 이어지는 구조는 맞으나, 서사에 해당하는 1연과 결사에 해당하는 마지막 연은 후렴구(유덕ᄒ신 님을 여희ᄋ와지이다)가 포함되어 있지 않으므로 다른 연들과 형식적인 차이를 보인다.

오답 분석

② 제시된 작품은 '악장가사'와 '시용향악보'에 전하며, 노래 가사 외의 배경 기록은 남아 있지 않다.

③ '정석가'의 결사 부분과 '서경별곡'의 유사성은 고려 가요가 입에서 입으로 전해지는(구전) 과정에서 당시 유행했던 구절이 여러 작품에 추가·첨삭되었기 때문으로 볼 수 있다.

④ 민간에서 널리 불린 '정석가'가 궁중 속악 가사로 편입되는 과정에서 태평성대를 기원하는 내용인 1연이 추가되어 송축가(頌祝歌)의 성격을 띠게 되었으며, 이를 통해 '남녀 간의 사랑'이라는 주제가 '군신 간의 충의(忠義)'로 확장되었음을 알 수 있다.

🖊 **이것도 알면 합격!**

작자 미상, '정석가'의 주제와 특징
1. 주제: 임에 대한 영원한 사랑
2. 특징
   (1) 동일한 시구를 반복하여 리듬감을 형성함
   (2) 불가능한 상황을 전제하는 역설적 표현을 통해 시적 화자의 정서를 강조하고 있음
   (3) 고려 가요인 '서경별곡'과 유사한 구절이 존재함
      → 구전 과정에서 당시의 유행 가사가 추가된 것으로 볼 수 있음

---

10 어휘 한자어 (한자어의 표기)   난이도 상 ●●●

정답 설명

③ 연루(連樓: 잇닿을 연, 다락 루)(×) → 연루(連累: 잇닿을 연, 여러 루)(○): '남이 저지른 범죄에 연관됨'을 뜻하는 '연루'의 '루'는 '累(여러 루)'로 써야 한다.

오답 분석

① 질곡(桎梏: 차꼬 질, 수갑 곡): 1. 옛 형구인 차고와 수갑을 아울러 이르는 말
2. 몹시 속박하여 자유를 가질 수 없는 고통의 상태를 비유적으로 이르는 말

② 건설(建設: 세울 건, 베풀 설): 조직체 등을 새로 이룩함

④ 결별(訣別: 이별할 결, 나눌 별): 관계나 교제를 영원히 끊음

11 어법 단어 (품사의 구분) 난이도 중 ●●○

정답 설명

④ '책, 필기구, 공책 들'의 '들'은 의존 명사이나, '보고들'의 '들'은 조사이므로 '의존 명사 – 어미'의 짝이 아닌 것은 ④이다.
- 도서관에 가려고 책, 필기구, 공책 들을 챙겼다: 이때 '들'은 두 개 이상의 사물을 나열할 때, 그 열거한 사물 모두를 가리키거나 그 밖에 같은 종류의 사물이 더 있음을 나타내는 의존 명사이다.
- 내가 하는 것을 잘 보고들 있어라: 이때 '들'은 그 문장의 주어가 복수임을 나타내는 보조사이다.

오답 분석

① · 오늘 가는 데가 어디니?: 이때 '데'는 '곳'이나 '장소'의 뜻을 나타내는 의존 명사이다.
- 자리를 비우려고 하는데 마침 전화가 왔다: 이때 '데'는 뒤 절에서 어떤 일을 설명하기 위하여 그 대상과 상관되는 상황을 미리 말할 때에 쓰는 연결 어미 '-는데'의 일부이다.
② · 곧 비가 내릴 듯 하늘이 우중충했다: 이때 '듯'은 짐작이나 추측의 뜻을 나타내는 의존 명사 '듯이'의 준말이다.
- 땀이 비 오듯 쏟아졌다: 이때 '-듯'은 뒤 절의 내용이 앞 절의 내용과 거의 같음을 나타내는 연결 어미 '-듯이'의 준말이다.
③ · 운동한 지 한 시간 만에 기진맥진했다: 이때 '지'는 어떤 일이 있었던 때로부터 지금까지의 동안을 나타내는 의존 명사이다.
- 강의가 언제 끝나는지 모르겠다: 이때 '지'는 막연한 의문이 있는 채로 그것을 뒤 절의 사실이나 판단과 관련시키는 데 쓰는 연결 어미 '-는지'의 일부이다.

12 어법 한글 맞춤법 (사이시옷의 표기) 난이도 중 ●●○

정답 설명

③ ㉠'오랫동안[오래똥안/오랟똥안]'은 '오래 + 동안'이 결합한 순우리말 합성어로 앞말이 모음 'ㅐ'로 끝나고 뒷말의 첫소리 'ㄷ'이 된소리 [ㄸ]으로 소리 나므로 사이시옷을 받쳐 적는다. 이와 동일한 사이시옷 구성으로 된 단어는 ③ '햇볕'이다.
- 햇볕[해뼏/핻뼏]: '해 + 볕'이 결합한 순우리말 합성어로, 앞말이 모음 'ㅐ'로 끝나고 뒷말의 첫소리 'ㅂ'이 [ㅃ]으로 소리 나므로 사이시옷을 받쳐 적는다.

오답 분석

① 훗날[훈날]: '후(後) + 날'이 결합한 순우리말과 한자어의 합성어이다. 앞말이 모음 'ㅜ'로 끝나고 뒷말의 첫소리 'ㄴ' 앞에서 [ㄴ] 소리가 덧나므로 사이시옷을 받쳐 적는다.
② 곳간[고깐/곧깐]: '고(庫) + 간(間)'이 결합한 한자어로, '곳간(庫間), 셋방(貰房), 숫자(數字), 찻간(車間), 툇간(退間), 횟수(回數)'는 한자어이지만 사이시옷을 표기하는 예외에 해당한다.
④ 윗니[윈니]: '위 + 이'의 순우리말 합성어로, 앞말이 모음 'ㅟ'로 끝나고 뒷말의 첫소리 'ㅣ' 앞에서 [ㄴㄴ]소리가 덧나므로 사이시옷을 받쳐 적는다. 또한 '이'가 합성어에서 '니'로 소리 날 때에는 '니'로 적으므로 '윗니'로 표기한다.

13 비문학 글의 전략 파악 난이도 중 ●●○

정답 설명

③ 2문단과 3문단에서 헤로도토스가 등장하기 이전의 시기에는 역사 서술이 사실과 허구가 뒤섞인 형태였다면, 『역사』가 등장한 이후에는 과거 사실에 대한 정확하고 객관적인 서술을 목표로 삼게 되었다는 인식의 변화를 드러내어 헤로도토스의 업적을 밝히고 있다.

14 비문학 세부 내용 파악 난이도 중 ●●○

정답 설명

④ 4문단 2~5번째 줄을 통해 수사학적인 역사 서술을 중시하는 경향은 로마 시대뿐만 아니라 중세 시대에도 지속되었음을 알 수 있다.
[관련 부분] 헬레니즘과 로마 시대의 역사가들 중 상당수는 수사학적인 표현으로 독자의 마음을 움직이는 것을 목표로 하는 역사 서술에 몰두하였고, 이런 경향은 중세 시대에도 어느 정도 지속되었다.

오답 분석

① 2문단 4~9번째 줄을 통해 확인할 수 있다.
[관련 부분]
- 『일리아스』는 기원전 9세기의 시인 호메로스가 오래전부터 구전되어 온 트로이 전쟁에 대해 읊은 서사시이다.
- 헤로도토스는 바로 이런 신화적 세계관에 입각한 서사시와 구별되는 새로운 이야기 양식을 만들어 내고자 했다.
② 2문단 끝에서 1~6번째 줄을 통해 확인할 수 있다.
[관련 부분] 헤로도토스는 바로 이런 신화적 세계관에 입각한 서사시와 구별되는 새로운 이야기 양식을 만들어 내고자 했다. 즉, 헤로도토스는 가까운 과거에 일어난 사건의 중요성을 인식하고, 이를 직접 확인·탐구하여 인과적 형식으로 서술함으로써 역사라는 새로운 분야를 개척한 것이다.
③ 3문단 1~5번째 줄을 통해 확인할 수 있다.
[관련 부분] 『역사』가 등장한 이후, 사람들은 역사 서술의 효용성이 과거를 통해 미래를 예측하게 하여 후세인(後世人)에게 교훈을 주는 데 있다고 인식하게 되었다. 이러한 인식에는 한 번 일어났던 일이 마치 계절처럼 되풀이하여 다시 나타난다는 순환 사관이 바탕에 깔려 있다.

15 문학 시어의 의미 난이도 중 ●●○

정답 설명

② 제시된 작품은 '불'과 '물'의 대조적 이미지를 통해 삭막하고 황폐한 현대 사회에서 벗어나 조화롭고 생명력 충만한 삶에 대한 소망을 형상화하고 있다. 이때 ㉠ '가문 어느 집', ㉢ '세상 불타는 것들', ㉣ '불'은 각각 비정한 현대 사회, 죽음, 파괴와 같은 부정적 이미지를 나타내고 있다. 그러나 ㉡ '강물'은 죽은 나무뿌리를 적시는 생명의 근원으로서 포용, 생명력과 같은 긍정적 이미지를 나타내고 있다. 따라서 답은 ②이다.

강은교, '우리가 물이 되어'의 주제와 특징
1. 주제: 생명력 넘치는 세계와 조화로운 합일에 대한 바람
2. 특징
   • 가정법을 통해 간절한 소망을 나타냄
   • 대립적 이미지(물, 불)를 사용하여 주제를 형상화함

---

16 **어법** 국어의 로마자 표기 난이도 중 ●●○

[정답 설명]

① '충정로'의 로마자 표기가 옳지 않으므로 답은 ①이다.
   • 을지로[을찌로] Euljiro(○): 된소리되기는 로마자 표기에 반영하지 않는다. 참고로, '을지로'의 '로'는 도로명이 아니므로 붙임표(-)를 넣지 않는다.
   • 충정로[충정노] Chungjeongro(×) → Chungjeongno(○): 받침 'ㅇ' 뒤에 연결되는 'ㄹ'은 [ㄴ]으로 발음하고, 자음 동화의 결과는 로마자 표기에 반영하므로 'Chungjeongno'로 써야 한다. 참고로, '충정로'의 '로'는 도로명이 아니므로 붙임표(-)를 넣지 않는다.

[오답 분석]

② • 관악산[과낙싼] Gwanaksan(○): 된소리되기는 로마자 표기에 반영하지 않는다.
   • 만뢰산[말:뢰산] Malloesan(○): 'ㄴ'은 'ㄹ'의 앞에서 [ㄹ]로 발음하고, 유음화의 결과는 로마자 표기에 반영하여 적는다.

③ • 별내[별래] Byeollae(○): 'ㄴ'은 'ㄹ'의 뒤에서 [ㄹ]로 발음하고, 유음화의 결과는 로마자 표기에 반영하여 적는다.
   • 청량리[청냥니] Cheongnyangni(○): 받침 'ㅇ' 뒤에 연결되는 'ㄹ'은 [ㄴ]으로 발음하고, 자음 동화의 결과는 로마자 표기에 반영하여 적는다.

④ • 덕수궁[덕쑤궁] Deoksugung(○): 된소리되기는 로마자 표기에 반영하지 않는다.
   • 숭례문[숭녜문] Sungnyemun(○): 받침 'ㅇ' 뒤에 연결되는 'ㄹ'은 [ㄴ]으로 발음하고, 자음 동화의 결과는 로마자 표기에 반영하여 적는다.

---

17 **문학** 작품의 종합적 감상 (수필) 난이도 중 ●●○

[정답 설명]

③ 2문단을 통해 서술자는 글자를 모르는 일자무식한 사람이지만 삶을 운명으로 받아들이고 만족해 하며 살아가는 '여관집 노비'의 태도를 긍정적으로 여기고 있음을 알 수 있다. 그러나 세상에 나서지 않고 숨어 사는 '여관집 노비'의 삶을 긍정적으로 여기고 있는 것은 아니므로 적절하지 않은 설명이다.

[관련 부분]
• 저 여관집의 노비는 일자무식한 사람입니다. 다만 그는 여관을 여관으로 여기면서, 음식도 잘 먹고 하루하루를 지내니, 추위와 더위도 그를 해치지 못하고 질병도 해를 입히지 못한답니다.
• 오히려 여관집의 노비가 하는 것처럼도 하지 못하는구려.

[오답 분석]

① 1문단 1~3번째 줄을 통해 서술자는 이 세상을 '여관'에 빗대어 표현하였으며 '여관(이 세상)'은 하룻밤이나 이틀을 묵고 가는 곳이라고 설명하며 영원한 삶은 없다는 것을 이야기하고 있으므로 적절한 설명이다.

② 2문단 끝에서 1~3번째 줄에서 '그대'가 옛날 성현의 말씀을 따르고자 하지만 '여관집 노비'가 하는 것만도 못하다고 비판하고 있으므로 적절한 설명이다.
   [관련 부분] 그대가 배우기를 바라는 것은 옛날 성현의 말씀인데도, 오히려 여관집의 노비가 하는 것처럼도 하지 못하는구려.

④ 2문단에서 여관을 여관으로 여기고 주어진 삶을 받아들이며 사는 '여관집 노비'와 여관을 여관으로 생각하지 않고 스스로 화를 돋우는 '그대'의 태도를 대비하여 운명에 순응하며 살아가는 삶의 태도에 대해 이야기하고 있으므로 적절한 설명이다.

이학규, 「포화옥기」의 주제와 구조
1. 주제: 주어진 자신의 삶에 순응하고 만족하며 살아가는 삶의 자세
2. 구조

기	손님들에게 집에 대한 불만을 토로하는 '나'	
승	'나'를 찾아온 '나그네'가 여관에서 잠들지 못하는 사람들에 대해 이야기함	체험
전	'나그네'가 주어진 삶에 만족하며 살아가는 '여관집 노비'에 대해 이야기함	
결	'나그네'는 '여관집 노비'의 이야기를 통해 스스로 괴로운 삶을 살며 병을 얻는 '나'에게 깨달음을 줌	깨달음

---

18 **어법** 올바른 문장 표현 (의미 중복) 난이도 중 ●●○

[정답 설명]

④ 의미의 중복이 없이 자연스러운 문장이다.

[오답 분석]

① 미리 예습하는 중이다(×) → 미리 익히는 중이다/예습하는 중이다(○): '예습'은 '앞으로 배울 것을 미리 익히다'라는 의미로, '미리'의 의미가 중복되었다.

② 과반수 이상이 동의했다(×) → 과반수가 동의했다/절반 이상이 동의했다(○): '과반수'는 '절반이 넘는 수라는 의미로, '넘다'의 의미가 중복되었다.

③ 완전히 근절할 수 있는(×) → 완전히 없앨 수 있는/근절할 수 있는(○): '근절'은 '다시 살아날 수 없도록 아주 뿌리째 없애 버리다'라는 뜻으로, '완전히'의 의미가 중복되었다.

19 비문학 내용 추론   난이도 중 ●●○

정답 설명

① 1문단 2~5번째 줄을 통해 경제적 사고 방식은 자신이 직접 비용을 지불하지 않아도 사회적으로 다른 누군가가 비용을 지불한다는 것을 고려하는 것임을 알 수 있다. 따라서 ㉠에는 '개인에 관계된 것'을 의미하는 '사적'이 들어가는 것이 적절하며, ㉡에는 '사회에 관계되거나 사회성을 지닌 것'을 의미하는 '사회적'이 들어가는 것이 적절하다.
[관련 부분] 경제적 사고방식에 서툰 사람들은 자신이 직접 돈을 지불하지 않으면 공짜라고 보지만, 경제학자들은 사회의 다른 누군가가 지불했으므로 공짜가 아니라고 본다

20 어법 단어 (조사의 구분)   난이도 상 ●●●

정답 설명

② '도무지 미덥지가 않은 사람이다'에 쓰인 '가'는 보격 조사가 아니라 보조사이므로 옳지 않은 것은 ②이다.
· 그는 친구가 많았다: 이때 '가'는 앞말이 서술어와 호응하는 주어임을 나타내는 주격 조사이다.
· 도무지 미덥지가 않은 사람이다: 이때 '가'는 앞말을 강조하는 의미를 지닌 보조사이다.

오답 분석

① · 나는 혼자서 여행을 다녀왔다: 이때 '서'는 앞말이 주어임을 나타내는 주격 조사이다.
· 서울서 걸려온 전화: 이때 '서'는 '에서'의 준말로, 앞말이 출발점의 뜻을 갖는 부사어임을 나타내는 부사격 조사이다.
③ · 상한 음식을 먹어서 배탈이 났다: 이때 '을'은 동작이 미친 직접적 대상을 나타내는 목적격 조사이다.
· 한 시간도 쉴 생각을 마라: 이때 '을'은 강조하는 뜻을 나타내는 보조사이다.
④ · 언니랑 동생이랑 사진을 찍었다: 이때 '랑'은 둘 이상의 사물을 같은 자격으로 이어 주는 접속 조사이다.
· 강아지랑 산책을 하고 오는 길이다: 이때 '랑'은 어떤 행동을 함께 하거나 상대로 하는 대상임을 나타내는 부사격 조사이다.

21 어휘 한자 성어, 속담   난이도 중 ●●○

정답 설명

③ '바늘구멍으로 하늘 보기'는 '조그만 바늘구멍으로 넓디넓은 하늘을 본다'라는 뜻으로, 전체를 포괄적으로 보지 못하는 매우 좁은 소견이나 관찰을 비꼬는 말이다. 이와 의미상 거리가 가장 먼 것은 '굽은 것을 바로 잡으려다가 정도에 지나치게 곧게 한다'라는 뜻으로, 잘못된 것을 바로 잡으려다가 너무 지나쳐서 오히려 나쁘게 됨을 이르는 말인 ③ '교왕과직(矯枉過直)'이다.

오답 분석

① 안공소(眼孔小): '눈구멍이 작다'라는 뜻으로, 식견이 좁음을 비유적으로 이르는 말
② 우물 안 개구리: 1. 넓은 세상의 형편을 알지 못하는 사람을 비유적으로 이르는 말 2. 견식이 좁아 저만 잘난 줄로 아는 사람을 비꼬는 말
④ 좌정관천(坐井觀天): '우물 속에 앉아서 하늘을 본다'라는 뜻으로, 사람의 견문(見聞)이 매우 좁음을 이르는 말

22 문학 서술상의 특징   난이도 중 ●●○

정답 설명

② 2문단 4~6번째 줄에서 등장인물로 설정되지 않은 작품 밖의 서술자가 벼 도둑을 기다리는 응칠이의 내면(생각)을 서술하고 있으므로 ②는 작품의 특징에 대한 설명으로 적절하다.
[관련 부분] 여깽이 같은 놈이 ~ 오냐, 대거리만 있어라.

오답 분석

① 서술자의 독백을 통해 긴장이 고조되는 부분은 찾을 수 없다.
③ 제시된 부분에서 응칠이가 벼 도둑을 잡기 위해 잠복한 한 가지 사건만이 나타날 뿐, 두 사건이 교차적으로 서술된 부분은 나타나지 않는다.
④ 제시된 부분에서 응칠이가 벼 도둑을 잡기 위해 잠복하고 달려들기까지의 상황이 상세하게 서술되어 사건 전개가 빠르지 않으므로 적절하지 않은 설명이다.

23 문학 인물의 심리 및 태도   난이도 하 ●○○

정답 설명

③ 관청에서 조마이섬에 문둥이들을 데려온 것은 마을 주민들을 섬에서 몰아내기 위함이다. 건우 할아버지와 윤춘삼 씨는 땅의 소유권을 빼앗고자 하는 권력자들에 대한 분노로 관청의 정책에 반대할 뿐, 문둥이들을 혐오하는 것은 아니다.

오답 분석

① 건우 할아버지와 윤춘삼 씨는 관청에서 조마이섬을 차지하고자 섬에 문둥이를 데리고 왔을 때 한 차례 저항한 적이 있음을 밝히고 있다.
[관련 부분] 하도 하는 짓들이 심해서 한분 해 보기는 해 봤지요. 그 문딩이 떼를 싣고 왔을 때 말임더
② 건우 할아버지와 윤춘삼 씨는 조마이섬을 일군 섬사람들은 배제한 채 섬의 소유권을 빼앗아간 조마이섬 소유자(국회 의원, 유력자 등)에 대해 분노하고 있다.
[관련 부분]
· 건우 할아버지는 ~ 소유자가 둔갑되어 간 사연들을 죽 들먹거리더니 ~ 무엇인가를 저주하는 듯한 감정이 꿈틀거리고 있는 것 같았다.
· 윤춘삼 씨는 그때의 화가 아직도 사라지지 않은 듯이 남은 술을 꿀꺽 들이켰다.

④ 섬사람들은 자기들의 힘만으로는 땅을 빼앗으려는 세력에게 대항하기
어렵다고 생각하고 있다.

[관련 부분] 우리 겉은 기 멀 알며, 무슨 힘이 있입니꺼.

✏️ **이것도 알면 합격!**

김정한, '모래톱 이야기'의 줄거리
중학교 교사인 '나'는 조마이섬에 있는 건우네 집에 가정 방문을 가게 되
고, 건우의 할아버지와 윤춘삼 씨로부터 조마이섬의 내력과 섬의 소유권
을 둘러싼 주민들의 한 서린 사연을 듣게 된다. 처서 즈음에 홍수가 나고
유력자가 섬에 쌓아 놓은 엉터리 둑 때문에 섬은 위기에 처한다. 주민들
은 둑을 허물기 위해 유력자의 앞잡이와 대치하게 되고, 건우의 할아버지
는 그들 중 한 명을 물에 던진 일로 경찰서에 끌려 간다.

---

24   어법 외래어 표기   난이도 중 ●●○

정답 설명

① 'apt[æpt]'에서 모음과 자음 사이에 오는 무성 파열음 [p]는 받침으로
적는다. 따라서 외래어 표기 용례로 올바른 것은 ① '앱트'이다.

오답 분석

② window 윈도우(×) → 윈도(○): 'window[wíndou]'에서 [ou]는 '오'
로 적으므로 '윈도'가 올바른 표기이다.

③ private 프라이비트(×) → 프라이빗(○): 'private[práivət]'에서 모음
과 자음 사이에 오는 무성 파열음 [t]는 받침으로 적으므로 '프라이빗'이
올바른 표기이다.

④ rush hour 러쉬아워(×) → 러시아워(○): 'rush[rʌʃ]'의 [ʃ]는 '시'로 적
으므로 '러시아워'가 올바른 표기이다.

---

25   비문학 논지 전개 방식   난이도 하 ●○○

정답 설명

④ 증기 기관을 이동 수단이라는 유사성을 가진 '말'에 빗대어 '석탄 먹는
말'로 표현했고, 증기 기관의 발달이 산업 혁명의 핵심적인 요소였음을
설명하기 위해 '산업 혁명의 꽃'으로 비유하고 있다.

오답 분석

① 대조: 굴절 망원경과 반사 망원경의 차이점을 설명하고 있다.

② 서사: 인물의 행동을 시간의 흐름에 따라 제시하고 있다.

③ 분석: 일본(상위 개념)을 구성하고 있는 섬들(하위 개념)을 각각 나누어서
설명하고 있다.

▶ 실전동형문제 정답

p.102

01	④ 어법 – 한글 맞춤법	06	① 비문학 – 글의 전략 파악	11	③ 어법 – 국어의 로마자 표기	16	④ 어휘 – 고유어	21	④ 문학 – 수사법
02	④ 어법 – 문장	07	② 비문학 – 관점과 태도 파악	12	① 문학 – 작품에 대한 지식	17	③ 어법 – 단어	22	④ 문학 – 작품에 대한 지식
03	④ 어법 – 외래어 표기	08	② 비문학 – 세부 내용 파악	13	④ 문학 – 인물의 심리	18	③ 혼합(문학+어휘) – 인물의 태도, 한자 성어	23	① 혼합(문학+어휘) – 시구의 의미, 한자어
04	② 어법 – 의미	09	④ 문학 – 작품의 종합적 감상	14	③ 비문학 – 논지 전개 방식	19	① 어법 – 한글 맞춤법	24	① 비문학 – 글의 전략 파악
05	③ 어법 – 올바른 문장 표현	10	② 어법 – 표준 발음법	15	① 어휘 – 한자어	20	② 어법 – 단어	25	② 비문학 – 내용 추론

▶ 취약영역 분석표

영역	어법	비문학	문학	어휘	혼합	총계
맞힌 답의 개수	/ 10	/ 6	/ 5	/ 2	/ 2	/ 25

* 취약영역 분석표를 이용해 1개라도 틀린 문제가 있는 영역은 그 영역의 문제만 골라 해설을 다시 한번 꼼꼼히 학습하세요.

---

01 어법 한글 맞춤법 (띄어쓰기) 난이도 중 ●●○

정답 설명

④ 띄어쓰기가 옳은 것은 ④이다.
- 좋은∨데다가(○): 이때 '데'는 '경우'의 뜻을 나타내는 의존 명사이므로 앞말과 띄어 쓰고, '다가'는 앞말의 의미를 더 뚜렷하게 하는 보조사이므로 앞말에 붙여 쓴다.
- 성실하기까지∨한(○): 이때 '까지'는 '이미 어떤 것이 포함되고 그 위에 더함'의 뜻을 나타내는 보조사이므로 앞말과 붙여 쓴다.

오답 분석

① 먹는둥∨마는둥(×) → 먹는∨둥∨마는∨둥(○): 이때 '둥'은 '무슨 일을 하는 듯도 하고 하지 않는 듯도 함'을 나타내는 의존 명사이므로 앞말과 띄어 쓴다.

② 노인∨더러(×) → 노인더러(○): '더러'는 어떤 행동이 미치는 대상을 나타내는 격 조사이므로 앞말에 붙여 쓴다.

③ 새벽∨같이(×) → 새벽같이(○): 이때 '같이'는 앞말이 나타내는 그때를 강조하는 격 조사이므로 앞말에 붙여 쓴다.

---

02 어법 문장 (높임 표현) 난이도 하 ●○○

정답 설명

④ 생전에 아끼던 물건이십니다(×) → 생전에 아끼시던 물건입니다(○): '물건'은 간접 높임의 대상이 아니므로 주체 높임 선어말 어미 '-시-'를 사용한 '물건이십니다'는 옳지 않은 표현이다. 따라서 문장의 주체인 '할머니'를 높이기 위해 서술어 '아끼다'에 주체 높임 선어말 어미 '-시-'를 사용하여 '할머니께서 생전에 아끼시던 물건입니다'로 고쳐 써야 한다.

오답 분석

① 댁의 아드님은 작년에 결혼하셨죠?(○): 주체 높임 선어말 어미 '-시-'와 특수 어휘 '댁', '아드님'을 사용하여 청자의 '아들'을 간접적으로 높이고 있다.

② 선생님, 풍채가 여전히 좋으십니다(○): 주체 높임 선어말 어미 '-시-'를 사용하여 '선생님'의 '풍채'를 간접적으로 높이고 있다.

③ 손님을 역까지 모셔다드리고 오너라(○): 객체 높임을 나타내는 특수 어휘 '모셔다드리다'를 사용하여 문장의 객체인 '손님'을 높이고 있다.

---

03 어법 외래어 표기 난이도 하 ●○○

정답 설명

④ 모음 앞의 [ʃ]는 뒤따르는 모음에 따라 다르게 표기하므로 'shepherd [ʃépərd]'의 [ʃé]는 '셰'로 적는다. 따라서 외래어 표기 용례로 올바른 것은 ④이다.

오답 분석

① scout 스카웃(×) → 스카우트(○)

② encore 앵코르(×) → 앙코르(○)

③ allergie 알러지(×) → 알레르기(○)

🚀 이것도 알면 합격!

마찰음 [ʃ]의 외래어 표기

환경	표기	예
어말	'시'로 적음	플래시 flash[flæʃ]
자음 앞	'슈'로 적음	슈러브 shrub[ʃrʌb]

모음 앞	뒤따르는 모음에 따라 '샤', '섀', '셔', '셰', '쇼', '슈', '시'로 적음	• 샤크 shark[ʃɑːk] • 섕크 shank[ʃæŋk] • 패션 fashion[fæʃən] • 셰리프 sheriff[ʃerif] • 쇼핑 shopping[ʃɔpiŋ] • 슈 shoe[ʃuː] • 심 shim[ʃim]

---

04 어법 의미 (동음이의어와 다의어) 난이도 중 ●●○

정답 설명

② ㉠ '팥 앙금이 든 붕어빵'의 '들다'는 '안에 담기거나 그 일부를 이루다'를 뜻하고, ㉤ '낮에 해가 잘 든다'의 '들다'는 '빛, 볕, 물 등이 안으로 들어오다'를 뜻한다. 두 단어는 모두 '안쪽'과 관련되어 의미 간에 유사성이 있다. 따라서 다의 관계를 보이는 것은 ②이다.

오답 분석

㉥ ㉢ ㉣은 모두 의미 간에 유사성이 없는 동음이의어이다.

㉥ 날이 들다: 이때 '들다'는 '비나 눈이 그치고 날이 좋아지다'라는 의미로 쓰였다.

㉢ 예를 들다: 이때 '들다'는 '설명하거나 증명하기 위하여 사실을 가져다 대다'라는 의미로 쓰였다.

㉣ 칼이 들다: 이때 '들다'는 '날이 날카로워 물건이 잘 베어지다'라는 의미로 쓰였다.

---

05 어법 올바른 문장 표현 난이도 하 ●○○

정답 설명

③ 목적어 '존엄성, 행복을 추구할 권리'와 서술어 '지니다, 가지다'가 각각 적절하게 호응하므로 어법에 가장 맞는 문장은 ③이다.

오답 분석

① 기대했던 만큼 오르지 않았다(×) → 기대했던 만큼 성적이 오르지 않았다(○): 서술어 '오르지 않았다'와 호응하는 주어가 생략되었으므로 주어 '성적이'를 추가해야 한다.

② 도시락과 시원한 음료를 마실 수 있습니다(×) → 도시락을 먹고 시원한 음료를 마실 수 있습니다(○): 목적어 '도시락'과 서술어 '마시다'가 호응하지 않으므로 '도시락'과 호응하는 서술어 '먹다'를 추가해야 한다.

④ 해소시키기(×) → 해소하기(○): '해소하다'는 '어려운 일이나 문제가 되는 상태를 해결하여 없애 버리다'라는 뜻으로, 사동의 의미를 더하는 '-시키다'를 덧붙이면 이중 사동 표현이 된다. 따라서 '해소시키다'가 아닌 '해소하다'로 고쳐 쓰는 것이 자연스럽다.

---

06 비문학 글의 전략 파악 난이도 중 ●●○

정답 설명

① 필자는 '입지 1' 2문단에서 '맹자'의 말을 인용하여 '사람들의 본성은 동일하므로 공부를 하려는 사람은 스스로 성인이 되겠다는 목표를 세워야 한다'는 자신의 생각을 뒷받침하고 있다. 또한 '입지 2' 2문단에서 '안연'의 말을 인용하여 성인을 본받고자 하는 자세를 지녀야 한다고 말하고 있다. 따라서 서술상 특징으로 가장 옳은 것은 ①이다.

[관련 부분]

· 맹자는 사람들의 타고난 본성은 본시 훌륭한 것임을 논하면서 반드시 요임금과 순임금을 실례로 들고 말씀하시기를 "사람이면 누구나 요임금과 순임금과 같이 될 수가 있다"고 하셨다.

· 안연이 말하기를 "순임금은 어떤 분이었는가? ~ 모두가 그분같이 될 것이다"라고 하였다.

---

07 비문학 관점과 태도 파악 난이도 중 ●●○

정답 설명

② '입지 1' 1문단 5~6번째 줄을 통해 필자는 보통 사람의 본성과 성인의 본성은 본질적으로 차이가 없다고 보고 있음을 알 수 있다.

[관련 부분] 대체로 보통 사람들도 타고나는 본성에 있어서는 성인과 똑같은 것이다.

오답 분석

① '입지 3' 1문단과 2문단을 통해 사람의 외양은 고칠 수가 없지만 사람이 지닌 마음과 뜻(성정)은 고칠 수 있다고 보고 있음을 알 수 있다.

[관련 부분] 사람의 얼굴과 모습은 미운 것을 예쁘게 고칠 수가 없고 ~ 그러나 사람들이 지닌 마음과 뜻만은 어리석은 것을 지혜롭게 고치고 못난 것을 현명하게 고칠 수가 있다.

③ '입지 2' 1문단 끝에서 2~4번째 줄을 통해 필자가 뜻을 바로 세우고, 아는 것을 분명히 하고, 행동을 착실하게 하는 일은 모두 나에게 달려 있다고 생각하는 것은 확인할 수 있으나, 뜻을 바로 세우면 앎과 행함은 자연스레 따라온다는 생각은 제시문을 통해 확인할 수 없다.

[관련 부분] 뜻을 제대로 세우고 아는 것을 분명히 하고 행동을 착실하게 하는 일은 모두 나에게 달려 있는 것이다.

④ 스스로의 능력을 과신하지 말고 늘 겸손한 자세를 지녀야 한다는 생각은 제시문을 통해 확인할 수 없다.

---

08 비문학 세부 내용 파악 난이도 중 ●●○

정답 설명

② '입지 1' 1문단 3~5번째 줄에서 학문을 할 때에 자신의 능력을 낮게 보고 목표로부터 물러서려는 생각을 지녀서는 안 된다고 말하고 있으나, 자신의 한계를 인정하고 앞으로 나아가는 것이 학문의 본질이란 내용은 제시문을 통해 확인할 수 없다.

[관련 부분] 한 개의 터럭만큼도 자신의 능력을 낮게 보고 그 목표로 물러서거나 다른 일로 미루려는 생각을 지녀서는 안 된다.

오답 분석

① '입지 1' 1문단 2~3번째 줄을 통해 확인할 수 있다.

[**관련 부분**] 반드시 스스로 성인이 되겠다는 목표를 세우고

③ '입지 3' 3~4문단을 통해 타고난 본성을 지키려는 노력이 필요하다고 말하고 있음을 알 수 있다.

[**관련 부분**]

· 어찌하여 현명하고 지혜롭게 되지 않고 자기가 타고난 본성을 망친단 말인가?

· 이러한 뜻을 간직하고 굳건히 물러서지 않는 노력을 한다면 누구나 올바른 도에 가까이 가게 될 것이다.

④ '입지 1' 1문단 끝에서 2~8번째 줄을 통해 확인할 수 있다.

[**관련 부분**] 비록 자라나면서 외부의 영향으로 이루어지는 성질이 ~ 이전에 물든 것을 모두 버리고 처음의 본성으로 되돌아갈 수만 있다면 곧 터럭만큼도 잘못된 것은 늘지 않고 모든 훌륭한 것들이 잘 갖추어지게 될 것이다.

---

09 | 문학 작품의 종합적 감상 (시) | 난이도 중 ●●○

정답 설명

④ 제시된 작품은 대립적인 이미지를 지닌 '하꼬방 유리 딱지', '잿더미'(부정적 시어)와 '개나리', '체니의 미소'(긍정적 시어)를 함께 사용하여 전쟁의 비극성을 드러내는 동시에 미래에 대한 희망을 암시하고 있다. 하지만 이를 통해 심리적 거리감을 드러내고 있지는 않으므로 가장 옳지 않은 설명은 ④이다.

오답 분석

① 제시된 작품은 6·25 전쟁으로 인해 폐허가 된 피난민 마을을 배경으로 전쟁이 만들어낸 비극적 현실을 담아내었다.

② '잿더미가 소복한 울타리'는 전쟁으로 인해 폐허가 된 현실을 상징하며, 그 사이에서 피어난 '개나리'는 미래에 대한 희망을 상징한다.

③ 그림자는 화자의 내면 의식을 드러내는 소재로, 화자의 자괴감과 비애를 '울상이 된 그림자'로 표현하였으며 미래에 대한 희망적 인식은 '그림자 웃으며 앞장을 선다'로 표현하고 있다.

이것도 알면 합격!

구상, '초토(焦土)의 시 1'

1. 주제: 전쟁의 참상과 미래에 대한 희망적 기대
2. 특징
   (1) 대조적인 이미지를 사용하여 전쟁의 비극을 표현함
   (2) '그림자'를 통해 화자의 심리를 간접적으로 드러냄
3. 화자의 인식 전환

1~3연	'개나리', '체니의 미소'를 통한 인식의 전환 →	4~6연
전쟁의 비극적 상황에 대한 절망		미래에 대한 희망

---

10 | 어법 표준 발음법 | 난이도 하 ●○○

정답 설명

② 맑구나[막꾸나](x) → [말꾸나](○): 용언의 어간 말음 'ㄹㄱ'은 'ㄱ' 앞에서 [ㄹ]로 발음하고, 어간의 겹받침이 [ㄹ]로 발음될 때 어미의 첫소리 'ㄱ'은 된소리로 발음하므로 '맑구나'는 [말꾸나]로 발음해야 한다.

오답 분석

① 여덟이[여덜비](○): 겹받침 'ㄼ'은 모음으로 시작하는 조사나 어미, 접미사와 결합하는 경우 'ㅂ'만을 뒤 음절 첫소리로 옮겨 발음하므로 '여덟이'의 표준 발음은 [여덜비]이다.

③ 깎아서[까까서](○): 받침이 모음으로 시작하는 어미와 결합하는 경우 제 음가대로 뒤 음절 첫소리로 옮겨 발음하므로 '깎아서'의 표준 발음은 [까까서]이다.

④ 낮 한 때[나탄때](○): '낮'의 받침 'ㅈ'은 음절 말에서 대표음 [ㄷ]으로 바뀐 후 뒤에 오는 'ㅎ'과 만나 [ㅌ]으로 축약되므로 '낮 한 때'의 표준 발음은 [나탄때]이다.

---

11 | 어법 국어의 로마자 표기 | 난이도 하 ●○○

정답 설명

③ 애월읍 Aewol-eub(x) → Aewol-eup(○): 'ㅂ'은 어말에서 'p'로 적으므로 행정 구역 단위인 '읍'은 'eup'으로 표기해야 한다.

오답 분석

① 인왕리 Inwang-ri(○): 행정 구역 단위인 '리'는 'ri'로 표기하며 행정 구역 단위 앞에 붙임표(-)를 넣는다.

② 신림동 Sillim-dong(○): 받침 'ㄴ'은 'ㄹ' 앞에서 [ㄹ]로 발음하고, 'ㄹㄹ'은 'll'로 적으므로 '신림[실림]'은 'Sillim'으로 표기한다. 또한 행정 구역 단위인 '동'은 'dong'으로 표기하며 행정 구역 단위 앞에 붙임표(-)를 넣는다.

④ 강림면 Gangnim-myeon(○): 받침 'ㅇ' 뒤에 연결되는 'ㄹ'은 [ㄴ]으로 발음하므로 '강림[강님]'은 'Gangnim'으로 표기한다. 또한 행정 구역 단위인 '면'은 'myeon'으로 표기하며 행정 구역 단위 앞에 붙임표(-)를 넣는다.

---

12 | 문학 작품에 대한 지식 (시조) | 난이도 중 ●●○

정답 설명

① 〈보기〉의 작품은 박인로의 '입암(立巖)'으로, 두 수 이상의 평시조가 하나의 제목 아래 엮어진 시조인 '연시조'이다. '무어별(無語別)'은 오언절구 형식의 한시이므로 〈보기〉와 같은 갈래의 작품이 아닌 것은 ①이다.

· 임제, 무어별(無語別): 시의 제목인 '무어별(無語別)'은 '말 못하고 헤어지다'라는 뜻으로, 관찰자의 입장에서 임과 이별한 소녀의 애틋한 마음을 그려낸 오언절구 형식의 한시이다.

오답 분석

②③④는 모두 연시조 작품이다.

② 윤선도, 견회요(遣懷謠): 전 5수의 연시조로, 임금에 대한 충성심과 부모에 대한 그리움을 노래한 작품이다.

③ 신계영, 탄로가(嘆老歌): 전 3수의 연시조로, 늙어 버린 자신의 처지에 대한 한탄을 노래한 작품이다.

④ 이이, 고산구곡가(高山九曲歌): 전 10수의 연시조로, 고산의 아름다움과 학문의 즐거움을 동시에 나타낸 작품이다.

지문 풀이

> 뜻 없이 서 있는 바위가 뜻이 있어 보이는구나.
> 가장 영특한 사람들도 남에게 의지하지 않고 꼿꼿하게 바로 서기가 어렵거늘.
> 오랜 세월 동안 곧게 선 저 모습이 변할 때가 없구나.
>
> 강나루 근처에 높이 솟아 서 있으니 우러러보매 더욱 높구나.
> 바람과 서리에 변하지 않으니 뚫는 것에 맞서서도 더욱 굳세도다.
> 사람도 이 바위와 같으면 대장부라 할 것이로다.

13　문학　인물의 심리　난이도 하 ●○○

정답 설명

④ 〈보기〉에서 '나'는 닫혀 있어야 할 인쇄소의 입구가 열려 있는 것을 보고 무언가 일이 잘못되었다는 것을 직감하고, 인쇄소 앞에 서 있는 '양복을 입은 남자'에게 들키지 않도록 행인들 사이에 섞여 자리를 피하고자 한다. 이때 '나의 가슴은 터질 것처럼 뛰고 있었다'와 같은 표현을 통해 '나'가 초조하고 두려운 상태임을 알 수 있으며, 일단 자리를 피하는 행동을 통해 상황을 모면해야 한다고 생각함을 알 수 있다. 따라서 '나'의 심리 상태로 가장 적절한 것은 ④이다.

이것도 알면 합격!

최윤, '회색 눈사람'

1. 주제: 1970년대의 불안한 시대 현실 속에서 희망을 찾으려는 삶의 의지
2. 제목의 의미
   - 회색: 검은색과 흰색이 혼합된 중간의 색으로, 민주화 운동 세력에 거리를 두고 가담하는 중간자적인 '나'를 의미
   - 눈사람: 곧 녹아 없어질지도 모르지만 암울한 시대 속에서 함께 만들어 가는 순수함에 대한 믿음
3. 특징
   (1) 검열과 조사가 매일같이 이루어지고, 검거와 이적 출판 행위의 처벌이 극심한 1970년대를 배경으로 한 소설
   (2) '나'가 지하 운동 조직에 가담한 것을 계기로 하여 우울한 사회와 민주화 운동에 대한 이야기를 다룬 작품
   (3) 조직의 중심이 아닌 중간자적인 입장을 취하고 있는 '나'의 시각으로 서술되어 시대에 대한 구체적 묘사는 이루어지지 않음
   (4) 사태가 끝난 이후의 사건의 본질을 되돌아보는 '후일담 문학'의 성격을 지님

14　비문학　논지 전개 방식　난이도 중 ●●○

정답 설명

③ 필자는 퇴락한 행랑채를 수리하지 않고 방치하는 것과 사람이 자신의 잘못을 알고도 즉시 고치지 않는 것 모두 더 큰 문제를 일으킨다는 유사성을 통해 얻은 깨달음인 '잘못을 바로 고치는 자세의 중요성'을 전달하고 있다. 따라서 제시문에 사용된 주된 서술 방식은 ③ '유추'이다.

- 유추: 두 개의 사물이 여러 면에서 비슷하다는 것을 근거로 다른 속성도 유사할 것이라고 추론하여 설명하는 방식

오답 분석

① 열거: 여러 가지 예나 사실을 첫째, 둘째, 셋째 등으로 나열하여 설명하는 방식

② 분석: 전체를 이루는 어떤 대상을 부분들로 나누어 설명하는 방식

④ 비교: 사물의 비슷한 점을 밝혀내어 설명하는 방식

이것도 알면 합격!

비교와 유추의 차이
비교와 유추는 모두 대상의 유사성을 바탕으로 설명하는 방식이다. 하지만 비교가 둘 이상의 대상에서 공통점을 찾아 설명하는 방식이라면, 유추는 두 대상의 유사성을 바탕으로 한 쪽의 특징을 다른 한 쪽도 가질 것이라고 추론하는 설명 방식이다.

15　어휘　한자어 (한자어의 표기)　난이도 상 ●●●

정답 설명

① 밑줄 친 부분의 한자를 순서대로 바르게 연결하면 '削減 – 支給 – 規定 – 原則'이므로 답은 ①이다.

- 削減(깎을 삭, 덜 감): 깎아서 줄임
- 支給(지탱할 지, 줄 급): 돈이나 물품 등을 정해진 몫만큼 내줌
- 規定(법 규, 정할 정): 규칙으로 정함. 또는 그 정하여 놓은 것
- 原則(언덕 원, 법칙 칙): 어떤 행동이나 이론 등에서 일관되게 지켜야 하는 기본적인 규칙이나 법칙

오답 분석

- 刪減(깎을 산, 덜 감): 깎아서 줄임
- 至急(이를 지, 급할 급): 매우 급함
- 規正(법 규, 바를 정): 바로잡아서 고침
- 援(도울 원), 則(법칙 칙)

16 어휘 고유어 | 난이도 중 ●●○

정답 설명

④ '윤똑똑이'는 '자기만 혼자 잘나고 영악한 체하는 사람을 낮잡아 이르는 말'이므로 고유어에 대한 풀이가 옳지 않은 것은 ④이다. 참고로 책상 앞에 앉아 글공부만 하여 세상일을 잘 모르는 사람을 낮잡아 이르는 말은 '책상물림'이다.

17 어법 단어 (품사의 구분) | 난이도 중 ●●○

정답 설명

③ ①②④의 '있다'는 모두 형용사이나, ③의 '있다'는 '사람이나 동물이 어떤 상태를 계속 유지하다'라는 뜻의 동사이므로 품사가 나머지와 다른 하나는 ③이다. 참고로, 동사 '있다'는 '가만히 있어라', '가만히 있자' 등 명령형과 청유형 표현이 가능하지만 형용사 '있다'는 불가능하다.

오답 분석

① 그와 예전에 만난 적이 있다: 이때 '있다'는 '어떤 사실이나 현상이 현실로 존재하는 상태'를 뜻하는 형용사이다.

② 나는 외계인이 있다고 생각한다: 이때 '있다'는 '사람, 동물, 물체 등이 실제로 존재하는 상태'를 뜻하는 형용사이다.

④ 우리 모두에게 일어날 수 있는 일이야: 이때 '있다'는 '어떤 일을 이루거나 어떤 일이 발생하는 것이 가능함'을 뜻하는 형용사이다.

18 문학 + 어휘 인물의 태도, 한자 성어 | 난이도 중 ●●○

정답 설명

③ <보기>의 '나'는 늙어서 기력이 쇠한 말이 쓸모없게 되자, 말을 버리려 하고 있다. 이처럼 자신에게 쓸모가 있을 때만 취하고, 그렇지 않으면 내치는 태도와 관련이 없는 한자 성어는 ③ '興盡悲來(흥진비래)'이다.
· 흥진비래(興盡悲來): '즐거운 일이 다하면 슬픈 일이 닥쳐온다'라는 뜻으로, 세상일은 순환되는 것임을 이르는 말

오답 분석

① 甘呑苦吐(감탄고토): '달면 삼키고 쓰면 뱉는다'라는 뜻으로, 자신의 비위에 따라서 사리의 옳고 그름을 판단함을 이르는 말

② 鳥盡弓藏(조진궁장): '새를 모조리 잡은 후에는 활이 무기고에 들어가게 된다'라는 뜻으로, 천하를 평정한 뒤에 공신들이 버림받음을 비유적으로 이르는 말

④ 兔死狗烹(토사구팽): '토끼가 죽으면 토끼를 잡던 사냥개도 필요 없게 되어 주인에게 삶아 먹히게 된다'라는 뜻으로, 필요할 때는 쓰고 필요 없을 때는 야박하게 버리는 경우를 이르는 말

19 어법 한글 맞춤법 (띄어쓰기) | 난이도 상 ●●●

정답 설명

① 제일∨차∨세계대전/제일차∨세계대전/제일차세계대전(○): 이때 '제-'는 '그 숫자에 해당되는 차례'의 뜻을 더하는 접두사이므로 붙여 쓰고 '차'는 '번', '차례'의 뜻을 나타내는 의존 명사이므로 앞말과 띄어 쓰는 것이 원칙이나, 순서를 나타내는 경우에는 '제일차'와 같이 붙여 씀도 허용한다. 참고로 '제일차세계대전'은 사전에 한 단어로 등재되어 있어 모두 붙여 쓸 수도 있다.

오답 분석

② 어찌∨된∨일(x) → 어찌∨된∨일(○): 이때 '어찌'는 '어떠한 이유로'를 뜻하는 부사이므로 동사 '된'과 띄어 써야 한다.

③ 여봐란∨듯이(x) → 여봐란듯이(○): 부사 '여봐란듯이'는 '우쭐대고 자랑하듯이'를 뜻하는 한 단어이므로 붙여 써야 한다.

④ 나주∨평야(x) → 나주평야(○): '나주평야'와 같은 지명 이름은 하나의 단어로 굳어진 합성어이므로 붙여 써야 한다.

20 어법 단어 (본용언과 보조 용언) | 난이도 중 ●●○

정답 설명

② 구해(본용언) + 오겠다(본용언): 두 번째 용언인 '오다'는 '내일까지 오겠다'와 같이 단독으로 서술되어도 문장이 성립하므로 본용언이다. 그러나 ①③④의 밑줄 친 단어들은 모두 본용언에 보조적 의미를 더해주는 역할을 하며, 단독으로는 문장이 성립하지 않는 보조 용언이다. 따라서 밑줄 친 단어의 문법적 기능이 다른 것은 ②이다.

오답 분석

① 출발해(본용언) + 버렸다(보조 용언): 이때 '버리다'는 보조 동사로 '앞말이 나타내는 행동이 이미 끝났음'을 나타낸다.

③ 열어(본용언) + 두어라(보조 용언): 이때 '두다'는 보조 동사로 '앞말이 뜻하는 행동을 끝내고 그 결과를 유지함'을 나타낸다.

④ 들어(본용언) + 주었다(보조 용언): 이때 '주다'는 보조 동사로 '앞말의 행위가 다른 사람의 행위에 영향을 미침'을 나타낸다.

21 문학 수사법 | 난이도 중 ●●○

정답 설명

④ '패러독스(역설)'는 모순적이고 부조리한 것처럼 보이지만 해석의 과정을 거쳤을 때 그 의미가 올바르게 전달될 수 있는 진술, 곧 진실을 담고 있는 진술을 말한다. '강철로 된 무지개'는 극한의 현실 상황에 대한 화자의 역설적 인식을 보여주는 표현이므로 빈칸에 들어갈 말로 적절한 것은 ④이다.

오답 분석

① '메타포(은유)'란 어떤 대상을 그와 비슷한 성격을 가지고 있는 다른 사물에 빗대어 표현하는 것으로, 원관념과 보조관념을 매개물 없이 직접 연결해 표현 속에 비유를 숨기는 기법이다.

② '페이소스'란 작품이 가진 정서적 호소력을 일컫는 말로, 독자에게 연민, 동정, 슬픔 등의 감정을 느끼게 하는 것이다.

③ '새타이어(풍자)'란 불합리한 권력의 가치관이나 체제를 공격하기 위한 문학적 표현으로, 대상에 대한 부정적이고 비판적인 태도를 날카롭고 노골적으로 표현하는 기법이다.

📕 **이것도 알면 합격!**

이육사, '절정'의 시적 형상화 방식과 효과

1. 시적 형상화 방식
   (1) 날카로운 극한(極限)의 이미지를 점층적으로 표현
     예 북방 → 고원 → 서릿발 칼날진 그 위
   (2) 이질적인 이미지의 결합을 통한 역설적 표현
     예 강철로 된 무지개
2. 효과
   (1) 극한 상황에 처한 긴장감을 압축적으로 드러냄
   (2) 화자의 감정을 절제하여 표현함

---

22 문학 작품에 대한 지식 난이도 중 ●●○

정답 설명

④ (라)는 윤선도의 '만흥(漫興)'으로, 자연과 더불어 유유자적하며 살아가는 삶의 즐거움을 노래한 작품이다. 반면, (가), (나), (다)는 모두 당대 현실에 대한 비판적 인식을 바탕으로 한 작품이므로 제시된 작품 중 성격이 다른 것은 ④이다.

오답 분석

① (가): 정약용의 '탐진촌요(耽津村謠)'로, 관리들에게 수탈당하는 백성들의 모습을 통해 당대 지배층의 횡포를 고발한 작품이다.

② (나): 이육사의 '절정'으로, 일제 치하라는 시대적 상황과 맞서 싸우면서 이를 극복하고자 하는 의지를 보여준 작품이다.

③ (다): 작자 미상의 사설 시조로, 권력자의 수탈과 탐관오리의 횡포 등 그 시대의 부조리한 측면을 우화적 수법을 통해 비판, 풍자한 작품이다.

지문 풀이

(다) 두꺼비가 파리를 물고 두엄 위에 뛰어 올라가 앉아
  건너편 산을 바라보니 흰 송골매가 떠 있거늘 가슴이 섬뜩하여 펄쩍 뛰어 내닫다가 두엄 아래 자빠졌구나.
  마침 날랜 나였기에 망정이지 피멍이 들 뻔했구나.

(라) 보리밥, 풋나물을 알맞게 먹은 후,
  바위 끝 물가에서 실컷 노니노라.
  그 나머지 다른 일이야 부러워할 것이 있으랴.
    － 윤선도, '만흥(漫興)'

---

23 문학＋어휘 시구의 의미, 한자어 난이도 중 ●●○

정답 설명

① ㉠'그나믄 녀나믄 일'은 '그 나머지의 다른 일'이라는 뜻으로, 자연 속에서 안빈낙도(安貧樂道)하는 화자가 부러워하지 않는 '俗世(속세)'의 일을 의미한다.

오답 분석

② 餘暇(여가): 일이 없어 남는 시간

③ 安貧(안빈): 가난한 가운데서도 편안한 마음으로 지냄

④ 江湖(강호): 예전에, 은자(隱者)나 시인(詩人), 묵객(墨客) 등이 현실을 도피하여 생활하던 시골이나 자연

📕 **이것도 알면 합격!**

윤선도, '만흥'에 나타난 '현실'과 '자연'의 대립

자연		현실
• 이상적 공간 • 안빈낙도(安貧樂道) 예 보리밥, 풋나물	↔	• 세속적 공간 • 부귀공명, 벼슬길 예 그 밖의 일

---

24 비문학 글의 전략 파악 난이도 중 ●●○

정답 설명

① 〈보기〉에서 용어의 사전적 정의를 제시하는 부분은 드러나지 않으므로 답은 ①이다.

오답 분석

② 시골 장터, 남대문시장, 모란시장, 주식시장, 농산물시장, 인력시장 등 일상적인 예시를 들어 '시장'이라는 개념의 이해를 돕고 있다.

③ 상품을 사고파는 사람들 사이의 교환이 바로 시장을 매개로 하여 이루어지고 있다는 공통점을 통해 '시장'의 개념을 설명하고 있다.

④ 시골 장터, 남대문시장, 주식시장, 인력시장 등의 개별 사례를 묶어 '상품을 사고파는 사람들 사이의 교환이 이루어지는 장소'라는 일반적인 특성을 도출하고 있다.

---

25 비문학 내용 추론 난이도 중 ●●○

정답 설명

② 1문단의 2~4번째 줄을 통해 고려 후기때 재래 유학의 합리주의가 설화를 '괴력난신(怪力亂神)'으로 평가했음을 알 수 있으므로 고려 후기 설화 내용이 설득력을 지니고 있었을 것이라는 내용은 제시문을 통해 추론할 수 없다.

· 괴력난신(怪力亂神): '괴이(怪異)와 용력(勇力)과 패란(悖亂)과 귀신에 관한 일'이라는 뜻으로, 이성적으로 설명하기 어려운 불가사의한 존재나 현상을 이르는 말

[관련 부분] 괴력난신(怪力亂神)은 말하지 않겠다는 재래 유학의 합리주의가 상당한 설득력을 굳힌 데서

오답 분석

① 1문단의 내용을 통해 고려 후기에는 설화의 문학적 위상이 격하되었으며, 조선시대에 들어서는 효자나 열녀에 관한 이야기가 아니면 관심의 대상이 아니었다는 내용을 통해 기이한 이야기를 다룬 설화의 가치가 폄하되었을 것임을 추론할 수 있다.

③ 1문단 끝에서 1~3번째 줄을 통해 효자나 열녀 이야기와 같이 유교적 가치를 다룬 설화는 조선시대까지 전승될 수 있었을 것임을 추론할 수 있다.

[관련 부분] 조선시대에 와서 고려 후기의 문화유산을 정리할 때에는 효자나 열녀에 관한 이야기가 아니면 관심의 대상으로 삼지 않았다.

④ 2문단의 내용을 통해 설화를 통해 사상의 문제까지 다루던 고려시대와 달리, 조선시대에는 역사나 사회 문제 등을 설화에 기대지 않고 다루었음을 알 수 있다. 따라서 고려시대에는 조선시대보다 설화가 사회에 미치는 영향력이 컸음을 추론할 수 있다.

▶ 실전동형문제 정답

p.110

01	② 혼합(비문학+어휘) – 내용 추론, 속담	06	② 어법 – 단어	11	② 어법 – 중세 국어	16	④ 비문학 – 논지 전개 방식	21	① 어휘 – 속담, 한자 성어
02	④ 어법 – 문장	07	① 어휘 – 한자어	12	③ 문학 – 문학사	17	④ 어휘 – 한자 성어	22	③ 비문학 – 세부 내용 파악
03	④ 어법 – 의미	08	① 어법 – 한글 맞춤법	13	③ 혼합(어법+어휘) – 의미, 한자어	18	④ 어법 – 표준어 사정 원칙	23	② 어휘 – 고유어
04	③ 문학 – 서술상의 특징	09	① 문학 – 작품의 종합적 감상	14	① 어법 – 국어의 로마자 표기	19	① 문학 – 문장의 의미	24	① 비문학 – 글의 전략 파악
05	④ 비문학 – 주제 및 중심 내용 파악	10	① 문학 – 갈래에 대한 지식	15	① 비문학 – 관점과 태도 파악	20	① 비문학 – 내용 추론	25	② 비문학 – 글의 구조 파악

▶ 취약영역 분석표

영역	어법	비문학	문학	어휘	혼합	총계
맞힌 답의 개수	/ 7	/ 7	/ 5	/ 4	/ 2	/ 25

* 취약영역 분석표를 이용해 1개라도 틀린 문제가 있는 영역은 그 영역의 문제만 골라 해설을 다시 한번 꼼꼼히 학습하세요.

---

01 비문학+어휘 내용 추론, 속담 난이도 중 ●●○

정답 설명

② 제시문은 문제를 해결할 능력이 없음에도 함부로 일을 진행하다가 상황을 악화시키는 경우에 대해 설명하고 있다. 따라서 ㉠에 들어갈 말로 적절한 것은 ② '선무당이 사람 잡는'이다.

- 선무당이 사람 잡는다: '의술에 서투른 사람이 치료해 준다고 하다가 사람을 죽이기까지 한다'라는 뜻으로, 능력이 없어서 제구실을 못하면서 함부로 하다가 큰일을 저지르게 됨을 비유적으로 이르는 말

오답 분석

① 달걀에도 뼈가 있다: 늘 일이 잘 안되던 사람이 모처럼 좋은 기회를 만났건만, 그 일마저 역시 잘 안됨을 이르는 말

③ 까마귀 날자 배 떨어진다: 아무 관계 없이 한 일이 공교롭게도 때가 같아 어떤 관계가 있는 것처럼 의심을 받게 됨을 비유적으로 이르는 말

④ 강물이 돌을 굴리지 못한다: '강물이 아무리 흘러도 돌을 움직여 굴리지는 못한다'라는 뜻으로, 세태에 흔들리지 않고 지조있게 꿋꿋이 행동함을 비유적으로 이르는 말

02 어법 문장 (높임 표현) 난이도 중 ●●○

정답 설명

④ ④는 '하오체'의 의문형 종결 어미인 '-소'가 쓰인 문장이고 ① ② ③은 모두 '하게체'에 해당하므로, 상대 높임법의 종류가 다른 하나는 ④이다.

오답 분석

① '-구먼'은 하게체의 감탄형 종결 어미이다.

② '-게'는 하게체의 명령형 종결 어미이다.

③ '-네'는 하게체의 평서형 종결 어미이다.

03 어법 의미 (다의어의 의미) 난이도 중 ●●○

정답 설명

④ '아직은 놀러 다닐 만한 때가 아니다'에 쓰인 '때'와 ① ② ③의 문장에 쓰인 '때'는 문맥상 '좋은 기회나 알맞은 시기'의 뜻으로 쓰였다. 반면 ④의 문장에 쓰인 '때'는 '시간의 어떤 순간이나 부분'을 뜻하므로 제시된 문장의 '때'와 같은 문맥적 의미로 쓰였다고 보기 어려운 것은 ④이다.

04 문학 서술상의 특징 난이도 중 ●●○

정답 설명

③ 제시된 작품은 채만식의 '논 이야기'로, 현학적인 표현을 사용하여 상황을 묘사한 부분은 드러나지 않으므로 답은 ③이다.

- 현학적(衒學的): 학식이 있음을 자랑하는 것

오답 분석

① 유사한 통사 구조를 반복하는 대구를 통해 운율을 형성하고 있다.

[관련 부분]
- 안으로 밖으로, 적극적으로 소극적으로
- 나날이 더 잠꼬대 같은 생각이던 것처럼 되어 버려 감을 따라, 그래서 ~ 속절없이 무색하여 감을 따라,

② 제시된 작품은 운율감 있는 문체, 장황한 묘사 등 판소리 사설체의 특징이 드러난다.

④ '일본 제국주의의 조선에 있어서의 ~ 찬란히 빛을 내었다'까지가 모두 쉼표를 통해 이어진 한 문장으로, 많은 어구를 이용하여 장황하게 서술하는 만연체가 사용되었다.

이것도 알면 합격!

채만식, '논 이야기'

1. 배경
   (1) 시간적 배경: 광복 직후
   (2) 공간적 배경: 전북 군산의 농촌
2. 주제
   (1) 광복 직후의 국가 토지 정책 비판
   (2) 국가보다는 개인의 이익만 추구하는 소시민적 태도 비판
3. 특징
   (1) 역순행적 구조를 통해 입체적으로 표현함
   (2) 냉소적 어조를 통해 시대 현실을 비판함

---

05 비문학 주제 및 중심 내용 파악 난이도 하 ●○○

정답 설명

④ 제시문은 플라톤이 '철인통치론'을 주장하게 된 배경과, '공동체의 선의 추구'와 '참주정의 방지'라는 철인통치론의 목적, 그리고 이것이 조화된 '철인 통치자'에 대해 설명하고 있다. 따라서 제시문의 주제로 가장 적절한 것은 ④ '플라톤이 생각한 이상적인 정치'이다.

---

06 어법 단어 (파생어와 합성어) 난이도 하 ●○○

정답 설명

② 합성어로만 묶인 것은 ② '뛰놀다, 검버섯, 어린이'이다.
   · 뛰놀다: 동사 '뛰다'의 어간 '뛰-'와 동사 '놀다'가 결합한 합성어이다.
   · 검버섯: 형용사 '검다'의 어간과 명사 '버섯'이 결합한 합성어이다.
   · 어린이: 동사 '어리다'의 관형사형 '어린'과 '사람'을 뜻하는 의존 명사 '이'가 결합한 합성어이다.

오답 분석

① · 선무당: '서툰'의 뜻을 더하는 접두사 '선-'과 명사 '무당'이 결합한 파생어이다.
   · 덮밥: 동사 '덮다'의 어간 '덮-'과 명사 '밥'이 결합한 합성어이다.
   · 빈말: 동사 '비다'의 관형사형 '빈'과 명사 '말'이 결합한 합성어이다.
③ · 헛살다: '이유 없는, 보람 없는'의 뜻을 더하는 접두사 '헛-'과 동사 '살다'가 결합한 파생어이다.
   · 부슬비: '부슬거리다'의 어근 '부슬'과 명사 '비'가 결합한 합성어이다.
   · 이리저리: 부사 '이리'와 '저리'가 결합한 합성어이다.
④ · 새빨갛다: '매우 짙고 선명하게'의 뜻을 더하는 접두사 '새-'와 형용사 '빨갛다'가 결합한 파생어이다.
   · 예닐곱: '여섯'을 뜻하는 관형사 '예'에 수사 '닐곱(일곱)'이 결합한 합성어이다.
   · 막과자: '거친', '품질이 낮은'을 뜻하는 접두사 '막-'과 명사 '과자'가 결합한 파생어이다.

---

07 어휘 한자어 (한자어의 표기) 난이도 상 ●●●

정답 설명

① 眞正(진정: 참 진, 바를 정)(○): 문맥상 '거짓이 없이 참으로'를 뜻하는 '眞正'이 적절하게 쓰였다.

오답 분석

② 進呈(진정: 나아갈 진, 드릴 정)(×) → 陳情(진정: 베풀 진, 뜻 정)(○): '실정이나 사정을 진술함'을 뜻하는 '진정'은 '陳情(베풀 진, 뜻 정)'으로 써야 한다.
   · 進呈(진정: 나아갈 진, 드릴 정): 물건을 자진해서 드림
③ 鎭停(진정: 진압할 진, 머무를 정)(×) → 鎭靜(진정: 진압할 진, 고요할 정)(○): '몹시 소란스럽고 어지러운 일을 가라앉힘'을 뜻하는 '진정'의 '정'은 '靜(고요할 정)'으로 써야 한다.
④ 盡情(진정: 다할 진, 뜻 정)(×) → 眞情(진정: 참 진, 뜻 정)(○): '참되고 애틋한 정이나 마음'을 뜻하는 '진정'의 '진'은 '眞(참 진)'으로 써야 한다.

---

08 어법 한글 맞춤법 (맞춤법에 맞는 표기) 난이도 중 ●●○

정답 설명

① 바랜(○): '볕이나 습기를 받아 색이 변하다'를 뜻하는 '바래다'의 활용형 '바랜'이 맞춤법에 맞게 쓰였다.

오답 분석

② 부쉈다(×) → 부셨다(○): '그릇 등을 씻어 깨끗하게 하다'를 뜻하는 말은 '부시다'이다. 참고로 '부수다'는 '단단한 물체를 여러 조각이 나게 두드려 깨뜨리다'를 뜻한다.
③ 띈(×) → 띤(○): '감정이나 기운 등을 나타내다'를 뜻하는 말은 '띠다'이다. 참고로 '띄다'는 '뜨이다'의 준말로, '눈에 보이다' 또는 '남보다 훨씬 두드러지다'를 뜻하는 말이다.
④ 웬지(×) → 왠지(○): '왜 그런지 모르게'를 뜻하는 말은 '왠지'이다. 참고로 '웬'은 '어찌된' 또는 '어떠한'의 뜻으로 쓰이는 관형사이다.

---

09 문학 작품의 종합적 감상 (소설) 난이도 중 ●●○

정답 설명

① 제시된 작품은 이인직의 '혈의 누'로, 구 씨와 옥련에 대한 설명을 통해 자유 연애 사상과 신교육 등의 근대적 계몽 이념을 반영하고 있음을 알 수 있다.

[관련 부분]

· 김관일은 딸의 혼인 언론(言論)을 하다가 구 씨가 서양 풍속으로 직접 언론하자 하는 서슬에 옥련의 혼인 언약에 좌지우지할 권리가 없어 가만히 앉았더라.
· 옥련이는 공부를 힘써 하여 귀국한 뒤에 우리나라 부인의 지식을 넓혀서 남자에게 압제받지 말고 남자와 동등 권리를 찾게 하며, 또 부인도 나라에 유익한 백성이 되고 사회상에 명예 있는 사람이 되도록 교육할 마음이라.

오답 분석

② 제시된 작품은 청일전쟁부터 일제강점기 직전까지의 구한말 시기를 배경으로 하고 있다.

③ '구 씨의 목적은 ~ 귀국한 뒤에 우리나라를 독일국(獨逸國)같이 연방도를 삼되, 일본과 만주를 한데 합하여 문명한 강국을 만들고자 하는 비사맥 같은 마음이요'를 통해 외세(일본)의 간섭에 대한 경각심 없이 낙관적인 전망만을 드러내고 있음을 알 수 있다.

④ 언문일치에 근접한 근대적 문체를 사용하고 있으나, 편집자적 논평 등 고전 소설의 문체적 특징이 일부 남아 있다.

✏️ 이것도 알면 합격!

이인직, '혈의 누'의 주제와 특징

1. 주제: 근대적 계몽 이념의 고취
2. 특징
    (1) 구한말을 배경으로 신교육, 자유 연애, 성평등, 미신 타파 등 근대적 계몽 이념을 반영하고 있음
    (2) 고전 소설과 현대 소설의 과도기적 성격을 지닌 작품으로서, 고전 소설과 달리 서사 및 묘사 중심의 서술과 구어체 사용 등을 시도함
    (3) 당대의 역사적 상황에 대한 지나친 낙관주의와 작가의 친일 사상이 드러나 있다는 점에서 한계를 지님

10　**문학**　갈래에 대한 지식 (가사)　난이도 중 ●●○

정답 설명

① 제시된 작품은 이광명의 '북찬가'로, 갈래는 '가사'에 해당한다. 가사는 4음보 연속체이며 행수에 제한이 없어 시가와 산문의 중간적 형태로 보기도 한다. 따라서 제시된 시가의 양식적 특징에 대한 설명으로 가장 적절한 것은 ①이다.

오답 분석

② '고려 가요'에 대한 설명이다.

③ '악장'에 대한 설명이다.

④ '사설 시조'에 대한 설명이다.

지문 풀이

앉은 곳에 해가 지고 누운 자리에서 밤을 새워
잠자는 시간 외에는 한숨만 나오고, 한숨 끝에는 눈물이 흐른다.
밤마다 꿈에 보니 꿈을 가져다 평상시처럼 여기고 싶구나.
흰 머리의 자애로운 얼굴을 못 뵈니 기러기 발에 편지를 보내는 것이 잦아지는데
기다린들 연락이 올까, 연락 오길 기다리면 한 달이 넘네.
못 볼 때는 기다리지만 보면 시원할까.
어머니의 소식을 내가 모르는데, 내 소식을 어머니는 아실까.
산과 물로 막힌 길 때문에 생긴 모든 괴로움을 누가 헤아릴 것인가.

11　**어법**　중세 국어　난이도 중 ●●○

정답 설명

② '이시라'는 '이시다'의 어간에 종결 어미 '-라'가 결합한 것으로, 이때 '이시다'는 '있다'의 옛말로, 높임말이 아니다. 따라서 중세 국어의 경어법을 이해한 것으로 가장 적절하지 않은 것은 ②이다.

오답 분석

① '달하'는 명사 '달'에 높임의 호격 조사인 '하'가 결합한 것으로, 이때 '하'는 '이시여'로 해석할 수 있다.

③ '노르샤'는 '놀다'의 어간 '놀-'에 높임의 어미 '-으샤(으시어)'가 결합한 것으로, 서술의 주체인 '海東 六龍(해동 육룡)'을 높이는 표현이다.

④ '여르시니'는 '열다'의 어간 '열-'에 주체 높임의 선어말 어미 '-으시-'가 결합한 것이다.

지문 풀이

⊙ 달님이시여, 높이높이 돋으시어
ⓒ 임을 향한 일편단심은 변할 줄이 있겠는가?
ⓒ 우리나라의 여섯 용이 나시어, 하는 일마다 모두 하늘이 내린 복이시니
@ 주나라 대왕이 빈속에 사시며 왕업을 여시니

12　**문학**　문학사 (현대 문학사)　난이도 상 ●●●

정답 설명

③ 제시된 작품들을 발표 순서대로 배열하면 ③ 'ⓒ - ⊙ - ⓒ - @'이다.
    · ⓒ 김영랑, '모란이 피기까지는': 1934년에 발표된 작품으로, 모란이 피고 지는 과정을 통해 소망이 이루어지기를 기다리는 모습을 형상화하였다.
    · ⊙ 윤동주, '자화상': 1939년에 발표된 작품으로, 지난 삶에 대한 성찰과 고난에 대한 극복 의지를 표현하였다.
    · ⓒ 구상, '초토의 시 8 - 적군 묘지 앞에서': 1956년에 발표된 작품으로, 6·25 전쟁의 비극과 분단 현실의 통한을 표현하였다.
    · @ 박노해, '노동의 새벽': 1984년에 발표된 작품으로, 열악한 노동 환경에서 일하는 노동자들의 고통과 그러한 모순을 극복하고자 하는 결의를 표현하였다.

13　**어법+어휘**　의미 (유의 관계), 한자어　난이도 상 ●●●

정답 설명

③ '排擯(배빈)'과 '排斥(배척)'은 유의 관계이나 ①②④의 한자어는 반의 관계이므로 의미 관계가 나머지 셋과 다른 것은 ③이다.
    · 排擯(밀칠 배, 물리칠 빈): 따돌리거나 거부하여 밀어 내침
    · 排斥(밀칠 배, 물리칠 척): 따돌리거나 거부하여 밀어 내침

오답 분석

① · 訥辯(말 더듬거릴 눌, 말씀 변): 더듬거리는 서툰 말솜씨
　 · 能辯(능할 능, 말씀 변): 말을 능숙하게 잘함. 또는 그 말

② · 賃貸(품삯 임, 빌릴 대): 돈을 받고 자기의 물건을 남에게 빌려줌
　 · 賃借(품삯 임, 빌릴 차): 돈을 내고 남의 물건을 빌려 씀

④ · 不和(아닐 불, 화할 화): 서로 화합하지 못함
　 · 親和(친할 친, 화할 화): 사이좋게 잘 어울림

14 　어법　국어의 로마자 표기　난이도 하 ●○○

정답 설명

① 속리산[송니산] Sokrisan(×) → Songnisan(○): 'ㄹ'의 비음화로 인해 받침 'ㄱ' 뒤에 오는 'ㄹ'이 [ㄴ]으로 발음되고 비음화로 인해 비음 [ㄴ] 앞에서 'ㄱ'이 [ㅇ]으로 발음된다. 비음화는 로마자 표기에 반영하므로 속리산[송니산]은 'Songnisan'으로 표기해야 한다.

오답 분석

② 집복헌[집뽀컨] Jipbokheon(○): 된소리되기는 로마자 표기에 반영하지 않으며, 체언에서 'ㄱ' 뒤에 'ㅎ'이 따를 때에는 'ㅎ'을 밝혀 적어야 한다.

③ 석굴암[석꾸람] Seokguram(○): 된소리되기는 로마자 표기에 반영하지 않는다.

④ 덕수궁[덕쑤궁] Deoksugung(○): 된소리되기는 로마자 표기에 반영하지 않는다.

15 　비문학　관점과 태도 파악　난이도 하 ●○○

정답 설명

① 제시문은 사형 제도의 존속을 주장하는 글로, 사회 방위와 범죄 예방 등 사회의 안정과 관련된 효과를 근거로 들고 있다. 따라서 이와 가장 가까운 관점은 ① '사회의 안정이 개인의 권리보다 우선한다'이다.

오답 분석

②③④ 모두 사형 제도를 폐지해야 하는 근거이므로 제시문의 관점과는 거리가 멀다.

16 　비문학　논지 전개 방식　난이도 중 ●●○

정답 설명

④ 제시문은 과학 혁명과 청교도 윤리의 등장으로 활동적 삶과 사색적 삶이 대등한 위상을 갖게 되었음을 '인과'의 방식으로 설명하고 있다.
　· 인과: 어떤 결과를 가져오게 한 원인을 분석하거나 어떤 원인에 의해 결과적으로 일어난 일을 분석하여 설명하는 방법

오답 분석

① 인용: 남의 말이나 글을 빌려 설명하는 방식
② 분석: 설명 대상을 구성 요소로 나누어 설명하는 방식
③ 유추: 대상 간의 유사성을 바탕으로 설명하는 방식

17 　어휘　한자 성어　난이도 상 ●●●

정답 설명

④ 뜻이 비슷한 사자성어끼리 짝지어지지 않은 것은 ④이다.
　· 自家撞着(자가당착): 같은 사람의 말이나 행동이 앞뒤가 서로 맞지 않고 모순됨
　· 自强不息(자강불식): 스스로 힘을 쓰고 몸과 마음을 가다듬어 쉬지 아니함

오답 분석

①②③은 모두 뜻이 비슷한 사자성어끼리 짝지어진 것이다.

① 坊坊曲曲(방방곡곡) – 面面村村(면면촌촌): 한 군데도 빠짐이 없는 모든 곳

② 笑裏藏刀(소리장도) – 笑中有劍(소중유검): '웃는 마음속에 칼이 있다'라는 뜻으로, 겉으로는 웃고 있으나 마음속에는 해칠 마음을 품고 있음을 이르는 말

③ 兩雄相爭(양웅상쟁) – 龍虎相搏(용호상박): '용과 범이 서로 싸운다'라는 뜻으로, 강자끼리 서로 싸움을 이르는 말

18 　어법　표준어 사정 원칙 (표준어의 구분)　난이도 중 ●●○

정답 설명

④ 표준어로만 이루어진 문장을 모두 고른 것은 ④ 'ㄷ, ㄹ'이다.
　ㄷ. 둘러업고(○): '번쩍 들어 올려서 업다'를 뜻하는 말은 '둘러업다'이다. 참고로 '들쳐업다'는 '둘러업다'의 잘못된 표기이다.
　ㄹ. 시시덕거리는(○): '실없이 웃으면서 조금 큰 소리로 계속 이야기하다'를 뜻하는 말은 '시시덕거리다'이다. 참고로 '히히덕거리다'는 '시시덕거리다'의 잘못된 표기이다.

오답 분석

ㄱ. 윗쪽(×) → 위쪽(○): '위'의 뜻을 더하는 접두사 '윗-'은 된소리나 거센소리 앞에서는 '위-'로 표기해야 하므로 '위쪽'이 표준어이다.

ㄴ. 내려꽂았다(×) → 내리꽂았다(○): '어떤 대상을 위에서 아래로 힘차게 꽂다'를 뜻하는 말은 '내리꽂다'이다.

19 문학 문장의 의미 난이도 중 ●●○

정답 설명

④ ㉣의 앞부분에서 종술은 '완장'이란 말에 놀라 되묻는 어머니에게 완장을 둘러야 권위가 생긴다고 대답함으로써 일을 할 때 완장이 반드시 필요하다고 말하고 있다. 또한 ㉣에서 종술은 완장을 차게 된 것을 자랑스럽게 여기고 있으므로 종술이 권위를 중요시 여기는 사람임을 알 수 있다.

오답 분석

① ㉠의 뒤에서 운암댁은 종술이 돈을 벌지 못하더라도 일을 함으로써 사람의 구실을 하게 된 것을 기뻐하고 있으므로 적절하지 않다.

② ㉡의 뒤 문장을 통해 ㉡에서 종술이 감시원으로 취직한 사실을 대수롭지 않은 일처럼 표현한 것은 어머니(운암댁)가 더 크게 기뻐하도록 하기 위함임을 알 수 있다. 따라서 종술이 자신의 직업에 만족하지 못하고 있다는 내용은 적절하지 않다.

③ ㉢의 앞에서 운암댁은 종술이 의도했던 대로 극적인 반응(놀람)을 보이고 있으나 종술의 사회적 지위에 놀란 것인지는 알 수 없으므로 적절하지 않다.

✍ 이것도 알면 **합격!**

윤흥길, '완장'의 주제와 특징

1. 주제
   - 억압된 사회 현실
   - 권력에 대한 허황된 집착에 대한 비판
2. 특징
   - 해학적인 표현과 모순된 상황을 통해 사회의 부조리를 풍자함
   - 상징적 소재를 활용하여 주제를 드러냄

20 비문학 내용 추론 난이도 중 ●●○

정답 설명

① 제시문은 환자의 존엄성을 위해 안락사가 허용되어야 한다는 주장과 함께 안락사와 관련된 여러 쟁점들을 설명하고 있다. 따라서 쟁점에 대한 해결 방안이나 의견이 이어져야 하므로 ①이 적절하다.

오답 분석

② ③ 제시문과 관련 없는 내용이므로 적절하지 않다.

④ 제시문에서 이미 언급된 내용이므로 적절하지 않다.

21 어휘 속담, 한자 성어 난이도 하 ●○○

정답 설명

① '모기 보고 칼 빼기'는 '시시한 일로 소란을 피움'을 비유적으로 이르는 말이며, '견문발검(見蚊拔劍)'은 '모기를 보고 칼을 뺀다'라는 뜻으로, 사소한 일에 크게 성내어 덤빔을 이르는 말이므로 속담과 사자성어의 뜻이 가장 비슷한 것은 ①이다.

오답 분석

② · 발 없는 말이 천 리 간다: '말은 비록 발이 없지만 천 리 밖까지도 순식간에 퍼진다'라는 뜻으로, 말을 삼가야 함을 비유적으로 이르는 말
　· 주마가편(走馬加鞭): '달리는 말에 채찍질한다'라는 뜻으로, 잘하는 사람을 더욱 장려함을 이르는 말

③ · 궁지에 빠진 쥐가 고양이를 문다: 막다른 지경에 이르게 되면 약한 자도 마지막 힘을 다하여 반항함을 비유적으로 이르는 말
　· 전호후랑(前虎後狼): '앞문에서 호랑이를 막고 있으려니까 뒷문으로 이리가 들어온다'라는 뜻으로, 재앙이 끊일 사이 없이 닥침을 비유적으로 이르는 말

④ · 귀신을 피하려다 호랑이를 만난다: 한 가지 재화를 피하려다 도리어 더 큰 화를 당함을 비유적으로 이르는 말
　· 포호빙하(暴虎馮河): '맨손으로 범을 때려잡고 걸어서 황허강을 건넌다'라는 뜻으로, 용기는 있으나 무모함을 이르는 말

22 비문학 세부 내용 파악 난이도 중 ●●○

정답 설명

③ 뮤지컬을 평가하는 방식에 대한 내용은 제시문에서 확인할 수 없으므로 글에 대한 설명으로 적절하지 않은 것은 ③이다.

오답 분석

① 2문단에서 확인할 수 있다.

② 2문단을 통해 사랑에 빠진 연인이 춤추고 노래하는 장면이 현실에서는 흔하지 않지만 뮤지컬에서는 등장함을 알 수 있다.

④ 1문단에서 확인할 수 있다.

25 어휘 고유어 난이도 중 ●●○

정답 설명

② '곰살궂다'는 '태도나 성질이 부드럽고 친절하다', 또는 '꼼꼼하고 자세하다'를 뜻하는 고유어이므로 문맥상 단어의 쓰임이 적절하지 않은 것은 ②이다.

오답 분석

① 맞잡이: 서로 힘이 비슷한 두 사람

③ 선웃음: 우습지도 않은데 꾸며서 웃는 웃음

④ 자리끼: 밤에 자다가 마시기 위하여 잠자리의 머리맡에 준비하여 두는 물

24 비문학 글의 전략 파악 난이도 하 ●○○

정답 설명

① 제시문은 인류가 왼손보다 오른손을 선호한다는 특정한 현상이 어디서 비롯된 것인지 그 원인을 규명하고 있으므로 답은 ①이다.

25 비문학 글의 구조 파악 (접속어의 사용) 난이도 하 ●○○

정답 설명

② ㉠의 앞 문장은 2문단에서 제시한 배변 처리와 관련된 내용이 인간 사회에서 나타나는 '오른쪽'과 '왼쪽'에 대한 인식 차이를 설명해줄 수 있다는 내용이고, ㉠의 뒤 문장은 2문단의 내용이 왜 오른손이 먹는 일에, 왼손이 배변 처리에 사용되는지는 설명해주지 못한다는 내용이다. 따라서 ㉠의 뒤 문장은 앞 문장의 서술과 반대되는 내용이므로 역접 관계임을 나타내는 접속사인 '그러나'가 들어가야 한다.

01 회 기출+동형 짝문제 모의고사

▶ 짝문제 정답

01	③ 어법	06	③ 어법	11	① 어법	16	④ 어법	21	② 비문학
02	④ 어법	07	④ 문학	12	③ 문학	17	① 문학	22	② 어법
03	① 어휘	08	③ 어휘	13	② 비문학	18	④ 어휘	23	④ 문학
04	④ 문학	09	④ 어법	14	④ 비문학	19	② 어법	24	② 비문학
05	④ 비문학	10	① 비문학	15	③ 문학	20	① 어휘	25	① 비문학

▶ 기출문제 정답

01	①	06	③	11	②	16	④	21	④
02	②	07	④	12	④	17	③	22	③
03	④	08	④	13	①	18	②	23	②
04	④	09	④	14	④	19	④	24	②
05	③	10	②	15	③	20	④	25	①

▶ 취약영역 분석표

영역	어법	비문학	문학	어휘	혼합	총계
맞힌 답의 개수	/ 8	/ 7	/ 6	/ 4	– / 0	/ 25

* 취약영역 분석표를 이용해 1개라도 틀린 문제가 있는 영역은 그 영역의 문제만 골라 해설을 다시 한번 꼼꼼히 학습하세요.

【기출문제】

01 어법 한글 맞춤법, 표준어 사정 원칙

【정답 설명】

① 의론(O): 두 의견이 맞서서 결론이 나지 않는다는 문맥상 '어떤 사안에 대하여 각자의 의견을 제기함. 또는 그런 의견'을 뜻하는 '의론(議論)'이 적절하게 사용되었다. 참고로, '의론'은 '어떤 일에 대하여 서로 의견을 주고 받음'을 뜻하는 '의논(議論)'과 뜻이 다른 별도 표준어이다.

【오답 분석】

② 퍼래지더니(×) → 퍼레지더니(O): '다소 탁하고 어둡게 푸르다'를 뜻하는 말은 '퍼렇다'이며, '퍼렇게 되다'를 뜻하는 단어는 '퍼레지다'로 써야 한다.

③ 그리고는(×) → 그러고는(O): '그리고'는 부사이므로 뒤에 보조사인 '는'이 붙을 수 없다. 따라서 '그러하다'의 어간 '그러-'에 앞의 내용이 뒤에 오는 내용의 전제나 조건이 됨을 나타내는 연결 어미 '-고는'이 결합한 형태인 '그러고는'으로 써야 한다.

④ 잘다랗게(×) → 잗다랗게(O): '꽤 잘다'를 뜻하는 단어는 '잗다랗다'이며, '잘다랗다'는 잘못된 표기이다.

【짝문제】

01 어법 한글 맞춤법, 표준어 사정 원칙 난이도 중 ●●○

【정답 설명】

③ 웃돈(O): '위'의 뜻을 더하는 접두사는 '윗-'으로 통일하되, 위아래의 대립이 없는 단어는 '웃-'으로 표기한다. '본래의 값에 덧붙이는 돈'을 뜻하는 '웃돈'은 위아래의 대립이 없는 단어이므로 '웃돈'으로 표기한다.

【오답 분석】

① 잠궈라(×) → 잠가라(O): 어간 '잠그-'는 모음으로 시작하는 어미 앞에서 어간 끝소리의 'ㅡ'가 탈락하는 단어이다. 따라서 어간 '잠그-'에 어미 '-아라' 결합한 형태는 '잠궈라'가 아닌 '잠가라'로 표기해야 한다.

② 들렸다(×) → 들렀다(O): 어간 '들르-'는 모음으로 시작하는 어미 앞에서 어간 끝소리의 'ㅡ'가 탈락하는 단어이다. 따라서 어간 '들르-'에 선어말 어미 '-었-'이 결합한 형태는 '들렸다'가 아닌 '들렀다'로 표기해야 한다.

④ 무릎팍(×) → 무르팍(O): 무릎을 속되게 이르는 말은 '무르팍'이다.

【기출문제】

02 어법 한글 맞춤법 (띄어쓰기)

【정답 설명】

② 읽는데(×) → 읽는∨데(O): 이때 '데'는 '일'이나 '것'의 뜻을 나타내는 의존 명사이므로 앞말과 띄어 써야 한다.

【오답 분석】

① 몸이나마(O): 이때 '이나마'는 어떤 상황이 이루어지거나 어떻다고 말해지기에는 부족한 조건이지만 아쉬운 대로 인정됨을 나타내는 보조사이므로 앞말과 붙여 써야 한다.

③ 살∨만한(O): 이때 '만하다'는 앞말이 뜻하는 행동을 하는 것이 가능함을 나타내는 말로, 보조 형용사이므로 앞말과 띄어 써야 한다. 참고로 보조 형용사는 붙여 쓰는 것도 허용한다.

④ 괴로움∨따위는(O): 이때 '따위'는 앞에 나온 대상을 낮잡거나 부정적으로 이르는 말로, 의존 명사이므로 앞말과 띄어 써야 한다.

짝문제

02   어법 한글 맞춤법 (띄어쓰기)   난이도 중 ●●○

정답 설명

④ 나쁠망정(O): '-ㄹ망정'은 앞 절의 사실을 인정하고 뒤 절에 그와 대립되는 다른 사실을 이어 말할 때에 쓰는 연결 어미이므로 앞 말에 붙여 쓴다.

오답 분석

① 부부∨간(×) → 부부간(O): '부부 사이'를 뜻하는 '부부간'은 한 단어이므로 붙여 써야 한다.

② 못∨되게(×) → 못되게(O): '성질이나 품행 등이 좋지 않거나 고약하다'를 뜻하는 '못되다'는 한 단어이므로 붙여 써야 한다.

③ 해∨질∨녘(×) → 해∨질∨녘(O): 이때 '녘'은 '어떤 때의 무렵'을 뜻하는 의존 명사이므로 앞말과 띄어 써야 한다.

기출문제

03   어휘 고유어와 한자어의 대응

정답 설명

④ 밑줄 친 ㉠은 문맥상 독특한 체크무늬 의상이 각 씨족을 대표하는 상징으로 사회에 받아들여졌다는 의미이므로, '새로운 문화 현상, 학설 등이 당연한 것으로 사회에 받아들여지다'를 뜻하는 ④ '정착(定着)되었다'로 바꿔 쓰는 것이 적절하다.

오답 분석

① 정돈(整頓)되다: 어지럽게 흩어진 것이 규모 있게 고쳐져 놓이거나 가지런히 바로잡아 정리되다.

② 정제(精製)되다: 1. 정성이 들어가 정밀하게 잘 만들어지다. 2. 물질에 섞인 불순물이 없어져 그 물질이 더 순수하게 되다.

③ 정리(整理)되다: 흐트러지거나 혼란스러운 상태에 있는 것이 한데 모아지거나 치워져서 질서 있는 상태가 되다.

짝문제

03   어휘 고유어와 한자어의 대응   난이도 중 ●●○

정답 설명

① '부서질까 봐'에 쓰인 '보다'는 '앞말이 뜻하는 상황이 될 것 같아 걱정하거나 두려워함'을 나타내는 보조 형용사이다. 따라서 '미리 헤아려 짐작함'을 뜻하는 '예측(豫測)'은 '보다'의 의미와 대응하지 않는다.

오답 분석

② '예술 작품을 보고 왔다'에 쓰인 '보다'는 '주로 예술 작품을 이해하여 즐기고 평가함'을 뜻하는 '감상(鑑賞)'과 대응한다.

③ '그녀의 사진을 보았다'에 쓰인 '보다'는 '눈길을 모아 한 곳을 똑바로 바라봄'을 뜻하는 '응시(凝視)'와 대응한다.

④ '당선이 유력한 후보로 보고 있다'에 쓰인 '보다'는 '상태, 모양, 성질 등이 그와 같다고 봄. 또는 그렇다고 여김'을 뜻하는 '간주(看做)'와 대응한다.

기출문제

04   문학 수사법

정답 설명

① '블루칼라'는 '생산직에 종사하는 육체 노동자'를 이르는 말로, 푸른 작업복을 입은 데서 유래한 말이다. 이처럼 대상의 속성과 밀접한 관계의 단어를 통해 대상을 표현하는 비유 방식을 환유법이라 한다. 반면, ②③④는 은유법이 사용되었으므로 밑줄 친 부분의 비유 방식이 다른 것은 ①이다.

오답 분석

②③④의 밑줄 친 부분은 모두 은유법이 사용된 표현으로, 추상적인 원관념을 구체적인 보조 관념에 빗대어 형상화하였다.

② '그의 마음(원관념)'을 '유리와 같이 산산조각이 날 수 있는 것(보조관념)'에 빗대어 표현하였다.

③ '충분한 능력을 갖춘 여성이 조직 내의 일정 서열 이상으로 오르지 못하는 사회 현상(원관념)'을 '유리 천장(보조 관념)'에 빗대어 표현하였다.

④ '사회의 하위 계층(원관념)'을 '밑바닥(보조 관념)'에 빗대어 표현하였다.

✏️ **이것도 알면 합격!**

비유법의 종류	
직유 (直喩)	'처럼, 같이, 듯' 등의 연결어를 사용하여, 원관념을 보조 관념에 직접적으로 연결하는 표현법 예 · 내 누님같이 생긴 꽃이여 · 새악시 볼에 떠오는 부끄럼같이
은유 (隱喩)	연결어 없이 원관념과 보조 관념을 'A는 B이다'의 형태로 연결하는 표현법 예 · 수필은 청자연적이다. · 오월은 금방 찬물로 세수를 한 스물한 살 청신한 얼굴이다.
의인 (擬人)	인간이 아닌 사물이나 관념을 인간처럼 나타내는 표현법 예 · 샘물이 혼자서 웃으며 간다. · 아침이면 / 눈을 부라리고 꽈리를 부는 / 짐승이 있다.
활유 (活喩)	생명체가 아닌 대상에 생명이나 동작을 부여해서 살아 있는 것처럼 나타내는 표현법 예 청산이 깃을 친다.

대유 (代喩)	환유 (換喩)	대상의 속성과 밀접한 관계를 지닌 단어를 통해 대상을 나타내는 표현법 예 사람은 빵만으로는 살 수 없다. → 음식의 한 종류인 빵을 통해 '음식 전체'를 나타냄
	제유 (提喩)	대상의 일부분으로 그 사물 전체를 대표하는 표현법 예 빼앗긴 들에도 봄은 오는가? → 국토의 일부인 '들'을 통해 조국 전체를 표현함
풍유 (諷喩)		원관념을 숨기고 보조 관념만으로 뒤에 숨겨진 본래의 의미를 암시하는 표현법. 동물이나 무생물에 빗대어 표현하는 경우가 많으며, 속담이나 격언에서 보편적으로 사용됨 예 원숭이도 나무에서 떨어진다.
인유 (引喩)		고전, 역사, 고사, 전설 등에서 널리 알려진 인물, 이야기, 시구 등을 인용하는 표현법 예 蘇仙(소선) 赤壁(적벽)은 秋七月(추칠월)이 됴타 호되 → 소동파의 적벽부에서 가을 칠월이 좋다고 한 고사를 인용함
중의 (重義)		하나의 말로 두 가지 이상의 의미를 나타내는 표현법 예 首陽山(수양산) 바라보며 夷齊(이제)를 恨(한)하노라. → '수양산'이 산 이름과 수양 대군(세조)의 두 가지 의미를 지님

짝문제

04　문학　수사법　　난이도 중 ●●○

정답 설명

④ ㉣은 비유법이 사용되지 않은 문장이다.

오답 분석

① '인생(원관념)'을 '흐르는 강물(보조 관념)'에 빗댄 직유법이 사용되었다.

② '-듯이'라는 연결 어미를 사용하여 지나간 순간은 다시 돌아오지 않는다는 사실을 '똑같은 강물에 발을 담글 수 없음'에 빗대는 직유법이 사용되었다.

③ 추상적 개념인 '시간'이 '달린다'고 표현하는 활유법이 사용되었다.

기출문제

05　비문학　작문 (고쳐쓰기)

정답 설명

③ ㉢이 포함된 2문단은 한국인의 알코올 분해 효소가 적음을 근거로 한국인이 술에 약하다는 연구 결과를 밝히고 있다. 하지만 ㉢은 술자리가 우리의 음주 문화이므로 무조건 피할 수 없다는 내용이므로 2문단의 흐름과 어울리지 않는다.

짝문제

05　비문학　작문 (고쳐쓰기)　　난이도 중 ●●○

정답 설명

④ ㉣은 글의 중심 내용인 '허균의 생애와 사상'과 관련이 없는 내용을 다루고 있으므로 통일성을 해치는 문장이다.

기출문제

06　어법　단어 (품사의 구분)

정답 설명

③ 품사가 나머지와 다른 하나는 ③이다. 이때 '썼다'의 기본형인 '쓰다'는 '혀로 느끼는 맛이 한약이나 소태, 씀바귀의 맛과 같다'를 뜻하는 말로, 어간 '쓰-'와 현재 시제 선어말 어미 '-ㄴ-'의 결합이 불가능하므로 형용사이다. (맛은 쓴다 ×)

오답 분석

① ② ④는 현재 시제 선어말 어미 '-ㄴ-'과 결합이 가능하므로 동사이다.

① 이때 '쓰다'는 '시체를 묻고 무덤을 만들다'를 뜻하는 동사이다. (묏자리로 쓴다 ○)

② 이때 '쓰다'는 '다른 사람에게 베풀거나 내다'를 뜻하는 동사이다. (한턱을 쓴다 ○)

④ 이때 '쓰다'는 '사람이 죄나 누명 등을 가지거나 입게 되다'를 뜻하는 동사이다. (누명을 쓴다 ○)

짝문제

06　어법　단어 (품사의 구분)　　난이도 하 ●○○

정답 설명

③ '낡다'와 '달리다'는 모두 현재 시제 선어말 어미 '-ㄴ-/-는-'과 결합할 수 있으므로 동사이다.

오답 분석

① '부족하다'는 현재 시제 선어말 어미 '-ㄴ-'과 결합할 수 없으므로 형용사이다.

② '새'는 체언 '선생님'을 수식하고 있으므로 관형사이다.

④ '젊다'는 현재 시제 선어말 어미 '-는-'과 결합할 수 없으므로 형용사이다.

기출문제

07   문학   시어 및 시구의 의미

정답 설명

④ ㉣ '셜온 님 보내옵노니'의 '셜온'은 '서럽다'의 옛말인 '셟다'의 활용형이다. 이때 '서러운'의 주체를 '임'으로 본다면 ㉣을 '서러운 님을 보내드린다'라는 의미로 해석할 수 있으므로 ④의 설명은 적절하다. 참고로, '서러운'의 주체를 화자로 볼 경우 ㉣은 '나를 서럽게 하는 임'으로 해석할 수도 있다.

오답 분석

① 제시된 작품에서 ㉠ '나눈'은 특별한 의미 없이 악률을 맞추기 위한 여음일 뿐이다.

② ㉡ '잡스아 두어리마ᄂᆞᆫ'은 '(임을) 붙잡아 두고 싶지만'으로 해석할 수 있다.

③ ㉢ '선ᄒᆞ면 아니 올셰라'는 '서운하면 오지 않을까 두렵습니다'로 해석할 수 있다.

짝문제

07   문학   시구의 의미   난이도 중 ●●○

정답 설명

④ '쇼 먹이는 아히들(소 먹이는 아이들)'은 지방 관청의 하급 관리를 의미하고, '샹무름(상마름)'은 수령을 의미한다. 따라서 ㉣은 하급 관리가 상급 관리를 업신여기고 있는 상황과 관련지을 수 있으므로 ④는 적절하지 않다.

오답 분석

① '마누라 말ᄉᆞᆷ을 아니 드러 보ᄂᆞᆫ다(주인님 말씀을 아니 들어 보았는가?)'에서 '마누라'는 상전을 뜻하는 옛말로, 나라의 상전인 임금의 뜻을 따르기를 권유하는 상황과 관련지을 수 있다.

② '우리 ᄃᆡ 셰간이야 녜붓터 이러튼가(우리 살림살이가 예부터 이러했던가?)'는 나라의 살림살이(형편)가 기울어지는 상황과 관련지을 수 있다.

③ '날마다 므슴하려 밥 먹고 단기면서 열나모 정자(亭子) 아릭 낫줌만 자ᄂᆞᆫ다(날마다 무엇 하려 밥 먹고 다니면서 열 나무 정자 아래 낮잠만 자는가?)'는 일하지 않고 게으름을 피우는 종들(관리들)의 모습과 관련지을 수 있다.

지문 풀이

아 저 양반아! 돌아앉아 내 말 좀 들어 보시오. 어찌하여 젊은 손이 생각없이 다니는가? ㉠ 주인님 말씀을 아니 들어 보았는가? 나는 이럴지언정 외방의 늙은 종이 (조정에) 공물 바치고 돌아갈 때 하는 일 다 보았네. ㉡ 우리 살림살이가 예부터 이러했던가? 농장이 없다 하는가? 호미 연장을 못 갖추었는가? ㉢ 날마다 무엇하려 밥 먹고 다니면서 열 나무 정자 아래 낮잠만 자는가? 아이들 탓이던가. 우리 집 종의 버릇 보노라면 이상한데. ㉣ 소 먹이는 아이들이 상마름을 업신여겨 욕보이고, 왔다 갔다하는 어리석은 손이 양반을 실없는 말로 빗대어 희롱하는가?

🗡️ **이것도 알면 합격!**

이원익, '고공답주인가(雇工答主人歌)'
1. 갈래: 가사
2. 주제: 기울어진 집안 살림을 일으키는 방도
3. 특징
   (1) 임금과 신하의 관계를 주인과 종의 관계에 빗대어 표현함
   (2) 3·4조, 4음보의 율격
   (3) 허전의 '고공가'에 답하는 형식으로 창작됨

기출문제

08   어휘   한자 성어

정답 설명

④ 제시문은 선비의 덕목에 대해 설명하고 있으므로 글의 내용과 거리가 먼 한자 성어는 ④ '梁上君子(양상군자)'이다.
- 梁上君子(양상군자): '들보 위의 군자'라는 뜻으로, 도둑을 완곡하게 이르는 말

오답 분석

① 見利思義(견리사의): '눈앞의 이익을 보면 의리를 먼저 생각함'이라는 뜻으로, 제시문 2~3번째 줄의 선비는 개인의 이익보다 사회 정의를 생각해야 한다는 내용을 통해 확인할 수 있다.

② 勞謙君子(노겸군자): '노겸(勞謙)'은 '큰 공로가 있으면서도 겸손함'이라는 뜻으로, '노겸군자(勞謙君子)'란 '큰 공로가 있으면서도 겸손한 군자'를 의미한다. 제시문 끝에서 2~3번째 줄의 선비가 갖추어야 할 덕목으로 자신을 낮추는 자세가 필요하다는 내용을 통해 확인할 수 있다.

③ 修己安人(수기안인): '먼저 자신을 수양하고 남을 편안하게 함'이라는 뜻으로, 제시문 3~5번째 줄의 자신의 인격을 완성하고 이로 하여금 모든 사람에게 평안한 삶을 살게 해야 한다는 내용을 통해 확인할 수 있다.

짝문제

08 어휘 한자 성어   난이도 중 ●●○

정답 설명

③ B는 A의 돈을 빌리고 갚지 않는 잘못을 저질렀음에도 불구하고 도리어 A에게 화를 내고 있다. 따라서 B의 태도를 가장 적절하게 표현한 한자 성어는 ③ '賊反荷杖(적반하장)'이다.
  · 賊反荷杖(적반하장): '도둑이 도리어 매를 든다'라는 뜻으로, 잘못한 사람이 아무 잘못도 없는 사람을 나무람을 이르는 말

오답 분석

① 首丘初心(수구초심): '여우가 죽을 때에 머리를 자기가 살던 굴 쪽으로 둔다'라는 뜻으로, 고향을 그리워하는 마음을 이르는 말

② 捨生取義(사생취의): '목숨을 버리고 의를 좇는다'라는 뜻으로, 목숨을 버릴지언정 옳은 일을 함을 이르는 말

④ 切磋琢磨(절차탁마): '옥이나 돌 등을 갈고 닦아서 빛을 낸다'라는 뜻으로, 부지런히 학문과 덕행을 닦음을 이르는 말

기출문제

09 어법 표준 발음법

정답 설명

④ 공권력[공꿜력](×) → [공꿘녁](○): '공권력'은 'ㄴ'과 'ㄹ'이 결합할 때 [ㄹㄹ]로 발음되지 않고 [ㄴㄴ]으로 발음되는 유음화의 예외에 해당하므로 [공꿘녁]으로 발음해야 한다.

오답 분석

① 태권도[태꿘도](○): '태권도'는 한자어에서의 수의적 된소리되기 현상으로 인해 [태꿘도]로 발음된다.

② 홑이불[혼니불](○): '홑 + 이불[홑이불 → 혼니불 → 혼니불]'이 결합한 파생어로, 앞말의 받침 'ㅌ'이 음절의 끝소리 규칙에 따라 [ㄷ]으로 발음되고, 뒷말의 첫소리가 '이'이므로 'ㄴ' 음을 첨가하여 발음한다. 이때 음절 말 [ㄷ]은 비음 [ㄴ]의 영향을 받아 비음 [ㄴ]으로 발음되므로 '홑이불'은 [혼니불]로 발음한다.

③ 홑옷[호돋](○): '홑 + 옷[홑옫 → 호돋]'이 결합한 파생어로, 앞말의 받침 'ㅌ'과 뒷말의 받침 'ㅅ'이 음절의 끝소리 규칙에 따라 각각 [ㄷ]으로 발음되고, 앞말의 받침 'ㄷ'이 연음되어 '홑옷'은 [호돋]으로 발음한다.

짝문제

09 어법 표준 발음법   난이도 하 ●○○

정답 설명

① 옷이[오디](×) → [오시](○): 홑받침이 모음으로 시작하는 조사와 결합하는 경우, 원래의 음가대로 뒤 음절 첫소리로 옮겨 발음해야 한다.

오답 분석

② 흙과[흑꽈](○): 겹받침 'ㄺ'은 자음 앞에서 [ㄱ]으로 발음한다. 또한 받침 [ㄱ] 뒤에 연결되는 'ㄱ'은 된소리로 발음해야 한다.

③ 꽃 한 송이[꼬탄송이](○): '꽃'의 받침 'ㅊ'은 대표음 [ㄷ]으로 바뀌어 발음되고, [ㄷ]은 뒤 음절 첫소리 'ㅎ'과 결합할 때, [ㅌ]으로 축약하여 발음해야 한다.

④ 넓삐죽하다[넙삐주카다](○): '넓-'은 어말 또는 자음 앞에서 [널]로 발음해야 하나, 일부 단어의 경우 [넙]으로 발음한다. 참고로, '넓죽하다[넙쭈카다]'와 '넓둥글다[넙뚱글다]'도 '넓-'을 [넙]으로 발음하는 단어이다.

기출문제

10 비문학 내용 추론

정답 설명

② 1문단 마지막 부분을 통해 인간은 단지 구조되어 있는 질서에 참여할 뿐 인간이 후천적, 인위적으로 구조를 만들었다고 생각하는 것은 잘못임을 알 수 있다. 또한 2문단을 통해 '구조'란 의식되지 않는 가운데 인간의 행위를 규정하는 것이며, 라캉이 생각하는 주체는 '무의식적 주체'임을 알 수 있다. 따라서 주체의 의식적 사유와 행위에 의해 새로운 문화 질서가 창조된다는 ②의 추론은 라캉의 생각과 거리가 멀다.

오답 분석

① 1문단 6~10번째 줄에서 인간이 '상징적 질서'를 생각하게 되는 것은 이미 그 질서가 구조적으로 기능하게끔 되어 있기 때문이라고 설명하며, 인간은 구조되어 있는 질서에 참여할 뿐이라고 말한다. 이때 질서의 구조란 2문단 첫 문장을 통해 의식되지 않는 가운데 인간의 행위를 규정하는 것임을 알 수 있으므로 주체의 무의식은 구조화된 상징적 질서에 의해 형성된다는 ①의 설명은 라캉의 생각과 일치한다.

③ 4문단을 통해 나의 욕망은 사실 타자의 욕망에 의해 구성됨을 알 수 있다. 따라서 타자의 욕망이라고 할 수 있는 대중매체의 광고가 주체의 욕망을 형성하는 데에 큰 영향을 미친다는 ③의 설명은 라캉의 생각과 일치한다.
[관련 부분] 나의 욕망도 타자의 욕망에 의해서 구성된다.

④ 3문단 2~5번째 줄에서 라캉은 나의 사유가 나의 존재를 확인시켜 주지 못한다고 주장한다. 또, '나는 생각한다'라는 의식이 없는 곳에서도 '나는 존재'하며, 또 '내가 존재하는 곳'에서 '나는 생각하지 않는다'라고 설명한다. 따라서 라캉의 입장에서 데카르트의 명제인 '나는 생각한다. 고로 존재한다'라는 명제는 옳지 않다.

짝문제

10 비문학 내용 추론   난이도 중 ●●○

정답 설명

① 1문단의 데카르트학파 과학자들의 실례를 통해 특정 사상에 매몰되는 것이 위험하다는 점은 알 수 있으나, 개방적 자세를 갖추는 것이 바람직하다는 내용은 제시문을 통해 확인할 수 없는 시사점이므로 답은 ①이다.

오답 분석

② 1문단을 통해 데카르트학파 과학자들이 동물을 산 채로 해부한 이유가 동물은 고통을 느끼지 못한다고 믿었기 때문임을 알 수 있다. 따라서 신념은 부도덕한 행위에도 정당성을 부여할 수 있으므로 무언가를 맹신하는 태도를 늘 주의해야 한다는 ②는 제시문의 시사점으로 적절하다.

③ ④ 1문단 끝에서 4~8번째 줄을 통해 17~18세기에는 동물은 고통을 느끼지 못한다는 생각이 통념이었음을 알 수 있다. 반면 동물도 인간처럼 고통을 느낄 수 있다는 생각은 당시에는 받아들여지지 못한 소수의 의견이었으나, 오늘날은 보편적인 관점이 되었으므로 ③과 ④는 제시문의 시사점으로 적절하다.

[관련 부분] 그들(데카르트학파 과학자들)은 동물이 고통이나 아픔을 느끼지 못한다고 믿었기 때문이다. 사실상 그 당시 동물이 고통을 느낀다고 생각하는 사람이 있었다면 비웃음거리가 되었을 것이다.

기출문제

11 어법 국어의 로마자 표기

정답 설명

② 국어의 로마자 표기법 규정에 어긋난 것은 ②이다.

· 홍빛나[홍빈나] Hong Binna(×) → Hong Bitna(○): 국어의 로마자 표기법에 따르면 이름에서 일어난 음운의 변화는 표기에 반영하지 않는다. 따라서 '홍빛나'는 [홍빈나]로 발음되더라도 'Hong Bitna'로 표기하는 것이 옳다. 참고로 이름은 붙여 쓰는 것을 원칙으로 하되 'Hong Bit-na'와 같이 붙임표(-)를 쓰는 것도 허용한다.

오답 분석

① 의정부시[의정부시] Uijeongbu-si(○): 국어의 로마자 표기법에 따르면 'ㅢ'는 'ui'로 적어야 한다. 이때 행정 구역 단위인 '시'는 'si'로 표기하고 그 앞에는 붙임표(-)를 넣어야 하므로 '의정부시'를 'Uijeongbu-si'로 표기하는 것은 옳다. 참고로 붙임표(-) 앞뒤에서 일어나는 음운의 변화는 표기에 반영하지 않는다.

③ 종로 2가[종노이가] Jongno 2(i)-ga(○): '종로'는 '종'의 받침 'ㅇ'의 영향으로 '로'의 'ㄹ'이 [ㄴ]으로 발음되는 자음 동화(비음화)가 일어나므로 [종노]로 발음된다. 이때 국어의 로마자 표기법에 따르면 자음 사이에서 동화 작용이 일어난 경우에 그 결과를 로마자 표기에 반영하므로 'Jongno'로 표기해야 한다. 또한 '가'는 'ga'로 적어야 하고 그 앞에는 붙임표(-)를 넣어야 하므로 '종로 2가'를 'Jongno 2(i)-ga'로 표기하는 것은 옳다.

④ 무량수전[무량수전] Muryangsujeon(○): 국어의 로마자 표기법에 따르면 자연 지물명, 문화재명, 인공 축조물명은 붙임표(-) 없이 붙여 써야 하므로 '무량수전'을 'Muryangsujeon'으로 표기하는 것은 옳다.

짝문제

11 어법 국어의 로마자 표기   난이도 하 ●○○

정답 설명

① 알약[알략] alnyak(×) → allyak(○): 합성어에서 앞말이 자음 'ㄹ'로 끝나고 뒷말이 모음 'ㅑ'로 시작하므로 'ㄴ' 음을 첨가하여 [알냑]으로 발음한다. 또한, [ㄴ]이 'ㄹ' 뒤에서 [ㄹ]로 발음되는 유음화 현상이 일어나므로 이를 로마자 표기에 반영하여 'allyak'로 적는다.

오답 분석

② 신문로[신문노] Sinmunno(○): 'ㄹ'이 'ㄴ' 뒤에서 [ㄴ]으로 발음되는 'ㄹ'의 비음화 현상이 일어나므로 이를 로마자 표기에 반영하여 'Sinmunno'로 적는다.

③ 강선루[강:설루] Gangseollu(○): 'ㄱ'은 모음 앞에서 'g'로 표기하며 'ㄴ'이 'ㄹ' 앞에서 [ㄹ]로 발음되는 유음화 현상이 일어나므로 이를 로마자 표기에 반영하여 'Gangseollu'로 적는다.

④ 대관령[대괄령] Daegwallyeong(○): 'ㄴ'이 'ㄹ' 앞에서 [ㄹ]로 발음되는 유음화 현상이 일어나므로 이를 로마자 표기에 반영하여 'Daegwallyeong'으로 적는다.

기출문제

12 문학 작품의 내용 파악

정답 설명

④ 제시된 작품의 1~2문단에서 '나'는 사실은 사실대로 오해는 오해대로 그저 끝없이 발을 절뚝거리면서 세상을 걸어가면 된다고 생각하고 있으며, 어디로 가야 할지를 모른 채 방황하고 있다. 이와 같은 모습을 통해 '나'는 자아를 상실하고 무기력하게 삶을 살고 있음을 알 수 있다. 하지만 3문단에서 '정오의 사이렌 소리'를 들은 후 '나'는 세상의 활력적인 모습을 인지하고 날개가 다시 돋아 날아 보기를 소망하는데, 이는 본래의 자아를 회복하고 의지적이고 활기찬 삶을 살고자 하는 간절한 의지와 염원을 나타낸 것이다. 따라서 제시된 작품에 대한 이해로 가장 적절한 것은 ④이다.

오답 분석

① '나'는 자신과 '아내'의 관계를 숙명적으로 발이 맞지 않는 '절름발이'라고 표현하는데, 이를 통해 '나'와 '아내'의 사이가 좋지 않으며 비정상적인 관계임을 알 수 있다. 또한 제시된 작품에서 '나'가 무명작가인지 알 수 있는 부분은 확인할 수 없다. 따라서 ①의 이해는 적절하지 않다. 참고로, '나'는 특별한 직업과 경제적 능력이 없으며, 매춘을 하는 아내에게 의존하여 살아가는 인물이다.

② ③ 제시된 작품에서 농촌 계몽이나 농촌 사회와 관련된 내용은 확인할 수 없다.

짝문제

12 문학 작품의 내용 파악 난이도 중 ●●○

정답 설명

③ 제시된 작품의 두 청년은 서로의 말에 '맞았어, 맞았어.' 등 맞장구를 치며 우호적인 모습을 드러내지만 서로에게 적대감을 표현하고 있지는 않다. 따라서 답은 ③이다.

오답 분석

① '깜장', '국방색', '핏발' 등의 색채 이미지를 통해 이발소 안 청년의 외양을 묘사하고 있다.

② 새로운 청년이 이발소에 등장하자 이발소 안의 사람들은 청년들의 눈치만 보는 소극적인 행동을 보이고 있다.

④ 이발소는 보통 사람들에게 익숙하고 친근한 공간이지만, 작품 안에서 이발소는 청년들의 강압적인 태도에 짓눌려 긴장감이 조성되는 공간이다.

짝문제

13 비문학 글의 구조 파악

정답 설명

① (가)의 위치로 가장 적절한 것은 ①이다. ①의 앞 문장에서는 훈민정음의 창제 의도를 밝히고 있으며, ①의 뒤 문장에서는 모음의 제자 원리를 설명하고 있으므로 자음의 제자 원리를 설명한 (가)는 문맥상 ①에 오는 것이 가장 자연스럽다.

짝문제

13 비문학 글의 구조 파악 난이도 중 ●●○

정답 설명

② (나)의 앞 문장은 법의 근본이 하늘에서 나왔으므로 법 앞에서 귀한 사람과 천한 사람의 구별이 없다는 내용이고, 〈보기〉는 천자부터 서인에 이르기까지 모두 법의 규제를 받았다는 내용이다. 따라서 (나)의 앞 문장이 〈보기〉의 전제가 되므로 〈보기〉가 들어갈 위치로 적절한 것은 (나)이다.

기출문제

14 비문학 글의 구조 파악 (접속어의 사용)

정답 설명

③ ㉠의 앞부분에서는 훈민정음의 제자 원리와 함께 28자의 전환이 무궁하고, 간단하지만 꼭 필요한 구성으로 이루어졌으며, 모든 음을 표현할 수 있다는 장점에 대해 설명하고 있고 ㉠ 뒤에서는 모든 백성들이 쉽게 글자(훈민정음)를 익힐 수 있다고 하였다. 두 내용이 인과 관계로 이어질 때는 앞의 내용이 뒤의 내용의 이유나 원인, 근거가 될 때 쓰는 접속 부사 '그러므로'가 들어가는 것이 적절하다.

오답 분석

① 그리고: 단어, 구, 절, 문장 등을 병렬적으로 연결할 때 쓰는 접속 부사

② 그런데: 1. 화제를 앞의 내용과 관련시키면서 다른 방향으로 이끌어 나갈 때 쓰는 접속 부사 2. 앞의 내용과 상반되는 내용을 이끌 때 쓰는 접속 부사

④ 왜냐하면: 뒤의 내용이 앞의 내용의 이유나 원인, 근거가 될 때 쓰는 접속 부사

짝문제

14 비문학 글의 구조 파악 (접속어의 사용) 난이도 중 ●●○

정답 설명

④ ㉠의 앞뒤 내용이 인과 관계로 연결되어 있으므로 ㉠에 들어갈 접속 부사로 적절한 것은 앞의 내용이 뒤의 내용의 이유나 원인, 근거가 될 때 쓰는 '그러므로'이다.
· ㉠의 앞: 지금(후세)의 법은 하늘에 근본을 둔 것이 아니라 사람(천자)이 제 마음대로 만든 것임
· ㉠의 뒤: 후세의 법은 신민에게만 시행되고 천자에게는 상관이 없음

기출문제

15 문학 시어의 의미

정답 설명

③ ㉢ '부끄러운 일이다'는 일제 강점기라는 암울한 현실에 적극적으로 저항하지 못하고 무기력하게 살아가는 자신에 대한 부끄러움과 자기반성을 드러내는 표현이다. 따라서 ㉢이 친일파 지식인에 대한 비판 정신을 보여준다는 ③의 설명은 적절하지 않다.

오답 분석

① ㉠ '육첩방(六疊房)은 남의 나라'의 '육첩방(六疊房)'은 일본식 다다미방을 뜻하는 것으로 현재 화자가 일본에 있음을 알 수 있다. 이때 '남의 나라'라는 표현은 화자가 자기 스스로 '일본인'이 아닌 '조선인'이라는 인식을 드러내는 것이므로 ①의 설명은 적절하다.

② ㉡ '한 줄 시를 적어 볼까'는 시를 통해서는 암울한 현실에 직접적으로 대응하지 못할 것을 알면서도 시를 쓸 수밖에 없는 식민지 지식인으로서의 소명 의식을 드러낸 것이므로 ②의 설명은 적절하다.

④ ㉣ '최초의 악수'는 내면적 자아인 '나'와 현실적 자아인 '나'의 화해를 의미하는 것으로, 분열되었던 두 자아가 악수를 통해 내적 갈등을 해소하고 화합하여 어두운 현실을 극복하고자 하는 의지를 드러내는 것이므로 ④의 설명은 적절하다.

이것도 알면 합격!

윤동주, '쉽게 씌어진 시'

1. 주제: 부정적 현실에서 느끼는 식민지 지식인의 고뇌와 반성적 자기 성찰
2. 특징
   - 어둠과 밝음을 상징하는 시어를 대비하여 시의 의미를 강화함
   - 현실적 자아와 내면적 자아의 대립과 화해의 과정을 통해 시상을 전개함
3. 시어 및 시구의 의미

시어 및 시구	상징적 의미
밤비	자기 성찰을 이끌어 내는 부정적 시대 현실
육첩방	화자를 억압하는 암울한 공간이자 시대 상황
등불	새로운 시대를 열기 위한 노력이자 현실 극복 의지
어둠	일제 강점기의 부정적 현실 상황
시대처럼 올 아침	조국의 광복. 희망차고 새로운 세계
최후의 나	자기 성찰의 과정 끝에 도달하는 성숙한 내면의 자아

짝문제

15 문학 시어의 의미 난이도 중 ●●○

정답 설명

③ 제시된 작품에서 '거름'은 '풀'이 다시 일어서기 위해 필요한 것으로, '희망' 또는 '힘'을 의미한다. 이와 가장 유사한 의미를 지닌 것은 ③의 '햇살'로, '나'에게 힘을 주는 존재를 의미한다.

오답 분석

① 최두석의 '성에꽃' 중 일부분으로 이때 '성에꽃'은 어두운 현실 속에서도 피어나는 서민들의 삶의 숨결을 의미한다.

② 떨어지는 '꽃잎'을 인생에 비유하고 있으므로 이때 '꽃잎'은 덧없는 대상을 의미한다.

④ '겨울'이 지난 후 좋은 날이 올 것이라고 하였으므로 이때 '겨울'은 시련, 고난을 의미한다.

기출문제

16 어법 문장 (높임 표현)

정답 설명

④ ② 안녕히 계십시오(×) → 안녕히 계시어요/계셔요/계세요(○): '계십시오'의 '-ㅂ시오'는 하십시오할 자리에 쓰여, 명령의 뜻을 나타내는 종결 어미이므로 상대 높임법의 격식체 중 아주 높임 표현인 합쇼체에 해당한다. ②을 해요체의 용례로 사용하려면 종결 어미 '-어요'를 사용하여 '계시어요', '계셔요', '계세요'와 같이 표현해야 한다. 따라서 ②은 비격식체 중 두루 높임인 해요체의 용례로 적절하지 않으므로 답은 ④이다.

오답 분석

① ㉠ 같네(○): '같네'의 '-네'는 하게할 자리에 쓰여, 단순한 서술의 뜻을 나타내는 종결 어미이므로 하게체의 용례로 적절하다.

② ㉡ 모르겠구려(○): '모르겠구려'의 '-구려'는 하오할 자리에 쓰여, 화자가 새롭게 알게 된 사실에 주목함을 나타내는 종결 어미이므로 하오체의 용례로 적절하다.

③ ㉢ 밀고 나가(○): '나가'의 '-아'는 해할 자리에 쓰여, 어떤 사실을 서술하거나 물음·명령·청유를 나타내는 종결 어미이므로 해체의 용례로 적절하다.

짝문제

16 어법 문장 (높임 표현) 난이도 중 ●●○

정답 설명

④ 주체 높임법, 객체 높임법, 청자를 높이는 상대 높임법이 모두 사용된 문장은 ④이다.
   - 주체 높임법: 주격 조사 '께서'와 주체 높임 선어말 어미 '-시-'를 사용하여 서술의 주체인 '선생님'을 높이고 있다.
   - 객체 높임법: 부사격 조사 '께'와 객체 높임을 나타내는 어휘 '여쭈어보다'를 사용하여 서술의 객체인 '손님'을 높이고 있다.
   - 상대 높임법: 하십시오체의 종결 어미 '-습니다'를 사용하여 청자를 높이고 있다.

오답 분석

① 주체 높임법과 상대 높임법이 사용되었다.
   - 주체 높임법: 주격 조사 '께서'와 주체 높임 선어말 어미 '-시-'를 사용하여 서술의 주체인 '부장님'을 높이고 있다.
   - 상대 높임법: 하십시오체의 종결 어미 '-습니다'를 사용하여 청자를 높이고 있다.

② 객체 높임법과 상대 높임법이 사용되었다.
   - 객체 높임법: 객체 높임을 나타내는 어휘 '뵙다'를 사용하여 서술의 객체인 '할머니'를 높이고 있다.
   - 상대 높임법: 화자 자신을 낮추는 대명사 '저'와 해요체의 종결 어미 '-어요'를 사용하여 청자를 높이고 있다.

③ 주체 높임법과 객체 높임법, 상대 높임법이 사용되었다.
   - 주체 높임법: 주격 조사 '께서'와 주체 높임 선어말 어미 '-시-'를 사용하여 서술의 주체인 '어머니'를 높이고 있다.
   - 객체 높임법: 부사격 조사 '께'와 객체 높임을 나타내는 어휘 '드리다'를 사용하여 서술의 객체인 '고모'를 높이고 있다.
   - 상대 높임법: 격식체 중 아주 낮춤 표현인 해라체의 종결 어미 '-다'를 사용하였다. 다만 이는 청자를 높이는 표현으로 보기 어렵다.

이것도 알면 합격!

높임법의 종류

주체 높임법	직접 높임	주체를 직접적으로 높이는 방법으로, 높임의 표지가 주어에게 향해 있을 때 사용됨 예 · 아버지께서 노하셨나 보다. 　· 할머니께서 집에 계신다.
	간접 높임	주체를 간접적으로 높이는 방법으로, 높임의 표지가 주체의 신체 부분이나 생활에 필수적인 사물, 개인적인 소유물 등과 같이 주체와 관련된 것일 때 사용됨 예 · 곧 선생님의 말씀이 있으시겠습니다. 　· 할머니께서는 손가락이 아프시다. 　· 사장님, 시간 좀 있으십니까?
객체 높임법		목적어나 부사어가 지시하는 대상인 서술의 객체를 높이는 표현임 예 · 나는 아버지를 모시고 집으로 왔다. 　· 나는 어머님께 용돈을 드렸다.
상대 높임법		화자가 청자를 높이거나 낮추는 표현으로 하십시오체, 하오체, 하게체, 해라체 등의 격식체와 해요체, 해체 등의 비격식체가 있음 예 · 다음에 또 들르겠습니다. (하십시오체) 　· 다음에 또 들르겠소. (하오체) 　· 다음에 또 들르겠네. (하게체) 　· 다음에 또 들르겠다. (해라체) 　· 다음에 또 들르겠어요. (해요체) 　· 다음에 또 들를게. (해체)

기출문제

17　문학 내용 추리

정답 설명

③ 제시된 작품은 '규중칠우쟁론기'로 규방 부인이 바느질에 사용하는 '자(척부인), 바늘(청홍각시), 가위(교두각시), 골무(감토할미), 인두(인화부인), 다리미(울랑자)'를 의인화하여 인간 세태를 풍자한 고전 수필이다. 이때 괄호 안에 들어갈 사물을 순서대로 바르게 나열한 것은 ③ '교두각시 – 척부인 – 감토할미 – 청홍각시'이다.

· **첫 번째 괄호:** 1~3번째 줄을 통해 해당 사물은 두 다리(양각)를 놀릴 수 있고 무언가를 베어(버혀) 낼 수 있는 대상임을 알 수 있다. 이를 통해 첫 번째 괄호에 들어갈 사물은 가위를 의인화한 '교두각시'임을 추리할 수 있다. 참고로 '양각(두 다리)'은 가위의 양쪽 날을 의미하며, '교두(交頭)각시'라는 이름은 가위 머리가 교차하는 생김새를 근거로 의인화한 것이다.

· **두 번째 괄호:** 2~3번째 줄을 통해 해당 사물은 마름질(마련)을 잘 하지만 베어(버혀) 내지는 못하는 대상임을 알 수 있다. 이를 통해 두 번째 괄호 안에 들어갈 사물은 '자'를 의인화한 '척부인'임을 추리할 수 있다. 참고로 마름질은 '옷감이나 재목 등을 치수에 맞도록 재거나 자르는 일'을 뜻하며, '척(尺)부인'이라는 이름은 '자'를 의미하는 한자 '척(尺)' 자와 발음이 같음을 근거로 의인화한 것이다.

· **세 번째 괄호:** 끝에서 1~3번째 줄을 통해 해당 사물은 바늘(세요)에 늘 찔리지만 두꺼운 가죽으로 이루어져 있어 바늘의 뾰족함을 잘 견디는 대상임을 알 수 있다. 이를 통해 세 번째 괄호 안에 들어갈 사물은 '골무'를 의인화한 '감토할미'임을 추리할 수 있다. 참고로 '감토할미'라는 이름은 골무와 유사한 감투의 생김새를 근거로 의인화한 것이다.

· **네 번째 괄호:** 끝에서 3~4번째 줄을 통해 해당 사물은 바늘(세요)의 뒤를 따라다니는 대상임을 알 수 있다. 이를 통해 네 번째 괄호 안에 들어갈 사물은 '실'을 의인화한 '청홍각시'임을 추리할 수 있다. 참고로 '청홍(靑紅)각시'라는 이름은 다양한 색깔을 지닌 실의 생김새를 근거로 의인화한 것이다.

이것도 알면 합격!

작자 미상, '규중칠우쟁론기'

1. 주제
· 공치사만 일삼는 이기적인 인간 세태에 대한 풍자
· 역할과 직분에 부합하는 삶에 대한 인식과 추구

2. 특징
· 사물을 의인화하여 인간 세태를 우화적으로 풍자함
· 3인칭 시점에서 객관적인 관찰을 바탕으로 서술함

3. 구성

부인의 첫 번째 잠	규중 칠우가 서로 앞다퉈 자신의 공을 자랑함
부인이 잠에서 깸	부인이 공을 늘어놓는 규중 칠우를 꾸짖음으로써 규중 칠우의 불만을 촉발함
부인의 두 번째 잠	규중 칠우가 평소 부인에게 갖고 있던 불평을 늘어놓음
부인이 다시 잠에서 깸	부인이 다시 규중 칠우를 꾸짖고 자신에게 사죄하는 감토할미에게 애정을 드러냄

짝문제

17　문학 내용 추리　난이도 중 ●●○

정답 설명

① '국성(麴聖)'이라는 이름에서 '국(麴)'은 술을 빚는 데 쓰는 누룩을 의미하며, 조부인 '모(牟)'는 술의 원료 중 하나인 보리를 의미한다. 또한 '국성'이 살았던 곳인 '주천(酒泉)'은 '술이 솟는 샘'을 뜻한다. 이러한 것들을 통해 제시문은 ① '술'을 의인화하고 있음을 추론할 수 있다.

이것도 알면 합격!

이규보, '국선생전'의 주제 및 특징

1. 주제: 위국충절의 교훈과 바람직한 신하의 모습 제시
2. 특징
(1) 술을 의인화하여 일대기 형식으로 전개됨
(2) 임춘의 '국순전'의 영향을 받은 작품임

기출문제

18 어휘 혼동하기 쉬운 어휘

정답 설명

② 내노라하는(×) → 내로라하는(○): '어떤 분야를 대표할 만하다'를 뜻할 때는 '내로라하다'가 적절하다. '내노라하다'는 어법에 맞지 않는 단어이다.

오답 분석

① 갈음하고자(○): 문맥상 '이것'으로 치사(감사한 뜻)를 대신한다는 의미이므로 '갈음하고자'가 적절하다. 이때, 발음이 비슷한 '가름하다'와 혼동하여 사용하지 않도록 주의해야 한다.
 · 갈음하다: 다른 것으로 바꾸어 대신하다.
 · 가름하다: 1. 쪼개거나 나누어 따로따로 되게 하다. 2. 승부나 등수 등을 정하다.

③ 겉잡아서(○): 문맥상 예산을 어림짐작하지 말라는 의미이므로 '겉잡아서'가 적절하다. 이때, 발음이 비슷한 '걷잡다'와 혼동하여 사용하지 않도록 주의해야 한다.
 · 겉잡다: 겉으로 보고 대강 짐작하여 헤아리다.
 · 걷잡다: 1. 한 방향으로 치우쳐 흘러가는 형세 등을 붙들어 잡다. 2. 마음을 진정하거나 억제하다.

④ 부딪치기를(○): 문맥상 그가 '나'와 눈을 마주치길 꺼려한다는 의미이므로 '부딪치기를'이 적절하다. 이때, 발음이 비슷한 '부딪히다'와 혼동하여 사용하지 않도록 주의해야 한다.
 · 부딪치다: 눈길이나 시선 등이 마주치다.
 · 부딪히다: 1. 무엇과 무엇이 힘 있게 마주 닿게 되거나 마주 대게 되다. 또는 닿게 되거나 대게 되다. 2. 예상치 못한 일이나 상황 등에 직면하게 되다.

짝문제

18 어휘 혼동하기 쉬운 어휘 난이도 중 ●●○

정답 설명

④ 돋구었다(○): '안경의 도수 등을 더 높게 하다'를 뜻하는 말은 '돋구다'이다. 참고로 '돋우다'는 '감정이나 기색 등을 생겨나게 하다' 또는 '입맛을 당기게 하다'를 뜻한다.

오답 분석

① 해어졌다(×) → 헤어졌다(○): '살갗이 터져 갈라지다'를 뜻하는 말은 '헤어지다'이다. 참고로 '해어지다'는 '닳아서 떨어지다'를 뜻한다.

② 된다만은(×) → 된다마는(○): 문맥상 앞의 사실을 인정을 하면서도 그에 대한 의문이나 그와 어긋나는 상황 등을 나타내는 보조사 '마는'을 써야 한다. '만은'은 다른 것으로부터 제한하여 어느 것을 한정하는 보조사 '만'과 대조의 의미를 나타내는 보조사 '은'의 결합이다.

③ 껍질(×) → 껍데기(○): '겉을 싸고 있는 단단한 물질'을 뜻하는 말은 '껍데기'이며 '껍질'은 '물체의 겉을 싸고 있는 단단하지 않은 물질'을 뜻한다.

기출문제

19 어법 올바른 문장 표현

정답 설명

③ 가벼운 물건이라도 높은 위치에서 던지면 인명 사고나 차량 파손을 일으킬 수 있다(○): '인명 사고를(A) 일으킬 수 있다(C)'와 '차량 파손을(B) 일으킬 수 있다(C)'와 같이 문장 안에서 목적어(A, B)와 서술어(C)가 자연스럽게 호응하고 있으므로 가장 적절한 문장은 ③이다.

오답 분석

① 인생을 살다 보면 남을 도와주기도 하고 도움을 받기도 한다(×) → 인생을 살다 보면 남을 도와주기도 하고 남에게 도움을 받기도 한다(○): '받다'는 필수적 부사어를 필요로 하는 세 자리 서술어이므로 이에 호응하는 부사어를 넣어야 한다.

② 형은 조문객들과 잠시 환담을 나눈 후 다시 상주 자리로 돌아왔다(×) → 형은 조문객들과 잠시 이야기를 나눈 후 다시 상주 자리로 돌아왔다(○): '환담(歡談)'이란 '정답고 즐겁게 서로 이야기 함'을 이르는 말이므로, 장례식장에서 조문객과 이야기를 나누는 상황에 쓰이는 어휘로는 적절하지 않다.

④ 중인이 보는 앞에서 병기에게 친히 불리어서 가까이 가는 것만 해도 여간한 우대였다(×) → 중인이 보는 앞에서 병기에게 친히 불리어서 가까이 가는 것만 해도 여간한 우대가 아니었다(○): '이만저만 하거나 어지간하다'를 뜻하는 형용사 '여간하다'는 '아니다', '않다' 등의 부정어 앞에 쓰이므로 이어지는 서술어를 '여간한 우대가 아니었다'와 같이 고쳐 쓰는 것이 적절하다.

짝문제

19 어법 올바른 문장 표현 난이도 중 ●●○

정답 설명

② 가격은 저렴하고 영양가는 높은(○): '가격이 저렴하다'와 '영양가가 높다'가 두 가지 이상의 사실을 대등하게 벌여 놓는 연결 어미 '-고'를 중심으로 대등한 구조로 연결되어 있다.

오답 분석

① 읽혀집니다(×) → 읽힙니다(○): '읽혀지다'는 '읽+히+어지다'의 결합으로 피동 접미사 '-히'와 피동 표현 '-어지다'가 함께 쓰인 이중 피동에 해당한다. 따라서 피동 표현을 한 번만 사용한 '읽힙니다'로 수정해야 한다.

③ 시험에 가능성이 매우 낮다고(×) → 시험에 통과할 가능성이 매우 낮다고(○): 부사어 '시험에'에 호응하는 서술어가 없으므로, '통과하다'를 추가해야 한다.

④ 이루고 싶고(×) → 이루고 싶어서(○): '선생님이 되겠다는 꿈을 이루고 싶다'가 '대학에 진학했다'는 결과에 대한 이유이므로 문장을 대등하게 이어주는 연결 어미 '-고'가 아닌 이유나 근거를 나타내는 연결 어미 '-어서'를 사용하는 것이 적절하다.

기출문제

20 어휘 관용 표현

정답 설명

④ 속담에 대한 설명이 적절하지 않은 것은 ④이다.
  · 하늘 보고 손가락질한다: 1. 상대가 되지도 않는 보잘것없는 사람이 건드려도 꿈쩍도 안 할 대상에게 무모하게 시비를 걸며 욕함을 비유적으로 이르는 말 2. 어떤 일을 이루려고 노력을 하나 그럴 만한 능력이 없으므로 공연한 짓을 함을 비유적으로 이르는 말

오답 분석

① 가난한 집 족보 자랑하기다: '내놓고 과시할 만할 것이 없는 가난한 집 양반이 조상 자랑만 한다'라는 뜻으로, 실속이 없이 큰소리치거나 허세를 부림을 이르는 말

② 사또 덕분에 나팔 분다: '사또와 동행한 덕분에 나팔 불고 요란히 맞아 주는 호화로운 대접을 받는다'라는 뜻으로, 남의 덕으로 당치도 않은 행세를 하게 되거나 그런 대접을 받고 우쭐대는 모양을 비유적으로 이르는 말

③ 아쉬운 감 장수 유월부터 한다: 1. 돈이 아쉬워서 물건답지 못한 것을 미리 내다 팖을 비유적으로 이르는 말 2. 변변치 못한 일을 남보다 일찍 함을 비유적으로 이르는 말

짝문제

20 어휘 속담 난이도 중 ●●○

정답 설명

① '장마다 망둥이 날까'는 '자기에게 좋은 기회만 늘 있는 것은 아님' 또는 '자주 바뀌는 세상 물정을 모르는 어리석음을 비웃음'을 뜻한다. 따라서 속담의 뜻으로 바른 것은 ①이다.

기출문제

21 비문학 세부 내용 파악

정답 설명

④ 마지막 문장을 통해 아인슈타인의 시공간은 시간에 해당하는 차원이 한 방향으로만 진행한다는 것을 확인할 수 있다.

오답 분석

① 끝에서 두 번째 문장을 통해 아인슈타인의 시공간은 시간과 공간이 서로 구별되지 않음을 알 수 있다.

② 첫 번째 문장을 통해 아인슈타인 등장 전까지 물리학자들은 시간과 공간을 독립적인 물리량으로 보았음을 알 수 있다.

③ 두 번째 문장을 통해 아인슈타인 등장 전에는 시간을 절대적인 물리량으로 보고 다른 어떤 것에 의해 변화 불가능한 것으로 보았음을 확인할 수 있다.

짝문제

21 비문학 세부 내용 파악 난이도 중 ●●○

정답 설명

② 1문단의 내용을 통해 용기는 힘을 써야할 때와 힘을 쓰지 말아야 할 때를 판단하여 행동으로 옮기는 것임을 알 수 있다. 따라서 글에 대한 설명으로 옳은 것은 ②이다.

오답 분석

① 2문단 1~2번째 줄을 통해 용기에는 완력과 힘이 아닌 판단력과 절제가 전제되어야 함을 알 수 있다.
  [관련 부분] 용기는 완력, 힘과 관련이 있지만 판단력과 절제가 전제되어야 한다.

③ 1문단 1~2번째 줄을 통해 플라톤이 인간의 영혼을 지혜, 용기, 절제로 구분하였음을 알 수 있으나 그 중 용기가 가장 중요하다는 내용은 드러나지 않는다.
  [관련 부분] 고대 그리스의 철학자인 플라톤은 인간의 영혼을 세 부분으로 나누어 각각 지혜, 용기, 절제라고 했다.

④ 1문단 4~8번째 줄을 통해 플라톤과 아리스토텔레스가 힘을 쓰지 말아야 할 것에 힘을 쓰는 행위와 힘을 써야할 것에 힘을 쓰지 않는 행위를 각각 다르게 지칭했음을 알 수 있으나 이들의 용기에 대한 생각이 달랐다는 것은 제시문을 통해 알 수 없다.
  [관련 부분] 힘을 쓰지 말아야 할 것에 힘을 쓰는 것은 폭력이다. 힘을 써야 할 것에 힘을 쓰지 않는 것은 회피다. 플라톤의 제자였던 아리스토텔레스 식으로 말하면 전자의 폭력은 만용이고, 후자의 회피는 비겁이라 할 수 있다.

기출문제

22 어법 한글 맞춤법 (맞춤법에 맞는 표기)

정답 설명

③ 학생으로서(○): 이때 '학생'은 주어 '우리'의 신분을 의미하고 있다. 따라서 '지위나 신분 또는 자격'을 나타내는 격 조사 '으로서'를 써야 한다.

오답 분석

① 않음으로서(×) → 않음으로써(○): 싸움이 커진 것은 부부가 대화를 하지 않았기 때문이므로 '어떤 일의 이유'를 나타내는 격 조사 '으로써'를 써야 한다.

② 건넴으로서(×) → 건넴으로써(○): 그곳의 분위기가 좋아진 것은 가벼운 농담을 건넸기 때문이므로 '어떤 일의 이유'를 나타내는 격 조사 '으로써'를 써야 한다.

④ 피함으로서(×) → 피함으로써(○): 마음이 평화로워진 것은 상황에 대한 압박을 피했기 때문이므로 '어떤 일의 이유'를 나타내는 격 조사 '으로써'를 써야 한다.

22 어법 한글 맞춤법 (맞춤법에 맞는 표기)   난이도 하 ●○○

정답 설명

② 부르던지(×) → 부르든지(○): 문맥상 실제로 일어날 수 있는 여러 가지 중에서 어느 것이 일어나도 뒤 절의 내용이 성립하는 데 아무런 상관이 없음을 나타내는 연결 어미인 '-든지'를 사용해야 한다. 참고로 '-던지'는 막연한 의문이 있는 채로 그것을 뒤 절의 사실과 관련시키는 데 쓰는 연결 어미이다.

오답 분석

① 먹든 말든(○): 나열된 동작이나 상태, 대상들 중에서 어느 것이든 선택될 수 있음을 나타내는 연결 어미인 '-든지'의 준말 '-든'이 올바르게 사용되었다.

③ 뿌리던(○): 앞말이 관형어 구실을 하게 하고, 과거의 어떤 상태를 나타내는 어미인 '-던'이 올바르게 사용되었다.

④ 힘들었던지(○): 막연한 의문이 있는 채로 그것을 뒤 절의 사실과 관련시키는 데 쓰는 연결 어미인 '-던지'가 올바르게 사용되었다.

🖋️ 이것도 알면 합격!

'-던/-던지'와 '-든/-든지'의 구분	
-던	지난 일을 나타내는 어미는 '-던'으로 적음 예 • 깊던 물이 얕아졌다. • 얼마나 놀랐던지 몰라. • 철수가 많이 아프던가?
-던지	'막연한 의문이 있는 채로 그것을 뒤 절의 사실이나 판단과 관련시킴'의 뜻을 나타내는 어미는 '-던지'로 적음 예 얼마나 춥던지 손이 곱아 펴지지 않았다.
-든 ('-든지'의 준말)	'어느 것이나 선택될 수 있음' 또는 '어느 것이 일어나도 상관이 없음'의 뜻을 나타내는 조사와 어미는 '(-)든지'로 적음. 이때 체언 뒤에서는 조사 '든지'가 쓰이고, 용언의 어간 뒤에서는 어미 '-든지'가 쓰임 예 • 배든지 사과든지 마음대로 먹어라. (조사) • 가든지 오든지 마음대로 해라. (어미) 참고로, '-든지'는 '-든가'와 같은 뜻을 나타냄

23 문학 작품의 종합적 감상

정답 설명

② 제시된 작품은 모란의 소멸에 대한 안타까움과 다시 모란이 필 때까지 기다리겠다는 화자의 의지를 드러낸 작품으로, 이때 '모란'은 피었다가 소멸해 버리는 존재이다. 따라서 모란의 '영원한 아름다움'을 찬양한다는 ②의 설명은 옳지 않다.

오답 분석

① 시든 '모란'이 다시 필 때까지 기다리겠다는 화자의 태도를 통해 꽃이 지더라도 영원히 지는 것이 아니고, 꽃이 피더라도 영원히 피어 있는 것이 아니라는 '기다림과 상실의 미학'을 드러내고 있다.

③ ④ '찬란한 슬픔의 봄'에서 '찬란한'은 모란이 폈을 때의 기쁨과 환희를 뜻하며, '슬픔'은 모란이 졌을 때의 상실감을 의미한다. 화자는 모란이 졌을 때 봄날의 상실감으로 인해 설움에 잠기지만, 이러한 슬픔과 상실로 인해 모란이 다시 폈을 때의 기쁨이 존재함을 깨닫는 역설적인 기다림의 아름다움을 노래하고 있다.

🖋️ 이것도 알면 합격!

김영랑, '모란이 피기까지는'의 순환 구조

'모란이 피기까지는'은 '기다림 → 상실 → 기다림'의 순환 구조를 보이고 있음. 즉, 꽃이 진다고 해서 영원히 지는 것이 아니고 때가 되면 다시 핀다는 것을 보여 줌으로써 이러한 과정이 '삶'과 같다는 깨달음을 바탕으로 하고 있음

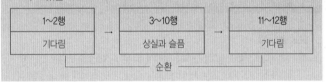

23 문학 작품의 종합적 감상   난이도 하 ●○○

정답 설명

④ '죽어도 아니 눈물 흘리우리다'에서 화자는 반어적 표현을 사용하여 이별의 슬픔을 겉으로 드러내지 않고 인내하겠다는 자세를 보여주고 있다. 따라서 화자는 이별의 상황을 수용하고 있을 뿐, 임과의 재회를 소망하고 있지는 않으므로 ④는 적절하지 않은 설명이다.

오답 분석

① 7·5조 3음보의 민요조 율격을 바탕으로 운율을 형성하고 있다.
예 나 보기가 역겨워 / 가실 때에는 / 말없이 고이 보내 드리우리다
　　　7　　　　　　　5　　　　　7　　　　　　5

② 1연과 4연은 수미 상관을 이루고 있으며, 이를 통해 시의 주제를 강조하고 구조적 안정감을 주고 있다.

③ 1연과 4연의 '가실 때에는'에서 임과의 이별을 가정하고 있으며, 이별의 슬픔을 인내하는 '나'의 자세에 대한 시상을 전개하고 있다.

🖍 **이것도 알면 합격!**

김소월, '진달래꽃'의 주제와 특징
1. 주제: 이별의 정한을 승화하여 애이불비의 자세를 드러냄
2. 특징
   (1) 화자를 여성으로 설정하여, 도솔가에서부터 이어져 온 이별의 정한이라는 문학적 전통을 계승함
   (2) 이별을 가정하여 시상을 전개함
   (3) 7·5조 3음보의 민요적 율격과 '─우리다'의 반복을 통해 운율을 형성함

합성의 오류	부분이나 원소의 성질을 전체의 속성으로 보는 것에서 발생하는 오류
순환 논증의 오류	결론에서 주장한 내용을 다시 근거로 제시하는 오류
인신 공격의 오류	주장하는 이의 인품, 성격, 과거의 정황, 직업 등을 비난하여 그 사람의 주장이 옳지 않다고 비판하는 오류
부적합한 권위에의 호소	논점과 직접적인 상관관계가 없는 권위자의 견해를 근거로 하여 자신의 주장을 받아들이도록 하는 오류

기출문제

24 비문학 논리적 사고 (논증의 오류)

정답 설명

④ '식이요법'과 '알코올 중독' 사이에 인과 관계가 없음에도 불구하고 마치 연관성이 있는 것처럼 혼동하고 있으므로 ④는 '원인 오판의 오류(인과 혼동의 오류)'에 해당한다. 반면, ① ② ③은 '미끄러운 비탈길의 오류'에 해당하므로 정답은 ④이다.
   • 원인 오판의 오류(인과 혼동의 오류): 어떤 사건의 인과 관계가 없음에도 있는 것으로 혼동하거나, 단순한 선후 관계를 인과 관계로 혼동함으로써 발행하는 오류

오답 분석

① ② ③ 모두 '미끄러운 비탈길의 오류'에 해당한다.
   • 미끄러운 비탈길의 오류(미끄러운 경사면의 오류): 미끄럼틀을 한번 타기 시작하면 멈추지 않고 끝까지 미끄러져 내려가는 것과 같이, A라는 사건이 발생하면 B, C가 연쇄적으로 일어나 바라지 않은 결과가 일어날 것으로 생각하는 오류이다. 하지만 이때 연쇄적으로 일어나는 사건은 실제로 일어날 만한 충분한 이유가 매우 적거나 없다.

🖍 **이것도 알면 합격!**

논리적 오류의 유형

성급한 일반화의 오류	불충분한 자료, 또는 대표성이 결여된 사례 등을 근거로 삼아 성급하게 일반화함으로써 발생하는 오류
흑백 논리의 오류	어떤 주장에 대한 선택지가 두 가지밖에 없다고 생각하거나 다른 가능성이 허용됨에도 불구하고 그를 인정하지 않음으로써 발생하는 오류
원인 오판의 오류 (인과 혼동의 오류)	어떤 사건의 인과를 혼동하거나 단순한 선후 관계를 원인과 결과의 관계로 혼동함으로써 발생하는 오류
무지에의 호소	반증된 적이 없으므로 어떤 주장을 받아들여야 한다고 말하거나 증명된 적이 없으므로 어떤 결론이 타당하지 않다고 주장하는 오류
논점 일탈의 오류	논점과 관련이 없는 내용을 이야기하여 논점을 흐리는 오류
분할의 오류	부분이나 원소가 전체 또는 집합과 같은 성질을 가지고 있다고 추론함으로써 발생하는 오류

짝문제

24 비문학 논리적 사고 (논증의 오류) 난이도 중 ●●○

정답 설명

② 〈보기〉는 'A 후보를 지지하는 것' 외에는 'B 후보를 지지하는 것'만이 존재한다고 주장하고 있다. 이는 어떤 주장에 대한 선택지가 두 가지밖에 없다고 생각하거나, 다른 가능성이 허용됨에도 불구하고 그를 인정하지 않는 '흑백 논리의 오류'에 해당한다. 이때 ②는 '그가 나를 좋아하는 것' 외에는 '그가 나를 싫어하는 것'밖에 없다는 이분법적인 사고 유형이므로 흑백 논리의 오류에 해당한다.

오답 분석

① ③ ④는 어떤 사건의 인과를 혼동하거나, 단순한 선후 분석 관계를 원인과 결과의 관계로 혼동하는 '원인 오판의 오류(인과 혼동의 오류)'에 해당한다.

기출문제

25 비문학 주제 및 중심 내용 파악

정답 설명

① 제시문은 일상에서 '방정식'이라는 수학 용어를 올바르게 활용할 수 있도록 '방정식'의 정의와, 변수의 개수나 상황의 복잡도에 따라 어떻게 표현하는 것이 적절한지에 대해 설명하고 있다. 따라서 제시문의 제목으로 가장 옳은 것은 ①이다.

오답 분석

② 첫 문장에서 실생활에 쓰이는 수학 공식의 예를 들고 있기는 하나, 이는 '방정식'이라는 용어의 사용 예시를 설명하기 위한 것일 뿐, 글 전체를 포괄하는 내용은 아니므로 글의 제목으로는 적절하지 않다.

③ 1문단 3~4번째 줄에서 방정식의 정의를 확인할 수 있으나, 그 구성 요소를 분석적으로 제시한 부분은 확인할 수 없다. 2문단에서 '변수'의 개수나 '상황의 복잡도'에 따라 어떤 표현을 사용할지에 대해 언급되기는 하나, 이를 방정식의 구성 요소에 대한 설명으로 보기는 어렵다.

④ 2문단에서 '상황에 영향을 미치는 변수의 개수에 따라 m원 방정식으로, 상황의 복잡도에 따라 n차 방정식으로 구분할 필요가 있다'라며 수학 용어 사용의 엄밀성에 대해 언급하고는 있으나, 수학 용어의 추상성과 관련된 내용은 확인할 수 없다.
- 추상성: 실제로나 구체적으로 경험할 수 없는 성질. 또는 그런 경향
- 엄밀성: 조그만 빈틈이나 잘못이라도 용납하지 않을 만큼 엄격하고 세밀한 성질

짝문제

25 비문학 주제 및 중심 내용 파악 난이도 중 ●●○

정답 설명

① 제시문은 '기회비용'의 개념을 '가지 못한 길'에 비유하여 설명하고 있으며, 경제학적 의미의 이윤을 구하기 위해서는 기회비용의 가치를 고려해야 한다고 주장하고 있다. 따라서 글의 제목으로 가장 적절한 것은 ①이다.

짝문제 정답

p.134

01	④ 어법	06	② 어휘	11	① 어휘	16	① 문학	21	② 문학
02	④ 문학	07	① 혼합	12	① 어법	17	① 비문학	22	② 문학
03	① 어법	08	④ 문학	13	③ 어휘	18	④ 어법	23	② 비문학
04	② 문학	09	② 비문학	14	④ 문학	19	② 혼합	24	④ 비문학
05	① 비문학	10	③ 비문학	15	③ 어법	20	③ 어법	25	① 문학

기출문제 정답

01	③	06	③	11	①	16	①	21	④
02	④	07	④	12	②	17	①	22	④
03	④	08	②	13	④	18	②	23	③
04	①	09	④	14	①	19	③	24	②
05	②	10	④	15	④	20	④	25	①

취약영역 분석표

영역	어법	비문학	문학	어휘	혼합	총계
맞힌 답의 개수	/ 6	/ 6	/ 8	/ 3	/ 2	/ 25

* 취약영역 분석표를 이용해 1개라도 틀린 문제가 있는 영역은 그 영역의 문제만 골라 해설을 다시 한번 꼼꼼히 학습하세요.

기출문제

01 어법 한글 맞춤법 (띄어쓰기)

정답 설명

③ 넣는∨족족(○): '족족'은 '어떤 일을 하는 하나하나'를 뜻하는 의존 명사로 앞말과 띄어 써야 한다. 따라서 ③은 띄어쓰기가 적절하다.

오답 분석

① 많을∨뿐더러(×) → 많을뿐더러(○): '-을뿐더러'는 어떤 일이 그것만으로 그치지 않고 나아가 다른 일이 더 있음을 뜻하는 하나의 어미이므로 붙여 써야 한다.

② 주기는∨커녕(×) → 주기는커녕(○): '는커녕'은 보조사 '는'에 보조사 '커녕'이 결합한 말로 앞말을 지정하여 어떤 사실을 부정하는 뜻을 강조하는 한 단어이므로 붙여 써야 한다.

④ 보이는구먼∨그래(×) → 보이는구먼그래(○): '그래'는 주로 '-구먼'이나 '-군' 뒤에 붙어 청자에게 문장의 내용을 강조함을 나타내는 보조사이므로 앞말과 붙여 써야 한다. 참고로 '-는구먼'은 해할 자리나 혼잣말에 쓰여, 화자가 새롭게 알게 된 사실에 주목함을 나타내는 종결 어미인 '-는군'의 본말로, 어간과 붙여 써야 한다.

짝문제

01 어법 한글 맞춤법 (띄어쓰기) 난이도 중 ●●○

정답 설명

④ 알아∨차리지(×) → 알아차리지(○): '알아차리다'는 '알고 정신을 차려 깨닫다'를 뜻하는 한 단어이므로 붙여 써야 한다.

오답 분석

① 틀림없다(○): '틀림없다'는 '조금도 어긋나는 일이 없다'를 뜻하는 한 단어이므로 붙여 써야 한다.

② · 그런∨식으로(○): '식'은 '일정한 방식이나 투'를 뜻하는 의존 명사이므로 앞말과 띄어 써야 한다.

· 못되게∨굴지∨마(○): '못되다'는 '성질이나 품행 등이 좋지 않거나 고약하다'를 뜻하는 한 단어이므로 붙여 써야 한다.

③ · 박∨교수(○): 성이나 이름 뒤에 붙는 호칭어나 관직명은 띄어 쓴다.

· 할∨수밖에(○): '밖에'는 '그것 이외에는'을 뜻하는 보조사이므로 앞말에 붙여 쓴다.

이것도 알면 합격!

'밖에'의 띄어쓰기

조사 '밖에'	체언 뒤에 붙어서 '그것 말고는'의 뜻을 나타내는 경우에는 조사이므로 앞말과 붙여 쓴다. 예 그는 공부밖에 모른다.
명사+조사 '밖+에'	'바깥에'라는 의미로 쓰이면 앞말과 띄어 쓴다. 예 우주 밖에 나가 본 사람이 있을까?
어미 '-(으)ㄹ밖에'	'다른 수가 없다'의 뜻을 나타내는 경우에는 종결 어미이므로 앞말과 붙여 쓴다. 예 동료들이 다 퇴근하니 나도 갈밖에.

기출문제

02 문학 작품에 대한 지식

정답 설명

④ 제시된 작품은 '온달 설화'로, 『삼국사기』「열전」에 실린 작품이다. 따라서 이 글에 대한 설명으로 옳지 않은 것은 ④이다.

오답 분석

① '장사를 지내려 하였지만, 관이 전혀 움직이지 않았다'라는 내용에서 시신이 달라붙어 움직이지 않았다는 부착(附着) 설화의 원형을 확인할 수 있다.

② 제시된 작품은 아단성에서 전사하는 온달의 모습을 보여 주고 있다.

③ 제시된 작품은 실존 인물인 고구려의 장수 온달과 평강 공주의 혼인을 소재로 구전되던 설화를 전기 형식으로 그린 이야기이다.

짝문제

02 문학 작품에 대한 지식　난이도 상 ●●●

정답 설명

④ 제시된 작품은 설총의 '화왕계(花王戒)'로, 설총은 작품을 통해 왕에게 바른 도리로써 정치를 해야 함을 충언하였다. 이때 작품에서 이러한 작가의 생각을 대변하는 인물이 '백두옹'이며, '장미'는 '백두옹'과 대비되는 인물로, 간사하고 아첨하는 사람을 상징한다. 따라서 작품에 대한 설명으로 적절하지 않은 것은 ④이다.

오답 분석

① '화왕계'는 『삼국사기』와 『동문선』에 수록되어 있다.

③ '화왕계'는 신라 시대에 창작된 의인화 문학의 시초로 볼 수 있는 작품으로, 후대의 가전 문학 및 의인화 소설에 영향을 주었다.

이것도 알면 합격!

> **설총, '화왕계(花王戒)'의 주제 및 특징**
> 1. 주제: 제왕의 도리에 대한 충언
> 2. 특징
>   (1) 우의적 기법으로 교훈을 제시함
>   (2) '장미'와 '백두옹'의 대비를 통해 주제를 강조함
>   (3) 의인화 문학의 시초적인 작품임

기출문제

03 어법 한글 맞춤법 (맞춤법에 맞는 표기)

정답 설명

④ 백분율(○): 'ㄴ' 받침 뒤에 이어지는 접미사 '률'은 '율'로 적어야 한다.

오답 분석

① 뺏겼나 봐요(×) → 뺏겼나 봐요(○): '가진 것을 억지로 남에게 잃게 되다'를 뜻하는 '뺏기다'를 써야 한다. '뺏기다'는 잘못된 표현이다.

② 하룻동안(×) → 하루∨동안(○): 이때 '동안'은 '어느 한때에서 다른 한때까지 시간의 길이'를 의미하는 명사이므로 앞말과 띄어 써야 한다.

③ 번번히(×) → 번번이(○): 겹쳐 쓰인 명사 뒤에서는 부사의 끝음절을 '-이'로 적어야 하므로 '번번이'로 써야 한다.

이것도 알면 합격!

> **두음 법칙이 적용되는 경우**
>
> | 단어 첫머리에 오는 한자어 | (1) 한자음 '녀, 뇨, 뉴, 니' → '여, 요, 유, 이'
예 여자(女子) |
> | --- | --- |
> | | (2) 한자음 '랴, 려, 례, 료, 류, 리' → '야, 여, 예, 요, 유, 이'
예 양심(良心) |
> | | (3) 한자음 '라, 래, 로, 뢰, 루, 르' → '나, 내, 노, 뇌, 누, 느'
예 낙원(樂園) |
> | 단어 첫머리 이외의 한자어 | (1) 접두사처럼 쓰이는 한자가 붙어서 된 말이나 합성어의 경우
예 공염불(空念佛), 신여성(新女性), 중노인(中老人) |
> | | (2) 모음이나 'ㄴ' 받침 뒤에 이어지는 '렬, 률'의 경우
예 나열(羅列), 백분율(百分率) |
> | | (3) 고유어나 외래어 뒤에 결합한 한자어의 경우
예 먹이양(−量), 에너지양(−量) |
> | | (4) 둘 이상의 단어로 이루어진 고유 명사를 붙여 쓰는 경우
예 한국여자대학, 서울여관 |
> | | (5) 십진법에 따라 쓰는 수(數)의 경우
예 육천육백육십육(六千六百六十六) |

짝문제

03 어법 한글 맞춤법 (맞춤법에 맞는 표기)　난이도 하 ●○○

정답 설명

① 치러라(○): '주어야 할 돈을 내주다'를 뜻하는 '치르다'는 어미 '−아/어'와 결합할 때 어간 끝모음 '一'가 탈락하는 용언이므로 어간 '치르−'에 종결 어미 '−어라'가 결합한 활용형은 '치러라'이다. 참고로, '치뤄라'는 '치러라'의 잘못된 표기이다.

오답 분석

② 까메서(×) → 까매서(○): '까맣다'는 'ㅎ' 불규칙 용언으로 모음으로 시작하는 어미와 결합하면 어간의 끝 'ㅎ'이 탈락하며, '마'와 어미 '−아서'의 '아'가 '매'로 줄어든다. 따라서 어간 '까맣−'과 어미 '−아서'가 결합한 단어는 '까매서'로 표기해야 한다.

③ 만만잖은(×) → 만만찮은(○): '−하지' 뒤에 '않−'이 어울려 '−찮−'이 될 때에는 줄어든 대로 적으므로 '만만하지 않다'의 준말은 '만만찮다'로 적는다.

④ 나랏님(×) → 나라님(○): 어근 '나라'에 접미사 '님'이 결합한 파생어로, 사이시옷 현상은 합성어에서만 적용되므로 '나라님'으로 적는다.

이것도 알면 합격!

> **규칙 활용과 불규칙 활용의 종류**
> 1. 규칙 활용의 종류
>
> | 규칙 활용 | 설명 | 예 |
> | --- | --- | --- |
> | 'ㄹ' 탈락 규칙 | 자음 'ㄴ, ㅂ, ㅅ' 혹은 어미 '−(으)오', '−(으)ㄹ' 앞에서 어간의 'ㄹ' 받침이 탈락함 | 울−+−니 → 우니 |

'—' 탈락 규칙	두 개의 모음이 이어질 때 어간의 모음 '—'가 탈락함	쓰-+-어라 → 써라

2. 불규칙 활용의 종류

형태 변화의 양상	불규칙 활용	예
어간이 바뀌는 경우	'ㅅ' 불규칙	붓-+-어 → 부어
	'ㅂ' 불규칙	돕-+-아 → 도와
	'ㄷ' 불규칙	듣-+-어 → 들어
	'ㄹ' 불규칙	흐르-+-어 → 흘러
	'우' 불규칙	푸-+-어 → 퍼
어미가 바뀌는 경우	'여' 불규칙	하-+-어 → 하여
	'러' 불규칙	푸르-+-어 → 푸르러
	'오' 불규칙	달-+-아(라) → 다오
어간과 어미가 모두 바뀌는 경우	'ㅎ' 불규칙	파랗-+-아 → 파래

기출문제

04　문학　화자의 정서

정답 설명

① (가)는 고려 말기에 이조년이 지은 시조로 시각적, 청각적 이미지를 활용해 봄밤의 애상감이라는 개인의 서정을 노래하고 있다. 이와 달리 (나), (다)는 각각 원천석과 길재의 시조로 고려 왕조의 멸망에 대한 한스러움과 무상감을 드러내고 있고, (라)는 정몽주의 시조로 고려 왕조에 대한 변치 않는 충성심을 드러내고 있다. 따라서 제시된 작품들 중 주된 정조가 다른 것은 ①이다.

지문 풀이

(가) 하얀 배꽃에 달이 환하게 비치고 은하수는 자정을 알리는 때에,
　배나무 한 가지에 어려 있는 봄날의 정서를 소쩍새가 알고서 우는 것이랴마는,
　정이 많은 것도 병인 듯싶어 잠을 이루지 못하노라.
　　　　　　　　　　　　　　　　　　　　－ 이조년의 시조
(나) 나라가 흥하고 망하는 것이 운수에 달렸으니 고려의 궁터인 만월대도 가을 풀만이 우거져 있구나.
　오백 년 고려 왕조의 업적이 목동의 피리 소리에 담겨 있으니,
　석양에 지나는 나그네가 눈물겨워 하는구나.
　　　　　　　　　　　　　　　　　　　　－ 원천석의 시조

(다) 오백 년 이어 온 고려의 옛 서울에 한 필의 말을 타고 들어가니,
　산천의 모습은 예나 다름이 없지만 인걸은 간 데 없다.
　아, 고려의 태평했던 시절이 한낱 꿈처럼 허무하도다.
　　　　　　　　　　　　　　　　　　　　－ 길재의 시조
(라) 이 몸이 죽고 죽어 일백 번이나 다시 죽어,
　백골이 흙과 먼지가 되어 넋이라도 있든지 없든지 간에,
　임을 향한 일편단심이야 없어질 수가 있으랴?　　－ 정몽주의 시조

이것도 알면 합격!

제시된 작품들의 주제와 특징

(가)	이조년, '이화에 월백하고~'	주제	봄날 밤에 느끼는 애상감
		특징	시각적, 청각적 심상의 조화를 통해 주제를 효과적으로 형상화함
(나)	원천석, '흥망이 유수하니~'	주제	고려 왕조의 멸망에 대한 한탄과 무상감
		특징	시각적, 청각적 이미지를 통해 맥수지탄의 정서를 나타냄
(다)	길재, '오백 년 도읍지를~'	주제	망국의 유신으로 느끼는 한과 맥수지탄
		특징	비유법과 대구법, 영탄법을 사용해 정서를 강조함
(라)	정몽주, '이몸이 죽고죽어~'	주제	고려에 대한 변하지 않는 충절
		특징	반복법, 점층법, 과장법, 설의법 등 다양한 수사법을 통해 의지를 강조함

짝문제

04　문학　화자의 정서　　　　난이도 중 ●●○

정답 설명

② 제시된 작품과 ②의 화자는 모두 세속적인 삶에서 벗어나 자연 속에서 살아가고자 하는 소망을 드러내고 있다.
　· 제시된 작품: '피비린 옥루'로 표현된 세속을 떠나 자연 속에서 '초가삼간'을 짓고 안분지족하며 살아가고자 하는 자세가 드러난다.
　· ②: '시비(柴扉)를 여지 마라, 날 츠즈리 뉘 이시리'에서 속세를 멀리하고 자연에 은거하고자 하는 마음이 드러난다.

오답 분석

① 혼란스러운 정치 현실을 비판하고 있다.
③ 전쟁으로 인해 조국을 떠나는 신하의 안타까운 심정이 드러난다.
④ 전란 중에 헤어진 형제에 대한 그리움을 나타내고 있다.

이것도 알면 **합격!**

① 하하 허허 하고 웃은들 내 웃음이 정말 웃음인가?
　하도 어처구니가 없어서 울다가 그리된 것이다.
　사람들아 웃지를 말아라. 입이 찢어지리라.　　　－ 권섭

② 산골 마을에 눈이 오니 돌길이 묻혔구나.
　사립문을 열지 마라. (길이 막혔으니, 묻혀 사는) 나를 찾아 올 사
　람이 누가 있겠느냐?
　다만 밤중에 나타나는 한 조각 밝은 달만이 내 벗인가 하노라.
　　　　　　　　　　　　　　　　　　　　　　　　　－ 신흠

③ 가노라 삼각산아, 다시 보자 한강수야.
　고국 산천을 떠나고자 하겠는가마는
　시절이 매우 뒤숭숭하니 올 듯 말 듯하여라.　　　－ 김상헌

④ 동기로 태어난 세 몸(세 형제)이 한 몸같이 우애 있게 지내다가
　두 아우는 어디 가서 돌아올 줄 모르는가.
　날마다 해 지는 문밖에 서서 한숨을 못 이겨 하노라. － 박인로

기출문제

05 비문학 주제 및 중심 내용 파악

정답 설명

② 3문단 끝에서 3~5번째 줄에서 한국의 원림은 자연 경관을 빌려오는
차경 수준에 그치지 않고 자연 경관 자체가 정원의 뼈대를 이룬다고 설
명하고 있다. 이어서 이는 자연 경관을 경영하는 것이라고 설명하고 있
으므로 '한국 정원의 특징'을 표현한 것으로 가장 적절한 말은 ②이다.

오답 분석

① 2문단을 통해 자연과 인공이 '조화'를 이루는 것은 일본 정원의 특징임을
알 수 있다. 따라서 ①은 한국 정원의 특징으로 적절하지 않다.

③ 3문단을 통해 '차경'이 자연 경관을 정원으로 끌어들이는 것임은 알 수
있으나, 한국의 정원은 '차경'을 넘어 자연 경관 자체가 정원의 뼈대를
이룬다는 것을 알 수 있다. 따라서 ③은 한국 정원의 특징으로 적절하
지 않다.

④ 1문단을 통해 자연을 '재현'한 것은 중국 정원의 특징임을 알 수 있다. 따
라서 ④는 한국 정원의 특징으로 적절하지 않다.

짝문제

05 비문학 주제 및 중심 내용 파악　　　　난이도 하 ●○○

정답 설명

① 제시문에서 필자는 임금에게 명을 받았다는 점, 사대부가 우리
나라 역사를 잘 알지 못한다는 점, 중국 역사서에는 우리나라의
일이 자세히 적히지 않았다는 점, '고기(古記)'라는 내용은 후세
에 권장할 수 없다는 점 등을 근거로 들어 역사책을 편찬하게 된
이유를 밝히고 있다.

---

② 13~15번째 줄에서 필자는 중국 역사서에서 다루는 자국(중국)과
외국(우리나라) 역사의 비중이 차이가 난다는 점을 언급할 뿐, 우
리나라와 중국의 역사서를 비교하고 있지 않다.

[관련 부분] 『한서』와 『당서』에 모두 그 열전이 있기는 하나, 국내
(중국)는 상세히 하고 외국(우리나라)은 간략히 하는 바람에 그 일이
자세히 실리지 않았습니다.

③ 끝에서 1~8번째 줄에서 필자가 한 말은 역사책 편찬 작업의 어
려움을 호소한 것이 아니라, 자신의 능력과 자신이 한 편찬 작업
을 겸손하게 표현한 것이다.

[관련 부분] 신과 같은 자는 본래 뛰어난 인재도 아니고 ~ 끝내 보잘
것이 없어 스스로 부끄러울 뿐입니다.

④ 7~11번째 줄에서 당시 학사·대부들이 우리나라 역사를 잘 모르
는 것에 대해 안타까워했음을 언급하고 있으나, 이들의 역사 인
식을 비판하고자 글을 작성한 것은 아니다.

[관련 부분] 오늘날 학사·대부들이 ~ 우리나라의 일에 이르러서는
도리어 아득하여 그 전말을 알지 못하니, 매우 개탄할 노릇이다.

기출문제

06 어휘 한자어 (한자어의 표기)

정답 설명

③ ⓒ 敬聽(경청: 공경 경, 들을 청)(×) → 傾聽(경청: 기울 경, 들을 청)(○):
'귀를 기울여 들음'을 뜻하는 '경청'의 '경'은 '傾(기울 경)'을 쓴다.

• 敬聽(경청): 공경하는 마음으로 들음

오답 분석

① ㉠ 體感(체감: 몸 체, 느낄 감): 몸으로 어떤 감각을 느낌

② ㉡ 革罷(혁파: 가죽 혁, 마칠 파): 묵은 기구, 제도, 법령 등을 없앰

④ ㉣ 日沒(일몰: 날 일, 빠질 몰): 해가 짐

짝문제

06 어휘 한자어 (한자어의 표기)　　　　난이도 상 ●●●

정답 설명

② 한자의 표기가 옳은 것만을 모두 고른 것은 ②이다.

　㉠ 外貌(바깥 외, 모양 모)(○): 겉으로 드러나 보이는 모양

　㉣ 附隨(붙을 부, 따를 수)(○): 주된 것이나 기본적인 것에 붙어서
　　따름. 또는 그러한 것에 붙어 따르게 함

오답 분석

㉡ 惠擇(은혜 혜, 가릴 택)(×) → 惠澤(은혜 혜, 못 택)(○): 은혜와 덕택
을 아울러 이르는 말

㉢ 配勵(짝 배, 힘쓸 려)(×) → 配慮(짝 배, 생각할 려)(○): 도와주거나
보살펴 주려고 마음을 씀

기출문제

07 문학 화자의 정서

정답 설명

④ 제시된 작품에서 화자는 나무토막으로 만든 닭이 울고 난 뒤에야 어머님의 얼굴이 늙으셨으면 좋겠다고 말하고 있는데, 이는 실현이 불가능한 일을 실현 가능한 것처럼 가정한 표현이다. 이와 같은 역설적 상황의 가정을 통해 화자는 어머님이 늙지 않기를 바라는 간절한 소망을 반어적으로 드러내고 있는 것이므로 정답은 ④이다.

· 간절(懇切): 1. 정성이나 마음 씀씀이가 더없이 정성스럽고 지극함 2. 마음속에서 우러나와 바라는 정도가 매우 절실함

오답 분석

① 몽환적(夢幻的): 현실이 아닌 꿈이나 환상과 같은 것

② 이상적(理想的): 생각할 수 있는 범위 안에서 가장 완전하다고 여겨지는 것

③ 허망(虛妄): 1. 거짓되고 망령됨 2. 어이없고 허무함

이것도 알면 합격!

이제현, '오관산'

1. 주제: 어머니가 늙어가는 것에 대한 개탄

2. 창작 배경

'오관산'은 고려 시대에 '문충'이 지은 노래로, '목계가(木鷄歌)'라고도 한다. '문충'은 집에서 삼십 리나 떨어진 서울을 매일 왕복하여 통근하면서도 어머니를 극진히 모실 만큼 효성이 지극했다. 하루가 다르게 노쇠하는 어머니의 모습을 보며 슬퍼하며 '오관산'을 지었다고 한다. 하지만 그 원가는 전하지 않고 노래의 내력과 이제현(李齊賢)의 칠언절구 한해시(漢解詩)가 〈고려사〉 악지 속악조(俗樂條)를 통해 전해진다.

짝문제

07 문학 + 어휘 주제 및 중심 내용 파악, 한자 성어 난이도 중 ●●○

정답 설명

① 제시된 시조는 부모님이 돌아가시면 효도를 할 수 없으므로 살아 계실 때 효를 다할 것을 권유하고 있다. 따라서 시조의 내용으로 가장 적절한 것은 ① '風樹之感(풍수지감)'이다.

· 風樹之感(풍수지감): 효도를 다하지 못한 채 어버이를 여읜 자식의 슬픔을 이르는 말

오답 분석

② 兄友弟恭(형우제공): '형은 아우를 사랑하고 동생은 형을 공경한다'라는 뜻으로, 형제간에 서로 우애 깊게 지냄을 이르는 말

③ 一場春夢(일장춘몽): '한바탕의 봄꿈'이라는 뜻으로, 헛된 영화나 덧없는 일을 비유적으로 이르는 말

④ 鷄鳴狗盜(계명구도): 비굴하게 남을 속이는 하찮은 재주 또는 그런 재주를 가진 사람을 이르는 말

지문 풀이

어버이께서 살아 계실 때 섬기는 일을 다하여라.
돌아가신 뒤에 애달파한들 무슨 소용 있겠는가.
평생에 다시 못할 일이 이것뿐인가 하노라.

이것도 알면 합격!

정철, 『훈민가』의 특징

1. '권민가(勸民歌)'의 하나로 일종의 목적 문학임

2. 삼강오륜의 유교적 윤리관에 입각한 계몽적·교훈적인 노래임

3. 순우리말의 사용으로 백성들이 이해하기 쉽도록 함

4. 총 16수의 연시조임

수	내용
제1수	낳아주시고 길러주신 부모님의 은혜
제2수	임금과 백성과의 관계
제3수	형제간의 우애
제4수	부모님에 대한 효행
제5수	부부간의 상호 존중
제6수	남녀 간의 올바른 처신
제7수	자녀들에게 학문 권장
제8수	올바른 행동 권유
제9수	어른을 공경하는 태도
제10수	벗을 소중히 여기는 태도
제11수	어려운 이웃과 친척을 돕는 태도
제12수	슬픈 일과 기쁜 일에 서로 돕는 태도
제13수	농사일을 성실히 하고 상부상조하는 태도
제14수	남의 물건을 탐내거나 동냥질을 하지 말 것을 당부
제15수	도박과 송사(訟事)를 금지
제16수	노인에 대한 공경

기출문제

08 문학 작품의 종합적 감상

정답 설명

② 제시된 작품에서 냇물 소리를 세심하게 구별하여 어떻게 들리는지 설명한 부분은 확인할 수 있으나, 필자가 이를 통해 사물의 본질을 이해할 수 있음을 역설하지는 않는다. 오히려 마지막 문장에서 강물의 소리는 듣는 이의 마음가짐에 따라 얼마든지 다르게 들릴 수 있음을 언급하며, 필자는 오감을 통해 지각된 외물(外物)에 자신의 감정을 투영한 것을 본질이라 믿지 않는 태도의 중요성에 대해 이야기하고 있다.

[관련 부분]

그러나 이 모두가 똑바로 듣지 못한 것이다. 단지 마음속에 품은 뜻이 귀로 소리를 받아들여 만들어 낸 것일 따름이다.

오답 분석

① 2문단에서 냇물 소리를 '수레와 말', '대포와 북의 소리'로 비유한 은유법이 사용된 것을 확인할 수 있고, 3문단에서 '~듯', '~같은'과 같은 연결어를 통한 직유법이 사용된 것을 확인할 수 있다.

③ 3문단 첫 문장의 내용으로 보아, 필자는 자신의 집에서 직접 냇물 소리를 듣고 생각한 일상 경험을 근거로 서술하고 있음을 알 수 있다.
[관련 부분] 나는 문을 닫고 드러누워 그 냇물 소리를 구별해서 들어 본 적이 있었다.

④ 1문단을 통해 필자는 다른 사람과 다른 견해를 가지고, 다른 이의 생각을 반박하기 위해 서술하였음을 알 수 있다.
[관련 부분] 어떤 사람은 이곳이 옛 전쟁터였기 때문에 물소리가 그렇다고 말하나 그래서가 아니라 물소리는 듣기 여하에 달린 것이다.

🗡️ 이것도 알면 합격!

박지원, '일야구도하기'
1. 주제
• 외물(外物)에 현혹되지 않는 삶의 자세
• 사람들의 눈과 귀에 구애됨이 없는 초연한 태도
• 마음을 다스리는 일의 중요성
2. 특징: 구체적인 경험을 바탕으로 자연스럽게 결론을 이끌어 냄
3. 구성에 따른 중심 내용

기	듣는 이의 마음가짐에 따라 강물 소리가 다르게 들림
승	인간은 외물(外物)에 현혹되기 쉬움
전	외물에 현혹되지 않고 마음을 평정하면 거센 강물도 익숙해짐을 깨달음
결	인간의 감각 기관은 외물에 영향을 받아 사물의 정확한 실체를 살필 수가 없음. 따라서 사물을 정확하게 인식하기 위해서는 감각 기관과 그것에 의해 움직이는 감정에 휩쓸리지 말아야 함

짝문제

08 문학 작품의 종합적 감상   난이도 중 ●●○

정답 설명

④ 필자는 도덕적으로 결함이 없는 사람보다 결함이 있는 사람이 더 많기 때문에, 타인의 단점을 이해하고 수용하는 유연한 처세술이 필요함을 거사의 말을 통해 전달하고 있다. 그러나 자신의 단점을 보지 못하는 것을 비판하고 있지는 않으므로 답은 ④이다.

오답 분석

① 거사는 지나치게 청렴한 태도로 일관하여 미움을 받는 것보다는 결점을 이해하고 받아들이는 것이 낫다는 현실주의적인 태도를 취하고 있다.
[관련 부분] 차라리 깨쳐 버릴 바에야 먼지에 흐려진 그대로 두는 것이 나을 것입니다.

② 나그네는 거울에서 맑은 것을 취해야 한다는 고정 관념을 가지고 있다.
[관련 부분] 거울이란 얼굴을 비추어 보는 물건이든지, 아니면 군자가 거울을 보고 그 맑은 것을 취하는 것으로 알고 있는데

③ 나그네와 거사가 묻고 답하는 구조를 통해 올바르고 유연한 처세가 필요하다는 깨달음을 이끌어 내고 있다.

🗡️ 이것도 알면 합격!

이규보, '경설'에 나타난 소재의 의미
이규보는 지나치게 맑음만을 추구하며 도덕적 결함이 있는 사람들을 배척하는 귀족들의 처세관을 비판하며 타인의 결함도 수용하는 유연한 삶의 태도를 제시했다.

맑은 거울	흐린 거울
• 도덕적으로 결함이 없는 소수의 사람만 좋아함 • 타인의 결함이 잘 보임	• 타인의 결함도 감싸고 수용함 • 다수의 사람이 좋아함 • 밝음의 본질은 남아 있음

기출문제

09 비문학 글의 구조 파악 (문단 배열)

정답 설명

③ (다) - (나) - (마) - (라)의 순서가 가장 자연스럽다.

순서	중심 내용	순서 판단의 단서와 근거
(가)	유행의 확산은 1930년 이후 근대 과학 기술로 인해 빠르게 진행됨	–
(다)	유행의 빠른 전파력을 보여주는 예: 서구의 '침의 패션'이 일본과 한국에 거의 동시에 퍼짐	1931년 서구의 '침의 패션'이 일본을 거쳐 한국으로 전파된 예를 들며, 유행의 빠른 전파 속도에 대해 언급한 (가)의 내용을 뒷받침하고 있음
(나)	서구와는 달리 근대와 전근대의 아이러니를 내포한 경성의 모습	접속사 '하지만': (다)에서 언급된 뉴욕의 패션이 경성에도 영향을 끼쳤으나, 경성의 전근대적 풍경으로 뉴욕의 유행 모습과는 차이가 있음
(마)	조선이 단기간에 근대로 이행할 수 있었던 원인과 미디어의 역할	(나)에서 설명한 경성의 전근대적 모습을 언급하며, 이러한 경성의 모습이 바뀔 수 있었던 원인에 대해 설명하고 있으므로 (나) 뒤에 제시되는 것이 적절함
(라)	미디어가 식민지 조선의 규방 여성에게 미친 영향: 근대적 환상과 그 이면의 불안함	키워드 '미디어': 조선이 근대로 이행할 수 있었던 원인이 '미디어'임을 말하는 (마)의 내용에 이어, 이 '미디어'가 규방 여성에 미친 영향을 설명하고 있으므로 (마) 뒤에 제시되는 것이 적절함

짝문제

09　비문학　글의 구조 파악 (문단 배열)　난이도 중 ●●○

정답 설명

② (나) – (라) – (가) – (다)의 순서가 가장 자연스럽다.

순서	중심 내용	순서 판단의 단서와 근거
(나)	인간이 '연극'을 만들어 낸 배경	제시문의 중심 화제인 '연극'의 발생 기원에 대해 설명함
(라)	자연물에 상징성을 부여하는 여러 의식과 연극의 유래	키워드 '상징성': (나)에서 언급한 상징성 부여와 관련하여 만들어 낸 의식들을 설명함
(가)	원시 집단 종교 의식이 연극으로 발전된 과정	접속어 '즉': (라)에서 언급한 '원시 집단 종교 의식'이 어떻게 연극으로 이어졌는지를 밝힘
(다)	고대 집단 종교 의식에서 비롯된 한국 연극의 시초	지시 표현 '이와 같은 연극의 유래': (가)에서 설명한 '연극'이 생겨난 과정을 가리킴

기출문제

10　비문학　관점과 태도 파악

정답 설명

② 필자는 노인들에게 근력 운동을 처방하지 않는 것과 요양병원의 수가 늘어난 것이 사회적 문제가 아닌 부가가치가 높은 산업으로 평가되고 있는 상황에 대해 안타까움을 드러내고 있을 뿐이다. 제시문에서 회고적 태도가 나타나는 부분은 확인할 수 없으므로 ②는 필자의 서술 태도와 거리가 멀다.

· 회고: 옛 자취를 돌이켜 생각함

오답 분석

③ 필자는 노년층에게 적극적으로 근력 운동을 처방하지 않는 것에 대해 '비판적' 태도를 드러내고 있다.

· 비판적: 현상이나 사물의 옳고 그름을 판단하여 밝히거나 잘못된 점을 지적하는 것

④ '안타까운 일이다'라며 노년층에 대한 '동정적' 태도를 갖고 있음을 알 수 있다.

· 동정적: 남의 어려운 처지를 안타깝게 여기는 것

짝문제

10　비문학　관점과 태도 파악　난이도 중 ●●○

정답 설명

③ 2문단에서 글쓴이는 '그러나 만일 ~'이라고 미래의 상황을 가정한 후, 토벌군의 막강한 위력을 과시함으로써 상대를 위협하여 투항을 유도하고 있으므로 답은 ③이다.

오답 분석

① 1문단의 1~3번째 줄을 통해 자신을 낮추기보다는 자부심과 당당함을 드러내고 있음을 확인할 수 있다.

[관련 부분] 나는 황제의 명을 받았다. 나의 신의는 저 맑고 깨끗한 물과 같은 마음에 바탕을 두었다. 나의 말은 틀림없이 하늘이 살펴볼 것이다.

② 현학적 표현(학식이 있음을 자랑하는 표현)은 나타나지 않는다.

④ 상대의 의도에 대해서 언급한 부분은 없다.

🖋️ **이것도 알면 합격!**

최치원, '토황소격문'의 서술 방식
1. 모반을 일으킨 황소의 죄를 준엄하게 꾸짖고 일깨움
2. 반란을 멈추고 투항할 것을 권고함
3. 위협과 회유의 방법을 결합하여 효과적으로 상대(황소)를 설득함

기출문제

11　어휘　속담

정답 설명

① 제시된 지문은 부잣집과 사돈을 맺으며 생긴 혼수에 대한 부담감이 상대방 측의 요청에 의해 사라진 상황에 대해 이야기하고 있다. 따라서 ⓒ에 들어갈 말로 가장 적절한 것은 ①이다.

· 불감청이언정 고소원: 감히 청하지 못했으나, 본디부터 바라던 바임을 이르는 말

오답 분석

② 배보다 배꼽이 더 크다: '배보다 거기에 있는 배꼽이 더 크다'라는 뜻으로, 기본이 되는 것보다 덧붙이는 것이 더 많거나 큰 경우를 비유적으로 이르는 말

③ 미운 자식 떡 하나 더 준다: 미운 사람일수록 잘해 주고 감정을 쌓지 않아야 한다는 말

④ 똥 묻은 개가 겨 묻은 개 나무란다: 자기는 더 큰 흉이 있으면서 도리어 남의 작은 흉을 본다는 말

짝문제

11　어휘　속담　난이도 중 ●●○

정답 설명

① 제시된 문장과 관련된 속담은 '늘 일이 잘 안되던 사람이 모처럼 좋은 기회를 만났건만 그 일마저 역시 잘 안됨'을 뜻하는 '달걀에도 뼈가 있다'이다.

오답 분석

② 혀 아래 도끼 들었다: 말을 잘못하면 재앙을 받게 되니 말조심을 하라는 말

③ 오동 씨만 보아도 춤춘다: '오동의 씨를 보고 오동나무로 만든 거문고를 연상하여 춤을 춘다'라는 뜻으로, 너무 미리부터 서두름을 비유적으로 이르는 말

④ 기름 먹인 가죽이 부드럽다: 뇌물을 쓰면 일이 순조롭게 됨을 비유적으로 이르는 말

기출문제

12 　어법　단어 (단어의 형성)

정답 설명

② 살펴보다(합성어): 용언 '살피다'의 어간과 용언 '보다'가 연결 어미 '-어'로 결합한 통사적 합성어이다.
　・살펴보다: 살피-(용언 '살피다'의 어간) + -어(연결 어미) + 보다(용언)

오답 분석

① 교육자답다(파생어): '교육자(어근) + -답다(형용사 파생 접사)'가 결합한 파생어이다.

③ 탐스럽다(파생어): '탐(어근) + -스럽다(형용사 파생 접사)'가 결합한 파생어이다.

④ 순수하다(파생어): '순수(어근) + -하다(형용사 파생 접사)'가 결합한 파생어이다.

✏️ 이것도 알면 합격!

단어의 형성

유형		개념	예
단일어		하나의 어근으로만 이루어진 단어	산, 강, 하늘, 크다
복합어	파생어	어근과 파생 접사가 결합하여 이루어진 단어	날고기, 막노동, 좁히다, 지우개
	합성어	둘 이상의 어근이 결합하여 만들어진 단어 ・통사적 합성어: 어근의 배열이 국어의 일반적인 배열법과 같음 ・비통사적 합성어: 어근의 배열이 국어의 일반적인 배열법과 다름	・통사적 합성어: 새해, 작은형, 길짐승, 본받다 ・비통사적 합성어: 접칼, 오르내리다, 부슬비, 섞어찌개, 검붉다

짝문제

12 　어법　단어 (단어의 형성)　　난이도 중 ●●○

정답 설명

① 파생어끼리 짝지어진 것은 ①이다.
　・불개미: '붉은 빛깔을 가진'의 뜻을 더하는 접두사 '불-'과 어근 '개미'의 결합으로 만들어진 파생어이다.
　・빗금: '기울어진'의 뜻을 더하는 접두사 '빗-'과 어근 '금'의 결합으로 만들어진 파생어이다.

오답 분석

② ・가볍다: 어근 한 개로 이루어진 단일어이다.
　・알부자: '진짜'의 뜻을 더하는 접두사 '알-'과 어근 '부자'의 결합으로 만들어진 파생어이다.

③ ・담청색: '옅은'의 뜻을 더하는 접두사 '담-'과 어근 '청색'이 결합한 파생어이다.
　・굳세다: '굳다'의 어간 '굳-'과 어근 '세다'가 결합한 합성어이다.

④ ・굶주리다: '굶다'의 어간 '굶-'과 어근 '주리다'가 결합한 합성어이다.
　・새해: 어근 '새'와 어근 '해[年]'가 결합한 합성어이다.

기출문제

13 　어휘　표기상 틀리기 쉬운 어휘

정답 설명

④ 아무튼지(○): '의견이나 일의 성질, 형편, 상태 등이 어떻게 되어 있든지'를 뜻하는 말은 '아무튼지'이므로 옳은 표기이다. 참고로 '아무튼지'를 '아뭏든지'로 적지 않도록 주의해야 한다.

오답 분석

① 붓기(×) → 부기(○): '부종으로 인하여 부은 상태'를 뜻하는 말은 '부기'이므로 옳지 않은 표기이다. 참고로 '부기(浮氣)'는 한자로만 이루어진 단어이므로 사이시옷을 받쳐 적지 않아야 한다.

② 유명세를 타기 시작한(×) → 유행을 타기 시작한(○): '유명세'는 '세상에 이름이 널리 알려져 있는 탓으로 당하는 불편이나 곤욕을 속되게 이르는 말'을 뜻하므로 문맥상 어휘의 사용이 적절하지 않다. 따라서 '특정한 행동 양식이나 사상 등이 일시적으로 많은 사람의 추종을 받아서 널리 퍼짐. 또는 그런 사회적 동조 현상이나 경향'을 뜻하는 '유행'으로 표기하는 것이 적절하다.

③ 어리버리해(×) → 어리바리해(○): '정신이 또렷하지 못하거나 기운이 없어 몸을 제대로 놀리지 못하고 있는 상태이다'를 뜻하는 말은 '어리바리하다'이므로 '어리바리해'로 표기해야 한다.

짝문제

13 　어휘　표기상 틀리기 쉬운 어휘　　난이도 하 ●○○

정답 설명

③ 서슴치(×) → 서슴지(○): '결단을 내리지 못하고 머뭇거리며 망설이다'를 뜻하는 '서슴다'의 어간 '서슴-'에 어미 '-지'가 결합한 말은 '서슴지'로 써야 한다.

오답 분석

① 육개장(○): '쇠고기를 삶아서 알맞게 뜯어 넣고, 얼큰하게 갖은 양념을 하여 끓인 국'을 뜻하는 말은 '육개장'이다. 참고로, '육계장'은 '육개장'의 잘못된 표기이다.

② 여태껏(○): '지금까지'를 강조하여 이르는 말은 '여태껏'이다. 참고로, '여지껏'은 '여태껏'의 잘못된 표기이다.

④ 딸내미(○): '딸'을 귀엽게 이르는 말은 '딸내미'이다. 참고로, '딸래미'는 '딸내미'의 잘못된 표기이다.

14 문학 시어의 의미

정답 설명

① 제시된 작품에서 흘러가는 '구름'은 나그네의 유랑을, 칠 백리의 '물길'은 나그네의 긴 여정을 의미한다. '구름'과 '물길'을 통해 정처 없이 방랑하는 나그네의 이미지를 형상화함으로써, 당시 시대적 배경이었던 암울한 일제 치하에서 조국을 잃고 유랑하는 민족의 내적 현실을 보여 주고 있다.

오답 분석

② '강마을'은 3연에서 나그네가 '꽃잎에 젖어' 자연과 합일되는 경지에 이르는 공간이지만, 4~5연에서 꽃이 질 것이라는 것을 깨달은 나그네가 다시 방랑의 길을 떠나는 공간이기도 하다. 따라서 '강마을'은 나그네가 정착하고자 하는 공간으로 볼 수 없다.

③ '나그네'를 통해 고향을 떠나 방랑하는 삶을 살면서 느끼는 고독과 애상을 확인할 수 있을 뿐, '나그네'가 현실의 속박을 벗어나고자 하는 의지를 상징한다고 볼 수 없다.

④ '한 많음'은 이 밤이 지나면 꽃이 질 것이라는 것을 아는 나그네의 상실감과 애상감을 표현한 것으로, 봄밤의 정한(情恨)을 노래한 이조년의 시조 '다정가(多情歌)' 정서와 상통한다. 따라서 이때 '한 많음'은 꽃이 지는 것에 대한 나그네 개인의 정서일 뿐, 민중적 삶 속에 구현된 정서를 대변한 것으로 보기는 어렵다.

🖋 이것도 알면 **합격!**

조지훈, '완화삼'
1. 주제: 방랑하는 나그네의 삶
2. 성격: 애상적. 낭만적
3. 특징
   • 7·5조, 3음보의 전통적 운율을 사용함
   • 자연물(산새)에 감정 이입을 하여 화자의 정서를 표현함
   • 시각, 후각. 청각 등 다양한 감각적 이미지를 사용함
4. 조지훈 '완화삼'과 박목월 '나그네'의 관계
   조지훈의 '완화삼'은 일제 강점기 암울한 현실 속에 떠도는 나그네의 심정을 다양한 감각적 이미지를 통해 보여주는 시로, 조지훈이 시인 박목월에게 보내준 작품이다. 박목월의 '나그네'는 조지훈의 '완화삼'에 화답한 시로, 해당 시에서도 '나그네'의 외로운 여정을 형상화하고 있음을 알 수 있으며 '완화삼'에 드러난 '술 익는 강마을. '저녁노을'과 같은 시어들이 등장하여 두 시의 연관성을 확인할 수 있다.

14 문학 시어의 의미
난이도 하 ●○○

정답 설명

④ 제시된 작품의 화자는 '저녁 노을'을 통해 과거의 삶을 회상하고 있다. 이때 ② '도시'는 현재 화자가 처한 각박한 현실을 의미하는 시어이며, ③ ⑤ ⑥는 모두 화자가 그리워하는 과거의 삶과 관련된 시어이므로 의미하는 것이 다른 하나는 ② '도시'이다.

오답 분석

① ③ '고통거리'는 과거의 삶을 돌아보게 하는 매개체인 '저녁 노을'을 의미하며, 화자는 과거의 추억을 환기시켜 내면을 흔들어 놓는 저녁 노을을 '고통거리'로 표현하고 있다.

② ③ ⑥ '만세 소리'와 ⑥ '누님의 얼굴'은 화자가 '저녁 노을'을 통해 회상한 과거의 추억을 의미한다.

🖋 이것도 알면 **합격!**

김규동, '노을과 시'의 주제와 특징
1. 주제: 농촌에서의 추억에 대한 그리움
2. 특징
   (1) 도시(현재)의 삶과 농촌(과거)의 삶이 '저녁 노을'을 통해 이어지면서 대비를 이룸
   (2) '저녁 노을'을 의인화하여 회상의 매개체로서의 역동성을 부여함

15 어법 문장 (문장의 짜임)

정답 설명

④ ④는 주어(장미꽃)와 서술어(피었다) 관계가 한 번만 성립하는 홑문장이다.
   • 우리(관형어) + 집(관형어) + 앞마당에(부사어) + 드디어(부사어) + 장미꽃이(주어) + 피었다(서술어)

오답 분석

① '(모자가) 빨갛다'가 '모자'를 수식하고 있는 관형절을 안은 문장이므로 겹문장이다.

② '봄이 오다'와 '꽃이 피었다'가 원인을 나타내는 연결 어미 '-니'에 의해 종속적으로 이어진 문장이므로 겹문장이다.

③ '남긴 만큼 버려지고, 버린 만큼 오염된다'는 '(당신이) 남기다'와 '(당신이) 버리다'가 의존 명사 '만큼'을 수식하고 있는 관형절을 안은 문장이다. 또한, '남긴 만큼 버려지다'와 '버린 만큼 오염되다'가 연결 어미 '-고'에 의해 대등하게 이어진 문장이므로 겹문장이다.

15 어법 문장 (문장의 짜임) 　　　　　　난이도 중 ●●○

정답 설명

③ ③은 주어 '인하'와 서술어 '좋아하지 않는다'의 관계가 한 번 나
타나는 홑문장인 반면 ① ② ④는 주어와 서술어의 관계가 두 번
이상 나타나는 겹문장이므로 문장의 유형이 나머지 셋과 다른 것
은 ③이다.

오답 분석

① '코가 길다'가 문장의 서술어 역할을 하는 서술절을 안은 문장이다.

② '자신이 가수임'이 문장의 목적어 역할을 하는 명사절을 안은 문
장이다.

④ '그가 예전에 먹었던'이 명사 '케이크'를 수식하는 관형어 역할을
하는 관형절을 안은 문장이다.

16 문학 인물의 심리 및 태도

정답 설명

① 2문단에서 한생원은 독립이 되었지만 자신의 소작농 생활이 끝나지 않
을 것이라고 생각한다. 하지만 5문단에서 한생원은 전쟁이 끝나고 막상
독립이 되자 자신의 소작농 생활을 더욱 힘들게 하던 공출과 징용이 없
어진 것은 다행으로 여긴다. 따라서 독립이 소작농의 삶에 아무런 영향
을 끼치지 않는다는 것은 한생원의 생각과 거리가 멀다.

오답 분석

② 2문단에서 한생원은 독립이 되었지만 땅을 빌려 농사짓고 수확한 것의
절반 이상을 도지로 지주에게 무는 삶이 계속 될 것이라고 생각한다. 따
라서 한생원은 해방이 되어도 나라가 소작 제도와 같은 사회 모순을 해
결하지 못할 것이라고 생각할 것임을 알 수 있다.

③ 6문단 끝에서 1~3번째 줄에서 한생원은 독립은 구한국 시절로 다시 돌
아가는 것과 같다고 생각하고 있음을 알 수 있다.

④ 3문단에서 전쟁이 나면서 공출과 징용으로 인해 소작농인 한생원의 삶
이 더 궁핍해졌음을 알 수 있다. 따라서 한생원은 소작농의 궁핍한 삶에
는 국가의 책임도 적지 않다고 생각할 것임을 알 수 있다.

이것도 알면 합격!

채만식, '논 이야기'
1. 주제
　•국가의 토지 정책에 대한 비판
　•역사의식이 결여된 개인의 소시민성에 대한 풍자
2. 특징
　•풍자를 통해 인물의 어리석음을 비판함
　•판소리적 문체가 사용됨
3. 줄거리
　구한말 한덕문의 아버지 한태수는 부지런한 농군이었다. 그는 논 스
무 마지기를 장만했는데, 고을의 원에게 동학란에 가담했다는 어처
니없는 누명을 쓴 채 논 열세 마지기를 빼앗긴다. 이 사건으로 인해 한

덕문은 반소작농으로 전락하게 되고 일제 강점기를 맞이한다. 살림조
차 유지하기 어려운 상황에서 한덕문은 술과 노름으로 빚을 진다. 이
때 시세의 곱절을 쳐 준다는 일본인 길천에게 남은 논 일곱 마지기와
멧갓을 판다. 그런데 계획과 달리 빚을 갚고 남은 돈으로는 이미 시세
가 오른 논을 다시 살 수 없게 되었다. 그는 뒤늦게 후회하지만 일인들
이 쫓겨 나가면 다시 땅을 돌려받을 수 있을 거라고 호언장담을 하고
마을 사람들은 그런 그의 허황됨을 비웃는다. 마침내 독립이 되자 한
덕문은 논을 되찾을 것이라는 기대를 품는다. 하지만 기대가 무색하게
길천에게 함께 팔았던 멧갓이 그 관리인에게 돈을 주고 사들인 영남
에게 넘어간 것을 알게 된다. 그뿐 아니라 논을 나라에 돈을 내고 사야
한다는 소문을 듣고 구장을 찾아가 그 소문이 사실임을 확인하게 된
다. 이후 한덕문은 독립이 됐을 때 만세를 안 부르기 잘했다고 말한다.

16 문학 인물의 심리 및 태도 　　　　　　난이도 하 ●○○

정답 설명

① '동이'와 '허 생원'은 다음 행선지인 제천으로 함께 가고 있다. '허
생원'이 '동이'가 자신이 아들일지도 모른다는 것에 대해 기대하
는 장면은 제시되어 있으나, '동이'의 기대감을 확인할 수 있는 부
분은 제시되어 있지 않으므로 글의 내용과 부합하지 않는 것은
①이다.

오답 분석

② '허 생원'은 '동이'의 성장 내력을 들은 후 채찍을 왼손에 쥔 '동이'
를 보고 자신의 혈육임을 확신하고 있다.
　[관련 부분] 나귀가 걷기 시작하였을 때 동이의 채찍은 왼손에 있었
다. 오랫동안 아둑시니같이 눈이 어둡던 허 생원도 요번만은 동이의
왼손잡이가 눈에 뜨이지 않을 수 없었다.

③ '동이'는 제천에서 살고 있는 어머니를 봉평으로 모셔 올 계획을 하
고 있다.
　[관련 부분] "의부와도 갈라져서 제천에 있죠. 가을에는 봉평에 모
셔 오려고 생각 중인데요."

④ '동이'의 어머니의 친정이 봉평이라는 얘기를 들은 직후 발을 헛
디뎌 개울에 빠진 모습을 통해 '허 생원'이 크게 동요하였음을 알
수 있다.
　[관련 부분] "봉평? 그래 그 아비 성은 무엇이구?" / "알 수 있나요?
도무지 듣지를 못했으니까." / 그 그렇겠지, 하고 중얼거리며 흐려지
는 눈을 까물까물하다가 허 생원은 경망하게도 발을 빗디뎠다.

이것도 알면 합격!

이효석, '메밀꽃 필 무렵'의 주제와 특징
1. 주제: 떠돌이 삶의 애환과 혈육에 대한 정
2. 특징
　(1) 인물의 내면과 사건에 대한 직접적인 진술을 피함으로써 독
　　　자들의 상상력을 자극함
　(2) 암시와 여운을 남기는 결말 구성을 취함
　(3) 서정적 문체로 시·공간적 배경을 낭만적으로 묘사함

③ 언어의 창조성: 언어는 한정된 음운이나 어휘를 가지고 새로운 문장을 무한히 만들어 낼 수 있다.

17 비문학 글의 구조 파악

정답 설명

① 〈보기〉는 '이러한 언어의 변화'를 '공시태'라는 개념을 통해 설명한 문장이다. 그러므로 〈보기〉의 앞에는 언어의 변화와 관련된 내용이 드러나야 하며, 〈보기〉 뒤에는 '공시태'에 대한 설명이 나와야 한다. 따라서 〈보기〉의 문장이 들어가기에 가장 적절한 곳은 ① '(가)의 뒤'이다.

짝문제

17 비문학 글의 구조 파악   난이도 하 ●○○

정답 설명

① (가)에서는 언어가 '음성'과 '의미'로 구성되어 있다는 점을 밝히고 있으며 이후 (나)와 (다)에서 '이원성'과 '자의성'에 대해 각각 설명하고 있으므로 언어가 '이원성'과 '자의성'을 가진다는 내용의 〈보기〉는 (가)의 뒤에 들어가는 것이 적절하다.

기출문제

18 어법 언어의 특징

정답 설명

② ㉠은 언어가 시간의 흐름에 따라 생성, 발전, 소멸하며 변한다는 것을 의미한다. 이에 해당하는 언어의 특성은 ② '언어의 역사성'이다.

오답 분석

① 언어의 자의성: 언어의 의미(내용)와 말소리(형식) 사이에는 필연적인 관계가 없다는 것을 의미한다.

③ 언어의 사회성: 언어는 언어를 사용하는 사람들 간의 사회적 약속이므로 개인이 임의로 바꿀 수 없다는 것을 의미한다.

④ 언어의 창조성: 언어를 상황에 따라 새로운 말들로 만들어 표현할 수 있다는 것을 의미한다.

짝문제

18 어법 언어의 특징   난이도 하 ●○○

정답 설명

④ 언어의 음성이나 의미가 시간의 흐름에 따라 변화하는 것은 ④ '언어의 역사성'에 대한 설명이다.

오답 분석

① 언어의 기호성: 언어는 음성과 뜻이 결합하여 나타나는 기호 체계이다.

② 언어의 사회성: 언어의 음성(소리)과 의미(뜻)는 사회적으로 공고하게 결합되어 있어 개인이 함부로 바꿀 수 없음

기출문제

19 어법 + 비문학 언어의 특징, 적용하기

정답 설명

③ ㉡ '통시태'는 같은 언어가 시간의 흐름 속에서 모습이 잇따라 변화하는 상태를 의미한다. 이때, ③의 '신조어'는 어느 특정한 시기에 새로 생긴 말이고 '방언'은 같은 시기의 한 언어에서 여러 요인에 따라 분화된 말이므로, 특정 시기의 언어 상태인 '공시태'에 해당한다. 따라서 ㉡ '통시태'에 해당하는 사례가 아닌 것은 ③이다.

오답 분석

①②④ 같은 언어임에도 시기가 변화함에 따라 언어 상태가 달라지고 있으므로 ㉡ '통시태'에 해당하는 사례이다.

① 모음 조화 현상은 두 음절 이상의 단어에서 뒷 모음이 앞 모음의 영향으로 그와 가깝거나 같은 소리로 되는 언어 현상으로, 양성 모음은 양성 모음끼리, 음성 모음은 음성 모음끼리 어울리는 현상이다. 15세기에는 모음 조화가 잘 지켜졌으나 '아래아(·)'의 소실로 인해 17세기 이후에는 모음 조화가 부분적으로 지켜지지 않고 있다.

② 청자 높임법은 말하는 이가 듣는 이에 대하여 높이거나 낮추어 말하는 방법으로 주로 종결 어미를 통해 실현된다. 15세기에 청자를 높이기 위해 사용되었던 종결 어미 'ᄒᆞ라체, ᄒᆞ야쎠체, ᄒᆞ쇼셔체'가 현대에는 '해라체, 하게체, 하십시오체' 등의 종결 어미로 사용되고 있다.

④ 아래아(·), 순경음 비읍(ㅸ), 반치음(ㅿ)은 15세기에는 존재했던 글자들이었으나 이후 글자나 음가가 소실되어 다른 형태로 변화하거나 존재하지 않게 되었다.

짝문제

19 어법 + 비문학 언어의 특징, 적용하기   난이도 중 ●●○

정답 설명

② '언어의 자의성'은 언어의 의미와 말소리 사이에는 필연적인 관계가 없다는 특징이다. 하지만 양, 소, 말, 쥐 등과 같이 개별적이고 구체적인 대상으로부터 공통적인 요소를 뽑아 이를 '동물'이라는 일반적인 개념으로 파악하는 것은 언어의 특성 중 '추상성'에 해당하는 예시이므로 '언어의 자의성'에 해당하는 사례가 아닌 것은 ②이다.

기출문제

20 어법 외래어 표기

정답 설명

④ window 윈도(○): 'window'는 [wɪndou]로 소리 난다. 이때 [ou]는 '오'로 적어야 하므로 '윈도'는 외래어 표기법에 부합한다.

오답 분석

① fuse 휴즈(×) → 퓨즈(○): 'fuse'는 [fjuːz]로 소리 난다. 이때 [f]는 모음 앞에서 'ㅍ'로 적어야 하고 반모음 [j]는 뒤따라오는 모음 [u]와 합쳐져 '유'로 적어야 하므로 '휴즈'는 '퓨즈'로 고쳐 써야 한다.

② curtain 커텐(×) → 커튼(○): 'curtain'은 [ˈkɜːrtn]으로 소리 난다. 이때 [t]는 자음 앞에서 '트'로 적어야 하고 [n]은 'ㄴ'으로 적어야 하므로 '커텐'은 '커튼'으로 고쳐 써야 한다.

③ hanger 헹거(×) → 행거(○): 'hanger'는 [ˈhæŋə(r)]로 소리 난다. 이때 [æ]는 '애'로 적어야 하므로 '헹거'는 '행거'로 고쳐 써야 한다.

짝문제

20 　어법 외래어 표기　　　　　　난이도 중 ●●○

정답 설명

③ omelet 오믈렛(○): 'omelet'의 표준 발음은 [áməlit]으로, 외래어 표기 규정에 따르면 '오믈릿'으로 표기해야 하나, 이미 '오믈렛'으로 표기하는 것이 굳어졌으므로 관용을 따라 표기하는 단어이다. 따라서 외래어 표기 용례로 올바른 것은 ③이다.

오답 분석

① Gips 기브스(×) → 깁스(○): 'Gips'의 표준 발음은 [gɪps]로, 짧은 모음 [ɪ]와 유음·비음이 아닌 자음 [s] 사이에 오는 무성 파열음 [p]는 받침으로 적는다.

② teamwork 팀웍(×) → 팀워크(○): 'teamwork'의 표준 발음은 [tiːmwɜːrk]로, 긴 모음 [wɜːr] 뒤에 오는 무성 파열음 [k]는 '으'를 붙여 적는다.

④ narration 나레이션(×) → 내레이션(○): 'narration'의 표준 발음은 [næreɪʃn]으로, [æ]는 '애'로 적는다.

기출문제

21 　문학 화자의 정서 및 태도

정답 설명

④ 제시된 작품의 6행에서 '늙어서야 무슨 일로 외로이 두고 그리워 하는가'를 통해 임과 이별한 화자의 상황을 짐작할 수 있으며, (가)의 '무심한 세월이 물 흐르듯 하는구나', '덥고 시원함이 때를 알고서 가는 듯 다시 오니'를 통해 덧없이 시간만 흐르는 것에 대한 화자의 안타까운 심정이 드러난다.

[관련 부분]
· 늙거야 므슨 일로 외오 두고 그리는고
· 無무心심한 歲셰月월은 믈 흐르듯 흐는고야
· 炎염凉냥이 째룰 아라 가는 듯 고텨 오니

오답 분석

① 제시된 작품은 임과 이별한 후의 그리움을 노래한 것으로, 임에 대한 원망의 마음이 드러나지는 않는다.

② 임과 이별하기 전의 행복했던 상황에 대해 노래한 부분은 있으나, 화자가 이를 위안으로 삼지 않는다.

[관련 부분] 나 흐나 졈어 잇고 님 흐나 날 괴시니

③ (가)의 '덥고 시원함이 때를 알고서 가는 듯 다시 오니'를 통해 계절의 변화에 따른 세월의 흐름을 드러내고 있으나, 임을 향한 화자의 사랑이 변하는 부분은 확인할 수 없다.

[관련 부분] 炎염凉냥이 째룰 아라 가는 듯 고텨 오니

짝문제

21 　문학 화자의 정서 및 태도　　　난이도 중 ●●○

정답 설명

② 제시된 작품은 정철의 '관동별곡' 중 결사에 해당하는 부분으로, (가)에서 화자는 꿈속에서 만난 신선에게 술을 모든 백성과 나누어 마시겠다고 말하고 있다. 이는 화자가 관리로서 좋은 것을 백성들과 함께 즐기고자 하는 애민 정신과 선정(善政)에 대한 포부를 드러낸 것이므로 화자의 태도로 옳은 것은 ②이다.

기출문제

22 　문학 시구의 의미

정답 설명

④ ㉣의 '디느니'의 기본형은 '디다'로 '떨어지다'의 옛말이다. 따라서 ㉣은 '떨어지는 것은 눈물이라'로 해석해야 한다. 참고로 '지나가다'의 중세어 표기는 '디나가다'이다.

오답 분석

① '님 흐나 날 괴시니'에서 '흐나'는 '오직'을 의미하고, '괴다'는 '사랑하다'의 뜻이므로, ㉠은 '님이 오직 나를 사랑하시니'로 해석된다.

② '한틱 녜쟈 흐얏더니'에서 '한틱'는 '한곳이나 한군데'를 의미하고, '녜다'는 '가게 하다'의 뜻이므로, ㉡은 '함께(한곳에) 지내자(가고자) 하였더니'로 해석된다.

③ '헛틀다'는 '헝클다'를 의미하므로, ㉢은 '헝클어진 지 삼 년이구나'로 해석된다.

지문 풀이

(조물주께서) 이 몸 만드실 때 임을 따라 만드시니,
한평생의 인연임을 하늘이 모를 일이던가?
나는 오직 젊어 있고 ㉠임은 오직 나를 사랑하시니,
이 마음과 이 사랑 견줄 데가 전혀 없다.
평생에 원하건대 ㉡(임과) 함께 지내자 하였더니,
늙어서야 무슨 일로 외로이 두고 그리워하는가.
엊그제는 임을 모시고 광한전에 올랐더니,
그 사이에 어찌하여 인간 세계에 내려오니,
떠나올 적에 빗은 머리가 ㉢헝클어진 지 삼년이구나.
연지분 있지만 누구를 위하여 곱게 단장할까?
마음에 맺힌 시름이 겹겹이 쌓여 있어,
짓는 것은 한숨이고, ㉣떨어지는 것은 눈물이구나.
인생은 유한한데 시름도 끝이 없다.
무심한 세월은 물 흐르듯 하는구나.

덥고 시원함이 때를 알고서 가는 듯 다시 오니.
듣거니 보거니 느낄 일이 많기도 많다.

짝문제

22   문학 시구의 의미   난이도 하 ●○○

정답 설명

② '엇디 그릇 닐거 두고'는 '어찌 잘못 읽어 두고'로 해석해야 한다.
- 엇디: '어떠한 이유로'를 뜻하는 '어찌'의 옛 표기이다.
- 그릇: '어떤 일이 사리에 맞지 않게'를 뜻하는 '그릇'의 옛 표기이다.
- 닐거: '읽다'의 옛 표기인 '닑다'의 활용형이다.

지문 풀이

소나무 뿌리를 베고 누워 선잠이 얼핏 들었는데,
꿈에 한 사람이 나에게 이르기를,
"그대를 내가 모르랴? 그대는 하늘의 신선이라.
황정경 한 글자를 어찌 잘못 읽어 두고,
인간 세상에 내려와서 우리를 따르는가?
잠시 가지 말고 이 술 한 잔 먹어 보오."
북두칠성과 같은 국자를 기울여 동해물 같은 술을 부어
자신이 먹고 나에게도 먹이거늘, 서너 잔을 기울이니
온화한 봄바람이 산들산들 불어 양쪽 겨드랑이를 추켜올리니,
아득한 하늘도 웬만하면 날 것 같구나.
"이 술을 가져다가 온 세상에 고루 나눠
모든 백성을 다 취하게 만든 후에,
그때에야 다시 만나 또 한 잔 하자꾸나."
말이 끝나자, 신선은 학을 타고 높은 하늘에 올라가니,
공중의 옥피리 소리가 어제던가 그제던가 어렴풋하네.
나도 잠을 깨어 바다를 굽어보니,
깊이를 모르는데 하물며 끝인들 어찌 알리?
달빛이 온 세상에 비치지 않은 곳이 없다.

✏️ **이것도 알면 합격!**

정철, '관동별곡'의 주제와 특징
1. 주제: 아름다운 경치에 대한 감탄, 임금에 대한 충성, 애민 사상
2. 특징
   (1) 다양한 표현법(영탄법, 대구법, 생략법)을 활용함
   (2) 우리말의 아름다움을 뛰어나게 살림

기출문제

23   비문학 세부 내용 파악

정답 설명

③ 3문단 2~4번째 줄을 통해 신진 사대부들은 주자학의 위기지학의 이념에 따라 공부의 목적을 출세가 아닌 성인이 되는 것에 두었음을 알 수 있

다. 또한 3문단 끝에서 1~3번째 줄을 통해 신진 사대부들이 관직에 진출하였음을 알 수 있으나, 이는 그들이 성인이 되기 위해 열심히 공부하며 인품을 갈고닦은 결과에 해당할 뿐, 그들이 관직에 오르기 위해 공부한 것의 결과로는 볼 수 없다. 따라서 신진 사대부가 관직에 진출하기 위해 주자학을 공부했다는 ③의 설명은 적절하지 않다.

오답 분석

① 3문단과 4문단에서 주자의 가르침 중 신진 사대부들의 마음을 사로잡았던 두 가지 구절이 '위기지학' 이념과 '격물치지' 정신이라고 하였다. 따라서 주자학이 위기지학과 격물치지의 학문임을 알 수 있으므로 ①의 설명은 적절하다.

② 2문단에서 주자학에는 '음양', '이기', '심성론'과 같은 이론이 있으며, 이러한 이론을 만든 이유가 자연 과학과 심리학의 도움을 받아 도덕 이론을 더욱 정확하게 설명하기 위함이라고 하였다. 따라서 주자학이 자연 과학과 심리학의 영향을 받았음을 알 수 있으므로 ②의 설명은 적절하다.

④ 1문단에서 주자가 공자와 맹자의 가르침을 철학적으로 더 세련되게 다듬었다고 하였으므로 ④의 설명은 적절하다.

짝문제

23   비문학 세부 내용 파악   난이도 상 ●●●

정답 설명

② 1문단 끝에서 2~4번째 줄에서 지적재산권을 인정하는 근거로 지적재산이 사회 전체의 이익에 기여한다는 점을 들고 있으며, 마지막 문단 3~6번째 줄에서 많은 사람들이 지적재산을 이용함으로써 이익을 널리 향유할 수 있다는 점을 설명하였으므로 글에 대한 이해로 적절한 것은 ②이다.
[관련 부분]
- 지적재산의 이용은 원칙상 자유이나 사회 전체의 이익에 이바지하므로 예외적으로 법률이 인정한 권리라 해석하는 견해
- 지적재산이 소멸·변형되지 않으므로 보다 많은 사람들의 이용으로 그 이익을 널리 향유할 수 있다는 점을 고려할 때

오답 분석

① 1문단 1~2번째 줄을 통해 제시문은 지적재산의 보호 여부에 대한 논의를 다루는 글이 아닌 지적재산이 보호되어야 한다는 전제하에 이에 대한 근거를 설명한 글임을 알 수 있으므로 적절하지 않다.
[관련 부분] 지적재산을 왜 보호하는가에 대하여는 크게 두 가지 견해가 있다.

③ 지적재산권이 배타적 측면이 아닌 독점적 측면에서 논의되어야 한다는 내용은 제시문을 통해 알 수 없다.

④ 마지막 문단 1~2번째 줄을 통해 지적재산에 대한 완전한 통제가 불가능함을 알 수 있으나, 유형의 창작물의 경우에도 통제권을 행사하기 어려운지는 제시문을 통해 알 수 없다.
[관련 부분] 지적재산은 관념상 존재하는 이익으로 현실적으로 완전한 통제가 불가능하고,

기출문제

24 비문학 내용 추론

정답 설명

② '시인'은 대상을 정확히 관찰한다는 점에서 ②라고 하였으나, '모럴리스트'는 '16세기부터 18세기에 프랑스에서 인간성과 인간이 살아가는 법을 탐구하여 이것을 수필이나 단편적인 글로 표현한 문필가'를 이르는 말이므로 문맥상 ②에 들어갈 말로 적절하지 않다. 참고로, ②에 들어갈 말로 적절한 것은 '사실주의를 따르거나 주장하는 사람'을 의미하는 '리얼리스트'이다.

오답 분석

① '시인'은 사람들의 관심 밖인 미미한 대상의 풍경을 서정적인 수채화로 변형시킨다고 하였다. 따라서 ①에는 '평범한'이 들어가는 것이 적절하다.

③ '생의 ③'에서 떠나 있는 듯하나 결국은 '생의 문제'와 결부되어 있다고 하였으므로, ③에는 '현장'이 들어가는 것이 적절하다.

④ 제시문 6~7번째 줄에서 이 시인은 사물의 습기, 생의 슬픔을 주로 그려내었다고 언급했으므로, ④에는 '서글픈'이 들어가는 것이 적절하다.

짝문제

24 비문학 내용추론   난이도 중 ●●○

정답 설명

④ 빈칸에 들어갈 말은 ④ '비인간화'가 가장 적절하다.

정보 기술은 대중 매체의 성격을 탈대중화시키고, 미디어를 쌍방 통행식 커뮤니케이션으로 바꾸어 놓았다. 제시글에서는 이런 커뮤니케이션은 기계 중재의 문제가 있으므로 비인격화적 커뮤니케이션이라고 말한다. 즉, 정보 기술의 발달로 인해 기계를 중심으로 인간관계를 맺는 문화생활은 비인간적인 것이라는 주장이다.

참고로 모든 선택지의 단어들을 빈칸에 넣어 보면, 문장 내에서는 자연스럽게 연결되는 것으로 보인다. 하지만 빈칸을 포함한 문장 앞에 제시된 '비인격화적 커뮤니케이션'을 고려하면, 이와 관련된 단어인 '비인간화'가 빈칸에 들어가는 것이 가장 적절하다.

기출문제

25 문학 작품의 종합적 감상

정답 설명

① 제시된 작품의 갈래는 경기체가가 아닌 악장이므로 적절하지 않은 설명은 ①이다.

· 악장: 조선 초기에만 나타난 독특한 양식의 갈래로, 궁중에서 국가의 공식적 행사 때에 쓰이던 시가를 의미한다.

· 경기체가: 고려 중엽부터 조선 전기까지 향유된 갈래로, 신진 사대부들이 자신들의 향락적인 삶과 유교적 이념을 과시하기 위해 창작하였다. 대표작으로는 '한림별곡(翰林別曲)'이 있다.

오답 분석

② '남갇(나무)'과 '쉽(샘)'은 기초가 튼튼한 나라인 조선과 조선의 근간을 이루고 있는 백성을, '부룸(바람)'과 '구물(가뭄)'은 풍파 또는 시련을 상징한다.

③ '여름'은 '열매'를 의미하며, '하ᄂ니'는 형용사 '많다'의 옛말인 '하다'의 어간 '하'에 연결 어미 '-(으)니'가 결합된 형태이므로 '많으니'로 해석할 수 있다.

④ '내히'는 '냇물'을 의미하며, '이러'는 '이루다'에 연결 어미 '-어'가 결합된 형태이므로 '이루어(모이어)'로 해석할 수 있다.
· 내히 이러: 냏(냇물) + 이(주격 조사) + 이루-('이루다'의 어간) + -어

지문 풀이

> 뿌리가 깊은 나무는 바람에도 흔들리지 아니하므로 꽃이 좋고 열매도 많으니
> 샘이 깊은 물은 가뭄에도 그치지 않고 솟아나므로 냇물이 되어서 바다에 이르니
>   – '용비어천가' 2장

짝문제

25 문학 작품의 종합적 감상   난이도 중 ●●○

정답 설명

① '정읍사'는 시장에 나가 돌아오지 않는 남편이 기원하는 내용의 고대 가요로 작품으로, 여기서 '즌 딕'는 '위험한 곳(진 곳)' 또는 '다른 여성'을 의미한다. 따라서 〈보기〉에 대한 설명으로 적절하지 않은 것은 ①이다.

오답 분석

② '-곰'은 강조의 접미사이므로 '머리곰'은 '멀리멀리'로 해석할 수 있다.

③ 화자가 '돌'에게 남편의 안전을 기도하는 모습을 통해 '돌'이 소망과 기원의 대상임을 알 수 있다.

④ '정읍사'는 현전하는 유일한 백제 가요이자, 한글로 기록된 고대 가요 중 가장 오래된 작품이다.

지문 풀이

> 달님이시여! 높이높이 돋으시어
> 멀리멀리 비추어 주십시오.
> 시장에 가 계신가요?
> 진 곳을 디딜까 두렵습니다.
> 어느 곳에다 (짐을) 놓으십시오.
> 내 (임) 가는 곳에 (날이) 저물까 두렵습니다.

이것도 알면 합격!

작자 미상, '정읍사(井邑詞)'의 주제와 특징

1. 주제: 남편의 안전을 바라는 아내의 마음
2. 특징
   (1) 현전하는 유일한 백제 노래
   (2) 한글로 기록되어 전하는 가요 중 가장 오래된 작품
   (3) 시조 형식의 기원으로 추정되는 작품

짝문제 정답
p.148

01	① 어휘	06	③ 어법	11	① 문학	16	③ 비문학	21	④ 문학
02	② 어법	07	④ 어법	12	② 어휘	17	① 비문학	22	③ 비문학
03	③ 어법	08	① 어법	13	④ 비문학	18	② 문학	23	① 비문학
04	② 비문학	09	③ 어법	14	① 어휘	19	① 비문학	24	③ 어법
05	① 어휘	10	② 비문학	15	④ 어법	20	② 혼합	25	③ 어법

기출문제 정답

01	④	06	④	11	②	16	②	21	③
02	②	07	②	12	③	17	②	22	①
03	①	08	②	13	②	18	④	23	②
04	④	09	①	14	①	19	④	24	②
05	①	10	③	15	③	20	④	25	①

취약영역 분석표

영역	어법	비문학	문학	어휘	혼합	총계
맞힌 답의 개수	/ 11	/ 8	/ 3	/ 2	/ 1	/ 25

* 취약영역 분석표를 이용해 1개라도 틀린 문제가 있는 영역은 그 영역의 문제만 골라 해설을 다시 한번 꼼꼼히 학습하세요.

기출문제

01 어휘 한자 성어

정답 설명

④ '전화위복(轉禍爲福)'은 '재앙과 근심, 걱정이 바뀌어 오히려 복이 됨'을 의미하므로 팀이 크게 이겼다는 ④의 문맥에 사용하는 것은 적절하지 않다. 참고로, '전화위복'은 '이번에 우리 팀이 진 것을 전화위복으로 여기자'와 같은 문맥에 쓰이는 것이 자연스럽다.

오답 분석

① 견강부회(牽強附會): 이치에 맞지 않는 말을 억지로 끌어 붙여 자기에게 유리하게 함

② 호시우보(虎視牛步): '호랑이처럼 노려보고 소처럼 걷는다'라는 뜻으로, 예리한 통찰력을 가지고 있으며 신중하고 조심스럽게 행동함을 이르는 말

③ 도청도설(道聽塗說): '길에서 듣고 길에서 말한다'라는 뜻으로, 길거리에 퍼져 돌아다니는 뜬소문을 이르는 말

짝문제

01 어휘 한자 성어 · 난이도 상 ●●●

정답 설명

① 赤手空拳(적수공권)'은 '아무것도 가진 것이 없음'을 뜻하므로 '권력을 잡자 함부로 赤手空拳(적수공권)을 휘둘러 댔다'라는 ①의 문장은 문맥상 적절하지 않다.
· 赤手空拳(적수공권): 맨손과 맨주먹이라는 뜻으로, 아무것도 가진 것이 없음을 이르는 말

오답 분석

② 牛溲馬勃(우수마발): 소의 오줌과 말의 똥이라는 뜻으로, 가치 없는 말이나 글 또는 품질이 나빠 쓸 수 없는 약재 따위를 이르는 말

③ 聲東擊西(성동격서): 동쪽에서 소리를 내고 서쪽에서 적을 친다는 뜻으로, 적을 유인하여 이쪽을 공격하는 체하다가 그 반대쪽을 치는 전술을 이르는 말

④ 難兄難弟(난형난제): 누구를 형이라 하고 누구를 아우라 하기 어렵다는 뜻으로, 두 사물이 비슷하여 낫고 못함을 정하기 어려움을 이르는 말

기출문제

02 어법 외래어 표기

정답 설명

② '벤젠', '시너', '알코올'이 모두 올바르게 쓰였으므로 답은 ②이다.

오답 분석

① · 리모콘(×) → 리모컨(○): '리모컨'은 'remote control'을 줄여서 쓰는 경우에 해당하며, 'remote control[rimóut kəntróul]'에서 모음 [ə]는 'ㅓ'로 적으므로 '리모컨'으로 표기해야 한다.
· 버턴(×) → 버튼(○): 'button[bʌtn]'에서 자음 [n] 앞의 무성 파열음 [t]는 '으'를 붙여 적으므로 '버튼'으로 표기해야 한다.

③ · 컨센트(×) → 콘센트(○): '콘센트'는 'concentric plug'를 줄여서 쓰는 경우에 해당하며, 'concentric plug[kɔnséntrik plʌg]'에서 모음 [ɔ]는 'ㅗ'로 적으므로 '콘센트'로 표기해야 한다.
· 코드(○)

④ · 썬루프(×) → 선루프(○): 외래어의 1음운은 원칙적으로 1기호로 적어야 하며, 'sunroof[sʌnruːf]'에서 자음 [s]는 'ㅅ'로 적으므로 '선루프'로 표기해야 한다.

· 스폰지(×) → 스펀지(○): 'sponge[spʌndʒ]'에서 모음 [ʌ]는 'ㅓ'로 적으므로 '스펀지'로 표기해야 한다.

이것도 알면 합격!

두음 법칙이 적용되는 경우

'콘'으로 표기	콘서트(concert)	콘센트(concentric plug)
	콘텐츠(content)	콘테스트(contest)
	레미콘(remicon)	실리콘(silicone)
	아이콘(icon)	
'컨'으로 표기	컨트롤(control)	컨덕터(conductor)
	컨디션(condition)	컨테이너(container)
	컨베이어(conveyor)	컨소시엄(consortium)
	베이컨(bacon)	리모컨(remote control)

짝문제

02 어법 외래어 표기   난이도 상 ●●●

정답 설명

② 외래어 표기가 옳은 것은 ㄱ. '내레이션', ㄴ. '시크니스', ㄹ. '헤드라이트'이므로 답은 ②이다.

오답 분석

ㄷ. 피트버그(×) → 피츠버그(○): 'Pittsburgh[pitsbəːg]'에서 자음 앞의 [ts]는 'ㅊ'로 적어야 한다.

ㅁ. 바이탈사인(×) → 바이털사인(○)

기출문제

03 어법 단어 (품사의 구분)

정답 설명

① 제시된 조건은 특정 품사의 특징을 서술한 것으로, 이를 모두 충족하는 품사는 '관형사'이다. 하지만 ① '달리'는 용언을 수식하는 '부사'이므로 정답은 ①이다.

· 특징 1: 어떤 경우에도 조사와 결합하지 않는 것은 관형사의 특징이다. 부사는 격 조사와 결합할 수 없지만, 보조사와는 결합할 수 있다.

예 시간이 빨리도 간다.
           보조사 '도' 결합

· 특징 2: 관형사와 부사 모두 독립된 품사로 단어와 띄어 쓴다.

· 특징 3: 주로 체언을 꾸며 주는 것은 관형사의 특징이다. 부사는 주로 용언을 수식하며 다른 부사나 관형사, 또는 문장 전체를 꾸며 주기도 한다.

예 머리 모양을 바꾸니 사람이 달리 보인다.
           용언 '보인다' 수식

오답 분석

②③④는 '관형사'로, 제시된 조건을 모두 충족하는 단어이다.

② 서너: 예 거기 가 보니 서너 사람 있었다.
                 체언 '사람' 수식

③ 어떤: 예 이 의견에 대해 너는 어떤 생각을 가지고 있니?
                          체언 '생각' 수식

④ 갖은: 예 갖은 노력을 다하다.
              체언 '노력' 수식

짝문제

03 어법 단어 (품사의 구분)   난이도 하 ●○○

정답 설명

③ '설레게'는 '설레다'의 어간에 부사형 전성 어미 '-게'가 붙은 활용형으로, 현재 시제 선어말 어미 '-ㄴ-'과 결합이 가능하므로 품사는 동사이다. 반면 ①②④의 밑줄 친 단어는 모두 형용사이므로 품사가 나머지 셋과 다른 것은 ③이다.

이것도 알면 합격!

전성 어미의 개념과 종류

1. 전성 어미의 개념: 전성 어미는 용언의 서술 기능을 다른 기능으로 바꾸어 주는 어미로, 용언이 지니는 본래의 품사가 유지된다.
   예 · 신문 읽기는 필수적이다. (동사)
   · 물속에서 오래 참기를 잘한다. (동사)

2. 전성 어미의 종류

종류	어미	예
명사형 전성 어미	-(으)ㅁ, -기	먹음, 읽기
관형사형 전성 어미	-(으)ㄴ, -는, -(으)ㄹ, -던	익은 감, 읽는 중, 갈 것, 놀던 때
부사형 전성 어미	-게, -도록, -(아/어) 서 등	느리게, 읽도록, 젊어서

기출문제

04 비문학 내용 추론

정답 설명

④ 제시된 문단은 공감을 어떻게 함으로써 시작할 수 있는지에 대해 설명하고 있다. 이때 (라) 뒤에서는 상대방의 말투, 표정, 자세를 관찰하면서 상대방과 같은 관점, 심정, 분위기 또는 태도로 맞추는 것도 공감에 도움이 된다고 말하며 공감하는 방법에 대한 설명을 이어 나가고 있다. 따라서 제시된 문단은 (라)에 들어가는 것이 가장 적절하다.

짝문제

04 비문학 내용 추론 난이도 하 ●○○

정답 설명

② 제시문에서는 우리나라의 인재 등용 정책을 비판하고 있으므로, 올바르게 인재를 등용할 것을 촉구하는 내용이 이어지는 것이 가장 적절하다.

오답 분석

① ③ 글의 흐름상 제시된 부분의 앞에 오는 것이 자연스러우므로 뒤에 이어질 내용으로는 적절하지 않다.

④ 제시문의 중심 내용과 관련이 없으므로 적절하지 않다.

기출문제

05 어휘 한자어

정답 설명

① ⊙ ~ ⓒ에 들어갈 단어를 순서대로 나열한 것으로 적절한 것은 ① '解明 – 發言 – 陳述'이다.

- ⊙: 解明(해명: 풀 해, 밝을 명): 까닭이나 내용을 풀어서 밝힘
- ⓒ: 發言(발언: 필 발, 말씀 언): 말을 꺼내어 의견을 나타냄. 또는 그 말
- ⓒ: 陳述(진술: 베풀 진, 펼 술): 1. 일이나 상황에 대하여 자세하게 이야기함. 또는 그런 이야기 2. 민사 소송에서, 당사자가 법원에 대하여 구체적인 법률 상황이나 사실에 관한 지식을 보고하고 알리는 일. 또는 그런 소송 행위 3. 형사 소송에서, 당사자·증인·감정인이 관계 사항을 구술 또는 서면으로 알리는 일

짝문제

05 어휘 한자어 난이도 상 ●●●

정답 설명

① ⊙ ~ ⓒ에 들어갈 단어들은 '檢擧(검거)', '檢査(검사)', '檢察(검찰)'이다.

- ⊙ 檢擧(검사할 검, 들 거): 수사 기관이 범죄의 예방, 공공 안전의 유지, 범죄의 수사를 위하여 용의자를 일시적으로 억류하는 일
- ⓒ 檢査(검사할 검, 조사할 사): 사실이나 일의 상태 또는 물질의 구성 성분 따위를 조사하여 옳고 그름과 낫고 못함을 판단하는 일
- ⓒ 檢察(검사할 검, 살필 찰): 중앙 행정 기관의 하나. 법무부 소속으로 검사의 검찰 사무를 맡아본다.

기출문제

06 어법 국어의 로마자 표기

정답 설명

④ 북한산[부칸산] Bukhansan(○): 체언에서 'ㄱ, ㄷ, ㅂ' 뒤에 'ㅎ'이 따를 때에는 'ㅎ'을 밝혀 적으며, 자연 지물명은 붙임표(-) 없이 붙여 쓰므로 '북한산'은 'Bukhansan'으로 쓴다.

오답 분석

① 복연필[봉년필] Bok Nyeonphil(✕) → Bok Yeonpil/Bok Yeon-pil(○): 이름에서 일어나는 음운 변화는 표기에 반영하지 않으므로 '연'은 'Yeon'으로 적는다. 또, 자음 'ㅍ'은 'p'로 표기하므로 '복연필'은 'Bok Yeonpil'로 적는다. 참고로, 인명은 성과 이름의 순서로 띄어 쓰며, 이때 이름은 붙여 쓰는 것을 원칙으로 하되 음절 사이에 붙임표(-)를 쓰는 것을 허용하므로 'Bok Yeon-pil'도 옳은 표기이다.

② 청와대[청와대] Chungwadae(✕) → Cheongwadae(○): 국어의 로마자 표기에서 모음 'ㅓ'는 'eo'로 표기해야 하므로 '청와대'는 'Cheongwadae'로 적는다.

③ 한라산[할:라산] Hanrasan(✕) → Hallasan(○): 자음 사이에 유음화가 일어나는 경우는 변화의 결과를 표기에 반영해야 하며, 이때 [ㄹㄹ]은 'll'로 표기하므로 '한라산'은 'Hallasan'으로 적는다.

짝문제

06 어법 국어의 로마자 표기 난이도 중 ●●○

정답 설명

③ 로마자 표기가 옳은 것은 ㄴ, ㄹ이다.

ㄴ. 갓바위[갇빠위] Gatbawi(○): 받침 'ㅅ'은 대표음 [ㄷ]으로 발음되고, 자음 앞의 [ㄷ]은 't'로 적는다. 또한, 된소리되기의 결과는 로마자 표기에 반영하지 않으므로 'Gatbawi'로 표기한다.

ㄹ. 광한루[광할루] Gwanghallu(○): 'ㄴ'이 'ㄹ'의 앞에서 [ㄹ]로 발음되는 유음화 현상이 나타나고, [ㄹㄹ]은 'll'로 적으므로 'Gwanghallu'로 표기한다.

오답 분석

ㄱ. 충렬[충녈] Chungryeol(✕) → Chungnyeol(○): 'ㄹ'이 받침 'ㅇ' 뒤에서 [ㄴ]으로 발음되는 'ㄹ'의 비음화 현상이 나타나므로 'Chungnyeol'로 표기해야 한다.

ㄷ. 국화도[구콰도] Gukwado(✕) → Gukhwado(○): 받침 'ㄱ'과 'ㅎ'이 만나 [ㅋ]으로 축약되어 발음되고, 체언에서 'ㄱ' 뒤에 'ㅎ'이 올 때는 'ㅎ'을 밝혀 적으므로 'Gukhwado'로 표기해야 한다.

기출문제

07 어법 올바른 문장 표현

정답 설명

② '저녁노을이 지는'과 '농부 내외가 조용히 기도하는'이 각각 '들판'과 '모습'을 꾸며 주는 관형절을 안은 문장이다. 문장의 구성이 적절하며 문장 전체의 주어(모습이)와 서술어(보였다)의 호응이 자연스러우므로 답은 ②이다.

오답 분석

① 그의 하루 일과를 ~ 시작한다(×) → 그는 하루 일과를 / 그의 하루 일과는 ~ 시작한다(○): 문장의 주어가 없으므로 '그의 하루 일과를'을 '그는 하루 일과를' 또는 '그의 하루 일과는'으로 고쳐 쓰는 것이 자연스럽다.

③ 하물며 네가 풀겠다고 덤볐다(×) → 하물며 네가 풀겠다고 덤비느냐?(○): '하물며'는 주로 '-냐', '-랴', '-ㄴ가'와 같은 의문형 어미와 호응을 이루므로 서술어를 '덤비느냐/덤비는가?'와 같이 의문문 형태로 고쳐 쓰는 것이 자연스럽다.
  · 하물며: '앞의 사실이 그러하다면 뒤의 사실은 말할 것도 없다'라는 뜻의 접속 부사

④ 제가 여러분에게 당부하고 싶은 것은 주변 환경을 탓하지 마시기 바랍니다(×) → 제가 여러분에게 당부하고 싶은 것은 주변 환경을 탓하지 마시라는 것입니다(○): 주어 '당부하고 싶은 것'과 서술어 '바랍니다'의 호응이 어색하므로 서술어를 '~는 것입니다'로 고쳐 쓰는 것이 자연스럽다.

짝문제

07 어법 올바른 문장 표현   난이도 하 ●○○

정답 설명

④ 이어진 문장에서 각 절의 주어인 '실현 가능성'과 '개혁의 효과'가 서술어 '높으나', '미약하다'와 적절하게 호응하고 있으므로 어법에 맞는 문장이다.

오답 분석

① 수납하고(×) → 납부하고(○): '수납하다'는 '돈이나 물품 등을 받아 거두어들이다'라는 뜻으로, 문맥상 어휘의 쓰임이 적절하지 않다. 따라서 '세금이나 공과금 등을 관계 기관에 내다'를 뜻하는 '납부하다'로 고쳐 써야 한다.

② 자칭해서(×) → 자청해서(○): '자칭하다'는 '자기 자신을 스스로 일컫다'라는 뜻으로, 문맥상 어휘의 쓰임이 적절하지 않다. 따라서 '어떤 일에 나서기를 스스로 청하다'를 뜻하는 '자청하다'로 고쳐 써야 한다.

③ 아마 아직 사람이 남아 있다(×) → 아마 아직 남아 있나 보다/있는 것 같다(○): 단정할 수는 없지만 미루어 짐작하거나 생각하여 볼 때 그럴 가능성이 크다는 뜻을 나타내는 부사 '아마'는 추측의 표현과 호응하므로 서술어를 '있나 보다' 또는 '있는 것 같다'로 고쳐 써야 한다.

기출문제

08 어법 표준 발음법

정답 설명

② 〈보기〉를 바르게 발음한 것은 '[저략] – [몰쌍시칸] – [낟썰다] – [읍쪼리다]'이므로 답은 ②이다.
  · 절약[저략](○): '절'의 받침 'ㄹ'이 뒤 음절의 첫소리로 연음되어 발음된다.
  · 몰상식한[몰쌍시칸](○): 한자어에서 'ㄹ' 받침 뒤에 연결되는 'ㅅ'은 된소리로 발음되고, 받침 'ㄱ'이 뒤 음절 첫소리 'ㅎ'과 만나 두 음이 [ㅋ]으로 축약되어 발음된다. 따라서 '몰상식한'은 [몰쌍시칸]으로 발음된다.
  · 낯설다[낟썰다](○): '낯'의 받침 'ㅊ'이 음절의 끝소리 규칙에 따라 대표음 [ㄷ]으로 바뀐 후, [ㄷ]에 의해 뒤 음절의 첫소리 'ㅅ'이 된소리로 발음되는 된소리되기 현상이 나타난다. 따라서 '낯설다'는 [낟썰다]로 발음된다.
  · 읊조리다[읍쪼리다](○): 겹받침 'ㄼ'은 자음 앞에서 [ㅂ]으로 발음되고, [ㅂ]에 의해 뒤 음절의 첫소리 'ㅈ'이 된소리로 발음되는 된소리되기 현상이 나타난다. 따라서 '읊조리다'는 [읍쪼리다]로 발음된다.

짝문제

08 어법 표준 발음법   난이도 중 ●●○

정답 설명

① '닿소, 닭을, 훑이'의 표준 발음은 ① [다쏘], [달글], [훌치]'이다.
  · 닿소[다쏘]: 받침 'ㅎ' 뒤에 오는 'ㅅ'은 된소리 [ㅆ]으로 발음하며 'ㅎ'은 발음하지 않으므로 '닿소'의 표준 발음은 [다쏘]이다.
  · 훑이[훌치]: 받침 'ㄾ'은 모음으로 시작하는 어미와 결합할 때 'ㅌ'을 뒤 음절 첫소리로 옮겨 발음하며, 'ㅌ'이 조사의 모음 'ㅣ'와 결합되는 경우에는 구개음화 현상이 일어나 [ㅊ]으로 발음되므로 '훑이'의 표준 발음은 [훌치]이다.
  · 닭을[달글]: 받침 'ㄺ'은 모음으로 시작하는 조사와 결합할 때 'ㄱ'을 뒤 음절 첫소리로 옮겨 발음하므로 '닭을'의 표준 발음은 [달글]이다.

기출문제

09 어법 한글 맞춤법 (띄어쓰기)

정답 설명

③ 좀더V큰것(○): '좀V더V큰V것'과 같이 단어별로 띄어 쓰는 것이 원칙이나, 한 음절로 된 단어가 셋 이상 연속해서 나올 때 단어별로 띄어 쓰면 오히려 의미를 바르고 빠르게 파악하기가 더 어렵다. 따라서 단음절로 된 단어가 연이어 나타날 때에는 의미 단위를 고려하여 '좀더V큰것'과 같이 붙여 씀도 허용한다.

오답 분석

① · 지난V달(×) → 지난달(○): '이달의 바로 앞의 달'을 의미하는 '지난달'은 한 단어이므로 붙여 쓴다. 참고로, '지난해, 지난주, 지난번, 지난날'도 모두 한 단어로 인정된 표제어이므로 붙여 쓴다.

· 딸도∨만날겸도∨여행도∨할겸(×) → 딸도∨만날∨겸∨여행도∨할∨겸
(○): 이때 '겸'은 관형사형 어미 '-(으)ㄹ' 뒤에 쓰여 두 가지 이상의 동작이나 행위를 아울러 함을 나타내는 의존 명사이므로 앞말과 띄어 쓴다.

② 물∨샐∨틈없이(×) → 물샐틈없이(○): '물샐틈없이'는 '조금도 빈틈이 없이'를 의미하는 부사이며, 한 단어이므로 붙여 쓴다.

④ 감사하기는∨커녕(×) → 감사하기는커녕(○): '는커녕'은 앞말을 지정하여 어떤 사실을 부정하는 뜻을 강조하는 보조사이므로 붙여 쓴다.

이것도 알면 합격!

띄어 쓰지 말아야 할 한 단어

품사	한 단어				
명사	가나다순	각국	각처	그만큼	그날
	물이랑	마음속	뭉게구름	지난주	지난봄
	지난여름	지난가을	지난겨울	물속	굴속
	부재중	그중	은연중	무의식중	한밤중
	평상시	비상시	필요시	유사시	분리배출
	분리수거	불볕더위	한마디	창밖	웃음판
	남녀평등	맞은편	성안	유학길	온밤
	온종일	생사고락			
대명사	아무것	이분/그분/저분			
동사	알아보다	몰라보다	돌아보다	여쭈어보다	돌보다
	물어보다	찾아보다	도외시하다	재조정하다	같이하다
	함께하다	뒤로하다	내로라하다	걸어오다	가져오다
	돌아오다	잘하다	떠내려오다	넘어가다	들어가다
	놀아나다	빛나다	떠내려가다	도와주다	알아주다
	주고받다	본받다	불붙다	덤벼들다	가로막다
	그만두다	날뛰다	빌어먹다	빌려주다	애쓰다
	들통나다	돌려놓다	데려다주다	신나다	안되다
	앞서가다	돌아보다	체하다	떠돌아다니다	모셔다드리다
형용사	보잘것없다	하잘것없다	하릴없다	온데간데없다	
	올데갈데없다	물샐틈없다	그지없다	틀림없다	
	아낌없다	쓸데없다	관계없다	속절없다	
	주책맞다	오래되다	머지않다	안되다	
	주책스럽다	먹음직하다	짧디짧다	듯하다/듯싶다	
	못지아니하다(못지않다)		마지못하다(마지못해)		
부사	네오내오없이		하릴없이	틀림없이	온종일
	그만큼		제아무리	하나같이	
어미	-ㄹ뿐더러		-ㄹ망정	-ㄹ지라도	
조사	은(는)커녕				

짝문제

09　어법 한글 맞춤법 (띄어쓰기)　난이도 중 ●●○

정답 설명

③ 무역∨수지가∨흑자로∨전환되었다(○): '무역 수지'와 같은 전문 용어는 단어별로 띄어 씀을 원칙으로 하되, '무역수지'로 붙여 쓰는 것도 허용된다.

오답 분석

① 독립운동가∨남궁∨억∨선생(×) → 독립운동가∨남궁억∨선생 (○): 성과 이름은 혼동할 우려가 있을 때는 띄어 쓰는 것이 허용되나, 원칙적으로는 '남궁억'과 같이 붙여 써야 한다.

② 서울대학교∨의과대학∨부속병원(×) → 서울∨대학교∨의과∨대학∨부속∨병원(○): 성명 이외의 고유 명사는 단위별로 띄어 쓰는 것이 허용되나, 원칙적으로는 '서울 대학교 의과 대학 부속 병원'과 같이 단어별로 띄어 써야 한다.

④ 이주임과∨서대리(×) → 이∨주임과∨서∨대리(○): 성명 또는 성이나 이름 뒤에 붙는 호칭어는 고유 명사와 별개의 단위이므로 띄어 써야 한다.

기출문제

10　비문학 주제 및 중심 내용 파악

정답 설명

③ 제시문은 '무엇인가'라는 물음에 대응하는 대상의 '질'과 '어느 정도'라는 물음에 대응하는 대상의 '양'에 대해 책상을 예로 들어 설명하고 있다. 이때 제시문 2~6번째 줄을 통해 책상의 '질'은 책상의 '사전적 정의'와 같이 책상을 다른 사물과 구분해 주는 특성이며, 책상의 '양'은 책상의 '높이'와 같이 수치화할 수 있는 특성임을 알 수 있다. 이어서 '질'과 '양'의 관계에 대해 설명하고 있는데, 끝에서 4~8번째 줄에 의하면 책상의 높이가 변하더라도 책상으로서의 기능을 수행할 수 있다면, 그 대상을 여전히 책상으로 정의할 수 있다. 하지만 끝에서 1~4번째 줄에 의하면 책상의 높이가 일정한 한도를 넘어 책상으로서의 기능을 수행할 수 없을 정도로 변화한다면 그 대상은 더 이상 책상으로 정의할 수 없다. 이를 통해 '양'의 변화는 일정한 한도 내에서는 '질'의 변화를 이끌지 못하지만 어느 한도를 넘으면 '질'의 변화를 초래한다는 것을 알 수 있으므로 답은 ③이다.

짝문제

10　비문학 주제 및 중심 내용 파악　난이도 하 ●○○

정답 설명

② 1문단 끝에서 1~3번째 줄과 2문단 1~2번째 줄에서 인용된 텍스트는 인용자의 의도와 동기를 기반으로 주관적인 언어 과정을 거치기 때문에 필연적으로 원텍스트와는 일치할 수 없다고 설명하고 있으므로 글의 주장으로 가장 적절한 것은 ②이다.

[관련 부분]
· 기존의 텍스트를 모방 인용한 텍스트는 인용자의 의도와 동기가 개입되기 마련이며 새롭게 놓여진 다른 문맥성 때문에 원텍스트와 결코 일치할 수 없다.
· 원텍스트는 필히 인용자의 이해와 발화라는 주관적인 언어 과정을 거치는 수밖에 없다.

오답 분석

① 1문단 끝에서 4~6번째 줄을 통해 단순 모방문과 패러디적 모방문은 명확하게 구분되지 않는다는 것을 알 수 있다.
[관련 부분] 단순한 모방 인용과 패러디적 모방 인용을 구분하려 들면, 구분하는 사람마다 다른 결과가 나온다. 결국 기준의 척도가 주관적이라는 것이다.

③ 1문단 2~6번째 줄을 통해 창작자의 명백한 언급이나 암시 없이는 창작 행위가 의식적으로 이루어진 것인지 증명할 수 없다는 사실을 알 수 있다. 따라서 텍스트의 문맥만으로 창작자의 의도성을 증명할 수 없다.
[관련 부분] 창작자의 명백한 언급이나 암시 없이는 누구도 그 창작 행위가 의식적이었는지 무의식적이었는지 증명할 수 없는 것이고 심지어 창작자조차도 그 영향 관계를 의식하지 못하는 경우가 있기 때문이다.

④ 1문단 끝에서 2~3번째 줄을 통해 원텍스트를 모방 인용할 경우 인용자의 의도와 동기가 개입된다는 것을 확인할 수 있으므로 패러디적 모방 인용은 창작자의 의도를 훼손할 가능성이 크다는 것을 알 수 있다.
[관련 부분] 기존의 텍스트를 모방 인용한 텍스트는 인용자의 의도와 동기가 개입되기 마련이며

기출문제

11 문학 화자의 정서 및 태도

정답 설명

② (가)에서 화자는 '봄기운을 이기지 못하고 우는 새'에게 감정을 이입함으로써 자연과 하나되는 '물아일체(物我一體)'를 통해 봄의 흥취를 표현하고 있다. 따라서 (가)에 나타난 화자의 정서로 가장 적절한 것은 ②이다.

오답 분석

① (가)에서는 화자와 산수자연 사이의 방해물이 등장하지 않으므로 '방해물에 대한 불만'은 (가)에 나타난 정서로 적절하지 않다.

③ '산수자연의 즐거움을 혼자서만 누리는 것에 대한 안타까움'은 (가)가 아닌 끝에서 두 번째 시구에서 찾을 수 있다.
[관련 부분] 閒中眞味(한중진미)를 알 니 업시 호재로다

④ (가)에서 화자는 '자연(새)'과 합일되는 정서를 느끼고 있으므로, 화자가 산수자연에 제대로 몰입하지 못하여 회한을 느낀다는 ④의 설명은 적절하지 않다.

지문 풀이

> 속세에 묻혀 사는 분들이여, 이 나의 생활이 어떠한가?
> 옛사람들의 풍류를 내가 미칠까 못 미칠까?
> 세상에 남자로 태어나 나만한 사람이 많지만
> 자연에 묻혀 사는 지극한 즐거움을 모르는 것인가?
> 몇 칸짜리 작은 초가집을 맑은 시냇물 앞에 지어 놓고,
> 소나무와 대나무가 우거진 속에 자연의 주인이 되었구나!
> 엊그제 겨울 지나 새봄이 돌아오니,
> 복숭아꽃과 살구꽃은 저녁 햇빛 속에 피어 있고,

> 푸른 버들과 향기로운 풀은 가랑비 속에 푸르도다.
> 칼로 재단해내었는가, 붓으로 그려 내었는가?
> 조물주의 신비로운 솜씨가 사물마다 야단스럽구나!
> (가) 수풀에서 우는 새는 봄기운을 이기지 못하여
> 소리마다 아양을 떠는 모습이로다.
> 자연과 내가 한 몸이니 흥겨움이야 다르겠는가?
> 사립문 주변을 걷고 정자에 앉아 보기도 하니,
> 천천히 거닐며 시를 읊조려 산속의 하루가 적적한데,
> 한가로운 가운데 참된 즐거움을 아는 사람이 없이 혼자로구나.
> 이봐 이웃들아, 산수 구경 가자꾸나.

이것도 알면 합격!

정극인, '상춘곡'
1. **주제**: 아름다운 봄의 경치와 안빈낙도
2. **갈래**: 서정 가사, 강호 한정가
3. **의의**: 조선 시대 양반 가사의 효시이며, 강호가도를 노래한 첫 가사 작품임
4. **특징**
   - 화자의 시선 이동에 따라 시상이 전개됨
   - 직유법, 의인법, 대구법, 설의법, 감정 이입 등 다양한 표현과 고사 인용을 사용함

짝문제

11 문학 화자의 정서 및 태도   난이도 하 ●○○

정답 설명

① 화자가 농사를 짓기 위해 이웃집에 소를 빌리러 갔다가 거절당하고 돌아오는 모습에서 앞으로의 생계에 대한 막막함과 걱정이 드러나 있음을 알 수 있다.

오답 분석

② 사대부이지만 직접 농사일을 해서 생계를 꾸려가는 화자의 모습을 통해 전란 후 경제적으로 몰락한 양반 사대부의 현실을 알 수 있으나, 화자가 사대부로서의 권위가 무너진 현실을 비판하고 있지는 않다.

③ 화자는 전란 후 궁핍한 양반 사대부의 모습을 드러낼 뿐, 이상적 가치의 실현에 대한 회의적 태도는 작품 속에서 드러나지 않는다.

④ 이웃(소 주인)은 소를 건넛집 사람에게 빌려 주기로 약속했다며 소를 빌려달라는 화자의 부탁을 거절하였다. 따라서 이웃이 화자의 어려운 처지를 헤아려 주었다고 볼 수 없으며, 화자 역시 이웃에게 고마움을 느꼈다고 볼 수 없다.

지문 풀이

> 가뭄이 몹시 심하여 농사지을 시기도 다 늦어 가는 때에, / 서쪽 언덕 높은 논에 잠깐 지나가는 비에 길 위에 흘러가는 물을 반쯤 대어 놓고, / 소 한 번 빌려 주마 하고 엉성하게 하는 말을 믿고, / 친절하다고 여겼던 집에 달이 없는 저녁에 허둥지둥 달려가서, / 굳게 닫은 문밖에 우두커니 혼자 서서 큰 기침으로 에헴을 오래도록 한 후에, / "어, 거기 누구신가?" 묻기에 "염치없는 저옵니다." /

"밤이 깊었는데 그 어찌 와 계십니까?" / "해마다 이렇게 하기 구차한 줄 알지마는. / 소 없는 가난한 집에서 걱정이 많아 왔습니다." / "공짜로나 값을 받거나 간에 빌려 줌 직도 하다마는, / 다만 어젯밤에 건넛집 사람이 / 목이 붉은 수꿩을 구슬 같은 기름이 끓어오르게 구워 내고 / 갓 익은 삼해주를 취하도록 권하였는데 / 이러한 은혜를 어찌 아니 갚을 것인가. / 내일 소를 빌려 주마 하고 굳게 약속하였기에 / 약속을 어기기가 편하지 못하니 말씀하기 어렵구려." / 진실로 그렇다면 설마 어찌하겠는가. / 헌 모자를 숙여 쓰고 축 없는 짚신을 신고 맥없이 어슬렁어슬렁 물러나오니 / 풍채 적은 내 모습에 개만 짖을 뿐이로다.

– 박인로, '누항사'

이것도 알면 합격!

박인로, '누항사'의 주제 및 특징
1. 주제: 누항에서의 궁핍한 삶과 안빈낙도의 추구
2. 특징
   (1) 임진왜란 이후 사대부의 궁핍한 삶을 사실적으로 묘사함
   (2) 농촌에 관련된 일상의 언어와 한자 어구가 함께 나타남
   (3) 서사적 요소(대화체)를 사용하고 현실 생활을 생생하게 그려 냈다는 점에서 조선 후기 가사의 새로운 경향을 보여줌

[기출문제]

12　어법　한글 맞춤법

[정답 설명]
③ 만만하지 않다 – 만만잖다(×) → 만만찮다(○): 한글 맞춤법 제39항에 의하면 '-하지' 뒤에 '않-'이 어울려 '-찮-'이 될 때는 준 대로 적는다고 하였다. '만만하지 않다'는 '-하지' 뒤에 '않-'이 결합한 것이므로 '만만찮다'가 올바른 준말의 표기이다. 따라서 본말과 준말의 짝이 옳지 않은 것은 ③이다.

[오답 분석]
① 어제그저께 – 엊그저께(○): 한글 맞춤법 제32항에 의하면 '어제'의 끝 모음 'ㅔ'가 줄어지고 '제'에서 남은 자음 'ㅈ'만 남은 경우에는 앞 음절의 받침으로 적어야 하므로 준말 '엊그저께'는 본말 '어제그저께'의 짝으로 옳다.
② 그렇지 않은 – 그렇잖은(○): 한글 맞춤법 제39항에 의하면 어미 '-지' 뒤에 '않-'이 어울려 '-잖-'이 될 때는 준대로 적는다고 하였으므로 준말 '그렇잖은'은 본말 '그렇지 않은'의 짝으로 옳다.
④ 연구하도록 – 연구토록(○): 한글 맞춤법 제40항에 의하면 어간의 끝음절 '하'의 'ㅏ'가 줄고 'ㅎ'이 다음 음절의 첫소리와 어울려 거센소리가 될 때는 거센소리로 적어야 한다. '연구하도록'은 '하'의 'ㅏ'가 줄고 'ㅎ'이 다음 음절인 '도'와 어울려 거센소리 [토]로 발음되므로 거센소리로 적어야 한다. 따라서 준말 '연구토록'은 본말 '연구하도록'의 짝으로 옳다. 참고로 '하' 앞의 받침의 소리가 [ㄱ, ㄷ, ㅂ]이면 '하'가 통째로 줄어들고, 그 외의 경우는 'ㅎ'이 그대로 남는다.

[짝문제]

12　어법　한글 맞춤법　　난이도 상 ●●●

[정답 설명]
② '싹수[싹쑤]'는 받침 'ㄱ' 뒤에서 'ㅅ'이 된소리 [ㅆ]으로 발음되면서 같은 음절 [ㅆ]이 겹쳐 나는 경우이지만, 이를 표기에 반영하지 않고 '싹수'로 표기하므로 답은 ②이다. 참고로 같거나 비슷한 음절이 거듭되는 단어는 '똑똑하다, 쓱싹쓱싹, 쌉쌀하다' 등이 있다.

[오답 분석]
① '잔뜩[잔뜩]'은 'ㄴ' 받침 뒤에서 뚜렷한 까닭 없이 나는 된소리를 표기한 것이다.
③ '갑자기[갑짜기]'는 'ㅂ' 받침 뒤에서 나는 된소리를 표기에 반영하지 않은 것이다.
④ '이따금[이따금]'은 두 모음 사이에서 뚜렷한 까닭 없이 나는 된소리를 표기한 것이다.

[기출문제]

13　비문학　논지 전개 방식

[정답 설명]
② '유추'란 두 개의 사물이 여러 면에서 비슷하다는 것을 근거로 다른 속성도 유사할 것이라고 추론하는 것이다. 이는 제시문에 나타나지 않은 설명 방식이므로 답은 ②이다.

[오답 분석]
① 정의: 2문단 첫 문장에서 '관객이나 시청자가 읽을 수 있도록 화면에 보여 주는 글자라는 점'이라는 자막의 정의를 확인할 수 있다.
③ 예시: 뉴스와 영화에 쓰이는 자막의 활용 예시가 드러난다.
④ 대조: 2, 3문단에서 각각 영화 자막과 텔레비전 자막의 특성을 설명하며 두 매체에서 나타나는 자막 특성의 차이점을 대조하고 있다.
　· 영화 자막 특성: 영화 제작과 관련된 정보를 알려 주는 제한된 용도로만 사용됨
　· 텔레비전 자막 특성: 음성으로 전달할 수 없는 다양한 정보를 제작자의 의도에 맞게끔 활용하여 제공됨

[짝문제]

13　비문학　논지 전개 방식　　난이도 하 ●○○

[정답 설명]
④ 기존의 높이뛰기 기술과 포스베리의 높이뛰기 기술을 서로 대비하여 특징의 차이점을 서술하고 있으므로, '대조'의 전개 방식이 쓰인 예로 적절한 것은 ④이다.

[오답 분석]
① 융합과 복합의 공통점에 초점을 두어 설명하는 '비교'의 전개 방식이 쓰였다.

· 비교: 둘 이상의 사물이나 대상에서 공통점이나 비슷한 점을 찾아 설명하는 전개 방식
② 협상의 사례들을 나열하며 협상에 대한 진술을 구체화하는 '예시'의 전개 방식이 쓰였다.
· 예시: 대상과 관련된 예를 들어 일반적인 원리나 법칙, 진술을 구체화하는 전개 방식
③ 제보 이후 경찰이 출동하는 과정을 시간의 순서대로 서술하는 '서사'의 전개 방식이 쓰였다.
· 서사: 일정한 시간 내에 일어나는 일련의 행동이나 사건의 진행 과정 등을 시간의 흐름에 따라 전개하는 설명 방식

기출문제

14 어법 표준어 사정 원칙 (표준어의 구분)

정답 설명

① '웃-' 및 '윗-'은 명사 '위'에 맞춰 '윗-'으로 통일하되, 된소리나 거센소리 앞에서는 '위-'로 표기한다. 그리고 '아래/위'의 대립이 없는 단어는 '웃-'으로 표기하므로 밑줄 친 단어의 맞춤법 표기가 옳은 것으로만 짝지어진 것은 ①이다.
㉠ 웃옷(○): 맨 겉에 입는 옷
㉡ 윗몸(○): 허리 윗부분의 몸
㉣ 윗입술(○): 위쪽의 입술

오답 분석

㉢ 윗쪽(×) → 위쪽(○): '윗-'은 된소리(ㅉ) 앞에서 '위-'로 표기하므로 '위쪽'으로 적어야 한다.
㉤ 윗돈(×) → 웃돈(○): '돈'은 아래/위의 대립이 없는 단어이므로 '웃돈'으로 적어야 한다.
· 웃돈: 본래의 값에 덧붙이는 돈
㉥ 웃도리(×) → 윗도리(○): '윗도리'는 아래/위의 대립이 있는 단어이므로 '윗도리'로 적어야 한다.
· 윗도리: 위에 입는 옷

짝문제

14 어법 표준어 사정 원칙 (표준어의 구분) 난이도 중 ●●○

정답 설명

① 맞춤법 표기가 옳은 것으로만 짝지어진 것은 ① '㉠, ㉡, ㉣'이다. 수공업적인 기술자에게는 '-장이', 그 외에는 '-쟁이'가 붙는 형태를 표준어로 삼으며, 이때 '-쟁이'는 '그것이 나타내는 속성을 많이 가진 사람' 또는 '그것과 관련된 일을 직업으로 하는 사람'의 뜻을 더하는 접미사이다.
· 은장이(○): 금, 은, 구리 등의 세공을 전문으로 하는 사람
· 게으름쟁이(○): 습성이나 태도가 게으른 사람
· 깍쟁이(○): 아주 약빠른 사람

오답 분석

㉢ 골목장이(×) → 골목쟁이(○): 골목에서 좀 더 깊숙이 들어간 좁은 곳
㉤ 고집장이(×) → 고집쟁이(○): 고집이 센 사람
㉥ 글장이(×) → 글쟁이(○): 글 쓰는 것을 직업으로 하는 사람을 낮잡아 이르는 말

기출문제

15 어법 한글 맞춤법 (띄어쓰기)

정답 설명

③ ㉢ 쥐꼬리만∨한(○): '만'은 앞말이 나타내는 대상이나 내용 정도에 달함을 나타내는 보조사이므로 앞말에 붙여 쓰며, '한'은 동사 '하다'의 활용형이므로 앞말과 띄어 쓴다. 따라서 띄어쓰기가 옳은 것은 ③이다.

오답 분석

① ㉠ 그∨만한(×) → 그만한(○): '그만한'은 '상태, 모양, 성질 등의 정도가 그러하다'를 뜻하는 형용사 '그만하다'의 활용형이므로 붙여 써야 한다.
② ㉡ 이익∨밖에(×) → 이익밖에(○): '밖에'가 체언이나 명사형 어미 뒤에 붙어 '그것 말고는', '그것 이외에는'을 뜻할 때는 조사이므로 앞말인 '이익'에 붙여 써야 한다.
④ ㉣ 제이익만(×) → 제∨이익만(○): '제'는 대명사 '저'에 관형격 조사 '의'가 결합하여 줄어든 말이므로 뒷말과 띄어 써야 한다.

짝문제

15 어법 한글 맞춤법 (띄어쓰기) 난이도 중 ●●○

정답 설명

④ 꿰뚫어∨보는(○): '꿰뚫다'의 어간 '꿰뚫-'에 연결 어미 '-어'와 보조 동사 '보다'가 결합한 형태로, 본용언 '꿰뚫다'가 3음절 이상의 합성어이므로 보조 용언과 띄어 써야 한다.

오답 분석

① 고여∨있다보니(×) → 고여있다∨보니(○): 본용언 '고이다'에 보조 용언 '있다', '보다'가 거듭 결합한 형태로, 보조 용언이 거듭 나타나는 경우는 앞의 보조 용언만을 붙여 쓸 수 있다.
② 어디서∨부터(×) → 어디서부터(○): 대명사 '어디'에 '에서부터'의 준말인 '서부터'가 결합한 형태로, '서부터'의 품사는 조사이므로 앞말과 붙여 써야 한다.
③ 뒤치다∨꺼리(×) → 뒤치다꺼리(○): '뒤에서 일을 보살펴서 도와주는 일'을 뜻하는 '뒤치다꺼리'는 한 단어이므로 붙여 써야 한다.

기출문제

16 비문학 주제 및 중심 내용 파악

정답 설명

② 필자는 관계 내에서 갈등이 발생할 경우 성급한 판단이 개입된 표현을 피하고, 문제를 객관적으로 묘사하는 것이 해결책임을 말하고 있다. 즉, 필자가 궁극적으로 설명하고자 하는 바는 '갈등을 해결하기 위해 구사해야 하는 전략'이므로 윗글의 제목으로 가장 적절한 것은 ②이다.

오답 분석

① 제시문은 갈등 해결을 위해 객관적으로 표현해야 하고, 이러한 객관적 표현을 위한 방법으로 묘사적인 언어의 사용을 강조하고 있다. 따라서 ① '객관적 표현'은 제시문 전체의 내용을 포괄할 수 없으므로 윗글의 제목으로 적절하지 않다.

③ 제시문은 '말의 중요성'이 아닌 '묘사적인 언어의 사용'에 대해 설명하고 있으므로 윗글의 제목으로 적절하지 않다.

④ 1문단에서 '판단'이라는 키워드가 언급되긴 하였으나, '판단의 기술'과 관련된 내용은 제시되지 않았으므로 제목으로 적절하지 않다.

짝문제

16 비문학 주제 및 중심 내용 파악 난이도 하 ●○○

정답 설명

③ 제시문은 시대의 흐름을 파악하고 이에 맞추어 변화해야 한다고 주장하고 있으므로, 글의 제목으로 가장 적절한 것은 ③ '흐름을 파악하라'이다.

기출문제

17 비문학 주제 및 중심 내용 파악

정답 설명

④ 1문단에서는 갈등을 해결하기 위해 문제에 대한 성급한 판단 대신에 문제를 객관적으로 표현하라고 말하고 있으며 2문단에서는 이를 위해 묘사적인 언어를 사용해야 한다고 말하고 있다. 따라서 글의 주제로 적절한 것은 ④이다.

짝문제

17 비문학 주제 및 중심 내용 파악 난이도 하 ●○○

정답 설명

① 제시문은 성공하는 사람은 시대의 조류를 파악할 줄 아는 사람임을 강조하고 있으므로 제시문의 내용을 포괄할 수 있는 주제로 가장 적절한 것은 ①이다.

기출문제

18 문학 문학사 (고전 문학사)

정답 설명

④ (가)~(라) 중에서 가장 먼저 지어진 작품은 (라) '한림별곡'이고, 훈민정음으로 가장 먼저 표기된 작품은 (가) '용비어천가'이다. 따라서 ㉠에 들어갈 작품은 (라) '한림별곡'이며, ㉡에 들어갈 작품은 (가) '용비어천가'이다.

- (가): 조선 세종 27년(1445년) 정인지 등이 편찬한 악장 가사 '용비어천가'이며, 훈민정음으로 기록된 최초의 작품이다.
- (나): 고려 말 이조년(1269~1342)이 지은 시조이다.
- (다): 조선 선조 21년(1588년) 정철이 지은 가사 '사미인곡'이다.
- (라): 고려 고종 2년(1215년) 한림 제유가 지은 것으로 추정되는 경기체가 '한림별곡'이다.

지문 풀이

(가) 뿌리가 깊은 나무는 바람에도 흔들리지 아니하므로
　　꽃이 좋고 열매도 많으니
　　샘이 깊은 물은 가뭄에도 그치지 않고 솟아나므로
　　내가 되어서 바다에 이르니 　　– 정인지 외, '용비어천가 제2장'

(나) 하얀 배꽃에 달이 환하게 비치고 은하수는 자정을 알리는 때에,
　　배나무 한 가지에 어려 있는 봄날의 정서를 소쩍새가 알고서 우는 것이랴마는,
　　정이 많은 것도 병인 듯싶어 잠을 이루지 못하노라.
　　　　　　　　　　　　　　　　　　　　– 이조년의 시조

(다) 아, 내 병이야 임의 탓이로다.
　　차라리 사라져(죽어서) 범나비가 되리라.
　　꽃나무 가지마다 가는 곳마다 앉아 있다가.
　　향기 묻은 날개로 임의 옷에 옮아 가 앉으리라.
　　임께서 (그 범나비가) 나인 줄 모르셔도 나는 임을 따르려 하노라.
　　　　　　　　　　　　　　　　　　　– 정철, '사미인곡'

(라) 유원순의 문장. 이인로의 시, 이공로의 사륙변려문
　　이규보와 진화의 쌍운을 내어 빨리 짓는 시
　　유충기의 대책문. 민광균의 경서 풀이. 김양경의 시와 부
　　아, 시험장의 광경. 그것이 어떠합니까?
　　금의의 문하생들 금의의 문하생들
　　아, 나까지 모두 몇 분입니까? 　　– 한림 제유, '한림별곡'

이것도 알면 합격!

제시된 작품들의 주제와 특징

(가)	정인지 외, '용비어천가'	주제	조선 왕조 창업의 정당성
		특징	• 서사–본사–결사의 구조를 취함 • 2절 4구의 형식을 취하며, 1절은 중국 제왕의 사적을, 2절은 조선 왕조의 사적을 예찬함
(나)	이조년, '이화에 월백하고~'	주제	봄날 밤에 느끼는 애상감
		특징	시각적, 청각적 심상의 조화를 통해 주제를 효과적으로 형상화함

(다)	정철, '사미인곡'	주제	임금에 대한 사랑 (연군지정)
		특징	• 계절의 변화에 따라 시상을 전개함 • 여성 화자를 설정하여 애절함을 강조하고 독자의 공감을 이끌어 냄
(라)	한림 제유, '한림별곡'	주제	고려 상류층의 향락적 풍류
		특징	• 열거법, 영탄법, 설의법, 반복법 등 다양한 수사법을 사용함 • 전 8장의 분절체로, 3·3·4조 3음보 율격을 취함

짝문제
18 문학 문학사 (현대 문학사) 난이도 상 ●●●

정답 설명

② 작품의 창작 연대가 앞선 것부터 순서대로 나열하면 'ㄴ - ㄹ - ㄷ - ㄱ'이므로 답은 ②이다.
- ㄴ. 김광균, '노신': 1947년에 발표되었으며, 가난으로 인한 현실적 어려움과 그 극복의지를 그린 작품이다.
- ㄹ. 박목월, '가정': 1968년에 발표되었으며, 가장으로서의 고달픈 삶과 가족에 대한 사랑을 그린 작품이다.
- ㄷ. 신동엽, '향아': 1975년에 발표되었으며, 황폐해진 인간성을 회복하기 위해 순수한 세계인 농촌 공동체로 돌아가고자 하는 소망을 그린 작품이다.
- ㄱ. 기형도, '질투는 나의 힘': 1989년에 발표되었으며, 자신의 삶에 대한 반성과 회한을 그린 작품이다.

기출문제
19 비문학 화법의 원리 (공손성의 원리)

정답 설명

④ 이때 '을'은 결론적으로는 '갑'이 사려고 하는 침대의 크기가 너무 커서 적절하지 않다는 입장이나, 우선 '갑'이 고른 침대가 크고 우아하다며 '갑'의 안목에 동의하는 방법으로 의견 사이의 차이점을 최소화하고 있다. 따라서 '동의의 격률'에 따른 대화는 ④이다.
- 동의의 격률: 자신의 의견과 다른 사람의 의견 사이의 차이점을 최소화하고 일치점을 극대화하는 것으로, 다른 사람과 의견이 일치하지 않는 경우, 먼저 상대의 말에 동의를 표현한 후에 자신의 의견을 제시함

오답 분석

① 관련성의 격률, 대화 함축: 이때 '을'의 화법은 도와달라는 '갑'의 요청에 '급히 해야 할 일이 있어요'라며 표면적으로는 질문에 맞지 않는 대답을 하고 있어 관련성의 격률에 어긋난다. 또, 표면적 의미를 넘어서 '도와줄 수 없다'라는 의미를 포함하고 있으므로 '대화 함축'으로도 볼 수 있다.
- 관련성의 격률: 대화와 관련된 정보를 제공함
- 대화 함축: 발화 내용의 표면적인 의미를 넘어 화자가 어떤 의도를 암시하거나 또 다른 의미를 포함함

② 관용의 격률: 이때 '을'은 자신의 귀가 어둡다고 하며 자신에게 부담을 주는 표현을 최대화하고 있다.

③ 겸양의 격률: 이때 '을'은 자신도 매우 부족한 사람이라 걱정이라고 하면서 자신에 대한 칭찬은 최소화하고 비방은 최대화하고 있다.

이것도 알면 합격!

공손성의 원리

원리	설명	예
요령의 격률	• 상대방에게 부담을 주는 표현은 최소화하고 상대방에게 혜택을 주는 표현은 최대화함 • 듣기 좋고 도움이 되는 말과, 간접적이고 우회적인 표현법을 사용함	• 죄송합니다만, 문 좀 닫아 주시겠습니까? • 어디서 찬바람이 들어오네요.
관용의 격률	• 화자 자신에게 혜택을 주는 표현은 최소화하고 부담을 주는 표현은 최대화함 • 요령의 격률을 화자의 관점에서 말한 것임	제가 잘 이해하지 못해서 그러는데 다시 한 번 설명해 주시겠습니까?
칭찬(찬동)의 격률	다른 사람에 대한 비방을 최소화하고 칭찬을 극대화함	너는 어쩌면 그렇게 그림을 잘 그리니? 정말 대단해.
겸양의 격률	• 화자 자신에 대한 칭찬은 최소화하고 비방은 최대화함 • 자신을 내세우거나 자랑하지 않고, 겸손한 표현을 사용함 • 칭찬(찬동)의 격률을 화자의 관점에서 말한 것임	A: 이 늦은 시간까지 공부를 하다니 대단해. B: 낮에 집중해서 공부하지 않아 그렇지 뭐. 대단한 것은 아니야.
동의의 격률	• 자신의 의견과 다른 사람의 의견 사이의 차이점을 최소화하고 일치점을 극대화함 • 다른 사람과 의견이 일치하지 않는 경우, 먼저 상대의 말에 동의를 표현한 후에 자신의 의견을 제시함	그래, 그 점에서는 네 말이 맞아. 그런데 듣는 사람 입장에서는 조금 기분 나쁠 수도 있지 않았을까?

짝문제
19 비문학 화법의 원리 (공손성의 원리) 난이도 하 ●○○

정답 설명

① '가'는 '나'에게 의사를 물어보는 형식으로 짐을 옮겨달라는 부탁을 함으로써 상대방에게 부담이 되는 표현을 최소화하고 있다. 따라서 요령의 격률을 사용한 대화문은 ①이다.

오답 분석

② '나'는 '가'의 의견에 대해 먼저 동의한 뒤 자신의 의견을 얘기하고 있으므로 동의의 격률을 사용하였다.

③ '나'는 '가'의 칭찬에 대해 자신을 낮추는 표현을 사용하였으므로 겸양의 격률을 사용하였다.

④ '가'는 창문을 닫아야 하는 이유를 자신의 탓으로 돌리고 있으므로 관용의 격률을 사용하였다.

기출문제

20   비문학＋어휘   주제 및 중심 내용 파악, 한자 성어

정답 설명

④ 제시문은 선비의 덕목에 대해 설명하고 있으므로 글의 내용과 거리가 먼 한자 성어는 ④ '梁上君子(양상군자)'이다.
- 梁上君子(양상군자): '들보 위의 군자'라는 뜻으로, 도둑을 완곡하게 이르는 말

오답 분석

① 見利思義(견리사의): '눈앞의 이익을 보면 의리를 먼저 생각함'이라는 뜻으로, 제시문 2~3번째 줄에서 관련된 내용을 확인할 수 있다.
[관련 부분] 또한 선비는 개인의 이익보다 사회 정의를 생각하며 행동하고 살아간다.

② 勞謙君子(노겸군자): '노겸(勞謙)'은 '큰 공로가 있으면서도 겸손함'이라는 뜻으로, '노겸군자(勞謙君子)'란 '큰 공로가 있으면서도 겸손한 군자'를 의미한다. 제시문의 끝에서 2~3번째 줄에서 관련된 내용을 확인할 수 있다.
[관련 부분] 선비가 갖추어야 할 덕목은 ~ 자신을 낮추는 자세

③ 修己安人(수기안인): '먼저 자신을 수양하고 남을 편안하게 함'이라는 뜻으로, 제시문의 3~5번째 줄에서 관련된 내용을 확인할 수 있다.
[관련 부분] 자신의 인격을 완성하고 그것을 통해 모든 사람에게 평안한 삶을 살게 하는 것이 그들의 궁극적 목적이다.

짝문제

20   비문학＋어휘   주제 및 중심 내용 파악, 한자 성어   난이도 중 ●●○

정답 설명

② 제시문은 수령들이 분수에 맞지 않는 사치스러운 생활을 하면서, 백성들이 곡식과 피륙을 바치지 않으면 곤장을 치고 몽둥이질을 하는 등 횡포를 부린다는 내용이다. 따라서 빈칸에 들어갈 한자 성어로 가장 적절한 것은 ② '가렴주구(苛斂誅求)'이다.
- 가렴주구(苛斂誅求): 세금을 가혹하게 거두어들이고, 무리하게 재물을 빼앗음

오답 분석

① 교주고슬(膠柱鼓瑟): '아교풀로 비파나 거문고의 기러기발을 붙여 놓으면 음조를 바꿀 수 없다'라는 뜻으로, 고지식하여 조금도 융통성이 없음을 이르는 말

③ 시위소찬(尸位素餐): 재덕이나 공로가 없어 직책을 다하지 못하면서 자리만 차지하고 녹(祿)을 받아먹음을 비유적으로 이르는 말

④ 간어제초(間於齊楚): 약자가 강자들 틈에 끼어서 괴로움을 겪음을 이르는 말

기출문제

21   문학   시구의 의미

정답 설명

③ 제시된 작품은 화자인 '나'가 시적 대상인 '너'라는 존재의 본질을 밝히고자 하는 내용을 담고 있다. 이때 ©은 '너'라는 존재의 본질을 파악하기 위한 '나'의 노력을 의미하는데, '나'의 울음이 돌개바람이 되어 '석탑' 속에 스며든 '금'이 될 것이라는 표현을 통해 자신의 노력이 결국 소중한 의미를 갖게 될 것임을 드러낸다. 반면, ㉠, ㉡, ㉣은 '너'라는 존재의 본질을 밝히지 못한 상태를 의미하므로 내포하는 의미가 다른 것은 ③이다.

오답 분석

① 1연에서 화자는 손을 대는 행위를 통해 '너'의 본질을 확인하려고 하지만 '너'는 '미지(未知)의 까마득한 어둠'이 되어버리므로, ㉠은 존재의 본질을 밝히지 못한 상태를 의미한다.

② 화자는 '너'의 본질을 인식하지 못한 상태이므로 '너'는 이름도 없이 피고 진다. 따라서 ©은 존재의 본질을 밝히지 못한 상태를 의미한다.

④ '나'의 노력에도 불구하고 마지막 연에서 여전히 '너'의 본질은 '얼굴을 가리운 나의 신부'처럼 감추어져 있음을 알 수 있으므로 ㉣은 존재의 본질을 밝히지 못한 상태를 의미한다.

🖋 이것도 알면 **합격!**

김춘수, '꽃을 위한 서시'
1. 주제: 존재의 본질을 인식하고자 하는 염원과 끝내 존재의 본질을 밝히지 못한 안타까움
2. 특징
- 사물의 본질을 존재론적인 측면에서 밝히고자 노력함
- 구체적인 사물을 활용해 추상적이고 관념적인 이미지를 형상화함

짝문제

21   문학   시구의 의미   난이도 하 ●○○

정답 설명

④ 제시된 작품의 '눈'은 일제 강점하의 냉혹한 현실과 역경, 시련을 의미한다. ④의 '바람' 역시 화자에게 가해지는 일제의 탄압을 의미하므로 상징하는 바가 유사한 것은 ④이다.

오답 분석

① 눈: 부패한 현실과 대비되는 순수한 존재

② 하늘: 윤리적 판단의 절대적인 기준

③ 봄: 기다리는 대상인 '모란'이 피는 계절로, 화자의 바람이 이루어지는 시점

🖋 이것도 알면 **합격!**

이육사, '광야'의 특징
1. '과거(까마득한 날) → 현재(지금) → 미래(천고의 뒤)'의 시간 흐름에 따라 시상을 전개함

2. '산맥'을 의인화하여 역동적인 이미지로 형상화함
3. 의지적 어조로 웅장하고 강인한 시적 분위기를 형성함
4. 지사적·선구자적 태도를 통해 암담한 현실을 극복하여 조국 광복을 이루려는 강한 신념과 의지가 드러남

기출문제

22　비문학　주제 및 중심 내용 파악

정답 설명

① 제시문의 1~2번째 줄에는 인공지능에 대한 정의가 제시되어 있고, 2~4번째 줄에는 인간과의 상호 작용을 할 수 있고 지적 판단이 필요한 상황에서 합리적 결정을 내릴 수 있다는 인공지능의 특징이 제시되어 있다. 이어서 끝에서 1~3번째 줄에서는 앞에서 설명한 인공지능의 특징을 바탕으로 인공지능이 똑똑한 기계가 되는 것에 대한 긍정의 관점과 부정의 관점을 동시에 제기하고 있다. 따라서 저자의 의도는 인공지능에 대한 쟁점을 제기하는 것임을 알 수 있다.
- 쟁점: 서로 다투는 중심이 되는 점

짝문제

22　비문학　주제 및 중심 내용 파악　　난이도 하 ●○○

정답 설명

③ 필자의 논지는 '상(相)은 결정되어 있는 것이 아니라 그 사람의 익힘에 따라 변하는 것이므로, 상에 따라 사람을 평가해서는 안 된다'이다. 따라서 필자가 궁극적으로 말하고자 하는 바는 ③이다.
[관련 부분]
- 익힘과 효과가 아울러 진보함에 따라 효과와 상이 모두 변하게 되는 것이다.
- "그 상이 이러하기 때문에 그 효과가 저와 같은 것이다."라고 하니, 아아, 어쩌면 그리도 어리석은가.

오답 분석

① 2문단에서 재덕을 갖추었음에도 상(相)에 대한 편견으로 인해 자신의 능력을 발휘하지 못하는 인재가 있다는 것을 알 수 있으나 인재 배치에 대한 내용은 언급하고 있지 않다.

② 2문단에서 언급된 능력을 발휘하지 못하거나 곤궁한 원인을 상(相)으로 돌리는 세태는 현상의 원인을 정확히 파악하지 못한 태도로 볼 수 있다. 그러나 이는 상에 얽매이지 않는 태도를 강조하기 위한 내용일 뿐이므로 필자가 궁극적으로 말하고자 하는 바는 아니다.

④ 타고난 관상(상)을 믿고 노력하지 않는 사람을 비판하고 있는 것이 아니라, 상으로 사람을 평가하는 통념을 비판하고 있다.

기출문제

23　비문학　글의 구조 파악 (접속어의 사용)

정답 설명

② (가)와 (나)에 들어갈 접속어는 순서대로 '하지만 - 하지만'이므로 답은 ②이다.
- (가): (가)의 앞에는 비즈니스 화법에서 상사에게 보고할 때는 결론부터 말해야 한다는 내용이 제시되어 있으나, (가)의 뒤에는 자기와 상대의 힘의 균형이 미묘할 때는 오히려 결론을 뒤로 미뤄야 한다는 상반된 내용이 제시되어 있다. 따라서 (가)에는 역접의 접속어 '하지만'이 들어가는 것이 적절하다.
- (나): (나)의 앞에는 사내의 사무적인 관계에서는 쓸데없는 시간과 노력을 들이지 않아도 된다는 내용이 제시되어 있으나, (나)의 뒤에는 사내의 인간관계라도 라이벌 동료와는 미묘한 줄다리기가 필요하다는 상반된 내용이 제시되어 있다. 따라서 (나)에는 역접의 접속어 '하지만'이 들어가는 것이 적절하다.

짝문제

23　비문학　글의 구조 파악 (접속어의 사용)　　난이도 중 ●●○

정답 설명

① ㉠~㉣에 들어갈 말은 순서대로 '그리하여 - 그리고 - 여기서 - 그러나'이므로 답은 ①이다.

순서	중심 내용	㉠~㉣에 들어갈 접속어 추론 근거
㉠ 앞	아래아(·)와 된소리 표기를 고친 것이 한글 맞춤법 통일안과 한글 맞춤법 개혁의 전부임	–
㉠ 뒤	'ㅇ'과 'ㅐ, ㅔ, ㅚ'의 실제 음가와 표기상의 차이 문제는 해결되지 않음	㉠의 앞 내용은 ㉠의 뒤 내용의 원인이 되므로 인과의 접속어인 '그리하여'가 적절함
㉡ 뒤	'ㅅ' 역시 초성과 종성에서 다른 음가를 지닌다는 문제가 있음	㉡ 앞에는 최소한의 개혁으로 인해 해결되지 않은 문제들이 제시되어 있고, ㉡ 뒤의 부사어 '역시'를 통해 'ㅅ'의 음가 문제도 같은 유형의 사례임을 알 수 있으므로 접속어인 '그리고'가 적절함
㉢ 앞	맞춤법의 기본 원리는 소리대로 적되 어법에 맞게 하는 것임	–
㉢ 뒤	한글 맞춤법 통일안에 소리대로 적는다는 원칙이 구체적으로 규정되어 있는 듯 보임	㉢의 앞 내용(소리대로 적되 어법에 맞게) 중 일부(소리대로)에 대한 설명이므로 지시 표현 '여기서'가 적절함
㉣ 뒤	소리대로 적는 규정이 실제로는 지켜지지 않음	㉣의 앞과 뒤에는 서로 상반되는 내용이 이어져 있으므로 역접의 접속어인 '그러나'가 적절함

기출문제

24 어법 한글 맞춤법 (띄어쓰기)

정답 설명

② 끝난∨지도(○): 이때 '지'는 '어떤 일이 있었던 때로부터 지금까지의 동안을 나타내는 말'을 의미하는 의존 명사이므로 앞말과 띄어 써야 한다. 따라서 띄어쓰기가 옳은 것은 ②이다.

오답 분석

① 세달이(×) → 세∨달이(○): 이때 '달'은 '한 해를 열둘로 나눈 것 가운데 하나의 기간을 세는 단위'를 나타내는 의존 명사이므로 앞말과 띄어 써야 한다.

③ 생각∨뿐이었다(×) → 생각뿐이었다(○): 이때 '뿐'은 '그것만이고 더는 없음'을 나타내는 조사이므로 앞말 명사 '생각'과 붙여 써야 한다.

④ 노력한만큼(×) → 노력한∨만큼(○): 이때 '만큼'은 '앞의 내용에 상당한 수량이나 정도임을 나타내는 말'을 의미하는 의존 명사이므로 앞말과 띄어 써야 한다.

이것도 알면 합격!

'뿐'의 띄어쓰기

의존 명사 '뿐'	'뿐'이 어미 '-을' 뒤나 '-다 뿐이지' 구성으로 쓰이면서 아래와 같은 의미일 때에는 의존 명사이므로 앞말과 띄어 씀 (1) (어미 '-을' 뒤에 쓰여) 다만 어떠하거나 어찌할 따름이라는 뜻을 나타내는 말 예 소문으로만 들었을∨뿐이다. (2) ('-다 뿐이지' 구성으로 쓰여) 오직 그렇게 하거나 그러하다는 것을 나타내는 말 예 이름이 나지 않았다∨뿐이지 참 성실한 사람이다.
조사 '뿐'	'뿐'이 체언이나 조사 뒤에 붙어 '그것만이고 더는 없음' 또는 '오직 그렇게 하거나 그러하다는 것'을 나타낼 때는 보조사이므로 앞말과 붙여 씀 예 · 가진 것은 이것뿐이다. · 그 아이는 학교에서뿐만 아니라 집에서도 말썽꾸러기였다.

짝문제

24 어법 한글 맞춤법 (띄어쓰기) 난이도 중 ●●○

정답 설명

③ 쓸데없다(×) → 쓸∨데∨없다(○): 이때 '쓸 데 없다'는 문맥상 '(돈을) 쓸 곳이 없다'라는 의미이므로 각 단어를 띄어 써야 한다. 참고로, '아무런 쓸모나 득이 될 것이 없다'를 뜻하는 '쓸데없다'는 한 단어이므로 붙여 쓴다.

오답 분석

① 끊임없는(○): '끊임없다'는 '계속하거나 이어져 있던 것이 끊이지 않다'를 뜻하는 한 단어이므로 붙여 쓴다.

② 힘없는(○): '힘없다'는 '기운이나 의욕 등이 없다'를 뜻하는 한 단어이므로 붙여 쓴다.

④ 소용없는(○): '소용없다'는 '아무런 쓸모나 득이 될 것이 없다'를 뜻하는 한 단어이므로 붙여 쓴다.

이것도 알면 합격!

'-없다'가 결합한 형태의 하나의 단어

거침없다. 그지없다. 꾸밈없다. 끊임없다. 다름없다. 덧없다. 두말없다. 물샐틈없다. 버릇없다. 부질없다. 빠짐없다. 속절없다. 스스럼없다. 시름없다. 쓸데없다. 아낌없다. 아랑곳없다. 어김없다. 어림없다. 어이없다. 어처구니없다. 엉터리없다. 온데간데없다. 일없다. 지각(知覺)없다. 터무니없다. 틀림없다. 하릴없다. 하염없다. 하잘것없다. 한(限)없다. 힘없다

기출문제

25 어법 문장 부호

정답 설명

① 너는 중학생이냐? 고등학생이냐?(×) → 너는 중학생이냐, 고등학생이냐?(○): (1)-[붙임1]에 의하면 한 문장 안에 여러 개의 선택적 물음이 이어질 때는 맨 끝의 물음에만 물음표를 써야 하므로 ①의 예문은 설명에 어긋난다.

오답 분석

② 이번에 가시면 언제 돌아오세요?(○): (1)에 의하면 물음표는 의문문의 끝에 쓰므로 ②는 물음표의 사용이 적절하다.

③ 당신도 참 대단(?)하네요(○): (2)에 의하면 물음표는 빈정거림을 나타낼 때 쓸 수 있으므로 ③은 물음표의 사용이 적절하다.

④ 노자(? ~ ?)는(○): (3)에 의하면 모르거나 불확실한 내용임을 나타낼 때는 물음표를 쓸 수 있다. '노자'는 생몰년을 알 수 없는 인물이므로 ④는 물음표의 사용이 적절하다.

짝문제

25 어법 문장 부호 난이도 중 ●●○

정답 설명

③ 범위를 나타낼 때는 붙임표(-)가 아닌 물결표(~)를 쓰는 것이 원칙이므로 옳지 않은 설명은 ③이다.
예 원칙: 삼국 시대(4세기 초반~7세기 중반)
　허용: 삼국 시대(4세기 초반-7세기 중반)

오답 분석

② 열거할 어구들을 생략할 때 사용하는 줄임표(……) 앞에는 쉼표(,)를 넣지 않는다.
예 광역시: 광주, 대구, 대전……

④ 겹낫표(『』) 대신 큰따옴표(" ")를 쓸 수 있고 홑낫표(「」) 대신 작은따옴표(' ')를 쓸 수 있다.
예 「한강」은 사진집 『아름다운 땅』에 실린 작품이다.
　'한강'은 사진집 "아름다운 땅"에 실린 작품이다.

공무원 교육 1위* 해커스공무원
모바일 자동 채점 + 성적 분석 서비스

한눈에 보는 서비스 사용법

Step 1.

교재 구입 후 시간 내 문제 풀어보고
교재 내 수록되어 있는 QR코드 인식!

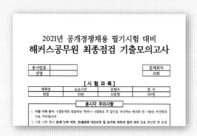

Step 2.

모바일로 접속 후 '지금 채점하기'
버튼 클릭!

Step 3.

OMR 카드에 적어놓은 답안과 똑같이
모바일 채점 페이지에 입력하기!

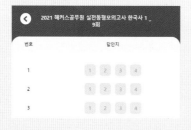

Step 4.

채점 후 내 석차, 문제별 점수, 회차별
성적 추이 확인해보기!

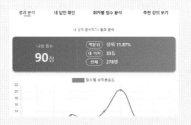

✓ 모바일로 채점하고 **실시간 나의 위치 확인하기**

✓ 문제별 정답률을 통해 **틀린 문제의 난이도 체크**

✓ 회차별 점수 그래프로 **한 눈에 내 점수 확인하기**

해커스공무원 gosi.Hackers.com

바로 이용하기 ▶